U0922590

སྙེ་མོའི་ལོ་རིམ་མེ་ལོང་།

尼木年鉴

2018

（总第7卷）

尼 木 县 人 民 政 府　主办
尼木县人民政府办公室　编

图书在版编目（CIP）数据

尼木年鉴. 2018 / 尼木县人民政府办公室编. -- 北京 : 方志出版社，2018.7
ISBN 978-7-5144-3136-0

Ⅰ. ①尼… Ⅱ. ①尼… Ⅲ. ①区（城市）– 拉萨 – 2018 – 年鉴 Ⅳ. ①Z527.54

中国版本图书馆CIP数据核字(2018)第166640号

尼木年鉴（2018）

编　　者：尼木县人民政府办公室
责任编辑：刘方圆

出 版 人：冀祥德
出 版 者：方志出版社
地址　北京市朝阳区潘家园东里9号（国家方志馆 4 层）
邮编　100021
网址　http://www.fzph.org
发　　行：方志出版社图书经销中心
电话（010）67110500
经　　销：各地新华书店
印　　刷：河南金雅昌文化传媒有限公司

开　　本：889×1194　1/16
印　　张：25.5
字　　数：620千字
版　　次：2018年7月第1版　2018年7月第1次印刷
印　　数：001～500册

ISBN 978-7-5144-3136-0　定价：350.00元

尼木县行政区划图

比例尺　1：600 000

西藏自治区测绘局绘制　　藏S（2015）005号

2017年5月24日，西藏自治区党委常委、纪委书记王拥军（前排左二）在尼木县调研

2017年10月7日，西藏自治区党委常委、政法委书记何文浩（左二）在尼木县公安局检查指导工作

2017年3月31日，西藏自治区党委常委、拉萨市委书记白玛旺堆（前排右二）在尼木县吞巴乡调研

2017年9月2日，西藏自治区党委常委、拉萨市委书记白玛旺堆（前排左二）一行在尼木县检查考评2017年度重点工作

2017年9月12日，西藏自治区党委常委、拉萨市委书记白玛旺堆（前排左一）在尼木县塔荣镇调研

2017年3月22日，西藏自治区人大常委会副主任张晓华（右四）一行在尼木县公安局检查指导工作

2017年9月8日，西藏自治区人大常委会副主任嘎玛（左二）在尼木县中学检查指导藏文教学工作

2017年10月20日，西藏自治区人大常委会副主任赵正修（左四）在尼木县帕古乡调研

2017年5月23日，西藏自治区副主席多吉次珠（左三）在尼木县尼木乡聂玉村慰问贫困户

2017年5月18日，西藏自治区纪委副书记王瑞田（右三）在尼木县调研

2017年7月5日，西藏自治区民政厅厅长嘎玛泽登（右排右二）在尼木县调研

2017年8月11日，北京市顺义区委副书记、区长高朋（中）一行在尼木县调研

2017年1月6日，拉萨市委副书记、市人大常委会主任达娃（左三）在尼木县公安局检查指导工作

2017年1月8日，拉萨市委副书记、市长果果（前排右一）在尼木县麻江乡强聂村亚米组慰问结对帮扶户

2017年6月26日，拉萨市委副书记、市长果果（前排左二），市委常委、常务副市长占堆（前排左三），市委常委、常务副市长暴剑（前排左四）一行在尼木县吞巴乡调研

2017年3月30日，拉萨市政协党组书记、主席袁训旺（左四）参加拉萨经济技术开发区尼木产业园建设工程开工奠基仪式

2017年3月6日，西藏自治区党委组织部副部长郭强（右排右三）一行在尼木县慰问援藏干部

2017年5月14日，北京市支援合作办副主任王银成（中）一行在尼木县调研

2017年10月19日，西藏自治区党委政法委副秘书长、护路办主任格桑罗布（右三）在尼木县检查指导铁路护路联防工作

2017年4月27日，西藏自治区交通厅副厅长王锦河（中）一行在尼木县吞巴乡检查公路建设情况

2017年10月24日，西藏自治区国土资源厅副厅长布琼(后排左四）一行在尼木县检查指导不动产工作开展情况

2017年10月12日，拉萨市委副书记、常务副市长胡洪（右二）在尼木县卡如乡考察指导产业发展和精准扶贫工作

2017年7月16日，拉萨市委副书记，北京援藏指挥部党委书记、援藏指挥部指挥长肖志刚（右三）率北京党政代表团一行在尼木县吞巴乡调研

2017年3月19日，拉萨市委常委、常务副市长占堆（中）出席尼木县2017年重点项目开复工仪式

2017年6月1日，拉萨市人大常委会副主任达瓦（右二）在尼木县检查“人大代表之家”创建工作

2017年7月17日，拉萨市人大常委会副主任央金卓嘎（右二）率拉萨市信访局信访工作督查组在尼木县检查指导信访基础业务规范建设工作

2017年8月20日，拉萨市人大常委会副主任觉根（左一）在尼木县麻江乡慰问贫困户

2017年2月16日，拉萨市副市长、市政府秘书长廖波（右二）在尼木县普松乡夏荣寺调研

2017年4月22日，北京市对口支援和经济合作工作领导小组西藏拉萨指挥部副指挥长、拉萨市副市长朱建红（后排右四）一行在尼木县吞巴乡调研

2017年7月14日，拉萨市副市长、公安局局长赵涛（右二）一行在尼木县检查指导公安局交警大队道路交通安全监管工作

2017年3月18日，拉萨市副市长扎西白珍(左一）在尼木县尼木乡日措村慰问结对帮扶户

2017年2月23日，拉萨市政协副主席次仁平措（中）在尼木县卡如乡检查指导工作

2017年7月7日，拉萨市政协副主席、秘书长张勤（右一）一行在尼木县卡如乡督查“四讲四爱”主题教育实践活动开展情况

2017年4月18日，拉萨市政协副主席孙宝祥（左一）在尼木县指导二届二次会议工作

2017年8月3日，拉萨市政协副主席、民宗局党组书记拉巴顿珠（右一）在尼木县统战部调研

2017年3月15日，林芝市政协副主席、自治区第一巡回检查组副组长崔晓东（右二）一行在尼木县塔荣镇林岗村检查指导工作

2017年12月19日，拉萨市纪委副书记苏新勇（右二）在尼木县调研

2017年3月2日，拉萨市发改委主任、拉萨经济技术开发区管委会主任刘汝鹏（右一）一行在尼木县卡如乡调研

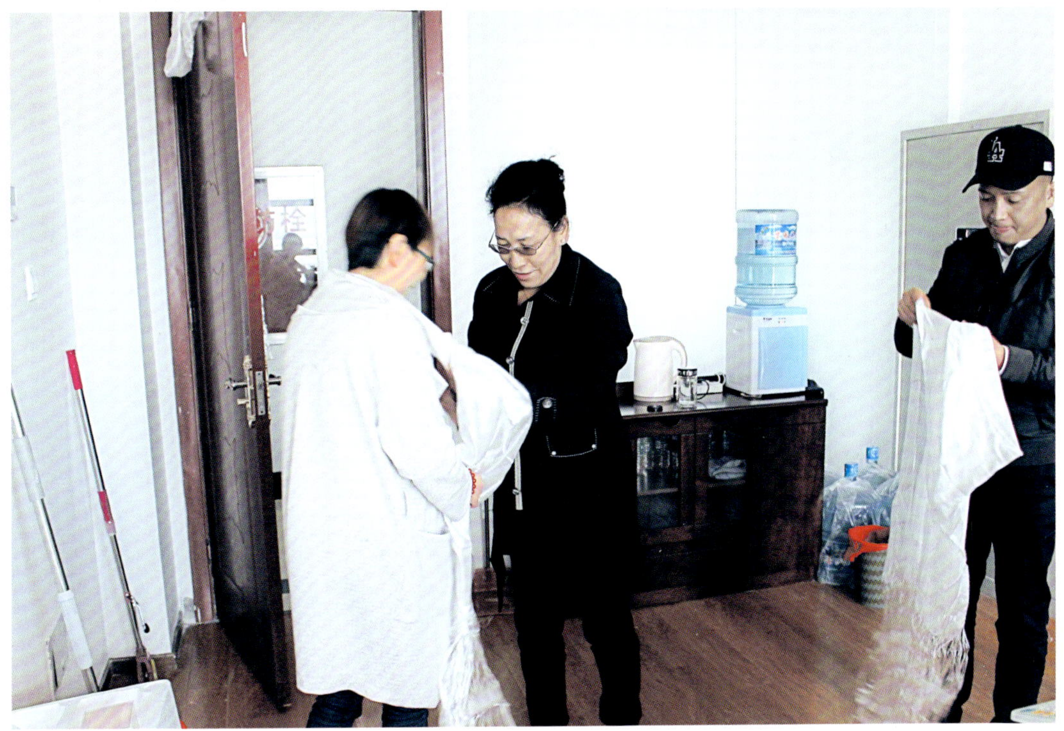

2017年6月27日，拉萨市审计局党组副书记、局长彭多(左二）在尼木县审计局调研

2017年5月5日，拉萨市住建局党组书记宋留杜（中）在尼木县吞巴乡调研特色小城镇建设情况

2017年11月21日，拉萨市卫计委主任扎西德吉（中）在尼木县人民医院开展年终考核

2017年6月22日，拉萨市统计局党组书记仓琼（前排右一）在尼木县调研

2017年11月2日，拉萨公安消防支队支队长扎西多吉（右二）在尼木县公安消防大队督导检查工作

2017年4月26日，拉萨市藏语委办主任向琼（左三）在尼木县吞巴乡调研藏语文社会用字情况

2017年10月23日，县委书记杜国君在尼木县中学调研

2017年10月16日，县委副书记、县长普琼在县公安消防大队检查指导工作

2017年3月13日，拉萨经济技术开发区党工委副书记、管委会副主任洛桑赤列（中）参加尼木县产业园征地补偿款发放仪式

2017年3月20日，中国共产党尼木县第九届纪律检查委员会第二次全体会议召开

2017年11月24日，尼木县召开脱贫摘帽第三方评估汇报会

2017年12月7日，尼木县召开2017年度目标绩效考核汇报会

2017年12月15日，中国共产党尼木县第九届委员会第三次全体会议召开

2017年5月9日，尼木县中学举办第八届田径运动会开幕

2017年5月16日，拉萨市安全生产巡查第四组一行在尼木县巡查指导工作

2017年6月7日，尼木县举办”四讲四爱”主题教育实践活动“爱国歌曲大家唱”合唱比赛

2017年9月13日，国务院第二次全国地名普查领导小组一行在尼木县督查指导地名普查工作

2017年9月13日，拉萨市村（居）组织换届第五检查指导组一行在尼木县各乡（镇）开展基层党建调研

2017年4月15日，西藏自治区级传承人嘎轮现场演示雪拉藏鼓制作技艺

白面具藏戏表演

藏香原料制作工具——水磨

尼木县吞巴乡水磨长廊

藜米礼盒装

尼木雪菊礼盒装

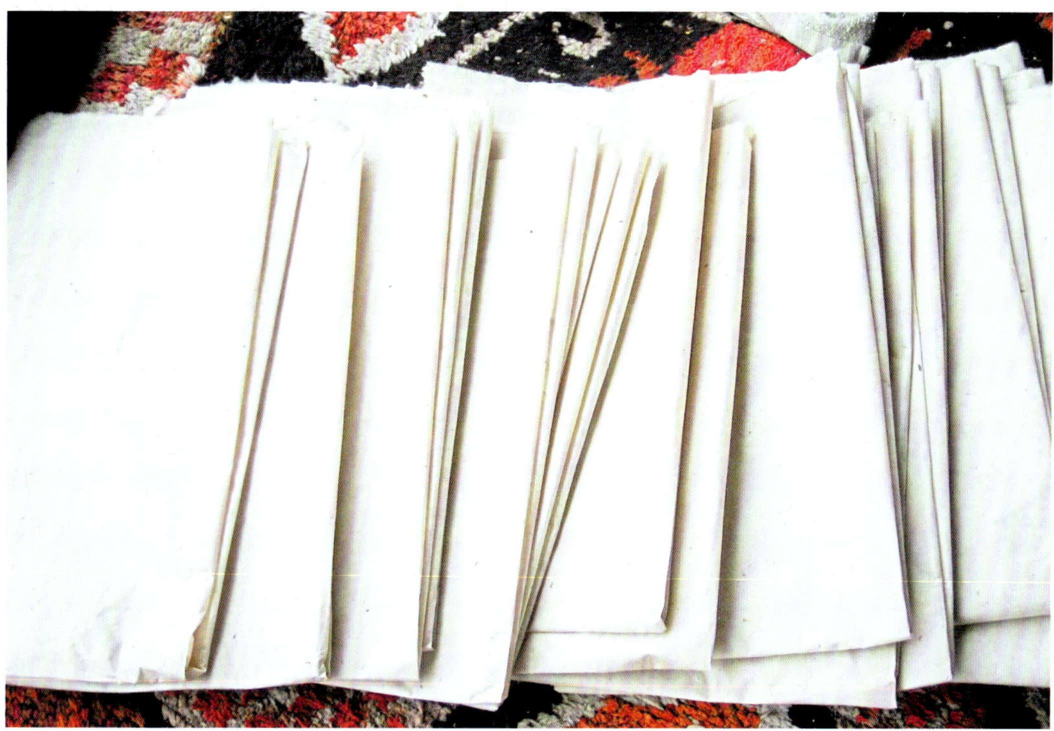

雪拉藏纸

雪拉鼓

吞巴藏香

杨抱石

吞弥·桑布扎故居

如巴湖

尼木县卡如乡赤朗沟

琼姆岗嘎雪山

《尼木年鉴》编纂委员会

《尼木年鉴》编辑部

编辑说明

一、《尼木年鉴》2012年开始编纂，每年出版1卷，2018年卷为第7卷。

二、《尼木年鉴》以马克思列宁主义、毛泽东思想、邓小平理论、“三个代表”重要思想、科学发展观、习近平新时代中国特色社会主义思想为指导，坚持辩证唯物主义和历史唯物主义的立场、观点、方法，始终坚持“实事求是、质量第一、存史资政、服务大众”的办鉴宗旨，全面、系统、翔实地记述尼木县上一年度政治、经济、文化、社会等各项事业的基本情况，为社会各界与国内外人士了解和研究当今尼木县提供翔实资料。

三、《尼木年鉴》分为正文与彩页两部分。正文采取分类编辑法，以类目、分目、条目为主要框架结构，个别包含多方面资料的条目，则在段落间加插楷体标题提示，方便读者查阅全书。

四、《尼木年鉴（2018）》载录尼木县2017年经济社会发展的基本资料，设有特载、综述、大事记、政治、军事、法治、经济管理、社会事业、城市建设·环保、交通·通信、金融、乡（镇）概况、附录等内容。

五、《尼木年鉴》的编辑宗旨，在于求真务实，力求真实生动地反映尼木县在改革开放和现代化建设中取得的崭新成就。

六、《尼木年鉴》所提供的内容和数据，分别来自于尼木县各有关部门和乡（镇）人民政府，经各级领导审核，但由于口径与统计方法不同，恐有不一致之处，使用时应以县统计局提供的数据为准。本书中农田土地面积的计量单位使用“亩”。

《尼木年鉴》编辑部

2018年4月1日

目 录

特 载

综 述

大事记

政 治

中共尼木县委员会

中共尼木县委办公室

尼木县人民代表大会常务委员会

尼木县人民代表大会常务委员会办公室

尼木县人民政府

尼木县人民政府办公室

中国人民政治协商会议尼木县委员会

中国人民政治协商会议尼木县委员会办公室

中共尼木县纪律检查委员会（监察局）

尼木县受援工作

中共尼木县委组织部

中共尼木县委宣传部

中共尼木县委统战部（民族宗教事务局）

尼木县信访局

尼木县藏语委办（编译局）

尼木县创先争优强基础惠民生活动领导小组办公室

尼木县总工会

共青团尼木县委员会

尼木县妇女联合会

尼木县工商业联合会

军 事

尼木县人民武装部

尼木县公安消防大队

武警尼木县中队

法 治

中共尼木县委政法委员会

尼木县公安局

尼木县人民检察院

尼木县人民法院

尼木县司法局

经济管理

尼木县发展和改革委员会

尼木县财政局

尼木县审计局

尼木县国土资源规划局

尼木县工业和信息化局

尼木县统计局

尼木县农牧（科技）局

尼木县农牧（扶贫）开发建设办公室

尼木县林业绿化局

尼木县水务局

尼木县人民医院

尼木县文化旅游新闻出版广电局

尼木县气象局

尼木县供电有限公司

城市建设·环保

尼木县住房和城乡建设局

尼木县环境保护局

交通·通信

尼木县交通运输局

尼木县邮政分公司

尼木县电信局

中国移动通信集团西藏有限公司尼木县分公司

联通尼木县分公司

金 融

中国农业银行股份有限公司尼木县支行

乡（镇）概况

塔荣镇

尼木乡

续迈乡

帕古乡

卡如乡

普松乡

附 录

特 载

在县委九届三次全会第一次全体会议上的工作报告

中共尼木县委书记 杜国君

（2017 年 12 月 15 日）

一年来，在区、市党委的正确领导下，县委班子团结带领全县广大干部群众，坚决维护以习近平同志为核心的党中央集中统一领导，高举中国特色社会主义伟大旗帜，坚持以马列主义、毛泽东思想、邓小平理论、“三个代表”重要思想、科学发展观、习近平新时代中国特色社会主义思想为指导，以迎接宣传贯彻党的十九大精神为主线，深入学习贯彻习近平总书记治国理政新理念新思想新战略、特别是治边稳藏重要战略思想，深入贯彻落实区市县第九次党代会精神，加强党的全面领导，狠抓发展稳定生态三件大事，正确处理“十三对关系”，大力推进市委“六大战略”和现代尼木“三步走”总体布局，不忘初心、牢记使命，敢于担当、勇于作为，各项工作取得新进展。

一、政治坚定、维护核心，始终在思想上政治上行动上与以习近平同志为核心的党中央保持高度

一致

牢固树立“四个意识”，始终坚持把全县上下的思想和行动统一到以习近平同志为核心的党中央上来，增强思想自觉和行动自觉。坚决在思想上政治上行动上同以习近平同志为核心的党中央保持高度一致，高度自觉讲政治、顾大局、懂规矩、守纪律，确保政令畅通。特别是在反分裂斗争这个重大原则问题上，严格按照中央对十四世达赖集团的定性、斗争方针和策略办事，始终做到立场一致、认识一致、步调一致。着力强化理论武装，始终坚持用习近平总书记治国理政新理念新思想新战略武装头脑，用理论指导实践、推动工作。坚持发挥县委常委会和理论学习中心组的引领示范作用，及时组织学习领会习近平总书记系列重要讲话精神、特别是“治国必治边、治边先稳藏”的重要战略思想和“依法治藏、富民兴藏、长期建藏、凝聚人心、夯实基础”的治藏方略，结合尼木实际，认真研究贯彻落实的具体举措，明确发展方向和工作重点。不断深化教育引导，始终坚持以习近平总书记系列重要讲话精神教育引导广大群众自觉知党恩、感党恩、报党恩，坚定不移跟党走。在农牧民群众、青少年学生和僧尼中广泛开展“四讲四爱”主题教育实践活动，累计宣讲1600余场次，参加人数13万余人次，印发《习近平总书记系列讲话100句》藏汉双语口袋书，组织带动广大农牧民群众学习习近平总书记系列重要讲话精神，使农牧民群众从近年来的新生活新发展新变化中切实感受到习近平总书记和党中央对我们的真情关爱，切实坚定“四个自信”、增强“五个认同”、自觉感党恩、听党话、跟党走。更加注重工作落实，围绕中央和区、市党委重要决策部署，推动各项工作在尼木落地生根。组织全县各乡镇、县直各单位召开相关会议，认真传达学习中央经济工作会、中央扶贫开发工作会和区、市第九次党代会精神，立足县情，把握关键点，找准结合点，迅速明确发展方向和工作重点，充分发挥主观能动性，在推动脱贫攻坚、经济发展、社会稳定、生态建设、党的建设方面下功夫，为实现同拉萨其他兄弟县区一道、率先在全区建成小康社会打下了基础。

二、创新思路、补齐短板，坚持把发展作为第一要务，坚定不移贯彻新发展理念

贯彻落实“五大发展理念”，坚持稳中求进、进中求好、好中求快、补齐短板的工作总基调，坚定不移地推进现代尼木“三步走”总体布局，着力补齐发展短板，培育内生动力，经济发展势头良好。2017年，地区生产总值实现7.51亿元，同比增长10.2%；农牧林渔业增加值实现1.22亿元，同比增长4.2%；工业增加值完成0.51亿元，同比增长27.5%；全社会固定资产投资完成18.5亿元，同比增长40.5%；社会消费品零售总额实现0.62亿元，同比增长12%；地方公共财政预算收入1.43亿元，同比增长27.68%；农牧民人均可支配收入实现11636元，同比增长14.3%。

*产业发展提质增效。*按照“四产业两园区”发展布局，大力发展藏香文化、藏鸡、有机农业、全域旅游产业，积极推进尼木现代农业高新示范园区和拉萨经开区尼木产业园区建设，产业发展初显成效。藏香文化产业稳步推进。“党支部＋企业＋合作社＋贫困户”的发展模式初步形成，投资4000万元的藏香产业园区精准扶贫示范基地项目开工建设，预计2018年7月底完成厂区建设及设备调试并投入使用。尼木县藏香研发中心厂房已建成，藏香原材料、管理人员、技术人员已到位，并于10月13日生产出第一批样品。2017年藏香产值实现5700万元。藏鸡产业初见成效。投资959.98万元的藏鸡原种保护基地一期工程补充项目和总投资9600万元的藏鸡原种保护基地二期建设项目开工建设。投资1960万元的藏鸡小循环产业链项目和投入135万元的藏鸡集装箱养殖模式积极推进。截至目前，建成标准化藏鸡养殖示范点14个，全县标准化鸡舍面积达6000平方米，养殖藏鸡26200余只；尼木县藏鸡保种育种养殖基地内原种藏鸡存栏7000余只，为开展保种育种、孵化鸡苗等工作奠定了基础。投资20万元申报的“尼木藏鸡”和“尼木藏鸡蛋”地理标识保护产品，已经通过国家工商总局初审。有机农业创建工作进展顺利。按照创建有机农业示范县“567”工作思路，制定印发了《尼木县有机农业产业发展总体规划》《尼木县创建全

国有机农业示范县实施方案》《尼木县创建国家有机产品认证示范区2017年重点工作任务分解表》；举办有机产品种植、有机农业管理技术培训25次，参训人员达1200人次；种植青稞17630亩、油菜4800亩、藜麦5272亩、土豆1600亩、雪菊5560亩，认证有机牦牛5000头，青稞、油菜、藜麦、雪菊、土豆、牦牛6个产品已取得有机转换证书；9月参加国家认证认可监督管理委员会主办的“2017年度国家有机产品认证示范创建工作会议”，并获得“国家有机产品认证创建示范区”称号。全域旅游产业成效明显。按照“四菜一汤”全域旅游发展规划，全力推进吞巴特色小城镇建设、卡如沟域经济旅游开发、尼木现代农业高新示范园区建设、琼穆岗嘎旅游开发、续迈温泉开发，着力提升旅游服务水平。截至目前，吞巴景区提档升级项目初步概念方案已完成，正在与吞巴景区原开发方商谈控股及合作事宜；卡如农牧民搬迁安居和特色经济建设示范项目已完成总工程量的80%，种植特色果品185亩，其中平谷大桃105.6亩10000株、云南丽江纸皮核桃65亩670株、雪桃14.4亩1630余株；琼穆岗嘎雪山旅游景区开发项目，规划设计方案、风评、节评已完成，雪山景区公路前期工作已完成，正在申请立项；续迈温泉开发项目已完成总工程量的90%。2017年，全县游客达到8.2万余人次，同比增长13%，旅游收入达到3296万元，同比增长11%。“两园区”建设扎实开展。总投资2.2亿元的拉萨经开区尼木产业园区基建项目开工建设，目前正在通过招商引资、企业合作等方式，积极发展运输、物流、商贸、餐饮、电子商务等现代服务产业。总投资5500万元的尼木现代农业高新示范园区建设项目与中国航天科技集团神舟绿鹏农业科技有限公司达成合作开发框架协议，计划于2018年7月完工并投入使用。

经济活力不断增强。大力推进“放管服”改革。组织26个单位认真开展行政审批事项清理、调整工作，审批事项进一步精简，审批时限全面压缩。截至目前，承接下放行政审批事项5项，取消7项，政府服务中心办理便民事项5057项，限时办结率100%，12345政务服务热线受理来电19件，办结率100%。项目投资拉动有力。以项目带动促发展，促进投资拉动，发展动力进一步增强。截至目前，开复工项目96个（其中续建项目15个，新建项目81个），完成投资18.48亿元，同比增长40.2%，尼木县建材市场、尼木—塔荣防洪堤工程等重大项目顺利实施。招商引资推动有力。积极参加“雪顿节”招商推介会、“丝绸之路国际博览会”等活动，在北京成功开展尼木专题展销活动，引进中国核工业集团有限公司等8家企业，先后与拉萨尼弘元仓实业有限责任公司签订吞巴仓储物流项目、与中核实业有限公司签订综合地热资源开发协议、与北京控股有限公司签订地热资源合作开发协议。截至目前，签约项目9个，签约资金27.73亿元，实际到位资金6.3亿元，完成目标任务（6亿元）的105%。对口援藏带动有力。积极与北京顺义区开展互访交流，坚持援藏资金向民生和基层倾斜，扎实推进企业合作、市场对接、人才交流、产业共建等全方位多领域的深度融合。尼木县“十三五”实施规划内援藏项目共计12项，总投资2.26亿元；规划外援藏项目4个，总投资1.25亿元，共计3.51亿元。

脱贫攻坚成效显著。按照拉萨市“两年脱贫、三年巩固”的目标任务，县委多次研究脱贫攻坚工作，在部署“四产业两园区”发展布局的基础上，对应“两个一百年”目标，提出了打赢脱贫攻坚战、建成现代尼木“三步走”总体布局的发展思路，不断加强组织领导，层层压实责任，强化“六脱”措施，以产业扶贫为突破口，以易地搬迁为基础，统筹推进以教脱贫、以补脱贫、以保脱贫、以助脱贫等工作。2017年，经对建档立卡贫困户实施动态调整后，全县建档立卡贫困户1285户5407人。经过自验考核，截至目前，达到脱贫标准的有1253户5244人（其中，在全国建档立卡贫困户信息管理系统中标注脱贫的有301户1253人，死亡注销3户3人，清退2户2人），未达到脱贫标准的有37户168人，贫困发生率下降至0.55%，建档立卡贫困人口人均纯收入超过脱贫标准，贫困户自愿脱贫率达98.79%，群众认可度达96.7%。

三、关注民生、统筹发展，坚持在发展中保障和改善民生，不断提高群众生活水平

始终把改善民生、凝聚人心作为经济社会发展

的出发点和落脚点，从人民群众最关心最直接最现实的利益问题入手，努力实现好维护好发展好群众的切身利益，不断增强群众的获得感、幸福感。

教育事业优先发展。坚持将教育作为社会公平的基础、尼木发展的希望，全力促进教育全面、协调、可持续发展。2017 年，共投入 11905.85 万元开展教育事业，其中教育事业费预算指标 9371.05 万余，本级投入 2534.8 万元，占上年县级财政收入的 22.68%；顺利通过西藏自治区素质教育工作评估验收；完成西藏自治区 2017 年少数民族教育质量检测和拉萨市“五个 100%”教育目标任务督导评估；小学入学率达到 99.93%，初中入学率达到 99.91%，义务教育阶段巩固率达到 91.22%。

医疗事业、食药安全、健康尼木建设扎实推进。积极推进卫生事业发展。已逐步建成规范化的县卫生服务中心，完成 7 个乡镇卫生院改扩建工程，32 个行政村卫生室和 11 个偏远自然组卫生室已投入使用，县、乡、村三级医疗卫生体系逐步完善。努力创建二级乙等医院。深入开展二级乙等医院创建工作，2017 年 7 月 19 日，拉萨市评审专家组进行初审，目前正对初审提出的意见建议进行整改，力求明年通过终审。积极开展“组团式”医疗援藏。根据中组部、国务院扶贫办关于健康扶贫的要求，县医院与北京市房山区良乡医院结为结对帮扶对子，签订 2016—2020 年结对帮扶协议。第一批组团式医疗援藏专家组共 5 人于 2016 年 6 月到 2017 年 6 月在县医院开展援藏工作，共开展手术 217 例，培训医务人员 48 次 500 人次。第二批组团式医疗援藏专家组共 5 人从 2017 年 7 月至今，共完成手术 58 例，其中 20 例由援藏医生完成，38 例由本院医生独立完成。积极做好健康扶贫工作。投入 254.88 万元开展包虫病综合防治工作，包虫病筛查率达 100%，包虫病确诊患者正在积极实施治疗。2017 年全县参加农牧区医疗制度共 30466 人，“新农合”参合率、综合覆盖率均达 100%。认真开展“先诊疗后结算”工作，针对建档立卡贫困户，对慢性胃病、高血压等一些本来没有纳入报销范围的疾病进行报销。全年累计补偿大病统筹基金 1131.08 万元 1725 人次（其中先诊疗后结算绿卡补偿 604.5 万元 1062 人次），发放“一孩双女”困难家庭和“特别扶助”资金 102.42 万元。全年孕产妇死亡率 1.98‰，婴儿死亡率 9.9‰，卫生监督覆盖率 100%，卫生合格率达 97% 以上，农牧民健康素养基本知识和理念知晓率达到 88.5%，对健康生活方式与行为形成率达到 78%，无重大疫情和医疗安全事故发生。积极开展食药安全监督检查。以“四个最严”为标准，着力于“四品一械”安全监管，建立健全 8 乡镇“食品药品安全监管所”，配备乡镇食药协管员 16 名，全年累计开展食药安全监督执法 171 次，检查 586 家食、药经营单位，下达整改责令书 26 份，完成整改 100%，全年无重大食品药品安全事故发生。

社保体系更加健全。按照“以民为本、为民解困、为民服务”的工作理念，持续推进城乡低保规范化、医疗救助一体化、五保供养制度化、社会救助经常化建设，社会化养老服务体系进一步完善，救灾救济工作扎实有效，社会事务管理规范有序。2017 年，全县机关企事业“五险合一”涉及 52 家单位，参保人数 1994 人（退休人员 175 名），征收社会保险金共计 7979.38 万元。全民参保登记数据信息录入人数 28037 人（农牧民群众和机关企事业单位职工），录入率达 82.22%。城乡居民基本养老保险参保人数 18852 人，参保率达到 95% 以上。截至目前，城乡居民 60 岁以上养老金累计发放 519.74 万元。全县农村五保供养对象 153 人（集中供养 129 人，分散供养 24 人），发放五保老人供养金 69.08 万元；及时足额发放寿星老人健康补贴、残疾人生活补贴等，社会救助工作扎实推进。核定享受 2017 年租赁补贴政策家庭 8 户 10 人，房产交易信息系统初步建成。

文化服务普惠群众。深入实施文化惠民工程，不断丰富群众精神文化生活，不断推动社会主义文化大发展大繁荣。2017 年，总投入 1200 万元的白面具藏戏传习所项目开工建设，目前基础设施建设已完成；投入 360 万元，完善基础设施，实现尼木县广播电视台正常运营；发放传承人补助资金 10.3 万元；完成文艺演出 52 场，观众达 1.5 万余人次，放映电影 1203 场次，观众累计达到 7.83 万人次。

“双创”工作扎实推进。成立“双创”工作领导小组，举办尼木县青年创业大赛，完善小微企业台账，建成尼木县藏香互联网＋众创空间，与西藏卓越信息技术有限公司制定尼木众创空间运营合作协议，联系5家小微企业参加“创交会”，10家小微企业参加融资峰会路演。截至目前，众创空间入驻企业20家，正式办公企业3家。注重发挥市场的就业导向作用。统筹抓好高校毕业生、农牧区转移就业人口、建档立卡贫困人口等重点人群就业，动态消除“零就业家庭”。积极搭建就业社会保障服务平台，开发就业岗位300余个，农牧区劳动力转移就业1.8万人次，实现收入0.86亿元，高校毕业生市场就业10人，城镇失业率控制在2.2%以内。

四、恪守底线、绿色发展，坚持人与自然和谐共生，持续推进生态尼木建设

围绕构建好国家生态安全屏障的长远目标，坚持“绿水青山就是金山银山，冰天雪地也是金山银山”的发展理念，全力推进生态尼木建设。

严守生态保护红线。严格落实“党政同责”“一岗双责”，严格执行环境保护“一票否决”制度和责任追究制度，着力构建政府为主导、企业为主体、社会组织和公众共同参与的环境治理体系。2017年，完成整改自治区环境保护督察组重点督察的环境问题3个方面10个问题；接办中央环保督察环境问题举报案件9件，出现场28次，出动现场核查人员200余人次，召开座谈会18次，走访群众150余人次，制定整改方案2份，约谈3人，按时办结案件9件，圆满完成迎接中央环保督察工作；严格建设项目环评管理，建设项目环评执行率达到100%。

大力推进生态工程。总投入867.4万元，实施重点区域造林2180亩、拉萨周边防护林工程4180亩（其中：造林2180亩、封山育林2000亩）、生态安全屏障防沙治沙6666.6亩。本级投入117.6万元种植榆树5000棵、万年青6万株。2个生态乡，5个生态村创建工作通过区、市核查验收，正在进行最终审核。组织编制《尼木县生态文明建设示范县2017—2020创建规划》，并通过自治区环保厅组织的生态创建规划专家组评审。

扎实开展环境建设。加大环境保护投入力度。2017年本级投入专项经费850.24万元，开展环保工作。严格实施环保专项考核与奖惩制度。将环保工作定为全县年度专项考核，制定奖惩制度，并设置一、二、三等奖，分别奖励30万元、20万元、10万元。对在全县环保专项考核中取得突出成绩的单位进行奖励，对考核排名末位的单位取消争先创优的资格，并对主要党政领导进行严格问责。强化生态文明宣传教育。制定年度宣传方案和计划，认真开展以“绿水青山就是金山银山”“冰天雪地也是金山银山”为主题的环保宣传，不断营造全民环保、人人参与的浓厚氛围。截至目前，开展环保宣传活动4次，发放环保知识读本4000余份、环保宣传单3500余份、环保法2000余份、大气污染防治法2000余份、水污染防治法2400余份、环保购物袋8000余只、环保围裙2300余条，悬挂宣传横幅30余条，更新大型广告宣传牌16面，受理环境保护咨询90余人次。切实加强污染防治。制定下发《尼木县水污染防治行动计划工作方案》《尼木县大气污染防治行动计划工作方案》《尼木县土壤污染防治行动计划工作方案》，全面落实“河长制”、水、土、气污染防治工作主体责任。2017年，经4次环境质量采样监测，我县主要河流断面水质均达到或优于国家三类标准，地表水水质达标率100%；县城集中式饮用水源地水质均保持在国家二类限值范围以内，饮用水源地水质达标率100%；大气环境中总悬浮颗粒物、二氧化硫、二氧化氮、可吸入颗粒物等监测指标均达到国家一类标准，环境空气质量优良。积极开展环境综合整治。按照《尼木县环境综合整治工作方案》《进一步巩固“禁白”成果工作方案》，每月对县城、饮用水源地、318国道周边等开展环境综合整治活动，对卫生死角进行集中清理整治，巩固“禁白”成果，城乡环境进一步提升，人居环境进一步优化。截至目前，开展环境综合整治活动11次，出动干部群众3万余人次，垃圾车、洒水车160余台次，累计清理垃圾500余吨，没收一次性塑料袋40余千克。不断加大环境监察执法力度。深入开展环境安全隐患大排查大整治专项行动，加大督查检查频次，加强国控重点企业尼木厅宫铜矿、重点建设项目、农村公路、饮用水源地、垃圾填埋场、医院等单位企业（项目）现场执法检查力度。截至目前，共出动执法人员300余人次，车辆80余台次，检查企业（项目）、行业90余家次，依法下达限期整改通知书4份，全县未发生环境安全事件。年初，荣获自治区2016年度环境保护工作考核优秀奖。

五、担当尽责、常抓不懈，坚持稳定压倒一切，全力维护社会和谐稳定

认真贯彻落实习近平总书记治边稳藏重要战略思想，深入持久地开展各项维稳工作，下好先手棋，打好主动仗，坚持以最高标准、最强措施、最严要求，一个阶段一个阶段部署，一个环节一个环节展开，一个战役一个战役打赢，有力确保了“三无”“三不出”“三稳定”。

反分裂斗争持续深入。一方面注重教育引导群众自觉与达赖集团划清界限，严禁党员干部信仰宗教和参加宗教活动，淡化宗教消极影响，不断增强反分裂斗争自觉性；另一方面不断完善“党政军警民”协调联动指挥机制，严格落实维稳工作责任制和应急处突机制等十项维稳措施；同时，做好情报信息工作，加强重点人员管控，防止境内外串联。

法治建设平稳推进。坚决执行县委决策，依法主动接受县人大及其常委会的法律监督和县政协的民主监督，2017年办理人大建议55件、政协提案44件，答复率100%，满意率100%。加快建设法治政府，制定法治政府实施意见、年度行动计划、考核指标体系，政府决策的科学化、民主化、规范化水平得到提升。探索综合执法，整合国土规划、水利环保、安全生产、食药监管等执法职能，组建县城综合联动执法机构，推行跨部门、跨领域综合执法，推动执法重心下移和执法事项属地管理。推进普法宣传，以法律“七进”为载体，推进法治政府建设，初步形成了办事依法、遇事找法、解决问题用法、化解矛盾靠法的良好氛围。

社会治理不断深化。加快治安防控体系建设，努力构建全方位的公共安全防控网络。加大维稳经费投入力度。2017年共投入1483.01万元，积极落实公、检、法、司经费保障，安排平安尼木建设、联防经费及相关配套资金，确保了社会治安秩序良好、政治稳定。健全维稳工作机制。健全党政军警民联控工作机制，有效融合警力、民力、科技资源，构建权限下沉、力量统筹、迅捷高效的扁平化指挥体系。推动便民警务站改革，促进便民警务站与辖区派出所警务深度融合。持续开展专项治理行动，保护人民人身权、财产权、人格权。不断完善基层治理体系。推动社会治理重心向基层下移，推进县乡村综治中心规范化建设，深化网格化管理和“双联户”治理模式，壮大基层平安志愿者队伍和社情民意联络员、基层治保组织、社会组织等群防群治力量。目前，全县有综治领导小组9个、治保委41个、调委会41个、创安小组9个、护院队31个、护村队32个、护校队10个。有631个联户单位、41个网格，631名联户代表、248名网格工作人员，网格化和双联户工作覆盖率100%，全县群众信息员、宣传员、调解员、安保员和致富带头员的“五员”工作职能得到初步发挥，基层群防群治人数达2500余人。强化铁路护路联防工作。特别是十九大召开期间，全县护路队员全员全时在岗在位并签订军令状，县直机关干部、武警消防官兵、党员和群众充实到铁路护路队伍，实行24小时对拉日铁路尼木段进行巡逻巡护和蹲点守护，确保了十九大召开期间拉日铁路尼木段的安全畅通。扎实开展平安创建。始终把“深化平安创建、构建和谐尼木”作为一项重点工作来抓，在全县范围内不断深化各种形式的基层平安创建活动，实现了平安创建全覆盖。截至目前，我县共评选市级平安乡镇8个、平安村32个、平安校园7所、平安寺庙11座、平安单位22家。评选县级平安乡镇8个、平安村32个、平安校园7所、平安寺庙22座、平安单位24家、平安企业1家、平安旅游景区1家、平安家庭90户。年初，荣获全区2016年度铁路护路联防工作先进集体；全市2016年度“先进双联户”创建活动先进县（区）；全市2016年度社会治安综合治理工作三等奖。

宗教领域和谐稳定。以抓好民族宗教工作为重点，以法制宣传教育、创建和谐模范寺庙暨爱国守法先进僧尼等工作为抓手，积极做好寺庙“六建”工作，认真开展寺庙“六个一”活动，不断完善“9+5”工程，进一步规范健全寺庙管理制度，深入开展创建评选活动，驻寺干部及僧尼住宿条件不断完善，

寺庙管理工作逐步迈入制度化、规范化轨道。2017年，投入资金320.1万元，为寺庙、僧尼家庭办实事40件；投入资金16.6万元，对7座和谐模范寺庙、118名先进僧尼、7个先进寺管会、19名优秀驻寺干部进行表彰。

民族团结更加紧密。牢牢守住民族团结这个"生命线"，认真落实民族团结进步条例，依法治理民族事务，稳慎处理民族问题，深入开展共产党员先锋活动、共青团员闪光行动、少先队员牵手行动、巾帼添彩行动等民族团结进步创建活动。继续推进藏汉双语互学互助，"民族团结一家亲"和民族团结联谊活动深入开展，形成了爱护团结、珍视团结、争当模范的良好氛围，各民族交往交流交融更加深入。2017年共评选表彰16个民族团结模范集体和31名民族团结模范个人，持续弘扬了民族团结的优良作风。

矛盾纠纷妥善化解。推行"四级中心""三个联动""两项机制"等工作模式，全面落实信访事项排查化解责任制、领导干部包案制和领导干部接访、下访、回访、联系群众制度，充分利用基层组织力量，把社会矛盾稳控在当地，化解在基层和萌芽状态。截至目前，全县人民调解委员会共受理调解案件56起，同比减少6.7%，调处56起，调解成功56起，调解率100%。共接待群众来信来访13批件26人次，与去年同期的9批件13人次相比分别上升30%和50%（均属初访），办结12批件，结案率92.3%；上级转交办6批件8人次，办结6批件，办结率100%。社会治安状况持续向好，特别是在党的十九大召开期间，全县未发生一起群体性上访和聚集闹访、越级上访、进京上访事件。年初，获得国家2016年度信访工作"三无"县（区）奖和全市2016年度信访工作二等奖。

安全生产形势稳定。投入150万元，作为交通标识、标线、标牌增设及交通安全隐患排查整治工作经费。投入34.9万元为每个村配备微型消防设备。扎实开展安全生产宣传教育，狠抓安全生产各项工作措施落实，对非煤矿山、建筑施工、道路交通等6个重点行业领域进行拉网式排查检查，安全生产形势总体稳定。2017年，对非煤矿山、危险化学品、道路交通、建筑施工、食品药品、消防等行业领域共检查445次，检查人员2千余人次，发现隐患302处，整改301处〔1处隐患：中石油尼木县加油站发电机与库房间距不足（应为8米以上），因牵扯到停业，待2018年油气回收一并整改〕。截至目前，全县共发生各类生产安全事故50起（均为道路交通事故），未发生较大以上生产安全事故，亡1人，伤10人，直接经济损失12.197万元。与去年同期（事故32起，亡1人，伤14人，直接经济损失133.5668万元）相比，事故起数上升56.25%，死亡人数持平，受伤人数下降28.57%，事故直接经济损失下降90.87%。

六、打牢基础、筑牢根基，坚持党对一切工作的领导，全面推进从严治党向纵深发展

坚持和加强党的全面领导，坚持党要管党、全面从严治党，不断夯实基层基础，努力提高党建科学化水平，为推进尼木加速发展提供坚强组织保障。

县委常委会自身建设不断加强。县委常委会发挥总揽全局、协调各方的领导作用，强化抓全盘、抓各项工作的主体责任，全面贯彻落实中央八项规定精神，认真落实民主集中制，带头严格执行党内生活制度，提高科学决策、民主决策、依法决策水平。制定出台《中共尼木县县委常委会议事规则（试行）》《中共尼木县委"五人小组"会议酝酿干部任免事项规则（试行）》《中共尼木县委常委会议讨论决定干部任免事项暂行办法》《尼木县干部管理办法（试行）》"两规则两办法"，不断提高县委"三重一大"议事决策水平和干部人事工作的制度化、科学化，形成了为民务实清廉的作风新常态，为全县各级党组织和广大党员干部做出了示范、树立了榜样。

党的思想政治建设不断深入。深入推进"两学一做"学习教育常态化制度化。县委理论学习中心组坚持每月两次集中学习，共开展专题学习讨论会27场次，20名县级领导、45名乡镇及县直单位负责人结合实际进行了交流发言，基层党组织书记讲党课46场次，党员干部自觉学习蔚然成风，政治意识、大局意识、核心意识、看齐意识显著增强。扎实开展"四讲四爱"主题教育活动。累计宣讲1600余场次，参加人数13万余人次，汇聚起广大群众、寺庙

僧尼、青少年学生的主体力量，进一步夯实了尼木长足发展和长治久安的思想基础、群众基础、基层基础，凝聚起广大群众感党恩、听党话、跟党走的广泛共识，汇聚起办好尼木事情、做好尼木工作的强大正能量。全面学习贯彻党的十九大精神。充分发挥县委常委会和理论学习中心组的“龙头”作用，坚持领导带头学习，把学习党的十九大精神作为第一堂党课、第一堂政治必修课，原原本本地学，原汁原味地学。在学懂、弄通、做实上下功夫，切实把广大干部群众的思想统一到党的十九大精神上来，把力量凝聚到实现党的十九大确定的各项任务上来，确保党的十九大精神入脑入心、落地生根。截至目前，全县各级党支部累计宣讲200余场次，开展学习研讨90余次，参与人数2200余次；自治区宣讲团拉萨分团赴尼木开展巡回宣讲9场次，参与人数1800余人次。

党对意识形态工作的领导不断加强。坚持党管宣传、党管意识形态、党管新闻。理直气壮地宣传社会主义核心价值观，大力弘扬民族精神和时代精神，不断赋予“老西藏精神”“两路精神”新的时代内涵，不断夯实广大群众共同团结奋斗的思想基础，主旋律更响亮、正能量更强劲。扎实做好了党的十九大和区市第九次党代会及习近平总书记系列重要讲话精神、“两学一做”学习教育、“精准扶贫、精准脱贫”、重点项目建设、“民生工程”等为重点的系列宣传工作。截至目前，制作播放《尼木新闻》200余条；上传各类新闻稿件80余条，西藏日报、拉萨晚报共刊登我县新闻70余条；同时认真做好新闻接访工作，共接待中央驻藏媒体和区、市主流媒体记者14批次90余人次赴我县采访报道，特别是圆满完成了中央电视台外语频道对我县吞巴乡的宣传报道、中央电视台《中国影像方志》尼木篇和《西藏诱惑》等区内外媒体在我县的拍摄工作。并积极联系中国旅游卫视“文明中华行”栏目组拍摄《遇见·天堂尼木之藏香迷醉》和《遇见·天堂尼木之天堂渡口》2集旅游宣传片，进一步提升了我县区内外知名度。严格落实党委（党组）意识形态工作责任。按照中央、区、市关于意识形态工作的一系列重要精神部署要求，把准工作重点，坚持党的领导，进一步加强新形势下意识形态工作，成立了尼木县委意识形态工作领导小组，制定了《尼木县党委（党组）意识形态工作考核细则》，并将意识形态工作纳入年度目标绩效争先进位考核内容，认真组织实施考核。深入推进精神文明建设。认真开展诚信建设、志愿服务、文明交通、文明旅游、文明餐桌、文明校园、家风家训等活动；扎实推进各级文明村镇、文明单位复查自查工作。今年，尼木县继续保留全区文明县城荣誉称号，保留国家级文明村镇1个，自治区级文明单位5个、文明村镇5个，拉萨市级文明单位12个、文明村镇16个。强化县级互联网信息管理。调整充实尼木县委网络安全和信息化工作领导小组，把网络安全和信息工作摆在维护意识形态安全和维护社会稳定的高度，积极开展网上舆论宣传与斗争、网上舆情全时段监测预警、分析研判、分类处置工作，严密防范、有效应对网上攻击和渗透，规范净化网络环境，大力发展健康向上的网络文化。截至目前，累计在“尼木县政务信息网”“尼木发布”“网信尼木”等平台发布图文新闻信息1000余期；组织县乡两级网络评论员70余人参与评论、跟转帖1200余条，撰写原创性评论71条，撰写原创网络文章20余篇。

党的基层组织建设不断夯实。增强基层党组织功能。完成32个村党组织优化设置工作，成立基层党委2个，调整设置村党总支30个，新成立村民小组党支部126个，单独组建机关支部8个。加强农村党员队伍建设。注重从致富带头人、“双联户”和发展稳定一线中发展党员，突出抓好农牧区青年党员培养，优化党员队伍结构，增强党员队伍生机活力。全年发展党员170名，其中农牧民党员107名，占62.9%；女党员49名，占28.8%；新吸收入党积极分子123名。积极推进村级组织活动场所标准化建设。投资10022.77万元对全县30个行政村活动场所进行重建，对2个村活动场所改扩建。目前31个村已全部完成主体工程建设，1个村搬迁待建。不断发展壮大村集体经济。出台《尼木县关于发展壮大村级集体经济实施意见》，设立村集体经济专项扶持资金500万元，32个村全年集体经济收入为346.59万元，所有村实现集体经济收入达到5万元的目标，其中有8个村达到10万元以上、1个村（卡如村）达到50万元以上。深化“强党固基扶村”工作。紧紧围绕“5+2”重点任务，以“喜迎党的十九大，‘两提三助’看变化”等活动为载体，抓经济、保稳定、促发展、强党建，着力构建乡村工作新格局。圆满完成村组织换届选举工作。先后开展4轮摸底调研，整治软弱涣散村级党组织4个，提出“五上五下”选人用人标准要求。截至12月7日，依法选举产生村干部311名，新进班子成员58名，实现组织意图与群众意愿高度统一。

领导班子、干部队伍、人才队伍建设持续推进。县委把干部作为可挖掘的最大资源，围绕“把县乡干部打造成实干队伍、把村‘五支力量’打造成苦干队伍、把全县干部打造成巧干队伍”的目标，对干部一方面严格要求，一方面关心爱护，政治上切实关心干部的成长，生活上不断完善干部的待遇。年内共提拔调整干部160人，其中提任上一级职务96人、进一步使用15人、平调42人、改任非领导职务7人；提任上一级职务中，提任正科级22人，提任副科级74人。制定出台《尼木县干部正常福利发放办法（试行）》，每年拿出2000余万元，全面落实市委规定的干部所有正常福利待遇。

党风廉政建设和反腐败斗争更加深入。层层压实“两个责任”。进一步增强“四个意识”，准确把握运用“四种形态”监督执纪，全面落实“两个责任”。坚持不懈改进作风。严格落实中央“八项规定”精神，驰而不息纠正“四风”。县委县政府督查室围绕党纪党规和中央、区、市、县委决策部署强化督导检查。截至目前，通报曝光乡镇、县直单位25家、点名通报个人37人。县纪检监察机关全年开展执纪监督检查109次，在全县范围内点名通报曝光6个县直单位，查处违反公车使用管理规定2起。层层落实“双述”工作。做到压力逐级传导，责任全面覆盖，确保“双述”述出实效。健全权力规范机制。着重健全权力运行监督和制约机制，把权力关进制度的“笼子”。深化国家监察体制改革。优化机构、整合力量，稳步推进尼木县监察委员的组建工作，实现对所有行使公权力的公职人员监察全覆盖。扎实开展县委巡察工作，首轮政治巡察2个县直单位。坚持零容忍惩治腐败。受理案件问题线索14件，初核了结6件，转立案4件，4件正在办理中，给予党纪处分3人，政纪处分1人，谈话提醒2人，诫勉谈话1人，对1人在全县范围内进行通报批评。

同时，我们坚持党的领导、人民当家做主、依法治国有机统一，不断强化社会主义民主政治建设。支持人大、政协依法开展工作。围绕食品安全、交通安全、项目建设、农业综合开发建设等社会关切的重点工作、热点问题，协调人大、政协及有关部门开展好视察和专题调研。重视群团工作。切实加强党对工会、共青团、妇联等人民团体的领导，充分发挥其在经济发展、维护稳定、联系群众的桥梁作用。积极推进双拥共建。认真落实各项双拥政策法规，广泛开展双拥共建活动，坚持把推进军民融合深度发展和服务地方经济发展、社会稳定、生态建设、产业建设等紧密结合起来，推动军地双方共建共享、共同发展。今年，我县获得“全区双拥模范县”荣誉称号。

一年来，在工作和实践中我们深刻体会到，我县作为全市最贫困、财力最弱的县，迫切需要以比其他兄弟县区更快的速度发展并缩小差距；同拉萨其他兄弟县区一道、在全区率先建成小康社会，迫切需要我们更加努力地做好尼木工作。我们深深体会到，做好尼木工作，必须旗帜鲜明讲政治，对党绝对忠诚，在政治立场、政治方向、政治原则、政治道路上同以习近平同志为核心的党中央保持高度一致；必须凝心聚力抓发展，坚定不移贯彻新发展理念，构建现代化经济体系，努力实现更高质量、更有效率、更加公平、更可持续的发展；必须一心为民谋幸福，坚持以人民为中心，把人民利益始终摆在至高无上的地位，让改革发展成果更多更公平惠及全体人民；必须全力以赴保稳定，坚持习近平总书记治边稳藏重要战略思想在尼木的生动实践，促进尼木社会稳定和长治久安；必须全面从严治党树正气，严格落实“两个责任”，层层传导压力，扎实营造风清气正的政治生态；必须以上率下转作风，从县委班子做起，从县委全委会做起，勇于担当担责，坚持真抓实干，努力创造经得起历史和人民检验的业绩。

一年来，所有这些成绩的取得，是区、市党委亲切关怀、正确领导的结果，是北京市无私援助、鼎力支持的结果，是县四套班子共同努力、齐心协力的结果，是全县各级党组织和广大党员干部群众真抓实干、克难奋进的结果。各位县委委员在各自岗位上心系大局、恪尽职守、勤勉工作，对县委常委会的工作给予了充分信任、真诚帮助、大力支持。在此，我代表县委常委会，向在座各位同志以及全县广大党员干部群众和社会各界人士表示衷心的感谢，并致以崇高的敬意！

在总结成绩和经验的同时，我们清醒地认识到工作中还存在一些不容忽视的问题，亟须加以改善和解决。一是经济总量小，发展基础差，特别是主导产业还没有形成带动效应。二是部分贫困人口内生动力不足，脱贫巩固任务艰巨。三是法治尼木建设任重道远，公民文明素质和社会文明程度有待提高。四是干部总数偏少、人才短缺，部分领导干部思想作风和创新发展能力有待提高。

同志们，党的十九大为我们今后的工作指明了方向，提出了新的更高要求，全县各级党组织和全体党员干部，要更加紧密地团结在以习近平同志为核心的党中央周围，高举中国特色社会主义伟大旗帜，认真学习贯彻党的十九大精神，认真落实区市党委九届三次全委会精神，不忘初心、牢记使命，砥砺奋进、永远奋斗，奋力夺取决胜全面建成小康社会、全面建设社会主义现代化尼木的伟大胜利，谱写中华民族伟大复兴中国梦、实现人民对美好生活向往的尼木新篇章而努力奋斗。

尼木县人民代表大会常务委员会工作报告

——尼木县第十三届人民代表大会第三次会议第一次全体会议

尼木县人大常委会党组书记、主任　尼玛次仁

（2018 年 1 月 7 日）

2017 年工作回顾

2017 年是党的十九大召开之年，也是实施“十三五”规划和打赢脱贫攻坚战的关键之年。一年来，尼木县人大常委会在县委的坚强领导下，在市人大常委会的有力指导下，深入学习宣传党的十九大精神，进一步学习贯彻习近平新时代中国特色社会主义思想，坚持党的领导、人民当家做主、依法治国有机统一，紧紧围绕全县工作大局和县委“稳中求进，进中求好，好中求快，补齐短板”的总基调，紧紧抓住“发展、稳定、生态”三件大事，以“三步走”总体布局和“四产业两园区”发展布局为统领，不断加大对“一府两院”的工作监督，主动作为，勇于担当，充分发挥了地方国家权力机关作用，为推进全县经济社会发展、民主法治建设做出了应有的贡献。

一、坚持党的领导，充分发挥人大保障作用

人大常委会始终坚持党的领导，紧紧围绕县委重大决策部署，积极开展“两学一做”学习教育活动，认真学习党的十八大和十八届历次全会精神以及十九大重要精神，学习习近平总书记有关人大工作的重要讲话，学习中央、自治区、市委关于加强人大工作方面的文件精神，增强做好人大工作责任感和使命感。坚持重要工作党组讨论决定，年度工作计划、重要决议决定、重大问题及时向县委请示汇报，服从县委决定，确保在政治上与县委保持高度一致。坚持人大工作服从县委工作需要，在工作安排上突出中心位置，自觉贯彻县委意图，做到思想上合心，工作上合力，部署上合拍。在具体措施上自觉把县委的决策部署，通过法定程序作出决议决定，把党的主张转变为国家意志和人民群众的自觉行动，确保人大工作在党委领导下依法有序开展。

服从和服务于县委工作大局，针对性地开展视察调研工作，提出有前瞻性、操作性的意见建议，为县委决策提供依据，推动相关工作的开展。坚持党管干部与人大依法任免相结合的原则，依法行使人事任免权，保证县委决定的人选通过法定程序成为国家机关领导人员。按照县委工作要求，积极参与、支持关乎改革发展的重大事项、重大项目建设及阶段性重点工作，促进全县各项重点工作的顺利完成。

二、坚持开好“三会”，依法审议重大事项

为进一步加强落实中央、区、市“关于健全人大讨论决定重大事项制度、各级政府重大决策出台前向本级人大报告的实施意见”的指示精神，人大常委会把职权化为职责，充分发扬民主，严格依法办事，认真行使重大事项决定权和人事任免权。一年来，筹备举行人民代表大会1次，召开常委会会议6次、主任会议8次。

（一）依法审议工作报告。一年来，听取和审议了尼木县人民政府的计划、财政、经济运行，以及法院、检察院等单位5个半年工作报告，听取和审议《尼木县2013-2017年生态环境保护工作报告》《“六五”普法决议执行情况的报告》《在全县公民中开展第七个五年法治宣传教育的决议》等3个专项报告，并依法做出决定、决议，对报告中带有全局性、战略性的重大问题开展视察调研、执法检查和工作监督，使审议更富有针对性，提出的意见建议更切合实际。

（二）依法决定重大事项。按照“政府财政预算变动情况的立项工作须由本级人大常委会审议通过”的规定，一年来，审议县政府预算变动外项目1件，涉及资金3200万元。

（三）依法行使人事任免权。坚持党管干部和人大依法任免干部的有机统一，严把拟任命人员任前了解、意见征求、任职表态、颁发任命证书、公开向宪法宣誓关口，任后听取履职报告、开展工作评议制度，进一步增强了被任命人员的责任意识和公仆意识。一年来，共任免国家机关工作人员30人次，其中政府系统21人次，人大1人次，“两院”8人次，补选人大代表2人，补选人大常委会委员1人。

三、坚持围绕中心服务大局，认真做好闭会期间监督、视察和调研工作

常委会紧紧抓住我县经济社会发展中全局性、关键性问题开展监督，坚持为民代言，关注社会民生，倾力推动发展。一年来，开展各类执法检查3次，视察调研活动4次，积极配合区、市人大开展了法律法规意见征求、专项检查和调研10次。

（一）聚焦精准扶贫开展视察调研。坚持把精准扶贫工作作为新时期党和国家重点工作、作为全面建成小康社会的重要保障、作为事关人民切身利益、维护社会和谐的根本工作来抓。一是积极开展结对帮扶工作。按照县委关于扎实开展领导干部结对帮扶活动的工作要求，常委会多次走访慰问结对帮扶的13户贫困户，累计送去现金和物资共计近5万元，并通过扶贫开发和结对帮扶为他们出主意、想方法、谋方向，在进一步改变生活观念，提升生活质量给出了意见和建议。同时，督导检查乡政府和村居两委在精准扶贫方面的工作，认真开展了建档立卡户的一户一档资料检查和走访入户查看明白卡工作，对检查中发现的问题和改进意见及时反馈给了县、乡人民政府。二是积极开展视察调研工作。在确定年度工作计划和调研议题时，尼木县人大常委会聚力脱贫攻坚，充分发挥人大的职能作用，助力脱贫攻坚向纵深推进。去年4月19日，在尼木县十三届人民代表大会第二次会议期间，根据多数农牧民代表反应，群众在雪菊种植中遇到许多难题，县人大常委会当即组织40多名人大代表，赴塔荣镇林岗村调研了尼木县雪菊育苗种植基地。通过视察调研，充分发挥代表的宣传引导作用，用群众听得懂的语言解释政策，把扶贫政策通过人大代表传递给每一位贫困群众，引导县乡人大代表围绕精准扶贫建言献策，积极投身精准扶贫的具体实践，激发群众的积极性，形成全社会推进精准扶贫精准脱贫的强大合力。

（二）聚焦群众关心的热点话题开展监督检查。常委会依法行使宪法法律赋予的监督职权，突出监督重点、拓展监督内容、完善监督方式，不断发挥人大监督工作优势。去年7月县人大常委会带领人大工作人员深入基层、农村，实地查看青稞、油菜、雪菊等种植情况，并向县政府及其相关单位，以及

“尼木发布”提出和公布了发现的问题。开展了对帕古乡、麻江乡、尼木乡辖区内的幼儿园、村居两委阵地和易地搬迁点等施工的监督检查，并将存在的问题向施工方和承建单位进行了反映，要求及时整改。为加强全县范围内生态环境整治工作，根据县政府环城路段环境综合整治活动任务，一年来，县人大作为牵头单位，多次联合全县各单位组织开展了县城重要路段的环境卫生整治工作，对路段的建设施工地点进行裸土覆盖、围挡设置等相关措施，以及街道商户落实“门前三包”等进行了督促。针对政府和各部门的一般性建设项目，常委会和机关工作人员先后参与监督全县各项工程建设、招投标、竣工验收、政府采购和各类资金发放等10余次。

（三）聚焦司法公平正义开展监督工作。常委会高度关注公正司法，在支持司法机关依法行使职权的同时，派遣人大代表到庭审现场旁听重要案件的审理，定期听取县人民法院和人民检察院工作报告，监督“两院”规范司法行为，进一步推进社会矛盾化解、社会管理创新、公正廉洁执法。

（四）聚焦安全维稳工作开展监督检查。根据县委关于做好维稳工作安排部署，常委会领导广泛深入包乡包村联系点、驻村工作队和寺庙，督查工作人员在岗和值班情况，适时听取工作汇报，积极开展爱国、法治等思想宣传教育，排查社会不稳定因素，在“三月维稳”“萨嘎达瓦”宗教活动、党的十九大召开前后等重要敏感节点时段，常委会领导长期驻扎在维稳工作联系点，轮流在县维稳一线指挥部值班带班，为维护尼木经济社会局势稳定做出了贡献。

（五）积极配合区市人大调研工作。一年来，配合自治区人大常委会开展代表资格审查，“人大代表之家”创建，“双语”教育执法，“一法一办法”贯彻实施，区十届人大五次会议代表建议办理情况，落实区党委人大工作会议精神情况等视察调研活动6次，配合拉萨市人大常委会开展预算法、环保法执法检查等视察调研工作4次。通过视察调研和执法检查，有效解决了群众反映的热点、难点问题，进一步规范了我县各类法律法规和政策的有效落实，强化了人大监督管理，提高了法律和政策的使用效率。

四、坚持代表主体地位，服务和保障代表依法履职

（一）努力为代表依法履职创造条件。一是加强培训学习。县人大常委会以常委会组成人员、机关工作人员、乡（镇）人大主席、四级（区、市、县、乡）人大代表为对象，以宪法、代表法、选举法和新时期人大工作为内容，开展了人大业务理论知识普及培训，组织代表参加区、市人大举办的代表培训5场，开阔基层人大代表的视野，拓宽工作思路，增强了人大代表履职的责任。二是深入开展“代表之家”创建工作。为了方便代表学习交流和开展活动，常委会组织乡镇人大扎实开展了“代表之家”创建工作，在县政府的全力支持下，经过县、乡人大的共同努力，共建成“代表之家”9个（县1个，乡镇8个），并于去年6月先后通过了区市人大的检查验收。一年来，县乡人大利用“代表之家”广泛开展了学习交流、议事议政、信访接待等形式多样的代表活动，充分发挥了“家”的作用，

（二）加强代表工作，提升代表履职能力。一是建立完善了人大工作联系制度。一年来，常委会组成人员以代表身份深入基层农牧区调研10余次，认真倾听群众诉求，面对面接受群众监督，帮助基层农牧区协调解决生产、生活中出现的热点、难点问题。二是落实人大代表列席人大常委会制度。一年来，邀请、组织代表参加常委会会议、视察调研、学习等4场15余人次，不断拓展人大代表活动载体，人大工作的民主基础进一步扩大。

（三）加大代表建议办理的督办力度。去年，召开的第十三届二次人代会上代表提出建议、批评和意见55件，我们迅速分类整理、汇编成册，及时向县政府进行交办。去年3月、10月，常委会成员带领人大办工作人员深入七乡一镇，就代表建议办理情况进行了跟踪督查，对办理过程中存在的问题提出了整改意见，做到了件件有答复，个个有落实，答复率和满意率均为100%。

据统计，代表所提意见中，目前已得到解决或基本得到解决的建议有27件，占总数的49.1%。主要包括关于解决帕古乡21户太阳能供电设备、维

修塔荣村贡堆沃路及其水渠、整修续迈乡山岗村贡朗组道路、解决彭岗村电压不稳、电费高、解决农户自食粮食和牲畜草料补助、统一吞巴乡征地补偿标准、解决麻江乡辖区内流浪狗给人畜带来危害的问题等27件建议。

正在解决的建议有14件，占总数的25.4%。主要包括关于建设乡镇排水系统、解决吞巴乡根比村四组便道改扩建、公益性岗位从业人员实行增长工资的机制、解决麻江乡、帕古乡土地开发中存在的问题、解决车辆审验困难等14件建议。

待条件成熟再解决的建议有6件，占总数的11%。包括关于解决塔荣镇林岗村水磨糌粑申遗、解决卡如乡赤朗村校车接送学生至村委会、解决吞巴乡根培村1、2、3组学生校车接送、更换续迈乡“退耕还林”区域网围栏、增加村小组组长工资、提高村干部、人医、兽医待遇等6件建议。

因政策限制无法解决的建议有8件，占总数的14.5%。主要包括关于解决吞巴乡吞普村耕地围栏、充实尼木乡各村兽医人员、扩大优秀村支书、村主任入选公务员名额、解决退休老村医生活方面问题、解决普松村搬迁问题、提高搬迁扶助资金比例、适当增加驻村工作队经费等8件建议。

五、坚持加强自身建设，推进常委会履职能力提升

人大常委会认真落实全面从严治党各项工作，深入开展“两学一做”学习教育，落实“两个责任”“一岗双责”，切实把人大的权力置于阳光透明的氛围之中，不断加强机关干部的思想建设、作风建设，切实提高了机关干部的履职能力和水平。

（一）加强廉政建设。县人大党组始终坚持把党风廉政建设摆上重要议事日程，与业务工作同步部署。去年年初，召开了专门会议研究党风廉政建设工作，并成立了落实党风廉政建设主体责任领导小组，按照书记负总责、班子成员各负其责的要求，明确了成员分工和职责，全面负责党风廉政建设主体责任的落实。在党组与班子成员之间、常委会与办公室之间、支部与党员干部之间签订党风廉政建设承诺书，把主体责任从党组书记传导到党组成员、办公室负责同志，直到每一名党员干部、每一个工作岗位，层层传导，不断压紧压实，形成层层抓落实的强大合力。

（二）加强纪律约束。在严格执行中央八项规定、区党委“约法十章”“九项要求”和市委八项要求的基础上，聚焦“四风”问题，一年来开展对机关工作纪律执行、公务用车整治、会员卡清退、公款私用等专项治理活动检查10余次；认真抓好干部上下班考勤、请销假等制度的落实；坚决杜绝以会议落实工作，提倡会议经费节俭；组织开展视察调研，接待上级检查时，严格执行上级和县委有关接待标准。

（三）加强学习教育。重视抓好党员干部的学习教育，通过打牢思想基础，不断增强党员干部反腐倡廉自觉性。一是学习教育重点突出。把学习上级有关文件、精神和案例通报作为学习教育的重点内容，在全体党员干部中积极开展宣传教育。同时，把学习贯彻《中国共产党党内监督条例》《中国共产党纪律处分条例》《中国共产党党员领导干部廉洁从政若干准则》和《习近平关于党风廉政建设和反腐败斗争论述摘编》，作为一项重要的政治任务，列入理论学习的重要内容，使党员干部切实领会精神实质，掌握具体规定，自觉贯彻执行。二是学教活动经常开展。始终将廉政教育贯穿到每月至少1次的中心组学习，结合“两学一做”等活动，经常性组织常委会班子成员和机关干部学习上级有关党风廉政建设的文件规定。一年来开展人大常委会党组及机关支部理论中心组学习会议13次，组织观看了《将改革进行到底》《榜样》《贪欲·黑洞》等警示教育片10余部，教育党员干部坚定理想信念和政治立场，严守政治纪律和政治规矩，切实做到心中有党、心中有民、心中有责、心中有戒。

（四）加强制度建设。人大党组严格按照党的各项规章制度，一年来，先后修订和完善了《县人大常委会议事规则》《县人大常委会党组议事规则》《主任会议议事规则》《讨论、决定重大事项的规定》《人事任免办法》《审议意见督办办法》等相关制度；同时，建立健全了常委会及机关党务工作制度和内部管理制度，在不断加强和改进尼木人大工作上，提供了坚实的制度保障。

各位代表，过去的一年，人大常委会取得的工

作成绩，是县委正确领导的结果，离不开全体人大代表、常委会组成人员和人大机关干部职工的辛勤努力，离不开“一府两院”和各乡（镇）人大主席团的密切配合，更离不开全县人民和社会各界的关心支持！在此，我谨代表县人大常委会，向大家表示诚挚的敬意和衷心的感谢！

回顾一年来的工作，面对宪法和法律赋予的职责，面对新形势、新任务的要求，面对人民群众和人大代表的新期望，县人大常委会工作中还存在一定差距，主要表现在：一是对代表履职能力提升的引导欠缺，部分人大代表参政、议政的意识树立不牢；二是对县乡两级人大干部的培训力度不够大，对基层人大后备人才的培养重视不够；三是在闭会期间开展视察、调研、评议和质询等代表活动的力度不够。针对以上问题，今后我们将加以调查研究，努力制定改进措施，切实加以解决。

2018 年主要工作

今年是贯彻落实党的十九大精神开局之年，是推进“十三五”的关键之年，更是为全面建成小康社会奠定坚实基础的重要一年。县人大及其常委会将深入贯彻党的十九大精神，贯彻习近平新时代中国特色社会主义思想，在县委的坚强领导下，正确处理好“十三对关系”，围绕县委“三步走”总体布局和“四产业两园区”发展布局，坚持市委“六大战略”，以深入贯彻新发展理念的实际行动，全面推动尼木县经济社会科学发展，在建设团结美丽健康幸福新尼木的伟大实践中，不断开拓创新，认真履行职责。

一、坚持党的领导，推动全面发展

坚持党的领导，是人民代表大会制度不断发展和完善的基本前提，也是做好人大工作的根本保证。

（一）坚持正确的政治方向。始终把坚持党的领导贯穿于依法履职全过程，落实到人大工作各方面，主动围绕县委中心开展工作，不折不扣贯彻落实县委决策部署，坚持重大事项、重大问题向县委请示报告制度，及时通过法定程序把县委重大决策和重要意图变为人民群众的自觉行动。

（二）全力推进重大决策部署落实。把带头贯彻执行县委决策部署作为人大工作的根本任务，紧扣人代会、“十三五”规划确定的目标任务和人民群众普遍关心、关注的热难点问题，认真开展调查研究，适时作出决议、决定，积极回应人民关切，保证县委重大决策部署得到有效贯彻落实。

（三）实现党管干部与人大依法选举任免干部的有机结合。自觉把坚持党的领导、充分发扬民主和严格依法办事高度统一起来，实现党管干部与人大依法任免干部的有机结合。通过完善任前法律知识考试、表态发言、颁发任命书、向宪法宣誓等程序和方法，保证选举任免工作程序合法、客观公正，确保党的主张经过人大法定程序成为全县人民的共同意志。

二、扎实开展业务工作，推动人大建设再上新台阶

牢牢把握人大工作的正确方向和定位，紧紧围绕县委中心工作，紧密依靠人大代表，坚持发挥人大常委会领导核心作用与依法履行职责相统一，推动人大工作跨越式发展。

（一）严格依法监督和执法检查，切实增强监督实效。一是加强对经济社会发展工作的监督，认真做好发展计划和财政预算执行情况，年度财务调整、决算、审计工作监督；围绕推进精准扶贫、全县重大产业和项目开展专项监督；围绕环境保护法、安全生产法、食品安全法、教育法、土地管理法、预算法等法律法规开展执法检查。二是加强对司法公正情况监督。派遣组成人员、人大代表到“两院”现场听取重点案件的审理工作；加强对司法活动监督，适时听取尼木县人民法院和人民检察院的工作报告。三是积极开展好视察调研活动。围绕公共文化体系建设、“三农”问题、重大项目建设、保障和改善民生等工作，以及群众关注的热点难点问题开展专项调研。

（二）认真做好人大代表工作。一是进一步提升服务水平。加强对“人大代表之家”发挥作用的指导，进一步细化全县代表之家创建方案和考核办法，充分发挥人大代表之家的作用。二是进一步提升代表知情保障工作。有计划、有步骤地对县人大

代表分层次进行培训,为代表送阅人大报纸、杂志,通报县“一府两院”重要工作事项,提供必要的人大业务知识、法律法规等学习资料和政情信息,健全代表履职档案,做好代表履职登记工作,不断增强代表履职能力。三是进一步加强和拓宽人代会闭会期间的代表活动。制定并落实年度县人大代表工作计划,以代表小组为基本单位,创新代表活动载体,指导乡镇开展代表活动;落实常委会组成人员联系代表、代表联系选举单位和人民群众制度;坚持邀请代表列席常委会会议,参加常委会开展的执法检查、视察调查等活动;定期向代表通报常委会履职情况,接受代表监督保障代表活动经费,维护代表合法权益,努力为代表依法履职、发挥作用提供服务。四是进一步加强代表建议的督办工作。坚持常委会领导包抓重点建议办理制度,继续采取重点督办、现场督办、跟踪督办和滚动督办等督办方法,加强代表建议办理考核评价,督促“一府两院”提高代表建议办结率、满意率和解决问题比率,进一步提高办理工作的质量和水平。

(三)积极指导乡镇开展好人大工作。县人大常委会组成人员分片包干,联系代表小组,定期走访代表,指导乡镇人大依法有序开展人大工作;及时协调县委任免和配备七乡一镇的人大主席和人大工作专职人员,确保乡镇人大工作的有序开展;落实每个乡镇5万元人大工作专项经费,并对使用情况进行监督。

三、加强自身建设,提升常委会履职能力

面对新形势和新任务的迫切要求,人大常委会组成人员和人大机关干部必须站在时代前列和实践前沿,努力建设一支政治素质高、履职能力强、整体形象好的人大干部队伍。

(一)要强化思想教育,树立良好形象。始终坚持和依靠党的领导,毫不动摇地在思想上、政治上、行动上同以习近平同志为核心的党中央保持高度一致,牢固树立强烈的责任意识和担当精神,牢记人大工作的使命和职责,牢记全体代表和全县人民的重托,尽职尽责、恪尽职守、敢于监督、善于监督,从事人大工作的所有同志都要对自己高标准严要求,严守做人做事的底线,树立人大干部的良好形象。

(二)要大兴学习之风,提高履职能力。根据人大工作的性质和特点,教育和引导常委会组成人员和人大机关干部树立学习为本、终身学习的理念,把学习作为政治责任和人生追求,努力营造浓厚的学习氛围,力争使人大工作者都能成为开展监督指导的行家里手、行业专家。

(三)要健全管理制度,规范履职行为。要适应新形势、新要求,坚持以制度办事,靠制度管人,着力加强制度建设。进一步修订完善《人大常委会议事规则》和人大机关办文、办会、办事等各项规章制度,严格议事程序,规范履职行为,增强工作实效。

(四)要重视宣传工作,营造良好氛围。加大对人大制度和人大工作的宣传力度,尽可能使更多的人民群众了解人大工作、关心人大工作、参与人大工作。重视加强对人大重要会议、重大活动、重点工作的宣传报道,积极推广代表在联系选民、反映民声、为民办事方面的好经验、好做法,努力营造向人民负责、受人民监督的良好社会氛围

各位代表:人民群众对我们充满期待,尼木的发展需要我们倍加努力。我们要始终保持昂扬向上的精神状态,增强履职责任感,锐意进取,不负使命。让我们更加紧密地团结在以习近平同志为核心的党中央周围,在县委的坚强领导下,紧紧依靠和动员全县人民,同心同德,为实现尼木经济社会的跨越式发展而努力奋斗。

政府工作报告

——在尼木县第十三届人民代表大会第三次会议上

尼木县人民政府县长　普　琼

（2018年1月7日）

2017年工作回顾

2017年，是实施"十三五"规划的重要之年，是全面推进供给侧结构性改革的关键之年。一年来，在以习近平同志为核心的党中央特殊关怀下，在区市党委、政府和县委的坚强领导下，在北京市的无私援助下，我们深入贯彻落实习近平新时代中国特色社会主义思想，紧紧围绕区市县第九次党代会、区市县党委九届三次全委会和区市县经济工作会议的决策部署，坚持稳中求进、进中求好、好中求快、补齐短板的工作总基调，以深化供给侧结构性改革为主线，以提高发展质量和效益为中心，树牢新理念、适应新常态、引领新发展，狠抓发展、稳定、生态三件大事，正确处理好"十三对关系"，深入实施"六大战略"，扎实推进现代尼木"三步走"总体布局，凝心聚力、攻坚克难，敢于担当、勇于作为，保持了全县经济社会持续健康快速发展、社会大局和谐稳定、生态环境更加优化的良好发展态势。

2017年，完成地区生产总值7.51亿元，同比增长10.2%，完成目标任务（7.39亿元）的101.6%；农牧林渔业增加值1.22亿元，同比增长4.2%，完成目标任务（1.08亿元）的113%；工业增加值0.51亿元，同比增长27.5%，完成目标任务（0.508亿元）的100.4%；全社会固定资产投资18.5亿元，同比增长40.5%，完成目标任务（16.20亿元）的114.2%；社会消费品零售总额0.62亿元，同比增长12%，完成目标任务（0.61亿元）的101.64%；地方公共财政预算收入1.43亿元，同比增长27.68%，完成目标任务（1.25亿元）的114.4%；农牧民人均可支配收入11636元，同比增长14.3%，完成目标任务（11740.8元）的99.1%。主要经济指标呈现两位数以上增长，荣获"2017年度拉萨市目标绩效争先进位考核县区进位一等奖”。

一年来,我们主要做了以下工作。

一是着力深化改革,经济活力明显增强

找准着力点和突破口,积极主动推动各项改革,不断增强经济发展活力。大力推进“放管服”改革。组织26个单位认真开展行政审批事项清理、调整工作,审批事项进一步精简,审批时限全面压缩。2017年,承接下放行政审批事项5项,取消7项。政务服务中心办理便民事项5057项,限时办结率100%,“12345”政务服务热线受理来电19件,办结率100%。农业供给侧结构性改革取得新突破。185户农户实现土地流转面积279.03亩,将西藏德青源农业有限公司科技工作站升级为院士工作站,全面落实传统化肥、农药“零施用”要求,积极打造“有机尼木,绿色尼木”,8个乡镇、29个行政村、4693户农户完成土地确权登记颁证工作。稳步推进国有企业发展。县城乡建设投资发展有限公司于2017年7月1日开展我县非营利性建设项目代建代管工作,积极推进成立“藏之蓝物业管理有限公司”“高峰建材有限公司”“尼康服务发展有限公司”“国益投资开发有限公司”工作。“双创”工作扎实推进。成立“双创”工作领导小组,完善小微企业台账,建成尼木县藏香互联网+众创空间,与西藏卓越信息技术有限公司制定尼木众创空间运营合作协议,联系5家小微企业参加“创交会”,10家小微企业参加融资峰会路演,众创空间正式办公企业3家。召开第二次工商业联合会大会,目前非公企业14家,产值3250万元。农村综合信息服务站实现32个行政村全覆盖。

二是狠抓项目建设,经济发展基础不断夯实

将项目建设作为推动经济社会发展的首要措施,时时处处谋项目、聚精会神抓项目,以重点项目建设推动大发展。项目投资拉动有力。2017年,开复工项目96个(其中续建项目15个,新建项目81个),总投资24.39亿元,完成投资18.48亿元,同比增长40.2%,广东瑞德兴阳光伏科技有限公司的10MW高倍聚光光伏发电项目(一期)已完工,二期正在建设,西藏藏能股份有限公司的20兆瓦光伏发电项目于2017年6月投产,尼木县建材市场、尼木—塔荣防洪堤工程、东风灌区、幸福灌区等重大项目顺利实施。培育发展藏能公司为规上企业。招商引资推动有力。积极参加“雪顿节”招商推介会、“丝绸之路国际博览会”等活动,在北京成功开展尼木专题展销活动,引进中核集团等8家企业,先后与弘川公司签订吞巴仓储物流项目、与中核实业签订综合地热资源开发协议、与北控集团签订地热资源合作开发协议。2017年,签约项目9个,签约资金27.73亿元,实际到位资金6.3亿元,完成目标任务(6亿元)的105%。对口援藏带动有力。积极与北京顺义区开展互访交流,扎实推进企业合作、市场对接、人才交流、产业共建等全方位多领域深度融合。2017年,实施援藏项目8个,完成投资1.58亿元,其中,规划内援藏项目6个,4个已完工,规划外2个项目已全部动工建设。

三是强化产业支撑,产业发展提质增效

坚定不移贯彻落实新发展理念,按照“四产业两园区”发展布局,着力补齐发展短板,增强内生动力,经济发展质量和效益不断提升。藏香文化产业成效明显。投资4000万元的藏香产业园区精准扶贫示范基地项目开工建设,建成尼木县藏香研发中心厂房,并于10月13日生产出第一批样品,全年实现藏香产值5700万元,“党支部+企业+合作社+贫困户”的发展模式初步形成。藏鸡产业稳步推进。投资959.98万元的藏鸡原种保护基地一期工程补充项目和总投资9600万元的藏鸡原种保护基地二期建设项目开工建设,投资1960万元的藏鸡小循环产业链项目和投入135万元的藏鸡集装箱养殖模式积极推进,全年养殖藏鸡26200余只,尼木县藏鸡保种育种养殖基地内原种藏鸡存栏7000余只,“尼木藏鸡”和“尼木藏鸡蛋”地理标识保护产品,通过国家工商总局初审。有机农业创建工作成绩突出。举办有机产品种植、有机农业管理技术培训25次,参训人员达1200人次,种植青稞17630亩、油菜4800亩、藜麦5272亩、土豆1600亩、雪菊5560亩,认证有机牦牛5000头,青稞、油菜、藜麦、雪菊、土豆、牦牛6个产品取得有机转换证书,获得“国家有机产品认证创建示范区”称号。全域旅游产业实现新突破。按照“四菜一汤”全域旅游发展

规划，着力提升旅游服务水平。积极协商吞巴景区控股及合作事宜，完成吞巴景区提档升级项目初步概念方案；卡如农牧民搬迁安居和特色经济建设示范项目开工建设，种植果品164.25亩，其中平谷大桃10000株、云南丽江纸皮核桃2300株、雪桃670株；完成琼穆岗嘎雪山旅游景区开发项目设计方案、风评、节评及雪山景区公路前期工作；续迈温泉开发项目完成主体建设。2017年，全县游客达到8.2万余人次，同比增长13%，旅游收入达到3296万元，同比增长11%。"两园区"建设顺利实施。总投资2.2亿元的拉萨经开区尼木产业园区基建项目开工建设，目前正在通过招商引资、企业合作等方式，积极发展运输、物流、商贸、餐饮、电子商务等现代服务产业。总投资5500万元的尼木现代农业高新示范园区建设项目与中国航空集团神舟绿鹏农业科技有限公司达成合作开发框架协议，计划于2018年7月建成投用。

四是持续推进生态文明建设，生态环境更加优化

围绕构建好国家生态安全屏障的长远目标，全力推进生态尼木建设。在年初荣获自治区2016年度环境保护工作考核优秀奖的同时，2017年本级投入专项经费850.24万元开展环保工作。严格落实环境保护责任，完成整改自治区环境保护督察组重点督察的环境问题3个方面10个问题，按时办结中央环保督察环境问题举报案件9件，制定整改方案2份，约谈3人。严格建设项目环评管理，建设项目环评执行率达到100%。大力实施生态工程，投入867.4万元，实施重点区域造林2180亩、拉萨周边防护林工程4180亩、生态安全屏障防沙治沙项目6666.6亩，本级投入117.6万元种植榆树5000棵、万年青6万株，投资111.66万元完成政府大院附属绿化工程。1个生态乡、2个生态村成功创建为自治区级生态乡、村，《尼木县生态文明建设示范县2017—2020创建规划》通过自治区环保厅专家组评审。扎实开展环境整治巩固"禁白"成果，成立尼木县城市管理局，综合行使城市管理行政执法职能，开展环境综合整治活动11次，出动干部群众3万余人次，垃圾车、洒水车160余台次，累计清理垃圾500余吨，没收一次性塑料袋40余千克。不断加大环境监察执法力度，出动执法人员300余人次，车辆80余台次，检查企业（项目）、行业90余家次，依法下达限期整改通知书4份，全县未发生环境安全事件。加强生态文明宣传教育，认真开展以"绿水青山就是金山银山""冰天雪地也是金山银山"为主题的环保宣传活动4次，发放环保知识读本4000余份、环保宣传单3500余份、环保法2000余份、大气污染防治法2000余份、水污染防治法2400余份、环保购物袋8000余个、环保围裙2300余条，悬挂宣传横幅30余条，更新大型广告宣传牌16面，受理环境保护咨询90余人次。全面落实"河长制"、水、土、气污染防治工作主体责任，被评为节水型社会达标建设试点县，荣获自治区最严格水资源管理制度考核唯一"良"等次单位。2017年，经4次环境质量采样监测，我县主要河流断面水质均达到或优于国家三类标准，地表水水质达标率100%，县城集中式饮用水源地水质均保持在国家二类限值范围以内，饮用水源地水质达标率100%，大气环境中总悬浮颗粒物、二氧化硫、二氧化氮、可吸入颗粒物等监测指标均达到国家一类标准，环境空气质量优良。将环保工作定为全县年度专项考核，制定奖惩制度，并设置一、二、三等奖，分别奖励30万元、20万元、10万元。

五是扶真贫真扶贫，脱贫攻坚初战告捷

把脱贫攻坚工作作为重大政治任务和第一民生工程，按照打赢脱贫攻坚战、建成现代尼木"三步走"总体布局，加强组织领导，层层压实责任，注重产业先行、志智双扶，拓展扶贫思路，创新扶贫机制，冲刺脱贫摘帽，奋力夺取脱贫攻坚战的全面胜利。实施的19个产业扶贫项目，1个项目完工，16个项目完成主体建设，2个项目完成前置手续。完成县城一期易地扶贫搬迁100户505人的搬迁入住工作，并为194名劳动力安排就业岗位。2017年计划实施易地搬迁400户1655人，三个搬迁点正在积极推进，藏历年之前全部建成并完成入住。落实2017年学前教育补助、中小学生"三包"及营养改善资金1771.13万元，建档立卡大学生2016—2017学年学费、生活费、住宿费区、市、县三级资金122.52万元。按照不重复资助原则，对2014年、

2015年已脱贫“边缘户”47名在校大学生兑现生活费20.5万元。2017年4名两后生参加学历提升、27名两后生参加驾驶、兽医、厨师培训，为其学历水平和创业、就业能力的提升奠定了基础。完善“一岗一档”资料，落实以补岗位3311个，兑现岗位补贴资金993.3万元，为2370人兑现2017年定向政策性补助资金186.99万元（789元／人／年）。率先实现“两线合一”，共兑现低保资金、“五保”资金、医疗救助资金1052.6万元。建立基本医疗“三重医疗保障”和2020年前政府医疗兜底体系，累计补偿大病统筹资金1725人次1131.08万元（其中，1062人享受了“先诊疗、后结算”优惠政策，涉及金额604.5万元；为建档立卡贫困户中因病对象报销54.4万元）。实施“十项提升工程”项目26个（已完工9个、正在建设17个），落实到位资金9.21亿元，完成投资4.88亿元。整合2年以上涉农结余结转资金993万元投入扶贫产业项目。2017年援藏资金在扶贫领域投入21760万元，与2016年相比增长19860万元。组织麻江乡亚米组贫困群众参观城关区易地扶贫安置点及其附属设施，参观曲水县“三有”村，组织各乡（镇）贫困群众参观县城一期易地扶贫搬迁安置点，创造性地开展“支部讲政策、群众帮群众”活动，召开2017年度“勤劳致富先进典型”表彰会，对10个县级“勤劳致富先进典型”家庭进行表彰。2017年，1253户5244人达到脱贫标准，贫困发生率由2016年初的16.3%下降至0.55%。

六是倾心尽力保障民生，群众生活水平得到新改善

坚持以人民为中心的思想，从人民群众最关心最直接最现实的利益问题入手，努力实现好维护好发展好群众的切身利益，群众的获得感、幸福感不断增强。办实事工作落到实处。严格落实县委、县政府会议精神，县本级投入资金14483万元，研究解决相关单位提交事项及项目配套159个。在认真落实区、市民生政策的基础上，县财政投入资金2100.64万元，稳步推进10件民生实事落实。县供电公司为34户无电户实现全户通电，全县所有农牧民群众实现通电。教育事业优先发展。2017年，共投入11905.85万元开展教育事业，其中教育事业费预算指标9371.05万元，本级投入2534.8万元，占上年县级财政收入的22.68%。完成10个教育教学研究课题评审立项工作。新建县中心小学综合楼、县中学综合实验楼和尼荣村等7所幼儿园，其中4个项目已完工初验。同时县中心小学教工宿舍、续迈乡完小学生宿舍、麻江乡完小供暖项目开工建设；投入4.8万元为麻江、帕古两校安装了弥散式供氧设备，对麻江、帕古两地教师实施激励政策提供经费60万元，进一步改善高海拔、偏远学校教师生活工作条件和待遇。围绕立德树人，深入开展“四讲四爱”主题教育实践活动153场次、参与师生6.28万人次，深入开展“中国梦”、社会主义核心价值观、法制、民族团结、爱国主义、反对分裂维护稳定等主题宣传教育21场次、参与师生2万余人次。评选表彰优秀教育工作者、优秀教师、优秀后勤工作人员等教育系统先进典型72人，发放表彰资金26.1万元。选派教师参加各级各类培训624人次。引进中小学、幼儿园教师27人。选拔33名优秀教师开展校际交流。顺利通过西藏自治区素质教育工作评估验收和拉萨市对“五个100%”教育目标任务的督导评估。顺利完成西藏自治区2017年少数民族教育质量监测和拉萨市小学三、六年级教育质量监测。小学入学率达到99.93%，初中入学率达到99.91%，义务教育阶段巩固率达到91.22%。卫生事业和健康尼木建设扎实推进。实施卫生民生项目5个，积极开展“二级乙等”医院创建工作，成立医疗质量控制小组、疑难病例抢救小组，新开展外科截肢等手术。投入254.88万元开展包虫病综合防治工作，包虫病筛查率达100%，积极对包虫病确诊患者实施治疗。2017年“新农合”参合率、综合覆盖率均达100%。补偿大病统筹基金1725人次1131.08万元，发放“一孩双女”困难家庭和“特别扶助”资金102.42万元。全年孕产妇死亡率198/十万，婴儿死亡率9.9‰，卫生监督覆盖率100%，农牧民健康素养基本知识和理念知晓率达到88.5%。县医院与北京市房山区良乡医院结为结对帮扶对子，签订2016-2020年结对帮扶协议。第一、二批组团式医疗援藏专家组在县医院共开展手术237例，培训医务人员48次500人次。全年累计开展巡诊活动20多次，送去免费药品约9.5万元，就诊人数达1.5万人次。协调中国核工业北京四〇一医院开展“西藏尼木光明行”公益活动，筛查出白内障患者139人，84名患者实施手术。以“四个最严”为标准，着力于“四品一械”安全监管，建立健全8个乡（镇）“食品药品安全监管所”，配备乡镇食药协管员16名，全年累计开展食药安全监督执法171次，下达整改责令书26份，完成整改100%，全年无重大疫情和医疗、食品药品安全事故发生。积极推广第九套广播体操等全民健身活动，举办第八届“琼姆岗嘎杯”足球赛、干部职工篮球比赛、7人制足球比赛、中小学校园足球比赛。文化惠民工程深入开展。完成投资130万元的县城数字影院建设项目、投资350万元的广电中心建设项目、投资194万元的广播电视高山台站建设项目。投资215.32万元的县级有线数字建设项目将逐步安装到户，投资200万元的电视台制播能力采购项目正在进行设备调试。投入1200万元的白面具藏戏传习所项目开工建设。成立广播电视台，投入360万元，完善基础设施，实现节目正常播出。发放传承人补助资金10.3万元。深入开展“五下乡”活动丰富群众文化生活，完成文艺演出52场，观众达1.5万余人次，放映电影1203场次，观众累计达到7.83万人次。保障体系更加健全。基本完成机关企事业“五险合一”工作，五大保险参保人数1994人，征缴基金7314.44万元，城乡居民基本养老保险参保15112人，征缴基金152.75万元。及时足额发放寿星老人健康补贴、残疾人生活补贴等，社会救助工作扎实推进，发放五保老人供养金69.2万元，农村五保供养标准提高到5910元。核定享受2017年租赁补贴政策家庭8户10人，房产交易信息系统初步建成。积极推进培训就业。就业培训278人次，其中建档立卡贫困户185人，开发就业岗位300余个，农牧区劳动力转移就业1.8万人次，实现收入0.86亿元，高校毕业生市场就业10人，城镇失业率控制在2.2%以内。其他事业协调发展。一是工会工作开创新局面。乡镇工会“八有”达标2个，通过率100%，新增工会组织7个，新增会员2336人，为2016年考入大学的困难家庭子女130人发放助学金46.8万元；慰问困难职工50人，发放慰问金5万元。二是团县委创新开展群团工作。通过举办第三届青年创新创业大赛，投入28万元重点扶持4个项目带动26名贫困青年、残疾青年就业；组织召开2017年创业宣讲暨就业洽谈会，帮助6名“两后生”解决就业问题；积极开展“国酒茅台”“希望之星”大学生扶持活动，帮扶22人，扶持资金6万元；荣获拉萨市“五四”红旗团委称号。三是妇联工作亮点突出。向吞巴乡根培村妇女联合特色家园发放10万元扶持金，扶持带动妇女创业就业；新成立县级“妇字号”基地1个，吸纳贫困户6户，年均每户增收2000—4000元；制定出台藏汉双语《尼木县妇女儿童发展规划（2016—2020年）》；完成33个村（居）妇代会改建为村（居）妇联。四是工商、税务积极配合县政府职能部门认真履行职责，在税收、办证、市场监管等方面做出了突出贡献。五是气象局气象服务及时高效，为雪菊种植提供保障。六是消防大队深入开展消防安全专项整治活动，共检查单位数810家次，整改火灾隐患955处，圆满完成各项救灾救援任务。七是县武警中队协助政法机关积极做好反恐维稳工作。八是人武部深入贯彻落实新时期国防和军队建设思想，高质量完成了民兵预备役工作和依法征兵任务。九是农行尼木支行用好用活“三农”金融优惠政策和惠农利农各项政策，为县域经济快速发展添砖加瓦。2017年共发放涉农贷款3.63亿元。十是移动、联通、电信、邮政、审计、编译、供电公司及县属企业等积极支持配合县委、县政府工作，取得了新成绩。

七是创新社会治理，社会局势更加和谐稳定

坚持把维护安全稳定作为硬任务和第一责任，促进尼木经济社会长足发展和长治久安。持续深入开展反分裂斗争。依法打击各种分裂渗透破坏活动，严厉处置违法犯罪活动，教育引导群众自觉与十四世达赖集团划清界限，不断增强反分裂斗争自觉性，坚决维护国家安全和公共安全。不断创新社会治理。2017年，积极落实公、检、法、司经费保障，推进“平安尼木”建设。推进县乡村综治中心规范

化建设，深化网格化管理和“双联户”治理模式，网格化和双联户工作覆盖率100%。扎实开展平安创建，评选市级平安乡（镇）8个、平安村32个、平安校园7所、平安寺庙11座、平安单位22家。评选县级平安乡（镇）8个、平安村32个、平安校园7所、平安寺庙22座、平安单位24家、平安企业1家、平安旅游景区1家、平安家庭90户。荣获自治区级“县域平安边界”称号和“2017年度拉萨市先进双联户创建活动先进县”称号。加强宗教事务管理。2017年，为寺庙、僧尼家庭办实事40件；对7座和谐模范寺庙、118名先进僧尼、7个先进寺管会、19名优秀驻寺干部进行表彰，驻寺干部及僧尼住宿条件不断完善，寺庙管理工作逐步迈入制度化、规范化轨道。民族团结更加紧密。深入推进民族团结进步事业，深入开展藏汉“双语”互学互助，“民族团结一家亲”和民族团结联谊活动，各民族交往交流交融更加深入。2017年共评选表彰16个民族团结模范集体和31名民族团结模范个人。荣获“全区双拥模范县”称号。矛盾纠纷妥善化解。2017年，全县人民调解委员会共受理调解案件56起，同比减少6.7%，调解率100%，开展矛盾纠纷排查20次，排查矛盾纠纷71件，化解率100%。接待群众来信来访14批件28人次，与去年同期的14批件29人次相比下降3.4%，办结14批件，办结率100%；上级转交办7批件13人次，办结7批件，办结率100%。安全生产形势稳定。投入150万元增设交通标识、标线、标牌和排查整治交通安全隐患，投入34.9万元为每个村配备微型消防设备，对6个重点行业领域进行检查1772次，发现隐患1389处，整改1388处（1处因牵扯到停业，待2018年油气回收一并整改）。2017年，全县共发生各类生产安全事故62起，未发生较大以上生产安全事故，亡2人，伤12人，直接经济损失24.68万元，与去年同期（事故57起，亡1人，伤25人，直接经济损失134.73万元）相比，事故起数上升8.77%，死亡人数上升100%，受伤人数下降52%，事故直接经济损失下降81.68%。

八是注重职能转变，不断提高施政水平和服务能力

坚持以建设群众满意的廉洁政府、法治政府、效能政府、服务政府为目标，不断提高施政水平和能力。坚决落实县委决策，严格落实党风廉政建设主体责任，加大简政放权和行政监察、审计监督力度，政府系统廉政建设扎实推进。严守党的政治纪律和政治规矩。依法主动接受县人大的法律监督和县政协的民主监督，2017年办理人大建议55件、政协提案41件，办复率达100%。严格执行中央“八项规定”，严肃查处发生在群众身边的“四风”和腐败问题，机关干部作风明显好转，行政效能和政府执行力全面提升，通报曝光乡（镇）、县直单位25家、点名通报个人37人。县纪检监察机关全年开展执纪监督检查109次，在全县范围内点名通报曝光6个县直单位，查处违反公车使用管理规定2起。受理案件问题线索14件，初核了结6件，转立案4件，4件正在办理中，给予党纪处分3人，政纪处分1人，谈话提醒2人，诫勉谈话1人，对1人在全县范围内进行通报批评。全面梳理和公开政务服务事项，规范公共服务行业，继续推进行政审批“三集中”，不断深化行政审批“接、放、管、服”工作。行政权力网上公开、政务公开、政府信息公开积极推进，建立完善大督查考评机制，廉政建设和作风建设进一步加强，人民群众满意度不断提升。制定法治政府实施意见、年度行动计划、考核指标体系，推进普法宣传，以法律“七进”为载体，推进法治政府建设，政府决策的科学化、民主化、规范化水平不断提升。

各位代表，过去一年的成绩来之不易。这是党中央特殊关怀的结果，是市委、市政府和县委科学决策、正确领导的结果，是县人大及其常委会有力监督、县政协民主监督的结果，是北京市援藏单位无私援助、援藏干部无私奉献的结果，是全县广大干部群众同心同德、奋力拼搏的结果。成绩的取得，饱含了各位代表、各位委员的智慧和力量，凝聚了全县各族人民的心血和汗水。在此，我谨代表县人民政府，向全县3.6万各族干部群众，向北京人民表示衷心的感谢！向人大代表、政协委员和离退休干部职工，向驻县人民解放军、武警官兵、政法干警，向关心支持我县各项事业发展的社会各界人士，表示诚挚感谢并致以崇高的敬意！

在肯定成绩的同时，我们也清醒地看到，经济

社会发展中还存在不少困难和问题。一是经济总量小，发展基础差，特别是主导产业还没有形成带动效应。二是部分贫困人口内生动力不足，脱贫巩固任务艰巨。三是法治尼木建设任重道远，公民文明素质和社会文明程度有待提高。四是干部总数偏少、人才短缺，部分领导干部思想作风和创新发展能力有待提高。对这些问题我们一定要直面挑战，敢于担当，全力以赴做好政府工作，不辱历史使命，不负人民重托。

2018 年工作安排

2018 年，是贯彻落实党的十九大精神的开局之年，是决胜全面建成小康社会、实施“十三五”规划承上启下的关键一年。我们将把学习贯彻党的十九大精神作为首要任务，主动适应新常态，主动抢抓新机遇，主动实现新作为，推动全县各项事业开创新局面，为实现与全市同步全面建成小康社会奠定坚实基础。

今年政府工作的总体要求是：全面贯彻落实党的十九大精神，以习近平新时代中国特色社会主义思想为指导，深入贯彻落实中央第六次西藏工作座谈会精神，区市县第九次党代会和九届三次全委会精神，坚持稳中求进、进中求好、好中求快、补齐短板的工作总基调，贯彻新发展理念，以深化供给侧结构性改革为主线，以提高发展质量和效益为主攻方向，深入实施“六大战略”，牢牢抓好发展、稳定、生态三件大事，坚决打好防范重大风险、精准脱贫、污染防治三大攻坚战，奋力推进团结美丽健康幸福新尼木建设。

今年经济社会发展的主要预期目标是：地区生产总值增长 14%，公共财政预算收入增长 10%，全社会固定资产投资增长 16%，工业增加值增长 10%，社会消费品零售总额增长 15%，农牧民人均可支配收入增长 14%。

实现上述目标，我们要全力做好以下工作。

（一）统筹城乡发展，加快建设美丽尼木

城乡协调发展是全面建成小康社会的必然要求。围绕“净、绿、亮、美、畅”的工作要求，加快建设生态和谐、环境优美、功能完善、全民环保的美丽尼木。

加强县城建设管理。完善城市配套，抓好市政配套设施建设，扎实做好《土地利用总体规划》和《城市总体规划》修编工作，紧密结合城市总体规划，加快推进县城基础设施、垃圾收集转运、停车场、公共厕所等硬件设施建设，积极争取总投资约 1 亿元的尼木县县城公房节能改造项目。创新加强城市管理，抓好“门前三包”等制度落实，推进小区物业管理市场化，进一步规范交通秩序，加强机动车乱停乱放治理力度，提升精细化、网格化管理水平，让群众生活的更舒适。强化宣传教育，进一步提升全民文明素质。进一步美化、亮化县城，提升县城形象。

提升乡村建设水平。切实抓好吞巴特色小城镇建设，全力推进总投资 4403.52 万元的吞巴乡特色小城镇棚户区改造工程，加快推进总投资 2.35 亿元的塔荣镇至麻江乡公路工程建设。完成 74.69 万元农村饮水安全巩固提升工程，实施 537.67 万元的 2017 年第一批脱贫攻坚统筹整合资金项目。积极争取投资 7 亿元的帕古水库工程以及投资 5361.77 万元的续迈乡、麻江乡、尼木塔荣段中小河流治理工程落地建设。

以全区“厕所革命”工作为契机，积极推进县城人员密集区及各行政村 41 座标准化、现代化公共厕所建设，不断提升基础服务设施运行质量，改善人居环境。

实施乡村振兴战略。按照“扶持薄弱村、壮大一般村、提升富裕村”的思路，发展壮大村级集体经济。深入推进“一乡（镇）一业、一村一品”，积极依托所在乡（镇）、村的优势资源，大力发展有特色、可持续、附加值高的优势产业。积极开展美丽乡村示范创建工作，加强农村环境保护，大力改善水电路气房讯广播电视网络等基础设施，提升农牧区宜居水平。大力扶持农牧民专业合作社、家庭农场（牧场）等新型经营主体。加大新型职业农牧民培养力度，以发展现代农业为主要目标，努力构建现代化农业产业体系、生产体系、经营体系，推动农业现代化发展。

（二）深化改革开放，激发经济发展活力

坚持质量第一、效益优先，以供给侧结构性改革为主线，找准着力点和突破口，推动经济发展质量变革、动力变革，激发经济持续健康发展活力。

深入推进改革。持续深化“放管服”改革，推进县政务服务中心规范化、制度化建设，加强权责清单管理和监督检查，深化行政审批改革，推进“互联网＋政务服务”，实现政务公开和行政权力网上公开透明运行。继续深化农业供给侧结构性改革。以获得“国家有机产品认证创建示范区”称号为契机，积极推进基层农技推广体系改革，加快农牧业科技创新步伐，坚持大力发展有机农业的方向和思路，依托尼木自然环境和人文环境优势，结合尼木实际，发现、筛选适合在尼木种植、养殖的特色产品，并借助已经取得有机转换认证的青稞、油菜、土豆、牦牛等品牌，将有机农业转变为有机产业。继续鼓励和引导农牧民群众将土地、林地、宅基地入市交易和入股产业发展，推动资源变资金。持续推进国有企业供给侧结构性改革。大张旗鼓地支持尼木城投公司进行改革和发展，扩大企业规模，提高企业效益，高效能经营县域有形资产和无形资产，不断增强县属企业在全县经济社会发展中的作用。支持非公经济、民营企业改革发展，激发各类市场主体活力，繁荣社会主义市场经济。

实施创新发展。强化科技创新。以现代高新科技指引农业生产，坚持科技领农、科技兴农、科技富农，大力发展有机农业、现代畜牧业等科技含量较高的产业。推进一二三产业融合发展，着力解决发展不平衡、不充分问题。强化人才支撑。积极打造各类培训平台，依托对口援藏资源，采取集中学、个别带、走出去、请进来等方式，大力开展以种植、养殖、加工、服务、销售等为主要内容的实用技术培训，加快培育一批“土专家”“明白人”，不断壮大“两支队伍”力量，为产业发展提供强有力的人才支撑。

加强交流合作。坚持引进来与走出去相结合，持续扩大区内外交流合作，积极争取中央企业、区内外大型企业到尼木投资兴业。增强品牌意识，向区内外大力宣传尼木“国家有机产品认证创建示范区”，大力推广营销藏鸡、藜麦、雪菊等尼木品牌农产品。积极借鉴北京先进的发展理念、经营模式和管理经验，充分发挥组团式援藏作用，深入推进援藏政策、资金、项目、人才等为我所用。大力招商引资。完善和落实招商引资政策，在净土健康产业、新能源产业、饮用水产业及尼木现代农业高新技术示范产业区等方面加大招商引资力度，努力推动产业健康发展。

（三）抓实产业发展，提升发展质量和水平

以“四产业两园区”为抓手，整合优势资源，优化产业结构，扩大产业发展规模，提升产业发展质量和效益，实现实体经济新跨越。

做优藏香文化产业。坚持把藏香文化产业作为文化兴县的优势品牌。围绕藏香产业“123”发展思路，在做好文化遗产传承和保护的基础上，重点挖掘藏文字和藏香为龙头的非物质文化资源，推动其他非物质文化遗产发展齐头并进。以吞巴景区、吞弥故居、藏文字主题博物馆为依托，讲好尼木故事，增强尼木人文厚度，不断提升藏文字、藏香、白面具藏戏文化内涵，加快推进“人文尼木”建设，打响“文香故里”这一人文品牌。

做大藏鸡产业。坚持把藏鸡产业作为农牧民群众增收致富、巩固脱贫成果的重要渠道。全力推进藏鸡产业化发展，实施藏鸡五年百万工程，建成屠宰加工、禽蛋加工、冷链物流、集装箱试验养殖项目，建设商品鸡标准化养殖基地。延伸藏鸡产业链，实现藏鸡种鸡生产、商品鸡放养、蛋品鸡回收的产业化经营体系建设，同时建立“企业＋农牧民利益共同体”经营模式。

做强有机农业。坚持把发展有机农业作为农业供给侧结构性改革、农牧民稳定增收的有力抓手。大力实施农业产业“3212”工程。培育和引进有机生产企业经营主体，形成龙头企业带动有机产业发展局面；建设标准的有机种植、养殖业发展基地；实现7个以上产品的有机认证；着力打造尼木净土有机统一品牌，力争尼木净土品牌拿到自治区驰名商标；实现有机农业与全域旅游业的融合，发挥最大富民增收效益。

提升全域旅游产业。坚持把全域旅游产业作为县域资源整合、产业融合的支柱产业。围绕“四

菜一汤”全域旅游发展规划，按计划推进各项工作。与经开区、域上和美公司、吞弥文化旅游公司共同开发吞巴景区，推进景区提档升级；进一步完善卡如沟域经济旅游项目建设，重点抓好国家森林公园保护性建设；按计划推进琼穆岗嘎雪山旅游项目、续迈温泉循环经济项目、卡如温泉的开发工作，力争形成产业带动。

加快“两园区”建设。坚持把园区建设作为推动产业转型升级、壮大县域经济、增强县级财力的有效载体。建成拉萨经开区尼木产业园区、尼木现代农业高新技术产业示范园区，加强与中国航天集团神舟绿鹏农业有限公司合作，打造以高原种植业为主、集旅游观光业为一体的现代农业观光区，在农业技术生产方式、经营方式方面建立示范体系，辐射带动全县农业向规模化、标准化、现代化方向迈进。积极推进“双创大厦”建设工作，通过招商引资、企业合作等方式，发展实体经济。

（四）注重保护治理，全力守护绿色家园

牢固树立和践行“绿水青山就是金山银山、冰天雪地也是金山银山”的发展理念，切实保护好、治理好、利用好生态环境，促进人与自然和谐共生。

突出环境治理。坚持源头严防、过程严管、后果严惩，持续开展水、土、气污染治理，严格落实“河长制”，按照区、市要求开展土壤污染防治工作，确保全县优良天数和空气质量保持在2017年水平以上，县域河流断面水质功能区达标率稳定在100%，饮用水源地水质达标率100%，土壤质量保持稳定。严把项目建设产业政策关、资源消耗关、生态环境关，严控“三高”项目进入尼木，确保建设项目无越级审批、降低审批等级、无未批先建，环评执行率达到100%，危险废物安全处置率达到100%。进一步加强建筑扬尘治理，力争县城建筑施工扬尘治理率达100%。大力开展环境综合整治和环保宣传活动，加大环境监察执法力度，解决突出环境问题，确保不发生重大环境污染事故。系统推进尼木河生态环境整治、矿山生态环境治理与修复、湿地保护与恢复工程。稳步实施县城污水收集与处理系统工程、尼木县空气质量自动监测点位建设项目。严格保护耕地，综合整治农业面源污染，推进农业清洁生产，支持使用有机肥。组织实施庭院绿化、四旁植树、农田防护林和房前屋后绿化美化身边增绿行动，推进2018年防沙治沙、周边防护林工程。积极申报自治区级生态文明建设示范县，力争通过自治区审核并命名。

强化生态监管。严格落实环境保护“一票否决”制度。划定生态保护红线，加强对生态红线管控区的监管，开展生态系统和生物多样性保护。建立健全领导干部任期生态文明建设责任制，强化“党政同责、一岗双责”，构建政府为主导、企业为主体、社会组织和公民共同参与的环境治理体系。推进美丽乡村建设，加强村域规划管理，开展农房及院落风貌整治和村庄美化绿化。加快推进6个乡镇垃圾无害化处理设施项目建设，加强生活垃圾处理，规范化设置垃圾收集硬件设施、垃圾中转站。加快推进乡镇生活污水管网、生活污水无害化处理和污水处理厂建设，净化环境卫生。

推进绿色发展。积极开展全民节约行动，倡导文明、节约、绿色消费方式和生活习惯，把各族群众环境保护意识转化为保护环境的意愿和行动。做好易地扶贫搬迁后闲置土地的生态恢复，优化乡村绿地布局，使乡村森林、绿地、水系、湿地、耕地形成完整的生态网络。实行最严格的节约用地、最严格的水资源管理和最严格的能耗强度控制制度，推进资源节约利用。

（五）坚持标准不降，巩固好脱贫攻坚成果

始终坚持把脱贫攻坚作为经济社会发展的头等大事和第一民生工程，着力构筑专项扶贫、行业扶贫、社会扶贫、援藏扶贫、金融扶贫“五位一体”大扶贫格局，健全脱贫工作机制，强化脱贫责任，确保2017年实现脱贫摘帽并巩固好脱贫成果。

压实政治责任。严格执行乡镇党政正职相对稳定，坚持让群众真脱贫、不脱贫不调整、不摘帽不调离的原则，建立乡镇干部、驻村工作队、村干部脱贫攻坚考核评价体系，形成推动脱贫攻坚激励与约束相结合的长效机制。把解决返贫问题摆到脱贫攻坚工作的突出位置，树立长期扶贫观念，建立和完善贫困监测体系，建立扶贫队伍跟踪评估机制和社会监督机制，及时发现贫困户在生产生活中出现

的新困难和新问题。各乡镇党委、政府承担的主体责任不变，各种帮扶体制机制不变，各项工作标准只能提高不能降低，切实把压力和责任传导到每个层级、每名干部，确保脱贫攻坚取得实实在在成效，确保脱贫摘帽目标任务圆满通过国家验收。

抓好产业项目。强化产业扶贫带动，加快推进藏香文化产业园、藏鸡养殖、建材市场、粮油加工厂等重点产业项目建设，建立完善产业项目与贫困户利益连接机制，确保项目早建成，群众早受益。认真做好2017年易地扶贫搬迁后续工作，按时完成400户1655人的搬迁安置任务。同时，认真做好已搬迁群众后续就业、入学、就医等工作。推进迁出区域土地承包经营权、生产资料流转和迁出宅基地及房屋财产权处置，增加迁出贫困群众的稳定性收入来源。健全完善搬迁至县城、拉萨经开区的户籍、组织建设等配套政策。

抓好转移就业。发挥县、乡（镇）、村三级“项目促增收”工作小组作用，采取“乡（镇）出名单、培训机构出菜单、企业下订单”的方式，结合“志智双扶”工作，开展定向、订单式技能培训，提升培训的针对性和实用性，确保有劳动力的贫困家庭至少1人实现稳定就业。

抓好“志智双扶”。完善建档立卡贫困户和生活困难边缘户子女就学救助体系，坚决阻止贫困代际相传。注重扶贫同扶志、扶智相结合，继续抓好“支部讲政策、群众帮群众”工作，积极宣传中央、区市县相关脱贫攻坚精神和决策部署，激发建档立卡贫困户内生动力。同时全面总结推广脱贫攻坚新经验、新模式，深入挖掘典型亮点，全面展示脱贫攻坚新成效、新成果，努力实现贫困群众物质脱贫与精神脱贫相互促进、同步提升。积极关注和重视生活困难边缘户的帮扶工作，加大帮扶组织化程度。

（六）全力改善民生，共享改革发展成果

坚守底线、突出重点、完善制度、引导预期，顺应人民群众对美好生活的新期待，切实保障和改善民生，不断提高人民的获得感、幸福感。

着力办好民生实事。在认真落实区市民生政策和巩固以往民生项目实施效果的基础上，从解决人民群众最紧迫、最直接、最现实的利益问题入手，县政府今年安排资金2574.52万元，继续为人民办好10件实事，着力改善群众生产生活水平，让改革发展成果更多更公平惠及全体人民。

优先发展教育事业。全力促进教育全面、协调、可持续发展，切实办好现代教育、人民满意的教育。提升教育资源供给能力，实施第三期学前教育三年行动计划，加大幼儿园建设力度，提高学前教育保教水平；优化中小学布局，推进标准化建设，形成城乡义务教育一体化发展新格局，深入推进义务教育优质均衡发展；加快普及高中教育、大力发展职业教育，深入抓好继续教育和网络教育，促进终身教育发展。围绕立德树人根本任务，把习近平新时代中国特色社会主义思想和社会主义核心价值观深度融入学校教育全过程，提升德育教育和思想政治工作水平。着力提升教育教学质量，大力实施教师教育振兴计划，深化教育援藏工作，强化师德师风建设，继续开展人才引进和教师轮岗交流，努力培养造就一支高素质专业化教师队伍；持续抓好“五个100%”教育目标巩固提升，深入开展“新优质学校”创建活动，规范教育管理，创新教学手段，改进教学方法，提高课堂实效，完善教育质量评价体系和评价结果运用机制，促进教育教学质量全面提升。

千方百计促进就业创业。对“零就业家庭”成员实施摸底排查、建立台账，开展“一对一”就业帮扶。以高校毕业生、建档立卡贫困户、农牧区富余劳动力等为重点，开展高校毕业生就业见习、毕业生专场招聘会、“春风行动”等专项服务活动。鼓励本地企业吸纳高校毕业生、农民工就业。深入实施“四业工程”，强化技能培训，组织有劳动能力和有就业愿望的人员实现转移就业。力争城镇登记失业率控制在2.2%以内，农牧区劳动力转移就业2.2万人次，转移就业收入突破0.9亿元。积极推进大众创业、万众创新，进一步完善尼木现代农业高新技术示范基地的打造及公司入驻工作，做好投资4000万元的藏香产业园建设和运营工作。鼓励小微企业开展电子商务和连锁化经营，在每个乡镇设立电子商务服务点，对从事电子商务和商贸领域开展连锁化经营的小微企业进行补贴和资金鼓励。梳理各职能部门为中小微企业建立的服务清单并

编印成册向基层和企业发放，创建微信公众平台，拓展政策及业务宣传渠道。根据实际情况安排一定财力专项用于青年创业创新，进一步激发创业激情和活力。

完善社会保障体系。全面建立覆盖城乡、惠及全民的社会保障体系，努力实现社会保险全覆盖，织就基本民生的安全保障网。全面实施全民参保计划，完成覆盖城乡居民的基本养老、基本医疗、失业、工伤、生育等保险制度，扎实推进“五险合一”制度改革，各险种参保率保持在95%以上。健全社会救助体系，完善最低生活保障、最低工资保障制度，构建防治养一体化格局，确保有意愿的“五保户”集中供养率、孤儿集中收养率保持在100%的标准。加强防灾减灾体系建设，建立健全自然灾害救助应急预案体系，积极开展防灾减灾业务研讨和应急演练，进一步完善预案，提高预案的实用性和可操作性。加强留守儿童关爱保护。

加快发展卫生健康事业。牢固树立“大健康”理念，推动卫生与健康工作由“以治病为中心”向“以人民健康为中心”转变，打造健康尼木。努力推进医药卫生体制改革，不断提高基本公共卫生服务保障能力。进一步完善新型农村合作医疗制度，抓好合作医疗调整政策的落实。进一步强化医德医风建设，加强对医务人员的管理和教育，改善服务态度，提高服务质量。突出藏医特色，加快发展民族医药事业，尼木县藏医院投入使用。加强重大疾病防控和卫生应急队伍能力建设，开展好全民免费健康体检及孕前优生健康检查、出生缺陷一级干预项目，并建立健康档案。巩固包虫病防治工作成果，继续加大筛查救治力度。继续做好农牧区“一孩双女”户困难家庭扶助制度和西藏特殊子女家庭特别扶助制度以及建档立卡贫困人员医疗救助兜底保障工作。依托医疗组团式援藏，全力做好县人民医院创二级医院工作，力争2018年创二级医院工作顺利通过验收。新建妇幼保健站。深入开展爱国卫生运动，加强健康尼木宣传，倡导健康文明的生活方式，广泛开展全民健身活动。

深入实施文化惠民工程。坚持社会主义先进文化前进方向，培育和践行社会主义核心价值观，深入开展爱国主义教育、中华民族共同体意识教育、中国特色社会主义、中国梦教育和“四讲四爱”主题教育实践活动，大力弘扬民族精神和时代精神，讲好新时代“中国梦 · 尼木故事”，丰富群众精神文化生活，引导全县人民树立和坚持正确的历史观、民族观、国家观、文化观，切实增强对中华文化的认同，树立高度的文化自信和文化自觉。深入开展文化、科技、卫生、法律、爱国爱教“五下乡”活动，全面提升群众文化生活幸福指数，努力形成生动活泼的文化建设新局面。坚持以群众需求为导向，加快推进公共文化基础设施建设，提升公共文化服务能力，着力丰富公共文化产品和服务供给，切实增强群众文化获得感。力争总投资1000万元的曲德寺文物平安保护工程开工建设。

（七）强化社会治理，全力维护公共安全

始终把维护安全稳定作为硬任务和第一责任，用最严格的监管、最严厉的处罚、最严肃的问责，提高社会治理社会化、法治化、智能化、专业化水平。

全力维护国家安全。强化国家安全意识，深入揭批十四世达赖集团的反动本质和反动图谋，教育引导全县各族干部群众维护稳定是福、分裂破坏是祸的硬道理，自觉反对民族分裂，坚决维护祖国统一和民族团结。继续实施维稳力量下沉，重心下移的工作方式方法，建立完善“维稳分包机制”，建立健全社会稳定风险评估机制和社会治安形势分析研判机制，健全完善全县各领域维稳应急预案，加大对各类危害国家安全、民族团结、影响我县社会局势稳定等各类情报信息的收集和研判工作力度，严厉依法打击各类违法行为，进一步夯实维稳基层基础，真正构筑维护稳定工作的铜墙铁壁，全力以赴维护国家政治安全特别是政权安全、制度安全。

加强和创新社会治理。建立健全社会治安立体化、信息化防控体系，全面推进县、乡、村综治中心规范化建设，县、乡建立健全六项工作机制，村级建立健全四项工作机制，严厉打击各类违法犯罪活动，切实提高基层社会治理能力水平。完善安全生产防控体系，严格落实“党政同责、一岗双责、失职追责”安全生产责任制，强化职业健康与安全生产监管工作的整合，深入开展道路交通、非煤矿山、危

险化学品、建筑等行业整治行动，坚决遏制重特大事故，切实保障人民群众生命财产安全。强化食品药品安全监管，源头严防、过程严管、风险严控，努力让人民群众饮食用药安全放心。制定“七五”普法规划，推进法律援助工作全覆盖，健全完善谁主管、谁普法、谁负责的普法工作责任制，形成推动法治宣传教育工作持续发展的合力。积极探索推进人民调解、行政调解、司法调解衔接联动工作，继续推进“调诉对接”工作模式，建立健全县、乡、村、组四级矛盾纠纷排查调处网络，健全完善矛盾纠纷排查调处机制和挂牌督办机制，确保各类矛盾纠纷化解在基层。

促进民族团结。深入推进民族团结进步创建活动，深化民族团结“七进”宣传教育，大力开展藏汉双语学习活动，依法处理各种民族事务，严厉打击一切破坏民族团结的行为，积极营造各民族共同团结奋斗、共同繁荣发展的时代氛围。依法依规管理宗教事务，全面落实利寺惠僧政策，在巩固和发展寺庙“9+5”活动各项成果的基础上，不断完善寺庙公共服务体系建设，进一步改善僧尼修行生活条件，加强和创新寺庙管理长效机制建设。全力支持国防和军队现代化建设，在双拥共建、产业发展、就业安置、权利保障等方面做实军民融合发展，争创“全国双拥模范县”。

（八）强化使命职责，提高政府自身建设水平

各位代表，中国特色社会主义进入新时代，在新的历史起点上，尼木面临着新的形势和任务，对各级政府提出了新的更高要求。我们将自觉践行全心全意为人民服务的根本宗旨，尽心竭力把党和人民赋予的神圣职责履行好，持续加强政府系统自身建设，努力建设人民满意的廉洁政府、法治政府、效能政府、服务政府，为尼木新一轮跨越发展提供有力保障。

从严治政，建设廉洁政府。坚持全面从严治党与经济社会发展的力度统一，大力推进政府系统全面从严治党，严格落实主体责任，切实履行“一岗双责”，大力弘扬“红船精神”“老西藏精神”“两路精神”，用习近平总书记系列重要讲话精神武装头脑、指导实践、推动工作，铸牢理想信念。坚决落实县委重大决策部署要求，认真贯彻执行《关于新形势下党内政治生活的若干准则》，严肃党内政治生活，强化党内监督。严格落实党风廉政建设责任制，加强政府系统廉政建设和反腐败工作，坚持有腐必反、有贪必肃、违规必究，始终保持惩治腐败的高压态势。

依法行政，建设法治政府。抓好“七五”普法工作，自觉践行社会主义法治理念，准确把握政府的权力界限、职责所在，深入推进法治政府建设。自觉接受县人大及其常委会法律监督、工作监督和县政协民主监督，主动接受新闻媒体、审计和人民群众监督。认真办理人大代表意见建议和政协委员提案，完善“三重一大”决策程序，坚持执行重大行政决策集体讨论的民主决策制度，坚持定期向县委、人大报告工作制度。完善政府法律顾问服务架构，健全政府法律顾问制度化、常态化参与政府工作机制，运用法治思维、法治方式谋划和推动政府工作。深化政务公开，提升政务服务透明度，让群众更好地监督政府。加强行政执法监督，规范执法行为。

务实高效，建设效能政府。恪尽职守、敢于担当、勇于作为。时刻牢记肩负的历史重任，始终保持昂扬的工作激情，认真履行职责，努力把政府工作做实做好。大力弘扬求真务实作风，严格落实中央八项规定，持续整治“四风”，定下的事情坚决执行，部署的工作一抓到底，以目标倒逼责任，以时限倒逼进度，以效果倒逼举措，确保各项工作有效落实。

践行宗旨，建设服务政府。坚持以发展和民生为己任，诚心诚意为基层服务，尽心尽力为企业服务，全心全意为人民服务。健全抓落实的常态长效机制，强化督查督办，开展大督查大检查活动和明察暗访，严厉查处不担当、不作为、慢作为和失职渎职问题，坚决整治庸政懒政怠政行为，确保各项工作取得实实在在新成效，以优质服务赢得民心。

各位代表！站在新起点、踏上新征程，我们倍感任务艰巨光荣。面对新挑战、实现新跨越，需要我们奋勇向前。让我们在市委、市政府和县委的坚强领导下，牢记人民群众的期盼和重托，振奋精神，凝心聚力，开拓创新，为决胜全面小康、加快建设团

结美丽健康幸福新尼木而努力奋斗。

名词解释

1. 自治区党委“十三对关系”：国家投资和社会投资的关系；重大项目和民生项目的关系；发挥优势和补齐短板的关系；城镇就业和就近就便、不离乡不离土、能干会干的关系；扶贫搬迁向城镇聚集和向生产资料富裕、基础设施相对完善地区聚集的关系；央企在藏资源开发和解决当地农牧民增加收入的关系；保护生态和富民利民的关系；城市发展和提高农牧民基本公共服务能力的关系；高校毕业生政府就业和市场就业的关系；简政放权和地方承接的关系；企业增产提效和改善企业职工福利待遇、促进农牧民群众增收的关系；中央关心、全国支援和自力更生、艰苦奋斗的关系；鼓励干部担当干事和容错纠错的关系。

2. 六大战略：党建统县战略、环境立县战略、文化兴县战略、产业强县战略、民生安县战略、依法治县战略。

3. 建设现代尼木“三步走”总体布局：第一步，短期脱贫靠项目（对应打赢脱贫攻坚战）；第二步，建成小康靠产业（对应第一个百年目标）；第三步，现代尼木靠科教（对应第二个百年目标）。

4. “双创”：大众创业、万众创新。

5. “四产业两园区”发展布局：“四产业”即藏鸡产业、藏香文化产业、全域旅游产业、有机农业；“两园区”即尼木现代农业高新技术产业示范园区和拉萨经开区尼木产业园区。

6. “四菜一汤”全域旅游发展规划：“四菜”指吞巴特色小城镇建设和藏文化、藏香文化发展，卡如沟域经济开发，麻江乡琼穆岗嘎旅游资源开发，有机农业观光区；“一汤”指以续迈温泉为主、卡如温泉和麻江温泉等多点开发的温泉项目建设。

7. “河长制”：即由各级党政主要负责人担任“河长”，负责辖区内河流的污染治理。

8、“两线合一”：即农村居民最低生活保障标准与农村困难群众扶贫标准“两线合一”。

9. “十项提升工程”：即“水电路讯网、科教文卫保”提升工程。

10. “支部讲政策群众帮群众”活动：“支部讲政策”即充分发挥基层党支部的战斗堡垒作用，注重宣传党的扶贫政策，向群众讲明“自力更生、艰苦奋斗、勤劳致富”的道理，激励贫困群众克服等、靠、要思想，充分发挥主观能动性，将“要我脱贫”变“我要脱贫”。“群众帮群众”即群众与群众结成一对一、多对一的帮扶对子，坚持扶志与扶智相结合，对好逸恶劳导致贫困的群众，由通过自力更生、艰苦奋斗已脱贫群众对其进行教育帮助；对不善理财导致贫困的群众，由懂经营、会管理、善理财的富裕群众对其进行教育引导，通过传帮带逐步缩小收入差距。

11.“五下乡”：送政策、送法律、送文化、送卫生、送科技。

12. “五险合一”：指城镇职工基本养老、城镇职工医疗、失业、工伤和生育五项社会职工（统称“社会保险”）实行统一登记、统一基数、统一征缴和统一稽核。

13. 工会“八有”：门前有牌子、办公有场地、会员有档案、组织有机构、工会有印章、工作有计划、活动有记录、学习有资料。

14. “双联户”模式：以加强基层社会治理和服务体系建设为目标，全面实施“联户平安、联户增收”工作模式。

15. 中央“八项规定”：改进调查研究，轻车简从，精简会议活动、切实改进会风，精简文件简报、切实改进文风，规范出访活动，改进警卫工作，严格文稿发表，厉行勤俭节约。

16. “四风”：指形式主义、官僚主义、享乐主义和奢靡之风。

17. 法律“七进”：法律进机关、乡村、社区、学校、企业、单位、寺院

18. “放管服”：就是简政放权、放管结合、优化服务的简称。

19. “两支队伍”：一支是以种植、养殖为主的现代农业职业农牧民队伍，另一支是以农畜产品深加工、藏香等特色产品生产，全域旅游经营、商品流通服务为主的产业工人队伍。

20. 藏香产业“123”发展思路：“1”即做好“藏

香文化"这个非物质文化传承;"2"即建设吞巴手工藏香制作中心和县城藏香产业园区现代生产中心;"3"即打造产品体系、品牌体系、市场体系3个体系建设。

21. 农业产业发展"3213"工程:"3"即实施三年行动方案;"2"即在麻江、帕古、续迈北部三乡发展一个牦牛标准化养殖与产品深加工区和在吞巴、塔荣、尼木三乡(镇)发展现代设施蔬菜、藜麦种植为主的农业产业发展区;"1"即建成一条自尼木乡乌米地区至卡如乡赤朗村40公里以果品产业为主的一二三产融合发展现代农业产业带(沟域经济产业带);"3"即发展藏鸡、设施农业、牦牛三条产业链。

22. "三高"项目:指高污染、高耗能、高排放工业企业。

23. "四讲四爱"主题教育实践活动:"四讲四爱"即讲党恩爱核心、讲团结爱祖国、讲贡献爱家园、讲文明爱生活。

24. 民族团结"七进"活动:民族团结进机关、进农村、进社区、进学校、进企业、进寺庙、进部队。

25. "9+5":有五位领袖像、有国旗、有道路、有水、有电、有广播电视、有电影、有书屋、有报纸(人民日报、西藏日报),修建一个食堂、一个澡堂、一个垃圾池、一栋温室、培养培训一名卫生员。

26. "红船精神":指开天辟地、敢为人先的首创精神,坚定理想、百折不挠的奋斗精神,立党为公、忠诚为民的奉献精神。

27. "老西藏精神":指"特别能吃苦、特别能战斗、特别能忍耐、特别能团结、特别能奉献"的精神。

28. "两路精神":一是"一不怕苦、二不怕死"的精神,二是"顽强拼搏、甘当路石"的精神,三是"军民一家、民族团结"的精神。

29. "三重一大":指重大事项决策、重要干部任免、重要项目安排、大额资金的使用,必须经集体讨论作出决定的制度(简称"三重一大"制度)。

政协第二届尼木县委员会常务委员会工作报告(草案)

——在政协第二届尼木县委员会第三次会议上

政协尼木县委员会党组书记、主席 赵志强

(2018 年 1 月 7 日)

2017 年工作回顾

2017 年,在县委坚强领导下,市政协精心指导、县政府的大力支持下,县政协及其常委会团结带领广大政协委员全面贯彻落实党的十九大、习近平总书记系列重要讲话精神和区、市、县第九次党代会精神,紧密团结在以习近平总书记为核心的党中央周围,牢牢把握团结和民主两大主题,始终坚持与县委在思想上同心,目标上同向,工作上同步,自觉融入大局找准政协位置,立足大局思考问题,服务大局发挥职能作用,切实做到县委、县政府的工作推进到哪里,政协的工作就跟进到哪里、政协的力量就汇聚到哪里、政协的作用就发挥到哪里,认真履行政治协商、民主监督、参政议政三大职能,实现了政协第二届尼木县委员会各项工作的良好开局。

一、坚定理想信念,增进政治认同

我们坚持把巩固共同思想政治基础贯穿于重大会议、活动之中,特别是中共十九大胜利闭幕后,主要以参加县委组织的理论中心组学习和县政协党组、政协常委会、机关党支部理论学习等形式,深入学习贯彻中共十九大精神。政协党组成员还分别深入到各自驻点乡镇和村委会宣讲十九大精神。通过学习、宣讲增进共识,引导政协机关干部,号召广大政协委员,牢牢把握“不忘初心、牢记使命”的新时代主题,增强“四个意识”,树牢“四个自信”,夯实团结奋斗的共同思想政治基础。常委会以充分发挥专题学习会的形式开展集中学习共计 10 余次;以“四讲四爱”主题教育活动为契机、提案撰写

规范为内容，对新调补委员开展专题培训2次。通过系统学习和培训，使广大政协委员、机关干部职工进一步深刻领会党的十九大和区、市、县党委九届三次会议的精神实质、主要任务，提高了在政协工作中把握形势和服务大局的能力，进一步增强了议政建言的针对性，进一步巩固了各族各界人士“共同团结奋斗、共同繁荣发展”的思想政治基础，为开创政协工作新局面奠定了牢固的思想基础。

二、围绕中心工作，推进履职建言

开展政治协商是人民政协的首要职能，县政协常委会坚持把围绕中心、服务大局、不断推动全县经济社会持续、健康、快速发展作为履行职能的首要任务，列席县委常委会议、政府办公会议，坚持在决策前参政协商，执行过程中监督。深刻把握协商形式的多样性、协商时机的超前性、协商课题的资政性、协商转化的实效性，规范协商运作程序，着力提高协商质量。

（一）开展好专题协商。年内召开2次全委会、4次常委会、3次主席会议，按照协商在决策前和决策中的要求，就脱贫攻坚工作、生态环境建设、增进民生福祉、发展特色产业等方面认真开展专题协商，二届常委会议围绕县委提出的“四产业两园区”中的藏香产业发展，以“藏鸡产业、藏香产业、有机农业、全域旅游”为主题，召集二届常务委员就“藏香药材种植”的项目前景、种植周期、种植效益等方面展开专题协商。政协常委会还积极探索协商民主建设，在把握运用政治协商这一基本履职途径的过程中，充分发挥政协优势，在积极利用政协常委会高质量协商的基础上，不断探索协商内容和方式，使政治协商进一步延伸参与到党政重大决策过程中。

（二）开展好提案办理协商。不断创新提案办理方式，完善提案办理协商机制，改变以往委员提案交由承办单位，再由承办单位书面答复委员的单一办理方式。在办理工作中尽力做到年初计划的“三见面”，即办前见面，了解提案提出的原由、目的和要求；办中见面，及时互通信息，注重调查研究，共商办理之策；办后见面，听取委员意见，改进办理方法，完善答复意见。通过采取主动面商、联合视察、专题协商、跟踪督办等方式，提升提案工作办理实效，邀请提案者、提案承办单位参加专题协商会议，让提办双方进行面对面协商，使提案的合理化意见建议得到采纳落实。这不仅体现了承办单位对政协委员的尊重，也让委员们感受到了更多的社会责任，感受到收集社情民意、反映群众呼声收到了实际效果，增强了委员自身履职的责任感和使命感。截至目前，在县委、县政府督查室的大力配合和政协及时跟踪督办以及各承办单位的认真负责下，41件提案已全部答复完毕，但其中仍有少数单位未能按照“三见面”要求及时进行见面答复工作，对此提案委也将联合县委、县政府督查室继续严格督促改善。

（三）密切加强联系，积极配合区市调研工作。2017年8月，自治区政协民族和宗教委员会主任德青旺姆带领调研视察组，在我县围绕当前藏医药发展现状、下一步藏医院的投入使用计划以及医疗卫生人才引进等专题进行考察调研，期间，我们积极宣传我县藏医事业发展取得的巨大成就，并就存在的困难和需要帮助协调解决的有关问题提出诚恳建议。8月，市政协党组成员、副主席、市市民服务中心党组书记、副主任岳国红带领拉萨市政协群团界、教育体育界委员到我县开展界别调研活动，通过实地参观、听取汇报和查阅资料等方式，对我县县（乡）两级政务服务体系的硬件建设情况、制度建设情况以及政务公开运作情况等进行了广泛协商。

三、凝聚发展合力，助推民生改善

认真总结中共十八大以来人民政协事业在继承中发展、在发展中创新的宝贵经验。发挥政协常务委员会在政协工作中的基础性作用，提高政协机关服务能力和水平，改进视察调研、社情民意、民生改善、文史资料等工作。

（一）深入开展调研视察活动。常委会始终坚持把调查研究作为履行职能的首要环节，切实抓紧抓好，认真贯彻落实县委扩大会议精神，围绕尼木县“四产业两园区”发展布局，农牧业结构调整等。精心选择“藏香药材种植”和“普松特色产业发展”2个重点课题进行专题调研，为我县下一步“三步走”总体布局协商建言奠定了坚实基础。

（二）注重开展走访委员活动。为进一步加强与委员的联系和沟通，全面了解委员的基本情况，充分调动委员的履职积极性，了解委员提案的初衷和目的，提高提案的落实率，有效发挥委员的主体作用，政协党组成员按照年初安排，根据各自分工，分别走访各界别委员10余人次，充分了解新一届委员的思想、工作、生活和履职情况，听取委员们对县委、县政府及政协工作的意见建议，使收集和反映社情民意工作更加知民情、接地气。在走访中，还鼓励我县工商界委员不断发展壮大民族产业，在脱贫攻坚工作中贡献力量，在解决就业、扶贫帮困中发挥作用。

（三）注重在发展中改善民生。目前我县正处于脱贫攻坚和全面建成小康社会的决战决胜阶段，今年也是精准扶贫、精准脱贫工作的关键之年，县政协积极落实县委、县政府关于开展精准扶贫工作的有关要求，坚持“工作到村、扶贫到户”的工作格局，对所对口的普松乡如白村先后进行13次入户走访，在向全村精准扶贫建档立卡户开展精准扶贫相关政策宣传活动的同时对各自对口的扶贫户进行走访慰问，切实将精准帮贫工作做实、做细、做到位。还根据该村实际情况，创新扶贫开发思路，以贫困户、贫困人口为工作对象，以增加贫困户的收入和改善发展环境为目的，实施扶贫开发“规划到户、责任到人”的工作责任制，着力改善贫困群众的生产生活条件，为全县脱贫攻坚工作做出应有的贡献。

（四）开展文史资料编撰工作。为积极适应政协文史资料工作的新形势，填补我县文史资料的空白。今年，政协党组同拉萨市政协签订了《关于整理和出版县（区）史的协议》，随即成立由11家成员单位组成的文史工作领导小组并召开工作动员部署会，分别按照组织筹备阶段、史料搜集阶段、拟稿翻译阶段、形成资料阶段以及审核校对阶段开展文史资料编撰工作，目前，尼木文史翻译工作开展进度顺利，已形成《尼木简史》（藏译汉）初稿，现处于审核校对阶段，切实推进了我县文史资料工作走上制度化、规范化、科学化轨道，进一步充实了我县文史资料内容，为尼木留下宝贵的精神财富。

四、加强自身建设，夯实工作基础

常委会坚持按照习近平总书记提出的“懂政协、会协商、善议政”和提高“四个能力”的要求和在十九大报告中对“发挥社会主义协商民主重要作用”的表述，坚持改革创新，切实加强政协自身建设，着力夯实履职基础，提升履职能力。

（一）加强理论学习，打牢思想基础。常委会深入贯彻落实党的十九大和中央第六次西藏工作座谈会精神，以马列主义、毛泽东思想、邓小平理论、“三个代表”重要思想、科学发展观，习近平新时代中国特色社会主义思想为指导，深入贯彻落实习近平总书记系列讲话精神和治国理政新理念新思想新战略，特别是治边稳藏重要战略思想，以“讲党恩爱核心、讲团结爱祖国、讲贡献爱家园、讲文明爱生活”为主题，进一步把思想和行动统一到中央的决策部署上来。通过主题宣讲、网络平台、政协会议、调研座谈等形式交流学习体会，巩固履行职能的思想政治基础。今年6月，政协党组委派政协副主席仁金罗布深入寺庙对广大僧尼群众开展“四讲四爱”主题宣讲共计20余次、参加人数达400余人次；另组织40余名党外委员围绕“四讲四爱”主题教育活动召开座谈会，不仅为喜迎党的十九大胜利召开营造了浓厚的氛围，同时，对提升党外委员素质，促进政协工作更好开展打下坚实的基础。11月，在党的十九大顺利闭幕后，政协党组开展党的十九大专题学习会，组织机关党员干部深刻学习领会报告内涵，并围绕十九大报告做出的新部署、新要求、新思想、新观点开展谈心交心活动2次，撰写心得体会文章5篇。

（二）加强队伍建设、提升服务能力。结合政协工作实际，通过印发征求意见表、建立常委微信群等方式，围绕改进政协工作广泛征求意见，及时整改落实。改变会议公文制度，减少会议、文件，着力改进会风文风。严格执行办公用房、公务接待和公务用车标准。强化政协机关干部思想政治建设、作风建设和能力建设，不断提高整体素质、服务水平和工作质量。加强政协工作宣传，通过“尼木发布”“政协信息”重点宣传政协工作，委员履行职能、发展经济、回报社会的风采，努力营造政协工作的良好氛围。

各位委员，过去一年来政协常委会工作所取得的进展和成效，是县委正确领导、人大、政府重视关心的结果，是县委、县政府和社会各界热情帮助、鼎力支持的结果，也是县政协全体委员团结协作、共同奋斗的结果。在这里，我代表县政协常委会向所有关心、支持政协工作的各级领导和同志们表示衷心的感谢和崇高的敬意！

在总结成绩的同时，我们清醒地认识到，与新常态、新形势相比，与广大政协委员和人民群众的新期望、新要求相比，我们的工作还存在不足。比如，有的协商议政活动实效性不够明显，民主监督还比较薄弱，联系服务委员的机制还有待进一步完善等。我们将在今后的工作中采取有力措施努力改进。同时，我真诚地希望全体委员对常委会工作提出意见和建议，共同把政协工作做得更好。

2018年工作重点

今年县政协工作总体思路是：在县委的坚强领导下，认真贯彻落实中共十九大和习近平总书记系列重要讲话精神，按照《关于加强和改进人民政协民主监督工作的意见》的通知，紧紧围绕县委九届三次全委会议提出的目标任务，贯彻落实“五大发展理念”，坚持稳中求进、进中求好、好中求快、补齐短板的工作总基调，坚定不移地推进现代尼木“三步走”总体布局，自觉践行“四产业两园区”发展布局，按照中共中央和各级党委关于加强人民政协协商民主建设的决策部署，努力提高政治把握能力、调查研究能力、联系群众能力、合作共事能力，着力实现理论创新、制度创新、工作创新，倾力做到懂政协、会协商、善议政。认真做好今年的各项工作，忠诚履职尽责，推进协商民主，创新工作思路，提高履职水平，进一步把人民政协事业推向前进。

一、提高思想政治站位，主动适应社会发展新常态

坚持党的领导，在党的领导下开展工作，切实做到政治信仰坚定不移、政治立场旗帜鲜明、政治定力坚如磐石。加强学习培训，要把学习作为履职尽责的新常态抓实抓好，学好政协最新理论和基本知识，密切关注县情、社情和民情，准确把握习近平总书记关于加强人民政协协商民主建设的新思想和新要求，真正做到政治上自信、发展上自强、守法上自觉。把思想和行动统一到县委的决策部署以及对政协工作的最新要求上来，切实做好协调关系、汇聚力量、建言献策、服务大局的工作。

二、提高调研协商能力，发挥协商民主渠道作用

要充分发挥政协协商民主的重要渠道作用，推进政治协商民主广泛多层制度化发展，不断提高建言献策的质量和水平，扎实推动协商民主制度建设。邀请县委、县政府相关部门负责人及工商企业法人、群众与界别委员围绕经济建设、社会发展、民生改善、文化繁荣、法制建设等内容共同协商，使基层的同志都能参加协商，表达意见。每年至少确定两个主题，深入调研，推动成果的转化使用，及时把实践中形成的好经验和好做法固化为制度，推进协商的制度化和常态化。提升民主监督实效。继续运用提案、视察调研、提案督办、政协信息等有效形式，开展经常性的民主监督。

三、提高服务群众能力，促进社会民生事业建设

要坚持以群众利益为重、以群众期盼为念，真诚倾听群众呼声，真实反映群众愿望。坚持深入基层、深入群众，做到知民情、解民忧，畅通和拓宽各界群众的利益诉求表达渠道，认真做好收集和反映社情民意信息工作。深入实际摸清真实情况，集合众智提出解决办法，紧扣人民群众关注的环境保护、旅游发展、医疗卫生、教育就业、社会保障、公共交通、城镇化建设等重要民生问题，认真开展民主监督，努力使对策建议有的放矢，促进各项惠民措施落到实处。

四、提高科学履职能力，助推基层政协事业发展

要主动确立新思路，实施新举措，以改革创新精神持续推进履职能力建设。注重发挥委员主体作用，健全完善学习培训、履职管理、常态服务机制、丰富界别活动，完善界别调研、视察、协商和提案等工作机制。健全常委会组织协调机制，切实发挥常委会履行职能的基础作用，不断探索履行职能的新形式、新领域、新途径，发挥自身优势，以创新求发展，以实绩树形象，不断提高科学履职水平。

以习近平新时代中国特色社会主义思想为指导 坚定不移推动全面从严治党向基层延伸

——在中国共产党尼木县第九届纪律检查委员会第三次全体会议上的工作报告

县委常委、纪委书记 郝 蕾

（2018 年 4 月 3 日）

一、2017 年工作回顾

2017 年，在市纪委和县委的坚强领导下，全县各级纪检监察机关紧紧团结在以习近平同志为核心的党中央周围，深入贯彻落实党的十九大全面从严治党战略部署，以推进全面从严治党要求为主线，以压紧压实“两个责任”为龙头，牢记使命担当、忠诚履职尽责，强化监督执纪问责，弛而不息正风肃纪，深入推进纪检监察工作，深化国家监察体制改革，全县纪律检查工作取得新进展新成效。

（一）坚持学思践悟，深入学习贯彻党的十九大精神。切实把思想和行动统一到党的十九大精神上来，增强“四个意识”，坚定“四个自信”，准确把握党的十九大赋予的历史使命，忠诚履行党章赋予的职责，进一步明确纪检监察工作的定位、目标、任务，坚定不移把全面从严治党引向深入。及时制定方案和学习计划，把学习宣传贯彻党的十九大精神作为一项长期坚持的重大政治任务抓落实；召开 8 次专题学习会，撰写心得体会 13 篇，迅速掀起学习贯彻十九大会议精神热潮；充分利用宣传栏、宣传橱窗、LED 屏等宣传载体，广泛深入宣传党的十九大精神，充分运用“尼木清风”微信公众号，及时推送党的十九大精神宣讲内容，并设立十九大精神百问板块，坚持每周定期更新，大力宣传、营造氛围。坚持把各级党组织学习贯彻十九大精神纳入常态化执纪监督检查范围，督导检查 5 次，确保学习贯彻党的十九大精神落实到位。

（二）坚持严明纪律，始终把党的政治建设摆在首位。坚持党中央权威和集中统一领导，坚决维护党的政治纪律，尊崇党章，严明党的政治纪律和政治规矩，加强对党的政治纪律执行情况的监督检查。制定《关于严禁共产党员信仰宗教的通知》《2017 年端午节、“萨嘎达瓦”宗教活动期间落实中央八项规定精神、严肃政治纪律监督检查方案》，紧盯重要敏感时期，旗帜鲜明地开展反分裂斗争，严查在反分裂反渗透斗争中立场不稳和搞自由主义、宗派主义、分散主义破坏国家统一以及民族团结等问题，严查乱评乱议、口无遮拦、造谣生事以及妄议中央大政方针等问题，严查拉帮结派、结党营私等问题。十九大期间，组织 3 个检查组，对县范围内坚持每天至少检查 1 次，累计检查政府大院 5 次、乡镇 19 次、县直单位 91 次、行政村及各驻村工作队 70 次、寺庙 7 次、藏餐馆及各类娱乐场所 17 次、职工生活区 10 次，对各乡镇和县直各单位做到监督检查全覆盖，对拉萨市的公车集中停放点及市内相关超市、餐馆等累计督查 15 次，共发现问题 1 起，由组织作出行政降职处理 1 人。

（三）坚持正风肃纪，突出纪律约束力。始终坚持从严治党、依规治党，贯彻落实中央八项规定精神和区党委“约法十章”“九项要求”及市委“八项要求”，紧盯重要时间、重要节点、重要环节、重要岗位，严抓、重抓、狠抓违纪违规行为，全年累计开展执纪监督检查109次，在全县范围内点名通报曝光6家县直单位，查处违反公车使用管理规定2起，约谈1人，责令相关单位对违规人员进行严肃处理。不断建立健全党员干部履职尽责的监督体系，强化党员干部特别是领导干部履职尽责的监督，进一步强化党员干部责任意识和服务意识，研究制定《尼木县纪委关于开展“不作为慢作为”专项整治的工作方案》，制定《不作为慢作为问题整改通知书》，在加强行业自律、作风建设、提升服务质量和工作效能上下功夫，坚持做到上下联动、整体推进，着力解决不作为慢作为乱作为问题，持续开展整治“慵懒散”行为，对群众反映强烈的问题，大力开展整治和治理。

（四）坚持标本兼治，层层压实“两个责任”。始终牢牢牵住管党治党“牛鼻子”，紧紧抓住领导干部这个“关键少数”，不打折扣推动“两个责任”落实。县委严格落实主体责任，年初及时制定《尼木县委2017年落实党风廉政建设主体责任年度任务分解表》《尼木县委常委会班子落实2017年度党风廉政建设主体责任细化台账》《尼木县委落实党风廉政建设主体责任工作要点》，全年县委常委会对纪委工作30个议题进行了研究部署，召开党风廉政建设专题会议5次，县委主要领导认真履行“第一责任人”责任，主要领导和班子成员全年累计听取党风廉政建设和反腐败工作汇报220次，深入基层调研分析研判，形成调研报告30余篇。深入开展“双述”工作，选取4家单位在县委常委（扩大）会议上现场述责述廉并接受评议质询，选取6家单位书面提交述责述廉报告并接受书面质询，签订《2017年党风廉政建设责任书》46份，做到压力逐级传导，责任全面覆盖。深入开展党风廉政建设责任制和惩防体系建设专项检查，书面反馈落实党风廉政建设责任制方面3点共性问题、5个方面9点个性问题，惩防体系建设方面3点共性问题、5个方面18点个性问题，建立整改工作台账，紧盯问题抓整改，把整改情况纳入年终党风廉政建设考核内容，推动责任落实；深入开展定期约谈，制定《尼木县委书记和副书记、纪委书记对下级党委（党组）书记开展约谈的工作方案》，成立5个约谈组，县委主要领导带头亲自约谈，紧扣党风廉政建设主题，坚持“带着问题谈”，对8乡镇37个县直单位的党政主要领导开展廉政谈话，对约谈内容及反映的问题认真梳理，及时分析总结，提出整改建议85条，要求各单位逐条整改消号，将监督关口前移，盯紧“关键少数”，加强“一把手”监督，压实各级党组织全面从严治党主体责任。

（五）践行监督执纪“四种形态”，巩固反腐斗争压倒性态势。深入开展如何正确运用监督执纪“四种形态”，做到挺纪在前的调查与研究，全面掌握践行“四种形态”情况，对2个方面存在问题深入分析，制定出3点有效措施办法及对策，认真践行监督执纪“四种形态”，持续保持惩治腐败高压态势，力度不减、节奏不变，坚决遏制腐败蔓延势头。对易发多发领域和环节，不断强化党内监督，盯紧扶贫领域各项资金以及村集体资金，在抓早抓小上下功夫，对发现的问题及时提醒的提醒整改、需要整治和查处的及时上报；按照不同的违纪情况采用不同的处置方式，把纪律和规矩严起来、执行到位，让纪律成为刚性约束；用纪律管住大多数，防止小错酿成大错，在严明纪律中体现对党员干部的严格要求和关心爱护，达到惩处极少数、教育挽救大多数的政治效果和社会效果，让监督执纪“四种形态”真正成为“惩前毖后、治病救人”的利器。县纪检监察机关共受理信访举报14件（含上级转办），初核谈话函询了结6件，立案审查4件，给予党纪政纪处分4人，诫勉谈话2人，谈话提醒2人，谈话函询1人；查处基层“微腐败”案件1起1人，给予党纪处分1人。通过组织县农牧局、发改委、水务局、财政局等重要岗位干部旁听县法院受理行贿案件公开审判，组织全县干部观看《永远在路上》《贪欲·黑洞—黄羽天违纪违法案件警示录》，联合县妇联开展廉政文化进家庭活动，组织开展廉政知识测试，参观拉萨市廉政警示教育基地等形式，不断筑牢党员领导干部思想根基，增强拒腐防变能力，做到心中有戒、警钟长鸣。

（六）坚决挺纪在前，强化扶贫领域监督执纪问责。把加强扶贫领域监督执纪问责工作作为当前一项重要政治任务抓紧抓实，为打赢脱贫攻坚战提供坚强纪律保障。开展民生领域交叉检查，重点检查民生领域各项政策落实、民生项目资金使用管理、乡（镇）和村两级“三资”管理情况，对8乡镇32个行政村存在的共性和个性问题进行单独逐一反馈，加强跟踪问效，督促整改落实；深入开展“微腐败”专项治理，研究制定《尼木县集中开展基层“微腐败”专项治理工作实施方案》，成立专项督查组，明确工作职责和内容，盯紧“微官”、规范“微权”，剑指“微腐败”，分步骤有序推进专项治理工作，坚持“无禁区、全覆盖、零容忍”，紧紧围绕脱贫攻坚强化监督执纪问责，加大对扶贫领域虚报冒领、贪污挪用、克扣截留、优亲厚友、滥用职权等问题的查处力度，严肃整治脱贫攻坚中的不良作风，加大对查处扶贫领域腐败问题的通报曝光力度，做到查处一起、通报一起，为助力精准扶贫脱贫营造良好氛围，以严明的纪律保障脱贫攻坚任务如期完成。全年查处扶贫领域违纪案件1件1人，诫勉谈话1人，对落实扶贫领域工作不力的追责问责3起8人，约谈2人，提醒谈话6人。

（七）深入推进纪检监察体制改革，提升监督新成效。全力推进县委巡察工作，积极与各方协调，选定巡察办、巡察组工作场所，协助县委成立巡察办，设巡察办主任1名，副主任1名，工作人员1名，并将巡察专项经费列入每年度财政预算，研究制定《中共尼木县委员会关于建立巡察工作制度的意见》《九届尼木县委巡察工作五年规划》，确保任期内每个党组织至少接受1次巡察监督，目前，首轮巡察工作已完成对2家单位的巡察，共反馈3个方面22个问题，移交问题线索1件。深化国家监察体制改革，坚决贯彻落实中央和自治区市党委以及县委各项部署要求，按照“坚持党的全面领导、坚持问题导向、坚持内涵发展、坚持信任不能代替监督”的基本原则，加强组织领导、审慎稳妥推进，各相关部门形成工作合力，着力推动改革试点工作，目前，监委已组建挂牌，与县纪委合署办公，履行纪检、监察两项职责，实行一套工作机构、两个机关名称，完成内设机构设置和人员转隶，进一步推动思想融和，增强干部队伍凝聚力，结合实际，制定《尼木县纪委监委执纪监督监察工作试行办法》《尼木县纪委监委机关调查措施使用规范（试行）》，积极探索建立监察机关与司法机关相互衔接的工作机制，实现监察程序与司法程序有序对接，工作取得实质性进展，为下一步全面推进监察体制改革工作奠定了坚实基础。

（八）强化内部教育管理监督，努力打造全面过硬纪检监察铁军。始终在思想上政治上行动上同党中央保持高度一致，坚决维护以习近平总书记为核心的党中央权威，提高政治站位，保持政治定力，防止“灯下黑”，着力打造政治过硬、忠诚干净担当的纪检监察队伍。加强内控机制建设，严格贯彻落实《中国共产党纪律检查机关监督执纪工作规则（试行）》，细照强化自身建设，对标着力查漏补缺，制定完善了《纪委常委会议事规则》《县纪委全委会会议制度》和县纪检初核了结件审核工作流程图；修订完善了《尼木县纪委工作规则》《尼木县纪委信息工作管理办法》和《尼木县纪委廉政档案管理办法》。加强业务能力建设，采取多方式对全县纪检监察干部深化教育培训，以“以岗代训”、“跟案培训”方式，分3批次选派到市纪委锻炼基层纪检干部13人次，组织参加区、市纪委举办的巡视巡察业务培训10人，参加区、市纪委举办的监督执纪各类培训班10次共22人，参加自治区外培训和挂职锻炼3人，邀请市纪委领导到我县为基层纪检干部授课，累计培训116人次。加强干部队伍建设，深入开展全县纪检监察系统“双述”工作，定期开展机关谈心谈话活动，深入开展纪检监察干部参与赌博或带有赌博性质娱乐活动专项整治，共督查12次，与全县36名纪检干部签订“不打麻将，不参与赌博或带有赌博性质娱乐活动”承诺书，强化内部管理和纪律约束，按照“打铁必须自身硬”、“信任不能代替监督”的要求，对纪检监察干部违纪违法行为零容忍，严防以案谋私、串通包庇、跑风漏气等违纪违法行为，做到秉公执纪、清正廉洁。

全县党的纪律检查工作取得的成绩，得益于以习近平同志为核心的党中央领导坚强有力，特别是习近平新时代中国特色社会主义思想的科学指引；是市委、市纪委和以杜国君书记为班长的县委常委会坚定的"四个意识"，始终保持坚强政治定力和惩治腐败定力，坚定不移推进党风廉政建设和反腐败斗争的结果；是全县各级党组织、广大党员干部的共同努力和人民群众的支持参与的结果；是纪检监察机关和纪检监察干部敢担当、敢作为、敢负责的结果。一年来，全县坚持强力正风肃纪，保持惩贪治腐高压态势，持续释放越往后执纪越严的强烈信号，进一步巩固发展了尼木良好政治生态。

实践中，我们深切体会到，党的十九大明确提出新时代党的建设总要求和八个方面主要任务，对坚定不移全面从严治党作出战略部署，是我们党在新时代管党治党的政治宣言和行动纲领，为我们做好新时代纪检监察工作明确了历史方位和行动坐标。全面从严治党永远在路上，党的纪律检查委员会作为党内监督专责机关，要把学习贯彻党的十九大精神作为当前和今后一个时期的首要政治任务，在学原文、悟原理上下功夫，在学深悟透、融会贯通上下功夫，做到入脑入心、内化于心、外化于行，不松劲、不停步、再出发，在坚持中深化，在深化中发展。必须要坚持党对一切工作的领导，坚决服从和维护以习近平同志为核心的党中央权威和集中统一领导；必须要坚持用习近平新时代中国特色社会主义思想武装头脑，自觉把纪检监察工作放在决胜全面建成小康社会、加快建设社会主义现代化尼木的大局中谋划、部署、推进，确保纪检监察工作沿着正确政治方向前进；必须要以党章为根本遵循，坚守在新时代党的建设总布局中的定位和职责，深刻理解把握监督、执纪、问责的实质和关系，更加自觉地持续深化"三转"，严于监督、严格执纪、严肃问责，把新时代纪检监察工作做得更加精准、务实；必须要冷静清醒认识形势，以"越是艰险越向前"的英雄气概和"狭路相逢勇者胜"的斗争精神，把雷厉风行和久久为功有机结合起来，勇于攻坚克难，以钉钉子精神抓实抓好党的十九大全面从严治党的每一项战略部署，以永远在路上的执着把全面从严治党引向深入。

在总结成绩的同时，我们也清醒地认识到，当前我县党风廉政建设和反腐败斗争形势依然严峻复杂，落实从严治党主体责任的效果不理想、不平衡，仍然存在做表面文章、耍花架子现象；反腐败减存量、遏增量任务艰巨，一些党员干部误判形势、独断专行、滥用权力，违反中央八项规定精神和"四风"问题屡禁不止，侵害群众利益的不正之风和腐败问题时有发生；个别基层干部纪法观念淡薄，履行职责不到位，不作为、慢作为；个别纪检干部对纪检监察工作缺乏深入的认识，存在等、靠的思想，不愿主动触及矛盾，工作思路、工作方法和落实举措缺乏创意、不能有效实施，基层纪检监察机关自身建设需要进一步加强。这些问题，必须要认真梳理研究，有效予以解决。

二、2018 年重点工作

2018 年是全面贯彻落实党的十九大精神的开局之年，是改革开放 40 周年，是监察委成立后的开局之年，是决胜全面建成小康社会、实施"十三五"规划承上启下的关键一年，做好纪检监察工作责任重大。今年工作的总体要求是：以习近平新时代中国特色社会主义思想为指导，全面贯彻落实党的十九大战略部署，按照十九届中央纪委二次全会和九届自治区党委、纪委三次全会、九届市委、纪委三次全会以及县委九届三次全会决策部署，忠实履行党章和宪法赋予的职责，紧紧围绕坚持和加强党的全面领导，紧紧围绕维护习近平总书记在党中央和全党的核心地位，紧紧围绕维护党中央权威和集中统一领导，坚持党要管党、全面从严治党，坚持稳中求进工作总基调，坚持不敢腐、不能腐、不想腐一体推进的机制建设总思路，监督检查党章执行和党的十九大精神贯彻落实情况，认真落实新时代党的建设总要求，着力加强党的政治建设，深化国家监察体制改革，持之以恒正风肃纪，深入推进反腐败斗争，积极营造风清气正的良好政治生态，建设忠诚干净担当的纪检监察干部队伍，为决胜全面建成小康社会提供坚强保证。

（一）加强党的政治建设，严明党的政治纪律和政治规矩

坚持以党的政治建设为统领，深刻理解、准确

把握政治纪律。要始终把严明党的政治纪律和政治规矩摆在首位，挺纪在前、一寸不让，坚决维护习近平总书记在党中央和全党的核心地位，维护党中央权威和集中统一领导，净化党内政治生态。要以《准则》为标尺，以《条例》为戒尺，强化监督执纪问责，加强对党章执行和党的十九大精神特别是习近平总书记治边稳藏重要战略思想贯彻落实情况的监督检查，加强对中央和区市党委以及县委重大决策部署执行情况的监督检查，聚焦“七个有之”，坚决同一切违反政治纪律的言行做斗争，严查对党不忠诚不老实、阳奉阴违的“两面人”和违背党的政治路线、破坏党内政治生态等问题。要旗帜鲜明开展反分裂斗争，严肃查处违反反分裂斗争纪律和维稳工作纪律、追随十四世达赖的问题，把党员干部在反分裂斗争中的立场表现作为巡察和执纪监督的重点，严肃查处维稳工作中脱岗漏岗、擅离职守等问题，决不允许参与和资助分裂破坏活动、造谣诋毁党的领导以及妄议党的决策。

加强和规范党内政治生活，严格落实《关于新形势下党内政治生活的若干准则》。要督促民主集中制落实，保持党的先进性和纯洁性，以四种形态的前三种方式处置的党员都要在民主生活会、组织生活会上作出说明或深刻检查。要严格请示报告制度，纪委定期向上级纪委和同级党委报告工作，做到重大事项、重要情况及时报告。要严把选人用人政治关、廉洁关、形象关，加强廉政档案管理和廉政意见回复工作，做好廉政审核关，坚决防止“带病提拔”，坚决防止和纠正选人用人上的不正之风。

（二）深化纪检监察体制改革，健全巡察和监察工作机制

深化政治巡察。要充分发挥政治“显微镜”“探照灯”作用，完善县委巡察工作机制，坚持问题导向，聚焦政治纪律重点巡察，从严从实开展巡察监督，既要对被巡察单位执行《党章》和其他党内法规情况进行监督，又要对执行“六大纪律”、“三大问题”进行巡察。要触及实质性问题，巡察监督要有针对性，切实提高发现问题的能力，促进党的路线、方针、政策以及重要工作部署的落实，达到“发现问题、形成震慑”的目的。要充分发挥利剑作用，围绕成果运用最大化，在件件有着落、事事有回音上集中发力，坚持巡察与执纪审查无缝对接，对巡察发现的问题线索分类处置、优先办理，实现标本兼治。

稳步推进国家监察体制改革试点工作。要切实把思想和行动统一到党中央决策部署上来，准确把握纪检、监察两项职能，认真履行监督、调查、处置职责，正确试用12项调查措施，具体落实到制度衔接、工作融合和监察权依法行使等各方面、各环节，保证监察体制改革试点工作、纪检监察工作始终沿着正确轨道推进，实现1+1>2的改革效应，依纪依法开展执纪监督监察工作，把全面从严治党引向深入。要强化深度融和，在探索中实践，在实践中提升，进一步促进人员融和、工作磨合、力量整合，确保形成凝聚力战斗力，重点加强监督、调查、处置与监督、执纪、问责工作的磨合，积极探索纪法衔接机制，构建严密的自我监督体系，强化制度配套，切实推进制度建设贯穿深化改革始终，把制度优势转化为治理效能。要加强学习，深入学习和研究新形势下纪检监察工作的规律和特点，筑牢思想根基、练好过硬本领，更加科学、有效地做好纪检监察工作。

（三）坚持不懈抓作风，巩固深化作风建设成果

纠正“四风”不止步，作风建设永远在路上。坚持以“抓铁有痕、踏石留印”的决心和勇气，努力构建“抓常、抓细、抓长”的长效机制，打好作风建设持久战。要把贯彻《廉洁自律准则》作为改进作风的重要抓手，密切注意“四风”新动向新表现，紧盯“四风”隐形变异问题，加强对落实中央关于厉行节约、“三公”消费、办公用房、干部住房、公车使用、国有企业负责人履职待遇及领导干部收送“红包”、配偶子女违规经商办企业等问题的监督检查，着力清理领导干部在各类行业协会违规兼职取酬等行为，继续开展党员干部参与赌博或带有赌博性质娱乐活动专项整治，探索实施公车喷涂标识、全面禁酒控酒工作，坚决查处公车私用、公款吃喝、公款旅游和公款送礼等问题。要聚焦习近平总书记在重要批示中指出的10个方面形式主义、官僚主义具体表现，督促各级党委（党组）对照检查、逐条查摆，拿出过硬举措，扎实有效整改，坚决反对特权思想和特

权现象，明确遵守纪律没有特权，执行纪律没有例外，惩治不放松。要大力开展党员干部“庸政懒政怠政、不作为慢作为乱作为”专项整治，深入查找机关及干部队伍中作风、效能方面的突出问题，着力解决单位“门好进、脸好看、事难办”和干部队伍不思进取、不敢担当、拖沓推诿、吃拿卡要等问题，确保中央八项规定及其实施细则精神和区党委“约法十章”“九项要求”、市委“八项要求”及其实施细则落地生根，带动作风整体转变。

突出问题导向，狠抓措施落实。要紧盯公款吃喝、公车私用、滥发津贴补贴等老问题，关注新动向，深挖细查隐形变异“四风”新问题，从严从实贯彻落实中央八项规定及其实施细则精神、区市党委贯彻落实中央八项规定实施细则的实施办法和作风建设有关规定，不断完善作风建设长效机制，提高制度执行力。要紧盯重要节点，加强日常监督检查，严肃执纪问责，坚决防止“四风”反弹回潮。要始终坚持铁面执纪，对违纪违规问题从严查处，从根本上铲除不良作风，以钉钉子精神不断巩固深化作风建设成果。要完善密切联系群众相关制度规定，拓宽监督渠道，坚决纠正侵害群众利益的不正之风，把广大群众团结和凝聚在党的周围，不断夯实党的执政基础。要继续推进红色文化、廉政文化、法治文化建设，坚定文化自信，以良好的党风促政风、带民风。

（四）全面加强纪律建设，扎紧管党治党制度笼子

坚持党纪党规教育日常化。不断完善党纪党规宣传教育机制，开展经常性纪律教育，发挥先进典型引领示范和反面典型警示教育作用，以反面典型为鉴，增强警示教育效果。要督促县委党校、各级党委（党组）理论学习中心组把党章党规党纪纳入学习内容，坚持正面教育、自我教育。要着力运用典型案例和违纪违法干部忏悔录的反面教材作用，把反面“活教材”纳入党员干部教育培训总体规划，警示教育党员干部敬畏纪律、学习纪律、遵守纪律，用身边人、身边事以案说纪，教育党员知纪明纪，有效增强党员干部廉洁自律的意识，自觉守住纪律“底线”。要充分利用微信公众平台、宣传栏、宣传橱窗、LED 屏等宣传载体，加大反腐倡廉宣传力度，积极营造良好的思想舆论氛围。

深化运用监督执纪“四种形态”。要把纪律和规矩挺在前面，坚持惩前毖后、治病救人，以《准则》确立高标准，以《条例》划出纪律底线，让广大党员干部特别是党员领导干部习惯在监督下工作，主动接受监督。要严格执行谈话函询后抽查核实制度，建立健全查谈结合、签字背书、全程留痕工作机制，不断完善约谈提醒、诫勉谈话制度，更多运用逐级约谈、定向约谈、个别约谈和跟踪约谈等方式开展约谈，让咬耳扯袖、红脸出汗成为常态。要让纪律成为刚性约束，建立健全纪律处分与组织处理综合运用的有效衔接机制，对“极极少数”严重违纪依然欺骗组织的，坚决严肃查处，并查找问题症结，堵塞监管漏洞。要坚决拔“烂树”、治“病树”、正“歪树”、护“森林”，达到惩处极少数、教育挽救大多数的政治效果，体现对干部的最大关心和爱护。要严格落实“三个区分开来”的要求，保护作风正派、敢作敢为、锐意进取的干部，推动形成想作为、敢作为、善作为的良好风尚。

（五）深化标本兼治，巩固发展反腐败斗争压倒性态势

依纪依法惩治腐败，始终保持反腐败高压态势。坚持无禁区、全覆盖、零容忍，坚持重遏制、强高压、长震慑。要对不收敛、不收手，问题线索集中、群众反映强烈，现在重要岗位且可能还要提拔使用的进行重点审查，三种情况同时具备的作为重中之重；对有政治、组织、廉洁问题反映的必查必核，严肃查处政治问题和经济问题相互交织形成利益集团的腐败案件；紧盯重点领域和关键环节，严肃查处选人用人、审批监管、资源开发、金融信贷、大宗采购、土地出让、工程招投标以及公共财政支出等方面的腐败问题。要依纪依法安全文明办案，落实办案安全责任制，牢牢守住不发生安全事故的底线。要加强问题线索集中管理，健全完善问题线索排查机制，确保问题线索台账情况明、数字准、责任清，处置及时规范。

深化构建不敢腐、不能腐、不想腐的体制机制。要坚持有贪必肃、有案必查，以“零容忍”态度惩治腐败，形成强力震慑，着力构建党员领导干部“不敢

腐”的惩戒机制。要强化权力运行制约和监督体系建设，及时总结分析审查调查、巡视反馈、巡察监督、日常监督中发现的共性问题，向县委报告，推动解决体制机制问题和制度漏洞，督促腐败案件多发的行业和单位围绕管权限权深化改革，扎紧关严制度的“笼子”，着力构建党员领导干部“不能腐”的防范机制。要结合推进“两学一做”学习教育常态化制度化和即将开展的“不忘初心、牢记使命”主题教育，坚定理想信念，引导广大党员干部持续解决好世界观、人生观、价值观这个“总开关”问题，严以律已，不触碰法纪高压线，强化“四个自信”，从思想源头上消除贪腐之念，着力构建党员领导干部“不想腐”的自律机制。

（六）以坚如磐石的决心，坚决惩治群众身边的作风和腐败问题

强化扶贫领域精准监督。紧紧围绕脱贫攻坚强化监督执纪问责，持续释放扶贫领域违规违纪问题“零容忍”的强烈信号，推动全面从严治党向基层延伸，以扎实有力的措施，为打赢脱贫攻坚战提供坚强的纪律保障。要紧盯重大领域、重要环节、重要问题，把监督触角延伸到“最后一公里”，坚持监督无死角、不留缝，加强对扶贫领域责任部门、村“两委”履行职责情况的监督问责力度，着力发现扶贫领域监管中玩忽职守、失职渎职、徇私舞弊等违规违纪行为，着力整治弄虚作假、数字脱贫，扶贫对象、措施到户、脱贫成效不精准，贫困村、贫困户虚假“摘帽”等问题，确保精准脱贫政策和资金项目安全落地。要实施精准监督，从严审查调查，及时高效、精准有序处置问题线索，对扶贫领域方面的违纪违规问题，做到快查快办，严肃查处贪污挪用、虚报冒领、截留私分、挥霍浪费、吃拿卡要、优亲厚友等突出问题，对胆敢向扶贫资金“动奶酪”的严惩不贷，对搞虚假脱贫和发现问题不整改的坚决问责。要强化舆论宣传，充分利用网络平台、微信公众号等载体，加大曝光力度，多形式宣传扶贫领域专项治理的工作部署、工作进展和工作成效，深入挖掘、总结推广好经验、好做法，大力营造良好氛围，厚植党的执政基础。

严惩基层“微腐败”。要加大基层“微腐败”治理，深入开展惠民政策落实、农村“三资”以及节点期间的纠风治理等专项检查，督促财政、审计等部门开展“三公”经费检查，加强对乡镇纪委的督促指导，提高发现问题能力，坚决查处发生在群众身边的生冷硬推、吃拿卡要、与民争利、欺压百姓等“四风”问题，重点查处基层党员干部在土地征收流转、农村“三资”管理、支农惠农补贴、教育“三包”、医保低保、生态补偿、产业扶持、扶贫救济、抗震救灾等管理使用方面以权谋私、虚报冒领、贪污侵占、套取挪用等问题，做到发现一起、严查一起，绝不姑息，形成有力震慑。要把惩治“蝇贪”同扫黑除恶结合起来，坚决查处涉黑腐败，把党员干部涉黑涉恶问题作为整治群众身边腐败问题的一个重点，深挖细查党员干部涉黑涉恶问题，坚决惩治放纵、包庇黑恶势力、宗族势力、非法组织甚至充当“保护伞”的党员干部，铲除滋生黑恶势力的土壤，积极回应人民群众关切。要在严肃查处的同时，压实各级党组织主体责任，对责任不落实或对党员干部监督管理不严格的，严肃问责追责，全力推动主体责任向基层延伸，强化源头防范，对典型案例一律点名道姓通报曝光，推进基层正风反腐。

（七）坚持全面从严治党，压实管党治党责任

层层传导压力，督促责任落实。要紧紧抓住落实主体责任这个“牛鼻子”，提高政治站位，始终保持从严治党永远在路上的政治定力，压实各级党委（党组）责任链，进一步列清列细问题清单、责任清单、整改清单，层层签订责任书，深化“双述”工作，严格执行定期报告制度，抓住党委（党组）书记这个“关键少数”，采取督导调研、约谈提醒、责任追究等方式，把管党治党责任层层往下传导，切实将主体责任记在心上、扛在肩上，着力解决一些党组织政治功能和组织功能弱化的问题，着力解决一些党组织管党治党宽松软的问题，着力解决一些基层党组织软弱涣散、战斗堡垒作用不强的问题，做到守土有责、守土尽责，让主体责任落地生根。要认真落实纪委监督责任，协助党委推进全面从严治党、加强党风建设和组织协调反腐败工作，强化上级纪委对下级纪委的领导，落实好报告工作、定期述责、约谈汇报等制度，开展经常性监督检查，加大正风肃

纪和腐败问题查处力度，紧盯关键少数特别是“一把手”，定期向同级党委和上级纪委报告落实监督责任情况。县纪委常委会要旗帜鲜明地为敢于担当的干部担当，为敢于负责的干部负责，激励广大纪检监察干部敢作善为、勇于监督、秉公执纪。

用好问责利器，倒逼责任落实。严格执行问责条例及自治区实施办法，坚持失责必问、问责必严，以严厉的问责倒逼责任落实。对执行党的路线方针政策不力，管党治党责任缺失、监督责任缺位、给党的事业造成严重损害，腐败问题多发频发，选人用人失察、任用干部连续出现问题，巡视巡察整改不落实等违纪违规行为的，对履行两个责任不到位导致严重“四风”和腐败问题的，既追究主体责任、也追究监督责任。对该问责而不问责的，也要严肃问责。

三、践行忠诚干净担当，以铁的纪律打造让党放心、人民信赖的纪检监察干部队伍

纪检监察机关是政治机关，纪委是党内的“纪律部队”，纪检监察干部必须要牢固树立执纪者必先守纪、监督者必受监督的理念，坚持“打铁必须自身硬”，以更强的政治觉悟、更高的政治站位、更坚定的政治立场，认真履行《党章》赋予的职责，坚决维护以习近平同志为核心的党中央权威和集中统一领导，确保党和人民赋予的权力不被滥用、惩恶扬善的利剑永不蒙尘。

（一）提高政治站位，始终保持坚定正确的政治方向。要对党绝对忠诚，深入学习领会习近平新时代中国特色社会主义思想，牢固树立“四个意识”，坚定地在思想上认同核心、政治上维护核心、行动上紧跟核心，以许党许国的担当精神，坚决维护习近平总书记在党中央和全党的核心地位，维护党中央权威和集中统一领导，维护祖国统一和民族团结，带头执行党中央确定的路线方针政策，始终在政治立场、政治方向、政治原则、政治道路上同以习近平同志为核心的党中央保持高度一致，永远做共产主义远大理想和中国特色社会主义共同理想的坚定信仰者和忠实实践者。要坚定理想信念，做到头脑始终清醒、立场始终坚定，增强敏锐的观察力、鉴别力、判断力和政治定力，在原则问题和大是大非面前立场坚定。要涵养党内政治文化，倡导和弘扬忠诚老实、光明坦荡、公道正派、实事求是、艰苦奋斗、清正廉洁等价值观，做到修身慎行、怀德自重、清廉自守，把坚持和发展、继承和创新结合起来，不断提升人文素养和精神境界。

（二）强化责任担当，始终保持强烈的责任心和责任感。要牢记责任，忠诚履行党章赋予的职责，增强责任意识，自觉地把个人价值的实现融入到纪检监察整体工作中，主动作为，服务大局，坚决同违反党、破坏党的纪律、危害党中央集中统一领导和团结统一的言行作斗争，在违背党的政治路线、破坏民主集中制、损害党内政治生态等问题面前必须挺身而出、彻底斗争，以绝对忠诚的担当，真抓实干，扛起肩上的“重任”，不怕得罪人、不怕丢选票，坚决捍卫习近平同志的核心地位，坚决捍卫党和人民的根本利益，以严明的纪律意识和责任意识，在各自的工作岗位上勇于担当责任、履好职尽好责，做一个有责任的纪检监察干部。要不辱使命，从思想深处认识到要绝对服从并忠于纪检使命，对党中央作出的重大决策部署，对自治区市纪委和县委部署的工作任务，要雷厉风行抓好落实，对有原则性要求的，坚持把目标导向和问题导向统一起来，把准工作方向，不等不靠，多思考、多想办法，大胆探索实践；在县委的坚强领导下，认真落实区市党委关于加强基层纪检机关建设的意见，加强工作推动，着力提升基层纪检机关的政治功能和履职能力，进一步坚定信心、扎实工作、旗帜鲜明、富有成效的把党风廉政建设和反腐败工作做实做好。

（三）锤炼过硬作风，始终讲政治讲学习讲党性讲正气。要把对党绝对忠诚做为做好纪检工作的首要政治原则、作为纪检队伍的首要政治本色、作为纪检干部的首要政治品质，以“临危不惧、敢于碰硬”的战斗精神，坚持原则不妥协、正视矛盾不回避。要牢固树立学无止境的意识，以时不我待的紧迫感，只争朝夕的进取心、锲而不舍的钻研劲抓好学习，注重政治学习、理论知识、业务水平等学习和锻炼，适应新形势新要求，不断在创新发展、求真务

实上求突破；加强和改进调查研究，强化学习提高和实践锻炼，不断提升监督检查、纪律审查、综合组织协调能力，更好地履职尽责。要坚持“执纪者必先守纪、律人者必先律已”，带头尊崇党章、遵守党的纪律和规矩，带头严格执行党的各项纪律、转变作风，始终以高标准、严的纪律要求自己，常怀自警之心、自律之心、自省之心，自觉抵制各种诱惑和不良思想的侵蚀，在思想上划出红线，行动上明确界限，做到廉洁自律，克已奉公，拒腐蚀永不沾。

（四）强化监督管理，始终自觉接受党内监督和社会监督。要加强日常学习教育，将纪检干部思想教育纳入系统学习教育培训内容，通过机关周例会、支部学习会、主题教育活动，组织学习《党章》《廉洁自律准则》《纪律处分条例》以及通报纪检监察干部违纪案例等，强化宗旨意识，立足岗位以身作则、严格自律，时刻保持清醒头脑，做守纪律、讲规矩的表率。要强化自我监督意识，认真执行监督执纪工作规则和相关法律法规，严格保密纪律要求，提高接受监督的自觉性和履行职责的积极性，真正践行忠诚干净担当。要推进制度建设，坚持民主集中制，保证民主决策、科学决策；建立谈心谈话制，关注干部工作情况和思想状态；认真研究和探索建立纪检监察干部考核评价、轮岗、任职回避等制度，严把纪检干部入口关，严防“灯下黑”；规范纪检监察干部日常行为，严明纪律、严格管理；切实扎紧制度笼子，规范用权、谨慎用权，做到依纪依规严格执纪、廉洁执纪，保证党内监督的权威、有效施行。要加强日常监管，强化内部管理和纪律约束，多渠道监督干部八小时以外社交圈、生活圈、交友圈，发现苗头性、倾向性问题及时提醒教育，明确严管就是厚爱的理念。要坚决做到刀刃向内，对纪检监察干部违纪违法问题，坚持有案必查，严查用知情权、办案权、影响力谋取私利的违纪行为，不护短、不遮丑、零容忍、严查处，着力打造一支捍卫党和人民事业的忠诚铁军。

同志们，全面从严治党任重道远、永远在路上。让我们更加紧密地团结在以习近平同志为核心的党中央周围，以习近平新时代中国特色社会主义思想为指导，在市纪委和县委的坚强领导下，不忘初心、牢记使命，与时俱进、奋发有为，更好地担负起历史和时代赋予的责任，推动全面从严治党向纵深发展，为决胜全面建成小康社会、奋力开启全面建设社会主义现代化尼木新征程做出新的更大贡献。

尼木县人民法院工作报告

——在尼木县第十三届人民代表大会第三次会议上

尼木县人民法院党组书记、院长 罗 红

（2018年1月3日）

2017年工作回顾

2017年，尼木县人民法院在县委坚强领导下，在县人大及其常委会有力监督下，在县政府大力支持、县政协民主监督和上级法院正确指导及社会各界的关心帮助下，坚决维护以习近平总书记核心的党中央权威和集中统一领导，深入贯彻落实党的十九大和十九届一中全会精神，深入贯彻落实习近平新时代中国特色社会主义思想，深入贯彻落实总书记“治国必治边、治边先稳藏”重要战略思想和“加强民族团结、建设美丽西藏”的重要指示以及给隆子县玉麦乡群众的重要回信精神，牢记为中国人民谋幸福、为中华民族谋复兴的初心和使命，紧紧围绕“让人民群众在每一件司法案件中感受到公平正义”目标，司法为民、公正司法，履职尽责、攻坚克难，各项工作取得新进展。一年来，共受理各类案件160件（不含非诉案件70件），审执结案件159件，结案标的额649.76万元，比2016年分别上升9.6%、9%和23.3%。在全面建成小康社会决胜阶段，积极发挥审判职能作用，为奋力开启全面建设社会主义现代化尼木新征程提供了有力司法保障和优质司法服务。

一、全面履行维护社会稳定职责，积极推进平安尼木建设

坚持依法惩罚犯罪。充分发挥刑罚维护稳定作用，共受理刑事案件5件，审结5件，结案率100%。严惩危害群众生命财产安全犯罪，审结危险驾驶、盗窃犯罪案件3件3人。加大对行贿犯罪惩治力度，判处罪犯2人，对涉案公司处以罚金50万元。充分发挥刑罚教育引导作用，落实庭审公开制度，邀请人大代表、纪委委员、机关代表参与庭审旁听行贿罪案件2次，利用互联网直播盗窃案庭审情况1次，全县干部群众守法意识有新提高。

坚持依法化解群众矛盾纠纷。严格贯彻宽严相济刑事政策，对3名犯罪情节较轻、认罪悔罪态度好的被告人依法判处缓刑等较轻刑罚，最大限度减少社会对立面。严格贯彻“调解优先、调判结合”工作原则，在充分维护妇女、儿童和农民工等弱势群体合法权益的情况下，调撤诉案件98件，调撤率达90.8%，最大限度消减当事人对立情绪。着力畅通公安、信访、调委会等多部门参与的“大调解”工作体系，妥善处理信访、公安转入的群体性来访案件4件150余人。

二、坚持服务大局，更好地适应和服务经济发展新常态

着力推进法治尼木建设。立足县域经济发展大局，积极为县域经济发展提供法律支撑，在吞巴景区承揽等事项中提供法律意见10余条；开展基层调委会和人民陪审员常见法律问题专题培训1次，通过自有LED屏、微信平台、网络等媒介开展法制、核心价值观等宣传50余次，被自治区级媒体转载11次。立足增强广大群众法律意识，主动深入寺庙、学校、乡镇等地开展普法宣传16场次、应邀开展法制宣传3次，发放双语资料5000余份，受教育群众4000余人次。认真履行司法监督职能，

及时向相关部门反馈审执工作中遇到的突出问题，提出司法建议10条。

着力推进尼木经济社会发展。充分发挥民商审判维护经济社会秩序作用，共受理民商案件137件，审结136件，结案总标的393.76万元。着力解决第一步“脱贫项目”和“四产业两园区”等重点领域纠纷，妥善审理建设工程施工合同案件4件、买卖合同案件14件、租赁合同案件1件、劳务合同案件69件，19个项目参与方和72名劳务者合法权益得以维护。着力解决民生领域纠纷，妥善审理民间借贷案件4件、交通事故责任案件1件、抚养或离婚纠纷案件21件，全力促进家庭社会和谐稳定。注重指导基层调委会工作，确认调委会调解涉财类案件16件，有力地确保了县域经济社会健康持续发展。

着力推进惠民帮扶活动。指派2名干警入驻尼木县普松乡如白村，积极开展党建、维稳、致富、感党恩教育等工作，帮助村民嘎玛曲扎获得拉萨青年创业大赛二等奖(获得奖金6万元)，自筹经费1.54万元改善村委办公条件。积极开展精准扶贫，借助县委“五位一体”扶贫政策，在乡镇、村委和村第一书记的帮助下如期完成建档立卡贫困户脱贫工作，各干警共入户帮扶120余次，通过“法官爱心基金”(每人每月捐款100元)，为扶贫对象家庭捐赠价值21500余元财物，自筹经费1万元为河东村委会改善办公条件，帮助2人找到相对固定工作。

三、坚持司法为民，积极回应人民群众新关切和新期待

致力解决立案信访难题。不断完善登门立案、电话或邮件预约立案机制，努力拓宽短信、微信等电子送达范围，继续推动“立案绿色通道”、12368法律服务热线和尼木法院微信公众平台建设，严格落实立案登记制度，现场登记立案154件，一次性告知补正材料16次，接受邮寄立案6次。严格贯彻诉访分离制度，理顺入口、畅通出口，与信访部门形成良性互动，引导10件案件当事人转为诉讼程序；建立信访案件复查制度、信访责任首问制度、院庭长接访制度，实行专班制、限时答复，实现信访案件“零搁置”，至今未发生涉法信访案件。

致力完善为民司法举措。积极回应人民群众便捷诉讼的迫切需求，投资1000余万元的吞巴乡中心法庭和县法院诉讼服务中心建设基本建成，申请配置72万办公装备已安装完毕。继续推进“车载流动法庭”巡回办案，登门办案13件；开创性的成立“格桑花”流动诉讼服务队，在全县7乡1镇32个行政村悬挂印有定点联系法官照片、姓名、电话等个人信息和服务宗旨、法律热线、法院微信平台二维码等内容的服务铭牌，为全县广大人民群众上门或远程提供“法律诉讼、法律咨询、法制宣传、非诉调解”等法律服务，8名联系法官收获人民群众“私人顾问”的热情赞誉，现已电话或登门接处各类法律需求70余次。积极推进远程视频庭审、远程视频接访，开展远程视频庭审质证1次，极大地减轻了当事人诉累。

致力破解“执行难”。深入开展“执行攻坚”“雪域飓风”等专项活动，加强院内立、审、执协调配合，推动完善“执行联动”“一把手工程”等执行机制，全年共受理执行案件19件，执结19件，执结率100%。全面分析个案难点，不断强化被执行人财产查找力度，与金融机构建立了查询、冻结、扣划一体的网络查控系统，2次赴郑州、成都进行办案；加大执行震慑力，全面挤压规避执行者的活动空间，利用报纸、网络等媒介曝光失信被执行人2人。继续争取县委、县政府支持，每年县财政划拨执行救助金30万元，为4名生活确有困难的当事人申请发放执行救助金4.85万元。

四、全面深化司法体制改革，努力让人民群众有更多获得感

深入推进司法责任制等基础性改革。如期完成法官员额制改革，确定法官5人、司法辅助人员12人和行政人员5人，配套制定本院《司法人员权利清单》《违法审判责任追究办法》等制度19项，严格落实独任法官或合议庭、审判长签发制，实现了“让审判者裁判，让裁判者负责”，增强法官办案责任感，力促司法公平公正。积极激发法官办案和法官助理参与办案积极性，制定《年终绩效考核办法》、实施审判质效季度通报，院庭长亲自办案141件，人均办案数量同比增长9.6%。切实解决放权之

后的监督问题，充分利用智能审判、内网案件查询等系统，实现院庭长监管常态化，铸牢规范审判权的“数据铁笼”。

深入推进司法公开改革。完善审判流程、庭审活动、裁判文书、执行信息四大公开平台，进一步拓展司法公开的广度和深度，让人民群众看得见、感受到公平正义。完善审判流程公开，公开案件159件、各类信息110余项，当事人可随时网上查询案件进展。加强庭审公开，自今年11月安装庭审设备以后，广大人民群众足不出户即可利用网络旁听公开庭审案件。截至目前，在中国裁判文书网公开藏汉裁判文书60份，在执行信息网公开执行信息703条，有效提升审执工作透明度。

深入推进管理方式改革。积极更新管理观念、转变管理思路，努力适应司法改革的新形势、新变化和新要求。推进案件管理“标准化”改革，逐步建立办案标准体系，制定下发《审判流程管理办法》《合议规则》等制度，让入额法官在办理各类案件时都有规范参照体系。推进法官队伍“职业化、专业化、精英化”改革，制定下发《队伍素质建设方案》等制度，着力打造一支信念坚定、执法为民、敢于担当、清正廉洁的法官队伍。推进综合保障“规范化、信息化、人性化”改革，制定下发《院党组会议事决策规则》《公物管理办法》等制度，全力做好服务办案、服务法官保障工作。推进管理模式“扁平化”改革，制定下发《关于成立新型审判团队的决定》等制度，改全员管理为分类管理，改庭室部门管理为审判功能单元管理，全面理顺管理运作流程。

五、坚持从严治院，建设忠诚干净担当的人民法院队伍

牢牢坚持党的领导。始终把思想政治工作首要任务来抓，深入学习贯彻党的十八大和十九大精神，牢固树立“四个意识”，认真开展“两学一做”和“四讲四爱”学习教育，集中学习19场次、人均撰写心得体会4篇、学习笔记1.5万字，开展法官宣誓、“五四”吞巴河环卫、“七一”缅怀革命先烈、法官支农、敬老院献爱心等活动，极大地增强了干警党员意识、党性修养。

强化基层组织建设。深入推进学习型、能力型党组织建设，提高党务工作能力，学深吃透党建基本知识、党的法规、党的组织生活制度，以执法办案实践来丰富、深化、导向党建工作和支部工作的开展，组织开展“院长讲党课”“党员法官下基层”“七一”党建文艺汇演等特色党日活动，激发党员活力、凝聚队伍人心；以审判质效作为检验党建工作、支部工作成效的重要标准，发挥“党员先锋岗”模范作用，带头练好执法办案基本功。

全面从严治党。认真贯彻落实中纪委、区市纪委全会及上级法院关于党风廉政建设工作会议精神，自觉落实“八项规定”“九项要求”“十个不准”和《关于新形势下党内政治生活的若干准则》等党规政纪。坚持严字当头，严格执行“五个严禁”、任职回避、防止干预过问案件“两个规定”等制度，开展签“廉洁司法承诺书”、纪律作风整顿月、每案填写廉政监督卡等专项工作，聘请和选任司法廉政监督员3人、纪检监察员3人，以零容忍态度坚决惩治司法腐败。

提升司法能力建设。落实“五个过硬”要求，统筹安排队伍建设工作。继续发扬“传、帮、带”优良做法，建立落实“个人导师”制度。积极开展业务技能竞赛，在司法警察“三做一亮”竞赛中荣获全市法院一等奖和全区法院三等奖。加大专业技能培训力度，组织各类业务培训50次，外派10人次参加各类中长期培训、4人赴拉萨中院或北京法院跟案学习，2次邀请北京法律专家来院讲课，业务技能有新提高。开展业务“三评查”4次，评查案件160件，以查促改、以查促学。开展“三星三优”评选4次，评选出办案质量之星、办案效率之星和优秀党员等，以先锋导向、以典型引路、以榜样示范，激励全体干警的信心和斗志。

自觉接受社会各界监督。依法接受人大监督、认真接受政协民主监督，召开专题座谈会2次。大力加强联络工作，主动邀请区市人大代表、政协委员视察法院2次，建立代表委员专人联络机制。依法接受检察机关法律监督，共同维护司法公正和法律权威。举办“12·4”法院公众开放日活动，邀请50余名在校师生参观审判法庭等场所、参与模拟法庭等活动。大力实施人民陪审员“培增计划”，16名

人民陪审员参与审理案件16件。

各位代表，过去一年是我县法院工作长足发展的一年。审判质效有新提高，案件综合结案率99.38%位列全市第一，案件上诉和改判率为0、服判息诉率达100%；基础建设有新加强，中央投资1200余万的县法院新审判楼和吞巴乡法庭基本建成、尼木乡法庭主体完工，县财政投资182万的院内附属也即将破土动工；法院形象有新提高，荣获区市县集体或个人表彰25次的良好成绩。这是县委坚强领导，县人大及其常委会有力监督，县政府大力支持，县政协以及全县两级党政机关、社会各界和人大代表、政协委员关心、支持、帮助的结果。在此，我代表尼木法院向大家表示衷心的感谢和诚挚的敬意！

一年来的实践，我们深切地感受到，法院工作要更好、更科学、更持续的发展，必须始终坚持党的领导和人大、政协的监督，必须始终争取政府和社会各界人事的关心、支持和帮助，必须始终坚持弘扬“老西藏精神”和“两路精神”，埋头苦干、真抓实干。同时，我们也清醒地认识到，在全面建成小康社会决胜阶段，在奋力开启全面建设社会主义现代化尼木新征程的关键时期，法院工作还面临一系挑战和考验：一是伴随我县经济社会跨域式发展，法院受理案件数量仍将保持持续增长，案多人少问题将日益突出。二是伴随“十三五”规划的实施、县委县政府“三步走”总体部的推进，产业升级、民生发展、生态保护等领域产生的纠纷复杂程度必然不断加大，干警年轻化、经验不足问题依然严峻。面对这些问题和困难，我们将在各方的关心支持下，以更加有力的措施，努力加以解决。

2018年工作安排

紧紧围绕县委提出的工作新目标，面对新起点、新阶段、征程，2018年尼木法院工作的总体思路是：高举习近平新时代中国特色社会主义思想伟大旗帜，深入贯彻落实总书记“治国必治边、治边先稳藏”重要战略思想和“加强民族团结、建设美丽西藏”的重要指示以及给隆子县玉麦乡群众的重要回信精神，深入贯彻落实区市县第九次党代会精神，深入贯彻落实郭声琨书记、周强院长、吴英杰书记等重要讲话精神，以迎接服务、学习宣传、贯彻落实十九大精神为主线，紧紧围绕“让人民群众在每一件司法案件中都感受到公平正义”目标，狠抓发展稳定生态三件大事，大力推进“六大战略”部署和县委“三步走”总体布局，不忘初心、牢记使命，锐意改革、砥砺前行，奋力开创尼木法院工作新局面。

一是狠抓审执第一要务，全力服务尼木新发展

依法惩治犯罪，重点打击危害国家安全犯罪、暴力性犯罪、多发性侵财犯罪和扶贫等领域犯罪，积极推进法治稳县，确保尼木长治久安。认真落实县委县政府决策部署，紧紧围绕我县经济社会发展战略，加强司法应对，妥善审理藏香文化、藏鸡、有机农业、全域旅游和示范园区、产业园区等发展领域纠纷，确保产业升级和供给侧改革顺利推进；妥善审理教育、医疗、养老、扶贫等民生领域纠纷，确保民生改善、群众生活水平提高；妥善审理矿山开采、草地占用等环境领域纠纷，确保生态持续发展。深化执行体制机制改革，切实扭转“执行难”被动局面，努力营造良好的经济社会发展环境。

二是坚持创新司法为民举措，满足群众多元化司法需求

积极推进多功能诉讼服务中心、吞巴中心法庭入驻办公，为群众提供便捷司法服务。继续推进12368法律服务热线、法院微信公众平台和上门或预约立案、电子或邮寄送达等便民利民措施，减轻群众诉累。继续通过“格桑花”流动诉讼服务队深入了解群众法律需求，积极配合乡镇、村委做好“点对点”法律服务，让人民群众有更多获得感。继续信息化投入力度，积极构建开放、动态、透明、便民的阳光司法机制，依法保障各族群众的知情权、参与权、表达权、监督权。

三是坚定不移推进司法改革，着力提升司法质效和权威

坚持上级法院总体部署和基层实践相结合，全面稳妥完成推进司法改革各项任务。继续完善司法责任制为核心的制度建设，着力激发办案人员责任感和使命感。继续完善以审判为中心的刑事诉讼制度改革，充分激发被告人、公诉人、证人、鉴定人及辩护人等当事人之间的实质对抗，真正发挥庭审查明案情作用；继续推进多元化纠纷解决机制、案件繁简分流机制等改革，切实提升办案效率。继续加强办案指导和监督，在实现让审理者裁判的基础上，确保放权不放任，努力推进司法质效和权威有新提高。

四是坚持从严管理，建设过硬队伍

以政治思想建设为基础，认真学习贯彻十九大会议和近平新时代中国特色社会主义思想精神，牢固树立“四个意识”，坚定维护习近平总书记党中央核心，自觉在思想上、政治上、行动上同党中央保持高度一致。以班子建设为关键，凝聚人心、带好队伍。以提升司法能力为核心，有计划、有针对性地开展业务培训，积极落实专家授课、赴“友好法院”跟案学习等制度，全面提升干警业务素养。以法院文化建设为引领，开展富有特色的群体性文化活动，在潜移默化中培育干警的职业自豪感、集体荣誉感，增强凝聚力、向心力。

五是自觉接受监督，不断改进工作

自觉将法院工作置于党的领导下，做到“四重一大”事项及时请示汇报，确保党的主张和意图不折不扣贯彻落实。自觉接受各级人大及其常委会监督和政协民主监督，建立完善定向联络、提案办理、工作汇报和信息通告等制度，及时办理提案和意见建议。自觉接受检察机关法律监督，支持检察机关依法履职。自觉接受社会监督，积极扩大人民陪审员参审和庭审直播、旁听范围，最大程度的满足公众对司法的知情权、参与权、表达权和监督权。

各位代表，面对新形势、新任务、新要求，我们法院将更加紧密的团结在以习近平同志为核心的党中央周围，在杜国君同志为班长的县委领导下，把智慧和力量凝聚到实现十九大确定的宏伟目标和各项任务上来，以饱满的精神状态和奋斗姿态投身新时代尼木法院事业，忠实履行宪法法律赋予的职责，努力让人民群众在每一个司法案件中感受到公平正义，为决胜全面建成小康社会、奋力开启全面建设社会主义现代化尼木新征程、实现尼木人民对美好生活的向往做出新的更大贡献。

尼木县人民检察院工作报告

——在尼木县第十三届人民代表大会第三次会议上

尼木县人民检察院检察长　强巴阿旺

（2018 年 1 月 4 日）

2017 年工作回顾

2017 年，是党和国家历史上具有特殊意义的一年。党的十九大胜利召开，以习近平同志为核心的新一届党中央领导集体，站在历史和全局的高度，开启了建设中国特色社会主义伟大事业新的征程。一年来，我院在县委和上级检察院的正确领导下，在县人大及其常委会的有力监督下，在县政府、县政协、社会各界以及对口支援单位的大力支持下，深入学习贯彻党的十八届历次全会、党的十九大精神，贯彻落实区市第九次党代会、九届三次全会精神，逐步做好司法体制改革相关工作，全面强化法律监督和自身监督，全力推进平安尼木、法治尼木建设，各项检察工作取得新进展。

一、始终坚持把服务大局作为首要任务，全力维护社会局势稳定

（一）严厉打击刑事犯罪。2017 年，我院共受理提请批准逮捕案件 1 件 1 人，批准逮捕 1 件 1 人；受理审查起诉案件 5 件 5 人（其中行贿 1 件 1 人，盗窃 2 件 2 人，危险驾驶 2 件 2 人），提起公诉 4 件 4 人，不起诉 1 件 1 人。

（二）保持反腐高压态势。2017 年，上级院指定我院办理的聂某行贿一案，已向法院提起公诉，法院判处被告人缓刑及被告所在单位罚金 50 万元，此案件的查办为国家挽回经济损失百万余元。与此同时，组织干部职工 20 余人旁听了此案，起到了一定的教育作用。

（三）认真落实精准扶贫、脱贫工作。今年以来，全面落实县委县政府精准扶贫、精准脱贫的工作，把检察工作与精准扶贫、精准脱贫工作统一部署、统一落实，我院 6 名干警对口 8 名贫困户，截至目前，对口贫困户均完成走访调研，并为他们送去了价值 1.5 万余元的生活物资，让贫困户感受到党的温暖。

二、始终坚持把法律监督作为重要任务，全力维护社会公平正义

（一）刑事诉讼监督工作。2017 年 4 月，我院派出 2 名干警对县刑警大队 2016 年以来受理的 11 件刑事案件进行监督，形成监督报告 1 份。通过监督，及时发现并纠正了侦查活动中存在的问题，从而规范了侦查活动的合法性、合理性。

（二）刑事执行检察工作。2017 年，我院积极开展刑事执行检察工作，特别是对社区矫正的法律监督，深入全县各乡镇对全县 7 名社区矫正人员（缓刑 7 人）进行了有效监督，对监督中发现的问题和违法情况，及时向县司法局提出意见和建议，确保社区矫正人员不脱管、不漏管。依法纠正社区矫正中的执行违法行为，促进社区矫正工作依法规范开展。

（三）民行检察工作。以办案为中心，加大对法院民事行政审判诉讼活动的监督力度，对县法院 2017 年办理的 137 件民事案件进行了合法性审查，同时开展定期检查和旁听庭审等方式监督法院庭审工作。

（四）加强宣传及联络，预防犯罪滋生。3月29日，我院在七乡一镇和县信访局聘任了9名司法联络员，并颁发了聘书，进一步延伸了检察院法律监督触角，推动了检察工作重心下移、检力下沉。同时，根据区、市院部署安排，我院2017年开通了全国行贿犯罪档案查询业务，完善了项目工程单位市场准入制度，目前已查询了3家企业，为我县工程领域建设提供了安全保障。全年我院共开展法治宣传10次，发放宣传材料1500余份；通过新浪微博发布消息34条、"今日头条"发布动态17条、微信公众号发布消息11条。

（五）"一院一品"创建工作。为深入贯彻落实全区检察长工作会议精神，我院积极开展"一院一品"创建活动，投资15万元将控告申诉检察室改造为"一站式"检察服务大厅，并投资1.8万元定制了《服务大厅指南》、LED显示屏以及触摸式一体查询机，同时借助电视台、网络等渠道，向广大人民群众宣传了"一站式"检察服务大厅的工作职能，截至目前，共接待群众来访7件12人，受理案件6件6人。

三、始终坚持把党的绝对领导作为重中之重，全力打造一支过硬的检察队伍

（一）切实强化"两学一做"常态化制度化和"四讲四爱"教育活动的开展。为深入学习贯彻习近平总书记系列重要讲话精神，巩固"三严三实"专题教育与"两学一做"学习教育活动，扎实开展好"四讲四爱"主题实践活动，我院制定了《尼木县人民检察院"讲党恩爱核心、讲团结爱祖国、讲贡献爱家园、讲文明爱生活"迎党的十九大主题教育实践活动方案》以及学习计划，并将活动向非党员干警延伸。同时我院召开了"四讲四爱"主题教育动员部署大会以及推进"两学一做"学习教育活动常态化制度化，截至目前，全院干警共撰写心得体会45篇、个人笔记5本、简报21期。

（二）切实加强党风廉政建设。2017年，我院党组严格执行中央、区、市、县关于党风廉政建设决策部署，认真贯彻执行"三条例两准则"和检察人员纪律有关规定，严格执行中央"八项规定"精神，并制定了《尼木县人民检察院党组2017年落实党风廉政建设主体责任工作计划》，组织各科室签订了《党风廉政建设责任书》5份。全年，共召开专题党风廉政建设会议4次，组织全院干警集中开展纪律作风主题学习10次，撰写心得体会、交流发言材料50余篇。

（三）切实加强制度建设。一是我院党组制定并完善了《党组民主生活会制度》《三会一课制度》《财务人员工作职责》《内设机构工作职责》《财务管理制度》《公务用车制度》等制度，同时狠抓制度落实，切实强化和规范了检察机关内部管理；二是完善廉政谈话机制。修改制定了干警谈话制度、提醒诫勉谈话制度、干部任前谈话制度，并形成了廉政谈话细化清单，促使全院检察干警牢固树立廉洁从政廉洁从检的意识。

（四）切实强化党建工作。2017年来，我院紧紧围绕"党建统县"的战略部署，全面落实党要管党、从严治党要求，积极组织开展党员主题日活动5次，党组书记讲党课3次、党支部书记讲党课2次，党支部发展预备党员1名，转为正式党员两名，收缴党费3341元。

四、始终坚持以改革为内生动力，全力落实司法体制改革各项任务

（一）改革进程。2016年12月初，区检院全面启动了检察官入额工作，我院共有6个入额名额，已有5名人员完成入额。2017年6月，我院完成对6名检察辅助人员的套改工作，6名检察辅助人员中，1人为检察官助理，5名为书记员。2017年7月，我院在协调财政局后，已兑现入额检察官以及检察辅助人员的预发工资。实施大部制改革，建立新型办案组4个，进一步突出办案主体、明确权责权限，增强检察权运行效率，确保每一起案件都在阳光下操作。

（二）落实领导办案责任制。2017年，检察长共办理审查逮捕案件1件1人，审查起诉案件1件1人，出庭支持公诉1件1人，两名副检察长各办理公诉案件1件1人。

（三）落实国家监察体制改革。2017年下半年，为深化国家监察体制改革，我院党组两次召开专题会议研究转隶相关工作。按照改革的相关要求，我院职务犯罪检察科所属编制、人员以及装备将全部

转隶至监察委员会，编制数将转隶总编制的22%-25%，1人将转隶至监委会。

五、始终坚持检务保障为发展基本要素，全力打造优美的工作、生活环境

5月，在院党组的不懈努力下，县政府投资49万元建设院内附属设施，附属设施包括修建篮球场以及地面硬化绿化项目，目前，该项目已修建完工。

6月，院党组研究决定将市检院下拨款用于周转房的维修以及后勤餐厅的装修，共计投资41万余元，目前，该项目已完成并投入使用。

9月，为贯彻张培中检察长的指示精神，我院投资4.8万元为两栋周转房安装了16台电热水器。

10月，按照市检院的统一部署安排，我院投资18万余元用于改造视频会议以及建设指挥调度系统，目前，该项目已全部完工。

2017年我院各项检察工作取得了较好的成绩。这些成绩的取得，得益于县委和市检察院的正确领导，得益于县人大及其常委会的依法监督，得益于县政府的大力支持和县政协的民主监督，得益于各位代表、社会各界和人民群众的关心帮助。在此，我代表尼木县检察院向长期关心支持检察工作的各级党委、人大、政府、政协及有关部门，向各级代表、政协委员和社会各族人民群众，表示衷心的感谢和崇高的敬意！

在看到成绩的同时，我们也清醒地认识到工作中存在一些问题和困难。一是法律监督职能作用的发挥与人民群众对公正司法的要求与期待还有一定的差距；二是推进公益诉讼等工作仍然存在短板；三是检察体制改革需要进一步深化，检察队伍的正规化、专业化、职业化建设需要进一步加强。对于这些问题，我们将认真研究分析，采取有效措施，切实改进和解决。

2018年工作计划

2018年，我院将认真学习贯彻党的十九大精神，紧紧围绕县委的工作大局和上级检察机关的新要求，坚持以维护社会公平正义，提高法律监督能力为核心，以深化司法体制改革为方向，大力加强和改进检察工作，为建设法治尼木提供强有力的司法保障。

（一）加强领导班子和队伍建设。一是认真学习贯彻党的十九大精神以及习近平总书记的一系列重要讲话精神，结合“两学一做”学习教育常态化制度化，开展“不忘初心、牢记使命”专题学习会，强化领导班子的思想建设和作风建设，勇于探索、用于创新，努力实现检察工作取得新的进展。二是强化队伍建设，对干警的综合素质进行严格教育、严格管理、建立激励机制，让更多的青年干警发挥自身能力。

（二）继续严厉打击严重刑事犯罪，维护社会和谐稳定。牢固树立稳定压倒一切的思想，保持对严重刑事犯罪的高压态势，充分发挥批捕、起诉等职能，坚决打击一切破坏社会和谐稳定的破坏活动，将各类矛盾纠纷消灭在萌芽状态、初始阶段，全力推动尼木社会和谐稳定。

（三）全面开展公益诉讼，维护国家和社会利益不受侵害。牢牢抓住公益诉讼这一核心，以十二届全国人大常委会第二十八次会议做出《全国人民代表大会常务委员会关于修改〈中华人民共和国民事诉讼法〉和〈中华人民共和国行政诉讼法〉的决定》所确立的内容，在七乡一镇全面开展公益诉讼的宣传，提高人民群众对公益诉讼的知晓度，把提起公益诉讼作为法律监督的最后手段，全力维护国家和社会利益不受侵害。

（四）继续加大对立案、民事行政案件以及刑事检察监督。紧紧围绕监督这一主责主业，积极适应检察职能调整后的法律监督新形势。加大力度开展刑事案件立案、民事行政案件以及刑事检察的专项监督。一是对公安机关受理的刑事案件，是否存在有案不立，不应立案而立案等情况的监督，着力解决执法不严、司法不公等问题；二是对法院民事、刑事裁判的依法监督，充分运用追诉、抗诉、纠违等方式，坚决纠正定罪不当、量刑失衡、审判程序违法等问题。三是强化刑事检察监督，重点加强对刑罚执行、刑事强制措施执行的监督，深化减刑、假释、暂予监外执行的同步监督和财产刑执行监督。

（五）继续推进司法体制改革，为下一步改革顺

利实施奠定基础。牢牢把握全面提高检察工作法制化水平和全面提高检察机关司法公信力两个主基调，深入推进司法体制改革，主动适应以审判为中心的诉讼制度改革，坚持以法治为引领，优化司法职权配置，加强权力监督制约，促进司法独立，与时俱进地扎实做好各项检察工作，最大限度凝聚起推进司法改革和检察改革的正能量。主动加强与监察委员会的衔接配合，保持惩治腐败力度决不减弱、零容忍态度决不改变，以反腐倡廉的实际成效为改革营造良好法治环境。

各位代表！2018年，我们将紧跟时代步伐，在习近平新时代中国特色社会主义思想的指引下，在区市县党委、上级院的坚强领导下，认真落实本次会议精神，不忘初心跟党走、牢记使命筑忠诚，以维护社会公平正义为出发点，强化法律监督力度，以深化司法体制改革为方向，大力加强改进检察工作新水平，为全面建成小康社会，谱写中国梦尼木篇章做出新的更大的贡献。

关于2017年国民经济与社会发展计划执行情况和2018年国民经济与社会发展计划草案的报告

——在尼木县第十三届人民代表大会第三次会议上

尼木县发展和改革委员会主任 杨 虎

（2018年1月7日）

2017年经济社会发展执行情况

面对新形势、新任务、新要求，全县上下深入贯彻落实习近平总书记系列重要讲话精神和治国理政新理念新思想新战略，贯彻落实自治区第九次党代会精神、自治区经济工作会议精神，按照尼木县第十三届人民代表大会第二次会议批准的2017年国民经济和社会发展计划草案报告，狠抓稳增长、调结构、促改革、惠民生各项措施，全县经济保持跨越式发展的良好态势，圆满完成各项目标任务。

一、坚持科学发展，综合实力不断增强

我们以科学发展观为统领，贯彻落实“五大发展理念”，坚持稳中求进、进中求好、好中求快、补齐短板的工作总基调，全县经济社会保持快速发展，综合经济实力迈上新台阶。2017年，完成地区生产总值7.51亿元，同比增长10.2%，完成目标任务（7.39亿元）的101.6%；农牧林渔业增加值1.22亿元，同比增长4.2%，完成目标任务（1.08亿元）的113%；工业增加值0.51亿元，同比增长27.5%，完成目标任务（0.508亿元）的100.4%；全社会固定资产投资18.5亿元，同比增长40.5%，完成目标任务（16.20亿元）的114.2%；社会消费品零售总额0.62亿元，同比增长12%，完成目标任务（0.61亿元）的101.64%；地方公共财政预算收入1.43亿元，同比增长27.68%，完成目标任务（1.25亿元）的114.4%；农牧民人均可支配收入11636元，同比增长14.3%，完成目标任务（11740.8元）的99.1%。

二、优化经济结构，产业发展提质增效

我们坚持创新发展，把促进经济发展与加快转变发展相结合，加大产业建设力度，坚定不移地推进“四产业两园区”建设，着力补齐发展短板，培育内生动力，培育发展优势产业，经济增长动力不断增强。现代农牧业深入推进。深入推进农业供给侧结构性改革，种植青稞17630亩、油菜4800亩、藜麦5272亩、土豆1600亩、雪菊5560亩，认证有机牦牛5000头，青稞、油菜、藜麦、雪菊、土豆、牦牛6个产品已取得有机转换证书；实施总投资785万元的温室大棚建设项目、总投资1390万元的食药用菌工厂化种植基地建设项目、农产品质量安全检测中心项目、农牧业综合服务站等项目，有力促进了农牧业提质增效。特色产业不断壮大。立足我县资源优势，着力将资源优势转变为经济效益。总投资959.98万元的藏鸡原种保护基地一期工程补充项目和总投资9600万元的藏鸡原种保护基地二期建设项目开工建设。总投资6000万元的农牧民搬迁安居和特色经济项目已完成主体部分。总投资4000万元的藏香产业园在去年11月开工建设；总投资840万元的续迈温泉山庄项目已完成总工

程量90%。2017年，全县游客达到8.2万余人次，同比增长13%，旅游收入达到3296万元，同比增长11%。“两园区”建设扎实推进。总投资2.2亿元的拉萨经开区尼木产业园区建设项目开工建设，目前正在通过招商引资、企业合作等方式，积极发展运输、物流、商贸、餐饮、电子商务等现代服务产业。总投资1500万元的尼木现代农业高新示范园区建设项目与北京神州绿鹏农业科技有限公司达成合作开发框架协议，计划于2018年6月完工并投入使用。

三、狠抓投资建设，发展基础进一步夯实

我们积极争取国家投资，加强项目建设力度，投资规模不断扩大，开（复）工建设项目96个，总投资24.39亿元，完成投资18.48亿元。实施吞巴乡雍组公路工程、续迈乡江组道路工程、重点县小农水工程、东风灌区工程、幸福灌区工程、农村电网升级改造工程、尼木县公安局车管所建设项目等项目，城乡基础设施条件不断改善，生产发展能力进一步提高。

四、强化民生改善，人民群众得到实惠多

我们坚持把保障和改善民生作为一切工作的出发点和落脚点，坚持以人民为主体，发展为了人民，发展成果由人民群众共享。民生实事落实到位。县财政投入资金2100.64万元，完成10件民生实事。优先发展教育事业。加大教育投入力度，共投入11905.85万元开展教育事业，其中教育事业费预算指标9371.05万元，本级投入2534.8万元，占上年县级财政收入的22.68%；小学入学率达到99.93%，初中入学率达到99.91%，义务教育阶段巩固率达到91.22%，建设县小学综合楼建设项目、县中学实验楼建设项目、续迈乡小学风雨操场、七个村幼儿园等项目，教育教学水平进一步提高。医疗卫生服务能力不断提升。进一步完善全县公共卫生基础设施建设和服务体系建设。总投资1100万元的尼木县藏医院建设项目、总投资300万元的医疗援藏专家楼建设项目已经完工。2017年“新农合”参合率、综合覆盖率均达100%。补偿大病统筹基金1131.08万元1725人次，发放“一孩双女”困难家庭和“特别扶助”资金102.42万元。全年孕产妇死亡率1.98‰，婴儿死亡率9.9‰，卫生监督覆盖率100%，农牧民健康素养基本知识和理念知晓率达到88.5%。社会保障能力明显增强。五大保险参保人数1994人，征缴基金7314.44万元，城乡居民基本养老保险参保15112人，征缴基金152.75万元。及时足额发放寿星老人健康补贴、残疾人生活补贴等，社会救助工作扎实推进，发放五保老人供养金69.08万元，农村五保供养标准提高到5910元。扶贫开发扎实推进。加强组织领导，强化“六脱”措施，以产业扶贫为突破口，以易地搬迁为基础，统筹推进以教脱贫、以补脱贫、以保脱贫、以助脱贫等工作。狠抓尼木县精准扶贫易地搬迁二期工程、尼木县综合建材市场、尼木县清油加工厂、续迈乡生猪养殖基地、帕古乡扶贫商品房等扶贫项目建设。2017年，1253户5244人达到脱贫标准，贫困发生率由2016年初的16.3%下降至0.55%。文化事业长足发展。总投资1200万元的白面具传习所项目、总投资350万元的广电中心建设项目开工，总投资200万元的尼木县广播电视台制播能力建设项目完工。开展文艺演出52场，观众达1.5万余人次，放映电影1203场次，观众累计达到7.83万人次。

五、加强环境保护，生态建设取得新进展

我们始终坚持经济建设与生态环境相协调，高度重视生态环境保护，注重生态文明建设，积极构建国家生态安全屏障。实施拉萨周边造林、尼木县重点区域造林工程等项目。完成生重点区域造林2180亩、拉萨周边防护林工程4180亩生态安全屏障防沙治沙6666.6亩。本级投入117.6万元种植榆树5000棵、万年青6万株。2个生态乡，5个生态村创建工作通过区、市核查验收，正在进行最终审核。

六、深化改革开放，发展活力持续增强

我们始终坚持把改革开放作为推动科学发展、跨越式发展和长治久安的根本动力，破解发展难题，增强发展活力，社会生产力进一步解放和提高。各项改革进展顺利。全面推进“放管服”改革，组织26个单位认真开展行政审批事项清理、调整工作，审批事项进一步精简，审批时限全面压缩。截至目前，承接下放行政审批事项5项，取消7项，政府服务中心办理便民事项5057项，限时办结率100%，12345政务服务热线受理来电19件，办结率100%。受援工作成效显著。深入贯彻落实中央第六次西藏工作座谈会精神，狠抓援藏项目争取和建设。围绕医疗卫生、特色产业、农牧业发展等领域，开工建设援藏项目尼木县医疗援藏专家楼、藏鸡保种育种二期工程、精准扶贫尼木县藏香产业园、精准扶贫易地搬迁集体经济建设用房等8个援藏项目，完成投资1.58亿元，为全县脱贫攻坚及经济社会发展发挥着重要作用。同时，积极开展携手奔小康活动，与北京顺义区建立结对帮扶关系，两县区开展了互访交流交流活动，完成了两县区结对帮扶协议、两县区乡镇结对帮扶协议、人才交流协议等协议签订，为两县区结对帮扶及携手奔小康活动深入开展奠定了坚实基础。合作开放水平进一步提高。始终把招商引资作为增强县域经济发展的活力积极参加"雪顿节"招商推介会、"丝绸之路国际博览会"等活动，在北京成功开展尼木专题展销活动，引进中核集团等8家企业，先后与弘川公司签订吞巴仓储物流项目、与中核实业签订综合地热资源开发协议、与北控集团签订地热资源合作开发协议。截至目前，签约项目9个，签约资金27.73亿元，实际到位资金6.3亿元，完成目标任务（6亿元）的105%。

总的来看，我县经济社会发展态势良好。这是县委、县政府统揽全局、正确领导的结果，是北京市无私援助的结果，是全县人民精诚团结、奋力拼搏的结果。同时，我们也要看到，我县还存在着经济基础薄弱、工业经济总量偏小、主导产业还没有形成效应、抗风险能力不强、基础设施建设相对滞后、城乡发展不够协调等困难和问题，我们要高度重视，要在今后的工作中采取有力措施认真加以解决。

2018年国民经济和社会发展思路及目标

2018年工作总体思路：以党的十九大精神为指导，深入贯彻落实习近平总书记系列重要讲话精神和治国理政新理念新思想新战略，紧紧围绕区、市第九次党代会决策部署，坚持稳中求进、进中求好、好中求快、补齐短板工作总基调，以供给侧结构性改革作为经济工作的主线，以提高发展质量和效益为中心，深化"六大战略"，深入推进"四产业两园区"，攻坚克难补短板、开拓创新求突破、坚定信心奔小康，确保我县经济社会长足发展和长治久安。

2018年经济社会发展的主要预期目标：地区生产总值增长14%，公共财政预算收入增长10%，全社会固定资产投资增长16%，工业增加值增长10%，社会消费品零售总额增长15%，农牧民人均可支配收入增长14%。

一、要全力以赴抓投资

抓住国家加大投资、扩大内需这一有利时机，全力推进"四产业两园区"和"四菜一汤"全域旅游的建设，积极争取各类项目，提升全县基础设施条件，提高产业发展水平，为全面建成小康社会提供有力支撑。一是加快项目前期工作。成立项目前期工作领导小组，召开项目建设前期工作推进专题会议，加紧县城至麻江乡公路工程、麻江乡朗堆村至琼姆岗嘎公路、普松乡如白村服务脱贫公路、雪拉灌区工程、现代农业高新示范园区重大项目前期工作，为项目开工打好坚实基础。二是加快项目建设进度。倒排工期，挂图作战，全力推进精准扶贫尼木藏香产业园示范基地、经开区尼木产业园、藏鸡保种育种二期工程、重点县小农水工程等重大项目建设进度，确保早完工、早投入使用、早发挥效益。三是提前做好项目储备。加强部门之间的配合，深入研究国家投资政策，围绕产业发展、基础设施建设、民生事业、生态资源等领域谋划储备一批项目，为项目申报和争取资金打好基础。四是加强援藏项目建设。用足、用好援藏特殊优惠政策，与拉萨市援藏指挥部加强沟通，加快援藏项目的进度，建设尼木县温室大棚建设项目、非物质文化陈列设施展示项目、农牧民搬迁安居特色经济二期、县小学教学楼等项目，为全县教育事业、产业发展重要作用。五是加大招商引资力度。积极吸引社会投资，加快推进引进一批吸纳就业多、税收贡献大、低碳无污染、带动能力强的大型企业。六是认真做好重点项目协调。开展经常性调研督查，适时组织召开全县重点项目建设协调会议，对项目建设中存在的困难和问题进行研究，及时协调解决。

二、要坚持不懈抓产业

促进一二三产融合和产业升级，是经济快速发展必由之路。作为一个以农业为主的农牧业县，我们要以开拓创新精神，推进农业供给侧结构性改革，提高农业供给体系质量。一是强化人才智力支撑。积极打造各类培训平台，依托对口援藏资源，采取集中学、个别带、走出去、请进来等方式，大力开展以种植、养殖、加工、服务、销售等为主要内容的使用技术培训，力争每年全县都能涌现出一批“土专家”“明白人”，不断壮大“两支队伍”力量，为产业发展提供强有力的人才智力支撑。二是重点推进“四产业两园区”建设。藏香文化产业发展方面，坚持把藏香文化产业作为文化兴县的优势品牌。围绕藏香产业“123”发展思路，加大藏香文化产业推进力度，带动相关产业发展，促进农牧民增收。藏鸡产业发展方面，坚持把藏鸡产业作为农牧民群众增收致富、巩固脱贫成果的重要渠道。全力推进藏鸡产业化发展，实施五年藏鸡百万工程，建成屠宰加工、禽蛋加工、冷链物流、集装箱试验养殖项目，建设商品鸡标准化养殖基地。延伸藏鸡产业链，实现藏鸡种鸡生产、商品鸡放养、蛋品鸡回收的产业化经营体系建设，同时建立“企业＋农牧民利益共同体”经营模式。有机农业发展方面，坚持把发展有机农业作为农业供给侧结构性改革、农牧民稳定增收的有力抓手。大力实施农业产业“3212”工程，培育和引进有机生产企业经营主体，形成龙头企业带动有机产业发展局面；建设标准的有机种植、养殖业发展基地；实现7个以上产品的有机认证；着力打造尼木净土有机统一品牌，力争尼木净土品牌拿到自治区驰名商标；实现有机农业与全域旅游业的融合，发挥最大富民增收效益。全域旅游产业发展方面，坚持把全域旅游产业作为县域资源整合、产业融合的支柱产业。围绕“四菜一汤”全域旅游发展规划，按计划推进各项工作。与吞弥文化旅游公司、域上和美公司、经开区共同开发吞巴景区，推进景区提档升级；进一步完善卡如乡沟域经济旅游项目建设，重点抓好国家森林公园保护性建设；按计划推进琼穆岗嘎雪山旅游项目、续迈温泉循环经济项目、卡如温泉的开发工作，力争形成产业带动。“两园区”建设方面，坚持把园区建设作为推动产业转型升级、壮大县域经济、增强县级财力的有效载体。在尼木现代农业高新技术产业示范园区建设上，加强与中国航天集团神舟绿鹏农业有限公司的合作，打造以高原种植业为主、集旅游观光业为一体的现代农业观光区，在农业技术生产方式、经营方式方面建立示范体系，辐射带动全县农业向规模化、标准化、现代化方向迈进。在拉萨经开区尼木产业园区建设上，尽快建成“双创大厦”，通过招商引资、企业合作等方式，发展实体经济，把产业园打造成为尼木县经济社会发展的新高地，建设小康社会的新引擎。

三、要扎扎实实惠民生

始终把保障和改善民生作为一切工作的出发点和落脚点，切实让农牧民群众享受到改革发展所带来的实惠。继续办好民生实事。在落实中央、区、市强农、惠农政策基础上，从解决人民群众最紧迫、最直接、最现实的利益问题入手，本级财政安排资金，继续为群众办好事实事。优先发展教育事业。加大教育经费投入，推进义务教育优质均衡发展；加快实施推进尼木县中心小学教工之家、尼木县小学学生宿舍楼、尼木县小学教学楼等项目，提升教育基础设施水平。不断提高医疗卫生服务能力。努力推进医药卫生体制改革，不断提高基本公共卫生服务保障能力。进一步完善新型农村合作医疗制度，抓好合作医疗调整政策的落实。突出藏医特色，加快发展民族医药事业，尼木县藏医院投入使用。加强重大疾病防控和卫生应急队伍能力建设，开展好全民免费健康体检及孕前优生健康检查、出生缺陷一级干预项目，并建立健康档案。巩固包虫病防治工作成果，继续加大筛查救治力度。继续做好农牧区“一孩、双女”户困难家庭扶助制度和西藏特殊子女家庭特别扶助制度以及建档立卡贫困人员医疗救助兜底保障工作。依托医疗组团式援藏，全力做好县人民医院创二级医院工作，力争2018年创二级医院工作顺利通过验收。深入开展爱国卫生运动，加强健康尼木宣传，倡导健康文明的生活方式，广泛开展全民健身活动。着力提升保障水平。全面建立覆盖城乡、惠及全民的社会保障体系，努力实现社会保险全覆盖，织就基本民生的安全保障网。全面实施全民参保计划，完成覆盖城乡居民的基本养老、基本医疗、失业、工伤、生育等保险制度，扎实推进“五险合一”制度改革，各险种参保率保持在95%以上。健全社会救助体系，完善最低生活保障、最低工资保障制度，构建防治养一体化格局，确保有意愿的“五保户”集中供养率、孤儿集中收养率保持在100%的标准。加强防灾减灾体系建设，建立健全自然灾害救助应急预案体系，积极开展防灾减灾业务研讨和应急演练，进一步完善预案，提高预案的实用性和可操作性。加强留守儿童关爱保护。

深入实施文化惠民工程坚持社会主义先进文化前进方向，培育和践行社会主义核心价值观，深入开展爱国主义教育、中华民族共同体意识教育、中国特色社会主义、中国梦教育和“四讲四爱”主题教育实践活动，大力弘扬民族精神和时代精神，讲好新时代“中国梦·尼木故事”，丰富群众精神文化生活，引导全县人民树立和坚持正确的历史观、民族观、国家观、文化观，切实增强对中华文化的认同，树立高度的文化自信和文化自觉。坚定文化自信。深入开展文化、科技、卫生、法律、爱国爱教“五下乡”活动，全面提升群众文化生活幸福指数，努力形成生动活泼的文化建设新局面。坚持以群众需求为导向，加快推进公共文化基础设施建设，提升公共文化服务能力，着力丰富公共文化产品和服务供给，切实增强群众文化获得感。认真抓好农牧民劳动力就业。以高校毕业生、建档立卡贫困户、农牧区富余劳动力等为重点，开展高校毕业生就业见习、毕业生专场招聘会、“春风行动”等专项服务活动。鼓励本地企业吸纳高校毕业生、农民工就业。深入实施“四业工程”，强化技能培训，组织有劳动能力和有就业愿望的人员实现转移就业。全力巩固好脱贫攻坚成果。始终坚持把脱贫攻坚作为经济社会发展的头等大事和第一民生工程，着力构筑专项扶贫、行业扶贫、社会扶贫、援藏扶贫、金融扶贫“五位一体”大扶贫格局，健全脱贫工作机制，强化脱贫责任制，确保2017年实现脱贫摘帽并巩固好脱贫成果。加快推进藏香文化产业园、藏鸡养殖、建材市场、清油加工厂等重点产业项目建设，建立完善产业项目与贫困户利益连接机制，确保项目早建成，群众早受益。

四、要持之以恒守底线

牢固树立“绿水青山就是金山银山”的理念，严守生态保护红线，加强江河源头区、耕地、草原、河流、湿地、天然林、水生态保护，实施好拉萨周边造林工程、安全屏障防沙治沙工程、县城污水处理厂等项目。加强生态环境治理，加强节能减排，强化环境监管，防治环境污染，以零容忍态度，严厉打击环境违法行为，切实保护好尼木的碧水蓝天。

各位代表，2018年已经到来，面对新形势、新任务、新要示，我们要在县委、县政府的坚强领导下，坚决贯彻落实中央经济工作会议精神，区、市第九次党代会议精神，主动作为，团结拼搏，攻坚克难，努力开创尼木经济社会发展的新局面。

关于尼木县2017年财政预算执行情况及2018年县级财政预算的报告

——在尼木县第十三届人民代表大会第三次会议上

尼木县财政局局长 洛布次仁

(2018年1月8日)

2017年全县财政预算执行情况

2017年是党的十九大胜利召开之年,也是“十三五”规划的有力推进之年。在县委、县政府的正确领导下,牢牢把握新时代中国特色社会主义发展,坚持稳中求进的工作总基调,深化财政体制改革,创新工作思路和方式,全面落实稳增长、调结构、促改革、惠民生、保稳定、防风险等一系列政策措施,全力推进尼木经济社会平稳较快发展,为顺利完成全年目标奠定了坚实基础,财政预算执行情况良好。

一、2017年预算执行总体情况

2017年全县财政安排总财力为91722万元,比上年增加9922万元,增长12.2%(说明:2017年年初财力预算为57500万元;中途上级转移支付追加27010万元;公共财政预算收入超收完成1751万元,税收返还5461万元)。其中:一、公共财政预算收入14251万元,比去年同期增长27.68%,完成年初任务的114.4%。二、转移性收入77471万元,包括:(一)返还性收入8098万元,(二)一般性转移支付收入67373万元,(其中:体制补助收入770万元、均衡性转移支付收入17600万元;调整工资转移支付补助收入3700万元;农村税费改革转移支付补助收入700万元;教育转移支付收入9400万元;医疗卫生转移支付收入1337万元;基层公检法司业务经费400万元;其他一般性转移支付收入400万元),(三)专项转移支付收入2000万元。

政府性基金预算收入完成59万元,主要为土地出让金收入。

二、2017年公共财政支出90083万元,比上年增加11826万元、增长15.11%,支出分项如下

1. 一般公共服务安排23256万元,比年初预算增加4456万元、增长23.7%,主要是村集体经济建设、村两委班子误工补贴资金、取暖调标补贴、农牧半脱产技术人员增资、强基惠民专项经费、项目配套资金及基础设施建设支出。

2. 国防安排118万元,主要为县人武部事业经费。

3. 公共安全安排5936万元,比年初预算增加1256万元、增长27.65%,主要为公检法司、消防、武警中队等行政运行经费及专项安排资金。

4. 教育安排21146万元,比年初预算增加9946万元,增长88.8%,含县级教育投入资金、精准脱贫以教组学生生活补助,大学生学费资助金。

5. 科学技术安排250万元,主要用于开展科普活动及其他用于科学技术普及方面的支出。

6. 文化体育与传媒安排2219万元,比年初预算数增加1619万元、增长269.8%,主要为白面具藏戏保护场所建设项目、非物质文化经费、文物保护民间艺术团经费、节目创造费等支出。

7. 社会保障与就业安排 6205 万元，比年初预算增加 4305 万元、增长 226.57%，主要为民政三项经费、各类社会保险支出、五保户、公益性岗位工资等支出。

8. 医疗卫生安排 7035 万元，比年初预算增加 1435 万元、增长 25.62%，主要为基层公共卫生、农村合作医疗、食品药品监督事务、全民体检、包虫病筛查经费等支出。

9. 环境保护安排 1756 万元，主要用于环保部门行政运行、环境监测与监察、退耕还林工程的各项补助、自然生态保护专项经费等支出。

10. 城乡社区事务安排 271 万元，主要为城市维护费用。

11. 农林水事务安排 13953 万元，比年初预算增加 9953 万元、增长 248.82%，主要为草原生态补贴资金、财政扶贫资金、精准扶贫配套资金、有机农业创业资金、藏鸡原种保护等资金。

12. 交通运输支出 484 万元，主要为县际班线改革和农村公路养护资金。

13. 资源勘探信息等支出 2003 万元，主要为支持中小企业发展和管理支出、县城投公司注册资金等。

14. 商业服务业等事务安排 59 万元，主要用于旅游业管理与服务支出、支持经济发展，安排预算内招商引资经费。

15. 国土资源气象等事务安排 3488 万元，主要为土地占补平衡指标购置经费、县级气象台站运行维护经费、国土专项经费等。

16. 住房保障支出安排 1890 万元，主要为全县在职干部职工公积金县级财配及棚户区改造经费等。

17. 粮油物资管理事务支出安排 14 万元，主要用于粮油局人员经费和公用经费方面的支出。

2017 年财政主要工作

一、落实上级财政决策，积极推动政策落地

加快支出预算执行进度，加强核算支出管理，合理压降库款规模，提高财政资金使用效益。落实积极的财政政策，全面推进“营改增”政策落地，做好经济改革推进协调工作，实现税制平稳转换，形成各行业整体税负只减不增的良好局面。为减轻企业负担，严格按照国务院“放管服”工作要求，确保普遍性降费政策落实到位。将“两创”示范园建设项目，纳入年初预算，助推科技创新，营造和鼓励“大众创业、万众创新”的政策环境。规范政府债务管理，将政府债务管控工作纳入县绩效管理共性目标，实行政府债务“零”余额限额管理制。严格按照《政府采购法》，加强政府采购工作管理，出台《县国有资产管理委员会主要职责机构设置和人员编制规定》和《县行政事业单位资产清查工作实施方案》，进一步规范和完善政府采购的组织、制度和运行体系，在法规的范围内实施政府采购工作，将 5 万以上购置行为纳入政府采购计划，将 10 万以上购置行为进行公开招投标，并与中标公司、企业签订购置合同，面对社会予以公示，维护和促进市场化经济的合法竞争。计划内预算政府采购经费 12430 万元，实际支出使用资金 12211 万元，实际支出比为 98.24%。

二、严格执行财经纪律，确保财政资金安全

把严肃财经纪律作为源头防腐的重要措施，强化责任担当。将各类资金监管向基层延伸，2017 年发放类定向补助项目 5 个，涉及资金 3218.84 万元（其中：粮食直补及农资综合补贴 113.06 万元，草原生态补贴 1560 万元，林业补贴 993.3 万元，2016 年定向补贴 365.49 万元，2017 年定向补贴 186.99 万元）；全程实行跟踪监管。深化财政监督检查，对部门预算执行情况、政府项目预（概）算、决（结）算和非税收入收缴等进行监督检查。积极配合纪委、巡察、审计、督察等相关部门对“三公”经费、津补贴发放、重大项目、扶贫资金等领域，开展专项检查和监督。组织对全县各乡镇、县直各部门的财务管理进行专项检查，纠正政府单位在预算编制执行、落实“收支两条线”政策、工程项目和用工支出等方面存在的问题。“三公”经费预算管理和动态监督严格执行每月自查上报机制，进一步压减“三公”经费支出，降低行政运行成本，确保将有限的财政资金用在支持社会发展的刀刃上。全年“三公”经费共

计支出867.19万元,同比增长10.91%(其中:公务接待费支出7.43万元,较去年同期减少3.11万元,同比下降29.51%;公务车辆运行支出796.63万元,较去年同期增加262.53万元,同比增长49.15%;公务车辆购置支出63.13万元,较去年同期减少174.14万元,同比下降73.39%)。

公务车辆运行超支原因说明:一是2017年为贯彻落实上级指示精神,工作量及工作标准不断提升,各单位为扎实开展好各项工作,车辆行驶里程大幅度的提高。二是为确保打赢脱贫攻坚战,实现全面小康的宏伟目标,各单位不断加大走村入户次数,开展下乡活动频繁。三是车辆年限不断增加,发动机油耗逐年递增,同时维修率自然增长。四是受全国油价增幅影响,公务用车成本不断增高。

三、强化党的基层组织建设,保障干部职工正常福利发放

一是为贯彻落实区市决策部署,满足基层政权办公和群众民主议事需要,按照关于村级活动场所标准化阵地建设的相关要求,工程全面施工。该项目总投资10022.77万元,2017年市级投入3334万元,本级投入3334万元。二是大力扶持各村村集体经济发展,为各村安排村集体经济创业资金15万元,共计投入集体经济扶持资金500万元。三是为解决行政村"无钱办事",基层抓党建重视程度不够,工作积极性不高,创新发展理念缺乏等问题,我局协调组织部门积极探索、大胆实践,安排80万元专项经费用于村级党建工作运行,维持各村日常工作开展。四是开展住房公积金统调工作,全县共结息1098人(不含教育系统),封存63人,新增52人,合户28人,转移49人,结算利息110.5万元,共缴存2789.77万元,其中县级财政配套资金1394.89万元;全年共有184名干部职工支取住房公积金,支取总额1366.62万元。五是积极协调组织、人社等部门,调整和兑现2016年7月以来干部职工增资、补发、核算相关工作,分两次兑现增补工资453.18万元和487.11万元,共计940.29万元。六是落实干部休假包干路费,去年6月严格按照市县组织部门关于干部职工福利待遇相关文件精神,经过多次审核,兑现年度包干经费814.4万元。七是为全县209名公益性岗位人员,发放工资596.46万元,其中县级配套资金238.58万元。

四、坚持民主集中制原则,加强和规范重大事项支出

严格落实县委、县政府常务会议精神,为全县各单位解决项目159个,全年本级投入资金共计14483.01万元。

1. 投入资金5877.95万元用于一般公共服务支出;其中:投入资金3334万元用于村级活动场所项目建设;投入资金404.06万元用于县委人大政府会议室改造和政府机关院内基础设施维修;投入资金237.16万元用于卓瓦曲典寺、乳巴寺、达金寺、卓玛普日追寺、溃公寺等寺庙维修;投入资金493.24万元用于全县各单位办公设备购置;投入资金71.7万元用于城市维护;投入资金501.29万元用于路灯安装和小康安居工程切开线路等基础设施项目建设;投入资金272.81万元用于尼木年鉴县志和文物挂牌保护等文化事业建设;投入资金150.1万元用于政府后勤服务中心改扩建设;投入资金13.59万元用于县藏胞接待室设备购置;投入400万元用于交通局县际班线改革经费。

2. 投入资金6439.07万元用于农林水事务事业发展;其中:投入资金795.36万元用于创建有机农业示范县;投入资金178.84万元用于藏鸡原种项目建设;投入资金829.8万元用于净土产业发展包装设计、乌米净土产业园智能大棚等项目建设;投入资金740.63万元用于雪菊藜麦收购和设备购置;投入资金114.62万元用于县城绿化工程项目;投入资金3200万元用于土地占补平衡;投入资金579.82万元用于购置挖掘机、农村宅基地确权等其他项目建设资金。

3. 投入资金956.57万元用于社会稳定事业;其中:投入资金181.11万元用于公安局办公楼维修改造;投入资金451.02万元用于购置警用车辆、交警队车管所等项目;投入资金225.62万元用于维稳高清视频和天网系统建设;投入资金98.82万元用于检察、司法部门附属工程建设。

4. 投入资金700.24万元用于乡(镇)各项事业发展;其中:投入资金35.51万元用于麻江乡"八一

赛马节”、人大之家装修等项目经费；投入资金 7.5 万元用于帕古乡彭岗村公路维修；投入资金 8.48 万元用于普松乡政府挡墙维修；投入资金 72.09 万元用于续迈乡续迈村新建商品房、新装变压器等项目；投入资金 283.66 万元用于吞巴乡仓储物流建设、根比村土地承包费、吞弥文化节等项目；投入资金 252 万元用于卡如乡温室大棚建设、尼木和美公司入股 49% 部分；投入资金 25 万元用于塔荣镇林岗村温室大棚建设。另外投入资金 16 万元用于七乡一镇“四讲四爱”专项活动经费。

5. 投入资金 509.18 万元用于医院卫生系统建设：其中：投入资金 259.88 万元用于包虫病专项筛查诊治；投入资金 50 万元用于建档立卡贫困户医疗救助兜底资金，投入资金 199.3 万元用于藏医院附属工程建设。

同时，我们也清醒地认识到，财政改革发展仍面临不少困难和问题。随着经济发展进入新常态，财政收入中低速增长与财政支出刚性增长之间矛盾日益加剧，收支平衡压力越来越大。财力仍处于全市落后位次，财政保障能力与各项事业快速发展的需求相比差距较大。部分支出结构不够优化，资金使用效益不高等问题仍然存在，财政管理和监管需要进一步加强。我们高度重视这些问题，采取有力措施加以解决，也恳请各位代表委员一如既往地对财政工作给予指导和支持。

2018 年县级财政收支预算（草案）情况

根据《中华人民共和国预算法》的规定和要求，结合我县实际，现向大会报告尼木县 2018 年县级财政收支预算（草案）。

一、预算编制指导思想

以邓小平理论、“三个代表”重要思想、科学发展观、习近平新时代中国特色社会主义为指导，全面贯彻党的十九大和中央第六次西藏工作座谈会、中央经济工作会议、中央农村工作会议、全国财政工作会议，以及区市县第九次党代会、区市县经济工作会议精神，深入贯彻习近平总书记系列重要讲话精神，统筹推进“五位一体”总体布局和协调推进“四个全面”战略布局，坚持稳中求进、进中求好、补齐短板的工作总基调，树牢新理念、适应新常态、引领新发展，坚持以群众增收为中心的发展思路，坚持以推进供给侧结构性改革为主线，适度扩大总需求，财政政策更加积极有效，大力实施减税降费政策，深入推进财税体制改革，着力构建创新型财政体系，加大财政支出优化整合力度，保障重点领域支出，统筹盘活财政存量资金，提高财政资金使用效益，加强政府性债务管理，积极防范财政风险。

二、预算编制基本原则

1. 稳中求进，改革创新。在保持财政政策的连续性和稳定性的前提下，积极作为，切实发挥稳增长作用，促进经济社会良好发展。

2. 依法理财，规范管理。严格遵循《预算法》《中长期预算规划》等法律法规和预算编制制度的相关规定，增强预算刚性约束，坚持“先有预算，后有执行”，严禁无预算支出和超范围、超标准开支。

3. 突出重点，压缩非刚。适度缩小支出规模，提高支出精准度，改变支出项目只增不减的固化格局，集中财力办大事。严格控制“三公”经费，压缩会议费等非刚性支出。

4. 统筹整合，提高绩效。加强专项资金清理整合，盘活财政存量资金，集中用于亟需领域。

5. 积极稳妥，防范风险。实施更加积极有效的财政政策，注重财政的可持续性，充分考虑经济发展水平和财力状况，安排民生领域支出，不做脱离实际的过高承诺。加强风险防控，强化我县政府债务管理和预算管理，切实防范财政金融风险。

三、2018 年收支预算总体安排情况

根据预算草案指导思想和编制原则，按照我县国民经济和社会发展规划，2018 年全县财政预算安排为 58136.12 万元，比上年预算增加 1036.12 万元，同比增长 1.8%。其中：

1. 调入预算稳定调节基金 1000 万元；

2. 公共财政预算收入 14680 万元，比去年增加 429 万元，同比增长 3%。①税收收入 14087 万元（其中：增值税 11818 万元、个人所得税 895 万元、资源税 14 万元、城市维护建设税 947 万元、印花税 398 万元、城镇土地使用税 15 万元）；②非税收入

593万元〔其中：专项收入256万元、行政事业性收费收入57万元、罚没收入80万元、国有资源（资产）有偿使用收入90万元、其他收入110万元〕。

3. 上级转移支付42456.12万元，同比下降39.86%。其中包括：①返还性收入2030万元，②一般性转移支付收入40377.17万元，其中：体制补助收入770.9万元；均衡性转移支付收入17598.58万元；增值税返回性收入2000万元；县级基本财力保障机制奖补资金722万元；结算补助478万元；基层公检法司转移支付445.74万元；城乡居民医疗卫生转移支付收入1337万元；重点生态功能转移支付622万元；调整工资转移支付补助5415.54万元；农村税费改革转移支付补助收入770.48万元；基层团组织建设经费收入16万元；乡镇人大经费保障机制收入40万元；其他一般性转移支付收入1144.63万元；专项转移支付收入1724.2万元；义务教育等项目转移支付9371.05万元；政府性基金预算收入78万元，比上年增加19万元，同比增长32.2%。

在优先保证国家机关和事业单位人员工资正常发放和单位正常运转前提下，现拟将主要支出项目安排如下：

1. 一般公共服务安排20614万元，比上年预算增加2214万元，同比增长12.03%，主要为村级活动场所建设配套资金和村级活动场所办公家具购置资金。

2. 公共安全安排5435万元，主要用于国防、消防、公检法司、武警中队等行政运行经费及专项安排资金。

3. 教育安排9371.05万元，主要用于教育事业部门经费。

4. 科学技术安排286万元，主要用于开展科普活动及其他用于科学技术普及方面的支出。

5. 文化体育与传媒安排665万元，主要用于民间艺术团、文物保护、文化事业费、节目创造费支出。

6. 社会保障与就业安排2573万元，主要为五险一金、民政三项经费、五保户、公益性岗位工资等。

7. 医疗卫生安排5278.07万元。主要用于基层卫生院、新型农村合作医疗、全民体检等。

8. 环境保护安排388万元，主要用于环保部门行政运行及环境监测与监察和退耕还林工程的各项补助支出。

9. 城乡社区事务安排300万元，主要用于提升县城环境卫生改造经费。

10. 农林水事务安排6255万元，主要为“四产业两园区”产业项目，精准扶贫投入，小型农田水利、防汛抗旱，救灾等资金。

11. 交通运输安排500万元，主要为县际班线改革经费和农村道路维护经费。

12. 资源勘探电力信息安排1510万元，主要用于突发公共安全应急资金和中小企业扶持资金及安全生产专项经费。

13. 国土资源气象等事务安排2276万元，为要用于征地补偿资金和国土专项气象事务等支出。

14. 住房保障支出安排2000万元，主要用于全县干部职工住房公积金县级财配和150个贫困户危房改造经费。

15. 粮油物资管理事务支出安排35万元，主要用于粮油局人员经费和公用经费方面的支出。

16. 预备费650万元。

四、2018年财政工作重点

1. 促进财政增收，增强发展的支撑力。发挥财政体制调整新优势，创新政策体系和工作体系，积极探索加强财源建设的有效途径，挖掘潜在税源，开发增量税源，依法加强财税征管，积极培育新型税收增长点，把经济发展成果转化为财政增收的总量上来，实现财政收入规模、质量和增速同步提高，壮大财政实力，在市场经济格局中发挥更大的作用。积极争取各类资金，把握稳中求进的政策机遇，把各项基础工作做实做细。安排专项工作经费，为各单位争取财政政策和资金提供有利条件，扩大上级财政部门对我县转移支付力度，为支持发展和改善民生提供有力支撑。

2. 突出发展职能，增强造血能力。推动“四产业两园区”和区域旅游“四菜一汤”项目建设。多渠道筹措资金，积极引导援藏资金，形成“政府主导、企业主体、社会参与、市场运作、稳健经营、服务发展”的多元化项目发展格局，支持重大基础设施和项目建设，扶持重点产业加速发展。

3. 积极推动民生工程，坚定群众跟党走决心。推动教育事业优先发展，全面落实家庭经济困难学生资助政策，大力发展学前教育。加大实施更加积极的就业政策，继续创造扶贫就业岗位和政府购买公共服务事项，健全公共就业服务体系。创新社会管理，提高财政维护公共安全和社会稳定的保障水平。做好财政惠农工作，落实各项惠农补贴，深入实地调研，有针对性地指导村级集体经济有序发展。

4. 深化财政改革，增强财政发展的推动力。严格按照《预算法》《中长期预算规划》精神实质，进一步完善由公共财政预算、国有资本经营预算、政府性基金预算和社会保险基金预算组成的政府预算体系，实现财政资源优化配置，完善收入分配职能，实现经济社会稳定发展。加强基本支出管理，推动预算编制项目合理合规。围绕县委、县政府决策部署，集中财力办大事，实行财政专项资金竞争性分配改革，不断提高财政资金使用效益。进一步规范和改进国库集中支付管理，提高预算支出的及时性、均衡性、有效性和安全性。注重预决算对比分析，扩大政府采购范围，完善财政评审制度，促进各项财政事业公平公正。

5. 规范收支行为，增强预算管理的约束力。严格支出管理，牢固树立“钱要花在刀刃上”的思想。严格按照上级党风廉政相关规定和要求，坚持勤俭办事的原则，不断降低行政成本。强化预算约束，执行机构设置和编制管理，控制人员经费、公用经费等一般性支出。严格控制“三公”经费支出，加强后勤服务中心管理，不断完善会议费、差旅费管理和公务接待制度改革，严格车辆编制管理，按标准配备公务用车。加强政府性债务管理，建立规范的政府举债融资机制，切实防范政府性财政金融风险。

各位代表，党的十九大指引财政工作踏上新时代历史征程，尼木经济发展在新战略思想上迈入关键阶段。我们将坚持不懈地做好增收节支工作，牢固树立紧过日子的思想，艰苦奋斗、勤俭节约，在实际工作中狠抓落实。在县委、县政府的正确领导下，在县人大、县政协的有力监督下，以高度的责任感、使命感和改革创新精神，切实履行职责，强化财力资源保障，认真落实各项财政改革措施，努力推进预算收支管理制度改革，确保预算任务圆满完成，为实现 2018 年尼木社会经济发展目标做出最大贡献。

综 述

【概况】 尼木县地处雅鲁藏布江中游北岸，系前后藏结合部，距离拉萨市约140公里，属高原温带半干旱季风气候区，四季分明，夏季雨水集中，辐射强，年日照时数2947.2小时，年无霜期100天左右，年降水量324.2毫米。全县面积约3275.8平方公里，平均海拔4000米，辖33个村（居），137个自然组，2017年年底全县人口36405人，农村人口有31004人。县城驻地塔荣镇，海拔3809米。尼木县以农牧业为基础产业，净土健康产业为支柱产业，藏鸡养殖业为农牧业特色产业。

尼木县位于拉萨和日喀则中间节点，民俗、文化兼具两地风格。作为藏文字的发源地，尼木县文化氛围浓厚，民风淳朴。被誉为“尼木三绝”的吞巴藏香、雪拉藏纸和普松雕刻享誉区内外。藏文创始人吞弥·桑布扎故居位于尼木县吞巴乡吞达村境内，距今已有1300多年的历史。吞达村2007年被评为自治区级文物保护单位，2013年荣获“中国最美村镇”传承奖，并被评为“国家级历史文化名村”，2015年入选年度中国特色旅游景观名村，2016年吞巴乡被评为第一批中国特色小城镇。

【自然资源】 尼木县拥有丰富的自然资源，矿产资源主要有铜、钼、泥炭等，野生动植物资源主要有豹子、岩羊、狗熊、猞猁、獐子、黑颈鹤、贝母鸡、野鸡及贝母、虫草、黄连、雪莲等。

【经济发展】 2017年，完成地区生产总值7.51亿元，同比增长10.2%，完成目标任务（7.39亿元）的101.6%。农牧林渔业增加值1.22亿元，同比增长4.2%，完成目标任务（1.08亿元）的113%。工业增加值0.51亿元，同比增长27.5%，完成目标任务（0.508亿元）的100.4%。全社会固定资产投资18.5亿元，同比增长40.5%，完成目标任务（16.20亿元）的114.2%。社会消费品零售总额0.62亿元，同比增长12%，完成目标任务（0.61亿元）的101.6%。地方公共财政预算收入1.43亿元，同比增长27.68%，完成目标任务（1.25亿元）的114.4%。农牧民人均可支配收入11636元，同比增长14.3%，完成目标任务（11740.8元）的99.1%。主要经济指标呈现两位数以上增长，荣获“2017年度拉萨市目标绩效争先进位考核县区进位一等奖”。

【旅游业】 2017年，按照“四菜一汤”全域旅游发展规划，着力提升旅游服务水平。积极协商吞巴景区控股及合作事宜，完成吞巴景区提档升级项目初步概念方案；卡如农牧民搬迁安居和特色经济建设示范项目开工建设，种植果品164.25亩，其中平谷大桃10000株、云南丽江纸皮核桃2300株、雪桃670株；完成琼穆岗嘎雪山旅游景区开发项目设计方案、风评、节评及雪山景区公路前期工作；续迈温泉开发项目完成主体建设。2017年，全县游客达到8.2万余人次，同比增长13%，旅游收入达到3296万元，同比增长11%。

【工业经济发展】 2017年，尼木县完成工业销售产值8950万元，同比增长27.67%，完成目标任务

（8902.7万元）的100.5%；工业增加值完成5100万元，同比增长27.5%，完成目标任务（5080万元）的100.4%；工业税收完成47万元，同比增长27.03%，完成目标任务（46.99万元）的100.02%；完成工业投入5.62亿元，同比增长23.25%，完成目标任务（5.6亿元）的100.36%。

（孙 轲）

尼木县卡如乡国家森林公园

大事记

1 月

6 日　县委书记杜国君主持召开县委常委班子2016 年度民主生活会。

9 日　尼木县召开全县经济工作会议，总结2016 年经济工作，部署 2017 年经济工作。

12 日　县委书记杜国君主持召开县委 2017 年度水利工作专题会议。

同日　县委召开 2017 年度城乡环境卫生综合整治工作专题会议。

17 日　县委书记杜国君到塔荣镇巴桑次仁等3 户结对帮扶户家里看望慰问，并送上自行车、大米、菜油、砖茶等慰问品。

同日　拉萨市委常委、常务副市长占堆到尼木县塔荣镇尚日村 3 户结对帮扶贫困家庭开展慰问活动，为每户送去大米、面粉、牛肉等生活用品和500 元慰问金。

18 日　尼木县举行第一批易地搬迁（县城）贫困户现场抽签暨分房仪式，100 户 505 人建档立卡贫困户入住新房。

同日　尼木县人大常委会党组书记、主任尼玛次仁一行到麻江乡朗堆村和达琼村结对帮扶户开展节前慰问活动。送去大米、面粉、砖茶及食用油等折合人民币 2500 余元的生活必需品，并兑现“短平快”项目石材款 7000 元人民币。

19 日　县督查室对县级人大建议、政协提案进行督办。

22 日　尼木县召开 2016 年度教育系统基层党组织书记抓基层党建述职评议会。

同日　尼木县召开县委“两学一做”学习教育集中学习（扩大）会。县委副书记加略主持会议并讲话。

24 日　拉萨市委副书记、人大常委会主任达娃到尼木县调研检查节前维稳工作。

同日　尼木县召开 2017 年度全县农村工作会议。县委书记杜国君出席并讲话，县委副书记、县长普琼主持会议。

26 日　拉萨市委组织部副部长、编办主任袁国军到尼木县塔荣镇东松村二组看望慰问老干部多布杰和塔荣村四组贫困党员普布扎西。

同日　县委副书记次旦贡觉、副县长旦增江才一行，到帕古乡开展节前慰问活动，为该乡“三老人员”“科技人员”“贫困党员”，驻村、下沉干部、村“两委”班子，特困户、五保户、低保户等困难群众，送去节日慰问金 15500 元、慰问物资折合资金 58565 元。

27 日—2 月 2 日　县督查室对春节期间全县干部作风及维稳值班情况进行督查。

2 月

3 日　县委召开“两学一做”学习教育第二次集中学习会。县委副书记、县长普琼主持会议并讲话。

9日 尼木县村务公开民主管理示范单位创建活动推进会召开。

11日 尼木县人大常委会党组书记、主任尼玛次仁组织在拉萨的退休老干部召开座谈会。

14日 尼木县十三届人大常委会三次会议召开。

15日 县委副书记、县长普琼主持召开2017年第一信访工作联席会议。

21日 县委常委、副县长郑同生组织召开精准扶贫以教脱贫工作专题会议。

同日 尼木县人大常委会党组书记、主任尼玛次仁带领尼木县市级人大代表组成的调研团到拉萨市智昭产业园区调研。

23日 拉萨市政协党组副书记,市强基惠民活动领导小组办公室副主任次仁平措率市强基办各组负责人一行8人,到尼木县卡如乡卡如村,看望慰问3户联系贫困户和村"两委"班子、驻村工作队、联系寺庙及驻寺干部,送去20000元的慰问品和慰问金。

同日 县督查室开展河道采沙整治工作。

同日 县委常委、副县长张文明主持召开吞达村318国道南侧9户房屋改造反馈专题会议。

24日 尼木县召开2017年全县环境保护工作会议。

25日 拉萨市副市长扎西白珍到尼木县尼木乡日措村看望慰问3户结对认亲帮扶对象和村"两委"班子、驻村工作队、联系寺庙及驻寺干部,送去11900元的慰问品和慰问金。

同日 尼木县组织召开离退休老干部座谈会。

26日 县委书记杜国君一行到维稳一线指挥部、便民警务站和县城部分维稳值班点检查值班维稳情况。

27日 县委书记杜国君在县维稳一线指挥部、公安局、各检查站、便民警务站、信访局联合接访中心、护路队、加油站等地,看望慰问执勤民警和节日期间坚守岗位的值班人员。

3月

3日 县委书记杜国君到部分乡(镇)、县(中)直单位、各驻村工作队和寺管会(专职特派机构)督导检查藏历年期间维稳工作,慰问辛勤战斗在维稳一线的广大干部职工。

同日 县委常务副书记赵金祥到尼木乡、日措村驻村工作队、卓瓦曲碘寺督导检查维稳值班工作。

5日 县委副书记次旦贡觉到吞巴乡、续迈乡辖区寺庙、驻村工作队、卫生院督导检查维稳值班工作。

6日 西藏自治区党委组织部副部长郭强一行到尼木县看望慰问第八批援藏干部。

7日 县督查室督促"四产业两园区"项目推进。

同日 拉萨市教育局副局长王斌率领市教育局第四综合检查组到尼木县开展2017年春季开学综合检查。

9日 尼木县组织召开全县农村集体土地确权工作动员大会。县委副书记加略主持会议,县委副书记、县长普琼出席并作讲话。

11日 尼木县召开强降雪天气及各类自然灾害防范应对处置工作部署会。县委副书记、县长普琼主持会议并讲话。

13日 拉萨市委第六督导组副组长陈小兵一行到尼木县督导检查驻村工作及维稳工作落实情况。

14日 县委书记杜国君主持召开尼木县精准扶贫精准脱贫专题部署会。

同日 西藏自治区人大常委会副主任、区党委宣传部常务副部长张晓华一行到尼木县检查维稳工作与调研人大代表履职尽责情况。

同日 尼木县教体局开展以"群防群治齐动手 同心同德保平安"为主题的社会治安综合治理"3月综治宣传月"宣传活动。

19日 尼木县举行2017年重点项目开复工启动仪式。拉萨市委常委、常务副市长占堆,拉萨市人大常委会副主任觉根,县委副书记、县长普琼等出席仪式。县委副书记、常务副县长尹世强主持仪式。

21日 尼木县召开2017年度"十三五"援藏规划外精准扶贫产业项目开工动员部署会。县委书记杜国君主持会议。

22日 西藏自治区扶贫办副主任陆华东一行到尼木县调研指导产业扶贫工作。

同日 拉萨市发改委副主任侯成君一行到尼

木县开展2017年重点项目开(复)工和中央环保督察迎检工作情况专项督查。

28日 尼木县组织召开“讲党恩爱核心、讲团结爱祖国、讲贡献爱家园、讲文明爱生活”喜迎党的十九大主题教育实践活动动员部署会。县委书记杜国君出席会议并作讲话,县委副书记、县长普琼主持会议。

同日 县委常委、副县长郑同生到县各中小学检查指导学校党风廉政建设工作。

29日 拉萨市教研所主任周盛勇为尼木县39名中小学、幼儿教师作题为《微型课题研究的操作方法》讲座培训。

30日 尼木县举行拉萨经开区尼木产业园开工奠基仪式。拉萨市政协主席、拉萨经开区党工委书记袁训旺出席仪式,并宣布拉萨经开区尼木产业园开工建设;拉萨经开区党工委副书记、管委会副主任洛桑赤列,县委书记杜国君出席仪式并致辞;县委副书记、县长普琼主持仪式。

31日 西藏自治区党委常委、拉萨市委书记白玛旺堆一行到尼木县调研指导经济社会发展工作。

4月

5日 尼木县召开包虫病综合防治工作动员部署会议。

同日 尼木县中小学学生在尼木县烈士陵园开展“缅怀革命先烈,弘扬爱国主义”清明节祭扫烈士墓活动。

6日 拉萨市委常委、常务副市长暴剑一行到尼木县对援藏项目建设情况进行调研。

12日 尼木县召开2017年第二季度维稳防控工作安排部署会。县委常委、纪委书记郝蕾主持会议。

同日 拉萨市教育局副局长杜建峰一行到尼木县就教育援藏、困难学生资助、教研教改和校园信息化建设情况进行调研。

同日 尼木县十三届人大常委会四次会议召开。

13日 尼木县教育系统“四讲四爱”主题教育实践活动动员部署会议召开。

17日 尼木县召开党风廉政建设专题会议。县委书记杜国君出席会议并讲话。

同日 尼木县委组织召开理论学习中心组“两学一做”学习教育全国“两会”精神专题学习会。县委副书记次旦贡觉主持会议并讲话。

18—19日 中国人民政治协商会议第二届尼木县委员会第二次会议召开。

同日 县督查室对包虫病防治工作开展情况进行督查。

19—20日 尼木县第十三届人民代表大会第二次会议召开。

21日 尼木县召开2017年宣传思想文化工作会议。县人大常委会主任尼玛次仁主持会议。

同日 尼木县召开全县信访工作会议。

22日 拉萨市副市长、北京市对口支援和经济合作工作领导小组西藏拉萨指挥部副指挥朱建红一行到尼木县考察调研。

26日 尼木县党政代表团赴北京顺义区对接扶贫工作。

5月

2日 西藏自治区纪委常委、党风政风监督室主任党万军,拉萨市纪委常委、监察局副局长李荣锋,市纪委党风政风监督室副主任叶发亮一行到尼木县开展调研工作并召开座谈会。

同日 拉萨市教研所安世林率由市教研员、援藏教师、一线骨干教师组成的初中组教研员一行6人到尼木县中学进行蹲校指导工作。

3日 尼木县“四讲四爱”主题教育实践活动宣讲团到尼木县扶贫搬迁点开展集中宣讲活动。

同日 拉萨市二中“手拉手帮扶”小组成员到尼木县中学指导开展“四讲四爱”暨“五四”爱心捐书活动。

4日 县委书记杜国君在卡如乡调研沟域经济发展情况。

同日 尼木县委组织召开理论学习中心组“两学一做”学习教育第五次集中学习研讨会。县委书记杜国君主持会议并讲话。

同日 县委副书记次旦贡觉在尼木藏鸡保种育种基地调研。

8日 尼木县全面推进“河长制”工作动员部署会议召开。会议由县委书记杜国君主持并讲话。

同日 尼木县精准扶贫精准脱贫工作推进会召开。县委书记杜国君出席会议并讲话,县委副书记、县长普琼主持会议。

同日 尼木县组织召开“讲党恩爱核心、讲团结爱祖国、讲贡献爱家园、讲文明爱生活”喜迎党的十九大主题教育实践活动推进会。县委书记杜国君出席会议并讲话,县委副书记、县长普琼主持会议。

9日 尼木县2017年基层党建工作部署会召开。县委书记杜国君出席会议并讲话。

10日 尼木县工商业联合会第二届一次会员代表大会召开。

11日 尼木县脱贫攻坚指挥部第六次工作例会召开。县委副书记、县长普琼出席会议并讲话,县委常务副书记赵金祥主持会议。

12日 尼木县2017年第二次信访工作联席会议召开。县委副书记、县长普琼出席会议并讲话,县委副书记加略主持会议。

同日 尼木县2017年度教育工作会议召开。县委副书记、县长普琼出席会议并讲话,县委常务副书记赵金祥主持会议。

14日 北京市支援合作办副主任王银成一行到尼木县考察调研。

15—24日 尼木县2017年度干部职工篮球赛举行。

16日 尼木县迎接西藏自治区环境保护督察工作会议召开。

同日 中国佛协副会长、自治区佛协副会长、宣讲团团长直孔琼仓·洛桑强巴,中国佛协西藏分会秘书长范文斌一行6人到尼木县杰吉寺开展宗教服务下乡活动。

同日 拉萨市安全生产第四巡查组到尼木县检查指导安全生产工作。

17日 尼木县委政法委副书记、综治办主任次仁罗布组织召开维稳工作会议。县委副书记加略出席会议并讲话。

17—18日 尼木县有机办举办尼木县国家有机认证示范区内检员培训班。

20—23日 由西藏自治区教育督导委员会常务副主任旺堆任组长的自治区素质教育督导评估组到尼木县开展素质教育督导评估。

22日 县委副书记加略率县委政法委和强基办负责人以抽查暗访形式,到卡如乡、卡如村等处检查指导维稳工作开展情况。

23日 拉萨市政协副主席兼“四讲四爱”领导小组副组长张勤、市总工会党组书记余刚一行到尼木县督导检查“四讲四爱”主题教育实践活动开展情况。

24日 西藏自治区党委常委、纪委书记王拥军一行到尼木县开展调研并召开座谈会。

同日 尼木县委召开推进“两学一做”学习教育常态化制度化工作座谈会。

同日 县委常委、组织部部长、县强基办主任杜开凡主持召开全县强基惠民活动驻村工作暨强党固基扶村工作推进会。

30日 清华大学附小韩冬、华中科技大学附小孙贤发、华中师范大学附小陶佳喜3名援藏教师在林岗村和塔荣村对困难家庭入户走访,为困难家庭学生申请资助。

31日 空军拉萨基地联合自治区妇联在麻江乡小学开展以“童心向党,喜迎十九大”为主题的“六一”儿童节慰问活动,空军拉萨基地为麻江乡小学捐赠“六一”儿童节慰问金20000元。县委常委、副县长郑同生出席活动并讲话,尼木县妇联主席琼达主持活动。自治区妇联副巡视员邓晓红、空军拉萨指挥所政治部副主任代华生、自治区妇联权益部副部长叶红梅、拉萨市妇联副调研员达珍等领导和麻江乡、县教育局负责人参加活动。

6月

1日 尼木县委召开理论学习中心组“两学一做”学习教育第七次集中学习研讨会。县委副书记次旦贡觉主持会议并讲话。

同日 拉萨市人大常委会党组副书记、副主任达瓦率拉萨市六县两区“人大代表之家”创建工作互观互检互学验收组一行15人到尼木县检查指导县乡“人大代表之家”创建工作开展情况。

同日 县委副书记次旦贡觉在帕古乡督导检查“萨嘎达瓦”期间维稳值班、“四讲四爱”主题教育实践活动、精准扶贫精准脱贫、党建工作等情况。

7日 拉萨市政协副主席兼“四讲四爱”领导小组副组长张勤率拉萨市“四讲四爱”督导组成员一行在尼木县督导“四讲四爱”主题教育实践活动开展情况。

同日 县委组织县直机关党员领导干部集中观看《永远在路上》专题警示教育片。县委常委、副县长郑同生主持会议，县人大常委会主任尼玛次仁作讲话。

5—8日 尼木县举办2017年“抓党建促脱贫”乡镇党务干部培训班。

9日 尼木县召开村“两委”离任审查工作部署会。

同日 拉萨市文物局副局长劲永春一行到尼木县杰吉寺对接杰吉寺古建险情应急工作。

10日 县委书记杜国君在北京德青源农业科技股份有限公司参观考察。

12日 西藏自治区人大常委会副主任丹增朗杰率自治区人大调研组一行到尼木县检查指导人大代表资格审查和“人大代表之家”创建工作开展情况。

14日 尼木县第十三届人大常委会第五次会议召开。县人大常委会主任尼玛次仁主持会议。

同日 尼木县人大联合县政府、政协组织召开2017年人大代表建议、政协委员提案交办会。

同日 北京市房山区中医院院长徐希胜一行到尼木县人民医院指导交流工作。

16日 尼木县安监局（安委办）牵头组织开展安全生产咨询日宣传活动。

同日 尼木县委组织部（“两学一做”学习教育协调小组办公室）、县纪委联合组织县直机关28名新任职党员干部到拉萨市廉政警示教育基地进行参观学习，接受廉洁警示教育。

16—17日 尼木县林业绿化局组织开展“防治荒漠化，建设绿色家园”宣传活动。

19日 尼木县迎接国务院安全生产巡查工作安排部署会召开。

20日 县委副书记、县长普琼一行在麻江乡检查指导万亩土地开发种植情况。

21日 拉萨市委常委、常务副市长暴剑率第五届驻京知名企业投资拉萨行代表团到尼木县考察调研。

同日 拉萨市统计局党组书记仓琼一行到尼木县调研。

22日 尼木县召开包虫病综合防治工作推进会。

同日 尼木县委组织召开理论学习中心组“两学一做”学习教育第十次集中学习研讨会。

同日 拉萨市教育系统“四讲四爱”主题教育实践活动第二次集中督导第六组到尼木县中小学检查“四讲四爱”工作开展情况。

26日 拉萨市委副书记、市长果果到尼木县调研产业发展及精准扶贫相关工作。

28日 尼木县召开县乡党政信息网使用管理培训会。

同日 尼木县委召开党风廉政建设专题会，对全县推进“两个责任”工作进行安排部署。

29日 尼木县2017年脱贫攻坚工作推进会召开。

同日 尼木县召开“土十条”工作推进会。县委常委、副县长张文明主持会议。

30日 尼木县召开养犬管理工作部署会议。

同日 尼木县举办“四讲四爱”主题教育实践活动暨庆祝中国共产党成立96周年拔河比赛。

同日 县委常委、副县长张文明主持召开信访形式分析研判会议。

同日 由拉萨市教育局党委委员、副局长杜建峰率北京市行政干部团暨教委专家团一行12人，到尼木县开展有效教学及行政管理送教指导。

7月

1—2日 拉萨市实验小学教师喻碧琼率内地

援藏教师、校骨干教师一行18人到尼木县中心小学、续迈乡完小开展主题为“磨一堂有特色的课”的送教下乡活动。

4日　尼木县召开“四讲四爱”主题教育实践活动第二专题“讲团结爱祖国”节点总结会暨第三专题“讲贡献爱家园”工作部署会，县人大常委会主任尼玛次仁主持会议。

同日　县委常委、副县长张文明到塔荣镇、尼木乡和林岗雪菊育苗基地检查指导有机农业产业工作推进情况。

5日　西藏自治区民政厅厅长嘎玛泽登一行到尼木县调研2017年重点民政工作。

同日　副县长米玛潘多主持召开帕古、麻江两乡土地平整项目拖欠民工工资问题专题协调会议。

同日　尼木县召开“四讲四爱”主题教育实践活动第三专题“讲贡献爱家园”培训交流会。

6日　尼木县第三届创新创业大赛复赛举办。

同日　尼木县委组织部组织召开基层党建工作推进会。

11日　尼木县召开驻村下沉干部集中学习会暨第二次强基惠民强党固基扶村工作推进会。

13日　尼木县委召开理论学习中心组“两学一做”学习教育第十一次集中学习研讨会。

同日　拉萨市全面推进“河长制”督查领导小组办公室主任旺杰率督查组一行到尼木县督导检查全面推行“河长制”各项工作落实情况。

14日　拉萨市副市长、市公安局局长赵涛在尼木县检查指导汛期安全生产工作。

17日　尼木县第十三届人民政府第二次全体会议召开。

同日　拉萨市妇联携手拉萨市恒大医院在尼木县开展“四讲四爱”主题教育实践活动暨“送医送药送健康进寺庙”活动。

18日　拉萨市委副书记、北京援藏指挥部党委书记肖志刚率北京市顺义区党政代表团一行到尼木县考察调研。

20日　尼木县委理论学习中心组召开“两学一做”学习教育党章党规专题学习研讨会。

同日　县督查室对全县精准扶贫结对帮扶入户情况进行督查。

21日　尼木县人大常委会党组书记、主任尼玛次仁，副主任李必焱、旦平到麻江乡朗堆村走访慰问5户结对帮扶户，送去现金和衣物折合2500元。

22日　县委书记杜国君，县委副书记、县长普琼，县委常务副书记赵金祥，县委常委、常务副县长尹世强一行与西藏蕃源措有限责任公司就投资合作协议进行磋商洽谈。

24日　县委书记杜国君在卡如乡卡如村调研核桃和平谷大桃种植情况和卡如乡产业扶贫工作，并召开乡干部座谈会。

25日　拉萨市副市长、市迎检办生态恢复组副组长雷涛一行到尼木县督导检查重点环境问题的整改落实情况。

26日　尼木县2017年第三次安全生产工作会议召开。

26—27日　县委副书记次旦贡觉率督查室以及扶贫办人员到麻江乡、帕古乡和卡如乡对精准扶贫、“四讲四爱”等工作进行督导检查。

27日　县委常委、副县长张文明主持召开拉萨市天利矿业有限公司拖欠麻江乡草场补偿费化解专题会议。

28日　西藏自治区信访局副局长覃爱民，拉萨市人大常委会党组副书记央金卓嘎，拉萨市信访局党组书记达娃，山南市政府副秘书长、信访局局长桑旦罗布一行到尼木县督导检查信访工作。

同日　尼木县召开自治区脱贫攻坚第一督查组反馈问题整改工作安排部署会。县委副书记次旦贡觉主持会议。

31日　尼木县召开庆祝中国人民解放军建军90周年工作座谈会。

8月

1日　县人大常委会主任尼玛次仁，县政协主席赵志强，县委常委、宣传部部长索朗次仁，县委常委、统战部部长普布次仁，县委常委、政法委书记、公安局局长黄鹤，县委常委、副县长张文明，县委常委、副县长郑同生，县人大常委会副主任李必焱，县人大常委会副主任旦平，副县长张振生，副县长米玛潘多，副县长旦增江才，县政协副主席、民宗局局长旺杰等13名县级领导分成4个小组，到县武装部、县消防大队、县武警中队、兵站、基站、拉日铁路护路大队等6个单位看望和慰问官兵。

1—10日 尼木县人大常委会党组书记、主任尼玛次仁，副主任张世杰、旦平等到帮扶联系点走访慰问9户结对帮扶贫困户，送去现金和物资折合20000元。

2日 尼木县召开“四讲四爱”主题教育实践活动第三专题“讲贡献爱家园”节点总结暨第四专题“讲文明爱生活”工作部署会，县委书记杜国君出席会议并讲话，县人大常委会主任尼玛次仁主持会议。

同日 尼木县召开“四讲四爱”主题教育实践活动第四专题“讲文明爱生活”培训交流会。县委常委、宣传部部长索朗次仁主持会议并讲话。

3日 拉萨市政协副主席、民宗局党组书记、地级包县领导拉巴顿珠率市民宗局人员一行到尼木县检查指导工作。

同日 尼木县委组织召开理论学习中心组“两学一做”学习教育“三农”工作专题（第13次）集中学习研讨会。

4日 尼木县组织召开全县农村土地承包经营权确权登记工作颁证仪式。

同日 县委副书记、县长普琼率县政府办、县环保局、县住建局、县国土局、县水务局、县净土办负责人开展自治区第一环保督察组交办问题整改督查。

6日 拉萨市联合执法组组长王照川一行到尼木县藏鸡原种保护基地开展西藏自治区第一环境督察组交办问题的整改验收销号工作。

7日 尼木县第十三届人大常委会第六次会议召开，县人大常委会主任尼玛次仁主持会议。

8日 尼木县塔荣镇举行以“健身每一天·喜迎十九大”为主题的2017年“全民健身日”启动仪式暨“永远跟党走”登山比赛。

9日 尼木县2017年第三次信访工作联席会议召开。

10日 拉萨市政协党组副书记、市创先争优强基础惠民生活动领导办公室副主任次仁平措一行到尼木县检查指导强基惠民工作开展情况。

11日 北京市顺义区委副书记、区长高朋一行到尼木县实地考察调研。

15日 尼木县召开迎接中央环保督察工作动员部署会。县委书记杜国君出席会议并讲话，县委副书记、县长普琼主持会议。

同日 西藏自治区政协民族和宗教委员会主任德青旺姆率自治区政协调研组一行在尼木县人民医院藏医科考察调研。

17日 尼木县召开迎接中央环保督察工作领导小组会议。

同日 北京教育学院通州分院院长李万峰率北京第二批“进藏送教”活动专家团一行8人，到尼木县教体局、县中学、县中心小学开展送教活动。

18日 尼木县委组织召开理论学习中心组“两学一做”学习教育学习贯彻《中国共产党工作机关条例（试行）》专题学习研讨会。

同日 拉萨市政协副主席、市民服务中心党组书记岳国红率拉萨市政协群团界、教育体育界委员一行到尼木县开展界别调研活动。

19日 尼木县召开尼木县雪顿节期间维稳防控工作安排部署会议。

19—25日 县督查室对雪顿节期间全县环境卫生整治情况进行督查。

21日 尼木县委组织召开理论学习中心组“两学一做”学习教育“村级组织换届选举工作”专题学习会。县委书记杜国君出席会议并讲话，县委常委、组织部部长杜开凡主持会议。

27日 县委常委、副县长张文明到塔荣镇、卡如乡、吞巴乡、续迈乡检查雪菊采摘（晾晒）、藜麦生长情况。

28日 县委书记杜国君，县委副书记、县长普琼，县委常委、组织部部长杜开凡，县委常委、政法委书记、公安局局长黄鹤，副县长米玛潘多等看望慰问尼木兵站（机务站）官兵。

30日 拉萨市安监局副局长蔡卫旗率市安全生产大检查第二督导检查组到尼木县检查指导重点行业（领域）安全生产大检查工作情况。

9月

2日 自治区党委常委、拉萨市委书记白玛旺堆一行到尼木县检查考评2017年度重点工作，并召开检查考评工作座谈会。

2—3日 拉萨市第四高级中学校长宋子恒率专家督学团队和拉萨市实验小学副校长索朗顿珠率援藏专家组一行22人，到尼木县开展送教下乡“磨一堂有特色课的教研”活动。

5日 尼木县召开党的十九大维稳安保攻坚战动员部署会议。

7日 县委书记杜国君到塔荣镇检查雪菊采摘、藜麦生长状况并就各乡(镇)雪菊、藜麦的采收、晾晒、收购工作提出要求。

8日 由自治区人大常委会副主任嘎玛任组长，区人大民宗外侨委主任通嘎、区人大教科文卫副主任达次任副组长的执法检查专家成员组一行到尼木县开展“双语”教育执法检查工作。

11日 自治区新闻出版广电局局长韩辉率自治区“扫黄打非”净化专项行动第一督查组到尼木县督导检查“扫黄打非”净化专项行动工作开展情况。

12日 市委巡察一组在尼木县召开扶贫领域专项巡察工作动员会。

13日 民政部区划地名司副司长陈克相率国务院第二次全国地名普查领导小组到尼木县检查第二次全国地名普查工作开展情况。

14日 尼木县委组织召开理论学习中心组“两学一做”学习教育第16次集中学习研讨会。县委书记杜国君主持会议并讲话。

同日 尼木县第十三届人大常委会召开第七次会议。

15日 西藏自治区卫生和计划生育委员会党组成员、副主任胡学军一行到尼木县检查指导卫生系统安全生产和健康扶贫工作。

20日 尼木县成功通过“国家有机产品认证示范创建区”专家现场答辩会。

26日 县督查室对32个行政村村集体经济发展资金使用情况进行督查。

同日 县委副书记加略主持召开信访事项专题会议。

28日 尼木县召开“两学一做”学习教育第18次集中学习研讨会。

同日 拉萨市教育局“四讲四爱”督导组李发军、宋晓婧、马继良一行到尼木县教体局、县中学和县中心小学检查指导“四讲四爱”主题教育实践活动开展情况。

30日 县委副书记、县长普琼检查督导节日期间安保工作及重点工作开展情况。

同日 县委常委、副县长张文明主持召开2017年第四次信访工作联席会议。

30日—10月1日 县委书记杜国君带领尼木县检查考评工作领导小组对麻江乡、帕古乡、卡如乡和吞巴乡就落实中央、自治区、拉萨市以及尼木县决策部署情况、精准扶贫精准脱贫、维护稳定、民族团结、经济发展、民生改善、生态环保和基层党建工作进行检查考评。

10月

7日 自治区党委常委、政法委书记何文浩一行到尼木县检查指导迎接党的十九大维稳安保工作，看望慰问寺庙僧尼、驻寺干部、公安民警。

9日 尼木县召开专招大学生座谈会。

10日 自治区人大教科文卫委员会副主任扎西次仁率自治区人大执法检查专家成员组一行，到尼木县检查指导“一法一办法”贯彻实施情况。

同日 县委书记杜国君在农牧局雪菊种植试验基地调研雪菊种植、采摘工作情况。

10—22日 县督查室对党的十九大期间全县维稳值班情况进行督查。

14日 县委副书记，县长普琼主持召开不属于中央环保督察组受理范围来信来电信访事项专题会议。

16日 县委书记杜国君主持召开全县维稳工作安排部署会。

21日 县委书记杜国君到塔荣镇调研脱贫攻

坚工作。

22 日 县委书记杜国君到续迈乡检查考评2017 年度重点工作落实情况。

同日 尼木县委组织召开理论学习中心组“两学一做”学习教育党的十九大精神专题学习讨论会，县委书记杜国君主持会议并讲话。

23 日 县委书记杜国君在尼木县中学开展调研。

同日 县委书记杜国君到尼木乡尼木村走访慰问贫困户。

25 日 尼木县委召开理论学习中心组“两学一做”学习教育党的十九大精神第二次专题学习会。县委书记杜国君主持会议。

30 日 尼木县召开村组织换届选举工作动员部署会。

11 月

6 日 尼木县组织召开脱贫摘帽验收考核动员部署大会。

同日 拉萨市委常委、常务副市长暴剑率北京市援藏指挥部一行到尼木县考察调研。

同日 尼木县召开驻村下沉干部集中学习党的十九大精神暨第 4 次强基惠民、强党固基扶村工作推进会。

7 日 尼木县组织收看拉萨市委理论学习中心组党的十九大精神专题辅导电视电话会议。

9 日 尼木县委组织召开理论学习中心组“两学一做”学习教育党的十九大精神专题第六次集中学习研讨会。县委书记杜国君主持会议并讲话。

13 日 尼木县委召开第一轮巡察工作动员部署会。

同日 拉萨市委巡察一组副组长周玉林向县委常委会反馈扶贫领域专项巡察意见。

15 日 民政部海峡两岸婚姻家庭服务中心副主任、西藏自治区民政厅副厅长从飞军一行到尼木县调研指导基层民政工作。

22 日 尼木县委组织召开理论学习中心组“两学一做”学习教育党的十九大精神专题第七次暨区市党委九届三次全会精神集中学习会，县委副书记、县长普琼主持会议并讲话。

同日 尼木县召开 2017 年目标绩效争先进位考核工作动员部署会。县委副书记次旦贡觉对目标绩效考核工作进行安排部署，县人大常委会主任尼玛次仁出席会议并作动员讲话。

23 日 尼木县第十三届人大常委会召开第八次会议。

24 日 北京市顺义区人民政府、拉萨市尼木县委员会、尼木县人民政府联合主办的“京藏牵手·铸梦尼木”北京—尼木文化展在北京前门大街传统文化艺术中心开幕。

25 日 县委书记杜国君率尼木县党政代表团一行在北京市密云区考察学习。

27 日 县委书记杜国君带领尼木县党政代表团到北京德青源农业科技股份有限公司考察。

28 日 县委书记杜国君带领尼木县党政代表团在北京市顺义区考察学习，与顺义区相关部门负责人、到尼木县开展援藏工作的第一批和第二批援藏干部开展座谈交流，并到北京顺鑫农业股份有限公司鹏程食品分公司、创新食品分公司和北京北郎中农工贸集团实地考察。

29 日 县委书记杜国君带领尼木县党政代表团一行考察北京神舟绿鹏农业科技有限公司。

同日 县委书记杜国君带领尼木县党政代表团一行在中粮集团农业生态谷考察智慧农场。

30 日 县委书记杜国君带领尼木县党政代表团在顺鑫大学与顺鑫控股集团有限公司董事长王泽等公司高层就进一步深化合作进行座谈，顺义区发改委主任于长雷、副主任郑晓辉等陪同。

同日 尼木县党政代表团一行在北京市平谷区考察学习，先后到峪口镇正大蛋业基地和兴隆庄张宝志种植果园实地考察，并与平谷区党政领导、相关部门负责人进行座谈交流。

12 月

1 日 县委主责办迎接拉萨市党风廉政建设专

项考核。

同日　县委副书记、县长普琼到县城易地扶贫搬迁二期项目建设现场。实地检查指导项目建设工作。

4日　尼木县委召开理论学习中心组“两学一做”学习教育党的十九大精神专题第八次集中学习会。县人大常委会主任尼玛次仁主持会议并讲话。

6日　尼木县委召开理论学习中心组“两学一做”学习教育弘扬“红船精神”专题学习研讨会。县委副书记、县长普琼主持会议并讲话。

8日　尼木县召开全县创先争优强基础惠民生活动第六批干部驻村工作总结表彰暨第七批干部驻村工作动员大会。

10日　尼木县迎接省级党委和政府扶贫开发工作成效考核动员部署会议召开。

11日　县委书记杜国君主持尼木县组织召开2017年重点项目推进会。

同日　拉萨市人大常委会党组副书记、副主任、市脱摘帽验收考核第二组组长达瓦到尼木县麻江乡亚米组对当地群众进行慰问。

12日　拉萨市文化（文物）局党组副书记、局长拉巴旺堆一行到尼木县8家县级文化产业示范基地（园区）申报单位进行实地调研评选市级文化产业示范基地工作。

12—14日　尼木县委组织部、党校举行2017年初任公务员能力提升培训班。

15日　尼木县委九届三次全会举行。

18日　自治区人大常委会代表人事选举工作委员会副主任曹边疆任组长以及区扶贫办主要负责人组成的区人大检查组一行，到尼木县实地检查尼玛顿珠代表提出的“关于尼木县麻江乡扶贫搬迁事宜的建议”办理情况。

20日　尼木县委召开理论学习中心组“两学一做”学习教育党的十九大精神专题第10次集中学习研讨会。县人大常委会党组书记、主任尼玛次仁主持会议并讲话。

同日　西藏唐古拉爱心公益社团12名志愿者到尼木县五保集中供养服务中心开展系列爱心志愿活动。

28日　县委宣传部牵头举办的尼木县深入学习宣传贯彻党的十九大精神喜迎新年“幸福锅庄大家跳”展演活动举行。

同日　尼木县委召开理论学习中心组“两学一做”学习教育党的十九大精神专题第11次（30次）集中学习研讨会。县委副书记、县长普琼主持会议并讲话。

政治

中共尼木县委员会

【概况】 2017年,中共尼木县委员会坚决维护以习近平总书记为核心的党中央集中统一领导,高举中国特色社会主义伟大旗帜,坚持以马列主义、毛泽东思想、邓小平理论、"三个代表"重要思想、科学发展观、习近平新时代中国特色社会主义思想为指导,以迎接宣传贯彻党的十九大精神为主线,深入学习贯彻习近平总书记治国理政新理念新思想新战略、特别是治边稳藏重要战略思想,深入贯彻落实区市县第九次党代会精神,加强党的全面领导,狠抓发展稳定生态三件大事,正确处理"十三对关系",大力推进市委"六大战略"和现代尼木"三步走"总体布局,不忘初心、牢记使命,敢于担当、勇于作为,各项工作取得新进展。

【发展指标】 2017年,完成地区生产总值7.51亿元,同比增长10.2%,完成目标任务(7.39亿元)的101.6%。农牧林渔业增加值1.22亿元,同比增长4.2%,完成目标任务(1.08亿元)的113%。工业增加值0.51亿元,同比增长27.5%,完成目标任务(0.508亿元)的100.4%。全社会固定资产投资18.5亿元,同比增长40.5%,完成目标任务(16.20亿元)的114.2%。社会消费品零售总额0.62亿元,同比增长12%,完成目标任务(0.61亿元)的101.6%。地方公共财政预算收入1.43亿元,同比增长27.68%,完成目标任务(1.25亿元)的114.4%。农牧民人均可支配收入11636元,同比增长14.3%,完成目标任务(11740.8元)的9.95%。

【"三农"工作】 年内,坚持把发展有机农业作为农业供给侧结构性改革、农牧民稳定增收的有力抓手。大力实施农业产业"3212"工程("3"即实施巩固脱贫成果三年行动方案;"2"即在麻江、帕

2017年6月26日,拉萨市委副书记、市长果果(前排左三)在尼木县调研产业发展及精准扶贫相关工作

2017年9月7日，县委书记杜国君在塔荣镇检查雪菊采摘、藜麦生长状况

古、续迈北部三乡发展牦牛标准化养殖与产品深加工区，在吞巴、塔荣、尼木三乡（镇）发展现代设施蔬菜、藜麦种植为主的农业产业发展区；“1”即建成一条自尼木乡乌米地区至卡如乡赤朗村以果品产业为主的一二三产融合发展的沟域经济产业带；“2”即发展设施农业、牦牛两条产业链），培育和引进有机生产企业经营主体，形成龙头企业带动有机产业发展局面。建设标准的有机种植、养殖业发展基地。实现7个以上产品的有机认证。着力打造尼木净土有机统一品牌，力争尼木净土品牌拿到自治区驰名商标。实现有机农业与全域旅游业的融合，发挥最大富民增收效益。截至年底，制定出台《尼木县有机农业产业发展总体规划》《尼木县创建全国有机农业示范县实施方案》《尼木县创建国家有机产品认证示范区2017年重点工作任务分解表》。举办有机产品种植、有机农业管理技术培训25次，参训人员达1200人次。种植青稞17630亩、油菜4800亩、藜麦5272亩、土豆1600亩、雪菊5560亩，认证有机牦牛5000头，青稞、油菜、藜麦、雪菊、土豆、牦牛6个产品已取得有机转换证书。9月参加国家认证认可监督管理委员会主办的“2017年度国家有机产品认证示范创建工作会议”，并获得“国家有机产品认证创建示范区”称号。

【藏香文化产业】 年内，投资4000万元的藏香产业园区精准扶贫示范基地项目开工建设，建成尼木县藏香研发中心厂房，并于10月13日生产出第一批样品，2017年实现藏香产值5700万元，“党支部+企业+合作社+贫困户”的发展模式初步形成。

【藏鸡产业】 年内，投资959.98万元的藏鸡原种保护基地一期工程补充项目和总投资9600万元的藏鸡原种保护基地二期建设项目开工建设，投资1960万元的藏鸡小循环产业链项目和投入135万元的藏鸡集装箱养殖模式积极推进，2017年养殖藏鸡26200余只，尼木县藏鸡保种育种养殖基地内原种藏鸡存栏7000余只，“尼木藏鸡”和“尼木藏鸡蛋”地理标识保护产品，通过工商总局初审。

【有机农业创建工作】 年内，举办有机产品种植、有机农业管理技术培训25次，参训人员达1200人次，种植青稞17630亩、油菜4800亩、藜麦5272亩、土豆1600亩、雪菊5560亩，认证有机牦牛5000头，青稞、油菜、藜麦、雪菊、土豆、牦牛6个产品取得有机转换证书，并获得“国家有机产品认证创建示范区”称号。

【旅游产业】 年内，按照“四菜一汤”全域旅游发展规划，着力提升旅游服务水平。积极协商吞巴景区控股及合作事宜，完成吞巴景区提档升级项目初步概念方案。卡如农牧民搬迁安居和特色经济建设示范项目开工建设，种植特色果品164.25亩，其中平谷大桃10000株、云南丽江纸皮核桃2300株、雪桃670株。完成琼穆岗日雪山旅游景区开发项目设计方案、风评、节评，完成雪山景区公路前期工作。续迈温泉开发项目完成主体建设。2017年，全县游客达到8.2万余人次，同比增长13%，旅游收入达到3296万元，同比增长11%。

【“两园区”建设】 年内，总投资

2.2亿元的拉萨经开区尼木产业园区基建项目开工建设，正在通过招商引资、企业合作等方式，积极发展运输、物流、商贸、餐饮、电子商务等现代服务产业。总投资5500万元的尼木现代农业高新示范园区建设项目与中国航空集团神舟绿鹏农业科技有限公司达成合作开发框架协议，计划于2018年7月建成投用。

【项目拉动】 2017年，开复工项目96个（其中续建项目15个，新建项目81个），总投资24.39亿元，完成投资18.48亿元，同比增长40.2%。

【教育事业】 2017年，共投入11905.85万元开展教育事业，其中教育事业费预算指标9371.05万元，本级投入2534.8万元，占2016年县级财政收入的22.68%。完成10个教育教学研究课题评审立项工作。新建县中心小学综合楼、县中学综合实验楼和尼荣村等7所幼儿园，其中4个项目已完工初验。同时县中心小学教工宿舍、续迈乡完小学生宿舍、麻江乡完小供暖项目开工建设；投入4.8万元为麻江、帕古两校安装弥散式供氧设备，对麻江、帕古两地教师实施激励政策提供经费60万元，进一步改善高海拔、偏远学校教师生活工作条件和待遇。

围绕立德树人，深入开展“四讲四爱”主题教育实践活动153场次、参与师生6.28万人次，深入开展“中国梦”、社会主义核心价值观、法制、民族团结、爱国主义、反对分裂维护稳定等主题宣传教育21场次、参与师生2万余人次。评选表彰优秀教育工作者、优秀教师、优秀后勤工作人员等教育系统先进典型72人，发放表彰资金26.1万元。选派教师参加各级各类培训624人次。引进中小学、幼儿园教师27人。选拔33名优秀教师开展校际交流。顺利通过西藏自治区素质教育工作评估验收和拉萨市对“五个100%”教育目标任务的督导评估。顺利完成西藏自治区2017年少数民族教育质量监测和拉萨市小学三、六年级教育质量监测。小学入学率达到99.93%，初中入学率达到99.91%，义务教育阶段巩固率达到91.22%。

2017年10月23日，县委书记杜国君在县中学调研

【文化事业】 年内，完成投资130万元的县城数字影院建设项目、投资350万元的广电中心建设项目、投资194万元的广播电视高山台站建设项目。投资215.32万元的县级有线数字建设项目将逐步安装到户，投资200万元的电视台制播能力采购项目正在进行设备调试。投入1200万元的白面具藏戏传习所项目开工建设。成立广播电视台，投入360万元，完善基础设施，实现节目正常播出。发放传承人补助资金10.3万元。深入开展“五下乡”活动，丰富群众文化生活，完成文艺演出52场，观众达1.5万余人次，放映电影1203场次，观众累计达到7.83万人次。

【医疗卫生】 2017年，实施卫生民生项目5个，深入开展“二级乙等”医院创建工作，成立医疗质量控制小组、疑难病例抢救小组，新开展外科截肢等手术。投入254.88万元开展包虫病综合防治工作，包虫病筛查率达100%，积极对包虫病确诊患者实施治疗。2017年“新农合”参合率、综合覆盖率均达100%。补偿大病统筹基金1725人次1131.08万元，发放“一孩双女”困难家庭和“特别扶助”资金102.42万元。全年孕产妇死亡率198/10万，婴儿死亡率9.9‰，卫生监督覆盖率100%，农牧民健康素养基本知识和理念知晓率达到88.5%。县医院与北京市房山区良乡医院结为结对帮扶对子，签订2016—2020年结对帮扶协议。第一、二批组团式医疗援藏专家组在县医院共开展手术237例，培训医务人员48次500人次。全年累计开展巡诊活动20多次，送去免费药品约9.5万元，就诊人数达1.5万人次。

协调中国核工业北京四〇一医院开展“西藏尼木光明行”公益活动，筛查出白内障患者139人，84名患者实施手术。以“四个最严”为标准，着力于“四品一械”安全监管，建立健全8个乡（镇）“食品药品安全监管所”，配备乡镇食药协管员16名，全年累计开展食药安全监督执法171次，下达整改责令书26份，完成整改100%，全年无重大疫情和医疗、食品药品安全事故发生。积极推广第九套广播体操等全民健身活动，举办第八届“琼姆岗嘎杯”足球赛、干部职工篮球比赛、7人制足球比赛、中小学校园足球比赛。

2017年7月17日，县委副书记、县长普琼主持召开尼木县第十三届人民政府第一次廉政工作会议

【就业和社保】 年内，基本完成机关企事业“五险合一”工作，五大保险参保人数1994人，征缴基金7314.44万元，城乡居民基本养老保险参保15112人，征缴基金152.75万元。及时足额发放寿星老人健康补贴、残疾人生活补贴等，社会救助工作扎实推进，发放五保老人供养金69.2万元，农村“五保”供养标准提高到5910元。核定享受2017年租赁补贴政策家庭8户10人，房产交易信息系统初步建成。

【脱贫攻坚】 年内，把脱贫攻坚工作作为重大政治任务和第一民生工程，按照打赢脱贫攻坚战、建成现代尼木“三步走”总体布局，加强组织领导，层层压实责任，注重产业先行、志智双扶，拓展扶贫思路，创新扶贫机制，冲刺脱贫摘帽，奋力夺取脱贫攻坚战的全面胜利。实施的19个产业扶贫项目，1个项目完工，16个项目完成主体建设，2个项目完成前置手续。完成县城一期易地扶贫搬迁100户505人的搬迁入住工作，并为194名劳动力安排就业岗位。

2017年计划实施易地搬迁400户1655人，三个搬迁点正在积极推进，藏历年之前全部建成并完成入住。落实2017年学前教育补助、中小学生“三包”及营养改善资金1771.13万元，建档立卡大学生2016—2017学年学费、生活费、住宿费区、市、县三级资金122.52万元。按照不重复资助原则，对2014年、2015年已脱贫“边缘户”47名在校大学生兑现生活费20.5万元。2017年4名两后生参加学历提升、27名两后生参加驾驶、兽医、厨师培训，为其学历水平和创业、就业能力的提升奠定基础。完善“一岗一档”资料，落实以补岗位3311个，兑现岗位补贴资金993.3万元，为2370人兑现2017年定向政策性补助资金186.99万元（789元／人／年）。率先实现“两线合一”，共兑现低保资金、“五保”资金、医疗救助资金1052.6万元。建立基本医疗“三重医疗保障”和2020年前政府医疗兜底体系，累计补偿大病统筹资金1725人次1131.08万元（其中，1062人享受“先诊疗、后结算”优惠政策，涉及金额604.5万元；为建档立卡贫困户中因病对象报销 54.4 万元）。实施“十项提升工程”项目 26 个（已完工 9 个、正在建设 17 个），落实到位资金 9.21 亿元，完成投资 4.88 亿元。整合 2 年以上涉农结余结转资金 993 万元投入扶贫产业项目。2017 年援藏资金在扶贫领域投入 21760 万元，与 2016 年相比增长 19860 万元。组织麻江乡亚米组贫困群众参观城关区易地扶贫安置点及其附属设施，参观曲水县“三有”村，组织各乡（镇）贫困群众参观县城一期易地扶贫搬迁安置点，创造性地开展“支部讲政策、群众帮群众”活动，召开 2017 年度“勤劳致富先进典型”表彰会，对 10 个县级“勤劳致富先进典型”家庭进行表彰。2017 年，1253 户 5244 人达到脱贫标准，贫困发生率由 2016 年初的 16.3% 下降至 0.55%。

【生态环境】 年内，围绕构建好国家生态安全屏障的长远目标，全力推进生态尼木建设。在年初荣获自治区 2016 年度环境保护工作考核优秀奖的同时，2017 年本级投入专项经费 850.24 万元开展环保工作。严格落实环境保护责任，完成整改自治区环境保护督察组重点督察的环境问题 3 个方面 10 个问题，按时办结中央环保督察环境问题举报案件 9 件，制定整改方案 2 份，约谈 3 人。严格建设项目环评管理，建设项目环评执行率达到 100%。大力实施生态工程，投入 867.4 万元，实施重点区域造林 2180 亩、拉萨周边防护林工程 4180 亩、生态安全屏障防沙治沙项目 6666.6 亩，本级投入 117.6 万元种植榆树 5000 棵、万年青 6 万株，投资 111.66 万元完成政府大院附属绿化工程。2 个生态乡、5 个生态村创建工作正在进行终审，《尼木县生态文明建设示范县 2017—2020 创建规划》通过自治区环保厅专家组评审。

扎实开展环境整治巩固“禁白”成果，成立尼木县城市管理局，综合行使城市管理行政执法职能，开展环境综合整治活动 11 次，出动干部群众 3 万余人次，垃圾车、洒水车 160 余台次，累计清理垃圾 500 余吨，没收一次性塑料袋 40 余千克。不断加大环境监察执法力度，出动执法人员 300 余人次，车辆 80 余台次，检查企业（项目）、行业 90 余家次，依法下达限期整改通知书 4 份，全县未发生环境安全事件。加强生态文明宣传教育，认真开展以“绿水青山就是金山银山”“冰天雪地也是金山银山”为主题的环保宣传活动 4 次，发放环保知识读本 4000 余份、环保宣传单 3500 余份、环保法 2000 余份、大气污染防治法 2000 余份、水污染防治法 2400 余份、环保购物袋 8000 余个、环保围裙 2300 余条，悬挂宣传横幅 30 余条，更新大型广告宣传牌 16 面，受理环境保护咨询 90 余人次。全面落实“河长制”、水、土、气污染防治工作主体责任，被评为节水型社会达标建设试点县，荣获自治区最严格水资源管理制度考核唯一“良”等次单位。

2017年11月5日，县委常务副书记赵金祥主持召开项目选址会议

2017 年，经过 4 次环境质量采样监测，尼木县主要河流断面水质均达到或优于国家三类标准，地表水水质达标率 100%，县城集中式饮用水源地水质均保持在国家二类限值范围以内，饮用水源地水质达标率 100%，大气环境中总悬浮颗粒物、二氧化硫、二氧化氮、可吸入颗粒物等监测指标均达到国家一类标准，环境空气质量优良。将环保工作定为全县年度专项考核，制定奖惩制度，

2017年5月25日，县委副书记次旦贡觉在帕古乡彭岗村了解群众生产生活，宣传扶贫政策

先进僧尼、7个先进寺管会、19名优秀驻寺干部进行表彰，驻寺干部及僧尼住宿条件不断完善，寺庙管理工作逐步迈入制度化、规范化轨道。

【民族团结】 年内，深入推进民族团结进步事业，深入开展藏汉“双语”互学互助，“民族团结一家亲”和民族团结联谊活动，各民族交往交流交融更加深入。2017年，共评选表彰16个民族团结模范集体和31名民族团结模范个人。

【矛盾纠纷化解】 截至年底，全县人民调解委员会共受理调解案件56起，同比减少6.7%，调解率100%，开展矛盾纠纷排查20次，排查矛盾纠纷71件，化解率100%。接待群众来信来访14批件28人次，与2016年同期的14批件29人次相比下降3.4%，办结14批件，办结率100%。上级转交办7批件13人次，办结7批件，办

并设置一、二、三等奖，分别奖励30万元、20万元、10万元。

【开展反分裂斗争】 年内，依法打击各种分裂渗透破坏活动，严厉处置违法犯罪活动，教育引导群众自觉与十四世达赖集团划清界限，不断增强反分裂斗争自觉性，坚决维护国家安全和公共安全。

【社会治理】 年内，推进县乡村综治中心规范化建设，深化网格化管理和“双联户”治理模式，网格化和“双联户”工作覆盖率100%，基层群防群治人数达2500余人。县直机关干部、武警消防官兵、党员和群众充实到铁路护路队伍，实行24小时巡逻巡护和蹲点守护。扎实开展平安创建，评选市级平安乡（镇）8个、平安村32个、平安校园7所、平安寺庙11座、平安单位22家。评选县级平安乡（镇）8个、平安村32个、平安校园7所、平安寺庙22座、平安单位24家、平安企业1家、平安旅游景区1家、平安家庭90户。荣获2017年度“先进双联户”创建活动先进县。

【宗教事务管理】 2017年，投入资金320.1万元，为寺庙、僧尼家庭办实事40件；投入资金16.6万元，对7座和谐模范寺庙、118名

2017年4月20日，县委副书记加略在县护路大队检查综治平台运行情况

结率100%。在党的十九大召开期间，全县未发生一起群体性上访和聚集闹访、进京上访事件。

【安全生产】 年内，投入150万元，作为交通标识、标线、标牌增设及交通安全隐患排查整治工作经费。投入34.9万元为每个村配备微型消防设备。扎实开展安全生产宣传教育，狠抓安全生产各项工作措施落实，对非煤矿山、建筑施工、道路交通等6个重点行业领域进行拉网式排查检查，安全生产形势总体稳定。2017年，对非煤矿山、危险化学品、道路交通、建筑施工、食品药品、消防等行业领域共检查445次，检查人员2千余人次，发现隐患302处，其中整改301处，另外1处隐患为中石油尼木县加油站发电机与库房间距不足（应为8米以上），因牵扯到停业，待2018年油气回收一并整改。截至年底，全县共发生各类生产安全事故50起（均为道路交通事故），未发生较大以上生产安全事故，亡1人，伤10人，直接经济损失12.197万元。与2016年同期（事故32起，亡1人，伤14人，直接经济损失133.5668万元）相比，事故起数上升56.25%，死亡人数持平，受伤人数下降28.57%，事故直接经济损失下降90.87%。

【"两学一做"学习教育常态化制度化】 年内，县委理论学习中心组坚持每月两次集中学习，共开展专题学习讨论会27场次，20名县级领导、45名乡镇及县直单位负责人结合实际进行交流发言，

2017年9月20日，尼木县成功通过"国家有机产品认证示范创建区"专家现场答辩会

基层党组织书记讲党课46场次，党员干部自觉学习蔚然成风，政治意识、大局意识、核心意识、看齐意识显著增强。

【"四讲四爱"主题教育实践活动】 年内，累计宣讲1600余场次，参加人数13万余人次，汇聚起广大群众、寺庙僧尼、青少年学生的主体力量，进一步夯实尼木长足发展和长治久安的思想基础、群众基础、基层基础，凝聚起广大群众感党恩、听党话、跟党走的广泛共识，汇聚起办好尼木事情、做好尼木工作的强大正能量。

【学习贯彻党的十九大精神】 年内，充分发挥县委常委会和理论学习中心组的"龙头"作用，坚持领导带头学习，把学习党的十九大精神作为第一堂党课、第一堂政治必修课，原原本本地学，原汁原味地学。在学懂、弄通、做实上下功夫，切实把广大干部群众的思想统一到党的十九大精神上来，把力量凝聚到实现党的十九大确定的各项任务上来，确保党的十九大精神入脑入心、落地生根。截至年底，全县各级党支部累计宣讲200余场次，开展学习研讨90余次，参与人数2200余次。自治区宣讲团拉萨分团在尼木开展巡回宣讲9场次，参与人数1800余人次。

【坚持零容忍惩治腐败】 年内，受理信访举报14件，初核谈话函询了结6件，立案审查4件，给予党纪处分3人，政纪处分1人，谈话提醒2人，诫勉谈话2人，谈话函询1人，3人做出书面检讨，对1人在全县范围内进行通报批评。

（袁艳花）

【领导名录】

县委书记

杜国君

县委副书记、县长

普 琼（藏族）

县委常务副书记

赵 金 祥(北京援藏)

县委副书记、常务副县长

尹 世 强(北京援藏)

县委副书记

次旦贡觉(藏族)

加　　略(藏族)

人大常委会党组书记、主任

尼玛次仁(藏族)

政协党组书记、主席

赵 志 强

中共尼木县委办公室

【概况】 2017年,尼木县委办公室认真组织“两学一做”“四讲四爱”学习教育,紧紧围绕县委各项中心工作,以“抓一流管理,带一流队伍,创一流业绩,树一流形象”为目标,充分发挥综合协调和参谋助手职能作用,不断完善服务理念,全面提升服务水平,狠抓各项工作任务落实,使办公室与县委在决策上合谋,节奏上合拍,工作上合心,圆满完成各项工作任务,保证和促进县委及全县各项工作快速高效运转。

【文秘工作】 年内,办公室对干部提倡“伏案能写、上台能讲、与人能处、遇事能办、对己能严”,文秘写作力求人人想质量,谋质量,抓质量。对于综合材料,坚持集体讨论拟定提纲,文秘人员分组起草,全员参与修改,办公室主任审核,以老带新,扶持新手,使文秘人员都在积极参与中得到锻炼和提高。2017年,起草领导讲话稿、发言稿、工作汇报等100余篇。整理印发领导讲话及录音40多份。编发大型会议材料20余篇,包括党代会、全委会、经济工作会、精准扶贫精准脱贫推进会大型会议的各项重要材料。公文处理不断规范和完善。建立“县委办收发文登记制度”,明确职责和责任人,提高收发文效率。各部门的发文汇集到办公室时,对每篇发文进行认真审核,保证发文的规范性。全年共收文260份,其中中央、国务院文件60份,自治区文件70份,拉萨市文件130份。共发文254份(尼委/尼委发170份。尼委办/尼委办发84份)。

【机要保密】 年内,尼木县机要工作以密码保护为核心,强化责任,注重防范,确保密码安全和通信畅通。坚持24小时值班制度,2017年共收发电报854份、5339页,其中特提电报209份、945页,密电716份、4336页,明电138份、1003页,都已办结,密码工作未发生一起错漏、迟办、泄密等事故。7月,在全县开展密码安全保密专项检查“回头看”活动,对尼木县密码电报和密码设备的安全保密管理进行一次梳理,针对自查中发现的问题和薄弱环节,进一步强化安全保密意识、完善安全保密措施、落实安全保密管理工作,并于9月顺利通过市委保密局的检查。组织机要人员进行机要秘书培训和管理。积极学习自治区、市委及其他县区对机要秘书的管理办法,规范机要秘书管理工作切实做好机要秘书登记、政审、签订承诺书、制作机要秘书证、机要秘书培训等工作,全年共组织2次培训,并在市委机要局学习先进经验;不断加强密码通信服务保障。积极做好“520”加密视频会系统和加密电话的维护工作,以及关键设备的备份,确保会议系统和加密电话时刻处于良好的工作状态。并按照区、市党委机要局的要求,做好密码通信主渠

2017年5月18日,县委办公室主任李林组织干部职工学习

道（备）用系统、应急密码通信系统的演练。对紧急重要密码电报迅速处理、特事特办，该反馈的电报第一时间反馈，对有特殊要求的电报坚决按照要求办理；经常检查保密设备运转情况。完成全县涉密计算机、非涉密计算机和上网机的品牌型号、配发日期及硬盘序列号的统计工作及尼木县核心保密要害部门的办公自动化设备进行摸底调查。2017 年，尼木县投入 2.4 万元配备保密检查工具，提高保密工作效率。

2017年9月9日，县委办公室迎接拉萨市保密工作大检查

【督查工作】 年内，围绕县委中心工作，突出督办重点，改进工作方法，有力促进上级和县委重大决策及重要工作部署的贯彻落实。全年就围绕“四产业两园区”建设、精准扶贫精准脱贫、重点项目建设、农村环境整治等，加大督查力度，确保县委重大决策及重点工作部署落实到位。做到一事一办、一事一查、一督一报，杜绝漏报、重报、迟报现象的发生。

2017 年，共收到市委、市政府督查文件 65 份。按规定要求上报《督查专报》共 101 期，办理《领导批示》98 件，办结率 100%，下发《督查通报》26 期、《党办通报》9 期、《督查通知》58 期。年内，共梳理汇总各单位需要县委、县政府协调解决问题 56 件，回复率达到 100%。对 105 件县人大、政协建议提案进行认真督查督办，办结率 100%。开展党风廉政建设责任制、脱贫攻坚专项督查，并形成报告。健全督查运行机制，完善关于进一步加强督查工作的一系列文件，印制催办查办、决定事项办理督查通知单以及领导批示件督查通知单，对全县的督促检查工作从立项到反馈都做出明确的规定，使全县的督查工作走向制度化、规范化、网络化的轨道。

【信息工作】 年内，围绕县委领导抓大事、谋大局的思维方向，按照县委的工作重点，把握各个时期的热点难点，采取约稿和调研相结合的办法，理清思路，拓宽领域，做到“供需对路”，为县委决策提供可靠依据。2017 年，县委办进一步规范全县信息报送工作，完善各项信息报送制度。先后下发《中共尼木县委办公室关于进一步加强信息工作的通知》《关于进一步加强紧急信息报送工作的通知》，每季度向各乡（镇）、县（中）直各单位下发信息报送要点，并与政府办定期召开信息工作协调会，加强信息工作交流；对各乡（镇）、县（中）直各单位信息报送和采用情况按时进行通报，安排专人负责信息编撰、审校和上报工作，通过健全信息工作制度，配强信息工作人员。截至年底，县委办信息工作不仅及时反馈尼木县社情民意，还对一些社会热点问题进行深入分析，不仅为县委、县政府及时了解全县工作动态提供及时便捷的途径，还提供决策参考依据，同时还为各乡（镇）、县（中）直各单位之间交流工作经验，推广好的做法，起到积极作用。及时将尼木县好的经验做法反馈到上级部门。全年向拉萨市委信息科上报信息 736 条，编发微信“尼木发布”200 余次 600 余条。

【档案工作】 年内，为确保文件不随意外流，明确专职人员，负责纸品文书的管理和电子文档的管理。具体做好文件资料的收发、分放、整理、归档、销毁等，对涉密的文件资料，只准在办公室阅，未经批准，不得带出；做好电子文档的输入、存档、发送、印制、备份等，确保电子文档安全。同时加大对档案室的日常管理，非工作人员一般不准进入档案室，防止机密外泄。

（袁艳花）

【领导名录】

主 任

李 林（仡佬族，5月任）

副主任

索朗卓玛（女，藏族，5月免）

王 宗 堂（5月任）

档案馆馆长

耿 美 华（女，5月任）

机要局局长

普布卓玛（女，藏族，5月任）

尼木县人民代表大会常务委员会

【概况】 2017年，尼木县人大常委会深入学习党的十九大精神，进一步学习贯彻习近平新时代中国特色社会主义思想，坚持党的领导、人民当家做主、依法治国有机统一，紧紧围绕全县工作大局和县委“稳中求进，进中求好，好中求快，补齐短板”的总基调，紧紧抓住“发展、稳定、生态”三件大事，以“三步走”总体布局和“四产业两园区”发展布局为统领，不断加大对“一府两院”的工作监督，主动作为，勇于担当，充分发挥地方国家权力机关作用，为推进全县经济社会发展、民主法治建设做出应有的贡献。筹备举行人民代表大会1次，召开常委会会议6次、主任会议8次，开展各类执法检查3次，视察调研活动4次，积极配合区、市人大开展法律法规意见征求、专项检查和调研10次。

【开好人代会、常委会】 年内，为进一步加强落实中央、区、市“关于健全人大讨论决定重大事项制度、各级政府重大决策出台前向本级人大报告的实施意见”的指示精神，人大常委会把职权化为职责，充分发扬民主，严格依法办事，认真行使重大事项决定权和人事任免权。年内，听取和审议尼木县人民政府的计划、预算、经济运行，以及法院、检察院等单位5个半年工作报告，听取和审议《尼木县2013—2017年生态环境保护工作报告》《“六五”普法决议执行情况的报告》《在全县公民中开展第七个五年法治宣传教育的决议》等3个专项报告，并依法做出决定、决议，对报告中带有全局性、战略性的重大问题开展视察调研、执法检查和工作监督，使审议更富有针对性，提出的意见建议更切合实际。按照“政府财政预算变动情况的立项工作须由本级人大常委会审议通过”的规定，年内，审议县政府预算变动外项目1件，涉及资金3200万元。坚持党管干部和人大依法任免干部的有机统一，严把拟任命人员任前了解、意见征求、任职表态、颁发任命证书、公开向宪法宣誓关口，任后听取履职报告、开展工作评议制度，进一步增强被任命人员的责任意识和公仆意识。年内，共任免国家机关工作人员30人次，其中政府系统21人次，人大1人次，“两院”8人次，补选人大代表2人，补选人大常委会委员1人。

【围绕精准扶贫开展考察调研】 年内，人大常委会多次走访慰问结对帮扶的13户贫困户，累计送去现金和物资共计近5万元，并通过扶贫开发和结对帮扶为他们出主意、想方法、谋方向，在进一步改变生活观念，提升生活质量给

2017年4月19日，尼木县召开第十三届人民代表大会第二次会议

出意见和建议。同时，督导检查乡政府和村（居）“两委”在精准扶贫方面的工作，认真开展建档立卡户的一户一档资料检查和走访入户查看明白卡工作，对检查中发现的问题和改进意见及时反馈给县、乡人民政府。在确定年度工作计划和调研议题时，尼木县人大常委会聚力脱贫攻坚，充分发挥人大的职能作用，助力脱贫攻坚向纵深推进。4月19日，在尼木县十三届人民代表大会第二次会议期间，根据多数农牧民代表反应，群众在雪菊种植中遇到许多难题，县人大常委会当即组织40多名人大代表在塔荣镇林岗村调研尼木县雪菊育苗种植基地。通过视察调研，充分发挥代表的宣传引导作用，用群众听得懂的语言解释政策，把扶贫政策通过人大代表传递给每一位贫困群众，引导县乡人大代表围绕精准扶贫建言献策，积极投身精准扶贫的具体实践，激发群众的积极性，形成全社会推进精准扶贫精准脱贫的强大合力。

【围绕群众关心热点话题开展监督检查】 年内，人大常委会依法行使宪法法律赋予的监督职权，突出监督重点、拓展监督内容、完善监督方式，不断发挥人大监督工作优势。7月，县人大常委会带领人大工作人员深入基层、农村，实地查看青稞、油菜、雪菊等种植情况，并向县政府及其相关单位，以及“尼木发布”提出和公布发现的问题。开展对帕古乡、麻江乡、尼木乡辖区内的幼儿园、村居两委阵地和易地搬迁点等施工的监督检查，并将存在的问题向施工方和承建单位进行反映，要求及时整改。为加强全县范围内生态环境整治工作，县人大作为牵头单位，多次联合全县各单位组织开展县城重要路段的环境卫生整治工作，对路段的建设施工地点进行裸土覆盖、围挡设置等相关措施，以及街道商户落实“门前三包”等进行督促。针对政府和各部门的一般性建设项目，常委会和机关工作人员先后参与监督全县各项工程建设、招投标、竣工验收、政府采购和各类资金发放等10余次。

【围绕司法公平正义开展监督】 年内，人大常委会高度关注公正司法，在支持司法机关依法行使职权的同时，派遣人大代表到庭审现场旁听重要案件的审理，定期听取县人民法院和人民检察院工作报告，监督“两院”规范司法行为，进一步推进社会矛盾化解、社会管理创新、公正廉洁执法。

【配合区、市人大调研】 年内，配合自治区人大常委会开展代表资格审查，“人大代表之家”创建，“双语”教育执法，“一法一办法”贯彻实施，区十届人大五次会议代表建议办理情况，落实区党委人大工作会议精神情况等视察调研活动6次，配合拉萨市人大常委会开展《中华人民共和国预算法》《中华人民共和国环境保护法》执法检查等视察调研工作4次。通过视察调研和执法检查，有效解决群众反映的热点、难点问题，进一步规范尼木各类法律法规和政策的有效落实，强化人大监督管理，提高法律和政策的使用效率。

【培训学习】 年内，人大常委会以常委会组成人员、机关工作人员、乡（镇）人大主席、四级（区、市、县、乡）人大代表为对象，以《中华人民共和国宪法》《中华人民共和国全国人民代表大会和地方各级人民代表大会代表法》《中华人民共和国全国人民代表大会和地方各级人民代表大会选举法》和新时期人大工作为内容，开展人大业务理论知识普及培训，组织代表参加区、市人大举办的代表培训5场，开阔基层人大代表的视野，拓宽工作思路，增强人大代表履职的责任。

【开展“代表之家”创建工作】 年内，为方便代表学习交流和开展活动，常委会组织乡镇人大开展“代表之家”创建工作，在县政府的全力支持下，经过县、乡人大的共同努力，共建成“代表之家”9个（县1个，乡镇8个），并于6月先后通过区、市人大的检查验收。县、乡人大利用“代表之家”广泛开展学习交流、议事议政、信访接待等形式多样的代表活动，充分发挥“家”的作用，

【代表工作】 年内，建立完善人大工作联系制度，常委会组成人员以代表身份深入基层农牧区调研10余次，认真倾听群众诉求，面对面接受群众监督，帮助基层农牧区协调解决生产、生活中出现的

热点、难点问题。落实人大代表列席人大常委会制度，邀请、组织代表参加常委会会议、视察调研、学习等4场15余人次，不断拓展人大代表活动载体，人大工作的民主基础进一步扩大。

【代表建议办理】 年内，在召开的第十三届二次人代会上代表提出建议、批评和意见55件，人大迅速分类整理、汇编成册，及时向县政府进行交办。3月、10月，常委会成员带领人大办工作人员深入七乡一镇，就代表建议办理情况进行跟踪督查，对办理过程中存在的问题提出整改意见，做到件件有答复，个个有落实，答复率和满意率均为100%。

得到解决或基本得到解决的建议有27件，占总数的49.1%。主要包括关于解决帕古乡21户太阳能供电设备、维修塔荣村贡堆沃路及其水渠、整修续迈乡山岗村贡朗组道路、解决彭岗村电压不稳、电费高、解决农户自食粮食和牲畜草料补助、统一吞巴乡征地补偿标准、解决麻江乡辖区内流浪狗给人畜带来危害的问题等27件建议。

正在解决的建议有14件，占总数的25.4%。主要包括关于建设乡镇排水系统、解决吞巴乡根比村四组便道改扩建、公益性岗位从业人员实行增长工资的机制、解决麻江乡、帕古乡土地开发中存在的问题、解决车辆审验困难等14件建议。

待条件成熟再解决的建议有6件，占总数的11%。包括关于解决塔荣镇林岗村水磨糌粑申遗、解决卡如乡赤朗村校车接送学生至村委会、解决吞巴乡根培村1、2、3组学生校车接送、更换续迈乡“退耕还林”区域网围栏、增加村小组组长工资、提高村干部、人医、兽医待遇等6件建议。

因政策限制无法解决的建议有8件，占总数的14.5%。主要包括关于解决吞巴乡吞普村耕地围栏、充实尼木乡各村兽医人员、扩大优秀村支书、村主任入选公务员名额、解决退休老村医生活方面问题、解决普松村搬迁问题、提高搬迁扶助资金比例、适当增加驻村工作队经费等8件建议。

【自身建设】 年内，人大常委会认真落实全面从严治党各项工作，深入开展“两学一做”学习教育，落实“两个责任”“一岗双责”，切实把人大的权力置于阳光透明的氛围之中。年内，开展对机关工作纪律执行、公务用车整治、会员卡清退、公款私用等专项治理活动检查10余次。认真抓好干部上下班考勤、请销假等制度的落实。坚决杜绝以会议落实工作，提倡会议经费节俭。组织开展视察调研，接待上级检查时，严格执行上级和县委有关接待标准。重视抓好党员干部的学习教育，不断增强党员干部反腐倡廉自觉性；修订和完善《县人大常委会议事规则》等9项相关制度；建立健全常委会及机关党务工作制度和内部管理制度，在不断加强和改进尼木人大工作上，提供坚实的制度保障。

（安 燃）

【领导名录】

党组书记、主任

尼玛次仁（藏族）

副主任

李必焱

张世杰

张同格

旦 平（藏族）

2017年2月21日，人大常委会党组书记、主任尼玛次仁带领尼木县市级人大代表参观拉萨市智昭产业区

尼木县人民代表大会常务委员会办公室

【概况】2017年，尼木县人大办公室深入学习党的十九大精神，进一步学习贯彻习近平新时代中国特色社会主义思想，紧紧围绕尼木县中心工作，认真服务于尼木县人民代表代会及其常委会，不断强化责任意识、服务意识，组织筹备召开人大各项会议，丰富闭会期间活动，开展视察调研，圆满完成人大常委会确定的各项目标工作任务，为县人大及其常委会依法履行职权和常委会机关有序运转提供服务和保障。

【做好人代会服务工作】年内，圆满完成尼木县十三届人大二次会议的各项服务保障工作。认真贯彻落实中央“八项规定”，按照节俭、高效、务实的原则，严肃会风会纪，加强对会议出勤情况的统计和通报，确保到会率；切实做好大会秘书处会务组织、后勤保障等工作，加强统筹协调，确保大会顺利召开。

【做好常委会服务工作】年内，在常委会会议的组织上，严格执行地方组织法、监督法和市人大常委会议事规则的有关规定，同时积极向市人大和兄弟县人大学习沟通，不断规范会议程序，加强会议服务保障，努力提高会议实效。通过提前寄送会议相关资料、改进审议形式等，提升常委会组成人员审议质量。对常委会会议材料进行归档保存，及时发布、公告常委会会议的相关报告、决议决定、人事事项和审议意见等。加强与“一府两院”和市人大各委、室联络沟通，确保常委会审议意见得到及时办理和反馈。年内，尼木县人大常委会召开常委会会议6次（第三至第八次），听取和审议“一府两院”各类工作报告8个，共任免国家机关工作人员30人次，补选人大代表2人，补选人大常委会委员1人，审议县政府预算变动外项目1件，涉及资金3200万元。

2017年7月25日，人大常委会办公室主任多布啦在麻江乡慰问贫困户

【做好主任会议服务工作】年内，根据年度计划，并征求各委室意见，协助常委会会议建议议题，做好会议材料收集、主持提纲起草、会议人员落实等具体工作。根据主任会议对专项工作汇报的讨论情况，以主任会议意见、主任会议纪要等形式，交“一府两院”研究处理。年内，尼木县人大常委会举行主任会议8次。

【做好常委会重点活动服务工作】年内，认真完成常委会工作报告分解的任务，统筹安排各种会议和活动的服务保障工作，同时积极参与考察调研活动。紧紧抓住尼木县经济社会发展中全局性、关键性问题，为人大常委会建言献策，倾力推动常委会各项活动开展。年内，开展各类执法检查3次，考察调研活动4次，积极配合上级人大到尼木开展各项考察调研、执法检查的接待工作，全年共接待区、市人大各类重要考察、调研等10批次。

【为代表参会提供服务】年内，为开好本级和上一级人代会做好相关准备工作，并积极做好有关建议、批评和意见的收集、整理和上报工作，从年初开始，县人大办公室对尼木县七乡一镇、县直相关部门和人大代表进行前期走访调研，并将收集到的情况向人大常

2017年5月31日，召开尼木县、乡"人大代表之家"创建工作交流座谈会

委会和人大代表进行反馈。拉萨市召开十一届人大二次会议前，县人大办派出工作人员负责会场布置、代表接送、文件撰写、会议记录等各项服务工作。

【代表工作】 年内，为进一步加强人大代表对人民代表大会制度程序性和法律性的理解和落实，结合《中华人民共和国宪法》《中华人民共和国全国人民代表大会和地方各级人民代表大会代表法》《中华人民共和国全国人民代表大会和地方各级人民代表大会选举法》等法律法规，认真组织人大代表开展学习培训，并为代表订阅《中国人大》等期刊，组织代表参加区、市人大举办的代表培训5场。6月，组织开展人大代表述职活动，对代表履职情况进行评议、测评，促进代表进一步提高素质，增强代表意识，全面履行代表职责，自觉接受监督。

【开展"代表之家"创建工作】 年内，按照尼木县人大常委会"建设规范、设施齐备、制度完善、运行有效"的创建要求，人大办积极组织乡镇人大扎实开展"代表之家"创建工作，组织县乡镇人大工作者赴兄弟县区进行交流学习。召开专门工作会议，制定实施方案。为各"家"统一制作了标志牌，制度栏和代表信息公示栏，配备家具设施、办公设备，订购《中国人大》等学习资料，切实做到"六个有"。为确保"代表之家"发挥作用，人大办帮助乡镇制定和完善《代表联系选民制度》《代表述职评议制度》等十余项制度。

【促进代表建议办理】 十三届二次人代会上代表提出建议、批评和意见55件，会后，人大办迅速分类整理、汇编成册，及时向县政府进行交办。经常性与人大常委会领导下乡下基层，就代表建议办理情况进行跟踪督查工作，对办理过程中存在的问题提出整改意见。在代表建议案督办过程中，明确职责对口包干督办，领导牵头重点督办，回访代表跟踪督办，做到办理领导、办理人员、办理时限、办理结果"四落实"，有效的促进代表建议办理。

【自身建设】 年内，人大办公室认真落实全面从严治党各项工作，深入开展"两学一做"学习教育，落实"两个责任""一岗双责"。强化思想政治教育，保证学习时间和学习质量，促进机关工作人员自觉运用中国特色社会主义理论武装头脑，坚持社会主义道路，进一步增强道路自信、理论自信和制度自信。始终坚持把落实党风廉政建设责任制作为重要工作内容，把反腐倡廉摆在突出位置，努力营造人大机关团结合作、积极向上的工作氛围。

（安 燃）

【领导名录】

主 任

多 布 啦（藏族，2月任）

副主任科员

益西措姆（女，藏族，5月免）

嘎松多吉（藏族，5月任）

尼木县人民政府

【概况】 2017年，全县深入贯彻落实习近平新时代中国特色社会主义思想，紧紧围绕区市县第九次党代会、区市县党委九届三次全委会和区市县经济工作会议的决策部署，坚持稳中求进、进中求

2017年2月16日，县委副书记、县长普琼在塔荣镇调研

好、好中求快、补齐短板的工作总基调，以深化供给侧结构性改革为主线，以提高发展质量和效益为中心，树牢新理念、适应新常态、引领新发展，狠抓发展、稳定、生态三件大事，正确处理好“十三对关系”，深入实施“六大战略”，扎实推进现代尼木“三步走”总体布局，凝心聚力、攻坚克难，敢于担当、勇于作为，保持全县经济社会持续健康快速发展、社会大局和谐稳定、生态环境更加优化的良好发展态势。

2017年，完成地区生产总值7.51亿元，同比增长10.2%，完成目标任务（7.39亿元）的101.6%；农牧林渔业增加值1.22亿元，同比增长4.2%，完成目标任务（1.08亿元）的113%；工业增加值0.51亿元，同比增长27.5%，完成目标任务（0.508亿元）的100.4%；全社会固定资产投资18.5亿元，同比增长40.5%，完成目标任务（16.20亿元）的114.2%；社会消费品零售总额0.62亿元，同比增长12%，完成目标任务（0.61亿元）的101.6%；地方公共财政收入1.43亿元，同比增长27.68%，完成目标任务（1.25亿元）的114.4%；农牧民人均可支配收入11636元，同比增长14.3%，完成目标任务（11740.8元）的99.1%。主要经济指标呈现两位数以上增长，荣获“2017年度拉萨市目标绩效争先进位考核县区进位一等奖”。

【农牧业】 2017年，全县农作物播种面积36562.22亩，粮油总产为859.1万公斤，其中，粮食产量为786.5万公斤，油菜产量为72.6万公斤；牲畜总头数110701头（只、匹），其中牛44145头（黄牛11026头、乳牛223头、牦牛30689头、犏牛2207头）、马358匹、驴375头、骡子5头、羊65737只、猪81头；家禽总数35453只。

【有机农业】 2017年，举办有机产品种植、有机农业管理技术培训25次，参训人员达1200人次，种植青稞17630亩、油菜4800亩、藜麦5272亩、土豆1600亩、雪菊5560亩，认证有机牦牛5000头，青稞、油菜、藜麦、雪菊、土豆、牦牛6个产品取得有机转换证书，获得“国家有机产品认证创建示范区”称号。

【“双创”工作】 2017年，成立“双创”工作领导小组，完善小微企业台账，建成尼木县藏香互联网+众创空间，与西藏卓越信息技术有限公司制定尼木众创空间运营合作协议，联系5家小微企业参加“创交会”，10家小微企业参加融资峰会路演，众创空间正式办公企业3家。召开第二次工商业联合大会，非公企业14家，产值3250万元。农村综合信息服务站实现32个行政村全覆盖。

【旅游业】 年内，按照“四菜一汤”全域旅游发展规划，着力提升旅游服务水平。积极协商吞巴景区控股及合作事宜，完成吞巴景区提档升级项目初步概念方案。卡如农牧民搬迁安居和特色经济建设示范项目开工建设，种植果品164.25亩，其中平谷大桃10000株、云南丽江纸皮核桃2300株、雪桃670株。完成琼穆岗嘎雪山旅游景区开发项目设计方案、风评、节评及雪山景区公路前期工作。续迈温泉开发项目完成主体建设。2017年，全县游客达到8.2万余人次，同比增长13%，旅游收入达到3296万元，同比增长11%。

【藏香文化产业】2017年，投资4000万元的藏香产业园区精准扶贫示范基地项目开工建设，建成尼木县藏香研发中心厂房，并于10月13日生产出第一批样品，2017年实现藏香产值5700万元，“党支部+企业+合作社+贫困户”的发展模式初步形成。

【藏鸡产业】投资959.98万元的藏鸡原种保护基地一期工程补充项目和总投资9600万元的藏鸡原种保护基地二期建设项目开工建设，投资1960万元的藏鸡小循环产业链项目和投入135万元的藏鸡集装箱养殖模式积极推进，2017年养殖藏鸡26200余只，尼木县藏鸡保种育种养殖基地内原种藏鸡存栏7000余只，“尼木藏鸡”和“尼木藏鸡蛋”地理标识保护产品，通过国家工商总局初审。

【招商引资】年内，积极参加“雪顿节”招商推介会、“丝绸之路国际博览会”等活动，在北京成功开展尼木专题展销活动，引进中核集团等8家企业，先后与弘川公司签订吞巴仓储物流项目、与中核实业签订综合地热资源开发协议、与北控集团签订地热资源合作开发协议。2017年，签约项目9个，签约资金27.73亿元，实际到位资金6.3亿元，完成目标任务（6亿元）的105%。

【教育事业】2017年，共投入11905.85万元开展教育事业，其中教育事业费预算指标9371.05万元，本级投入2534.8万元，占2016年县级财政收入的22.68%。完成10个教育教学研究课题评审立项工作。新建县中心小学综合楼、县中学综合实验楼和尼荣村等7所幼儿园，其中4个项目已完工初验。同时县中心小学教工宿舍、续迈乡完小学生宿舍、麻江乡完小供暖项目开工建设；投入4.8万元为麻江、帕古两校安装弥散式供氧设备，对麻江、帕古两地教师实施激励政策提供经费60万元，进一步改善高海拔、偏远学校教师生活工作条件和待遇。围绕立德树人，深入开展“四讲四爱”主题教育实践活动153场次、参与师生6.28万人次，深入开展“中国梦”、社会主义核心价值观、法制、民族团结、爱国主义、反对分裂维护稳定等主题宣传教育21场次、参与师生2万余人次。评选表彰优秀教育工作者、优秀教师、优秀后勤工作人员等教育系统先进典型72人，发放表彰资金26.1万元。选派教师参加各级各类培训624人次。引进中小学、幼儿园教师27人。选拔33名优秀教师开展校际交流。顺利通过西藏自治区素质教育工作评估验收和拉萨市对“五个100%”教育目标任务的督导评估。顺利完成西藏自治区2017年少数民族教育质量监测和拉萨市小学三、六年级教育质量监测。小学入学率达到99.93%，初中入学率达到99.91%，义务教育阶段巩固率达到91.22%。

【医疗卫生】2017年，实施卫生民生项目5个，积极开展“二级乙等”医院创建工作，成立医疗质量控制小组、疑难病例抢救小组，新开展外科截肢等手术。投入254.88万元开展包虫病综合防治工作，包虫病筛查率达100%，积极对包虫病确诊患者实施治疗。2017年“新农合”参合率、综合覆盖率均达100%。补偿大病统筹基金1725人次1131.08万元，发

2017年9月21日，县委副书记、常务副县长尹世强主持召开尼木县采石采砂专题会议

2017年12月8日，副县长颜泽伦主持召开尼木县生态红线划定工作安排部署会

放“一孩双女”困难家庭和“特别扶助”资金102.42万元。全年孕产妇死亡率198/十万，婴儿死亡率9.9‰，卫生监督覆盖率100%，农牧民健康素养基本知识和理念知晓率达到88.5%。

尼木县医院与北京市房山区良乡医院结为帮扶对子，签订2016—2020年结对帮扶协议。第一、二批组团式医疗援藏专家组在县医院共开展手术237例，培训医务人员48次500人次。全年累计开展巡诊活动20多次，送去免费药品约9.5万元，就诊人数达1.5万人次。协调中国核工业北京四〇一医院开展“西藏尼木光明行”公益活动，筛查出白内障患者139人，84名患者实施手术。以“四个最严”为标准，着力于“四品一械”安全监管，建立健全8个乡（镇）“食品药品安全监管所”，配备乡镇食药协管员16名，全年累计开展食药安全监督执法171次，下达整改责令书26份，完成整改100%，全年无重大疫情和医疗、食品药品安全事故发生。积极推广第九套广播体操等全民健身活动，举办第八届“琼姆岗嘎杯”足球赛、干部职工篮球比赛、7人制足球比赛、中小学校园足球比赛。

【文化事业】 2017年，完成投资130万元的县城数字影院建设项目、投资350万元的广电中心建设项目、投资194万元的广播电视高山台站建设项目。投资215.32万元的县级有线数字建设项目将逐步安装到户，投资200万元的电视台制播能力采购项目正在进行设备调试。投入1200万元的白面具藏戏传习所项目开工建设。成立广播电视台，投入360万元，完善基础设施，实现节目正常播出。发放传承人补助资金10.3万元。深入开展“五下乡”活动丰富群众文化生活，完成文艺演出52场，观众达1.5万余人次，放映电影1203场次，观众累计达到7.83万人次。

【社会保障】 年内，基本完成机关企事业“五险合一”工作，五大保险参保人数1994人，征缴基金7314.44万元，城乡居民基本养老保险参保15112人，征缴基金152.75万元。及时足额发放寿星老人健康补贴、残疾人生活补贴等，社会救助工作扎实推进，发放五保老人供养金69.2万元，农村五保供养标准提高到5910元。核定享受2017年租赁补贴政策家庭8户10人，房产交易信息系统初步建成。

【扶贫开发】 年内，实施的19个产业扶贫项目，1个项目完工，16个项目完成主体建设，2个项目完成前置手续。完成县城一期易地扶贫搬迁100户505人的搬迁入住工作，并为194名劳动力安排就业岗位。2017年计划实施易地搬迁400户1655人，三个搬迁点正在积极推进，藏历年之前全部建成并完成入住。落实2017年学前教育补助、中小学生“三包”及营养改善资金1771.13万元，建档立卡大学生2016—2017学年学费、生活费、住宿费，区、市、县三级资金122.52万元。按照不重复资助原则，对2014年、2015年已脱贫“边缘户”47名在校大学生兑现生活费20.5万元。2017年4名两后生参加学历提升、27名两后生参加驾驶、兽医、厨师培训，为其学历水平和创业、就业能力的提升奠定基础。完善“一岗一档”资料，落实以补岗位3311

个,兑现岗位补贴资金993.3万元,为2370人兑现2017年定向政策性补助资金186.99万元(789元/人/年)。率先实现"两线合一",共兑现低保资金、"五保"资金、医疗救助资金1052.6万元。建立基本医疗"三重医疗保障"和2020年前政府医疗兜底体系,累计补偿大病统筹资金1725人次1131.08万元(其中,1062人享受"先诊疗、后结算"优惠政策,涉及金额604.5万元。为建档立卡贫困户中因病对象报销54.4万元)。

实施"十项提升工程"项目26个(已完工9个、正在建设17个),落实到位资金9.21亿元,完成投资4.88亿元。整合2年以上涉农结余结转资金993万元投入扶贫产业项目。2017年援藏资金在扶贫领域投入21760万元,与2016年相比增长19860万元。组织麻江乡亚米组贫困群众参观城关区易地扶贫安置点及其附属设施,参观曲水县"三有"村,组织各乡(镇)贫困群众参观县城一期易地扶贫搬迁安置点,创造性地开展"支部讲政策、群众帮群众"活动,召开2017年度"勤劳致富先进典型"表彰会,对10个县级"勤劳致富先进典型"家庭进行表彰。2017年,1253户5244人达到脱贫标准,贫困发生率由2016年初的16.3%下降至0.55%。

【生态环境】 2017年,本级投入专项经费850.24万元开展环保工作,严格落实环境保护责任,完成整改自治区环境保护督察组重点督察的环境问题3个方面10个问题,按时办结中央环保督察环境问题举报案件9件,制定整改方案2份,约谈3人。严格建设项目环评管理,建设项目环评执行率达到100%。大力实施生态工程,投入867.4万元,实施重点区域造林2180亩、拉萨周边防护林工程4180亩、生态安全屏障防沙治沙项目6666.6亩,本级投入117.6万元种植榆树5000棵、万年青6万株,投资111.66万元完成政府大院附属绿化工程。1个生态乡、2个生态村成功创建为自治区级生态乡、村,《尼木县生态文明建设示范县2017—2020创建规划》通过自治区环保厅专家组评审。扎实开展环境整治巩固"禁白"成果,成立尼木县城市管理局,综合行使城市管理行政执法职能,开展环境综合整治活动11次,出动干部群众3万余人次,垃圾车、洒水车160余台次,累计清理垃圾500余吨,没收一次性塑料袋40余千克。不断加大环境监察执法力度,出动执法人员300余人次,车辆80余台次,检查企业(项目)、行业90余家次,依法下达限期整改通知书4份,全县未发生环境安全事件。

年内,加强生态文明宣传教育,认真开展以"绿水青山就是金山银山""冰天雪地也是金山银山"为主题的环保宣传活动4次,发放环保知识读本4000余份、环保宣传单3500余份、环境保护法2000余份、大气污染防治法2000余份、水污染防治法2400余份、环保购物袋8000余个、环保围裙2300余条,悬挂宣传横幅30余条,更新大型广告宣传牌16面,受理环境保护咨询90余人次。全面落实"河长制"、水、土、气污染防治工作主体责任,被评为节水型社会达标建设试点县,荣获自治区最严格水资源管理制度考核唯一"良"等次单位。2017年,经4次环境质量采样监测,全县主要河流断面水质均达到或优于国家三类标准,地表水水质达标率100%,县城集中式饮用水源地水质均保持在国家二类限值范围以内,饮用水源地水质达标率100%,大气环境中总悬浮颗粒物、二氧化硫、二氧化氮、可吸入颗粒物等监测指标均达到国家一类标准,环境空气质量优良。将环保工作定为全县年度专项考核,制定奖惩制度,并设置一、二、三等奖,分别奖励30万元、20万元、10万元。

【社会综合治理】 2017年,投入1483.01万元,积极落实公、检、法、司经费保障,推进"平安尼木"建设。推进县乡村综治中心规范化建设,深化网格化管理和"双联户"治理模式,网格化和"双联户"工作覆盖率100%,扎实开展平安创建,评选市级平安乡(镇)8个、平安村32个、平安校园7所、平安寺庙11座、平安单位22家。评选县级平安乡(镇)8个、平安村32个、平安校园7所、平安寺庙22座、平安单位24家、平安企业1家、平安旅游景区1家、平安家庭90户。荣获自治区级"县域平安边界"称号和"2017年度拉萨市先进双联户创建活动先进县"称号。

【矛盾纠纷化解】 2017年，全县人民调解委员会共受理调解案件56起，同比减少6.7%，调解率100%，开展矛盾纠纷排查20次，排查矛盾纠纷71件，化解率100%。接待群众来信来访14批件28人次，与2016年同期的14批件29人次相比下降3.4%，办结14批件，办结率100%。上级转交办7批件13人次，办结7批件，办结率100%。在党的十九大召开期间，全县未发生一起群体性上访和聚集闹访、进京上访事件。

【民族宗教】 年内，深入推进民族团结进步事业，深入开展藏汉“双语”互学互助，“民族团结一家亲”和民族团结联谊活动，各民族交往交流交融更加深入。2017年，共评选表彰16个民族团结模范集体和31名民族团结模范个人，荣获“全区双拥模范县”称号。

【安全生产】 2017年，投入150万元增设交通标识、标线、标牌和排查整治交通安全隐患。投入34.9万元为每个村配备微型消防设备，对6个重点行业领域进行检查1772次，发现隐患1389处，整改1388处(1处因牵扯到停业，待2018年油气回收一并整改)。2017年，全县共发生各类生产安全事故62起，未发生较大以上生产安全事故，亡2人，伤12人，直接经济损失24.68万元，与2016年同期(事故57起，亡1人，伤25人，直接经济损失134.73万元)相比，事故起数上升8.77%，死亡人数上升100%，受伤人数下降52%，事故直接经济损失下降81.68%。

【政府自身建设】 年内，坚持以建设群众满意的廉洁政府、法治政府、效能政府、服务政府为目标，不断提高施政水平和能力。坚决落实县委决策，严格落实党风廉政建设主体责任，加大简政放权和行政监察、审计监督力度，政府系统廉政建设扎实推进。严守党的政治纪律和政治规矩。依法主动接受县人大的法律监督和县政协的民主监督，2017年，办理人大建议55件、政协提案41件，办复率达100%。

年内，严格执行中央“八项规定”，严肃查处发生在群众身边的“四风”和腐败问题，机关干部作风明显好转，行政效能和政府执行力全面提升，通报曝光乡(镇)、县直单位25家、点名通报个人37人。县纪检监察机关全年开展执纪监督检查109次，在全县范围内点名通报曝光6个县直单位，查处违反公车使用管理规定2起。受理案件问题线索14件，初核了结6件，转立案4件，4件正在办理中，给予党纪处分3人，政纪处分1人，谈话提醒2人，诫勉谈话1人，对1人在全县范围内进行通报批评。全面梳理和公开政务服务事项，规范公共服务行业，继续推进行政审批“三集中”，不断深化行政审批“接、放、管、服”工作。

(孙 轲)

【领导名录】

县委副书记、县长

普 琼(藏族)

县委副书记、常务副县长

尹世强(北京援藏)

县委常委、副县长

张文明(苗族)

郑同生

副县长

张振生(北京援藏)

颜泽伦

米玛潘多(女，藏族)

贺 东

旦增江才(藏族)

布 穷(藏族)

尼木县人民政府办公室

【概况】 2017年，尼木县人民政府办公室紧紧围绕县委、县政府各项工作部署，与各部门密切配合，把增强整体服务功能放在重要位置，本着“服务领导、服务单位、服务群众”的原则，朝着办文、办事、办会零差错的目标努力奋斗。加强文秘、督查、信息等工作，积极履行服务协调、督促检查、法制建设等各项工作职责，有效保障县人民政府办公室工作的有序正常运转，为尼木县经济社会跨越式发展做出积极贡献。

2017年，撰写《尼木政务信息》413期，被拉萨市人民政府办公厅采用率30%以上。编写县内政务信息56期。收到各类文件1020余件，制发政府文件385件(其中政府文件182件、函37件、批复26件、办公室文件140件)。起草各类工作汇报、领导讲话100余件；上报政务督查80余期，下发督办通知70余期。筹办、协办各类会议90余场次。围绕政府中心工作，开展督查100余次，确保重点工作任务的及时完成。办理人大建议55件、政协提案41件，办复率达100%。

【文件处理】 年内，严格要求每位工作人员要具备较强的责任心和事业心，具备文秘工作人员最基本的素质。在公文处理上，坚持从严、从精、及时、时效的原则，同时，规范发文行文，精简文件数量，努力做到少行文、行短文、行到文。进一步规范公文处理程序，认真执行《国家行政机关公文处理办法》，严格履行收文登记、传阅、交办及发文审核、签发、印制等公文处理程序，同时，认真抓好"依据关、内容关、格式关"，认真校对，有效保证每一份公文的质量，也提高办理效率。

【会务工作】 年内，严格执行会议审批制度，认真审查会议议题，努力做到少开会、开短会。同时，狠抓会前准备、会中服务、会后落实三个环节，力求会议主题明确，中心突出，务求实效。对市政府办公厅下达的会议通知，按照要求认真布置会场，及时有效的传达到位，并上报参会人员名单，全年无一起会议重大失误情况出现。

【督查工作】 年内，围绕政府中心工作，把落实作为督查工作的出发点和落脚点，加大力度，改进方式，提高实效。办公室通过电话督促、实地督查等形式定期不定期到各乡(镇)、县(中)直各单位督查文件、会议落实情况，对没有落实或落实不到位的责令限期予以尽快落实。同时，及时落实市政府督查处专项督查及电话督查，确保在最短的时间内圆满完成各项督查事项。

【信息工作】 年内，紧紧围绕民生工程、城市建设、招商引资、特色产业、农民增收、创新环境、社会稳定等中心工作和群众关注的热点难点问题，及时反映工作思路、工作措施和进展情况。攻破难点，透过现象看问题，编写有情况、有分析、深层次、高质量信息。深挖特点，发挥信息导向作用，编写一些有思路、有特色、有突破，对指导工作有重要参考价值的信息。

2017年7月27日，政府办公室主任旦曲在续迈乡续迈村看望慰问结对户

【法制工作】 年内，认真贯彻落实国务院《全面推进依法行政实施纲要》，进一步健全和完善依法行政机制建设，认真履行依法行政工作职能，将法治政府建设落实到全县工作的各个环节。截至年底，尼木县复函市政府法制办征求意见稿50余份，清理规范性文件24份，申领执法证件122人，受理行政复议案件0起，办理行政应诉案件0起。同时认真履行行政执法监督，落实和完善行政执法制度，严格审查执法卷宗。截至年底，全县未发生行政违法行为。

【应急工作】 年内，办公室高度重视应急工作，始终坚持"反应迅速、减少损失、及时救援"。要求办公室所有成员必须24小时开机，遇到突发事件、自然灾害等紧急事件必须第一时间上报，同时办公室在接到通知后迅速汇报主要领导并启动应急预案，及时组织相关部门赴现场进行勘察，并在确保信息不泄密的情况下，迅速向市政府上报信息情况。

【电子信息】 年内，按照拉萨市电子政务中心的安排，依托网络资源，将尼木推向全市、全区乃至全

2017年11月22日，拉萨市政府法制办一行在尼木县考核法治政府建设情况

国，同时让群众了解、参与尼木政府工作。指派专人参加市政府电子政务管理培训，并按要求及时开展电子信息公开工作。充分利用好拉萨市政府门户网站，及时公开尼木政务信息。严格做好保密安全工作，做到电脑专用、人员专设。年内，共上传各类信息400余期。

【建议、提案办理高质量】 年内，始终把人大代表、政协委员的意见、建议、提案办理工作作为政府发扬民主、体察民情、联系群众、服务群众的大事、实事来抓，提高思想认识、办理质量，狠抓交办、督办两个关键环节，突出工作重点，确保工作落实，较好地完成人大意见建议和政协提案的办理工作。经过回访，代表和委员们的满意率达90%以上。

【党建工作】 年内，利用宣传栏、宣传纪录片等方式学习宣传党的新精神、新动向，以党的十九大为契机，召开党的十九大学习问答会，丰富党员政治思想文化。严格落实支部党组组织生活会和“三会一课”制度，深入开展“两学一做”专题教育活动，不定期检查党员学习笔记，年内，党支部召开动员部署会4场次，征求意见座谈会2场次，走访农牧民群众30余人，发放征求意见表160余份，汇总梳理意见建议12条；支部主要负责同志与支委成员之间交心谈心10人次，征求意见建议5条；支委成员之间相互谈心谈话8人次，交换意见3条；支委成员与支部党员谈心谈话30余人次，收到意见建议6条，交换意见2条；支部党员撰写读书笔记10万余字，心得体会52篇。同时切实抓好党建促脱贫工作制度，践行党员公开承诺，充分发挥党员先锋模范作用，不断完善“学习型、服务型、规范型、廉洁型”党支部创建活动。

（孙 轲）

【领导名录】

主　任

旦　　曲（藏族）

副主任

于　　伟（5月任）

其美巴珍（女，藏族，5月任）

中国人民政治协商会议尼木县委员会

【概况】 政协尼木县委员会成立于2012年4月，是中国人民政治协商会议的地方组织，在中共尼木县委员会领导下开展工作。自成立以来，政协尼木县委员会紧紧围绕县委的中心工作和发展大局，牢牢把握团结和民主两大主题，以饱满的政治热情和强烈的社会责任感，认真履行职能，切实发挥协调关系、汇聚力量、建言献策、服务大局作用，为全县各项事业的发展积极献计出力，政协工作呈现出团结和谐、务实进取、蓬勃发展的良好局面。并注重在继承中发展，在发展中创新，不断探索实践，为富有成效地履行政治协商、民主监督、参政议政职能提供有力保障。

2017年，政协尼木县委员会委员名额92名（实有委员90名、机动名额2名），共设6个界别：中共界、群团界、教体文卫界、工商界、农牧科技界、民族宗教界。其中主席1名、副主席4名，常务委员19名，办公室主任1名、副主任科员1名。

【全体委员会议】 4月17—19日，

2017年6月7日，拉萨市政协副主席、秘书长张勤（右二）在尼木县督导检查“四讲四爱”主题教育实践活动开展情况

政协第二届尼木县委员会召开二届二次会议。应出席人数90人，实际到会72人。会议主要议程：听取和审议《政协第二届尼木县委员会常务委员会工作报告》。听取和审议《政协第二届尼木县委员会常务委员会关于政协第二届一次会议以来提案工作情况的报告》。列席第十三届尼木县人民代表大会第二次会议、听取并讨论政府工作报告。尼木县人民政府关于2016年国民经济和社会发展计划执行情况的报告及2017年国民经济和社会发展计划草案的报告。听取和审查尼木县人民政府关于2016年财政预算执行情况及2017年财政预算草案的报告。审议通过《政协第二届尼木县委员会第二次会议提案审查情况报告》。审议通过《政协第二届尼木县委员会第二次会议政治决议》《常委会工作报告决议》《提案工作报告决议》。

【常务委员会会议】 第3次常委会议：4月7日，政协第二届尼木县委员会第3次常务委员会在政协会议室召开。会议主要内容为讨论通过《中国人民政治协商会议第二届尼木县委员会常务委员会工作报告》和《中国人民政治协商会议尼木县委员会提案工作报告》。

第4次常委会议：4月19日，政协第二届尼木县委员会第4次常务委员会在政协会议室召开。会议内容主要为：审议通过《提案审查情况的报告（草案）》《常委会工作报告决议（草案）》《提案工作情况报告决议（草案）》和《政治决议（草案）》。

第5次常委会议：9月14日，政协第二届尼木县委员会第5次常务委员会在政府二楼会议室召开，会议主要内容为听取“‘一府两院’半年工作报告”会议。

【提案交办会】 6月，人大建议、政协提案交办会在政府二楼会议室召开。会议由县政府主办，尼木县人大、尼木县政协以及县直各单位参加会议，会议将41件提案交予相关承办单位。

【“四讲四爱”主题教育实践活动】 6月22日，政协第二届尼木县委员会组织40余名党外委员，在尼

2017年8月29日，县政协党组书记、主席赵志强跟踪督办关于麻江乡强聂4组开挖矿山举报案件

2017年9月14日，政协尼木县委员会会同人大、政府召开“一府两院”半年工作报告会

木县党校会议室开展“四讲四爱”主题教育宣讲活动。

【文史资料编撰工作】 6月，尼木县政协党组同拉萨市政协签订《关于整理和出版县（区）史的协议》，随即按照组织筹备阶段、史料搜集阶段、拟稿翻译阶段、形成资料阶段以及审核校对阶段，开展文史资料编撰工作，截至年底，尼木文史翻译工作开展进度顺利，已形成《尼木简史》（藏译汉）初稿。

【慰问基层医务人员】 7月，尼木县政协主席赵志强、县人大常委会副主任旦平、副县长张振生组成的慰问组在续迈乡河东村，对驻守在《尼木县2017年全民包虫病及健康体检筛查点》一线的医护人员进行看望慰问。

【配合区、市调研】 8月，自治区政协民族和宗教委员会主任德青旺姆带领的调研考察组，就尼木县当前藏医药发展现状、下一步藏医院的投入使用计划以及医疗卫生人才引进等进行专题考察调研；8月，市政协党组成员、副主席、市市民服务中心党组书记、副主任岳国红带领拉萨市政协群团界、教育体育界委员到尼木县开展界别调研活动，通过实地参观、听取汇报和查阅资料等方式，对尼木县县（乡）两级政务服务体系的硬件建设情况、制度建设情况以及政务公开运作情况等进行广泛协商。

【组织概况】 政协第二届尼木县委员会第二次会议通过赵志强任尼木县政协党组书记、政协主席，马洪、旺杰、仁金罗布，强巴4名同志续任政协副主席。

（央 宗）

【领导名录】

政协党组书记、主席

赵志强

副主席

马 洪（藏族）

旺 杰（藏族）

仁金罗布（藏族）

强 巴（藏族）

中国人民政治协商会议尼木县委员会办公室

【概况】 2017年，尼木县政协办公室坚持以邓小平理论和“三个代表”重要思想为指导，深入贯彻落实党的十九大精神和习近平讲话系列重要讲话精神，紧紧围绕尼木县工作大局，圆满完成全年各项工作任务。2017年，完成政协尼木县第二届二次全委会，30余次办公室例会以及委员培训、学习、视察调研等活动的组织筹备和服务工作。

【明确指导思想】 年内，政协办公室团结带领广大政协委员全面贯彻落实党的十九大、习近平总书记系列重要讲话精神和区、市、县第九次党代会精神，紧密团结在以习近平总书记为核心的党中央周围，牢牢把握团结和民主两大主题，始终坚持与县委在思想上同心，目标上同向，工作上同步，自觉融入大局，找准政协位置，立足大局思考问题，服务大局发挥职能作用。

【会务工作】 年内，为确保政协第二届尼木县委员会第二次会议的顺利召开，政协办公室按照组织协调、材料撰写、会场布置、后勤保障、提案征集等几个分工，顺利完成大会各项组织服务工作，每一个环节，从分管领导到具体承办人员，都付出艰辛的劳动，为不断改进和创新会务工作做出有力贡献。

【委员学习培训】 6月22日，政协办公室组织全体党外委员就提案撰写规范为主题，开设提案撰写培训班，邀请政协副主席旺杰代表提案委员会进行授课式培训，培训会议针对政协二届二次全委会委员所提交的提案格式进行再规范、再讲解。为切实提高提案办理工作效率，县政协办公室在召开二届二次全委会收到提案后，汇总提案并撰写提案审查报告，召开专题会议，统一思想、明确责任，对提案进行严格分类，并及时召开提案交办会，交给各承办单位，通过县委督查室不定期进行提案办理督察督办。对涉及面广、政策性强、群众呼声高、办理难度大的提案，坚持单位“一把手”过问，主席、副主席领衔督办，办公室主任落实办理提案，有效提高提案办理工作的效率和质量。

【精准扶贫】 9月，尼木县政协办公室主任扎西平措在普松乡如白村开展精准扶贫入户走访工作，分别对归桑、德吉、强巴三户开展走访工作，并详细询问三户当前的收入、支出情况。对仍存的困难，要求工作人员仔细记录在册，并向帮扶户承诺，根据县委、县政府相关扶贫政策给予解决。6月，政协办主任扎西平措带领政协办公室全体干部职工在普松乡，帮助帮扶对象种植雪菊。此次帮扶活动，对政协深入开展“讲党恩爱核心、讲团结爱祖国、讲贡献爱家园、讲文明爱生活”主题教育实践活动、积极参与精准扶贫活动具有实际意义。

【学习贯彻党的十九大精神】 10月，尼木县政协办公室党支部与工青妇党支部一起开展十九大学习交流会。交流会提炼学习十九大报告的十九个要点内容，重点认识到中国社会主要矛盾已经转化为人民日益增长的美好生活需要和不平衡不充分的发展之间的矛盾等重要内容。11月，组织机关党员干部深刻学习领会报告内涵，并围绕党的十九大报告做出的新部署、新要求、新思想、新观点开展谈心交心活动2次，撰写心得体会文章5篇。

【作风建设】 年内，政协办公室以履行政协三大职能和推动政协日常工作为重点，切实加强调查研究，转变工作作风，不断认识和把握政协工作新规律，探索履行职能的新途径、新方法，实现政协工作在新形势下创新发展。

（央 宗）

【领导名录】

主 任

扎西平措（藏族）

2017年9月30日，政协办公室主任扎西平措在普松乡如白村贫困户家庭开展入户调查工作

中共尼木县纪律检查委员会（监察局）

【概况】 2017年，尼木县纪律检查委员会（监察局）紧紧团结在以习近平总书记为核心的党中央周围，坚持以习近平新时代中国特色社会主义思想为指导，以落实全面从严治党要求为主线，深入贯彻落实党的十九大、十八届六中全会、十八届中央纪委七次全会和自治区九次党代会、九届自治区纪委二次全会以及市九次党

2017年5月2日，西藏自治区纪委常委、党风政风监督室主任党万军（后排右二）在尼木县纪委调研

代会、九届市纪委二次全会精神，认真落实县委关于全面从严治党的一系列决策部署，持续深化“三转”，聚焦监督执纪问责，贯彻落实中央“八项规定”精神，持之以恒纠正“四风”，着力解决群众身边的不正之风和腐败问题，坚决遏制腐败蔓延势头，建设忠诚干净担当纪检监察队伍，不断取得党风廉政建设和反腐败斗争新成效。

【发挥组织协调作用】 年内，召开尼木县纪委九届二次全会，认真总结2016年全县纪律检查工作，安排部署2017年工作任务；协助县委召开2016年度尼木县述责述廉评议质询会议，抽取4家单位党委（党组）书记分别从执行党的政治纪律和政治规矩、履行领导责任、强化组织推动、协调解决问题、督办案件处理、加强教育监管、带头廉洁自律等7个方面进行述责述廉，并接受评议质询，签订《2017年党风廉政建设责任书》46份，做到压力逐级传导，责任全面覆盖，进一步推动党风廉政建设“两个责任”的落实。召开2016年度尼木县各乡（镇）纪委书记向县纪委述责述廉及接受评议质询会议，各乡（镇）党委开展村党支部书记、第一书记向乡（镇）党委述职述廉并接受评议质询，各乡（镇）开展纪检专干、村级纪检监督员向纪委述责述廉并接受评议质询，层层落实“双述”工作，做到压力逐级传导，责任全面覆盖，确保“双述”述出实效。

年内，共召开5次专题会议对党风廉政建设进行安排部署，4月，协助县委召开第一季度党风廉政建设专题会议，听取2家单位党委（党组）落实主体责任、1家乡（镇）落实监督责任情况的报告，并制定下发2017年纪委工作任务分解表，对各单位的工作任务进行细化分解。6月，协助县委召开半年党风廉政建设专题会议，听取1个乡镇、1家县直单位党委（党组）落实主体责任、2个乡（镇）落实纪委监督责任情况的报告，对上半年以来“两个责任”落实情况进行总结，并安排部署下半年工作任务。深入开展基层纪检机关建设调研工作，全面掌握县、乡两级纪检监察机关自身建设情况，对存在的4个问题深入分析原因，制定出6点有效措施办法及对策，强化推动基层纪检机关建设，确保有效发挥党内监督专责机关作用；深入开展如何正确运用监督执纪“四种形态”，做到挺纪在前的调查与研究，全面掌握践行“四种形态”情况，对2个方面存在问题深入分析，制定出3点有效措施办法及对策，切实把纪律和规矩严起来、执行到位，确保“四种形态”落实到履行监督责任的各方面，让监督执纪“四种形态”真正成为“惩前毖后、治病救人”的利器。年内，协助县委共召开常委会21次，对纪委工作30个议题进行研究部署。

【严明党的纪律】 年内，组织3个检查组，坚持全覆盖，对各乡镇、县直各单位、各行政村开展督查，重点检查十九大期间的维稳工作方案、应急预案、值班和人员在岗等情况，对检查中发现的值班登记表、值班交接表、出入登记表不规范的及时指出、要求整改，并进行“回头看”，对县范围内坚持每天至少检查1次，累计检查政府大院5次、乡镇19次、县直单位91次、行政村及各驻村工作队70次、寺庙7次、藏餐馆及各类娱乐场所17次、职工生活区10次，对各乡镇和县直各单位做到全覆盖，对拉萨市的公车集中停放点及市内相关超市、餐馆等累计督查15次，共发现问题1起，由组织做行政降职处理1人。

【坚决纠正“四风”，抓作风建设】年内，始终坚持从严治党、依规治党，贯彻落实中央“八项规定”精神和区党委“约法十章”“九项要求”及市委“八项要求”，紧盯重要时间、重要节点、重要环节、重要岗位，严抓、重抓、狠抓违纪违规行为，年内，累计开展执纪监督检查109次，在全县范围内点名通报曝光6个县直单位，查处违反公车使用管理规定2起，责令相关单位对违规人员进行严肃处理，并对单位主要负责人进行约谈。

【深化专项整治】年内，深入开展党风廉政建设责任制和惩防体系建设专项检查，对党委（党组）主体责任11个方面、纪委监督责任9个方面以及惩防体系建设组织领导、宣传教育、制度建设、党内监督、源头治理、作风建设、查办案件等7个方面内容深入检查，对查找的问题实施分类反馈与指导，共书面反馈落实党风廉政建设责任制方面3点共性问题、5个方面9点个性问题，惩防体系建设方面3点共性问题、5个方面18点个性问题，及时建立整改工作台账，紧盯问题抓整改，把整改情况纳入年终党风廉政建设考核内容，压实县各级党组织管党治党主体责任，全面推进惩治和预防腐败体系建设，确保党风廉政建设各项工作落实。

【干部履职尽责监督】年内，从加强日常监督入手，增强约束力，强化党员干部特别是领导干部履职尽责的监督，不断建立健全党员干部履职尽责的监督体系，进一步强化党员干部责任意识和服务意识。从专项整治入手，增强落实力，结合“两学一做”教育常化制度化，坚持问题导向，针对重点环节和突出问题开展专项整治，研究制定《尼木县纪委关于开展“不作为慢作为”专项整治的工作方案》，明确整治内容、工作方式方法和要求，完善不作为慢作为专项整治工作督查台账，制定《不作为慢作为问题整改通知书》，在加强行业自律、作风建设、提升服务质量和工作效能上下功夫，坚持做到上下联动、整体推进，着力解决不作为慢作为乱作为问题，持续开展整治“慵懒散”行为，对群众反映强烈的问题，大力开展整治和治理。

【严把干部廉政鉴定关】年内，对111名拟提拔任用干部做出廉政意见回复，深入开展任前廉政谈话，告诫和警醒新提任干部要切实增强勤廉意识，做到廉洁自律，筑牢拒腐防变思想防线。年内，共为492人出具廉政意见回复，进一步提高群众对党和政府的信任度，凝聚人心、弘扬正气，增强廉洁勤政干部的工作积极性。

【坚持党纪党规教育日常化】年内，不断完善反腐倡廉宣传教育机制，深入推进“两学一做”学习教育常态化，教育引导党员干部增强政治素质、理论素养、党性修养和廉洁从政、遵规守纪意识。利用县委理论中心组21次将党风廉政建设相关文件纳入学习内容。通过“尼木清风”微信公众平台共发布廉政信息97期274条。坚持每月播放一次警示教育片。

2017年8月1日，拉萨市纪委副书记张斌为尼木县干部授课

2017年11月13日，县委常委、纪委书记郝蕾主持召开学习党的十九大精神研讨会

组织30余名新提任领导干部参观拉萨市廉政教育警示基地。深入开展廉政文化进家庭活动，与科级以上干部签订《家庭廉政承诺书》200余份。在县委、县政府办公场所显著位置张贴廉政宣传标语，大力宣传普及廉政文化。组织党员领导干部观看警示教育片《永远在路上》，组织县农牧局、发改委、水务局、财政局等重点岗位干部旁听法院受理行贿案件公开审判，接受警示教育。

【纪律审查】 年内，持续保持惩治腐败高压态势，力度不减、节奏不变，坚持从严治党、坚决惩治腐败。及时调整充实反腐败协调小组，与成员签订《工作承诺书》。2017年，共召开3次反腐败协调小组会议。严格按照四类标准处置反映问题线索，落实“乡案县办市审”工作机制，坚持线索处置和案件查办，在向同级党委报告的同时，必须向上级纪委报告，并以上级纪委为主。进一步规范谈话函询，制定完善《谈话函询呈批表》《中共尼木县纪委询问函》《谈话函询办结呈批表》《约谈呈报审批表》等9类谈话函询工作流程，建立函询反馈意见机制，对函询谈话的党员干部，反馈组织意见；进一步规范“走读式”谈话，制定《“走读式”谈话备案表》《“走读式”谈话对象交接单》，与县人民医院签订医疗救护协议，成立医疗救护组，提前对被谈话人制定谈话方案和安全预案，严防执纪审查安全责任事故发生，深入推进查处腐败案件机制改革，提高查办腐败案件工作能力。年内，县纪检监察机关共受理信访举报14件（含上级转办），初核谈话函询了结6件，立案审查4件，给予党纪处分3人，政纪处分1人，诫勉谈话2人，谈话提醒2人，谈话函询1人，3人做出书面检讨，对1人在全县范围内进行点名曝光通报批评。

【坚持“无禁区、全覆盖、零容忍”】 年内，翻译藏文版《王拥军同志在全区严肃查处侵害群众利益的不正之风和腐败问题工作电视电话会议上的讲话》，并下发各乡（镇）和各行政村，密切联系群众，充分发挥基层党支部战斗堡垒作用，坚持“无禁区、全覆盖、零容忍”，旗帜鲜明惩治发生在群众身边的不正之风和腐败问题。

【开展“微腐败”专项治理】 年内，研究制定《尼木县集中开展基层“微腐败”专项治理工作实施方案》，成立专项督查组，明确工作职责和内容，盯紧“微官”、规范“微权”，剑指“微腐败”，分步骤有序推进专项治理工作。

【开展民生领域交叉检查】 年内，重点检查民生领域各项政策落实、民生项目资金使用管理、乡（镇）和村两级“三资”管理情况，对8个乡镇32个行政村存在的共性和个性问题单独进行逐一反馈，加强跟踪问效，督促整改落实。

【开展扶贫领域监督执纪问责】 年内，认真贯彻落实中央纪委扶贫领域监督执纪问责工作电视电话会议精神，深入开展扶贫领域监督执纪问责工作，联合县攻坚指挥部和相关单位，深入8个乡镇32个行政村，针对扶贫领域开展专项检查，重点检查各乡镇扶贫政策掌握、扶贫资金使用管理、入户了解扶贫政策宣讲是否到位等情况，做到检查全覆盖，对工作开展不到位、政策掌握不全面的单位和个人建立责任清单，联合县督查室跟踪问效，确保整改到位，为打赢脱贫攻坚战提供坚强纪律保障。

【村“两委”换届离任审查监督】 年内，联合县委组织部和其他成员单位，成立2个离任审查工作小组，通过实地检查账目、座谈听取汇报、走访问询群众等方式，找准审查目标，明确工作重点，特别是扶贫领域方面存在问题，共梳理反馈7类26项问题，进一步督促整改，抓好落实。年内，查处扶贫领域违纪案件1件1人、诫勉谈话1人，对落实扶贫领域工作不力的追责问责3起8人、约谈2人、提醒谈话6人。

【推进县委巡察工作】 年内，严格贯彻落实《中共西藏自治区委员会关于建立县(区)委巡察制度的意见》以及自治区、市党委巡视、巡察工作领导小组主要领导指示精神，确保全县巡察工作各项要求不打折扣落到实处。协助县委及时成立巡察办，6月，积极与各方协调，选定巡察办、巡察组工作场所，设巡察办主任1名，副主任1名，工作人员1名，并将巡察专项经费列入每年度财政预算，协助县委研究制定《中共尼木县委员会关于建立巡察工作制度的意见》《九届尼木县委巡察工作五年规划》。协助县委扎实做好首轮巡察工作，11月13日，协助县委召开首轮巡察工作动员部署会，安排部署第一轮巡察工作，成立2个巡察组，各组设组长1名，副组长1名，工作人员2名，11月15日至12月31日期间，第一轮完成对2家单位的巡察，共反馈3个方面22个问题，移交县纪委问题线索1个。

【督促巡察督查问题整改落实】 7月17日，督查组对尼木县共反馈8项问题，对涉及需要及时整改的4项问题，督促相关责任单位已整改完成，对4项需要进一步核实的问题，及时成立4个核查组进行核实，并提出具体处理建议上报市纪委审核，根据审核意见对6人进行提醒谈话，对2人进行约谈。加强对市委巡察一组扶贫领域专项巡察反馈意见的督促整改，11月13日，巡察组共反馈3个方面23个问题，6个立行立改事项，提出3条意见建议，针对存在问题，及时协助县委制定整改方案，明确整改目标、整改时限、内容及措施，狠抓整改任务落实，确保整改到位，截至年底，6个立行立改事项和3个方面的23个问题已全部整改完成。

加强对自治区纪委2017年扶贫领域明察暗访组反馈意见的督促整改，12月8日，暗访组共反馈3个方面的6个问题，及时协助县委召开第43次常委会议，对整改任务进一步细化分解、明确责任，并督促责任单位深入整改，确保整改到位。巩固巡视整改成果。4月19日，做好迎接自治区党委巡视第三督查组专项督查工作，对区党委巡视二组反馈的7个方面22项整改工作台账及相关资料进一步督促整改完善，组织全县县级干部、各乡(镇)党委书记、县直各单位主要负责人对整改情况满意度进行测评，扎实、认真、细致、高质量，不断深化巡视整改，抓好后续整改、持续深化巩固巡视整改成果。

【深化国家监察体制改革】 年内，深入贯彻落实党的十九大关于深化国家监察体制改单的重大

2017年3月20日，尼木县纪委组织召开2016年度述责述廉评议质询大会

决策部署，根据《中共中央办公厅印发〈关于在全国各地推开国家监察体制改革试点方案〉的通知》和《全国人民代表大会常务委员会关于在全国各地推开国家监察体制改革试点工作的决定》，按照区、市两级党委关于深化国家监察体制改革试点工作的部署要求，成立尼木县深化监察体制改革试点工作小组、尼木县深化监察体制改革试点工作小组办公室，办公室设在县纪委，具体负责处理工作小组日常事务，办公室下设4个工作推进组。研究制定《尼木县深化国家监察体制改革试点工作方案》，把加强党对反腐败工作统一领导作为推进试点工作的根本政治原则，一切行动听指挥，确保改革正确政治方向。组织委局全体纪检监察干部深入学习《国家监察体制改革试点工作总结报告》《赵乐际在全国推开国家监察体制改革试点工作调研座谈会上的讲话》，提高政治站位，充分认识深化国家监察体制改革与全面深化改革、全面依法治国、全面从严治党的关系，切实把思想和行动统一到党中央决策部署上来，将试点工作作为重大政治任务谋划、部署和推进。

摸清涉改部门基本情况。准确掌握涉改部门总编制数和总职数，掌握现有人员数量、身份、职级等基本情况，加强与县委组织部协调沟通，经县委研究后，拟定县监察委员会副主任、委员建议名单，并上报市纪委组织部征求意见。积极与相关单位协调沟通，选定监委成立后增加的办公场所，为下步工作奠定坚实基础，确保监察体制改革稳步推进；深入开展“一对一”谈心谈话，了解拟转隶人员思想状况，不断深化思想认识，要求从政治和大局上向党中央看齐，提高政治站位和政治觉悟，坚决服从组织安排，积极投身改革，坚决落实党中央和自治区、市委以及县委关于深化国家监察体制改革的决策部署，做到一切行动听指挥。研究制定《尼木县纪委、监委内设机构设置方案》，结合自身实际，拟设综合办公室、党风政风监督室、纪检监察室，研究制定《尼木县人民检察院涉改部门机构编制划转方案》《尼木县人民检察院人员、办公室装备设施和案件线索转隶方案》，精心组织筹划，确保按时保质完成涉改部门人员、装备设施、案件线索的转隶移交接收工作。

2017年6月16日，尼木县纪委组织新提任干部参观拉萨廉政警示教育基地

【深化体制机制改革】 年内，进一步清理议事协调机构，第二次对县纪委监察局参与的31个议事协调机构进行清理调整，清理调整后保留或继续参与的议事协调机构14个，不再参与的议事协调机构17个。建立县纪委乡镇联系点工作制度，下发《关于印发〈尼木县纪委建立乡镇联系点工作制度〉的通知》，明确工作职责和要求，加强对基层党风廉政建设工作的督促和指导，全面落实党风廉政建设责任制，推动全面从严治党向纵深发展。

【加大培训力度】 年内，采取多方式对全县纪检监察干部深化教育培训，多措并举、注重实效，在培训内容的针对性上下功夫、在拓宽培训方式上下功夫、在提高培训质量上下功夫，以“以岗代训”“跟案培训”方式，分3批次选派到市纪委锻炼基层纪检干部13人次，组织参加区、市纪委举办的巡视巡察业务培训10人，参加区、市纪委举办的各类监督执纪各类培训班10次共22人，参加自治区外培训和挂职锻炼3人，邀请市纪委领导到尼木县为基层纪检干部授课，累计培训116人次，不断提高全县纪检干部业务能力水平。

【内部监督和管理】 年内，严格贯彻落实《中国共产党纪律检查机关监督执纪工作规则(试行)》，细照强化自身建设，对标着力查漏补缺，制定完善《纪委常委会议事规则》《县纪委全委会会议制度》、县纪检初核了结件审核工作流程图。修订完善《尼木县纪委工作规则》《尼木县纪委信息工作管理办法》《尼木县纪委廉政档案管理办法》，不断加强内控机制和自我监督。定期开展谈心谈话，通过纪委书记对班子成员、纪委常委对科室负责人、干部职工相互谈心谈话方式，重点掌握班子运行情况，关注干部工作情况和思想动态，对发现苗头性、倾向性问题及时提醒。深入开展纪检监察干部参与赌博或带有赌博性质娱乐活动专项整治，结合“两学一做”教育常态化制度化，以县纪检工作会、日常学习会、例会等方式深入学习《中国共产党章程(修订案)》以及《中国共产党廉洁自律准则》《中国共产党纪律处分条例》，教育引导纪检干部带头严格遵守各项纪律，培养积极向上、健康文明的生活方式，召开组织生活会，对照党纪党规等要求，严肃开展批评与自我批评，认真查摆存在问题，列出清单，制定整改措施，与全县36名纪检干部签订“不打麻将，不参与赌博或带有赌博性质娱乐活动”承诺书，加强日常监管，强化内部管理和纪律约束，专项整治开展督查12次。

从严加强纪检干部管理，按照“打铁还需自身硬”“信任不能代替监督”的要求，强化对纪检干部的教育、管理和监督，对纪检监察干部违纪违法行为零容忍，做到秉公执纪、清正廉洁，切实把“对党忠诚、个人干净、敢于担当”融入党性修养中，贯穿于工作各方面，做让党放心，让人民满意的优秀纪检监察干部。

(邱 涛)

【领导名录】

书 记

郝 蕾(女)

副书记

普 琼(藏族，9月免)

监察局副局长

德吉曲珍(女，藏族，5月免)

巴 桑(藏族，5月任)

尼木县受援工作

【概况】 2016年7月，北京市第八批援藏指挥部党委第七支部到受援地——尼木县，在高寒缺氧的“第二故乡”正式开始三年的援藏历程。第七支部共有8人，援藏干部3人，援藏医生5人。2017年，北京市第八批援藏指挥部党委第七支部始终按照“北京作为首善之区，北京援藏工作具有代表性和指导性”的要求，在拉萨市委、市政府的正确领导下，在北京市援藏指挥部的大力支持下，援藏干部始终坚持争当脱贫攻坚、兴藏富民的带头人，民族团结、维护稳定的带头人，求真务实、为民服务的带头人，清正廉洁、遵纪守法的带头人，从项目、资金、技术、人才、物资等方面援助尼木县，形成以干部、人才为龙头，以资金、物资援助为重点，以项目建设、经贸合作为载体，以促进双方交流合

2017年11月14日，副县长张振生在县人民医院检查指导二级乙等医院创建工作

作、共同发展为目标的援藏工作格局，援藏工作取得显著成绩。

【项目援藏】 发挥援藏优势，并积极与上级沟通协调，狠抓援藏项目建设。在北京市援藏指挥部和市受援办的关心、关怀、指导下，尼木县"十三五"实施规划内援藏项目共计12项，总投资2.255亿元；规划外援藏项目4个，总投资1.246亿元，共计3.501亿元。加强组织保障，成立领导小组。成立以县委杜国君书记为组长，相关部门参加的重点项目推进领导小组，办公室设于发改委，负责统筹推进重点项目建设。截至年底，已实施规划内援藏项目7个，年内，将全部完成建设，按实施年限及投资总量，完成率达100%；规划外4个项目2017年已全部动工建设，其中农牧民搬迁安居精准扶贫和特色经济建设项目计划于2017年底完成，藏鸡一期补建工程计划于2017年底完成，藏香产业园精准扶贫示范基地项目计划于2018年3月底完成厂区及设备调试并投入使用，农业高新技术产业示范园区建设项目计划于2018年6月完工并投入使用。完善制度建设，落实主体责任。

根据国家发展和改革委员会《关于进一步改进和加强对口支援西藏项目管理工作的通知》、西藏自治区发展和改革委员会下发的《关于印发预算内投资项目管理暂行办法的通知》等相关文件及北京援藏指挥部相关具体要求，建立健全援藏项目管理制度，出台《尼木县"四产业两园区"重点项目推进工作制度》《尼木县"四产业两园区"重点项目管理办法》。严格项目实施程序，一方面严把项目申报、前期手续办理、项目审批、实施阶段、竣工结算和审计六个主要环节，规范各环节内容，强化项目建设档案管理。另一方面建立跟踪审计制度，确保项目资金支出安全，保障项目建设合法依规；建立周例会制度，项目推进办每周召开重点项目推进会，听取项目的进展情况，研究存在问题和解决办法。积极筹措资金，加快项目建设。在项目实施中针对跨年度拨款项目，县里不等不靠，在财政资金紧张的情况下积极筹措资金，按时按量推进项目建设。藏鸡二期工程银行贷款8200万元。太阳能供暖工程经与北京援藏指挥部、市受援办申请，由县财政先行垫付资金，提前实施。

2017年8月6日，尼木县"组团式"医疗援藏第一、二期压茬式交接座谈会

【智力援藏】 利用援藏优势，积极牵线搭桥，为尼木县干部争取到北京等地各种学习机会。2016年12月26日—2017年2月26日，利用拉萨市人才和智力援助资金，选派20名有培养潜力、责任心强的优秀年轻干部在北京市平谷区挂职锻炼。组织1名副县长与1名科级干部在北京市挂职。2017年6月12—25日，组织1名县级干部参加全国组织干部学院学习"十八届六中全会精神培训班"。2017年12月11—12月22日，组织3名干部在江苏省委党校参加初任干部培训。2017年9月—2018年2月，组织1名干部参加第二批在北京中关村科技园区及分园挂职锻炼。先后选派5名县级干部在北京、江苏等地参加各类培训。先后选派30名基层党员干部与农村致富带头人在北京丰台区参加为期17天培训。在推进有机农业发展方面，邀请农业部绿色食品管理办公室相关专家在尼木就创建全国有机农业示范县工作进行专业技术指导。邀请农业部规划设计研究院对乌米

现代农业示范园区藏鸡养殖、平谷大桃引进、藏中药材和果品种植、食用菌栽培等进行整体规划。邀请北京同仁堂科技发展股份有限公司、杭州博可生物科技有限公司、北京振东药业集团就尼木县藏香开发、药材种植、有机农产品生产进行实地考察、洽谈合作方式，并已达成开发合作初步意向。组织县农牧局、净土办相关负责人在四川蒲江县、广西乐业县、青海海西州学习借鉴创建有机示范县的经验做法。完成各乡镇藜麦、雪菊种植的培训工作。

【医疗援藏】 根据中组部、国家扶贫办关于健康扶贫的要求，尼木县医院与北京市房山区良乡医院结为结对帮扶对子，签订2016—2020年结对帮扶协议。第一批组团式医疗援藏专家组共5人于2016年6月到2017年6月，共开展手术217例，培训医务人员48次、人员500人次。第二批组团式医疗援藏专家组共5人，从2017年7月至2017年底，共完成手术58台，其中20台由援藏医生作为术者完成，38台由尼木县医院医生独立完成，包括子宫下段剖宫产术，阑尾切除术，胆囊切除术，疝修补术等等。收住患者747人次，普通门诊量35002人次，较2017年全年31782人次明显增加，转诊病人数较2017年减少约30人次。为尽快提高该地医院卫生人员的技术水平，援藏医生千方百计、毫无保留地传授技术。

加强全员的业务学习，提高医务人员业务水平，每周一次，内容涵盖外科、内科、妇产科、感染科、药剂科等。开展各项技能培训，全员掌握心肺复苏等急救措施。医疗队给医院献计献策，协助医院整顿门急诊及病房工作秩序，并提出以下整改意见：严格早交班制度；规范首诊负责制度；规范门急诊病历及住院病历书写制度；规范管理手术室及供应室；规范急诊病人及危重症患者转诊制度；言传身教，手把手传授医疗技术。放手不放眼，给压力促成才。让本院大夫由援藏医生做，本院医生看，到援藏医生指导本院医生做，再到本院医生自己做，援藏医生看转变。结合典型病例传授基本知识、基本理论和基本技能。培养一专多能型医生，除颤仪、心电监护仪全员轮训，人人掌握、人人会使用。组织下乡巡诊，送医上门，展现北京援藏医生的良好形象。

（常晓钰）

中共尼木县委组织部

【概况】 2017年，中共尼木县委组织部以习近平新时代中国特色社会主义思想为指导，以迎接学习贯彻党的十九大精神为主线，坚持党要管党、全面从严治党，紧扣全面实施“党建统县”战略、现代尼木“三步走”总体布局和“四产业两园区”发展布局，聚焦主责主业，树立问题导向，坚持抓基层、强基础，抓班子、强队伍，抓履职、强担当，抓规范、强业务，抓创新、强实效，在实践实干实效中精准发力，从严从细从实中巧做文章，实现用人立得起、党建推得开、制度抓得严、责任落得实、形象树得好的良好局面，为全面建成小康社会、开创社会主义现代化新尼木提供坚强组织保证。

【学习贯彻党的十九大精神】 年

2017年9月4日，西藏自治区党委组织部副部长仲崇东（中）在尼木县塔荣镇调研

2017年7月11日，县委常委、组织部部长杜开凡在卡如乡卡如村慰问结对帮扶户

内，围绕迎接学习宣传贯彻党的十九大这条主线，深化巩固“两学一做”学习教育常态化制度化，在学懂弄通上下功夫、做实上见成效。各级党组织召开喜迎党的十九大会议122次，采取集中传达、个人自学、交流发言、观看直播等方法学习领悟党的十九大精神300余场次，参加党员干部5000余人次，撰写心得笔记3000余篇。

【村(居)组织换届选举】 年内，坚持党的领导贯穿换届全过程，立足实际谋长远、深入调研树导向、精心部署强举措、严肃纪律重问责、明确标准匡人选、联系帮带挂职责、压茬推进严程序。集中摸底排查出重点难点村2个，对4个软弱涣散村党组织开展整顿，对应7乡1镇，成立8个换届工作指导检查组，安排27名县级领导和33名科级干部分片包村具体指导，通过线上线下多种宣传媒介发布换届信息120期300余条，制作展板42块，发放《换届工作手册》250本、宣传资料2296份，悬挂张贴横幅标语1600余条，组织宣讲150余次，开展谈心谈话8次，召开座谈会165场，发收民主测评表847张，登记选民20929名，走访党员干部群众1.8万人次，依法按章选举产生新一届村（居）“两委”班子成员246名，村（居）务监督委员会成员99名，村（居）团支部书记33名，村(居)妇联主席33名、副主席34名、妇联执委120名，实现结构换优、班子换强、人气换齐、面貌换新。

【党建促脱贫】 年内，突出党建与脱贫工作“两手抓、两手硬”，层层签订责任书、立下军令状，压实脱贫责任，建立脱贫责任清单，制定《尼木县党建促脱贫攻坚工作实施方案》，从6个方面23项内容明确党建促脱贫工作措施；把精准扶贫脱贫纳入述职评议考核内容，实行村党组织第一书记、书记向乡镇党委述责述廉并接受评议质询制度；拓展“321”结对帮扶法，建立领导挂点、部门包村、干部帮户机制，结成帮扶对子1608对，组织全县党员干部成立86个支农服务队，累计出动3600余人次，帮助群众种采雪菊5560亩；创建“党支部＋合作社＋农户”模式，建立党建引领、技术带动、能人经营、贫困户为主4个机制。截至年底，全县有藏鸡、藏香、藏纸制作各类合作社60家，辐射带动837人增收致富，户均分红1600元以上。

【党建工作】 年内，强化“抓好党建就是最大的政绩”的观念，树牢党的一切工作到支部鲜明导向，多措并举夯基础、整合资源补短板、创新载体增实效，综合施策、深耕细作，不断提升基层党建工作水平。

【推进“三个全覆盖”】 年内，按照“提升富裕村、壮大一般村、扶持薄弱村”的思路，印发《关于发展壮大村级集体经济实施意见》《尼木县村级集体经济发展专项扶持资金管理暂行办法》，设立县级专项扶持资金500万元，实现32个行政村集体经济均达到5万元以上。持续开展党员干部教育培训，大力实施“领导干部能力素质提升”“乡村党员干部文化素质提升”、精准扶贫和藏汉“双语”培训三大工程，扎实开展“读书活动”“每月一课”，273名村干部、村后备干部和农牧民党员文化素质提升考试通过率为100%，整合101名党政领导干部和行业系统业务骨干组建师资队伍，不断扩充县委党校师资力量，325 名党员干部在区内外培训学习、挂职锻炼，安排调训干部 27 名，举办农牧民创业培训、村后备干部培训等培训班 15 期，2000 余名农牧民受益，依托在线学习平台，组织县级领导广泛学习党建党史、政策理论等 7 类课程，累计完成学时达 1200 个以上，实现党员教育培训全覆盖；强力推进村级活动场所建设，先后召开 15 次协调会，深入 31 个施工点跟进督导，督促施工单位倒排工期、抓紧进度。截至年底，主体全部完工，有 15 个村完成初验。

【增强基层党组织功能】 年内，多次召开基层党建工作部署会、推进会，瞄准基层党建突出问题，对照年初基层党建 8 个方面 29 项要点，逐一推进，逐项落实；将 2 个村党支部调整设置为党委、30 个村党支部调整设置为党总支，新设村组和合作社党支部 126 个，选举产生 366 名班子成员，分离联合机关支部 2 个，单独组建机关支部 8 个，集中整顿软弱涣散机关党组织 6 个。

【规范党内组织生活】 年内，制发《党(总)支部会议记录本》《下沉干部工作日志》等“八本两志”，规范“三会一课”、党员组织关系介绍信使用开具、党费收缴管理使用等党内基本制度 6 个，开展专项督查 4 次，收缴党费 12.79 万元，力保党内组织生活常态开展、常抓在手。

【发展壮大党员队伍】 年内，按照“控制总量、优化结构、提高质量、发挥作用”总要求，发展党员对象 176 名，接受预备党员 170 名，其中农牧民党员 107 名、占 62.9%，女党员 49 名、占 28.8%，吸收入党积极分子 110 名。

【深化民族团结先锋活动】 年内，紧扣“共同团结奋斗、共同繁荣发展”活动主题，扎实开展“六进”活动，联合县人社、妇联、团委举办 2017 年“春风行动”暨精准扶贫就业专场招聘会，216 人签订就业意愿书，173 支党员志愿服务队先后深入各乡村为群众讲解法律常识、培训实用技能、传授种植养殖技术、打扫环境卫生 300 余次，形成人人爱团结、人人讲团结、人人争团结的良好局面。

【国企、学校党建】 年内，联合工信、发改、农牧 3 家单位，以召开座谈会、查阅资料等方式，对 2 家县属国企开展党建督查，发现整改党内机制不完善、党建促发展作用不突出等问题 5 条。对照市委组织部《关于在全市开展民办学校、中小学校党建工作专项督查的通知》主要内容，联合县教育局对全县 7 所中小学校进行党建工作专项督查，集中整改党费收缴不及时、重业务轻党建等问题 10 条。

【严格落实党建工作责任制】 年内，召开基层党建工作部署会，县委与各党(工)委签订党建工作责任书 26 份。组织开展县乡党委书记抓基层党建工作述职评议考核，全县 32 名村党支部书记、28 名第一书记向乡镇党委书记进行述职，有力推动基层党建各项任务落地见效。

【巩固拓展“强党固基扶村”工作】 年内，选派 154 名优秀干部下沉到村，协助村“两委”培养入党积极分子 86 名，培养村后备干部 184 名，为群众办实事、做好事 1000 余件，走访慰问 1.028 万人，

2017年6月2日，尼木县委组织部支农队在塔荣镇尚日村帮助群众种植雪菊

组织群众劳务输出450名，人均增收2.3万余元，组织52名村干部和农牧民党员、联户代表到区内教育基地观摩学习。全年排查隐患苗头240余次，化解矛盾纠纷7起，调解成功率100%。

【创新党建新载体】 年内，创造性地开展“亮工作、强作风、树形象、见成效”活动，统筹利用各类宣传平台，营造“比学赶超”新氛围，累计播报典型作法14篇，树立先进人物4名，发布信息200余次。广泛性开展“支部讲政策、群众帮群众”帮教活动，支部讲政策，即充分发挥基层党组织战斗堡垒作用，注重宣传党的扶贫政策，向群众讲明“自力更生、艰苦奋斗、勤劳致富”的道理，激励贫困群众克服等、靠、要思想，充分发挥主观能动性，将“要我脱贫”变“我要脱贫”。群众帮群众，即群众与群众结成一对一、多对一的帮扶对子，坚持扶志与扶智相结合，对好逸恶劳导致贫困的群众，由通过自力更生、艰苦奋斗已脱贫群众对其进行教育帮助，对不善理财导致贫困的群众，由懂经营、会管理、善理财的富裕群众对其进行教育引导，通过传帮带逐步缩小收入差距。

【编制工作】 年内，全面落实《中共拉萨市委办公厅 拉萨市人民人民政府办公厅印发〈关于规范拉萨市干部职工正常福利发放工作的实施方案(试行)〉的通知》要求，制发《尼木县干部职工正常福利发放办法(试行)》《尼木县干部管理办法(试行)》及其两个补充通知，以制度的形式保障干部职工正常请休假和加班、维稳、住院慰问补助等正常福利待遇。

【老干部工作】 年内，严格落实“两项待遇”，努力在全县营造政治上尊重老干部、思想上关心老干部、生活上照顾老干部、精神上关怀老干部的良好氛围。年初“三大节日”期间，集中召开老干部座谈会，向老干部通报全县经济社会发展改革情况，定期不定期登门慰问老干部，截至年底，慰问老干部涉及资金37.4万余元。着眼老有所学、老有所养、老有学乐，及时调整设置拉萨退休党支部为党总支，为各退休党组织赠订《人民日报》《西藏日报》等5类报纸杂志，发放新党章、《十八大党章修正案学习问答》等党内学习教材80本，截至年底，组织集中学习28次，300余人次参加。积极开展“升国旗、唱国歌”、摄影书画展、外出参观疗养等多项活动。为经济困难的老干部报销子女部分学费，采取多种形式为未就业老干部子女解决就业。按照人头经费500元标准，全额下拨活动经费9.8万元。

（周军胜）

2017年2月23日，县委老干部局组织召开离退休干部职工座谈会

【领导名录】

部　长

杜开凡

副部长

嘎旺朗杰(藏族)

郭百顺(5月任)

老干部局局长

贡加啦(5月任)

中共尼木县委宣传部

【概况】 2017年，县委宣传部按照高举旗帜、围绕大局、服务人民、改革创新的总要求，紧紧围绕以迎接学习宣传贯彻党的十九大为主线，围绕党委中心工作，扎实推进宣传思想文化各项工作，取

得显著成效，为推进全县跨越式发展和长治久安提供强大的思想保证、舆论支持、文化条件、精神动力。

【学习宣传贯彻党的十九大精神】 年内，紧紧围绕以迎接学习宣传贯彻党的十九大为主线，扎实开展迎接党的十九大，学习宣传贯彻党的十九大工作。为热烈庆祝中华人民共和国成立68周年，激发广大干部群众爱党热情、工作热情和对党的十九大的期盼之情。9月30日，隆重举行“喜迎十九大庆国庆升国旗.唱国歌”仪式，大力营造良好节日氛围。全体在家县级领导、县(中)直干部职工代表、驻地部队官兵代表、中小学生代表、农牧民群众代表等240余人参加此次活动。在党的十九大胜利召开前，为党的十九大胜利召开营造良好社会氛围，以悬挂横幅、彩条、更换国旗和彩旗、滚动播放宣传标语等方式喜迎党的十九大。共悬挂横幅50余条，悬挂彩条100余条，播放宣传标语40余条。在党的十九大胜利召开后，印发学习宣传党的十九大精神宣传标语，组织有LED显示屏的单位部门滚动播放标语口号和党的十九大精神宣传片。

10月18日，中国共产党第十九次全国代表大会在北京隆重召开。组织各级各部门干部群众收听收看开幕式盛况，认真聆听习近平代表十八届中央委员会所作的大会报告。拉萨市包县领导市委常委、常务副市长占堆和市人大常委会副主任党根与全体在岗县级领导一同收看大会开幕盛况。并相继11次召开县委理论学习中心组党的十九大精神专题学习讨论会。认真制定《尼木县认真学习宣传贯彻党的十九大精神的通知》和《尼木县党的十九大精神学习宣讲工作方案》，对学习宣传贯彻党的十九大精神的重大意义、精神实质、学习、宣传、宣讲等进行安排部署。共集中学习十九大精神120余次，专题研讨26次，学习人数累计27000余人次，自治区宣讲团拉萨分团赴尼木开展巡回宣讲9场次，参与人数1800余人次。全县各级各部门共开展宣讲党的十九大精神114次，受益人数累计27048余人次。

【意识形态工作】 年内，按照中央、区、市关于意识形态工作的一系列重要精神的部署要求，把准工作重点，坚持党的领导，进一步加强新形势下的意识形态工作，成立以县委书记为组长的尼木县委意识形态工作领导小组，并下设办公室。制定《尼木县党委(党组)意识形态工作实施细则》，并将意识形态工作纳入年度目标绩效争先进位考核工作党建考核内容。认真做好新闻接访工作，全年共接待中央驻藏媒体和区、市主流媒体记者15批次、100余人次在尼木县采访报道。尤其是按照拉萨市的工作部署，圆满完成中央电视台外语频道对尼木县吞巴乡的宣传报道工作、中央电视台《中国影像方志》尼木篇和西藏诱惑等区内外媒体在尼木县的拍摄工作，并积极协调中国旅游卫视“文明中华行”栏目组拍摄《遇见·天堂尼木之藏香迷醉》和《遇见·天堂尼木之天堂渡口》2集旅游宣传片，圆满完成《京藏牵手·筑梦尼木》文化展在北京展出活动，进一步提升尼木对内对外知名度。

【理论中心组学习】 年内，制定实施《尼木县委理论中心组2017年

2017年9月8日，县委常委、宣传部部长索朗次仁在县扶贫搬迁点恩泽居委会开展“过好今生最幸福”县域现场参观学习活动

2017年9月6日，尼木县委宣传部组织召开“四讲四爱”主题教育实践活动第四专题总结部署暨2017年度“勤劳致富先进典型”表彰会

理论学习计划》和《尼木县2017年干部职工理论学习意见》，结合“两学一做”学习教育，以中国特色社会主义理论、习近平总书记系列重要讲话精神、中央和区、市党委重要会议精神等为重点学习内容，以专题研讨会、专题辅导报告会等形式，精心实施、大力抓好抓实县委理论学习中心组的学习。全年县委理论中心组共开展集中学习30次，在县委理论中心组的引领示范下，全县各党委（党组）中心组、党支部和广大党员干部积极跟学，有效增强各级党员干部用理论武装头脑、指导实践、推动工作的能力，有力推动学习型党组织建设取得新成效。

【理论宣传教育】 年内，在加强理论学习，推进学习型党组织建设中，还注重结合、充实内容、提升成效，将理论学习与开展的“每月一课”“两学一做”学习教育相结合，并在学好既定内容基础上，还投入4万余元资金为广大党员干部征订《党建》《大讲堂》《时事报告》《党委中心组学习》《从严治党面对面》等学习资料，并按期及时发放至县委理论中心组各成员及各乡镇党委理论中心组和各单位部门。系列举措，使党员干部职工的知识结构进一步优化、思路进一步开阔，创新思维能力进一步提高，学习实效进一步提升，做到适应新形势新任务的需要。有效整合县、乡（镇）、村、学校、驻寺干部各级力量，建强面向群众、学生、僧尼的宣讲员队伍，紧紧围绕区市县党委、政府决策部署，坚持贴近实际、贴近生活、贴近群众同时，以集中宣讲、面对面宣传等方式广泛开展宣传宣讲活动，并继续深入开展党的十八届六中全会、区市第九次党代会精神等宣讲活动。全年共开展各类宣传宣讲活动450余场次，受众达2万余人次，真正使党的科学理论成果和路线方针政策家喻户晓、深入人心。

【爱国主义教育】 年内，坚持深入开展新旧西藏对比教育、以“爱国、团结、和谐、发展、文明”为主题的核心价值观教育、“两学一做”主题教育活动、民族团结进步主题教育、感党恩主题教育，同时以“学雷锋纪念日”“西藏百万农奴解放”58周年和西藏和平解放66周年等活动为契机，深入开展一系列宣传纪念活动。截至年底，全县共开展各类主题教育活动60多场次，涉及干部职工、群众、学生、寺庙僧尼15627人次，悬挂宣传横幅90余条、同时利用4个便民警务站和7个单位电子显示屏24小时不间断滚动播放宣传标语，宣传纪念活动取得良好效果。

【精神文明建设】 年内，按照市文明办的工作部署，制定下发《关于切实做好〈拉萨市全国文明城市测评体系（2017年版）资料收集任务分解表〉和〈拉萨市全国未成年人思想道德建设工作测评体系（2017年版）资料收集任务分解表〉尼木县相关资料收集任务》的通知，成立创城资料收集小组，安排专人认真做好创城资料的收集上报工作。县委宣传部荣获拉萨市蝉联全国文明城市先进单位。常态抓好文明创建活动，评选上报第一届拉萨市文明家庭和优秀共产党员家庭22户、每月推荐上报身边好人、每季度推荐上报典型人物等创建活动。评选推荐上报第五届全国文明单位2个、文明村镇2个。在春节、尼木新年、藏历新年、清明、端午、中秋等期间组织开展“我们的节日”主题活动；以“春节·藏历新年”为契机，深入开展关爱道德模范活动；开展“志愿服务·共筑中国梦”主题征文活动。认真组织诚信建设、志愿服务、文明交通、文明旅游、文明餐桌、网络文明、道德讲堂、文明校园、家风家训等活动。深入开展“讲文明树新风”户外公益广告宣传工作，共投入4万余元制作“讲文明树新风”户外公益广告70余个。扎实开展拉萨市各级文明村镇、文明单位复查自查工作；同时组织开展推选2017年自治区学雷锋志愿服务先进典型活动。并积极组织推选2017年最美志愿者、最佳志愿服务组织和最佳志愿服务项目工作。经认真推选，共向市文明办推送2017年最美志愿者4个、最佳志愿服务组织4个和最佳志愿服务项目1个。

【未成年人思想道德建设】 年内，在全县未成年人中广泛开展“我的中国梦”和“做一个有道德的人”“经典诵读”“我们的节日”“学雷锋”“国旗下讲话”“传唱优秀童谣”“童心向党”“网上祭英烈”“美德少年”等系列主题实践活动，把培育和践行社会主义核心价值观贯穿工作全过程，全面加大未成年人思想道德建设力度，提升工作实效。

【“五下乡”活动】 2月21日，在尼木乡开展“文化、科技、卫生、法律、爱国爱教”五下乡启动仪式。共向群众发放各类宣传资料3000余份，发放食用碘盐500斤和价值5000元的各类药品；现场接受医疗咨询200余人次，免费为群众诊疗90余人次。截至年底，全县共开展文艺演出53场次，受众达1.3万余人次。送爱国主义影片下乡1112场次，受众达7.1万余人次；科技下乡12场次，受众1700余人次。卫生下乡10余次，免费发放价值6.3万余元药品，免费义诊8次，受众达1680人次。法律下乡50余场次，受众达1万余人次。爱国爱教宣传服务下乡20余场次，僧尼受众达400余人次。2017年累计发放各类宣传资料1.2万余份、制作宣传展板31块。“五下乡”活动的扎实有效开展，弘扬社会主义先进文化，丰富农牧民群众精神文化生活，同时更让农牧民群众在寓教于乐中增长知识，得到实惠。

【“四讲四爱”主题教育实践活动】 年内，全县上下紧紧围绕喜迎党的十九大这条主线，以“讲党恩爱核心、讲团结爱祖国、讲贡献爱家园、讲文明爱生活”为主题，以33个规定项目为实践载体，精准把握主题教育实践活动“十个方面”的教育目标，不折不扣、扎扎实实推进主题教育实践活动。

明确组织领导，全面动员部署按照工作步骤和时间安排，及时成立以县委书记为组长的尼木县“四讲四爱”主题教育实践活动领导小组，下设宣讲团、督导组和办公室，负责全县“四讲四爱”主题教育实践活动的宣传督导和工作部署。3月28日，尼木县召开“四讲四爱”主题教育实践活动动员部署大会，会上传达学习自治区党委办公厅印发的《关于开展“四讲四爱”喜迎党的十九大主题教育实践活动总体方案》。同时，按照区市文件要求，在各节点转段期间召开转段工作会议，及时总结各阶段工作情况，梳理工作任务，将教育实践活动引向

2017年7月31日，尼木县吞巴乡第五届吞弥文化旅游节开幕

深入。

依托活动载体，丰富教育内容。利用“3·28”西藏百万农奴解放纪念日，举行升国旗仪式、新旧西藏对比图片展、新旧西藏对比故事演讲、群众性文艺活动、惠民政策宣讲教育等各项活动50余场次，发放宣传资料21000余份，参与群众20000余人次。以“七一”中国共产党成立96周年为契机，县委组织部、宣传部组织全县各单位党员，各乡（镇）组织基层农牧民党员学习党的历史，举行重温入党誓词宣誓仪式，“七一”当天共有8000余名党员干部、群众参加各项活动。开展爱国歌曲大家唱活动，共举办县级歌咏比赛2场次，组织乡（镇）级歌咏比赛20余场次，参与群众、僧尼、学生11000余人次。全力参与“文明县城”（乡镇、乡村）创建活动，积极开展“文明家庭”评选活动和“美丽乡村人人有责”清洁环保活动。开办“脱贫致富靠双手、技能培训进万家”技能培训，增强致富技能。与精准扶贫精准脱贫工作深度结合，在全县建档立卡贫困户中开展“勤劳致富先进典型”创建评选活动，采取树典型、宣传典型等方式，积极引导建档立卡贫困户勤劳致富，充分调动建档立卡贫困户主动脱贫攻坚的积极性和主动性，共评选10名勤劳致富先进典型。

营造宣传氛围，开展宣讲活动。充分利用318国道路边大型广告牌、龙门架、路灯杆、宣传栏、展板、LED显示屏、围墙、微信公众号、政府新闻网站等载体宣传“四讲四爱”核心内容，共制作平面宣传载体1500余个，微信公众号、网站等平台发布关于“四讲四爱”内容稿件100余篇。同时，为落实区市党委关于宣讲场次的要求，全县开展“四讲四爱”宣讲4400余场次，受教人员32万余人次。

强化督导检查，落实宣讲要求。截至年底，全县各级督导组共开展督导检查260余次，其中县级督导组开展督导26次，乡级督导组开展督导180次，统战民宗系统开展督导检查22次，教育系统开展督导检查32次。各级发现宣讲和实践活动方面的创新做法20余个、存在的共性问题9个，提出指导意见40余条，为有效的开展宣讲活动提供保障。

【新闻宣传】 年内，精心策划，周密组织，扎实做好党的十八届五中、六中全会和区市第九次党代会及习近平总书记系列重要讲话精神、“两学一做”学习教育、创先争优强基础惠民生活动、精准扶贫工作、精准脱贫工作、西藏百万农奴解放纪念日、“六城同创”、廉政文化建设和作风效能建设、“新发展、新变化、新生活”、重点项目建设、“民生工程”等为重点的系列宣传工作，确保主流舆论高昂有力。2017年，共制作播放《尼木新闻》300余条。上传各类新闻稿件290余条，西藏日报、拉萨晚报共刊登尼木县新闻90余条。

【网络宣传与管理】 年内，牢固树立善建网络、善用网络、善管网络意识，做到知网懂网、善用善管，全面提高互联网宣传管理水平。调整充实尼木县委网络安全和信息化工作领导小组，把网络安全和信息工作摆在维护意识形态安全和社会稳定的高度抓紧抓好；并继续做好“尼木县政务新闻网站”、“网信尼木县”微信平台信息发布工作，充分发挥网络即时、迅速、面广的传播特点，扩大宣传覆盖面，增强宣传实效；全面加强网络舆情监控，加强对手机媒体、社交网络、即时通讯工具的引导和管理，组织县乡两级专兼职网评员参与评论、跟转帖，有效做到用正面的声音占领网络阵地，用正确的舆论引导广大网民，形成昂扬向上、团结奋进的网上正面舆论强势。在尼木县政务新闻网站、“网信尼木县”微信平台等累计发布图文新闻信息1000余期，组织县乡两级网络评论员300余人次参与评论、跟转帖1300余条，撰写原创性评论和网言网语70余条，撰写原创网络文章20余篇。

（杨秀花）

【领导名录】

部　长

索朗次仁（藏族）

副部长

魏　乃　红

杨　秀　花（女，回族，5月任）

网信办主任

曹　大　权

中共尼木县委统战部（民族宗教事务局）

【概况】 2017年，中共尼木县委统战部共编制10名（含宗组办），实际人数4名(其中统战部2名,宗组办2名):部长1名(县委常委)、主任1名,副主任1名,副主任科员1名。民宗局共有编制4名,实际人数6名:局长1名(副县级),副局长1名,主任科员1名,副主任科员2名,科员1名。

【寺庙基本情况】 2017年,尼木县辖区内共有22座寺庙及日追拉康(拉康6座、日追1座)。全县寺庙共分5个教派,10座噶举派、4座格鲁派、6座宁玛派、1座苯教派、1座萨迦派。拥有自治区级文物保护单位3座,市县级文物保护单位4座。

2017年5月12日,拉萨市民宗局党组副书记、副局长达瓦(前排右一)在卓瓦曲碘寺督导检查“四讲四爱”主题教育实践活动开展情况

【确保全县宗教领域持续和谐稳定】 2017年,尼木县委统战部、县民宗局、县工商联高举习近平新时代中国特色社会主义思想伟大旗帜,以邓小平理论、“三个代表”重要思想、科学发展观为指导,深入学习贯彻落实党的十九大精神,贯彻落实中央第六次西藏工作座谈会、全国全区全市宗教工作会议和区市党委九届三次全会精神,贯彻落实习近平总书记治边稳藏重要战略思想和“努力实现西藏持续稳定、长期稳定、全面稳定”的重要指示,切实增强政治意识、大局意识、核心意识、看齐意识,坚决按照区市县党委、政府和区、市、县维稳一线指挥部的决策部署,围绕在全区率先全面建成小康社会、奋力开启全面建设社会主义现代化拉萨新征程这个中心工作,以“三无”“三不出”“六个严防”为刚性目标,时刻绷紧维护稳定这根弦,坚决杜绝松懈麻痹思想、松劲厌战情绪、侥幸心理,以落实自治区十项维稳措施为保障,以加强和创新寺庙管理为抓手,以严格属地管理、严明维稳责任为关键,严格按照强基固本、争取人心,下好先手棋、打好主动仗的工作要求,坚持抓早抓小抓快抓好,敢于担当、主动作为、恪尽职守,掷地有声抓好维稳各项措施,确保全县宗教领域持续和谐稳定。

【创建评选活动】 2017年上半年评选表彰活动。共评选县级和谐模范寺庙先进集体3个、先进僧尼53名、优秀驻寺干部6名和1名涉宗干部,兑现表彰资金共8.3万元。2017年下半年共评选县级和谐模范寺庙先进集体4个、先进僧尼65名、优秀驻寺干部9名和1名涉宗干部,兑现表彰资金共8.3万元。

【法治宣传教育】 年内,结合“爱国爱教、遵规守法、弃恶扬善、崇尚和谐、祈求和平”法治宣传教育主题活动,组织僧尼开展参观、交流等社会考察、社会实践活动和专题讲座,要求僧尼们做笔记,结合专题讲座每人撰写一篇学习心得体会,深刻地谈出自己对爱国主义教育学习活动的认识,增强僧尼的“四个意识”,进一步坚定僧尼跟党走的信心和决心。针对僧尼的不同特点,充分运用影视、书刊、爱国主义教育基地等,科学安排活动内容,为广大僧尼提供丰富、生动的教育素材。并借助6本自治区僧尼学汉语专用教材和法律法规教材,各寺管会(专职特派机构)定期组织开展僧尼文化补习班,进一步提高僧尼的文化水平和法律素养。

【“四讲四爱”主题教育实践活动】 年内,依托“四讲四爱”喜迎党的十九大主题教育实践活动,统战民宗宣讲组及各寺管会(专

2017年12月28日，县委统战部组织全体驻寺干部召开维稳部署会

职特派机构)宣讲队伍紧扣“四讲四爱”主题，突出“讲党恩爱核心”内容，利用宣传栏、粘贴和喷绘标语、播放爱国主义教育影片等载体，采取座谈交流、集中宣讲、邀请高僧大德进行专题讲座等形式多样、内容丰富、喜闻乐见的方式，将宣讲与寺庙清洁环保行动、文艺下乡、法治宣传教育紧密结合，做到两手抓、两不误、两促进。截至年底，全县宗教领域开展“四讲四爱”主题教育宣讲达303场次，受教僧尼2235人次，播放爱国主义教育影片60余场次，发放宣传资料500余份，宣传展板23块，粘贴、喷绘标语120余条，僧尼撰写心得体会190份。办公室精心编撰试卷，组织利寺惠僧政策知识测试和习近平总书记重要论述摘编100句知识测试活动，覆盖僧尼400人次，测试合格率100%。联合市委统战部在卓瓦曲碘寺、比如上下寺、杰吉寺等寺庙僧尼中进行“四讲四爱”相关知识测试，覆盖僧尼46人，测试合格率100%；动员僧尼积极参加拉萨市举办的藏文书法比赛，参赛作品30余幅，向上级推荐优秀作品12幅，其中比如上下寺尼姑伟色措珍荣获区市两级一等奖。

【藏胞工作】 年内，按照“爱国一家、爱国不分先后”的方针和区别对待原则，坚持审批、接待和管理衔接统一，切实加强回国探访境外藏胞管理，规范境外藏胞在国内的社会活动行为。关心定居藏胞生产生活，定期开展慰问，为2名定居藏胞送去慰问金4千元，帮助他们解决实际困难；强化对归国定居藏胞及境外藏胞境内亲属的管理服务工作，建立健全藏胞动态管理数据库，做到管理及时、跟踪到位、服务到家，向县政府申请专项资金12万余元建立藏胞接待室。

【寺庙僧尼服务管理】 年内，尼木县按照相关工作要求，超前谋划、周密部署，提前制定完善各类宗教活动工作方案预案、风险评估报告，教育引导寺庙经师、格贵、翁则、寺管会僧尼成员管好自己的人，教育引导信教群众就近就便参加传统佛事活动。严格落实僧尼请销假制度，出台完善《尼木县藏传佛教寺庙僧尼请销假暂行规定》，建立工作台账，认真做好请假外出僧尼的跟进管理。

加大僧尼生活保障力度。全县持证僧尼养老保险、医疗保险、人身意外伤害保险、最低生活保障实现全覆盖。组织开展僧尼免费健康体检工作，并健全健康档案。开展慰问活动，向驻寺干部发放敏感节点慰问金5万元，“三大节日”期间向寺庙僧尼发放6.5万元慰问金和生活用品。深入开展“六个一”活动，截至年底，驻寺干部与僧尼结对交友217对，投入资金1.5万元，为寺庙、僧尼办实事40余件。兑现家访资金10.6万元。深入开展包虫病综合防治工作，截至年底，各寺庙开展宣传活动130余场次，发放宣传资料300余份，组织僧尼包虫病筛查208人，无疑似病例，环境整治垃圾处理193袋、个人及僧舍卫生检查788次。高度重视宗教场所文物保护工作，向县政府申请资金支持60万元，实施达金寺经堂维修项目，现已基本完工。争取溃公拉康经堂维修项目资金45万，正在稳妥实施。积极为寺庙僧尼办实事，向县政府争取卓瓦曲碘寺挡墙维修项目资金76万元，政府投资21.6万元，实施卓玛普日追僧舍维修和厨房改造，政府投资35万对贵热寺僧舍进行维修，均已交付使用，不断改善僧人生活、修行条件，方便信教群众。

【民族团结宣传教育】 年内，按照《关于依法治理民族事务促进民族团结的意见》，深入调研民族工作中存在的重点难点问题，总结民族团结创建活动好经验好做法及存在的突出问题，大力开展民族团结进步创建和民族团结进步宣传活动。严格按照《拉萨市2017年民族团结进步创建工作要点》及《区（市）2017年民族团结进步创建评选活动的通知》等文件要求，紧紧围绕“共同团结进步、共同繁荣发展”这一民族工作的主题，贯穿“讲团结谋发展、保稳定促和谐”这条主线，牢固树立“三个离不开”的思想，多措并举，在全县范围内深入开展民族团结进步创建工作，大力表彰奖励为民族团结进步事业做出突出贡献的模范集体和个人。按照公开、公正、公平的原则，评选表彰2017尼木县年民族团结进步模范集体16个，模范个人31名，拟推荐拉萨市级民族团结进步模范集体3个，模范个人5名。推荐拉萨市级乡镇示范单位3个，村级示范单位1个，乡镇和村级先进集体各1个，乡镇和村级先进个人各1个。向16个模范集体发放奖金6.4万元，31名模范个人发放奖金3.1万元，共计9.5万元。

2017年6月1—7日，县委统战部（民宗局）组织僧尼在县医院进行包虫病筛查体检

【非公党建工作】 年内，深入贯彻落实区市第九次党代会精神和全区第二次非公有制经济发展大会精神，积极贯彻落实区、市、县委党建工作总体安排部署的要求，积极在非公经济组织中开展各项党建工作，大力实施“全覆盖”“强素质”“增活力”三大工程，努力克服非公经济组织门类多、分布散等困难，以“两学一做”学习教育活动常态化制度化和“四讲四爱”主题教育实践活动为契机，以加强非公经济组织集中组建建强党组织工作为重心，扎实有效地在全县非公经济组织中开展党建工作。5月10日，组织召开尼木县工商联第二次代表大会，大会选举产生25名执委组成的新一届执委会，充实和配强工商联领导班子。

【精准扶贫】 年内，深入学习贯彻习近平总书记扶贫开发重要战略思想和中央扶贫开发座谈会精神，把脱贫攻坚作为重点任务，完善机制推进脱贫，建强组织引领脱贫。统战部（民宗局）结对帮扶对象14户，分布在帕古村、吞普村和如白村。建立帮扶指导机制。深入到贫困户家中摸清贫困底数，分析致贫原因，逐户制定扶贫计划和扶贫台账。定期开展帮扶联系活动，在“三大节日”来临之际，统战民宗干部自己出钱购买米面、砖茶、粮油等生活用品，开展以“送温暖、献爱心”为主题的慰问活动，为贫困户送去慰问品、慰问金折合23800余元。建立督查考评机制，纳入干部年终考核。

（王广强）

【领导名录】

部 长

普布次仁（藏族）

宗教办主任

赤来松布（藏族，5月任）

副主任

米玛琼达（女，藏族）

民宗局局长

旺 杰（藏族）

副局长

曲 宗（女，藏族）

尼木县信访局

【概 况】2008年7月，成立尼木县人民群众来信来访接待室。2010年1月，根据《尼木县人民政府机构改革方案》，设立尼木县人民政府办公室，挂尼木县信访局牌子，为尼木县政府工作部门（至今未正式设立机构）。现有干部4人，主任科员1名、副主任科员2名、科员1名。

【指导思想及目标】年内，尼木县信访局深入贯彻党的十八大、十八届三中、四中、五中、六中全会精神，认真贯彻落实近平总书记关于信访工作的重要指示精神和全国第八次信访工作会议精神，深入贯彻区市县党委九届三次会议精神，按照区、市信访工作会议精神和县委、县政府工作部署，以维护社会局势持续稳定、喜迎党的十九大胜利召开为核心要务，以深化信访工作制度改革为主线，以开展“责任落实年”活动为抓手，紧紧围绕两个月以内信访事项“零搁置”这个目标，持续推进“七化”工作措施、“三个信访”，全面加强信访干部队伍建设，为维护全县改革发展稳定大局和人民群众合法权益提供有力保障。

【办信接访】年内，对群众来信来访反映的问题耐心询问，认真解释政策，严格按照“一张笑脸相迎，一把椅子让座、一杯清茶暖心，一句热情问候、一片热心听诉、一个实在答复”的“六个一”工作法，认真办理群众来电来信，热情接待群众来访，运用法治思维、法治方式化解信访问题、依法维护人民群众合法权益。2017年，受理群众来信来访14件28人次，办结14件，办结率100%。上级转交办件7件13人次，办结7件，办结率100%，实现信访案件“零搁置”的工作目标。

年内，信访事项主要集中在：农民工工资、工程材料款、工伤、农村土地征用补偿、安居工程和精准扶贫搬迁分配、乡（镇）干部职工饮水困难和水质等方面问题。

【组织领导】年内，尼木县信访局始终把信访工作作为推动全县经济发展工作中的重中之重来抓，把创新群众工作方法，解决信访突出问题列入重要议事日程，定期研究部署，认真组织推动。根据工作需要和人事变动的实际，及时报请县委、县政府对县信访工作联席会议组成人员做出调整充实，定期研究信访工作，形成“一把手”负总责、分管领导具体负责、其他领导一岗双责，一级抓一级、层层抓落实的领导体制。

【健全机制】年内，继续巩固城镇信访网格管理和领导干部接访下访工作成果，发挥信访机构，责任部门、调处中心、联户代表、网格长的作用，形成上下贯通、内外衔接、环环相扣、无缝对接的协调联动工作格局。先后制定《尼木县2017年信访工作方案》《2017年县级领导干部信访“大接访”坐班日工作制度》《县矛盾纠纷摸排调研工作方案》《县集中开展矛盾纠纷大排查大化解信访事项清零专项行动方案》，健全完善《尼木县处置信访突发事件及大规模群体性上访事件工作应急预案》，对领导干部接访下访回访制度、首访接待责任制度、督促督办制度，信访联席会议等10项工作制度进行修订完善，使信访工作有章可循。

2017年7月28日，西藏自治区信访局副局长覃爱民（左三）带队自治区信访工作督查组在尼木县检查指导信访基础业务规范建设工作

【责任落实】 年内，将信访工作纳入全县各乡（镇）、部门领导班子和领导干部的年度工作目标进行考核管理，在召开全县2017年度信访工作安排部署会议上，县委常委、副县长张文明代表普琼县长与全县8个乡（镇）、38家县（中）直单位签订信访工作目标管理责任书，对部门（单位）和乡（镇）因工作不力发生的赴区进京非正常上访实行“一票否决”，加大问责力度。把信访成效与干部考核、晋升晋职相挂钩，对信访问题突出或矛盾化解不力的单位和个人，采取通报批评、诫勉谈话、党纪政纪处分等措施，严肃奖惩和责任追究，力促各级干部的工作理念从“群众上访”为“事要解决”的转变。

坚持定期召开会议分析形势、研判信息，强化社会矛盾纠纷和信访热点难点问题的常态排查、梳理及时交办、督促工作，充分发挥部门联合接访、共同会商等整体联动开展工作的积极作用，对一个月内未化解的信访矛盾，按照“属地管理、分级负责”“谁主管、谁负责”的原则，在全县信访工作推进专题会议上进行集中交办，逐案落实责任单位、包案领导、化解期限。对疑难重大的矛盾纠纷和信访事项，召开联席会议，研究化解措施，由责任单位的分管副县长包案，牵头相关单位联合调处。年内，召开联席会议4次，专题会议7次，9名县级领导分别对14件疑难问题进行包案化解处理，有力推动问题及时就地解决。

2017年5月12日，县委副书记、县长普琼主持召开2017年第二次信访工作联席会议

【县级领导干部接访】 年内，县委、县政府高度重视群众来访接待工作，始终坚持把县级领导接待来访群众与社会维稳工作同研究、同部署、同落实，实行当日县一线指挥部县级值班领导为当日信访局坐班接待来访群众领导，在接访中，本着“群众利益无小事”的宗旨，县委书记杜国君、县长普琼及每一位参加接访的县级领导、各职能部门领导都带着对人民群众的深厚感情，抱着切实为人民群众解决实际问题的态度对待每一位来上访的群众，零距离倾听他们的诉求，对能够当场解决、答复的问题，当场协调相关部门即刻解决、答复；不能够当场解决、答复的，明确责任单位和办理时限，由接访领导包案，负责一包到底，有效地控制信访增量，减少信访存量。

2017年，县党政领导共接访信访群众7批17人次，5名县级领导带头深入联系点现场解决疑难信访案件6件，带动各级领导干部接访20件，现场化解矛盾纠纷13件。

【信访业务办理规范化建设】 年内，根据近年来国家、自治区、拉萨市信访部门制定下发的有关信访工作流程、规章制度等文件，结合尼木县信访工作实际，对信访基础业务和相关制度进行汇编成册印发至各乡（镇）、县直各单位，并安排人员对各乡（镇）、县直各单位信访基础业务进行指导。此外还对各乡（镇）参与十九大召开期间值守接访人员进行网上信访信息系统实际操作培训，对于县直单位，按照信访件责任归口，在转办的当日对责任单位负责信访工作人员进行网上信访信息系统实际操作培训，做到对基层信访专干系统实际操作人员应培尽培，数据应录尽录，实现系统数据全面、准确、客观的反映群众信访活动和信访工作情况的目标。

【排查调处】 年内，充分发挥组、村、乡、县调处中心、联户代表、网格长等基层人民协调组织在维护社会稳定工作中的第一防线作用，按照“抓早、抓小、抓苗头”的要求，将日常排查和节假日等敏感节点的排查结合起来，形成大排查的工作格局。对排查出的问题，坚持能调则调、案结事了原则，综合运用人民调解、司法调解、行政调解等手段和“调诉对接”在诉讼与各类非诉讼纠纷解决方式之间的衔接组织机制，将人民调解、司法调解和行政调解贯穿于矛盾纠纷调处的全过程，促进人民调解与司法调解、人民调解与行政调解、行政调解与司法调解的对接联动，使各类矛盾纠纷得到有效化解。

2017年，各部门（单位）共排查社会各类矛盾纠纷71件，化解71件，化解率100%。

【开展宣传活动】 年内，紧密结合《尼木县县直机关“谁执法、谁普法”责任制实施意见》和“七五”普法工作要点，深入各乡（镇）开展法进寺、法进学校、法进机关单位、法进乡村和3月平安宣传月、“9·16”平安宣传日等活动，突出抓好《信访条例》《依法逐级走访》等法律法规的宣传教育工作，教育引导群众知法守法，依法有序上访，就地就近反映信访问题，营造良好社会和谐环境。2017年开展宣传活动8次，共发放宣传资料1500余份。

【依法分类处理信访诉求】 年内，深入贯彻落实国家信访局关于《依法分类处理信访诉求工作规则》，对属于职责范围内的信访问题，主动承接及时办理，对不属于职责范围内的信访事项，及时出具不予受理告知书，告知信访人向有权的机关提出，对于疑难复杂的信访案件，主动协调司法机关参与协调，征求司法机关对诉访分离工作提出法律意见、建议，严格把涉法涉诉信访问题与普通信访问题区分开来，提高涉法涉诉信访问题的甄别率。2017年引导司法途径案件2件，有效规范信访事项的办理。

2017年7月24日，县委副书记加略在县信访接访大厅接待来访群众

【干部队伍建设】 年内，结合“四讲四爱”主题教育实践活动，把推进“两学一做”学习教育常态化制度化作为建设一流信访干部队伍、创新群众满意信访部门的有效抓手，融入信访工作实际；深入推进“两学一做”学习教育常态化制度化，教育引导广大信访干部树立“四个意识”特别是核心意识、看齐意识、坚决维护以习近平总书记为核心的党中央权威，强化担当、履职尽责，切实把信访工作责任扛在肩上、记在心上、抓在手上、落实在行动上。坚持把信访干部培训工作摆在首位，着力提高信访干部队伍的业务能力、工作水平，选派干部到上级信访机构跟班学习，提升处理各种复杂问题的能力，不断提升信访干部的政策水平和业务技能。

【精准扶贫】 年内，按照县委、县政府精准扶贫工作的安排部署，坚持把精准扶贫工作作为全年工作重中之重，统一思想认识，强化组织领导，按照精准扶贫、精准脱贫的要求，全局干部针对各自结对户脱贫实际制定帮扶计划，并按照九届县委既定的“三步”战略目标、“四产业两园区”发展总体规范和“四菜一汤”区域旅游发展布局，积极帮助引导他们发

2017年4月21日，县委常委、副县长张文明代表县委副书记、县长普琼与各部门签订信访工作目标管理责任书

展致富项目，介绍就近务工等扶贫模式，集中力量予以扶持。在结对的5户贫困户中，有3户发展家畜饲养，介绍就近务工人员4人，2017年4名干部开展走访调研活动2次，走访慰问4次，为所结对的5户贫困户宣传扶贫相关政策和提供就业查询服务19次，送去慰问品价值4000余元。

（胡　刚）

【领导名录】

主任科员

多吉普桑（藏族，主持工作）

尼木县藏语委办（编译局）

【概况】 尼木县根据《中共拉萨市委员会 拉萨市人民政府关于进一步加强藏语文工作的建议》文件要求，配备单独的办公场所和办公设备，落实交通工具（一辆捷达车），安排人头经费每人6000元、藏语言文字工作专项业务经费10万元和车燃费2万元，于2017年4月25日根据拉萨市机构编制委员会《关于调整各县（区）部分事业机构的通知》文件要求，正式成立尼木县藏语言文字工作委员会办公室（编译局），正科级建制，领导职数2个，有4人（1名主任、1名副主任、1名工人、1名公益性岗位）。

【提高理论水平和业务能力】 年内，尼木县编译局以“两学一做”学习教育活动为契机，通过集中学习和个人自学相结合的方式，认真学习习近平总书记系列重要讲话精神和《中国共产党章程》《中国共产党党组工作条例（试行）》《中国共产党地方委员会工作条例》《中国共产党纪律处分条例》等党章党规，进一步提高干部职工的理论水平；认真学习贯彻自治区、拉萨市藏语言文字工作电视电话会议精神，学习《西藏自治区学习使用和发展藏语文的规定》《拉萨市藏语文社会用字管理办法》以及规范的藏语文名词术语，进一步提高干部职工的业务水平。

【做好编译工作】 年内，尼木县编译局把翻译工作作为该单位的一项重要工作，认真完成县“四大

2017年11月25日，西藏大学教授次旦多吉在尼木县文化活动中心开展翻译培训讲课

办”交办的翻译工作任务和各乡（镇）县直各单位报送的相关材料。翻译工作的同时，耐心接待前来翻译的广大农牧民群众。2017年，共完成翻译29.8万字。围绕县委、县人大、县政府、县政协的中心工作，完成县政府工作报告、县政府为民办实事情况、人大代表和政协委员提出的意见、建议和提案、尼木县“四讲四爱”主题教育活动实施方案等重要文件和方案以及领导讲话等材料的翻译共计12万余字。完成雪菊、黎麦种植技术、安全知识手册、尼木县村务公开目录、尼木县群众来信来访常识、村级三资管理办法等各乡（镇）和县中直各部门报送的材料翻译共计10余万字。完成各单位的横幅、广告牌、宣传标语、服务窗口的牌子和服务内容等翻译共计4.5万余字，接待前来翻译的农牧民群众50余人次，翻译农牧民合作社门牌、章子、规章制度和个体工商户的门牌等共计3.4万余字。组织县编译局工作人员认真收集新词术语，编写3362条词语的《汉藏对照新词术语》并下发至全县各乡（镇）和各单位，为基层翻译工作提供工具资料。进一步贯彻和落实西藏自治区学习使用和发展藏语文的规定。

【社会用字整改规范】 年内，进一步加强社会用字检查整改工作，按照《西藏自治区学习、使用和发展藏语文的规定》和《拉萨市藏语文社会用字管理办法》，认真开展社会用字管理和监督工作。组建由县藏语委办（编译局）牵头，宣传、教育、文化、民宗、工商、城管等部门参与的尼木县社会用字管理领导小组，建立联动管理监督机制，不定期进行联合检查整改。2017年开展两次专项检查，对全县企事业单位和个体工商户的门牌、广告牌、宣传标语、LED、横幅、标识提示等进行全面的检查，共下发整改通知书112份，现已全部整改到位，整改率达100%。在党的十九大来临之际为切实做好党的十九大期间规范藏语文社会用字工作，确保党的十九期间社会用字的安全和谐，深入各乡（镇）和县城街道、旅游景点，对藏语文社会用字规范情况进行全面细致的检查整改。

2017年7月12日，尼木县藏语委办主任其美顿珠在商户下发社会用字整改通知书

【开展培训活动】 年内，为进一步提高各乡（镇）、和县直各部门的翻译工作水平，认真贯彻落实西藏自治区学习、使用和发展藏语文的规定，县编译局邀请西藏大学、市委党校、市藏语委办等单位的专家教授，于11月7日至10日举办尼木县首届藏汉“双语”培训班。为40多名来自各乡（镇）和县中直各部门的翻译工作人员提供学习平台。选派一名本局工作人员到西北民族大学，参加第三期西藏基层干部藏汉翻译培训班，选派6名乡（镇）翻译工作人员到拉萨，参加拉萨市第三届藏汉双语翻译培训班。进一步提高基层翻译工作人员整体素质。通过请进来和送出去的方式为尼木县藏汉翻译事业，培养一定数量的翻译人才，为基层翻译工作打下坚实的基础。

【党风廉政建设】 年内，认真贯彻落实区、市、县党委、政府的相关会议精神，在党风廉政建设和反腐败斗争工作上以一把手履行第一责任的职责，抓班子，带队伍为着力点，以班子成员履行“一岗双责”的责任，抓好职责范围内的党风廉政建设和反腐败工作为落脚点，坚持以高度的政治责任感和严明的党风党纪意识，切实加强领导，层层落实责任制。严格遵守“八项规定”“约法十章”“九项要求”。任何事项都按照章程办理，“三公经费”和业务专项经费都按照县财政的有关规定支配，大额经费都按照程序，逐级提交县长办公会议研究并严格按照会议要求办理。

【党建工作】 年内，尼木县编译局把党建工作作为全年工作的重要任务，抓紧抓实。于6月按照组织程序，成立尼木县藏语委办党支部，选举支部委员会成员，并进行工作分工，共有3名党员，分别任支部书记、支部副书记、支部委员。县编译局坚持把思想理论建设放在党建工作的首位，不断把“两学一做”学习教育活动影响深入。2017年，开展集中学习6次，干部职工自学时间每天不少于1小时，每人撰写心得体会5篇，先后开展党章党规学习及交流活动，通过党员个人自学、集中学习、撰写心得体会、讨论交流等形式，提高党员队伍的思想政治素质、进一步增强学习效果。建立健全各项党建工作制度，县编译局成立支部后，结合工作实际，制订党的组织生活制度、民主评议制度、学习制度、党内监督检查制度等党建工作制度和业务工作各项规章制度，为更好地做好下一步的工作提供遵循。全体党员自觉、按时、足额缴纳党费。认真开展结对帮扶工作，全年为结对户送去大米、面粉、酥油等生活必需品，折合人民币1500元，同时为减轻帮扶对象的工作压力，组织党员采摘雪菊共5天10人次。

（其美顿珠）

2017年12月31日，拉萨市政协党组书记、主席、拉萨经开区党工委书记袁训旺（右三）一行在塔荣镇尚日村考察指导工作

【领导名录】

主 任

其美顿珠（藏族，5月任）

副主任

琼 达（女，藏族，5月任）

尼木县创先争优强基础惠民生活动领导小组办公室

【概况】 尼木县辖7乡1镇，32个行政村，32个驻村点。区直单位派驻驻村点2个、8名队员，市直单位派驻驻村点12个、48名队员，县直单位派驻驻村点18个、72名队员。

【工作思路】 年内，尼木县认真贯彻落实区市县党委、政府的部署要求，精心组织、全力推动，做到驻村工作与中心工作同部署、同落实，取得显著成效。广大驻村干部以强烈的责任感和使命感，秉着为民服务和爱民情怀，发扬艰苦奋斗和奉献精神，舍小家、顾大家，扎根基层、坚守岗位、履职尽责，全面落实“七项”重点任务，为推动尼木改革发展、民生改善、民族团结、社会稳定、精准脱贫做出突出成绩，把党和政府的温暖送到群众的心坎上，赢得全县各族干部群众热烈欢迎和衷心拥护。

【注重培训、强化实效】 年内，县强基办围绕驻村“5+2”重点任务，组织各村党组织第一书记、驻村工作队队长集中进行培训，重点讲解基层党建、精准扶贫、党风廉政等业务知识，不断提升驻村干部理论素养和工作能力、服务本领。年内，共举办培训班3期，发放各类宣讲资料1000余份。

【狠抓落实、务求实效】 年内，县强基办始终把学习贯彻党的十八届六中、七中，党的十九大精神作为头等大事，结合“一树两抓三比四提高”“两提三助看变化”活动，以提升农牧民党员干部群众工作能力、服务水平为着力点，以严的精神、实的作风扎实带动32个村党组织、2300余名农牧民党员群众学起来、做起来。

【创新机制、提升素质】 年内，县强基办以“两学一做”学习教育为契机，聚焦“5+2”重点任务，分季度组织召开集中学习暨驻村工作推进会，超前对工作进行部署，实时对驻村干部提出要求，确保驻村各项工作实时有效推进。年内，集中召开“两学一做”集中学习暨驻村工作推进会4次，解决问题12项。

【注重服务、全力保障】 年内，在重大会议、节日期间，县“四大班子”深入32个驻村点开展慰问活动，为驻村干部发放慰问金32万余元，切实把党和政府的关怀送到基层一线干部心坎上。本着关爱、健康、安全的原则，为各驻村工作队统一配发急救药（品）箱。对海拔超过4000米以上的10个村统一配发氧气罐11个，不断夯实驻村干部服务在村的保障基础。

【突出重点、审计经费】 年内，县强基办与相关单位集中人员时间对32个驻村点就2014—2017年驻村经费管理使用情况进行严格审查，有效避免驻村工作经费违规使用现象的发生，确保有限资金用在刀刃上。

【加强督查、提高质效】 年内，在党的十九大等重大维稳节点期间，县委组织部、强基办成立5个强基惠民巡回检查组，通过明察暗访、巡回检查、重点抽查、电话询查及突击检查等方式，对32个行政村“两学一做”“四讲四爱”“5+2”重点任务落实情况和队员履职尽责情况进行全面督导，特别对落实维护稳定各项工作和学习宣传贯彻党的十九大精神情况进行质效跟踪，全力确保各项工作落地见效。截至年底，县强基办主责开展督导651次，印发督查通报2期，现场整改问题256个，6名驻村干部被约谈，4名队员做出书面检讨，1名队员被降职处分。

【跟进媒体实时学】 年内，结合十九大维稳安保工作实际，驻村工作队就近就便组织村干部、下沉干部和农牧民党员代表全程集中观看党的十九大盛况，认真聆听习近平总书记所做的工作报告，畅谈切身体会，力求把党的十九大精神内化为广大群众的政治信仰，转化为打赢脱贫攻坚方法思路和建设小康尼木的精神动力。

【借助平台主动学】 年内，积极引导驻村干部和农牧民党员群众借助“党的十九大专题报道网”“党的十九大新闻中心”“电视媒体”“西藏日报”“微信发布”等平台，对党的十九大报告精神进行深入自学，做到原原本本学、原汁原味学，切实把习近平新时代中国特色社会主义思想武装头脑，推动工作，指导实践。

【党员大会集中学】 年内，结合区、市、县委对学习宣传贯彻党的十九大精神提出的具体要求，进一步细化工作措施，通过领学原文与专题研讨相结合方式，集中

2017年7月20日，县委常委、组织部部长、县强基办主任杜开凡主持召开第二次驻村工作推进会

组织农牧民党员群众广泛交流学习体会、畅谈切身感想，扩大学习范围、放大学习影响，不断把学习宣传贯彻党的十九大精神引向深入。截至年底，村“三支队伍”、党员群众自发集中学习十九大精神289次，召开党员大会专题会36次，56名党员干部群众谈体会。

【育人才、建队伍】 年内，以村组织换届为契机，按照“五上五下”要求，大力实施“三个培养”工程，协助乡村扎实做好换届前期准备工作，培养优秀的村后备干部，切实把党性观念牢、群众基础好、维稳能力强、致富本领高的党员选进村班子。截至年底，协助村“两委”培养入党积极分子255名，把56名致富能手培养成共产党员，把45名共产党员培养成致富能手，把43名党员致富能手培养成村组干部，培养村后备干部184名。

【重学习、抓制度】 年内，各驻村工作队以贯彻落实“三会一课”制度为有力抓手，经常组织农牧民党员群众学习党的方针政策、法律法规常识和科学文化知识，认真开展村党组织第一书记、驻村队长讲党课活动，不断提升党员群众政治觉悟、理论素养、党性修养。年内，共召开支部委员会352场次，党员大会96场次，党小组会议368场次，村党组织第一书记、村支部书记、驻村队长讲党课90场次，切实推进基层组织制度化建设，增强创造力凝聚力战斗力。

【筑阵地、抓经济】 年内，各驻村

2017年10月9日，拉萨市委常委、常务副市长占堆（中）在帕古乡彭岗村调研精准扶贫工作

工作队始终坚持时间服从质量的要求，积极配合相关单位，对村组织活动场所建设工程进度、质量进行全程监督，督促施工方加快施工进度。年内，各驻村工作队把发展村级集体经济作为抓基层、打基础的重要抓手，按照“提升富裕村、壮大一般村、扶持薄弱村”的思路，配合县乡大抓村组集体经济工作，助推32个行政村集体经济都达到5万元以上。

【立规矩、强执纪】 年内，驻村工作队把完善各项制度、规范村务工作、加大执纪力度作为开展工作的重要举措，有效推动村级工作制度化、规范化建设。年内，各驻村工作队废改立健制度104条。

【抓宣讲、聚合心】 年内，村“三支队伍”采取灵活多样形式，以群众听得懂得语言，广泛开展“四讲四爱”“感党恩”教育，深入宣讲党的方针政策，进一步坚定群众跟党走、报党恩的信心和决心，真真切切让群众明白惠从何来、惠在何处。通过举办演讲比赛、文体活动，牢固树立广大群众“四种意识”“四个自信”，在农牧民群众中赢得强烈共鸣。各驻村工作队累计开展集中宣讲会198场次，入户面对面宣讲5775户，开展新旧对比活动76场次。

【抓教育、稳人心】 年内，大力开展反分裂斗争教育，坚持对达赖集团的斗争方针不动摇，继续揭批达赖集团反动本质，坚决抵制分裂渗透破坏活动，不断夯实反对分裂维护稳定的前沿阵地。年内，共召开揭批达赖集团专题教育会145场次，参与人次达2.02万人次。

【抓宣讲、浓氛围】 年内，充分利用宣传栏、展板、横幅、广告牌、LED显示屏、微信公众号、县政务网等载体，积极宣传“四讲四爱”主题教育实践活动的重大意义、

2017年3月13日，县委书记杜国君，县委常委、组织部部长杜开凡一行在卡如乡赤朗村检查指导驻村工作

工作情况等，努力营造人人知晓、人人参与的良好氛围。截至年底，在各类网络媒体上刊登“四讲四爱”主题教育实践活动宣传稿件86篇，开辟宣传栏32期。

【理思路、找出路】 年内，结合村实际，协助村“两委”理清发展思路168条，制定完善符合村情、富有特色的发展规划98项，找准发展路子199个。

【抓项目、打基础】 年内，在严格落实强基惠民专项资金项目的同时，驻村工作队多方渠道争取计划外(道路交通、农田灌溉、经济林建设)等项目10个，涉及资金3135.18万元，有效提升乡村公路通行质量和方便农田灌溉，为群众提供良好的出行、农务工作条件。

【兴产业、促发展】 年内，全县32个驻村工作队依托全县“四产业两园区”发展布局和“四菜一汤”发展规划，组建24支支农服务队，深入田间地头，帮助群众种植、采摘藜麦雪菊2000余亩。

【送温暖、献爱心】 年内，在各大节日期间，各驻村工作队慰问“三老”人员和困难群众1.028万余人次，发放慰问金91.8万元。

【创方式、畅渠道】 年内，通过印发便民联系卡等形式，畅通群众诉求渠道，方便群众。截至年底，发放便民联系卡5000余张，解决群众“三就”“两保”“六通”等民生问题3000余件。

【建平台、促就业】 年内，驻村工作队以就近就业的原则，积极组织各村富余劳力投身旅游文化产业和村组织活动场所建设等全县重点建设项目，不断增加群众现金收入。截至年底，共组织群众劳务输出450余人，人均增加现金收入1.1万余元。

【细筛查、早救治】 年内，各驻村工作队把着力解决群众最直接、最现实的问题作为出发点和落脚点，按照筛查工作乡不漏村、村不漏户、户不漏人的原则，积极协助卫生医疗部门，组织各村群众筛查核实包虫病患者，为尼木县以包虫病综合防治工作打下坚实基础。截至年底，共筛查核实农牧民群众3.09万余人，筛查率99.8%。

【共帮扶、解困难】 年内，以开展“结对认亲交朋友”“三进四同三一”活动为契机，认真落实“321”帮扶机制，各驻村工作队多次深入帮扶户中，认真倾听贫困群众自我脱贫想法，引导群众由“被动脱贫”向“主动脱贫”，由“要我脱贫”到“我要脱贫”的转变，不断激发群众自我脱贫的内生动力。

【结现状、开药方】 年内，针对贫困户致贫原因、扶持需求等情况，以实施“六脱”措施为契机，提出帮扶计划1236个，制定帮扶方案1053个，实现扶贫工作差异化施策、精细化发力、“滴灌式”帮扶，助推贫困群众脱贫。截至年底，达到脱贫标准共有1253户5244人。

【盯目标、攻脱贫】 年内，驻村工作队紧盯目标任务，对标脱贫标准，落实“六个精准”措施，大力开展“支部讲政策、群众帮群众”活动，创新扶贫工作思路，认真组织举办技能技术培训班，引导贫困群众发挥主力作用，打好主动仗，助力脱贫摘帽。

【思想教育】 年内，根据中央、区、市、县“两学一做”学习教育的工作部署，深入贯彻落实党的十八届六中全会、区市县第九次党代会精神和党的十九大精神，尼木县结合实际，扎实推进“两学一做”学习教育深入开展，持续推动全面从严治党从“关键少数”向基层延伸，精细组织，扎实推动全县“两学一做”学习教育。

【组织领导】 年内，推进“两学一做”学习教育常态化制度化，是加强党的建设的一项长期任务，在县委的坚强领导下，在深化拓展2016年度“两学一做”学习教育的基础上，县委组织部强劲牵头实施，县纪委、县委宣传部、县强基办协力配合，推动“两学一做”学习教育常态化制度化，持续有效促进全面从严治党不断纵深发展。

【压实主体责任】 年内，把开展“两学一做”学习教育常态化制度化纳入管党治党的责任清单，作为一项重大政治任务，按要求统一思想和行动，研究部署全县“两学一做”学习教育，及时启动相关工作，明确工作职责，各级党组织主要负责同志亲自抓、谋计划、抓推动、抓落实，确保“两学一做”学习教育“从内到外”有人抓、有人管，一级抓一级，层层抓落实，做到任务明确、措施具体、目标清晰、考核严格。

【“两学一做”学习教育常态化制度化工作座谈会】 5月24日，县委组织召开全县推进“两学一做”学习教育常态化制度化工作座谈会，传达学习中央、区、市党委关于推进“两学一做”学习教育常态化制度化工作座谈会会议精神，安排部署全县推进“两学一做”学习教育常态化制度化工作，进一步推进“两学一做”学习教育常态化制度化全面进步、全面过硬。

【在“学”上精心安排】 年内，以“五个精准”为抓手，自觉把“精准”体现到学习教育常态化制度化工作的全方位、全过程。精准确定工作目标，年初制发《关于在全县推进“两学一做”学习教育常态化制度化工作》，从4个方面明确学习目标。精准安排学习内容，划分“党章党规、治藏方略、系列讲话、做合格党员、区党委九届三次全会、学习党的十九大精神”6个讨论专题，不断充实学习内容。精准提出实践要求，结合党员的工作职责和岗位特点，因材施教，明确6个方面实践要求。精准采取推进措施，多措并举推动全县253个党组织、3440名党员学起来，树牢“四个意识”“四个自信”。县委理论中心组带头开展专题学习讨论会26场次，45名县乡领导干部进行交流发言。配发藏汉“双语”学习教材（含光盘）500余套，投入6万余元制发学习笔记本3450册。同时，结合“四讲四爱”主题教育实践活动，开展各类宣讲931场次，受教农牧民群众30105人次。精准明确整改重点，坚持问题导向，区分6类教育对象，针对不同行业、不同层次，细化县乡整改清单2个。各级党委（党组）严格执行理论学习中心组学习，每月召开2次以上党委（党组）理论中心组“两学一做”学习教育集中学习研讨，重点围绕学党章党规、学系列讲话、做合格党员、协调推进“四个全面”、践行新发展理念、落实管党治党责任、落实党的治藏方略等内容开展形式多样的专题学习。截至年底，县委召开理论中心

2017年11月2日，县委副书记、县长普琼在续迈乡续迈村慰问结对帮扶户

组"两学一做"学习教育集中学习28次，撰写交流发言材料45篇，撰写心得体会110余篇。

【在"做"上深化拓展】 年内，先后印发《关于在全县党员中开展"学党章、戴党徽、亮身份、做表率"活动的通知》《关于认真开展党支部主体党日活动的通知》，按照"日子好记、时间集中、活动方便"的原则，将每月固定一日作为全县基层党员定期活动日，集中开展学习研讨、观看红色题材影视教育片、上党课、缴纳党费、老党员现身说法、农牧民党员参与议事、志愿服务等活动。自主题党日开展以来，村级党组织累计开展活动日370余次，各级党组织书记讲党课89场次，新旧西藏对比教育36场次，老党员现身说法36场次，组织各类志愿服务活动120场次。坚持学做结合，积极对接有机农业示范县创建活动，组织400余名县乡村干部职工，成立86个支农服务队，帮助农牧民群众种植采摘雪菊6000亩。

【在"改"上强化作风】 年内，把"两学一做"学习教育中的好经验好做法以制度的形式固定下来，抓实"三会一课"这个载体，投入4万余元制作党(工)委、党(总)支部等9套基层常用会议记录本2200本，全面规范基层组织日常会议。建立"两规则两办法"，即《中共尼木县县委常委会议事规则(试行)》《中共尼木县委"五人组"会议酝酿干部任免事项规则(试行)》《中共尼木县委常委会议讨论决定干部任免事项暂行办法》《尼木县干部管理办法(试行)》，严格干部管理。同时，对照既定目标要求，采取个人自查和巡回检查的方式，督促各级党组织对学习教育情况进行回顾检视，针对存在的问题，该补课的及时进行补课。截至年底，督查指导6轮，查改问题12项。

2017年5月4日，尼木县委理论学习中心组"两学一做"学习教育第五次集中学习

【围绕主题，讲好党课】 年内，结合专题学习研讨，对党课内容、时间和方式等做出具体安排。组织县委党校教师及"四讲四爱"宣讲团成员深入基层开展面对面宣讲和党课教育。下沉干部、驻村工作队协助指导基层党支部书记、普通党员特别是老党员结合实际讲党课。党课内容贴近党员、贴近实际，注重运用新旧对比、身边实例、现身说法，强化互动交流、答疑释惑，增强党课的吸引力和感召力。截至年底，县委书记和其他常委结合工作实际，为分管领域，所在支部或联系点讲党课18场次。

【"党员干部进村入户、结对认亲交朋友"活动】 年内，按照"321"工作要求全县党员干部带着"真诚心"，持续深化1285户、5412名建档立卡贫困户结对帮扶工作，不断助力精准脱贫、富民强村。

【开展民族团结进步创建活动】 年内，进一步密切党群血肉联系，拉近党群干群关系，增进各民族之间感情，促进各民族团结进步，强化基层党组织建设，牢固发展稳定的群众基础。全县各级党组织深入推进共产党员民族团结先锋活动进机关、进农村、进学校、进企业、进寺庙、进部队，逐步把活动范围拓展到社会各个阶层，有效营造全社会人人讲团结、促团结的浓厚氛围。共产党员的先锋模范和示范引领作用，不断夯实党的基层基础。

【营造氛围】 年内，把推进“两学一做”学习教育常态化制度化的宣传工作列入重要议事日程，充分利用微尼木、LED 电子屏、宣传栏等平台多措并举大力宣传学习教育相关文件精神，并发放“两学一做”藏汉“双语”学习材料 4000 余份，积极报道各单位开展学习教育情况，加强舆论引导，营造浓厚学习氛围。

【整改措施】 年内，结合《关于在全市党员中开展“学党章党规、学系列讲话，做合格党员”学习教育实施方案》和《中共拉萨市纪委机关中共拉萨市委组织部关于认真开好 2016 年度党员领导干部民主生活会的通知》，经请示市委第六督导组，尼木县委常委班子专题民主生活会于 1 月 6 日召开。会后，坚持“实事求是、出于公心，坚持真理、修正错误，立规执纪、抓好整改”的原则，聚焦通过批评与自我批评以及查摆出的问题、征求到的意见建议，认真抓好整改落实，不断增强县委常委班子及成员在理想信念、政治纪律和政治规矩、工作作风、敢于担当、组织生活、落实全面从严治党责任等方面解决问题的能力，促进党风政风进一步好转，党群干群关系更加密切，群众满意度、认可度进一步提高，努力营造积极向上、干事创业、风清气正的政治生态，奋力推进团结美丽健康幸福新尼木建设进程，确保党中央和区、市、县党委的各项决策部署落到实处。

（洛桑次仁）

【领导名录】

主　任

杜开凡

副主任

旦　平（藏族）

嘎旺朗杰（藏族）

尼木县总工会

【概况】 2017 年，尼木县总工会坚持“务实、创新”的工会工作思路，以发展和谐稳定劳动关系为主线，以协调解决职工群众最关心、最直接、最现实的利益问题为重点，以构建工会工作坚实的组织体系为基础，大胆探索，努力创新，为广大职工群众做好事、办实事、解难事和开创尼木工会工作新局面。始终坚持“组织起来、切实维权”的工会工作方针，坚持以“党工共建，创先争优”活动为主线，以构建和谐稳定的劳动关系为根本，紧密联系工会工作实际，找准工作切入点和着力点，以高度的历史使命感和政治责任感，切实贯彻落实服务大局，突出维权、服务职工，服务基层的工会核心职能。牢牢把握正确的政治方向，坚持“促进发展、维护稳定促进和谐、保证民生、履职职责、提供服务”的工作思路，紧紧围绕县委中心工作和拉萨市总会的工作部署，全面贯彻落实《中共中央关于加强和改进党的群团工作的意见》，以解决职工群众最关心、最直接、最现实的问题为抓手，全面推进尼木县工运事业健康有序发展，团结和带领全县职工为建设幸福和谐尼木做出积极贡献。

【全面部署建会工作任务】 年内，及时召开全县七乡一镇和村居党支部负责人的会议，制定下发《2017 年全县村居工会建设和乡镇工会规范化建设的工作方案》对全年的组建任务进行分解落实，列入年终考核目标。

2017年12月27日，拉萨市总工会副主席冉龙平（左一）在尼木县总工会调研

【建立健全各项工作机制】 年内，明确乡镇和村（居）、工会主席是建会第一责任人，其他驻村工作队要根据各自工作职能积极配合工会组建。

【开展调查研究摸底】 年内，以乡镇工会委员会和村工会委员会为责任单位，精心组织专门力量，进行逐门逐户调查摸底农民工情况。同时，按先易后难的原则，采取边摸底、边宣传、边组建的方法，推进全县32个行政村的工会组织建设。

【乡镇基层工会体制机制建设】 年内，认真贯彻落实乡镇工会“八有”建设，尼木县乡镇工会“八有”建设工作任务已完成，根据区、市总工会的安排，2017年年初通过达标的乡镇2个（吞巴、续迈），通过率100%。为进一步规范区、市总工会对通过的两个乡镇（吞巴、续迈）工会各解决1.7元购置办公设备经费，共计3.4万元。

【增强基层工会组织力量】 2017年，全县共有86个工会组织，其中有总工会1家，工会委员会8家，工会小组77家。尼木县共有工会会员10716名，其中，干部职工1577人，国企和集体企业174人，非公企业农民工8883人，退休82人。教职工336人（独立工会），每年会员增长率平均为8.9%。工会坚持以“党建带工建”，全县范围内非公企业正式党员106人，男89人，女17人。预备党员26人，男25人，女1人。进一步壮大工会组织队伍，增强工会组织的凝聚力和影响力，充分发挥党联系群众的重要作用，为推进党的群众路线工作提供坚实基础。

县总工会在抓好工会组建，发展会员，扩大覆盖面，增强工会组织的凝聚力和影响力的基础上，深入开展基层工会组织建设，确保工会建立一个，巩固一个，发挥作用一个，大力吸收广大职工群众积极参与工会组织。截至年底，共新增工会成员为7家（分别为护路、环卫、女职工委、曲林村、塔荣镇藏式家具制作合作社、尼木乡日措村），发展新会员2336人（市总工会目标要求为2000人、县总工会额外吸收336人）。其次，工会坚持“以党建带动工建，以工建服务党建”，不断健全和完善基层工会组织建设，切实转变观念，强化服务意识。对新时期工会工作展开认真研究和探讨，总结经验，完善工会职能和各项工作制度，增强工会组织的创新力和凝聚力，统一思想、勇于创新，努力构建一个科学化、多元化的工群组织。

2017年12月17日，拉萨市总工会副主席冉龙平（右三）向困难职工发放慰问金

【依法建会】 年内，依法保障职工参加和组织工会的权利，为实现最大限度地把包括农民工在内的广大职工组织到工会中来的目标提供法律支持，而且在实践中突破一些“盲区”。

【依法建制】 职代会和平等协商集体合同制度是《中华人民共和国工会法》赋予工会维权的两个主要机制和手段。为此，着力加强工会组织领导下的维权机制建设，促进劳动关系的和谐稳定。全县机关事业单位、国有企业、集体企业以职代会形式和厂务公开为主要形式的职工民主管理建制率达到100%。

【完善全县工会会员档案】 年内，工会全面开展整理全县新老会员档案工作及电子档案信息录入工作，新发（或补发）会员证2000多份。

【职工群众接待】 年内，首先在思想上纠正“好人不信访，信访无好人。好事不信访，信访无好事”的错误认识，持之以恒地开展“开门接访”。在行为上确定“六心”要求。即接待来访要热心，听取反映要诚心，了解情况要细心，说明解释要耐心，排忧解难要真心，处理问题不偏心。对待来访者做到“三个一”，一句问候、一张凳子、一杯茶，使来访者有宾至如归的感觉。

2017年9月15日，总工会副主席洛桑为群众讲解《中华人民共和国劳动法》《中华人民共和国工会法》

【围绕“抓早、抓小、抓苗头”原则】 年内，总工会积极配合县信访局等有关部门深入基层、深入企业，广泛搜集外来企业信息，排查摸底，超前预测，防患于未然。2017年，总工会联合县信访局、县住建局、县人社局等单位在全县范围的各企业进行工资保障情况、工伤保险参与情况、劳动合同签订情况、施工资质办理情况等方面排查三次，涉及企业10多家，涉及人数达150多人次。做到认真办理信访维稳各项工作。

【落实信访维稳首办责任制】 年内，对外来企业反映的问题，第一时间调查、第一时间处理，力争做到按时。2017年，工会无发生职工群众来信来访和上访事件

【推优工作】 年内，总工会本着“公平、公正、公开”的原则，严格推优评选工作程序，认真推选优秀、模范，使优秀、模范真正发挥帮带作用。截至年底，尼木县共有全国劳动模范1名、自治区级劳模3人，其中自治区级“五一劳动奖章”1名、首届拉萨劳动模范1名。2017年，在建立和完善劳模管理服务长效机制上有更深的内涵；深入调查，全面掌握劳模基本情况。由于一些不确定的因素，劳模的工作、生活状况都在发生变化，为及时掌握全县劳模的全部情况，2017年，又开展一次全县劳模、先进工作者的生活状况调查，建立健全全国、自治区、拉萨市劳模和“五一劳动奖章”获得者电子档案。掌握全县劳模的基本情况。用心为2017年劳模评选工作提前做好准备。劳模评选是个牵涉面广、敏感性大，责任心强的工作。县总工会不负众望，总是用心在做好评模前的基础性工作。

【服务职工】 年内，总工会组织乡镇工会委员会，深入基层，精心调查，统计出2016年考入大学的130名大学，经过乡镇工会委员会、县总工会的严格审查，并通过拉萨市总工会再审，确定资助符合条件的有130名。共审批46.8万元的助学资金。并在2月兑现到每个学生手上，帮助解决他们的实际困难。与此同时，为拓宽农牧民群众的生产生活得到更大的改善，早日走上富裕之路。积极与上级业务部门协调沟通2016年申请援藏资金20万元。帮助尼木县个别有能力的私营企业带动贫困户共同创业。截至年底，支持尼木县吞巴乡藏香合作社周转金10万元；周转时间为三年，三年后归还本金，资金已拨付至企业。

【关心弱势群体】 年内，积极与人社、农牧等部门协调，帮助贫困家庭开拓问路，大力开展各类技能培训，2016年底至2017年10月，工会共帮助60余名贫困家庭里的剩余劳力开展如驾驶、厨师、大棚种植、毛毯编制、农机具维修等技能培训。其中驾驶员培训16人，

培训资金10.08万元；参与县妇联组织培训毛毯编制30名；种养殖培训25人。大大提高培训人员各自的能动性，为今后的创业、谋职奠定基础。

【开展“送温暖”活动】 年内，总工会以开展“面对面、心贴心、实打实服务职工群众”活动为主线，开展“三进、四同、三一”活动，多次走访困难职工及农民工家庭，听取群众在生产生活方面的意见，了解他们的生产生活情况和存在的困难。2017年共看望慰问退休老职工4名，发放慰问金4000元。

【慰问困难职工群众】 年内，慰问困难职工50人（包括公益性岗位和农民工），按每人1000元的标准，共计5万元。对15名结对贫困党员及曲林村委会进行解困帮扶，并送去慰问金及价值6000余元慰问品，县总工会协同市工会走访慰问困难职工29户，发放慰问金2.9万元。

慰问条件艰苦的驻村和驻寺8个点，每点慰问金2000元，共计1.6万元，全覆盖慰问32人，每人1000元，共3.2万元。并在7月向各乡（村）兑现用于村居工会组织建设办公资金（8个乡镇各5000元。32个行政村各1万元）共计36万元。在日常工作中加强公用经费管理，年度预算坚持先报批后使用的原则。加强票据管理，严格票据使用范围，专票专用，不相互替代。严格经费开支报批程序和手续，强化内部约束机制，杜绝开支范围和标准不规范现象，完善报批手续、经办人、财务审核以及领导审批流程；自觉接受经费审查委员会的监督。

（索朗云登）

【领导名录】

主　席

普布扎西（藏族）

副主席

洛　桑（藏族）

索朗云登（藏族，5月任）

共青团尼木县委员会

【概况】 2017年，共青团尼木县委员会以党的十八届六中全会、党的十九大精神为指导，紧紧围绕全县党政中心工作及区、市共青团工作要求，团结带领广大团员青年，全面深化共青团改革，创新开展共青团工作，取得较好的成绩。

2017年，全县共有基层团委数8个、团总支1个、团支部61个。全县团员数1417人，专兼职团干87人。

【团组织建设】 年内，团县委组织各级团组织、学校少先队负责人、志愿者共计20余人，召开《尼木县2017年全团工作务虚会议》，签订目标考核责任书，就如何开展好团工作，如何高效服务青年做具体安排部署，同时要求各级团组织严格落实各项文件、会议精神，树立起团干部干事、创新、突破的形象；乡镇团委组织格局创新及“大团委”建设“回头看”工作继续扎实稳步推进，截至年底，已累计成立18个直属团组织，实现8个乡镇直属团组织全覆盖；继续深入推进“青年之家”建设工作，帕古乡、普松乡曲水村、续迈乡“青年之家”已经建成并投入使用。

【青少年思想引领】 年内，在团员青年聚集的学校、乡镇、村开展各类宣传教育活动30余次。充分

2017年2月16日，团县委书记强措姆慰问环卫工人

发挥爱国主义教育阵地、拉萨市青少年民族文化传承实践基地作用,组织青少年开展系列主题实践活动,弘扬爱国主义精神,坚定理想信念;坚持以理想信念教育为核心,以牢固树立四个意识特别是看齐意识为内容,深入贯彻落实"一学一做"学习教育活动,坚持以习近平总书记系列讲话精神构筑团员青年精神支柱,用党的方针政策教育团结团员青年,扎实推进理论武装工作,高标准、严要求,做合格共青团员、接班人,为实现中国梦凝聚青春力量。

2017年,开展"一学一做"学习教育活动10次,"手拉手""送温暖""学雷锋""3·28""我们的清明""五四表彰""庆六一""四讲四爱"等各类主题教育实践活动40余次,参与青年、学生6000余人次。

2017年3月5日,西部计划志愿者在县客运站开展"学雷锋"志愿服务活动

【服务青少年成才】 年内,组织法制宣传志愿服务队在全县青少年中广泛开展以《中华人民共和国未成年人保护法》《中华人民共和国预防未成年人犯罪法》为主要内容的法制宣传活动。以创新创业创优为重点,认真做好全县待业大学生统计、大学生返乡创业意愿统计、农牧民青年创业意愿统计、新增农村合作社统计等信息核实统计工作。充分发挥县农行金融干部挂职锻炼的优势,积极争取县农行创业贴息小额贷款项目,着力解决青年创业怎么帮、谁来帮的问题。坚持"入户宣传教育引导+帮扶"相结合的方式深入开展结对帮扶工作,截至年底,开展结对帮扶教育工作12次,为6户结对户帮扶3000余元。开展"爱心包裹"活动,为续迈乡完小、县中学发放爱心书籍1000余册,衣物300余套。

为营造青少年的健康成长环境,提高维护自身合法权益能力,团县委与尼木县未成年思想道德建设和预防青少年违法犯罪工作专项领导小组各成员单位沟通交流,9月在县中学和县完小开展预青法制讲座;下拨各乡镇预青经费,并从县级预青经费中拨出8000元经费,用于各中小学校预青工作经费。在后期"青扶青"活动中投入5600元,对乡镇重点青少年23名代表,开展"情系重点青少年暖冬慰问"活动。

【志愿服务】 年内,以"保护母亲河·创建美丽尼木"为主题,开展丰富多彩的保护母亲河行动。以"绿动幸福林""祭奠烈士"为内容,共动员全县各级团组织约330人次参与植树造林活动,组织1500余名志愿者多次开展"禁白"活动,共清理白色垃圾20多公斤。组织动员各级团组织团干青年、少先队辅导员、西部计划志愿者100余名,积极开展青年网络文明志愿者组建工作。制定下发《学习雷锋志愿服务的通知》《保护母亲河 建美丽尼木》《绿色低碳 美丽尼木》《平安志愿者关于深入开展平安志愿服务活动的通知》,大力普及志愿理念,弘扬志愿精神,推动志愿服务活动持续健康发展。

【"双创"工作】 年内,应上级团组织明确提出的"动员组织广大青年积极投身全面深化改革实践 走在创新创业创优的前列"的要求,组织拉萨市第三届青年创新创业大赛城乡青年创业组尼木赛区赛事。推荐六家本土优秀创业企业参加第二届西藏青年创新创业创优成果展。尼木县优秀大学生创业者获得拉萨市首届青年创业奖。

【特色工作】 年内，运行团尼木县委公众微信账号；开展2017年尼木县干部职工篮球友谊赛。组织开展拉萨市第三届青年创新创业大赛城乡青年创业组尼木赛区赛事。

【团费收缴】 2017年，共收缴2016年4月—2017年4月团费8833.6元整。

（田鑫玥）

【领导名录】

书 记

强措姆（女，藏族）

副书记

余 刚（5月免）

尼木县妇女联合会

【概况】 2017年，尼木县妇女联合会充分利用家庭阵地，在全县深入开展寻找“最美家庭”和创建“平安家庭”活动。召开尼木县喜迎党的十九大，创建“平安家庭”“最美家庭”表彰大会。投入3.55万元为65户“平安家庭”和12户“最美家庭”进行表彰；充分利用家庭这个平台，向全县发出“廉政文化进家庭”活动倡议书600多份，与全县300名副科级以上干部签订承诺书。

【妇儿工委工作】 年内，专项投入3万余元召开尼木县妇女儿童工作会议。会议总结工作、表彰先进、交流经验、部署任务。会上，对7个全县实施妇女儿童发展规划先进集体和12名先进个人进行表彰。制定出台《尼木县妇女儿童发展规划（2016—2020年）》。《尼木县妇女发展规划（2016—2020年）》以促进妇女全面发展、促进两性和谐发展、促进妇女与经济社会同步发展为基本原则，提出妇女与健康、教育、经济、参与决策和管理、社会保障、环境、法律等7个重点发展领域，共56项指标。制定《尼木县儿童发展规划（2016—2020年）》，以依法保护、儿童优先、儿童利益最大化、平等发展和儿童参与为基本原则，提出儿童与健康、教育、福利、社会环境、法律等5个重点发展领域，共46项指标。

【维权工作建立新机制】 年内，为充分发挥妇联组织在参与社会管理创新工作中的优势，突出婚姻家庭和谐创建的妇联工作重点，联合县司法局成立尼木县婚姻家庭纠纷人民调解委员会。对婚姻家庭纠纷人民调解工作内容与程序，婚姻家庭纠纷人民调解委员会工作制度进行明确规定。县妇联坚持以服务尼木县妇女儿童，维护社会稳定为己任，积极受理妇女合法权益受到侵害的信访案件，2017年共接待来信来访4件，调解率达100%。年内，开展各种法制宣传活动8次，共发放宣传资料3500份，受益妇女群众达2480人次；围绕“四讲四爱”主题教育实践活动，举办各种法治讲座8次，受教育妇女、家长和学生达1465人次，发放各类法治宣传单900余份，取得活动实效。

【“巾帼建功”凸显新成绩】 年内，在市妇联的资金支持下，向吞巴乡根比村妇女联合特色产业家园发放10万元扶持金，扶持和带动更多妇女创业就业，增收致富。截至年底，该合作社由6名妇女入股形式运营。“双学双比”活动不断深化。年内，围绕县委、县政

2017年11月16日，尼木县召开妇女儿童工作会议

府提出的打赢脱贫攻坚战、建设小康尼木“三步走”战略和民族团结巾帼添彩行动，投入2万元举办民族团结“巾帼脱贫行动”之妇女技能培训班4期，参训妇女达315人次。

【弱势群体关爱服务项目】 在藏历新年和“三八”妇女节前后，县妇联以坚持贴近实际、贴近生活、贴近群众为工作原则，与干部联系群众服务基层工作相结合，开展“下基层、接地气、访妇情、办实事”为主题的节前慰问活动。特别关注单亲、特困家庭妇女、患病妇女、寺庙尼姑并积极实施帮扶活动。截至年底，对寺庙尼姑、驻寺女干部、单亲母亲、空巢老人、贫困母亲、患病妇女、基层妇联干部等140人进行走访慰问，为她们送去慰问金2.53万元和价值3万元的慰问品，将党的关怀和“娘家人”的温暖送到妇女的心坎上。发放“母亲邮包”和“春蕾生助学金”。为塔荣镇林岗村30名贫困母亲发放价值6000元的“母亲暖心包”。在上级妇联的帮助下，为尼木县16名家庭贫困、品学兼优的学生发放春蕾生助学金5.4万元。坚持儿童优先原则。在第68个国际“六一”儿童节，结合当前开展的“四讲四爱”主题教育实践活动，深入帕古乡小学和尼木乡小学，开展“童心向党，喜迎十九大”为主题的慰问活动，为285名家庭贫困品学兼优的学生赠送价值近2万元的学习用品。开展“两癌”“重大疾病”救助活动。为尼木县24名贫困妇女患者发放救助金3万元，以救助的方式帮助贫家庭缓解生活压力，有力推动家庭社会和谐稳定。

【“妇女之家”建设】 年内，为进一步做实做活做优妇女之家，打造尼木县妇女之家的标准化、示范化。投入7万余元，在原有41家的妇女之家基础上。2017年，以一乡、一村、一寺为基础，进一步完善县级标准化妇女之家3个。全县41家“妇女之家”为辖区妇女提供慰问、维权关爱、教育培训等各类服务60场3000人次。

【妇联改革工作】 年内，将尼木县33个村（居）妇代会同步改建为村（居）妇联。基层妇联改革工作经费按乡镇、村（居）级妇联按每年辖区内妇女人均不低于10元且总量不低于2万元标准，层层落实妇女事业发展专项工作经费，纳入财政预算。

（琼　达）

【领导名录】

主　席

琼　　达（女，藏族）

主任科员

达娃仓决（女，藏族）

尼木县工商业联合会

【概况】 尼木县工商业联合会（简称尼木县工商联），于2012年10月20日成立。主要职责：参与县委、县政府大政方针及政治、经济、社会生活中重要问题的政治协商，发挥民主监督作用，积极参政议政。加强和改进非公有制经济人士思想政治工作，引导会员共建社会主义核心价值体系，承担社会责任，当好中国特色社会主义事业建设者。引导企业会员不断推进技术创新、管理创新、文化创新，提高核心竞争力和可持续发展能力，走科学发展道路。密切与会员的联系，反映会员的意见、要求和建议，代表并维护会员的合法权益，支持企业会员开展党建工作和工会建设，参与劳动关系协调工作，构建和谐劳动关系。为会员提供培训、融资、科技、法律、信息咨询等服务，帮助解决生产经营中遇到的实际问题。引导会员弘扬中华民族传统美德，先富帮后富，走共同富裕道路，热心社会公益事业。按照“统战性、经济性、民间性”相统一的原则，加强自身建设，体现特色，提高履行职责和发挥作用的能力。承办县委、县政府交办的有关工作。

【企业基本情况】 截至年底，尼木县非公企业共14家（以公司为标准），其中建筑业5家、手工业6家、种养殖业2家、旅游业1家。注册资金共12810万元。就业人员931人。产值3250万元。规模以上非公企业一家没有。

【非公党组织建设】 截至年底，尼木县非公企业中共有党员48名，党建联络员14名。11月成立尼木吞巴藏香净土产业有限公司党支部，其余企业党员都是挂靠到各所属村支部，个别党员的组织关系还在内地，故各企业没有成

2017年7月24日，西藏大学副教授张莹，县委常委、统战部部长，县非公党工委书记普布次仁在尼木县天润农牧业开发有限公司调研

立党支部。

【换届选举】 5月10日，召开尼木县第二次工商业联合会大会，选举产生尼木县工商业联合会第二届执委会执行委员25人，其中副主席3人，主席1人。审议通过尼木县工商业联合会第一届执委会的工作报告，大会的召开，认清形势，统一思想，理清思路，明确任务，加强组织保障，自始至终充满隆重而务实的气氛，是一次承前启后、继往开来、鼓舞人心、凝聚力量的会议，对尼木县工商联以后五年工作和非公有制经济的健康快速发展产生积极推动作用，必将积极开创工商联工作新局面。

【企业培训】 年内，组织全县5个非公企业负责人参加拉萨市工商联组织的为期1天的“认真学习党章，做合格党员”的专题培训班。县工商联主要领导带领2名企业负责人参加拉萨市工商联举办的全区第二次非公有制经济发展大会上吴英杰书记的重要讲话精神的专题辅导会。12月，组织全县非公经济代表人士近13名集中宣讲党的十九大精神，及时了解和掌握非公经济的大好政策，通过学习，提高非公企业人士的文化水平和管理理念，经营方式等。

【服务企业】 年内，为扩大会员企业的影响力，提高企业产品的知名度，帮助会员企业做好产品的推广，让会员企业的民生产品打开市场的销路。3月，组织部分会员代表，举办“企业面临问题及解决办法”座谈会。会员针对当前形势，企业发展的困难、希望工商联帮助协调解决的问题等方面，展开热烈讨论。在工商联主席的引导下，会员又对“合作发展、共渡难关”的理念达成共识，决定家乡的非公经济人士们团结起来，壮大尼木非公企业力量，共同发展。同时积极协调市工商联，争取主要媒体免费开展“西藏特色产品展示（展播）”项目、争取更多企业到区内外参加特色产品展销活动。县工商联积极帮助非公企业想办法，提建议，同时与县净土健康产业联系，通过它们的平台，拓宽非公企业的销售渠道和企业的知名度。搭建服务平台。为方便企业及时了解和掌握党的方针政策，学习其他县区好的经验、做好尼木县工商联新建微信公众平台，及时传达和发送有关信息。

【“百企帮百村”】 年内，参与精准扶贫的民营企业有10家，共计安置建档立卡贫困群众101人，涉及5村（镇）81户家庭。“企帮村”行动方面：为10家民营企业建立“一对一”帮扶贫困对象10户。尼木县和谐建筑安装股份有限公司、西藏天润农牧业开发有限公司等8家民营企业深入到全县各乡镇贫困村调研对接，与尼木村8户、曲林村12户达成精准扶贫意愿。尼木县和谐建筑安装股份有限公司，积极了解贫困户的基本情况，资助贫困户大学生生活费用，为尼木群众免费维修公路，房屋改扩建等共投资9万多元。尼木县民营企业以技术帮扶为主，注重贫困村、贫困户的造血功能，一传十，十帮百，以点带面，起到辐射带动致富的作用。

（次　仁）

【领导名录】

主　席

王超飞

副主席

次　仁（藏族）

军 事

尼木县人民武装部

【概况】 2017年，尼木县人民武装部紧紧围绕习主席“听党指挥、能打胜仗、作风优良”的强军目标，坚持以党管武装为龙头，以国防动员为中心，不断提高党委班子科学决策能力，深入学习贯彻“两学一做”专题教育实践活动和党的十九大精神，狠抓部队作风纪律建设，持续夯实安全发展根基，圆满完成民兵整组、兵员征集、十九大维稳备勤等各项任务，确保部队高度安全稳定和集中统一，全面建设再上台阶，发展势头向上向好。先后被西藏军区评为“依法治军从严治军先进单位”，被拉萨市和尼木县分别授予“民族团结进步模范集体”。

【政治工作】 年内，武装部党委始终把思想政治建设摆在首位，积极抓好各项思想政治教育活动，深刻领会习主席重要讲话、党的十九大精神、军区、警备区首长重要讲话精神，注重运用理论学习成果指导工作实践，确保武装部正规化建设和民兵队伍建设的正确方向。始终坚决维护党中央、中央军委和习主席权威，维护党的团结，执行上级指示、命令坚决，政令军令畅通。在学习贯彻党的十九大精神方面，通过电子屏、展板、橱窗、横幅等方式大力营造学习氛围，并采取集中领学与个人自学的方式持续深入地学习领会相关精神实质。

【军事工作】 年内，按照习主席“能打仗、打胜仗”的要求，以陆军军事训练大纲为依据，扎实开展实战化军事训练，夯实官兵基础体能、技能。按照突出重点、兼顾全面的原则，多次组织应急民兵演练，在春节、“两会”、国庆、党的十九大等时节共历时40余天，组织民兵开展维稳备勤和武装巡逻；借助县委、县政府之力，共同搞好兵员国防教育和征兵宣传，完成新兵选送工作。以西藏军区

2017年7月20日，县人民武装部部长罗立富带领官兵在县政府门前开展征兵宣传

2017年11月3日，县人民武装部副部长李璞组织官兵进行年终军事训练考核

“争创安全年”活动为牵引，大力加强正规化建设，狠抓条令条例贯彻落实，突出防范重大安全问题，实现“大事之年不出大事，改革之年安全稳定”的总目标。

【保障工作】 年内，以提高武装部、民兵后装保障能力为核心，以“一保战备、二保生活”为目标，狠抓战勤训练、后装管理、生产生活和营区建设，先后完成营产营具生活设施改造、装备库区基础设备补充修缮、农副业生产养殖等保障工作，后勤服务效益明显增强，装备管理水平得到提高，综合保障能力持续加强。

（李　璞）

【领导名录】

部　长

罗立富

副部长

李　璞（8月任）

尼木县公安消防大队

【概况】 2017年，尼木县公安消防大队圆满完成尼木县节假日、佛事活动、党的十九大安保任务等各项执勤保卫任务。公安消防大队全体官兵视尼木人民为父母，视驻地为故乡，用自己的青春、热血书写对党和国家的无限忠诚，对党和人民的无限热爱，在各项工作的考验中保卫人民群众的生命财产安全，为地方经济发展做出重要贡献。

【思想政治学习】 2017年，尼木县公安消防大队贯彻执行改革强警、“两学一做”专题学习活动，牢固树立“四个意识”，深入贯彻习近平总书记公安系统“十六字”总要求，坚持“一手抓队伍建设、一手抓业务工作”，以《军队基层建设纲要》为主线，以作风建设为重点，加大组织建设力度，狠抓党风廉政建设和经常性思想政治教育工作，进一步解放思想，实事求是，与时俱进，保持部队高度稳定，圆满完成以防火灭火、应急救援、维稳处突为中心的各项工作任务，在政治工作、业务建设、部队管理、内外关系、营房建设等方面均取得较大进步。

2017年10月23日，县公安消防大队督促辖区宏立液化气站开展隐患整治工作

【强化“四个意识”】 2017年，尼木县公安消防大队全体官兵深入贯彻落实“四个意识”，不断强化官兵服从命令、听从指挥的意识，坚决维护县委、县政府的领导，坚决维护县公安局管理指挥权威，严格执行县委、县政府及县政法委、县公安局的各项指令和工作指示要求，认真履职，不负重托。

【经费投入】 2017年，尼木县公安消防大队预算经费为148万余元，为顺利开展各项工作奠定坚实的后勤保障；同时，县委、县政府于财政极为薄弱的情况下对消防工作给予大力支持，投入30余万元大力推进乡村“微型消防站”和义务消防队的建设。

【全面维护社会面稳定】 2017年，面对尼木县宗教佛事活动及维稳工作形势，公安消防大队紧紧围绕县维稳指挥部及县公安局的要求，做好各项执勤安保工作。大队按照常态化和等级战备勤务要求进行科学调配，分别做好社会面定点执勤、特殊情况不间断巡逻和在队备战的三种勤务模式，全面维护社会稳定。2017年，大队在队备战共执行二级以上战备240余天，接处警22起，定点执勤出动车辆27辆次、官兵140余人次；不断修订完善各类执勤方案、灭火救援预案。截至年底，大队共修订完善23份。为切实做好尼木县灭火及应急救援各项准备工作，大队结合消防部队担负的任务和大队人员、装备实际，进一步修订完善《尼木县灭火与消防应急救援处置联动工作方案》。年内，大队对各乡镇微型消防站进行培训指导10余次，进一步完善各个微型消防站的组织制度，增强维稳处突的力量。

2017年11月9日，县公安消防大队组织官兵开展“119”宣传活动

【消防安全隐患排查整治】 2017年，尼木县公安消防大队按照区、市、县三级党委、政府的要求，认真贯彻落实消防安全隐患整治工作，结合冬春、夏季消防安全排查专项活动，进一步加大人员密集场所、易燃易爆场所、寺庙文物古建筑、施工工地的隐患排查力度，指导派出所开展“九小场所”隐患排查，明确单位落实消防安全主体责任，签订消防安全责任书，强化火灾防范措施；消防大队与治安大队、塔荣镇派出所开展联合执法20余次，不断加强错时检查力度。截至年底，大队共排查各类单位、场所800余家次，发现火灾隐患或消防违法行为984处，下发《责令立即整改通知书》《责令限期整改通知书》573份，草拟并上报寺庙文物古建筑调研报告一份，对县城单位的火灾隐患进行有效的治理，为全县火灾形势稳定做扎实的工作。

【开展岗位练兵活动】 2017年，大队优化集成第一出动力量和“六熟悉”工作，共开展“六熟悉”演练36次，普查消防水源4次，开展重点单位灭火救援和易燃易爆危险品处置等实战演练24次。训练方面，大队以冬训和岗位练兵为契机，深入开展“三基”（基本理论、基本体能、基本技能）训练，加强灭火救援业务理论学习，先后组织开展冬训考核、选送预提班长培训、装备培训和总队驾驶员培训工作，重点强化全员参训及考核验收工作，有效夯实官兵体能技能基础。

【开展消防宣传及教育培训】 年内，为深入普及全县人民群众防

2017年10月16日，县公安消防大队参加尼木县党的十九大维稳处突实战演练

火意识，大队通过“五项举措”开展消防宣传教育培训工作。

抢占消防宣传阵地进行集中宣传，在县城人流量最大的县政府门口设置消防宣传点，联合安监、治安大队、便民警务站进行集中宣传，改掉之前仅发放传单的单一方式，积极与过往群众互动，通过灭火器等常用消防器材的展示互动，进一步提高参观群众的兴趣度，同时开展消防小常识问答活动，并为参观群众准备小礼品，起到良好的互动效果。积极招募消防志愿者进行多点宣传，尼木大队提前部署，在学校、超市等人员密集场所进行消防志愿者招募，并进行消防知识培训，在县城的“九小场所”进行全覆盖式的消防宣传，以点带面，在全县范围内掀起消防知识宣传的热潮。

利用县城内现有的宣传媒体进行宣传，尼木大队利用县城范围内超市、企事业单位、便民警务站及国道边的30余醒目位置LED屏幕进行消防常识滚动播放，与此同时大队还制作条幅20条，在县政府门口、主干街道等显要位置进行张贴。积极进行消防站开放活动，大队积极联系县教育局安排中、小学学生进行消防站装备器材参观活动，通过消防器材操作、原地着装、两盘水带连接等展示及互动活动，有效的提升参观中、小学生对消防知识的兴趣，真正意义上起到教育一个孩子，拉动整个家庭，覆盖整个社会的目的。在县城学校等人员密集场所，加油站、加气站易燃易爆场所进行消防演练活动，主要是以演练过程中处理初期火灾的展示、引导人员进行疏散的展示、发现并整改火灾隐患的展示、常用灭火器器材的展示，有效提升该类场所的“四个能力”。

【开展为民助民】 2017年，尼木县公安消防大队全体官兵以“全心全意为人民服务为宗旨”，只要是人民群众需要的就义不容辞，积极为单位群众运水、送水等，深入福利院、学校、社会单位开展义务劳动4次，打扫卫生10次，走访结对帮扶苦难户9户，赠送大米、清油、罐头、砖茶等慰问品共计价值10000余元。

（刘克楠）

【领导名录】

大队长

云　　登（藏族，9月免）

蒋 明 官（9月任）

教导员

吴 行 兵（9月免）

云　　登（藏族，9月任）

参　谋

旦增朗杰（藏族）

刘 克 楠

潘 攀 丞（9月免）

陈 鹏 宇（9月任）

武警尼木县中队

【概况】 2017年，是全面贯彻落实党的十九大精神开局之年，也是中队持续打基础、稳步谋发展的一年。武警尼木县中队始终按照“聚焦强军目标、建强‘三个一线’、扭转作风风气、提高建设标准、确保安全稳定、赢得更大支持”的工作思路抓建部队，高标准实现“两个确保”目标，部队建设呈现出稳步推进、整体提高的良好态势。2017年，中队共有1人荣立三等功、1人被支队评为优秀基层干部、1人被支队评为优秀义务兵、4人被支队评为优秀士官、7人受到支队嘉奖。全年发展党员

2 名。中队看守目标 35 年安全无事故，受到支队党委的表彰和县委、县政府高度肯定。

【组织建设】 年内，武警尼木县中队党支部始终坚持“靠政治统班子、靠集体强班子、靠事业兴班子、靠制度管班子、靠形象立班子”，支部班子战斗力、凝聚力、向心力不断提升。注重理论武装，严密组织理论学习，认真学习十九大重要指示精神，支委成员政治素质、理论素养、思维层次不断提高。注重制度落实，始终贯彻民主集中制和“三个法规性文件”，支部团结和谐，依法民主科学决策水平不断提高。注重作风建设，严密组织开展“学习贯彻党章，弘扬优良作风”“强化法纪观念，反对拜金主义”和“三守两满意”教育活动，扎实开展“五超”专项治理活动，党员干部作风建设成效明显。

2017年7月21日，武警尼木县中队组织官兵开展抗洪抢险训练

【思想政治】 年内，加强党的创新理论武装，突出抓好党的十九大精神和习近平主席一系列重要讲话精神学习，官兵“三个绝对”的思想根基更加牢固。扎实开展基本人生观教育活动，有效整合教育内容，积极参加上级组织的网络授课和优质课评比，配合开展“树立正确理念、明辨是非界限”大讨论，教育的“一感三性”不断提升。扎实做好经常性思想工作，充分发挥“三互”“双四一”“五个过一遍”等载体作用，持续深入开展“深知兵、真爱兵”和法律、心理服务工作，真诚帮助战士解决家庭涉法等困难，确保官兵思想稳定。

2017年10月15日，武警西藏总队拉萨支队政治部副主任贾利锋（左一）在卡点检查执勤工作

【执勤战备】 年内，深入学习贯彻《执勤规定》和武警部队中心工作网上集训精神，严格落实执勤八项制度，积极开展“三共”“三个一遍”活动，大抓“四防一体化”建设和执勤隐患治理，看所目标实现 35 年安全无事故。强力推进“五种力量”建设，大力加强人装结合训练，反恐应急力量建设初见成效。严格落实战备制度，坚持每周开展拉动演练，始终保持“箭在弦上、引而待发”的高度戒备态势。2017 年，中队先后出动官兵出色完成县城武装巡逻、驻地抗旱救灾等各类临时勤务多

2017年8月24日，武警尼木县中队组织官兵为当地居民采摘雪菊

起，受到县委、县政府充分肯定和人民群众的高度赞扬。

【军事训练】 年内，武警尼木县中队严格按照“能打仗、打胜仗”要求，大抓军事训练，在指挥手段、人装结合、战法研究、指挥效能上下功夫，提高任教组训能力和应对复杂局面能力。积极探索保障模式，加强小场地以及教材、器材等设施配套建设与管理，实现资源的优化配置和高效利用。抓好官兵基础体能、教练员和特战骨干训练立足实际需求，官兵素质较之以往有明显提高。严密组织“卫士-17”网上演习，扎实做好第二批新兵教育训练，部队整体训练水平得到提升。

【行政管理】 年内，武警尼木县中队认真学习贯彻习近平主席依法治军、从严治军指示精神，坚持抓警官带部队，抓规范促养成。严格依据两个《正规化管理规定》，从严规范部队“四个秩序”，坚持每周不少于2次对正规化管理工作进行突击检查，进一步提高部队正规化水平。扎实开展“条令学习月”活动，突出抓好干部、士官和公勤人员管控，从严治理涉法、涉密、涉网问题，建立“挂账销号”“五个一遍”工作机制，不断深化治理“五个重点问题”，深入开展4个波次的安全大检查活动，排查隐患、整改提高，确保部队安全系数。

【警民共建】 年内，武警尼木县中队官兵“视驻地为故乡，视人民为父母”，认真搞好“六共”活动，大力开展义务植树、义务军训、无偿献血和捐资助学、扶贫帮困活动，先后出动政治思想强、军事技术精的优秀骨干人员60余人次，为地方单位、学校学生军训800余人，取得效果明显。

【后勤建设】 年内，武警尼木县中队深入贯彻习近平主席“厉行勤俭节约，反对铺张浪费”的重要批示精神，严把经费预算、审批、大宗物资采购等关口，广泛开展群众性节约活动，行政开支、公杂开支均有不同幅度地下降。因地制宜开展农副业生产，广泛开展“发展庭院经济，提高保障能力”活动，2017年出栏生猪6头，现存栏猪2头，种菜收益丰富官兵“菜篮子”。扎实开展岗位练兵活动，每周组织开展卫生员、炊事员等后勤专业兵训练，后勤队伍素质得到提升。充分发挥“双重保障”优势，中队领导主动向县委、县政府汇报工作、协调关系，走上部队、地方双重保障路子，确保中队工作有序进行。

（刘　威）

【领导名录】

中队长

马国超

指导员

刘　威

副中队长

旺　堆（藏族）

副指导员

张　科（6月免）

中共尼木县委政法委员会

【概况】 尼木县委政法委下设综治办、维稳办、护路办四块牌子一套班子。单位人员实际编制10名，2017年正式干警6人，工人3人。其中政法委书记1名(不占编制)，政法委副书记、综治办主任1名，政协副主席、护路办主任1名(不占编制)，政法委副主任科员1名、科员4名，驾驶员3名(不占编制)。

【维护社会稳定】 2017年，维护稳定工作在全面动员、协同作战、顽强拼搏、连续奋战的基础上，全面贯彻落实区党委一系列决策部署和任务要求，坚持稳定压倒一切，牢固树立“四个意识”，以“六个严防”为重点，坚持以深化十项维稳措施为抓手，扎实履行维护社会大局稳定、保障人民安居乐业的职责使命，抓牢春节和藏历新年、全国“两会”和“萨嘎达瓦”等大型宗教活动期间、雪顿节和国庆节等重大节日期间、党的十九大召开前后等五个关键时段的维稳安保工作。特别是在十九大期间，全县20名县级干部分片包干8个乡(镇)、31名县级干部联系22座寺庙、32名乡(镇)领导班子成员包干32个行政村、128名驻村工作队、160名下沉干部。及时召开季度维稳工作安排部署会议，签订各类维稳目标责任状，下发各类文件20余份。健全完善网格化管理机制、群防群治工作机制、严打整治工作机制、重点部位防控工作机制、校园安全管理工作机制等六项维稳机制。抓实开展反分裂斗争、提高社会治理能力、落实寺庙依法治理、加强矛盾纠纷排查化解、强化宣传思想舆论引导、深化基层基础建设、强化工作责任等七个维稳工作要点。

以“十一个强化”“两个夯实”为工作任务，以实现“三无”“三不出”“三稳定”的工作目标，切实做到维稳工作无缝隙、无盲区、无死角，完成各项工作目标、取得

2017年10月7日，西藏自治区党委常委、政法委书记何文浩在尼木县检查指导维稳工作

优异的成绩。

【社会管理综合治理】 年内,按照区、市、县召开综治工作会议精神,针对尼木县2017年面临的新形势新任务,制定全年综治(“双联户”)、流动人口工作要点和计划,明确工作重点和目标任务,统筹安排,切实做到工作有总结、计划、有安排。对2016年在综治维稳工作中表现突出的3个乡(镇)、8个县直单位、4个行政村、2座寺管会和33名先进个人进行隆重表彰,激励基层单位和广大干部职工以更高的热情投入全年综治维稳工作。严格履行保一方平安、维护一方稳定的政治责任,把综治重点工作任务具体量化到26项内容,与8个乡(镇)、40多家县(中)直单位签订《尼木县社会治安综合治理目标管理责任书》,乡镇与各村、各寺管会也层层签订责任书,签订率达到100%。确保社会治安综合治理目标管理责任书的各项工作落实到基层、落实到部门、落实到每一户农牧民群众,落实到每一名干部职工,将社会治安综合治理工作作为党政领导干部任期目标和干部考核的重要内容。

【平安创建】 年内,综治办始终把“深化平安创建、构建和谐尼木”作为一项重点工作来抓,在全县范围内不断深化各种形式的基层平安创建活动,实现平安创建全覆盖。截至年度,评选市级平安乡镇8个、平安村32个、平安校园7所、平安寺庙11座、平安单位22家。评选县级平安乡镇8个、平安村32个、平安校园7所、平安寺庙22座、平安单位24家、平安企业1家、平安旅游景区1家、平安家庭90户。为进一步加强与邻近县行政边界地区社会治安综合治理协作、治安联防,增强行政边界地区治安防控能力,共创平安边界地区,尼木县与邻近的南木林、仁布、当雄、班嘎、曲水6县签订《创建平安边界协议书》,并获得2017年自治区级“县域平安边界”荣誉称号。

【联户平安、联户增收】 年内,为进一步深化“双联户”工作,创新工作载体,丰富工作内容,努力开创“双联户”工作新局面,进一步巩固“双联户”工作成果,谋取更高更大的进步,2016年年底尼木县召开“双联户”工作总结表彰暨2017年安排部署会议,成立以县委书记杜国君为组长的“双联户”工作领导小组,领导小组下设办公室,明确办公室职责任务,制定《尼木县深化“联户平安、联户增收”工作模式实施方案》《尼木县“双联户”工作考核办法》,建立和完善相关工作台账和“双联户”工作督导、考核、例会等机制制度,与各乡(镇)、各有关单位签订《尼木县“联户平安、联户增收”工作目标管理责任书》。各乡(镇)又与各村、联户单位层层签订《“双联户”工作协议书》,明确目标任务。在财力困难的情况下,县委、县政府对“双联户”工作高度重视和鼎力支持,预算资金94.912万余元作为“先进双联户”表彰奖励、联户代表补助,县、乡双联户办公经费,确保工作正常开展。配备星级“先进双联户”创建评选试点乡、村LED显示屏,制作各行政村星级“先进双联户”创建评选公示牌29个,夯实基层硬软件基础,同时利用各种宣传契机,宣传双联户工作5次,开展培训双联户代表2次。

2017年10月8日,拉萨市委常委、常务副市长占堆(中)在尼木县指导党的十九大期间维稳安保工作

联户代表积极发挥作用，组织联户群众帮扶困难家庭170户人次，排查各类矛盾纠纷194次，开展治安巡逻1083次，收集社情民意214次，排查整治安全隐患611次，特别是在党的十九大召开期间，联户代表主动充当治安员、巡逻员，主动参与党的十九大安保巡逻当中；在“四讲四爱”热火朝天开展期间，联户代表主动担当宣传员，组织联户单位开展“四讲四爱”主题教育活动；中央环保督查期间，联户代表主动充当清洁员，多次组织联户单位打扫辖区卫生。为进一步深化“幸福家园”微信平台的使用和维护，为更好地履行联户代表工作职责，除60名机关单位联户代表外，其余全县531名农村牧区和47名城镇社区的联户代表均配发电信手机。2017年报平安63942次，上报事件8539次，其中矛盾纠纷15起、治安隐患65起、民生诉求77起，其他8382起；2017年按照自治区“先进双联户”创建评选表彰活动相关工作要求，县、村、乡三级“先进双联户”创建评选活动已全部结束。

尼木县2017年度评选产生村级“先进双联户”117个、1162户。评选产生乡级“先进双联户”26个、269户。评选产生县级“先进双联户”11个、110户。表彰先进集体10个。共计兑现表彰奖励资金40万元。推荐市级“先进双联户”5名、43户；自治区级“先进双联户”2名、20户。同时兑现2017年度联户代表补助资金135.64万元。尼木县继续通过政府扶持、基层党委政府积极教育引导群众、联户代表带头、联户家庭参与等方式创建双联户集体经济组织14家，参与联户家庭85户，年底每户平均增收1.5万余元。并且依托强基惠民活动，充分协调驻村工作队，在技术条件允许的情况下，在小型项目建设、用工等方面优先招标给联保单位或联保单位组织的施工队，优先征用当地剩余劳动力，切实促进联户增收。

2017年3月16日，县委常委、政法委书记、公安局局长黄鹤在卓玛普日追检查指导工作

【人口服务与管理】 针对流动人口逐年增长的形势，年初与公安部门联合对全县内的流动人口、出租房屋进行全面排查清理，并与各租户签订责任书。截至年底，尼木县共有出租房屋总数264户、564间，实有人口36210人。其中，户籍人口34132人，流动人口2078人（男1648人、女430人，汉族1470人、回族122人、藏族383人、其他民族103人）。

【铁路护路联防】 年内，召开铁路护路联防工作会议，表彰先进，与涉铁各乡镇层层签订责任状，做到“三个明确”，为铁路安全畅通创建良好的基础保证；加强队伍管理，组织全体护路队员在护路大队认真学习铁路防恐维稳业务和防事故、保安全知识，通过采取以会代训的形式，利用联席会议、每周例会先后12次进行知识培训，取得较好的效果。积极参与全县开展的军警民联勤应急处突演练，成为全县维稳处突的一份子，切实提高了护路队员处置突发事件的应急反应能力；强化宣传教育，充分利用各种宣传平台为契机，深入宣传铁路护路法律法规，有效提高广大人民群众爱路护路意识，营造了爱路护路的良好社会氛围。年内，共组织宣传14次，共发放宣传资料3.7万余份，悬挂宣传横幅34条，发放印有爱路护路内容的杯子、帽子、袋子、挂历、文具盒等宣传品10000余份，张贴标语22处、安装警示牌6个，使沿线群众受教育面达90%以上；加强党团组织建设，发挥先锋带头作用。大队党支部，团支部，充分发挥基层党团组织战斗堡垒作用和党员、团员带头先锋模范作用，不断深化政治理论教育活动，进一步健全党员经常性学习教育机制，先后召开多次党、团会议，开展“两学一做”“四讲四爱”主题专题学习13次，专题研讨会3次，专题民主生活会2次，撰写心得体会19篇，集中观看党员影视教育8场。县委、县政府本着高度重视、高看一眼、关爱有加的原则，在财力十分紧张的情况下，为护路队员挤出资金140余万元，购买应急装备、修复护路大队、中队、班级房屋及附属工程，建设以劳养护生产基地，改善全体队员的生活、交通保障和居住环境等；狠抓巡线督导工作，提高工作质量。年内，巡线督查里程32000余公里。截至年底，办公室出动1900余人次，督导检查护路队员护路工作1000余次，出动车辆1700余次，巡线督查里程4万余公里。排查隐患13处整治4处，制止牲畜上道、进入护栏5000余次，清理牛羊及闲杂人员1400余次，清理停靠车辆2500余次，清理铁路沿线白色垃圾90余次。

【党建工作】 年内，开展党建工作任务，按时缴纳党费，按时开展党内统计工作，积极发展党员发展工作，积极参加入党积极分子培训，及时召开支部大会，纳入新党员2名，积极开展软弱涣散党支部整顿活动，严格落实“三会一课”制度，认真开展“两学一做”，认真撰写对照检查材料，开好组织民主生活会，努力创建“学习型”机关，组织全部干警学理论、学业务、学法律，并做到经常化、制度化，不断提高党组织战斗力，认真落实党风廉政建设责任制，加强政风行风建设，转变工作作风，提高队伍整体素质，增强防腐拒变能力，确保党组织建设强有力，确保各项工作有序开展。

【精准扶贫、精准脱贫】 年内，积极主动联系精准扶贫联系点麻江乡强聂村，先后4次深入联系村，核实建档立卡贫困户基本情况和相关政策落实情况，按照县委、县政府“321”的结对帮扶工作安排，2017年带领全体党员干部职工先后4次在麻江乡强聂村亚米组和麻江组开展结对慰问活动，深入贫困户家中拉家常、详细询问结对户生产、生活和经济来源，致贫原因、详细宣传精准扶贫、精准脱贫相关政策，制定一户一脱贫工作计划。截至年底，开展看望慰问联系村和精准扶贫结对户4次，为强尼村和贫困户送去面粉、大米、砖茶、衣物等慰问物资（折合人民币1.5万余元），党员干部自掏腰包给贫困户送去慰问金8000元。

积极教育引导贫困户、改变陋习和陈旧思想，走出山沟、依靠自己勤劳双手摘取贫困帽子，实现全面建成小康社会目标。同时，党员干部把“为民做好事、做实事、解难事”作为工作出发点和落脚点，力所能及地解决贫困户提出的实际困难，通过多方渠道、为贫困户寻找致富门路，解决一名贫困人员在城关区环卫局保安的就业岗位，现每月工资4000余元，年收入达到4.8万元，4名强尼村贫困人员招录铁路护路联防队伍，月收入3000元，其他帮扶28次。

（次仁群培）

【领导名录】

书记、公安局局长

黄　鹤

政协副主席、护路办主任

强　巴（藏族）

副书记、综治办主任

次仁罗布（藏族）

法院副院长、维稳办负责人

尹晓芬（女）

副主任科员

苍　姆（女，藏族，5月任）

尼木县公安局

【概况】 2017年，尼木县公安局内设22个部门，分别为8个派出所、5个业务大队、2个检查站、局直机关5个部门、2个驻村点。现有总警力233人（民警173人、辅警60人），实际编制103人、男性民警160人，女性民警13人、藏族119人、汉族50人、回族2人、纳西族1人、满族1人。局领导共4人（局长、政委各1名，其中局长、政委系副县级，3名副局长系正科级），均为大专以上文化程度，全局现有民警中，享受副科级以上待遇的共计57人，占民警总数33%。

【党的建设】 年内,尼木县公安局建立8个基层党支部党员活动室、制定相关制度,摆放图书,报刊,共投入11万余元。规范完善理论和中心组学习制度、计划。班子成员调查研究及联系基层点、"三会一课"等各项制度规定。另外,尼木县公安局采取召开座谈会、新党员入党宣誓、书记上党课、开展文体活动、举行党的知识竞赛、观看党史题材影视片、举办优秀党员或先进人物事迹报告会等形式,举行庆祝"七一"活动。

2017年10月22日,县委常委、政法委书记、公安局局长黄鹤主持召开党的十九大维稳安保攻坚战推进会

【党风廉政建设】 年内,尼木县公安局明确职责定位、科学统筹谋划、精心组织推动,全力支持保障,不断加强党风廉政建设组织领导;始终坚持"三个导向"(坚持正确的用人导向、坚持党的纪律为导向、坚持以问题为导向),不断推进"三个常态"(推进廉政教育常态化、推进作风建设常态化、推进党内政治生活常态化)。

【宣传工作】 年内,尼木县公安局创建"平安尼木"公众号,宣传重大事件、群众关心热点舆论、法律、法规。同时,指定专人文件发布、系统维护。制作尼木公安网站,建立"尼木警魂""九大专项行动""喜迎党的十九大 忠诚保平安""四项建设"等6项专题网站,13个部门板块,加大对内宣传工作力度。

【全面深化公安改革】 年内,尼木县公安局成立尼木县公安局警令部,建立有效的公安工作和公安队伍管理制度体系,切实落实改革责任。公安局塔荣镇派出所与4个警务站进行整合,将塔荣镇派出所辖区分成4个片区,由4个警务站站长兼任网格格长。实行大轮岗值班制度。将督查、纪检和法制进行合并,探索建立"执法纪检监督中心"。

【常住人口管理】 年内,尼木县全面摸清全县常住人口、特种行业、重点目标、部位的底数,掌握常住人口的基本情况,充实和完善常住人口基本情况档案,全县总人口34319人,其中男17043人、女17276人,总户数7842户。

【流动人口管理】 年内,尼木县公安局深入开展走访、调研活动,及时掌握流动人口底数,掌握流动人口基本情况,现实表现、收入现状、建立流动人口基本情况档案。流动人口基本信息通过网上比对、核查,向原籍发函协调有无违法违纪行为。同时,主动为流动人口开展法律解答咨询、定期开展法制宣传。全县流动人口2119人(男1648人、女471人)、汉族1518人、回族125人、藏族384人,其他民族92人。务工人员1276人、建筑民工230人、经商人员469人、其他144人。办理暂住证102份。

【严厉打击刑事犯罪】 年内,尼木县公安局刑事案件立案7起(电信诈骗4起、盗窃3起),撤案1起(未成年人盗窃)、破案2起(盗窃案),破案率29%,抓获犯罪嫌疑人3人。另外,刑侦大队在审查中发现一起摩托车盗窃案,按照"属地管理"原则,移交给曲水县公安局。

【治安违法查处】 年内,尼木县公安局查处各类治安案件24起,其中盗窃2起、殴打他人9起、非法销售烟花爆竹1起,故意损毁公私财务2起,阻碍执行公务1起,扰乱单位秩序2起,寻衅滋事4

2017年8月29日，县委常委、县委政法委书记、县公安局局长黄鹤组织干警在卡如乡赤朗沟开展塌方道路清理

起，其他3起。查处违法人员32人，行政拘留8人、罚款7人，拘留并处罚款2人。

【交通管控】 年内，尼木县公安局交警大队共检查车辆300万余辆，各类交通违法行为共7520起，罚款处理5578起，警告处理1942起，暂扣驾驶证448本，其中超速2916起、酒后驾驶2起、无证驾驶3起、伪造、变造机动车驾驶证2起，未随车携带行驶证30起、车辆未年审39起、违法停车1231起、摩托车未带安全头盔987起。共处罚763900余元。交通事故60起，其中简易事故54起、一般6起，造成直接经济损失122500余元，辖区内未发生过群死群伤事故。

【交通隐患排查整治】 年内，尼木县公安局交警大队与各乡镇、部门签订《尼木县农用车辆道路交通管控责任书》500余份、《尼木县道路交通安全管理承诺书》144份。交警大队共排查交通安全隐患205处，向公路部门下发整改通知书105份，整改报告书10份。向尼木县交通局下发整改通知书35份，县公安局整改55处。全县142台黄标车已全部注销，注销率100%。在尼木县委、县政府、公安局党委的高度重视下，投入资金96余万元，增设警示标志标牌82处。

【消防安全管理】 年内，尼木县公安局联合公安消防大队检查重点单位532次、消防宣传培训50次、签订消防安全责任书500余份，下发《责令立即整改通知书》《责令限期整改通知书》230份。7月28日，组织各部门负责人召开夏季消防工作部署会议，传达学习“7·26”李伟副部长在全国公安厅局长座谈会上讲话精神，并及时制定《尼木县公安局夏季消防工作方案》，联合公安消防大队加大辖区寺庙、娱乐场所、人员聚集场所等重要场所的消防安全隐患排查工作。10月2日，治安大队、塔荣镇派出所联合公安消防大队对尼木县辖区内一家KTV进行消防应急演练活动，进一步提高全体参战民（辅）警的快速反应处置能力。各派出所紧密结合该部门实际，在该辖区内积极开展消防应急处突演练。

【日常巡逻检查】 年内，尼木县公安局制定下发《尼木县公安局武警联勤武装巡逻工作实施方案》，建立完善公安、武警“联警联勤”，采取定点、巡线、促面等方式开展巡逻。同时依托基层党组织、治保力量、治安积极分子等群防群治力量，加大辖区巡逻防控工作力度，有力维护社会治安局势持续稳定。共投入警力1023人次，开展治安巡逻305次，解决群众救助13次。

【清理清查】 年内，尼木县公安局加强对全县“九小”场所、特种行业清理检查力度。期间，清查单位1026家次、居民院218处、出租房203间次、宾馆招待所18家次、沿街商铺111间、酒吧3家、网吧3家、木材加工厂1家、加油站1家、废旧金属129次，音像出版物93次、施工单位20次，九小场所83次，期间，发现隐患20处，限期整改15处，下发隐患整改通知书11份，责令停业整顿10处、收缴管制刀具11把、收缴香蕉水20升、收缴零散汽油1升。

【枪支弹药管理】 年内，按照《中

华人民共和国民用爆炸物品管理条例》规定，实行每月至少2次安全防范大检查要求，在全县范围内检查枪支弹药120余次，发现安全隐患20次，现场整改16次、督促整改4次，签订枪支弹药安全管理责任书36份。未发生遗失、丢失、保管不善等案件。

【流浪犬清理整治】 年内，尼木县公安局先后召开养犬管理工作部署会议6次，下发相关工作通知3份，走村入户宣传50余次，发放宣传资料1000余份；另外，联合相关部门成立8支抓狗队，80名队员，清理抓捕流浪犬2000条，家养犬1799条，签订文明养犬管理责任书347份，办理家养犬狗证66张，将流浪犬运输至拉萨市流浪犬收容中心14次，投资经费20余万元。

【完善执法规范化建设】 年内，尼木县公安局法制大队就2016年期间行政事业性收费、罚没款项以及2016年、17年案件办理、涉案财务管理、取保候审规范化五个方面内容开展工作，共理清2016年度行政事业性收费9.0122万元，罚没款金额609.73万元，清理出尚未处理的涉案财物有盗版光碟327张、管制刀具111把，喷灯1个、违禁物品（钟表）1个、动物皮1张、笔记本1台、音响1个及手机1部。

【法治宣传】 年内，尼木县公安局以“三月综治宣传月”“六月平安拉萨宣传周”“9·16平安西藏宣传日”等宣传活动为契机，在县城主要街道、人员聚集场所等地方，采取发放宣传单、悬挂横幅、摆放宣传展板、设立咨询台等方式，向广大群众宣传《中华人民共和国社会治安管理处罚法》《中华人民共和国刑法》《中华人民共和国消防法》《中华人民共和国禁毒法》《中华人民共和国未成年人保护法》《中华人民共和国道路交通安全法》等法律法规，发放各类宣传手册5000余份，各类宣传单10000余份，全天候播放警示教育片280余次，发放摩托车安全头盔300余顶、雨衣500余件、便民收纳袋2500余袋、铅笔盒800余条。

【检查站职能】 年内，尼木县公安局卡如一级检查站共检查人员71万余人，检查车辆50万余辆，检查物品53万余件。收缴管制刀具600余把，抓获网上在逃1人。收缴散装油1100余升。易燃易爆300余件，移交交通违法行为90起，求助1起，劝返冒用他人证件及三无人员60人，查获非法运输烟草车辆4起，共计760条，移交疑似吸毒人员2人，协助市民政局劝返乞讨人员3人。协助交通执法大队检查车辆，查获非法营运车辆80辆，查获收缴各类野生动物制品7件。

【基础信息化建设】 年内，尼木县公安局以实战为导向，加大尼木县城视频监控的资金投入力度，新增2个监控点位，同时，委托第三方公司对监控系统进行全面维护。8月30日，邀请拉萨市公安局警令部信通处陈云教官围绕着计算机网络安全、大数据分析研判以及警综平台查询与应用进行授课。

【落实加油实名制】 年内，尼木县公安局深入贯彻落实区、市“零散成品油管理办法”以及各类指示

2017年1月4日，县委常委、县委政法委书记、县公安局局长黄鹤，副县长米玛潘多在县武装部参加新年度开训动员仪式

精神，加大对全县实名制加油的管理力度，共开具加油单据4214余份；同时治安大队、各派出所、各便民警务站、一级检查站、交警检查站共计收缴零散柴油、汽油200升，有效的打击违法加装散装油行为。

【健全应急处突队伍】 年内，尼木县公安局组建由50人组成的应急处突队伍，实施“三五十分钟”围城战略。覆盖全县的治安防控网络全部建成，健全应急处突、群防群治、义务巡逻队、治安联络员等组织，社会治安防控能力得到极大增强。统筹整合尼木县公安局维稳应急处突力量，按照“全员、全时、全装，实战、实用、实效”要求，全力做好应对突发事件的充分准备，确保“预案方案、人员部署、装备配备、指挥通信”落实到位，确保随时能够拉得出、冲得上、打得赢。3月13日、10月16日尼木县公安局联合相关部门在全县范围内开展维稳应急处突演练暨誓师大会。

【增设治安卡点】 年内，尼木县公安局按照“五逢一快”要求，重要时期在交警大队、卡如一级检查站基础上，尼木县主要交通要道点增设3个治安卡点，实行24小时全天候盘查、检查工作，确保绝对安全，共检查各类机动车辆8万余台、人员24万余人次，物品20万件，未发现可疑人员、可疑现象。

【推进车管所业务】 年内，公安局为尼木县轻便、普通摩托车办理、注册、变更、转移、注销、补换、领牌证、上牌共计108牌。

【抢险救灾】 年内，尼木县公安局党委高度重视，周密部署，从思想、预案、训练、装备、保障等方面做好抗洪抢险应急准备工作，确保随时“拉得出、冲得上、打得赢”。防汛抗洪抢险工作中，公安局共出动警力830余人次、车辆340台次，排除险情40余处，搭建救灾帐篷8个，转移群众8户19人，受理因受灾的群众求助69次，通过参战民警的不懈努力，将群众的损失降低到最低程度，出现“大灾面前齐合力，众志成城抗大汛”的喜人景象，得到党和政府以及人民群众的高度肯定。

2017年8月22日，县公安局民警在帕古乡开展泥石流救援

【完善反恐防暴机制建设】 年内，尼木县公安局组织召开十九大反恐安保工作部署会，传达学习马军书记全市十九大反恐工作部署重要讲话精神，并制定下发《尼木县公安局十九大反恐防范安保工作方案》。另外，采取悬挂横幅、发放反恐手册、宣传单和小礼品、现场解说等方式，在全县范围内开展《中华人民共和国反恐怖主义法》主题宣传活动，共发放《公民安全防范手册》100余册，《西藏自治区公安厅关于群众举报暴恐线索奖励实施办法》等反恐宣传单300余份。

【开展DNA采集】 年内，尼木县公安局刑侦大队联合辖区各个派出所，对各类人员等进行DNA采集工作，截至年底，共采集DNA数据2100余份。

【基层基础工作】 年内，尼木县公安局执法规范化建设投入资金153.05万元，此项经费由公安厅拨付。争取尼木县财政投资780万元，建立交警大队车管所。投入资金74万元，初步完成四级视频会议系统建设。另外，从尼木县公安局行政经费中支出46万元，修建尼木乡派出所、普松乡派出所厨房、值班室，完成卡如一级站房顶维修工作。投入资金14.88万元，完成塔荣镇派出所围墙重建项目。投入资金2.22万元完成公安局值班室防水维修项目。投入资金3.71万元，完成塔荣镇派出所会议室改造。投入资金5.45万元，完成县看守所绿化、围墙粉刷工作。

【实施“红袖标”工程】 年内，尼木县公安局制定下发《尼木县公安局群防群治红袖标工程建设工作方案》，将红袖标队伍包干、分片，对主要乡村道路、重点民生目标、重点单位、重点部位、人员聚集场所等的巡逻防控力度、密度。有效减少防范盲区，挤压犯罪空间。坚持由辖区民警带队组织“红袖标”队员深入农户、企业、学校等行业场所，以口头讲解形式，广泛宣传法律法规、安全防范常识，切实增强辖区群众的法律意识和防范能力。共开展法制宣传40次，发放各类宣传单2万余份。利用“红袖标”队员大多来自于群众，群众语言丰富、和解能力强的优势，结合日常义务巡逻走访，积极开展社情民意收集、矛盾纠纷排查化解工作，努力把矛盾纠纷消除在基层、消除在萌芽状态。

【驻村工作】 年内，尼木县公安局采取县级干部3家、科级干部2家、普通民警1家工作模式，制定一人一户或多人一户的帮扶的模式进行帮扶，现公安局共结对帮扶77户：其中一人帮扶一户为56户，

2017年10月16日，十九大维稳演练

多人帮扶一户为21户。公安局党委支出3.1万元为普巴村购置印刷机，支出8万元资金为山岗村购买炒青稞机。驻村工作队从驻村专项经费中支出45500元购置印刷材质，支出7万元解决山岗村退耕还林防护栏、支出4万元购置山岗村磨面机，搭建简易桥、涵洞投入资金1.5万元。每逢佳节，民警自行组织到结对帮扶家中，送上生活必需品、慰问金及施工材质等，及时了解帮扶对象生活状态，用认真严实的工作态度为群众办实事，全面了解群众生活生产困难，拉近与群众之间的距离，民警捐助帮扶资金10万元。民警自愿为贫困学生资助每月300元助学金，联系相关部门为结对帮扶对象提供学挖土机技术平台。

【签订责任书】 年内，县委常委、县委政法委书记、县公安局局长黄鹤与尼木县公安局各科、所、队、站领导签订《党风廉政建设责任书》《八小时以外管理责任书》《五条禁令责任书》等8项责任书，每项责任书24份，制定《尼木县公安局党风廉政建设风险防控机制细则》等制度、细则，组织所队领导进一步学习各项规章制度，各科、所、队、站领导与队内民警签订2017年内各项责任书，召开多次民主生活会。

【思想政治】 年内，尼木县公安局按照中央“八项规定”、区党委“约法十章”、市委“八项要求”、公安部“三项纪律”和西藏公安民警八个严禁（试行）等规章制度，各科、所、队、站每周二、四坚持集中学习和个人自学政治理论知识，做到学习有笔记、有考勤、有心得，严抓民（辅）警思想政治工作，切实增强民（辅）警责任感、使命感，确保政治头脑清醒、政治立场坚定。

【爱警惠民】 年内，尼木县公安局做好烈士民警家属的抚恤慰问工

作，为因公牺牲烈士尼加的女儿，每年解决上学学费5000元，其家属住房为尼木县公安局民警周转房，产生的水费、电费全额由县公安局承担。做好老干部和病故民警家属慰问工作。尼木年、春节、藏历年之际，局党委带着组织的温暖和关爱前往4名离退休老干部、1名烈士家属和2名病故民警家中，对相关人员进行慰问；及时为民(辅)警购买人身意外伤害保险、疾病医疗保险。

【教育培训】 年内，尼木县公安局制定下发《尼木县公安局2017年教育训练方案》，积极探索创新教育培训工作的新模式，分期分批组织全局民警开展以“刑法”“刑事诉讼法”等基本法律知识，适应岗位职责能力的业务知识和基本体能、基本技能为主要内容，为期15天的集中轮训，135名民警已顺利通过培训并取得合格证书，培训率80%。另外，组织县公安局18名入党积极分子培训，切实做好全局党员发展工作。

【涉法涉诉控制化解】 年内，尼木县公安局在全县范围内，全面展开社会矛盾大排查，与各乡政府密切配合，以乡主要领导为直接负责人，全面逐村、逐户、逐人排查涉法涉诉不安定、不放心因素，把排查的问题分为涉法涉诉信访问题和非涉法涉诉信访问题，形成有事及时调解、处理，不留隐患、死角的工作模式。年内，未发生涉法涉诉案件。

【完善责任追究制】 年内，制定《2017年业务工作目标责任状》，明确各科所队站各项公安业务工作职责、任务分工。

【提高执法服务意识】 年内，公安局法制大队组织各派出所民警开展法律培训，规范民警执法服务行为，不断创新便民服务举措，不断提高公安交管部门为人民服务的水平。

2017年5月26日，县公安局民警参加2017年尼木县干部职工篮球友谊赛

【政治建警】 年内，尼木县公安局开展“正风肃纪、忠诚履职”学习教育活动规范，采取个人自学、党委中心组集中学习、参加党委讨论学习、“三位一体”学习模式，扎实开展局领导辅导授课、观看红色影片、领导干部“走亲连心、蹲点调研”、下基层指导联系点等系列活动，营造浓厚的学习教育活动氛围，并取得明显成效。理论中心组集中学习22次，组织全局民警撰写各类心得体会540篇，集中讨论20次、各部门自行组织民(辅)警讨论73次。另外，组织民(辅)警收听收看党的十九大直播盛况，召开学习党的十九大精神动员部署会议，制定下发学习党的十九大实施方案和计划。采取“一对一”“面对面”的形式，认真开展党委主要负责同志与班子成员、部门负责人与民警之间逐一谈等互相谈心交心等活动，认真征求谈心交心对象对各自存在的问题和改进建议，严格按要求组织召开民主生活会，为顺利开展整改工作奠定基础。

(次旦卓玛)

【领导名录】

县委常委、政法委书记、局长

黄　鹤

政　委

多吉次仁(藏族，1月任尼木县公安局卡如一级检查站站长)

副局长

尼　玛(藏族)

尼玛次仁（藏族，5 月任）
刘　　桥（5 月任）
白 松 涛（5 月免）

尼木县人民检察院

【概况】 尼木县人民检察院编制数为 16 人，空编 4 人，实有干警 12 人。有 5 个科室（办公室、职务犯罪检察科、控告申诉检察科、公诉侦查监督科、案件管理办公室）。县监委会成立之后，尼木县人民检察院职务犯罪检察科转隶至监察委员会，在原有 16 个编制中 4 个编制转隶出去，1 人转隶出去。截至年底，编制数为 12 人，空编 1 人，实有干警 11 人。由于干警驻村、借调、培训、休假、产假等情况，平常在岗干警仅为 3—4 人。

【公诉侦查检察】 2017 年，尼木县人民检察院共受理提请批准逮捕案件 1 件 1 人，批准逮捕 1 件 1 人；受理审查起诉案件 5 件 5 人（其中行贿 1 件 1 人，盗窃 2 件 2 人，危险驾驶 2 件 2 人），提起公诉 3 件 3 人，不起诉 1 件 1 人；4 月，派出两名干警对县刑警大队 2016 年以来受理的 11 件刑事案件进行监督，形成监督报告 1 份。通过监督，及时发现并纠正侦查活动中存在的问题，从而规范侦查活动的合法性、合理性。

【刑事执行检察】 年内，尼木县人民检察院虽未设立刑事执行局，但按照上级院的安排部署，积极开展刑事执行检察工作，特别是对社区矫正执法环节的法律监督，深入全县各乡镇对全县 7 名社区矫正人员（缓刑 7 人）进行有效监督，对监督中发现的问题和违法情况，及时向县司法局提出意见和建议，确保社区矫正人员不脱管、不漏管。依法纠正社区矫正中的执行违法行为，促进社区矫正工作依法规范开展。

【民事行政检察、控告申诉检察】 年内，尼木县人民检察院以办案为中心，加大对法院民事行政审判诉讼活动的监督力度，对县法院 2017 年办理的 82 件民事案件卷宗材料以及民事案件登记等进行合法性审查，并在报备材料、定期检查和旁听庭审等方面达成一致。年内，在七乡一镇和县信访局聘任 9 名司法联络员，并颁发聘书，进一步延伸检察院法律监督触角，推动检察工作重心下移、检力下沉。同时，根据区、市院部署安排，2017 年开通全国行贿犯罪档案查询业务，完善项目工程单位市场准入制度，已查询 3 家企业，为尼木县工程领域建设提供安全保障。

年内，尼木县人民检察院共开展法治宣传 10 次，发放宣传材料 1500 余份。通过新浪微博发布消息 34 条、“今日头条” 发布动态 17 条、微信公众号发布消息 10 条。为深入贯彻落实全区检察长工作会议精神，积极开展 “一院一品” 创建活动，投资 15 万元将控告申诉检察室改造为 “一站式” 检察服务大厅，作为检察院 “一院一品” 创建工程，并根据检察服务大厅的特点和要求制定实施方案、撰写可研性报告、完善一系列工作制度，还投资 1.6 万元定制《服务大厅指南》、LED 显示屏以及触摸式一体查询机，同时借助电视台、网络等渠道，向广大人民群众宣传 “一站式” 检察服务大厅的工作职能，截至年底，共接待群众来访 7 件 12 人，受理案件 6

2017年1月11日，县检察院党组书记、检察长强巴阿旺在尼木乡东嘎村慰问结对帮扶户

件6人。

【职务犯罪检察】 年内,上级检察院指定尼木县人民检察院办理的聂某行贿一案,已向法院提起公诉,法院判处被告人缓刑及被告所在单位罚金50万元,此案件的查办为国家挽回经济损失百万余元。与此同时,组织干部职工20余人旁听此案,起到一定的教育作用。

【精准扶贫】 年内,全面落实县委、县政府精准扶贫、精准脱贫的工作,把检察工作与精准扶贫、精准脱贫工作统一部署、统一落实,检察院8名干警对口8名贫困户,截至年底,对口贫困户均完成走访调研,并为他们送去价值1.5万余元的生活物资。县检察院党组还针对贫困户致贫的原因,召开专题会议三次,研究部署具体脱贫措施,现脱贫工作正在有序地推进之中。

【司法体制改革进程】 2016年12月,西藏自治区检察院全面启动检察官入额工作,尼木县人民检察院共有6个入额名额,包含院领导在内的共5名人员已完成入额;6月,检察院完成对6名检察辅助人员的套改工作,6名检察辅助人员中,1人为检察官助理,5名为书记员。7月,检察院与财政局协调后,已兑现入额检察官以及检察辅助人员的预发工资。落实领导办案责任制。2017年,县检察长共办理审查逮捕案件1件1人,审查起诉案件1件1人,出庭支持公诉1件1人,2名县检察院副检察长各受理审查起诉案件1件1人。

(丹增吉梅)

【领导名录】

党组书记、检察长

强巴阿旺(藏族)

副检察长

达　　娃(女,藏族)

李 若 愚(9月任)

尼木县人民法院

【概况】 尼木县人民法院机构性质为机关行政单位。2017年,有内设机构7个(办公室、立案庭、刑事审判庭、民事审判庭、行政审判庭、执行局法警队、审判监督庭),派出法庭3个:吞巴乡人民法庭、尼木乡人民法庭(建设中)、续迈乡人民法庭。全院编制25名,实有干警21人(3人长期借调中),其中男性8人,女性13人,藏族18人,汉族3人;研究生1人,本科19人,大专1人,法律专业18人,非法律专业3人;法官5人,法官助理6人,书记员4人,司法警察2人;中共党员13人,团员8人,领导职数设一正三副(副处1名,正科3名)。

2017年,共受理各类案件160件,审执结159件,综合结案率达99.38%。其中民商事案件137件,刑事案件5件,执行案件18件。完成人民调解培训和指导10余次,调处非诉性纠纷70件,并依法落实法律救助制度,为确认有困难的4名当事人减免缓诉讼费用共4.85万元,有效减轻当事人诉讼负担,保障当事人诉讼权益。

【立案信访工作】 年内,尼木县人民法院始终坚持“公正司法,司法为民”的理念,不断强化组织领导,严肃纪律要求,严格落实案件风险评估、重大敏感案件请示汇

2017年9月8日,西藏自治区人大常委会副主任嘎玛(中)在尼木县人民法院检查“双语”工作

报、“三同步”原则等制度，不断推进领导干部接访活动，推行“院庭长接待日”“首问责任制”等制度，借以规范立案信访窗口建设和立案信访服务工作。年内，尼木县人民法院再次推行便民利民举措，以开展“立案信访窗口建设”为抓手，细化服务节点，深化服务内容，简化审批程序。在实行“电话立案”“巡回立案”的同时，全面启动“网上立案”“预约立案”“邮寄立案”“电子送达”等信息化功能并开创性地成立“格桑花”流动诉讼服务队，开通尼木法院微信公众平台，完善民生案件立案“绿色通道”，为当事人提供更加全面细致的诉讼程序指引；完善涉民生案件“绿色通道”和快速调处机制，妥善审理劳动争议、社会保障等领域的涉案纠纷，并不断拓展“远程立案”、调解、庭审直播等更多的司法功能。

2017年1月31日，县人民法院党组书记、院长罗红在续迈乡河东村慰问贫困户

【审判工作】 年内，尼木县人民法院以司法公正为出发点，认真贯彻落实“宽严相济”的刑事审判政策，严厉打击刑事犯罪，严格按照区高院，市中院关于量刑规范化建设的有关要求，对被告人严格适用量刑规范化建设意见处以刑罚，严格约束法官自由裁判权，确保刑事审判工作公正、公开、公平；有效化解民商事纠纷促进“和谐尼木”建设。关注民生、服务群众、维护民权、消除民怨是民事审判工作的基本理念，在司法审判实践中坚持“调解优先、调判结合”的指导原则，不断加强调解力度，多途径解决矛盾纠纷，强化“三个注重”，即注重辨法析理，让当事人输赢明白；注重案件调解，努力化解矛盾纠纷；注重案结事了，使纠纷解决不留尾巴。使当事人自觉服判息诉；抓好执行工作促进“诚信尼木”建设。尼木县人民法院在执行工作中多措并举，本着从实际出发的原则，充分考虑被执行人的履行能力和各种实际情况，妥善做好执行过程中的每个细节工作，依法有效执行。大力推行执行工作“一把手”工程，不断强化执行联动威慑机制，启动失信人员黑名单制，对2名恶意逃债者依法报送最高人民法院执行平台曝光，努力兑现当事人胜诉权益，坚决杜绝法律白条，维护法律尊严。

【诉调对接中心】 年内，尼木县人民法院作为全市诉调对接试点法院，为满足尼木社会日益膨胀的非诉服务需求，在继续发挥“诉调对接中心”平台作用的基础上，不断“深挖诉调对接中心”潜力，积极把非诉矛盾纠纷的化解工作同县委、县政府的中心工作有机结合起来，通过积极协调政法委、信访、财政、发改、人社等职能部门，把行政和社会资源统筹整合到实际问题的解决中去，以“调为背景、调为引导、诉为管理、诉为保障”的诉调对接工作机制为尼木社会和经济的平稳发展做出积极贡献。

【法治宣传】 年内，尼木县人民法院积极落实开展“法律七进”“六五普法”活动，不断加强法制宣传力度，拓展司法服务外延，因地制宜、因人制宜，根据自身工作实际，广泛且有针对性地开展法制宣传工作，并专门抽调一名业务骨干担任尼木县中学的法治副校长，向青少年宣讲法律知识。通过卓有成效的法治宣传，全力满足人民群众对司法需求的日益增长，并逐步形成乡政府、村委会和企业预约，要求人民法院前来开展法治宣传活动的现象。年内，共开展法治宣传15场次，受教育人数达5850余人次，发放宣传资料4200余份，促使尼木县广大农牧民群众树立有纠纷通过法律途径解决的理念，更加树立法律的公信力，形成全县百姓学法、守法、用法的良好氛围。

【车载流动法庭】 年内，本着司法便民、司法利民的宗旨，尼木县人民法院继续发挥"车载流动法庭"广覆盖、宽服务、机动快捷的优势，抽调业务骨干组成流动法庭服务队，在处理每起纠纷中，都力争让每一名当事人省一趟路、省点时间、省些操心。特别是一些劳资纠纷，做到及时派车派人，立案调解一起办，而不是先立案再答辩，再调解，再审理等等。当事人在任何地方，就到当事人所在地调查了解，送达法律文书，力争及时调处。年内，"车载流动法庭"行程共达2万余公里，深入尼木县七乡一镇巡回办案10余件，开展法治宣传及调研19场次。

【强基础惠民生】 年内，尼木县人民法院贯彻落实"精准扶贫"政策，全院每名干警均与贫困户结对帮扶，并按照上级指示精神，选派一名副科级干部及一名普通干警共两名业务骨干投身驻村工作，强化基层力量。并做到深入群众、心入群众、身入群众，从人民群众的需求出发，为人民群众办实事办好事20余件。

【队伍建设】 年内，尼木县人民法院党组始终坚持以党建带队建，全面加强干部队伍建设。全院干警牢固树立人民法官"忠诚、为民、公正、廉洁"的核心价值观，严格按照全面从严治党的要求，大力开展廉政警示教育、党纪党风教育、"党员先锋岗""纪律作风整顿月"等工作，对重点岗位进行专项检查，筑牢防贪拒腐防线。加强学习型党组织建设，强化干部队伍学习能力，开展审务管理"三个一"和"三星三优"评选等活动，确保主题实践与重点工作相结合、解决问题与完善工作机制相结合、创先争优与执法为民相结合。同时，尼木县人民法院不断提高法官的政治素质和业务能力，以此夯实发展基础。年内，组织干警参加各类业务知识培训20余人次，前往中级人民法院参与全市法院"雪域飓风"执行攻坚战1人次，在内地法院培训学习10人次，全院本科学历以上达94.7%，具备审判资格人数达到7人，干警整体素质得到进一步提升。

【基础设施建设】 年内，尼木县人民法院紧抓国民经济和社会发展"十二五""十三五"规划项目建设及第五次全国法院援藏工作的契机，不断改善干警的工作、生活环境，加强办公设备的信息化建设，干警食堂、浴室等项目已建成并投入使用；续迈乡派出法庭已竣工验收。通过与尼木县委、县政府沟通协调，解决干警周转房12套，已交付使用。年内，已建成审判综合楼一栋、诉讼服务中心一栋、吞巴乡人民法庭大楼一栋，将于2017年交付使用，尼木乡人民法庭已进入选址阶段。年内，中央投资1200余万的县法院新审判楼和吞巴乡法庭基本建成、尼木乡法庭主体完工，县财政投资182万的院内附属设施也即将破土动工。

【贯彻落实"四讲四爱"教育实践活动】 尼木县人民法院将高举中国特色社会主义伟大旗帜，坚持以邓小平理论、"三个代表"重要思想、科学发展观和习近平新时代中国特色社会主义思想为指导，深入贯彻落实"四讲四爱"教育实践活动，紧紧围绕发展和稳定两个主题，忠实履行宪法和法律赋予的神圣使命，不断向着"让人民群众在每一个司法案件中感受到公平正义"的目标前进。

（达娃卓玛）

【领导名录】

党组书记、院长

罗　红（女，藏族）

副院长

尹小芬（女）

尼　玛（女，藏族）

格桑旺青（藏族，6月任）

尼木县司法局

【概况】 尼木县司法局内设股室6个：办公室、会议室、宣告室、法制宣传股（县法制宣传教育工作领导小组办公室）、基层工作股、县法律援助中心。人员编制11名，其中县司法局人员编制3名（正科1人、副科2人），乡镇司法所编制8名。县司法局内领导编制职数：局长1名，副局长2名；一般干部编制数3名。实有人数局长1名，主任科员1名，副科2名，科员3名，工勤人员2名，驾驶员1名，乡镇司法助理员8名。

2017年，尼木县司法局紧紧围绕全县的中心工作，深入学习贯彻党的十八大、十九大和十八届六中全会和区、市第九次党代会精神，开展“两学一做”学习教育，围绕全县构建和谐社会的总体目标，以创建高绩效机关为契机，以提高服务质量为目的，以夯实基层基础为重点，以强化队伍建设为保证，扎实开展人民调解、普法宣传、安置帮教、社区矫正、法律援助等职能工作，充分发挥法律保障作用，为维护社会局势稳定，促进经济和社会各项事业跨越式发展做出积极贡献。

【办公业务用房新建项目】 年内，完成县司法局办公业务用房新建项目，建筑面积497.37平方米，总投资135万，其中国家投资109万，其余资金由县政府配套解决，县政府投入65.9万元，完成县司法局大院附属设施建设。

【“七五”普法】 年内，按照《拉萨市“七五”普法规划》，制定《尼木县“七五普法”规划》，召开“七五”普法启动大会暨“六五”普法表彰大会，进一步强化各领导小组成员单位职责，提高法治宣传力度；明确“七五”期间的工作任务。

【普法依法治理】 年内，尼木县司法局高度重视法制宣传教育，把加强领导作为推进普法及依法治理的关键环节，始终将法制宣传教育放在重要议事日程上，坚持常讲、常议、常抓不懈，主要领导亲自抓、常过问，分管人员具体抓、抓推进，社会力量积极参与、大力配合，做到组织领导、具体工作、培训力量、经费落实四到位，形成齐心协力、齐抓共管、全方位做好法制教育工作的良好局面。成立普法及依法治理工作领导小组，明确目标职责，领导小组成员具体负责尼木县司法局“七五”普法工作规划、工作部署及实施、监督、检查等工作，指定1人负责日常工作，将法制宣传、民事调解、矛盾纠纷排查等一并纳入，使“七五”普法宣传教育工作在落实、推进的过程中，事事有人管，件件有人抓。定期召开会议，研究普法及依法治理工作，及时解决存在的问题。

【开展法制宣传教育活动】 年内，尼木县司法局充分利用“3·5雷锋学习日”“3·15消费者维权日”“3·28西藏百万农奴解放日”“12·4宪法宣传日”等重要节点为契机开展法制宣传教育活动，将法制教育贯彻落实到农牧民群众教育之中，取得较好的效果，使法制教育做到持久性、经常性。先后组织向农牧民群众，外来务工人员及个体经商人员等认真宣传《中华人民共和国宪法》《中华人民共和国刑法》《中华人民共和国刑诉法》《中华人民共和国婚姻法》《中华人民共和国劳动法》《中华人民共和国民法》等各种法律、法规，开展法制宣传活动8场次，发放普法材料1100余册，发放宣传纸杯及普法扑克900余份，受教人数1700多人，解答法律咨询300余人。年内，县司法局通过“企信通”开展法律知识宣传24次，发送法律知识300余条。

2017年7月20日，拉萨市司法局局长赵铁岭（右二）在尼木县调研

【人民调解】 年内，尼木县司法局着重建设人民调委会，截至年底，全县共有调委会47个，调解员305名，企业调委会1个，专业调委会6个。每月开展常规排查，在重大节日前开展定期排查，做到定期排查与专门排查相结合。真正做到“小矛盾不出村，大纠纷不出乡镇”的要求，从而为尼木县稳定大局打下坚实的基础，2017年共调解矛盾纠纷59个，发放案件补助4720元。

【安置帮教】 年内，尼木县司法局安置帮教在册人员20名，解除1名，新增4名。尼木县司法局始终把做好刑满释放人员安置帮教，预防和减少他们重新违法犯罪，作为维护社会稳定，搞好社会治安综合治理的一项重要工作来抓。全县各乡镇成立刑满释放人员安置帮教工作领导小组，各乡镇司法助理员落实日常工作。落实责任，把安置帮教工作列入年度工作的考核内容，通过签订目标管理责任书，促进安置帮教各项内容、措施落实。尼木县司法局把有机衔接好社会开放教育作为首要环节和刑满释放人员心理稳定的出发点、切入点，通过“把好接茬关、安置关”，确保帮教对象的思想情绪稳定。

及时造册建档。收到监所寄发的通知书后，即着手做好接茬准备工作。在接茬时，对刑满释放人员在监、所的表现情况和家庭状况进行详细的记录，为以后开展安置帮教工作提供资料、打基础。归正人员回家后，乡（镇）村（居）帮教工作人员随即到其家中进行家访，及时掌握其思想动态，并动员其家人共同做好思想转化工作。及时进行法治教育。通过赠送法律常识读本、组织学习法律知识等途径，开展多种形式的法治教育，促使他们遵纪守法。作为一个特殊的群体，归正人员的心态很不平稳，存在得过且过思想，为真正杜绝他们思想行为上的重复犯罪现象，在加强思想教育、化解消极心态和安置落实工作的基础上，重视对这一部分人员的跟踪监督管理工作。落实专项管理。尼木县司法局组织人员对刑满释放人员进行以掌握了解基本情况为主的摸排管理工作。突出重点管理。对部分纳入重点管理对象的，结合突出性、阶段性的工作，做到每次必查，每查必摸清底细，不使这部分人重新走上犯罪道路。

【社区矫正】 年内，尼木县司法局加强社区矫正工作。做好对社区矫正人员节假日监管教育和安全教育；做好矫正人员的排查工作。要求工作人员在敏感节点前必须与社区矫正人员见面。强化对社区服刑人员的管控措施，严格按规定办理外出请假审批手续，落实审批责任。同时，把平时表现差、有违规现象的矫正人员作为重点监管对象，要求每日一报到，加强检查频率，强化针对性措施，确保不出问题。为规范尼木县司法局社区矫正工作，在制定《尼木县社区矫正工作实施方案》的基础上，完善社区矫正工作各项制度，制作上墙制度牌及流程图。明确工作职责、工作原则、工作范围及任务。9月21日，自治区司法厅副厅长其美加布一行在尼木县检查指导社区矫正工作，座谈会上，司法局局长央青做详细的工作汇报，检查组一行对尼木县社区矫正等工作给予高度肯定。

【法律援助和法律服务】 年内，尼木县司法局以促进和规范法律援助工作为中心，积极履行政府职责，对经济困难的弱势特殊群众实行应援尽援，共受理法律援助案件15起，接待群众法律咨询15人次，涉及家庭、婚姻、邻里等多个方面，对前来咨询的群众耐心细致的解答，使前来咨询的群众乘兴而来、满意而归。为提高法律援助在广大干部群众中的知晓率，尼木县司法局结合“六五”普法宣传活动深入乡村、县城人流集中地，开展法律援助相关知识宣传活动，并热情为群众解答法律咨询，提升法律援助的知晓率，积极引导广大群众注重通过法律途径表达合理诉求和保护自身权益。

（阿旺曲西）

【领导名录】

局　长

央　青（女，藏族）

主任科员

董全胜

经济管理

尼木县发展和改革委员会

【概况】 2017年，尼木县发展和改革委员会坚持以科学发展为主题，积极发挥发改委的职能作用，着力推进“十三五”规划实施，各项工作取得较大进展，经济社会发展总体呈现持续向好发展态势：经济总量稳定快速增长；固定资产投资持续增加；城乡居民收入不断提高；工业经济健康发展；项目投资拉动有力，重点项目顺利实施。

【经济总体】 2017年，实现地区生产总值7.51亿元，同比增长10.2%。其中，农林牧渔业增加值实现增加值1.22亿元，同比增长4.2%。完成固定资产投资18.5亿元，同比增长40.5%；实现社会消费品零售总额0.62亿元，同比增长12%。

【项目工作】 年内，紧紧围绕保障和改善民生，实施县城扶贫搬迁安置小区二期建设项目、东风灌区、幸福灌区、尼木县藏医院、重点县小农水工程、32个村级组织活动场所等重点项目。32个村级组织活动场所、尼木县农村公路通达工程、东风灌区等项目已完工。

紧紧围绕职能变化加强项目审批工作，2017年共审批项目59个，在项目审批工作中发改委严格按照项目建设的基本程序执行。

【援藏项目】 年内，紧紧围绕县域特色优势产业发展思路，结合尼木实际，依托援藏投资，援藏项目建设创历史新高，开工建设总投资4000万元的尼木县藏香产业园建设项目、总投资9600万元的尼木县藏鸡养殖二期工程、总投资300万元的尼木县医院医疗援藏专家楼建设项目、总投资800万元的尼木县帕古乡、塔荣镇供暖供氧建设项目、总投资1200万元的尼木县精准扶贫易地搬迁集体经济项目、总投资6000万元的

2017年4月13日，拉萨市副市长林生（左四）一行在尼木县调研

尼木县卡如乡贫困农牧民搬迁安居精准扶贫和特色经济建设示范项目、总投资960万元的尼木县藏鸡原种育种基地建设项目一期补充工程。另外，按照县委、县政府工作要求，经过与北京市援藏指挥部对接，争取到2018—2020年7个规划外援藏项目，积极开展2018年规划内外10个援藏项目的前期工作。

【固定资产】 2017年，开复工项目共计96项，总投资26.92亿元。其中续建项目15项，新建项目81项，完成投资18.5亿元，完成全年目标任务(16.2亿元)的114.2%。

【完善拉日铁路后续工作】 年内，积极配合中央环保迎检组，开展对拉日铁路征地拆迁过程中历史遗留问题的梳理工作。配合县信访局，对火车站配套设施项目建设过程中出现的拖欠民工工资等问题进行排查化解，消除上访隐患。积极对接市铁路办，争取到吞巴乡铁路沿线失地农民站前综合服务社项目和拉日铁路尼木站配套设施项目。经积极协调对接市铁路办、县供电公司、拉日铁路配套设施各施工标段负责人，11月，吞巴火车站专线实现通电，发改委积极组织开展对拉日铁路配套设施项目的竣工验收工作。拉日铁路尼木段吞巴站周边环境整治工程和拉日铁路尼木段卡如货运站公路项目资金已到位，2018年3月底开工建设。

【粮食工作】 年内，协调县有关部门，准备并报送粮食生产安全县长责任制考核材料。迎接江苏省无锡市粮食局有关领导，与尼木县粮食局开展结对帮扶，拟定年底尼木县回访无锡市粮食局事宜。完成粮食企业经营者档案登记工作。

【物价监测】 年内，发改委联合政府办、食药局、卫生局、商务局、工商局对尼木县所有店铺出售的水果、蔬菜价格进行调查；8月，联合县食药、卫生、人社、人民医院等单位，开展公立医院药品价格专项检查，并及时向市发改委、县政府办汇报工作开展情况。

2017年1月5日，尼木县发改委（支铁办）在吞巴乡将拉日铁路征地补偿款全部兑现到群众手中

【收入增长】 年内，在一系列支农惠农政策的支持下，农牧民收入继续保持稳定增长态势，农牧民人均可支配收入实现11636元，同比增长14.3%。

【消费增长】 2017年，实现社会消费品零售总额0.62亿元，同比增长12%，完成目标任务(0.61亿元)的101.64%。

【易地扶贫搬迁】 年内，尼木县成立易地搬迁二期工程推进工作领导小组，县发改委为成员单位，每天督促进度，每周形成周报，力促项目早日完工。配合市委巡查组，对易地搬迁工作进行专项巡查。配合县相关部门、各乡(镇)，进行贫困村、户的脱贫摘帽验收。已完成县城一期易地扶贫搬迁100户505人的搬迁入住工作，并为194名劳动力安排就业岗位；2017年，计划实施易地搬迁400户1655人，其中，搬迁至拉萨经开区225户951人，搬迁至尼木县城115户436人、帕古乡彭岗村44户209人、麻江乡16户59人。县发改委与拉萨经开区开展多次对接工作，拉萨经开区搬迁安置点已完建设，正处于装修阶段，已完成85%，12月底完成入住。尼木县易地扶贫搬迁二期项目于

2017年5月2日，县委常务副书记赵金祥带队尼木县党政代表团在北京市顺义区洽谈扶贫对接工作

8月底开工建设，12月底完工。

【党建工作】 年内，全面贯彻落实党的十八大和十八届三中、四中、五中、六中全会精神，深入学习领会习近平总书记系列重要讲话精神和治国理政新理念新思想新战略，深入推动“两学一做”学习教育常态化、制度化建设，组织干部职工学习专题片《榜样》，撰写心得体会2篇，观看党的十九大开幕式，单位组织集中学习党的十九大精神5次，组织专题讨论2次。

【党风廉政建设】 年内，坚持思想建党和制度治党紧密结合，坚决贯彻党中央“八项规定”精神，学习好党纪党规党章和廉政教育片，做好节前提醒和检查监督，一以贯之纠正“四风”，狠刹公款吃喝风，杜绝吃拿卡要，营造风清气正的良好政治生态。

【综治工作】 年内，召开全体干部职工会议，研究成立以主任为组长、其他科级领导干部为副组长、其他党员为成员的安全稳定工作领导小组，结合单位实际，完善维稳值班应急预案，合理安排值班，做好全年值班工作。购置消防架、沙箱、棉被等消防器材，做到有组织、有领导、有计划，各项工作落实到实处。

【结对帮扶】 年内，召开精准扶贫、结对帮扶和驻村工作相关会议4次，安排干部走访、看望、慰问结对困难群众3次，与群众促膝长谈，宣传惠民政策，查找贫困原因，落实帮扶措施，力促“亲戚”脱贫。“三大节日”慰问退休干部一次，全年慰问驻村干部2次。

【协调、配合县直各部门工作】 年内，在全力以赴做好项目审批工作的同时，加强重大项目网上录入工作。积极配合安监局开展安全生产大检查、大排查工作，并认真进行国安委第八巡视组反馈问题的整改工作。及时传达县委、县政府会议精神、文件要求，并反映发改委工作开展情况；高度重视维稳工作，及时完善维稳应急预案和交接班表、维稳器材，做好值班带班、每天“零报告”。配合县水务局、县农牧局和各乡镇、单位，开展“水十条”“土十条”和其他工作，并提供、归档相关资料。

（常晓钰）

【领导名录】

主　任

刘春华（5月免）

杨　虎（5月任）

副主任

杨　虎（5月免）

旦增晋扎（藏族）

马国强（5月任）

尼木县财政局

【概况】 2017年，尼木县财政局人员编制共8人（其中财政局行政编制5人、政府采购办事业编制2人、公益性岗位编制1人），实有在岗人员16人（其中机关行政编制6人、政府采购中心3人、会计核算中心4人、公益性岗位3人），核算中心人员编制仍在原单位。

【发挥财政作用】 年内，促进财政增收，增强发展的支撑力。发挥财政体制调整新优势，创新政策体系和工作体系，积极探索加强财源建设的有效途径，挖掘潜在税源，开发增量税源，依法加强财税征管，积极培育新型税收增长点，把经济发展成果转化为财政增收的总量上来，实现财政收入规模、质量和增速同步提高，壮大财政实力，在市场经济格局中发挥更大的作用。积极争取各类资金，把握稳中求进的政策机遇，把各项基础工作做实做细。安排专项工作经费，为各单位争取财政政策和资金提供有利条件，扩大上级财政部门对尼木县转移支付力度，为支持发展和改善民生提供有力支撑。突出发展职能，增强造血能力。推动“四产业两园区”和区域旅游“四菜一汤”项目建设。多渠道筹措资金，积极引导援藏资金，形成“政府主导、企业主体、社会参与、市场运作、稳健经营、服务发展”的多元化项目发展格局，支持重大基础设施和项目建设，扶持重点产业加速发展。

积极推动民生工程，坚定群众跟党走决心。推动教育事业优先发展，全面落实家庭经济困难学生资助政策，大力发展学前教育。加大实施更加积极的就业政策，继续创造扶贫就业岗位和政府购买公共服务事项，健全公共就业服务体系。创新社会管理，提高财政维护公共安全和社会稳定的保障水平。做好财政惠农工作，落实各项惠农补贴，深入实地调研，有针对性地指导村级集体经济有序发展；深化财政改革，增强财政发展的推动力。严格按照《中华人民共和国预算法》《中长期预算规划》精神实质，进一步完善由公共财政预算、国有资本经营预算、政府性基金预算和社会保险基金预算组成的政府预算体系，实现财政资源优化配置，完善收入分配职能，实现经济社会稳定发展。加强基本支出管理，推动预算编制项目合理合规。围绕县委、县政府决策部署，集中财力办大事，实行财政专项资金竞争性分配改革，不断提高财政资金使用效益。进一步规范和改进国库集中支付管理，提高预算支出的及时性、均衡性、有效性和安全性。注重预决算对比分析，扩大政府采购范围，完善财政评审制度，促进各项财政事业公平公正；规范收支行为，增强预算管理的约束力。严格支出管理，牢固树立“钱要花在刀刃上”的思想。严格按照上级党风廉政相关规定和要求，坚持勤俭办事的原则，不断降低行政成本。强化预算约束，执行机构设置和编制管理，控制人员经费、公用经费等一般性支出。严格控制“三公”经费支出，加强后勤服务中心管理，不断完善会议费、差旅费管理和公务接待制度改革，严格车辆编制管理，按标准配备公务用车。加强政府性债务管理，建立规范的政府举债融资机制，切实防范政府性财政金融风险。

2017年6月9日，西藏自治区财政厅副厅长孙洁（左二）在尼木县财政局检查涉农资金

【党建工作】 年内，把扎实开展“两学一做”常态化、制度化学习教育活动与深入学习党的十九大精神紧密结合，以“学”促“做”，以“学”促“实”，引导党员干部筑牢信仰之基，把稳政治之舵。通过理论学习、专题辅导、业务培训等形式，组织23次学习活动。制定学习计划，以丰富的内容活动，创新的受教方式，扎实开展“书记讲党课”活动3次。班子成员围绕党建主题，开展专题研讨1次，增强政治理论素养。着力完善从严治党、从严管理干部的体制机制，深化法治财政建设，局机关支部安排4次专题“懂法、学法、普法”活动，系统梳理财政工作涉法

涉诉风险和应对措施，增强运用法治思维推进工作，解决问题的能力。认真贯彻落实《关于新形势下党内政治生活的若干准则》《中国共产党党内监督条例》以及中央关于意识形态工作的决策部署，严守党的政治纪律和政治规矩，严守组织纪律和宣传纪律，在思想上、政治上、行动上，始终与党中央保持高度一致。

广泛开展谈心谈话活动，坚持集体领导，在政策制定、资金安排、选用干部等重大事项上，严格执行局机关支部议事规则和决策程序，提高依法科学决策水平。坚持民主集中制，定期开展批评与自我批评，按照“照镜子、正衣冠、洗洗澡、治治病”要求，严肃认真提意见、满腔热情帮同志，真诚平等谈工作、一针见血找问题，大力营造民主和谐的内部环境。坚持以优秀党员标准，严格执行《党政领导干部选拔任用工作条例》，对日常工作状态进行客观准确的记录，确保选人用人在阳光下运行，做到公平公正。严格执行局领导个人有关事项报告制度，督促班子成员和党员干部自觉净化社交圈和生活圈，切实做到不踩红线、不越底线。

【党风廉政建设】 年内，牢固树立“党要管党，党风治党”主责意识，全面贯彻区市县纪委部门关于落实党风廉政建设“两个责任”实施办法和意识形态工作责任要求，着力创新创优党建工作的理念、思路、方法、步骤和路径，扎实开展“两学一做”常态化制度化学习教育活动，坚持不懈地推进作风建设，提升服务效能。健全党风廉政建设责任体系，年初召开党风廉政建设暨反腐败工作动员部署大会，定期召开局机关支部党员大会6次，研究分析党风廉政建设形势，传达贯彻上级要求，部署落实具体任务。健全完善“一把手负总责，班子成员各负其责，业务骨干齐抓共管”的工作机制，局机关支部书记作为“第一责任人”既“挂帅又出征”，班子成员严格履行“一岗双责”，纪检委员认真履行监督职责。制定党风廉政建设实施方案和计划，制定任务分工表、责任分解表并签订责任状，将任务和责任分解细化、落实到人。

落实党风廉政建设专项考核和专题报告制度，定期向县纪委报告任务清单落实进展情况，确保“两个责任”落地生根。开展系列廉政警示教育活动4次，征集“家规家训”，制定《尼木县财政局干部管理办法》《财政局内部管理办法》等规章制度，营造勤政廉洁氛围。组织“不作为、慢作为、不担当”和“庸、懒、散、怠”等突出问题排查，开展财政工作满意度测评，针对存在问题逐项制定整改措施，扎实抓好整改落实。坚持将纪律和规矩挺在前面。深入排查财政业务工作廉政风险点，制定风险防控一览表，逐项制定风险防控措施，落实防控责任人。

组织财政规范性文件清理，有序推进“放管服”工作落实，对党的十八大以来制定的1个财务报账管理规定进行评估和把关，确保在法律的框架内有效运行。严格把关部门预算编制、专项资金管理、政府采购、投资项目评审等重点领域和关键环节，强化权力运行的制约和监督。规范会计行业管理，加强全县财务人员再教育再培训，推进各单位财务制度规范有序。形成局领导班子成员以身作则，带头执行改进作风、厉行节约、自觉遵守廉洁从政准

2017年4月2日，副县长旦增江才（左一）主持召开全县财务业务培训会

则风清气正的良好局面。

【财税政策落实】 年内，加快支出预算执行进度，加强核算支出管理，合理压降库款规模，提高财政资金使用效益。落实积极的财政政策，全面推进“营改增”政策落地，做好经济改革推进协调工作，实现税制平稳转换，形成各行业整体税负只减不增的良好局面。为减轻企业负担，严格按照国务院“放管服”工作要求，确保普遍性降费政策落实到位。将“两创”示范园建设项目，纳入年初预算，助推科技创新，营造和鼓励“大众创业、万众创新”的政策环境。

规范政府债务管理，将政府债务管控工作纳入县绩效管理共性目标，实行政府债务“零”余额限额管理制。严格按照《政府采购法》，加强政府采购工作管理，出台《县国有资产管理委员会主要职责机构设置和人员编制规定》和《县行政事业单位资产清查工作实施方案》，进一步规范和完善政府采购的组织、制度和运行体系，在法规的范围内实施政府采购工作，将5万以上购置行为纳入政府采购计划，将10万以上购置行为进行公开招投标，并与中标公司、企业签订购置合同，面对社会予以公示，维护和促进市场化经济的合法竞争。计划内预算政府采购经费12430万元，实际支出使用资金12211万元，实际支出比为98.24%。

【财政资金监管】 年内，把严肃财经纪律作为源头防腐的重要措施，强化责任担当。将各类资金监管向基层延伸，2017年发放类定向补助项目5个，涉及资金3218.84万元（其中：粮食直补及农资综合补贴113.06万元，草原生态补贴1560万元，林业补贴993.3万元，2016年定向补贴365.49万元，2017年定向补贴186.99万元）；全程实行跟踪监管。深化财政监督检查，对部门预算执行情况、政府项目预（概）算、决（结）算和非税收入收缴等进行监督检查。积极配合纪委、巡察、审计、督察等相关部门对“三公”经费、津补贴发放、重大项目、扶贫资金等领域，开展专项检查和监督。组织对全县各乡镇、县直各部门的财务管理进行专项检查，纠正政府单位在预算编制执行、落实“收支两条线”政策、工程项目和用工支出等方面存在的问题。

2017年6月13日，县财政局干部职工在尼木乡尼荣村开展支农活动

“三公”经费预算管理和动态监督严格执行每月自查上报机制，进一步压减“三公”经费支出，降低行政运行成本，确保将有限的财政资金用在支持社会发展的刀刃上。全年“三公”经费共计支出684.56万元，同比减少12.5%，其中，公务接待费支出7.43万元，较2016年同期减少3.11万元，同比下降29.51%；公务车辆运行支出614万元，较2016年同期增加79万元，同比增长14.96%；公务车辆购置支出63.13万元，较2016年同期减少174.14万元，同比下降73.39%。

【基层党组织三个覆盖】 年内，为贯彻落实区、市决策部署，满足基层政权办公和群众民主议事需要，按照关于村级活动场所标准化阵地建设的相关要求，工程全面施工。该项目总投资10022.77万元，2017年市级投入3334万元，本级投入3334万元。大力扶持各村村集体经济发展，为各村安排村集体经济创业资金15万元，共计投入集体经济扶持资金500万元。为解决行政村“无钱办事”，基层抓党建重视程度不够，工作积极性不高，创新发展理念缺乏等问题，县财政局协调组织部门积极探索、大胆实践，安排80万元专项经费用于村级党建工作运行，维持各村日常工作开展。

【福利待遇】 年内，开展住房公积金统调工作，全县共结息1098人（不含教育系统），封存63人，新增52人，合户28人，转移49人，结算利息110.5万元，共缴存2789.77万元，其中县级财政配套资金1394.89万元。全年共有184名干部职工支取住房公积金，支取总额1366.62万元。积极协调县组织、人社等部门，调整和兑现2016年7月以来干部职工增资、补发、核算相关工作，分两次兑现增补工资453.18万元和487.11万元，共计940.29万元。落实干部休假包干路费，2016年6月严格按照市县组织部门关于干部职工福利待遇相关文件精神，经过多次审核，兑现年度包干经费814.4万元。为全县209名公益性岗位人员，发放工资596.46万元，其中县级配套资金238.58万元。

【本级投入资金】 年内，严格落实县委、县政府常务会议精神，为全县各单位解决项目159个，2017年本级投入资金共计14483.01万元。

【一般公共服务支出】 年内，投入资金5877.95万元用于一般公共服务支出。其中，投入资金3334万元用于村级活动场所项目建设；投入资金404.06万元用于县委、县人大、县政府会议室改造和政府机关院内基础设施维修；投入资金237.16万元用于卓瓦曲典寺、乳巴寺、达金寺、卓玛普日追寺、溃公寺等寺庙维修；投入资金493.24万元用于全县各单位办公设备购置；投入资金71.7万元用于城市维护；投入资金501.29万元用于路灯安装和小康安居工程切开线路等基础设施项目建设；投入资金272.81万元用于尼木年鉴县志和文物挂牌保护等文化事业建设；投入资金150.1万元用于政府后勤服务中心改扩建设；投入资金13.59万元用于县藏胞接待室设备购置；投入400万元用于交通局县际班线改革经费；投入资金6439.07万元用于农林水事务事业发展；其中：投入资金795.36万元用于创建有机农业示范县；投入资金178.84万元用于藏鸡原种项目建设；投入资金829.8万元用于净土产业发展包装设计、乌米净土产业园智能大棚等项目建设；投入资金740.63万元用于雪菊、藜麦的收购和相关设备购置；投入资金114.62万元用于县城绿化工程项目；投入资金3200万元用于土地占补平衡；投入资金579.82万元用于购置挖掘机、农村宅基地确权等其他项目建设资金。

2017年5月24日，县财政局工作人员下乡兑现群众补助资金

【社会稳定事业支出】 年内，投入资金956.57万元用于社会稳定事业。其中，投入资金181.11万元用于公安局办公楼维修改造；投入资金451.02万元用于购置警用车辆、交警队车管所等项目；投入资金225.62万元用于维稳高清视频和天网系统建设；投入资金98.82万元用于县检察、司法部门附属工程建设。

【乡（镇）各项事业发展支出】 年内，投入资金700.24万元用于乡（镇）各项事业发展。其中，投入资金35.51万元用于麻江乡“八一赛马节”“人大之家”装修等项目经费；投入资金7.5万元用于帕古乡彭岗村公路维修；投入资金8.48万元用于普松乡政府挡墙维修；投入资金72.09万元用于续迈乡续迈村新建商品房、新装变压器等项目；投入资金283.66万元用于吞巴乡仓储物流建设、根比村土地承包费、吞弥文化节等项目；投入资金252万元用于卡如乡温室大棚建设、尼木和美公司入股49%部分；投入资金25万元用于塔荣镇林岗村温室大棚建设。另外投入资金16万元用于七乡一镇"四讲四爱"专项活动经费。

2017年10月13日，拉萨审计局党组成员、副局长卫建华（左二）在尼木县审计局调研

【医院卫生系统建设支出】 年内，投入资金509.18万元用于医院卫生系统建设。其中，投入资金259.88万元用于包虫病专项筛查诊治；投入资金50万元用于建档立卡贫困户医疗救助兜底资金；投入资金199.3万元用于藏医院附属工程建设。

（彭　柯）

【领导名录】

局长、国资委主任

　　洛布次仁（藏族）

副局长、国资委副主任

　　徐　　静（女，5月免）

　　央金卓嘎（女，藏族，5月任）

　　彭　　柯（5月任）

副主任科员

　　巴　　桑（女，藏族）

尼木县审计局

【概况】 2017年5月，尼木县审计局正式成立，填补近十年县级政府无审计部门的空白期。共有行政编制3人，现有干部职工3人，正科级1人、副科级1人、科员1人。

【职能】 负责对国家财政收支和法律法规规定属于审计监督范围的财务收支的真实、合法和效益进行审计监督，维护财政经济秩序，提高财政资金使用效益，促进廉政建设。对审计、专项审计调查和核查社会审计机构相关审计报告的结果承担责任，并负有督促被审计单位整改的责任。组织对直接审计、调查和核查的事项依法进行审计评价，做出审计决定或提出审计建议。负责审计县直各部门、乡（镇）政府管理和其他单位受尼木县人民政府及其部门委托管理的社会保障基金、环境保护资金、扶贫开发资金、捐赠资金及其他有关基金、资金的财务收支。法律、行政法规规定应由尼木县审计局审计的其他事项，出具审计报告，在法定职权范围内做出审计决定或向有关主管机关提出处理处罚的建议。按规定对全县科级以上干部及依法属于尼木县审计局审计监督对象的其他单位主要负责人实施经济责任审计。组织实施对贯彻执行国家及西藏自治区、拉萨市、尼木县财政方针、政策和宏观调控措施落实情况，以及财政预算管理或国有资产管理使用等与国家、西藏自治区，拉萨市和尼木县财政收支有关的特定事项进行行业审计、专项审计和审计调查。指导和监督内部审计工作，核查社会审计机构对依法属于审计监督对象的单位出具相关审计报告。承办尼木县人民政府交办的其他事项。

【基层党建】 年内，成立党支部并严格落实党建工作责任，推动党建、审计工作双创提效。认真落实从严治党要求和抓基层党建的责任，专题研究部署机关党建工作，部署党建活动。坚持“以党建促审计、以审计强党建”的工作理念，把提升审计服务水平贯穿党建工作的全过程，将审计工作与“两学一做”教育活动相结合，把党建工作放在与审计工作同等的地位，围绕审计抓党建，抓好党建促审计。

【开展党风廉政宣教工作】 年内，以“两学一做”学习教育常态化制度化建设为主线，深入学习习近平总书记系列重要讲话、党的十九大精神、全国、全区审计机关党风廉政建设工作会议精神，学习《关于新形势下党内政治生活的若干准则》《中国共产党廉洁自律准则》《中国共产党纪律处分条例》等党纪党规，加强党性锻炼，强化“四个意识”，为建设一支“政治强、业务精、作风优、纪律严”的审计铁军提供坚强政治和纪律保障。

【党风廉政建设】 年内，开展党支部会议专题党风廉政建设和反腐败工作。研究制定《尼木县审计局党支部领导班子党风廉政建设主体责任清单》，细化责任，明确职责，狠抓管理并对工作进行分解和细化，层层签订责任书，按时上报自查自纠情况。同时制定《尼木县审计局各项制度（试行办法）汇编》24项制度，坚持原则、严于律己，确保全局审计干部廉洁意识，保证工作规范、有序。

【精准扶贫结对帮扶】 年内，积极配合开展脱贫摘帽考核工作，全面完成脱贫攻坚各项任务。充分发挥党员先锋模范作用，在原有帮扶的基础上继续深入宣讲党的十九大精神。按照市、县要求“两年脱贫、三年巩固”的目标，鼓励结对户创新思路，积极参与尼木县“三步走”总体布局中，靠自己的双手摆脱贫困。

【审计工作】 年内，依法依规对党政领导干部经济责任履行情况进行监督、评价和鉴证，通过经济责任审计，以促进领导干部推动该部门、该单位科学发展为目标，以领导干部在任职期间本单位财政收支、财务收支以及有关经济活动的真实、合法和效益为基础，重点检查领导干部守法、守纪、守规、尽责情况，加强对领导干部行使权力的制约和监督，推进党风廉政建设和反腐败工作，推进国家治理体系和治理能力现代化，进一步明确领导干部的主管责任和直接责任，进一步促进廉政建设，为组织部门使用干部提供参考。以“依法审计、服务大局、围绕中心、突出重点、求真务实”的审计工作方针，全面依法履行审计监督职责，围绕县委、县政府提出的“保增长、保民生、保稳定”的工作目标，充分发挥审计保障经济社会健康运行的“免疫系统”功能。

【审计力度及管理】 年内，深化推进财政预算执行审计。紧紧围绕县委、县政府的重大战略部署，以政策为导向、以预算为中心、以资金收支为主线、以支出为重点、以效益为目标实施审计，不断提高财政预审计水平，规范预算执行，促进公共财政建设。加强对重点部门、重点项目、重点资金的效益审计，确保财政性资金投入的安全和效益发挥。

【内部建设】 年内，加强县审计机关内部建设，严格执行《审计项目质量控制办法》，切实提高审计质

2017年12月17日，县审计局局长徐静在卡如乡卡如村慰问结对帮扶户

量控制水平，确保审计工作质量稳步提高。建立健全责任追究制，增强审计人员的责任意识，加强对审计业务人员的培训力度，不断提高审计人员的业务素质和审计工作质量，促进依法审计，防范审计风险。

（徐 静）

【领导名录】

局 长

徐 静（女，5月任）

副局长

达 扎（藏族，5月任）

尼木县国土资源规划局

【概况】 尼木县地处西藏中南部，雅鲁藏布江中游北岸，系西藏前后藏结合部，位于西藏第一、第二大城市拉萨与日喀则之间，距拉萨市129公里，距日喀则市140公里，距机场100公里，距羊八井地热温泉90公里，交通便利。尼木县地貌形态多姿，山峦起伏，河谷纵横，尼木、安岗两河纵贯全县南北60余公里，流入雅鲁藏布江。境内平均海拔4000米以上，最高点穷母岗峰海拔7048米，终年积雪，是拉萨境内第二高峰，最低点为玛曲河汇入雅鲁藏布江处，海拔3700米。全县属高原温带半干旱气候，四季变化分明，夏季雨水集中，辐射强，年日照时数2947.2小时。年无霜期为136天左右，年降水量为368毫米左右。

2017年，尼木县国土资源规划局人员编制共计8人，行政编制3人，事业编制5人，其中在岗6人。尼木县国土资源规划局领导干部的共同努力下，以习近平总书记重要思想为指导，切实加强全局基础业务建设和效能队伍建设。把城+镇建设和新农村建设工作与国土资源管理工作紧密结合，不断地总结经验，扎实工作，做到中心工作与常规工作两不误，使土地市场在尼木县经济建设、产业结构调整和社会主义新农村建设中得以充分体现。

2017年8月22日，县委副书记、县长普琼带领相关单位负责人在麻江乡检查人工种草生长情况

【项目用地手续办理】 截至年底，尼木县国土资源规划局备案项目共计55个，依据各项目的正规手续和上级部门批复，尼木县国土资源规划局领导及工作人员一一到实地对这55个项目进行选址工作，并给项目单位共办理17套“一书两证”和38本乡村规划许可证，同时办理规划选址意见与用地预审，很好地完成各项目的前期工作，同时2017年尼木县国土资源规划局对全县共计34个项目分四个批次进行组件上农用地转建设用地的手续，并于12月1日最终通过西藏自治区国土资源厅的审批，保证项目用地的合法化。2017年整个拉萨各区县项目用地手续上报情况来看，尼木县是唯一一个项目用地手续报的最全，而且已全部通过的县，这项工作得到市局及西藏自治区国土资源厅的高度评价。

2017年，全县共有34个项目，总占地面积1210.5555亩。共计四个批次，分别为：城市第一批次共计5个项目，总占地面积为340.248亩（集体耕地330.8085亩、国有草地3.2895亩，国有建设用地6.15亩），项目分别包括县城精准扶贫易地搬迁项目（一、二期共计141.3亩）、塔荣村村委会及公租房建设项目（10.2亩）、县城污水处理厂（7.35亩）、尼木县中心小学教职工宿舍楼建设项目（33.56亩）、尼木县县城小康安居项目（138.4亩）；城市二批次

2017年9月25日，副县长米玛潘多带领县国土局、县净土办等负责人在卡如乡对集装箱藏鸡养殖建设项目用地进行选址

共计1个项目，总占地面积525亩（地类全属耕地），为拉萨经开区尼木产业园项目；村镇一批次共计23个项目，总占地面积为329.8575亩（集体耕地282.03亩、国有天然牧草地41.757亩、国有建设用地6.0705亩），项目分别包括赤朗村、尼荣村、聂玉村、普巴村、帕古乡的幼儿园建设项目及续迈乡完小，占地面积20.322亩，赤朗村、卡如村、朗堆村、强聂村、尼荣村、普松村、曲水村、尚日村、吞达村、安岗村、尼续村及山岗村村级活动场所，占地面积共计39.591亩，麻江精准扶贫易地搬迁项目（20.4亩）、卡如乡农牧民搬迁安居（18.696亩）、吞巴乡物流站（136.3905亩）；村镇二批次共计5个项目，总占地面积为15.45亩（集体耕地7.8亩、国有林地1.65亩、国有草地6亩），项目分别包括帕古乡扶贫商品房（1.05亩）、帕古乡豌豆糌粑加工厂（2.25亩）、续迈乡扶贫商品房（1.65亩）、帕古村村级活动场所（4.5亩）及麻江乡加油站（6亩）。

【土地开发项目】 麻江乡2016年度1.5万亩土地开发项目于2016年10月由拉萨市国土局验收，通过该项目的实施不仅增加尼木县的耕地面积，同时增加尼木县的财政收入，经县委、县政府同意尼木县国土资源规划局已向达孜县人民政府转让2000亩耕地占补指标共计资金3200万元。

【不动产登记】 年内，按照区市国土部门的要求，尼木县国土资源规划局基本完成尼木县农村宅基地确权登记发证工作，全县应发5047本不动产权证书。截至年底，相关数据已录入到权籍系统里，建筑面积共计1.1251平方公里。截至年底，已办理农村宅基地的不动产权证书共计4349本，不包括精准扶贫易地搬迁户（恩责小区）和小康安居及卡如的搬迁至小康安居附近的共计518户，国有土地的不动产权证书28本，证明16本，转移登记2本，首次登记1本。

【矿产资源管理】 尼木县由于独特的自然地理环境，在全县境内主要有铜、钼、泥炭等矿产资源为主，其中尼木铜矿被列为雅鲁藏布江国家重点整装勘察范围内。截至年底，已探明并开采的矿业公司有尼木铜业开发有限责任公司，其面积为1.9465平方公里。按照西藏自治区国土资源厅、市国土局及市安委会相关文件要求，为确保全县矿产资源整顿规范和安全生产工作取得实效，继续做好矿产资源整顿和安全生产工作，年初，尼木县国土资源规划局对尼木县境内所有探矿权和采矿权，对全县矿产资源勘查开发活动进行全面清理、检查，重点对长期（五年内）囤而不探、囤而不采的矿业权进行清理，并按照《中华人民共和国矿产资源法》的要求年初对各探（采）矿点进行备案登记工作。和谐矿区建设中采取的措施：根据工作实际不仅建立健全矿区生态恢复机制和资源开发补偿机制，为实现尼木县矿业持续健康快速发展的战略目标，健全地方性矿产资源法规体系，制定《尼木县矿产资源管理暂行办法》等十项制度。

【地质环境】 由于尼木县地理位置特殊，地形地貌复杂，年降水集中及自然生态环境较为脆弱，致使泥石流、山体滑坡等自然灾害的发生频率较高。结合尼木县地质灾害情况，年初，尼木县国土资源规划局制定《尼木县2017年度地质灾害安全隐患排查治理工作实施方案》《地质灾害应急预案》等有关防治方案。汛期来临前，尼木县国土资源规划局领导及相关工作人员一一到尼木县存在的地质灾害隐患点29个行政村（除塔荣村、巴古村、尼木村外）和续迈乡恩布寺再次详查地质灾害隐患点，同时对地质灾害监测人员安排2017年地质灾害监测任务，全年很好地完成地质灾害排查与监测工作。

【地质灾害防治】 2017年，对地质灾害防治应急工作领导小组及成员做进一步调整和充实，为应急防治工作提供有力的组织保障，及时下发《尼木县2017年地质灾害防治工作方案》《尼木县2017年地质灾害防治应急预案》，并且在全县农牧民中发放地质灾害明白卡，要求每户必须填写地质灾害明白卡。对防治、避险做到心中有数，有备无患；汛期来临前全县地质灾害隐患点进行一次大排查，要求乡镇在地质灾害隐患点设立监测人员，并且合理安排避险路线确保群众安全。加强值班制度。汛期期间严格执行局领导为组长的24小时汛期值班制度，要求保持24小时通讯畅通。

【卫片执法】 2016年尼木县共涉及68宗图斑，为核实图斑的具体情况，尼木县国土资源规划局工作人员自2016年12月—2017年5月，分别到尼木县每个乡镇进行实地勘测核查，经核查最终确定19宗违法用地项目。截至年底，尼木县国土资源规划局并已通过国土资源部土地卫片执法信息登录系统上报相关材料，并进行整改，所整改工作得到区、市国土部门的好评。

2017年10月9日，国土局局长索朗次仁组织全局干部职工召开工作安排部署会

【精准扶贫】 年内，尼木县易地搬迁项目共有三个点，分别是县城易地搬迁、麻江乡易地搬迁点及帕古乡彭岗村易地搬迁，年初完成选址工作，按照工程的进度，尼木县国土资源规划局已经给项目实施单位办理选址意见书、用地规划许可证及建设工程规划许可证，并已组件向上级部门上报农用地转建设用地的相关用地手续，截至年底已通过。

【宣传工作】 年内，尼木县国土资源规划局把土地法制教育作为加强国土资源管理工作的一项重要基础工作来抓，自3月开始，县国土局局长以及工作人员到尼木县"七乡一镇"32个行政村进行"国土资源、规划法律法规"相关知识的宣讲。同时利用"4·22"地球日、"5·12"防灾减灾日、"6·25"土地日宣传《中华人民共和国土地管理法》《非法买卖农村集体土地宣传册》、土地管理法律法规，"地质灾害防灾减灾知识"等内容，而且所有宣传材料翻译成藏汉双语，发放到尼木县各县直单位、企事业单位、乡（镇）、村、组、户、各寺管会以及寺庙僧尼，同时将"非法买卖农村集体土地"与"违法占地"等相关法律法规，尼木县国土资源规划局已做成海报（藏汉双语）形式在全县范围内进行张贴。

【信息上报】 2017年，报送各类工作信息125期，做到及时让上级业务部门以及尼木县委、县政府了解国土工作情况。

（丁军军）

【领导名录】

局　长

索朗次仁（藏族）

副局长

白玛卓嘎（女，藏族）

尼木县工业和信息化局

【概况】 2017年4月，成立尼木县工业和信息化局，挂牌尼木县商务局、尼木县投资促进局。坚持贯彻落实“县委三步走”“四产业两园区”发展战略，转变工业经济发展方式，推进新型工业化进程，全力推进工业经济发展、节能减排降耗、国有企业监管、双创示范建设、招商引资、商务、质量监督、质量强县、党建、维稳以及党风廉政建设等重点工作。

【工信工作】 2017年，尼木县完成工业销售产值8950万元，同比增长27.67%，完成目标任务（8902.7万元）的100.5%；工业增加值完成5100万元，同比增长27.5%，完成目标任务（5080万元）的100.4%；工业税收完成47万元，同比增长27.03%，完成目标任务（46.99万元）的100.02%；完成工业投入5.62亿元，同比增长23.25%，完成目标任务（5.6亿元）的100.36%。

【项目跟踪、推介】 年内，尼木县工业和信息化局坚持把重大项目建设作为推进经济发展的总抓手，牢固树立“抓项目就是抓经济、抓发展、抓跨越”的思想，加大对项目的跟踪督促力度，全力推动重大项目建设。尼木县有2家光伏企业，分别为广东瑞德兴阳光伏科技有限公司和西藏藏能股份有限公司。广东瑞德兴阳光伏科技有限公司的10MW高倍聚光光伏发电项目于9月中旬进场开工，已完工。西藏藏能股份有限公司的20MW光伏发电项目，已于6月投产。另外积极协助央企入藏项目的正常运转，培育发展藏能公司为规上企业。

【节能减排、环境保护】 年内，深入实施“依托二产、助推一产、辐射三产”的经济发展战略，以提高生态环境服务效能和价值为核心，以推进有机农牧业生产为基础，以开发有机健康食品和高原保健药材为主体，加快青稞、牦牛、藏鸡、藜麦、雪菊等高原本土特色商品开发，推进净土健康产业规模化、产业化、集群化发展。强化环保，推动产业升级。不断强化监督管理，深化专项整治，严厉打击破坏环境的行为。加大宣传，让政策走入千企万户。充分利用网络、报纸、电视等媒体把尼木县的资源向外推介，全面宣传尼木县的招商引资优惠和奖励政策，同时结合党的十九大创新开展“企业服务月”活动，按照“重点扶持、动态管理”原则，立足办实事、出实招、求实效，着力帮助企业解决实际困难问题。积极构建绿色环保工业体系。积极推进资源节约和综合利用，加强生态环境保护，提高可持续发展能力。推动工业与人口、资源、环境相互协调发展，努力开创生产发展、生活富裕、生态良好的良性循环发展道路。严格执行环境保护、能源资源节约、清洁生产等方面的法律法规及技术标准，落实资源综合利用优惠政策，促进废物减量化和无害化。积极推进再生资源的回收利用，促进建立现代再生资源回收利用体系，加快再生资源回收利用产业化建设。

2017年8月21日，中国拉萨雪顿节招商引资项目推介会上县委副书记、县长普琼同中核（西藏）实业发展有限公司总经理袁旭光签订尼木地热资源开发协议

为迎接环保督察工作，切实做好尼木县工业企业环保工作，整理2013—2017年企业环保类台账，对县企业进行走访检查，对企业在生产过程中存在的环保问题，责任到人、限期整改，进一步做好尼木县工业企业环保工作。

【安全生产】 年内，为促进尼木县安全生产工作，县委、县政府及时召开安全生产会议，传达区市有关安全生产会议精神，组织人力、物力按照“全覆盖、零容忍、严执法、重实效”的总要求，联合县相关部门对县辖区进行安全检查，确保尼木县全年安全生产无事故。

严格按照拉萨市工信局会议要求，统计全县的货车数量，对货车非法改装情况进行统计，对改装车辆责令限时整改，现非法改装车辆已完成整改工作。

【农村信息服务站】 年内，尼木县农村综合信息服务站已实现32个行政村全覆盖。严格标准，规范建站。按照上级要求，设立农村信息综合服务联络员，达到“一块牌子、一套制度、一套上网设备”。认真抓好信息联络员的业务培训。为提高农村信息联络员的服务能力，从计算机基础知识和操作实践、办公软件的使用、互联网操作技术等实用操作技能进行培训，使他们系统地掌握电脑操作与使用的基础技术，并且进行采集信息、分析信息、发布农业信息培训，为他们更好地开展农业信息综合服务奠定基础。建立长效机制，做好站点检查和维护。积极开展站点建设的同时，注重探索与建立各项规章制度，形成农村综合信息服务的长效推动机制。

2017年11月10日，县委副书记、常务副县长尹世强主持召开北京—尼木文化展览筹备会

【工业信息统计】 年内，为提高尼木县监测企业运行状况的效果，工业和信息化局加强企业的数据信息统计工作，扩展企业数据信息统计监测范围，加强数据质量审核，提高统计数据的及时性、准确性。每月十日之前定时向拉萨市工信局上报消费品报表、民族手工业报表、工业企业报表以及规上规下企业报表。

【招商工作】 2017年，尼木县招商建设项目9个，续建7个，新建2个，项目总投资27.725亿元，2017年完成投资6.2亿元，同比增长16%，完成全年任务的101.2%。积极参加拉萨市组织的各类招商活动。参加“商洽会”“雪顿节”招商推介会、“丝绸之路国际博览会”等活动，安排6家企业参加相关展销活动，并在“西洽会”同弘川公司签订吞巴仓储物流项目。在雪顿节同中核实业(西藏)签订综合地热资源开发协议。自主招商期间同北控集团签订地热资源开发利用协议书，顺利完成拉萨市商务局下达的签约任务。正积极开展相关前期工作。县委、县政府安排四组小分队赴北京、扬州、深圳、西安、成都等地开展自主招商及项目洽谈签约活动。在学习加强招商引资工作的同时成功引进8家企业在尼木县投资，全年实现税收2.93亿元，实现财政收入1.43亿元，占全县财政收入的95%以上。

【商务工作】 年内，联合县工商局、食药局、工信局、安监局等相关单位开展打假综合整治活动，初见成效。重点节假日对蔬菜销售摊位、餐饮类经营场所、超市等进行突击检查，确保全县人民买得放心、吃得舒心。同时，坚持每月进行例行性检查，深入餐饮、超市等人员密集场所开展安全检查，督促商户对安全隐患进行整改，确保人民群众的生命、财产安全。结合“安全生产月”的工作部署，联动相关职能部门，开展肉品上市销售安全隐患集中整治行动2次。针对市场、超市等单位进行重点排查，加强肉品准入检查，确保上市销售的定点屠宰肉品率。年内，深入各农家店进行4次核查，重点核查各店营业状况、进货渠道、产品过期情况等。经查，各农家店产品无过期情况，群众反映较好。积极开展成品油加油站专项整治工作，突击检查加油站5次，责令加油站对存在的问题进行整改，根据拉萨市商务局要求，做好成品油市场供应和安全工作。

【北京前门尼木专题展销活动】年内，为宣传手工艺及净土产业独特资源，展示西藏发展成果，进一步扩大对外影响力，吸引社会资本参与发展，增强手工业及净土产业发展活力，在北京开展尼木专题展销活动，已完成展品、商品信息收集推介工作，和布展商确定展览结构、布展规划、展览主题等。

【“两创”工作】年内，成立尼木县“两创”工作领导小组，办公室下设在县工信局。每周周一向市“两创”办报工作动态，结合尼木县实际在318国道龙门架上做“两创”宣传，在县区各地拉“两创”宣传口号横幅，制作宣传册300余册下发至各乡镇，由乡镇下发至辖区内小微企业。建立小微企业台账信息，联合县工商局，完善县区小微企业台账，统计县辖区内大学生创业就业工作情况，根据拉萨市“双创周”活动安排，联系县5家小微企业参加“创交会”，联系10家小微企业参加融资峰会路演。联合团委举办尼木县青年创业大赛，举行初赛、复赛、决赛，决选出优秀的创业青年。与西藏卓越信息技术有限公司制定尼木众创空间运营合作协议。尼木县众创空间已选址幸福路19号，空间建筑面积308平方米，现已完成装修，设备采购及布置。与运营方签订众创空间运营协议，委托运营方开展众创空间运营工作。众创空间入驻企业有20家，正式办公有3家企业。

【质监工作】年内，在全县范围内组织开展为期四个月的特种设备安全生产大检查活动。共计出动检查人员85人次，17车次，共检查特种设备10家，特种设备12台，发现隐患5处，督促整改2处，上报市局3处。加强计量基础建设。为确保贸易计量的准确，维护消费者权益，工业和信息化局抽派人员对县城农贸市场在用贸易计量器具进行检查，共检查25台(件)，年内农贸市场在用计量器具受检率达到80%，已经就检查情况进行通报，并督促商户尽快受检。

【品牌建设】年内，尼木县大力推进品牌建设联动机制，形成政府重视、部门主抓、企业为主的品牌培育创建机制。品牌建设与项目推进有机结合，推动产业做大，企业做强，产品做精，品牌作响。同时大力创建有机种植业和养殖业生产基地，打造尼木农产品，努力叫响尼木特色农产品品牌。围绕“四大产业”打造优质品牌。发展以德青源藏鸡养殖基地为主要内容的藏鸡产业、以尼木藏香为主要内容的藏香产业，以吞巴景区为主的全域旅游产业和以雪菊、藜麦等净土产品为主要内容的有机农业，以“四大产业”优势资源

2017年10月11日，县工信局组织各企业代表观看“四讲四爱”主题教育实践活动优秀宣讲视频

为品牌建设重头戏，坚持“引进一批、落地一批、投产一批、储备一批”的原则，全力推进项目建设，逐步形成四大支柱产业，带动全县企业重质量创品牌。

【精准扶贫】 年内，工业和信息化局6名干部（其中3名为借调干部）结对帮扶塔荣镇林岗村10户贫困户，局干部细化帮扶措施，签订帮扶责任书，每月至少电话慰问一次，每季度至少入户一次，详细了解“亲戚”家具体困难，帮“亲戚”出谋划策，力促早日脱贫。

【“两学一做”学习教育】 年内，工信局把加强基层组织建设贯穿于学习实践活动中，认真研究解决党组织建设中存在的干部管理“宽、松”、干部作风“慵、懒、散”突出问题，极大调动干部工作、学习积极性，党支部的凝聚力和向心力显著增强。根据县委、县活动办统一安排，共集中学习24次、开展“不忘初心跟党走恪尽职守报党恩”专题讨论2次，观看教育片2次，做到学习全面、交流充分、宣传到位，边学边查边改。

【党风廉政建设】 年内，成立党风廉政和反腐败工作领导小组，对单位党风廉政建设和反腐败工作进行总体安排部署，层层签订责任书，将任务责任到人。每季度召开一次会议，研究存在的问题和下一步任务。及时传达、贯彻各级反腐倡廉重要文件，安排学习党章党规党纪等，及时纠正不正之风。组织观看专题片《永远在路上》。8—9月，认真整改市委巡查组提出的问题，制定整改方案，从多方面着手，按时完成整改。认真执行党的组织纪律，严格执行民主集中制、落实“三重一大”制度。规范“三公”经费支出管理。

（索朗曲珍）

【领导名录】

局　长

刘春华（6月任）

副主任科员

高军周（6月任）

副主任

朗加泽措（藏族，6月任）

尼木县统计局

【概况】 尼木县统计局于2015年5月由原尼木县发展和改革委员会管理的统计局（副科级）调整为县政府工作部门（正科级）并加挂社会经济调查队牌子。共有编制6人，行政编制3人；事业编制3人。现有干部职工5人，正科级1人，副科级2人（事业编制副科级1人），科员1人，借调1人。

【基本职能】 贯彻执行统计法律、法规、规章、基本统计制度和统计标准，组织协调全县统计工作，确保统计数据真实、准确、及时。拟订统计现代化建设规划并组织实施；指导全县统计工作；建立健全全县国民经济核算体系和统计指标体系；建立和完善全县经济、社会、科技统计调查制度；监督管理各乡镇、各部门统计和国民经济核算工作。组织实施全县人口普查、经济普查、农业普查等国情国力普查和大型专项调查，汇总、整理和提供有关统计数据。组织实施农林牧渔业、工业、建筑业、批发和零售业、住宿和餐饮业、能源、投资、科技、人口、劳动力、环境基本状况、文化体育和娱乐业以及装卸搬运和其他运输服务业、仓储业、计算机服务业、软件

2017年11月2日，县委常委、副县长郑同生主持召开2017年度“农牧业年报”布置会议

业、科技交流和推广服务业、社会福利业等统计调查，收集、汇总、整理和提供有关调查的统计数据，综合整理和提供地质勘查、旅游、交通运输、资源、房屋、对外贸易、对外经济、邮政、教育、卫生、社会保障、公用事业等全县基本统计数据。组织各乡镇、办事处、各部门进行经济、社会、科技和资源环境统计调查；统一核定、管理、公布全县性基本统计资料，定期发布全县国民经济和社会发展情况的统计信息。

组织实施区域经济和社会发展情况的统计监测评价考核。对国民经济、社会发展、科技进步和资源环境等情况进行统计分析、统计预测和统计监督。建立并不完善的宏观经济监测系统。向县委、县政府及有关部门提供统计信息和咨询建议。依法制定全县统计调查计划。做好全县统计专业基础工作，加强基层统计业务基础建设。建立健全统计数据质量审核、监控和评估制度，开展对重要统计数据的审核、监控和评估。依法监督管理涉外调查活动。指导全县统计专业技术队伍建设，开展统计科学技术研究交流合作及统计资料的编辑出版工作；会同有关部门组织管理全县统计专业资格考试培训、职务评聘和从业资格认定工作。建立并管理全县统计信息自动化系统和统计数据库系统，拟定各乡镇、各部门统计数据库和网络的基本标准和运行规则，指导各乡镇、办事处统计信息化系统建设。

2017年10月11日，县统计局局长索朗卓玛安排部署重点工作

【统计基础工作】 年内，尼木县统计局紧紧围绕全县中心工作和经济社会事业发展的各项目标，认真落实区、市统计局的各项工作部署，以“提升统计能力，服务经济发展”为中心，全力打造现代化服务型统计，加强内部管理，强化统计基础工作，优化统计服务，大胆改革创新，抓好基础数据统计。为推动全县经济发展，尼木县统计局充分认识新形势下做好统计工作的重要性，重点宣传《中华人民共和国统计法》，全面加强统计能力建设，提高统计服务水平，发挥统计工作在经济社会发展和宏观决策中的信息、咨询、督查作用，更好地为加快实现经济社会跨越式发展和长治久安目标服务。加强对统计报表的分析，做好每个季度全县国民经济运行分析工作；及时调整2017年统计资料，进一步增强统计服务领域的广泛性和时效性，完成《2017年统计年鉴》资料的编纂。每季围绕全县主要经济发展指标，特别是考核指标，加强分析，及时预警预测，统计服务水平进一步提高，较好地完成农林牧业、工业、固定资产投资等各专业的2016年年报工作。各专业明确审核重点，加大审核力度，统计数据的完整性、时效性和准确性进一步提高，全面反映全县发展实际。

【经济总量】 2017年，实现地区生产总值7.51亿元，同比增长10.2%（可比价）。

【全社会固定资产】 2017年，固定资产投资力度不断加大，完成固定资产投资18.5亿元，与2016年同期相比增长40.5%。

【收入】 2017年，在一系列支农惠农政策的支持下，农牧民收入继续保持稳定增长态势，全年农牧民人均可支配收入达11636元，同比增长14.3%。

【消费】 2017年，消费品市场较为活跃，全年社会消费品零售总额达0.62亿元，同比增长12%。

【财政收入】 2017年，财政收支稳步增长，全年完成地方财政一般预算收入1.43亿元，同比增长27.68%。

【工业】 2017年，工业经济健康发展，全年实现工业增加值0.51亿元，同比增长27.5%（可比价）。

【培训情况】 年内，尼木县统计局先后8次通过以岗代训、以会代训等方式强化对乡镇统计人员的业务培训，参加人数达214余人次，进一步提高统计人员业务素质；加强局内专业人员的业务培训，积极参加区、市局组织的各项专业培训，强化各专业人员的业务交流，每个专业人员都面向全局培训业务，通过学习加强专业间的相互了解，打破专业分割的局面。

【依法统计建设】 年内，深入贯彻落实党的十八届七中全会、十九大精神，进一步强化依法统计，加快建设法治统计。统计工作上，严格遵守纪律，以《中华人民共和国统计法》为准绳，认真做好尼木县的统计工作。统计制度执行方面，年内，对全县范围内工业企业、固定资产投资项目、4家限额以下批发零售业、3家限额以下住宿餐饮业，采取查看资料、座谈了解、实地察看等形式进行检查，检查中没有发现违反统计法律法规，虚报、瞒报、篡改、拒报统计资料，违法公布统计资料，违法泄露统计调查对象资料等问题。同时各企业结合自身情况认真进行自查，对发现的问题及时进行整改。

【全国第三次农业普查】 “三农普”普查年份虽为2016年，但具体工作的开展仍在2017年，县统计局继续把“三农普”工作作为2017年的首要工作，按照区、市统计局关于开展第三次全国农业普查工作的要求和安排部署，积极组织，快速行动，强化各方面工作。

2017年1月11日，国家统计局拉萨调查队农调科科长益西泽仁（右一）在尼木县检查指导“三农普”工作开展情况

加强组织领导，做好组织人力财力保障。县委、县政府高度重视，成立由普琼县长任领导小组组长，分管领导任副组长，县统计局、农牧局、各乡镇等相关部门为成员的尼木县第三次全国农业普查领导小组，下设办公室，办公室设在县统计局，农普办主任由县统计局局长担任，并分别从县农牧局、各乡镇抽调干部构成领导小组办公室组成人员，同时对其进行分组，将工作职责具体化，要求工作人员把三农普工作作为一项重点工作，按照职责分工，各负其责，认真落实。2016年县财政拨付20万元的“三农普”专项资金，并为每个乡镇配备1台普查专用电脑和1台打印复印一体机。为统计局配备公务车辆一辆。

摸底调查工作。县农普办在2016年11月初至12月末期间开展“三农普”摸底工作，期间各乡镇联同村“两委”班子成员对本村的农户和规模户、农业经营单位进行初步的摸底登记工作。在充分考虑尼木县各自然村分散、地域范围广阔等客观事实后，将各自然小组划分为一个普查小区。经摸底调查尼木县普查对象农户5694户，规模户75户。

入户登记与PDA录入工作。此阶段工作开展时间为2016年11月至2017年3月15日止。根据相关文件要求，在全县范围内确定64名普查员和24名普查指导员，开展农普工作最重要的入户登记环节。截至年底，尼木县共完成5541户农户和55户规模户、8个乡镇和32个行政村的普查表的PDA、平台的数据录入和上报、审核、修订等全部工作。工作开展中县局召集普查员和指导员进行培训，并多次下乡深入到普查一线，了解各乡镇、各村的工作进度，解答在普查中出现的各类问题，保证数据的准确无误。

农村住户调查工作。根据区、市相关文件要求，县统计局联同县强基办，安排、部署农村住户基本情况调查工作和调查数据的再核实工作。在开展第二次的核实调查时，县统计局组织各乡（镇）统计人员和驻村工作队员，先后两次对调查内容进行培训，要求纸质版调查问卷需要调查员、驻村工作队队长、村第一书记、乡、镇长层层审核并签字，加盖村委会和乡、镇人民政府公章后再上报，保证调查数据的真实、准确性。参加培训人数达100余人次。

【报表报送工作】 年内，尼木县统计局在开展“三农普”工作的同时，继续加强各类统计报表的报送工作。较好地完成农林牧业、工业、固定资产投资、核算、劳动工资等各专业的2016年年报及2017年的定期报表工作。各专业明确审核重点，加大审核力度，统计数据的完整性、时效性和准确性进一步提高，全面反映全县经济社会的发展状况。加大对固定资产投资项目的核查力度。根据《关于做好投资项目核查与2017年项目管理工作的通知》内容，县统计局对第一季度和利时程序中的投资项目进行核查，对37个项目查出问题，同时对4月上报的投资月报中有问题的项目进行修改和删除，确保尼木县投资统计数据的准确性。通过向县发改委等相关项目单位下发文件，要求加强新建项目的入库管理，确保投资项目不出现“多报、重复、打捆、档案不齐全”等问题。

2017年9月15日，统计局副局长巴潘带队在县福利院开展卫生清扫活动

【党的建设】 年内，尼木县统计局加强领导班子建设和机关党建工作，领导班子建设情况好，坚持民主集中制，班子团结，凝聚力强，机关党建工作扎实有效。同时，按照县委部署，认真推进“两学一做”动态化制度化主题实践活动，确保各项活动按计划有序进行。加强党风廉政建设。进一步完善反腐倡廉的各项规章制度，严格实行廉政建设责任制，全局领导干部无违规违纪现象发生。加强预防职务犯罪工作，健全机构，认真开展预防职务犯罪教育培训。

【精准扶贫】 年内，统计局工作人员深入包村点赤朗村入户走访，按照一对一帮扶的方法，帮扶责任人对贫困户的家庭成员、主要经济来源等具体情况进行详细的问卷调查，认真分析帮扶户的经济状况及贫困原因，仔细询问帮扶户的脱贫意向，对2017年的精准扶贫工作做具体安排。在春节和藏历年、尼木年“三大节日”期间和平时对帮扶户进行慰问，为包村点帮扶户送去大米、面粉、清油、酥油、砖茶等慰问品，送去的慰问品折合资金共计2600元，2017年每人走访联系户3—4次。

（旦增卓玛）

【领导名录】

局　长

伦　　珠（藏族，5月免）

索朗卓玛（女，藏族，5月任）

副局长

巴桑潘多（女，藏族）

社会经济调查大队副队长

吴　　斌（5月任）

尼木县农牧(科技)局

【概况】 2017年,尼木县总耕地面积41800亩,春耕从3月开始至5月初结束,春播从4月初开始至5月底结束,全县总播种面积63800亩(含退耕还林还草面积5237.78亩,芫根复种面积22000亩)。粮、经、饲比例为38.6∶18.7∶42.7。

2017年,农作物播种面积36562.22亩,粮食播种面积24602.22亩,比2016年减少10810亩,其中青稞播种面积17630.22亩,比2016年减少9370亩,小麦播种面积1700亩,比2016年减少625亩。推广藜麦面积5272亩,经济作物播种面积11960亩(单播油菜播种面积4800亩,比2016年减少22亩,蔬菜播种面积1600亩,推广雪菊面积5560亩),退耕还林还草面积5237.78亩。青稞高产田面积10164.087亩,占青稞面积的57.6%,中产田面积4931.355亩,占青稞面积的28%,低产田面积2534.778亩,占青稞面积的14.4%(青稞高产田平均单产为891.5斤,中产田的平均单产675.7斤,低产田的平均单产441.1斤)。春小麦播种面积为1700亩,其中高产田面积725亩,占小麦面积的42.6%,中产田面积975亩,占小麦面积的57.4%(小麦高产田平均单产789斤,中产田的平均单产604.1斤)。藜麦播种面积5272亩;油菜播种面积4800亩,其中高产田面积3289.67亩,占油菜面积68.5%,中产田面积1318.33亩,占油菜面积的27.5%,低产田面积192亩,占油菜面积的4%(油菜高产田平均单产为174.05公斤,中产田的平均单产102.4公斤,低产田的平均单产96.5公斤)。

【农作物测产】 2017年,尼木县粮油总产为859.7万公斤,比2016年减产577.4万公斤。其中,粮食产量为786.5万公斤,同比减产535万公斤,比拉萨市下达指标减产533.5万公斤;青稞产量为675.55万公斤,同比减产521.65万公斤,比拉萨市下达指标减产474.45万公斤;油菜产量为72.6万公斤,同比减产35.05万公斤。藜麦平均亩产100.35公斤,雪菊平均亩产5.35公斤(干花)。机耕完成3万亩,机播2万亩,机收1.5万亩。

2017年8月4日,县委书记杜国君在县农牧局指导全县土地确权颁证仪式

【畜牧业】 2017年,尼木县牲畜存栏110701头(只、匹),其中牦牛30689头、黄牛11026头、犏牛2207头、绵羊38543只、山羊27194只、猪存栏81头、马358匹、驴375头、骡子5头。

【重大动物疫病防疫】 年内,按照"乡不漏村、村部漏组、组不漏户、户不漏畜、畜不漏针、针不漏量",2017年全市重大动物疫病防控工作中,尼木县春季防疫防控免疫效价取得第一名的优异成绩。

【动物检疫监督】 年内,在全县范围内发放6169张重大动物疫病防控宣传挂历、H5N1禽流感防治宣传海报300余份,包虫病综合防治海报6000余份。

【动物包虫病综合防治】 年内,组织召开动物包虫病犬类投药及犬粪采集工作安排部署会,同时对乡村兽医进行实地操作培训,在各乡镇"村不漏户、户不漏犬"的工作方式,对全县所有家犬进行投药,每月6日定为驱虫日。积极开展2017年第二轮新生羔羊疫苗(羊棘球蚴）注射工作，组织全县兽医91名，以县兽医站技术人员包乡形式，共注射疫苗21853只（其中麻江乡4972只、帕古乡4559只、普松乡861只、尼木乡3899只、卡如乡1233只、吞巴乡1944只、续迈乡3678只、塔荣镇707只）。

【黄牛改良】 年内，共实施两个黄牛改良项目，投入70万元在尼木县塔荣镇（雪拉村、林岗村）、尼木乡、帕古乡维修黄牛改良点4个，在普松乡普松村、续迈乡尼续村新建2个黄牛改良点。投入30万元（草补奖结转资金），在吞巴乡吞达村、尼木乡日措村新建2个黄牛改良点，全县8个黄牛改良点均已投入使用。同时，农牧局利用牲畜良种补贴资金8万元完善配种仪器设备，并多次组织黄牛改良配种人员参加技术培训，提高全县技术人员的实际操作能力。2017年，全县黄牛改良工作任务为2500头，实际完成受胎2093头，新生犊牛2028头，成活犊牛数1922头。

【奶牛竞赛】 2017年，成功举办尼木县净土健康奶牛竞赛，共评选产生奶牛一等奖1头，二等奖2头，三等奖3头，优秀奖8头；犊牛一等奖1头，二等奖2头，三等奖1头。共计兑现资金2.36万元（奶牛一等奖3000元、二等奖2500元、三等奖2000元；犊牛一等奖1000元、二等奖800元、三等奖600元）。

【防抗灾物资储备】 年内，根据实际情况制定尼木县今冬明春防抗灾应急预案，建立健全防抗灾工作领导小组，确保工作量化、责任明确。在县、乡两级实行24小时有事报事、无事保平安的防抗灾值班制度。

农牧局主要负责同志和技术人员多次在麻江、帕古、续迈等牧业乡、村、组牧户家中实地检查防雪灾物资储备情况，经过走访调查绝大多数牧户防雪灾物资储备较为充足，年初农牧局整合市里下达资金20万元和县级配套资金40万元，共计60万元购买防灾饲料，并及时发放给群众。

【科技工作】 年内，尼木县科技局按照“实际、实效、实用”的工作原则和“三服务一加强”工作职能，团结带领全县广大科技工作者，积极开展科技发展与进步各项工作。通过乌米现代农业综合示范园区、旅游特色村、科普惠农兴村等发展模式相结合，有效创新科技发展环境，推动全县农牧业产业结构进一步优化，提升广大农牧民科学种植、养殖水平，为促进全县农牧业结构调整和农牧民增产增收做很大贡献，提高农业生产的组织化程度，促进农业增效和农牧民增收。

在市科技局的大力支持下，县科技局突出工作重点，加大工作力度，同环保、卫生、教育等部门形成合力，积极参与现代农牧业发展、环境保护、教育文化、净土健康产业等方面的科技工作，科技工作发展实现新的突破。

【科协工作】 年内，尼木县财政设立“科学技术普及专项经费”30万元。县科技局开展“创新创业科技惠民”“6·5”世界环境日等各类科普宣传活动10次。县科技局工作人员采取科技展示、科技宣传、技术指导、科技种植等多种形式，主要开展以生态环境保护、食品安全、科学健身、应急避

2017年5月9日，县委常委、副县长张文明主持召开土壤污染防治工作动员部署会

2017年9月20日，拉萨市委农工办副主任郭万军（右三）在尼木县检查指导土地确权工作

险、健康生活、防灾减灾等科技创新相关知识宣传，活动中发放宣传资料2050余册和500余环保袋，参与人数2500人。全县七乡一镇均建立科普活动站，寺庙科普活动站1个。

【科技人才培养】 年内，为进一步促进全县科技人才发挥"全程服务、技术指导、示范带动、脱贫致富"的作用，缓解农牧区基层科技力量不足与科技服务缺位的突出矛盾，截至年底，全县共有91名科技特派员。其中自治区科技特派员74名和拉萨市科技特派员17名，农业上的科技特派员、科技明白人和科技示范户，主要开展春青稞标准化栽培技术示范、藏油5号良种繁育、农田病虫害防治，以及蔬菜科技培训。在农业生产期间，他们需随时到田间地头检查作物长势、有无病虫害等，并采取相应的措施保证作物收成。

在县委、县政府和上级业务部门的高度重视下，县科技局不断加强与"四业"办、人社等部门的配合协调，通过技术人员授课、现场观摩等多种形式，开展粮食高产标准化生产、农业机械实用技术、农业实用技能、沼气使用技术、疫病防治、家禽养殖技术和蔬菜种植等培训共11期，培训农牧民达1800人，实现从种到收，科技人员全程服务、及时服务，切实解决农业生产中的问题，增强培训的实际效果。

积极配合县委宣传部开展送"文化、卫生、科技、法律、爱国爱教"五下乡活动。发放有关科普工作10余种书籍，共300份，折合人民币800元，发放蔬菜种子3种，折合人民币1000元，动物兽药9种，折合人民币1000元，合计总价值2800元。2016年投资25万元在西藏德青源农业有限公司成立科技工作站，2017年继续投资10万元升级为院士工作站，加大对企业科技工作扶持力度。

【有机示范县创建】 2017年，有机认证基地种植面积达到6200亩，其中种植有机青稞1500亩、有机油菜1000亩、有机藜麦2000亩、有机土豆200亩、有机雪菊1500亩，认证有机牦牛5000头。牦牛、青稞、油菜、藜麦、土豆5个产品已顺利通过审核，取得有机转换证书。

9月21日，由县委常委、副县长张文明带队在广西南宁参加国家认证认可监督管理委员会主办的"2017年度国家有机产品认证示范创建工作会议"，通过重点讲解、观看视频、专家问答等环节，全面阐述尼木县有机农业工作开展情况，并获得一致好评，准予通过。

【以业脱贫】 年内，为精准扶贫对象组织技能培训14期，1212人。通过组织贫困群众参加一系列专场招聘会，实现建档立卡群众转移就业近300人，人均增收1500元以上。动员社会力量参与精准扶贫，建立"政府+合作社+贫困户"模式，帮助扶持全县60余家专合组织，辐射带动837人，合作社平均每户年底分红1600元以上。

【农牧业项目】 2017年，共建设6个项目，总投资1436万元（1376万元为国家投资、60万元为自治区级配套），截至年底，共完成投资1177.1万元。

【乡村兽医技能培训】 年内，乡、村兽医技能培训班成功举办。全县85名乡、村兽医，6名县兽医站技术员共91人参加此次培训。主要讲解包虫病综合防治工作、重大动物疫病疫情防控知识以及地方性疫情防治等内容。

【草补奖工作】 2016年,尼木县顺利通过区市草补验收,2016年草原奖励补助资金共计兑现809.44万元。具体为2016年全县实现草畜平衡5447户,超载137户,其中天然草原监督管理员设立158名,共计兑现补贴资金85.32万元;2017年,草原奖励补助资金共计兑现754.07万元。具体为2017年全县实现草畜平衡5488户,超载96户,其中天然草原监督管理员设立158名,共计兑现补贴资金85.32万元。

【土地确权】 截至年底,全县七乡一镇已完成确权登记颁证工作乡镇8个,29个行政村(尼木县共32个行政村,其中3个为纯牧区,没有耕地)、农户数4693户、共计测量亩数43624.03亩。

【人工种草】 2017年,人工种草项目总投资440万元,其中购买燕麦草种子58.8万元,箭舌豌豆种子99.2万元,网围栏122.46万元,割草机11.5万元,拖拉机26.8万元,打捆机5.6万元,剩余115.64万元用于整地、修建水渠。

【"土十条"工作】 年内,严格未利用地开发利用,防止土壤污染,配合国土局切实抓好未利用土地管理。抓实农业面源污染处理,结合有机农业示范县创建工作,全面落实传统化肥、农药零施用,积极打造"有机尼木,绿色尼木",此外,由县农牧局指派专业技术人员在乡村对全县农作物病虫害、自然灾害等进行定期或不定期检测,切实做到病虫害检测到位、绿色防控到位、科学用药到位、灾害控制到位。强化畜禽养殖污染防治,尼木县规模化畜禽养殖数量较少,牲畜粪便主要通过传统渠道处理。积极打造特色有机农产品,如:有机藜麦、有机青稞、有机雪菊等,抓好其他重点工作,如:农业节水,废弃农膜处理等。

【农牧民合作社】 截至年底,全县农牧民专业合作社共94个。入社成员总数1257户,辐射带动929人,注册资金8402万元。2017年,合作社总体运行良好。

【"两学一做"学习教育】 年内,农牧局深入学习党的十八届四中、五中、六中全会精神、中央第六次西藏工作座谈会、党的十九大、习近平总书记系列重要讲话精神,根据县委活动办各项工作要求,结合农牧业工作实际和工作重点,党支部以"两学一做""四讲四爱"为标杆,高标准、高质量扎实推进专题教育实践活动,及时制定学习计划,成立活动领导小组,累计集中学习18次,每名党员干部撰写心得体会6篇。

【党风廉政建设】 年内,牢固树立"不抓党风廉政建设就是失职"的理念;定期研究、部署、检查和报告分管范围内的党风廉政工作情况,把党风廉政建设要求融入分管业务工作中,推动党风廉政建设落实;支部书记严格履行党风廉政建设第一责任人责任,做到重要工作亲自部署、重大问题亲自过问、重点环节亲自协调、重要案件亲自督办,做好党风廉政建设传达部署、专题研究、责任分

2017年10月4日,县农牧局副局长德吉卓嘎在续迈乡督促秋季重大动物疫病防控工作

2017年5月25日，县农牧局组织技术人员在吞巴乡指导群众开展雪菊种植

解等工作，督促落实“一岗双责”。

【党组建设】 年内，始终把思想作风建设摆在第一位，认真贯彻落实文件精神，建立以局党支部书记为第一责任人的党建工作责任制，形成“书记抓、抓书记”的工作局面，并把党建工作内容具体分为组织领导、班子建设、党员队伍建设、工作机制、制度建设等六个方面，纳入工作目标，在年度考核中与各党组工作一起考核，并作为年度评选评优的一项重要内容，切实把机关党的建设与各项业务工作融为一体。

【精神文明建设】 年内，主要采取抓教育、抓活动、抓创建、抓基础、抓落实的工作方法，大力加强宣传思想及精神文明建设工作。调整宣传思想及精神文明建设领导机构，加大领导力度；制定岗位责任制，签订目标管理责任书，进一步完善宣传思想及精神文明建设工作的考核运行机制，切实把精神文明建设各项工作任务落到实处；建立定期研究部署精神文明建设工作制度，切实把宣传思想及精神文明建设工作纳入到全局总体规划之中。

【结对帮扶】 年内，制定详细的“一户一方案”帮扶计划，深入群众了解致贫原因，帮助制定详细的脱贫计划和思路，每位党员干部为结对帮扶户送去大米、面粉、砖茶等慰问品。

（任金龙）

【领导名录】

局　长

　　刘　　华

副局长

　　德吉卓嘎（女，藏族）

　　阿旺顿珠（藏族，5月任）

主任科员

　　边巴多吉（藏族）

　　普　达　瓦（藏族，5月任）

尼木县农牧（扶贫）开发建设办公室

【概况】 尼木县地处西藏中南部、雅鲁藏布江中游北岸，距离拉萨市147公里，系西藏前、后藏的结合部，辖8个乡（镇）、32个行政村，全县总人口36548人，其中，农牧民总人口30795人，总面积3275.8平方公里。尼木县属贫困连片地区，地理位置偏远、信息闭塞、发展滞后，条件型与素质型贫困叠加凸显。2016年初，全县建档立卡贫困户1259户5018人，贫困发生率16.3%，2017年贫困人口动态调整后，建档立卡贫困户1285户5407人。经过自验考核，截至年底，达到脱贫标准的有1253户5244人（其中，在全国建档立卡贫困户信息管理系统中标注脱贫的有301户1253人，死亡注销3户3人，清退2户2人），未达到脱贫标准的有37户168人，贫困发生率下降至0.55%，建档立卡贫困人口人均纯收入达到10644.5元，贫困户自愿脱贫率达98.79%，群众认可度达96.7%，错退率和漏评率均为0。

2017年，尼木县农牧（扶贫）开发建设办公室共有干部职工7名，其中正科级干部2名，副科级干部2名，技术人员1名（驾驶员），党员6人。

【精准建档立卡】 年内，坚持把精准识别作为做好脱贫攻坚工作的基础，依据2014年、2015年精准识别工作底数，按照区市总体部署，围绕国办、市办系统信息，组织县、乡（镇）、村、组干部以及驻村工作队队员、下沉干部进村入户，按照“谁走访、谁调查、谁负责”的原则，集中开展入户走访活动（村村到、户户核、人人过关），确保扶贫对象精准、基础信息精准、致贫原因精准、政策需求精准。2016年初，核定全县建档立卡贫困户1259户5018人。2017年，根据贫困人口动态调整工作的相关要求，认真做好贫困人口动态调整工作，为全县如期打赢脱贫攻坚战奠定良好基础。

【规范工作体系】 年内，县委始终把脱贫攻坚作为最大的政治任务、发展任务和民生工程，坚持党建引领，落实责任、建强组织、示范带动，助推脱贫攻坚。纵向建立五级组织体系，即县扶贫开发工作领导小组，县脱贫攻坚指挥部，各乡（镇），村“两委”、驻村工作队、下沉干部和结对帮扶责任人，层层签订目标责任书，逐级落实责任，做到人人肩上有担子。横向建立“2+10”工作体系，成立以县委书记为组长，县长为常务副组长的全县扶贫开发工作领导小组，同时成立脱贫攻坚指挥部，下设综合协调组、督查组、以业组、以迁组、以教组、以补组、以助组、以保组、金融组、转移就业组10个小组，定期召开专题推进会，并建立脱贫攻坚微信群，书记、县长亲自抓，实行工作周报制，推动脱贫攻坚工作落到实处。县委、县政府主要领导挂帅、班子成员分工，均承担专项脱贫任务，全体县级领导分片包乡、包村督导，深入开展“321”党员干部结对帮扶工作，建立领导挂点、部门包村、干部帮户制度，在区、市领导和12家区、市驻村工作队派出单位对点帮扶基础上，结成帮扶对子1586对，实现党员干部挂钩帮扶全覆盖，并实行脱贫销号动态管理，建立公开公示和逐级审核制度，让群众评议、监督。

2017年8月16日，拉萨市委副书记、市长果果（前排左三）在尼木县恩泽居委会易地搬迁安置点调研

【完善政策体系】 年内，根据贫困户致贫原因、贫困类型，定好路径、分类施策，重点实施“五个一批”“六脱措施”，逐户逐人分析致贫原因，因人因户精准施策。制定“1+N”精准扶贫精准脱贫工作机制、尼木县“十三五”脱贫攻坚规划、2017年尼木县脱贫攻坚计划。

【严格退出机制】 年内，根据中央、自治区、拉萨市相关要求，以“两不愁”“三保障”和“三率一度”为标准，制定《尼木县贫困户脱贫贫困村退出贫困县摘帽实施办法（试行）》，精心设计贫困户脱贫、贫困村退出工作办法，注重脱贫质量，坚决防止虚假脱贫。

【以业脱贫】 2016年投资18657万元实施的7个产业扶贫项目（1个投入运营），4个项目已完工，3个项目正在进行主体建设，开工率100%，完工率57.14%。2017年投资3521.98万元的11个产业项目，8个项目（3个投入运营）已完工，2个项目12月底能完成主体建设。开工率90.9%，完工率72.73%。

【以迁脱贫】 年内，完成县城一期易地扶贫搬迁100户505人的搬迁入住工作，并为194名劳动力安排就业岗位。其中，尼木县5家施工企业每家安排就业岗位20个。2017年，计划实施易地搬迁400户1655人，其中，搬迁至拉萨经开区225户881人，搬迁至尼木县城115户436人、帕古乡彭岗村44户209人、麻江乡16户59人。截至年底，已与拉萨经开区开展多次对接工作，拉萨经开区搬迁安置点已完成主体建设，2018年4月完成入住。县城安置点二期项目（由市城投公司代建），于8月底开工建设，已完成总工程量的70%左右，藏历年之前建成并完成入住。帕古乡彭岗村、麻江乡集中安置点项目进行内外装修阶段，已完成总工程量的85%，2018年5月建成并完成入住。同时，县委、县政府成立专项工作小组，深入8个乡镇，了解民情，对部分群众存在住房困难的问题，将纳入到政府2018年民生项目中解决。

2017年10月12日，拉萨市委副书记、常务副市长、市脱贫攻坚指挥部总指挥长胡洪（中）在恩泽居委会调研

【以教脱贫】 2016年，全县建档立卡贫困家庭在校学生1152人、"两后生"215人。2017年动态调整后，全县建档立卡贫困家庭在校学生1323人、"两后生"163人。对农牧民和城镇低保户家庭大学生在校期间的学费进行全额资助。2016年以来，学前补助、中小学生"三包"及营养改善计划经费到位资金3517.77万元，落实该项资金3397.69万元。2016—2017年区、市、县三级到位资金199.85万元，落实建档立卡贫困大学生资助学费、生活费、住宿费、书本费122.52万元。2017年，县政府对2014年和2015年已脱贫贫困边缘户家庭中的47名在校大学生，按照不能重复资助的原则，实施生活补助，涉及资金20.5万元。同时，对"两后生"进行学历提升和产业技能培训，提升创业、就业能力。截至年底，共有10人参加学历提升、73人就业。

【以补脱贫】 年内，认真抓好落实生态补偿岗位、定向政策性补助工作，完善"一岗一档"资料。2016年落实以补岗位2830个，兑现资金849万元。2017年，落实以补岗位3311个，兑现岗位补贴资金993.3万元。并为2358人兑现2016年定向政策性补助资金365.49万元（1550元／人／年），为2370人兑现2017年定向政策性补助资金186.993万元（789元／人／年）。

【以保脱贫】 年内，全面完成对8个乡（镇），32个行政村的低保家庭走访入户清查、核查工作，实现"两线合一"。2016年，为683户2607人落实低保资金1062.42万元。落实"五保"资金93.07万元。落实医疗救助资金285.05万元。2017年为678户2579人落实低保资金1030.17万元。落实"五保"资金69.2万元（其中，23.4万元为集中伙食费）。落实医疗救助资金249.09万元。

【以助脱贫】 年内，按照县委、县政府出台《尼木县扶贫健康医疗救助兜底保障实施方案》，为县卫计委拨付预拨县级资金10万元，用于建档立卡贫困户无钱看病、无钱治病的应急救助。进一步巩固完善农牧区医疗保障体系，让贫困人口看得起病、看得好病，有效解决因病致贫、因病返贫问题。着力实施健康扶贫，建立基本医疗"三重医疗保障"和建档立卡贫困户2020年前政府医疗兜底体系，认真开展包虫病筛查防治工作，对所有建档立卡贫困户进行身体复查，并建立健康档案，落实"先诊疗、后结算"优惠政策。全面推行"家庭医生签约服务"模式，签约对象以建档立卡贫困户、老年人、儿童、残疾人、孕产妇为重点，逐步扩展到普通人群，签约率93.5%，建档立卡贫困人口实现100%签约。2017年，共计补偿大病统筹资金1193.15万元（1792人次）。

【“十项提升工程”】 基础设施薄弱是制约尼木县贫困村组发展的重要因素，县委、县政府对此高度重视，强力推进农村公路、村级幼儿园、农网改造、农田水利、人畜饮水等“十项提升工程”，奋力补齐短板。截至年底，统筹整合10.17亿元实施“十项提升工程”项目，完成投资10.17亿元。

【短期脱贫靠项目】 年内，县、乡成立项目促增收工作推进组，制定建档立卡贫困户项目促增收实施方案，针对建档立卡贫困户中2451名劳动力搭建就业增收平台。2017年，全县务工人员4498人，其中建档立卡贫困户1168人，新增300人，开展建档立卡贫困户各类技能培训20期1420人，建档立卡贫困群众累计增收1314万元，年人均增收11250元；实施家庭经济项目带动。以户为单位，以种养殖、加工为主要内容，发展家庭经济脱贫致富。截至年底，全县有藏鸡养殖示范点14个，存栏藏鸡26200余只，通过支持群众建鸡舍、鸡苗补贴等措施，激发群众主动养殖藏鸡积极性；养殖改良型奶牛有420户，存栏奶牛630头，有效提高了群众现金收入；从事经幡印刷、销售的家庭有110户，每户年收益达到6千元以上；以吞巴乡为主的吞巴藏香制作户有280户，每户年收益达到1万元以上；以建档立卡贫困户为主体，按照“党支部+合作社+农户”的模式，发展壮大合作社，带动贫困户增收致富。在发展合作社过程中，建立“四个机制”（党建引领、技术带动、能人经营、贫困户为主）、“两个全覆盖”（建档立卡贫困户和生活困难边缘户全覆盖、每年17%的持续稳定增收标准全覆盖）和“两个90%”（合作社90%的社员为建档立卡贫困户、合作社90%的利润为建档立卡贫困户分红）标准，达到既发展壮大合作社，又强化合作社脱贫攻坚功能的目的。截至年底，全县有藏鸡、奶牛养殖、藏香、藏纸制作、经幡印刷、雕刻等各类合作社60家，注册资金5573万元，入社成员837户，辐射带动742人，合作社年底平均为每户分红1600元以上；以农业结构性供给侧改革为契机，积极调整产业结构，推广种植藜麦、雪菊，通过种植藜麦、雪菊，增加贫困群众收入。2017年，尼木县种植有机藜麦5272亩、雪菊5560亩，实现亩产增收1000元左右；将全县扶贫产业项目进行整合，保证效益，确保建档立卡贫困户增收。

【建成小康靠产业】 年内，按照“两保四促一巩固”（党建保稳定、保生态，党建促服务、促产业、促增收、促脱贫，党建巩固小康）思路，在发展产业过程中，坚持发挥好各级党组织的作用，用党的路线方针政策来指导产业发展方向，使产业真正惠及每一名贫困群众；在提高产品质量的基础上，以市场需求为导向，通过产品多样化和特色化来细分市场、扩大市场，在扩大市场需求中推进产业升级；引入技术人才，大搞技术培训，培育一批懂技术、会生产的专业人才，促进产业不断发展壮大；坚持把各生产要素的最优组合和有效运行摆在首位，实施土

2017年10月11日，麻江乡工作人员在田间地头为农牧民做政策宣讲

地、劳动力、资金、设备、经营管理和信息等的适度集中，发挥规模经济效益，促进优势主导产业集聚、集约、集中发展；坚持“生态保护与全域旅游并重、脱贫攻坚与乡村振兴并行”的发展路径，以全域旅游助推乡村振兴，加快美丽乡村建设。通过鼓励贫困户搞多种经营，发展食品加工、农资制造业、农畜产品流通、销售及观光旅游等，实现农村一二三产业的融合发展，打造农业产业综合体和联合体，实现产业链、价值链提升。

【现代尼木靠科教】 年内，坚持教育的公益性和普惠性，贯彻落实好15年免费教育政策，加大教育经费投入，确保教育经费“三个增长”，确保建档立卡贫困户子女不因家庭经济困难辍学。大力推进素质教育、改革基础教育，不断提高人口素质；以现代农业为主，着力推进各行业、各系统科技创新，推动科技创新与经济发展紧密结合，大力发展有机农业、现代畜牧业等科技含量较高的产业；在大力引进内地专业人才的同时，积极打造各类培训平台，依托对口援藏资源，采取“集中学、个别带、走出去、请进来”等方式，大力开展以种植、养殖、加工、服务、销售等为主要内容的实用技术培训，力争全县每年都能涌现出一批“土专家”“明白人”，为产业发展提供强有力的人才智力支撑；继续深化全面改革，深入实施创新驱动发展战略，不断激发改革创新强大活力；通过大力开展以现代农业、全域旅游、商品流通等为主要内容的系列教育培训，着力打造“两支队伍”。一支是以种植、养殖为主的现代农业职业农牧民队伍，另一支是以农畜产品深加工、藏香等特色产品生产、全域旅游经营、商品流通服务为主的产业工人队伍，使懂技术、会生产，懂市场、会经营的农牧民成为全县农牧民的主体，不断推进全县产业升级、不断提高群众收入水平，不断满足人民对美好生活的需求。

2017年10月13日，麻江乡工作人员向群众发放精准扶贫宣传资料

【加大要素投入】 年内，以强化资金投入为重点，坚决落实财政投入只增不减的要求，按照县级财政投入不低于地方一般预算收入的12%的比例安排财政专项扶贫资金。整合2年以上涉农结余结转资金994万元投入扶贫产业项目。加大信贷投入。积极与各金融机构对接扶贫产业项目资金贷款事宜，与中国农业银行西藏自治区分行营业部签订《“政府风险补偿基金+贷款对象”合作协议》，向中国农业银行西藏自治区分行营业部争取到8000万元的贷款授信额度。2016年以来，向有意愿、有条件的贫困户发放免抵押、免担保、基准利率、财政贴息扶贫小额贷款1492.7万元。加大援藏投入。坚持自我发力与向外借力并举，形成专项扶贫、行业扶贫、援藏扶贫有机结合、互为支撑的大扶贫格局。建立与北京顺义区定点帮扶沟通协调机制，推进援藏帮扶政策、帮扶资金、帮扶项目等精准流向重点扶贫产业。2016年，援藏资金在扶贫领域投入1900万元。2017年，援藏资金在扶贫领域投入21760万元。

【营造攻坚氛围】 年内，组织麻江乡亚米组贫困群众参观城关区易地扶贫安置点及其附属设施，参观曲水县“三有”村，组织各乡（镇）贫困群众参观县城一期易地扶贫搬迁安置点，增强贫困群众以迁脱贫信心。充分利用宣传栏、展板、“尼木发布”微信平台、LED显示屏等广泛宣传各级脱贫攻坚精神、决策部署、脱贫政策，贫困群众自我脱贫、党员干部支持脱贫、全社会共助脱贫的氛围更加浓厚。结合“四讲四爱”主题教育实践活动，针对贫困户内生动力不足，脱贫主体意识不强的问题，创造性地开展“支部讲政策、群众帮群众”活动。召开2017年度“勤劳致富先进典型”表彰会，对10个县级“勤劳致富先进典型”家庭进行表彰。

（廖　浩）

2017年5月6日，副县长贺东主持召开尼木县开展消除“无树村”“无树户”动员部署会议

【领导名录】

主　任

旦　增（藏族）

副主任

扎　桑（藏族，主任科员）

卢贤鹤（6月任）

副主任科员

张云飞

尼木县林业绿化局

【概况】 尼木县林业绿化局下属有一个林管站和一个国有苗圃（果塘苗圃），下设三个办公室，办公室全面负责局机关工作以及林政、造林、野生动物保护、退耕还林、森林生态补偿金、护林防火等林业工作，是一个综合型单位，全局在职职工17人。

【林业科技队伍】 2017年，尼木县林业绿化局工程师1人、技术员1人，工人1人，借调技术员1人，公益性1人，临时聘用工9人。

【森林资源基本情况】 尼木县天然林木主要是由爬地柏、杜鹃、狼牙刺、高山柳、沙生槐、沙棘、银白杨、蔷薇、榆树、三棵针等70多种，主要药用植物有贝母、虫草、黄连、雪莲等，均集中在卡如、吞巴、帕古和麻江等一些高海拔山坡地，主要是爬地柏、高山柳、杜鹃等。在卡如有一株胸径为4米的核桃树王，年产量500公斤左右，枝繁叶茂，树冠如巨形伞。尼木县国土总面积326994.870公顷，其中林地面积35227.974公顷，占国土总面积的10.77%，非林地面积291766.896公顷，占国土总面积的89.23%。全县森林面积34138.044公顷，森林覆盖率10.44%，林木绿化率10.45%。

【林地面积】 2017年，林地面积1861.275公顷，占5.28%；灌木林地面积32276.769公顷，占91.62%；未成林地面积26.153公顷，占0.07%；无立木林地面积531.02公顷，占1.51%；宜林地面积513.596公顷，占1.46%；苗圃19.161公顷，占林地面积的0.06%。

林地均为乔木林地，其中纯林面积1790.353公顷，占乔木林面积96.19%；混交林面积70.922公顷，占乔木林面积3.81%。宜林荒山荒地494.633公顷；宜林沙荒地18.963公顷。

全县各类林木蓄积：全县活立木总蓄积量33315立方米。其中森林蓄积量30769立方米，占活立木总蓄积92.36%；散生木蓄积量242立方米，占活立木总蓄积0.73%；四旁树蓄积量2304立方米，占活立木总蓄积6.91%。四旁树71735株。全县各乡镇中，活立木蓄积量最多的为塔荣镇，蓄积量11338立方米，占34.03%；麻江乡活立木蓄积量最少，为4立方米。

【天然林资源】 2017年，天然林资

源总面积31373.220公顷，占林地面积的89.06%；天然林资源总蓄积量3立方米。其中有林地面积115.970公顷，占0.37%；国家特别规定灌木林地面积31257.250公顷，占99.63%。尼木县的天然林资源面积占全县森林资源的绝对优势，蓄积量所占比例很小。

【人工林资源】 2017年，尼木县人工林资源总面积2790.977公顷，占林地面积的7.92%；人工林资源蓄积量30766立方米，占活立木蓄积的92.35%。其中乔木林地面积1745.305公顷，占62.53%；灌木林地面积1019.519公顷，占36.53%；人工未成林造林地面积26.153公顷，占0.94%。全县人工林资源比重较小，造林树种主要以北京杨为主，近年来由于尼木县实施退耕还林和重点区域造林等工程造林项目，人工林资源不断增加。

【重点区域生态公益林建设工程】 2017年，造林面积2180亩，投资605.4478万元（其中109万元由中央预算内投资、496.4478万元由自治区财政重点区域生态公益林建设工程预算内投资）。该工程主要布局在2个乡3个行政村，即续迈乡安岗村101.1亩、山岗村1836.6亩、尼木乡聂玉村242.3亩、共计3个作业点，已完成造林。苗木品种有旱柳、榆树、藏川杨、江孜沙棘等。

【2016年拉萨周边防护林工程】 2016年拉萨周边防护林工程（2017年实施）：项目面积4180亩（其中封山育林2000亩、造林2180亩），投资625.4478万元（其中129万元由中央预算内投资、496.4478万元由自治区财政重点区域生态公益林建设工程预算内投资）。该工程主要布局在2个乡4个行政村，即续迈乡安岗村造林101.1亩、山岗村造林1836.6亩、尼木乡聂玉村造林242.3亩、共计3个造林作业点已完成。2000亩封育在7月实施。

2017年5月5日，县林业绿化局局长普布在结对户家中进行结对认亲活动

【2016年生态安全屏障防沙治沙工程】 该项目总投资133万元，全部由中央预算内专项资金解决。总面积6666.6亩，雨季进行架设网围栏，其中266.55亩是作业区的稀疏草地和露沙地，7月安排人工补播沙生槐。作业点位于普松乡如白村，2017年，雨季完成架设网围栏及补播草种工作。

【尼木国家森林公园林相改造项目工程】 年内，项目总投资80万元。项目内容为林相改造（造林13.1亩、清理清除枯枝枯木25.1亩）、日措村补植补造254.8亩。设立宣传牌、界碑、界桩等于2017年10月15日全部完成。

【义务植树】 3月16日，开展尼木县义务植树面积500亩，9公里沿线补种及县城绿化、精准扶贫集中搬迁大院绿化等，共栽植1369株大榆树。

【古树树龄鉴定工作】 1月15—22日，邀请中国科学院植物研究所专家对尼木县古树木进行科学调查和鉴定工作，调查鉴定符合条件的树木包括核桃、柏树共计30棵，已完成野外调查和实验分析工作并出台鉴定报告。用树木生长锥采集20棵核桃树以及10棵柏树的树芯样本，在实验室对树芯样本进行一系列前处理、树轮宽度测量以及交叉定年，获取

2017年4月10日，县林业绿化局工作人员向群众发放野保宣传材料

树轮数据，结果显示，30棵树木的树龄，根据古树级别划分标准（《全国绿化委员会发布2005年中国国土绿化状况公报》），都达到古树的级别。

【野生动物肇事补偿】 年内，林业绿化局一方面认真做好野生动物肇事调查登记工作，另一方面积极向上级相关部门反映情况争取落实补偿资金，对野生动物伤害牲畜等损失予以合理补偿。2016年1月1日至2016年12月31日，尼木县，涉及4乡9村，312户发生野生动物肇事事件，造成农牧民财产直接损失达494490元。县林业绿化局按照规定时间，已上报上级部门，现待解决，2017年野生动物肇事情况正在统计当中。

【以补脱贫】 年内，为全面落实精准脱贫攻坚"六脱"工作措施要求，大力实施生态扶贫，构建生态安全体系，拓宽贫困群众增收渠道，加快脱贫致富奔小康步伐，根据市、县有关通知要求，充分利用行业资源，将扶贫工作与相关责任单位发挥各自优势整合资源，深入推进扶贫工作，改善贫困地区生存环境，提高尼木县贫困户群众收入。在县脱贫攻坚指挥部的领导下，以补脱贫专项工作组，按照精准扶贫、精准脱贫的要求，安排好以补脱贫岗位，将以补脱贫岗位资源用好，用活。完成对尼木县2017年以补脱贫建档立卡贫困人员和非建档立卡低保户、农村低收入人口的数据核对工作。全县涉及以补脱贫的各个口子单位制定本单位的管护制度及责任等材料。各乡镇与以补脱贫推进组签订责任书和合同，并制定一户一档材料。针对非建档立卡低保户和农村低收入人口新增的人安排以补岗位。对符合条件的3311人兑现生态岗位资金。对全县建档立卡和非建档立卡低保户中的无劳力者2016年2358人和2017年2370人兑现政策性补助资金。对各乡镇不定时监督检查工作开展情况，兑现以补资金共计993.3万元。

【森林防火】 年内，尼木县林业绿化局为贯彻执行森林防火戒严令，切实做好2017年冬2018年春尼木县森林防火工作，提高广大农牧民群众的森防意识，县林业绿化局以张贴标语的形式结合各乡镇村有关人员向广大农牧民群众宣传有关森林防火知识。

【森林病虫害防治】 年内，尼木县林业绿化局结合曲林村个体林片块以及9公里沿线检查中发现少部分藏川杨上发现叶脉蛾情况，进行全县范围内开展排查病虫害情况，排查中发现杨树叶脉蛾均在尼木乡曲林村、聂玉村，塔荣镇林岗村，之外其他乡（镇）村组未发现此虫害现象，此次排查中发现叶脉蛾杨树达120余棵。尼木县林业绿化局按照国家林业局昆明林业规划设计院专家及市林业局森防站技术人员的指示要求，采取低毒高效措施，在所发现虫害的杨树上进行喷散灭幼脲进行杀虫。以前被病虫侵害过的木枝丫和经过药物处理后的树木，集中在指定地点烧毁，还组织群众每年对成龄林树木进行修剪、打头等工作。

【安全生产】 年内，强化组织领导，成立安全生产工作领导小组；突出宣传教育，采取多种形式全面宣传安全生产各项方针政策和措施目标，着力提高职工安全生产意识和安全防范能力，营造良好氛围；加强检查治理，认真开展隐患排查治理专项行动，全面落实安全生产责任，建立并完善安全监控长效机制，做到防患于未然。通过采取切实有力措施加强安全生产目标管理，确保全年无安全事故发生。

【党建工作】 7月，尼木县林业绿化局正式成立林业党支部，从原先的农林支部独立出来，通过党支部内投票决定由县林业绿化局局长担任支部书记，县林业绿化局副局长担任副书记，同时也产生宣传委员、纪检委员、组织委员、青年委员的人选。全局通过强化落实党委工作责任制，建立局长负总责的党建工作领导小组，制定党建工作年度计划，实施公开承诺制，细化工作任务，每月按时召开党建工作例会，坚持“四议两公开一监督”工作方法，围绕改革发展稳定大局，根据上级党委部署，结合《2017年党建目标责任书》和《2017年党建工作年度计划》，理清思路，明确任务，完成全年目标要求。由领导班子成员组成理论学习中心组，定于每周周四进行集中学习。同时以林业支部为单位共同制定《林业支部2017年“两学一做”学习计划》《制定学习型党组织方案》，明确学习内容和要求，成立以支部书记为学习组组长，严格执行集体研讨、个人自学、学习交流、专题调研、学习考勤、学习通报和学习考核制度，要求每名中心组成员每年撰写1篇高质量的理论学习文章，每次学习必须有笔记、心得，每人共有17篇学习笔记（全部完成共有25篇）、5篇心得体会、5篇自查自纠。2017年，党支部理论学习组组织集中学习17次。

【纪检工作】 年内，严格落实中央“八项规定”、自治区“约法十章”、市委“八项要求”等纪律规定，认真结合“两学一做”教育实践活动，以纠正“四风”问题为重点，扎实开展作风监督检查和整治工作，并督促落实整改，取得明显成效：加强公务用车管理，公车私用现象杜绝；通过精简办文办会，会议次数、会议时间明显减少；“三公经费”进一步规范，办公经费逐年在减少。深入开展专项行动。严厉查处慵、懒、散和损害政府窗口形象等问题。扎实开展纠“四风”专项行动，严查整治干部职工打牌赌博风、公款吃喝风和违规办酒风。认真开展“三资”清理工作，摸清底数，全面整改公款私存、公物私用等违规行为；加强惠民资金监督检查力度，开展惠民资金监督检查，分别是生态补偿金、退耕还林补助等等进行督促检查，并建立工作台账；及时出台规章制度，坚持用制度管人、管事，先后出台《考勤管理制度》《公车管理制度》《财经管理制度》等制度和规定，使全局作风建设有章可依。

2017年7月15日，县林业绿化局工作人员在曲林村发生杨树虫害区喷洒药剂

【“两学一做”学习教育活动】 年内，尼木县林业绿化局根据《尼木县“两学一做”教育实施方案》要求，结合三会一课制度和支部中心组学习制定《林业支部“两学一做”教育实施方案》和《林业支部“两学一做”学习计划》，通过集中学习和自学方式，以讲党课和开展专题讨论为载体，促进全局“两学一做”教育学习扎实有效，围绕“两学一做”深入开展谈心交心活动。局党支部负责人高度重视，周密部署，充分发挥示范带头作

用，开展班子主要负责同志与班子成员之间、班子成员与干部之间的谈心活动。

【结对帮扶】 年内，根据精准扶贫结对帮扶相关文件要求，结对帮扶工作开展情况：根据精准扶贫结对帮扶相关文件要求，尼木县林业绿化局按照结对帮扶工作要求进行充实调整，全局精准扶贫结对认亲联系户正在开展结对帮扶措施落实情况工作。

（拉旺罗布）

【领导名录】

局　长

普　　布（藏族）

副局长

洛桑扎西（藏族）

尼木县水务局

【概况】 2017 年，尼木县水务局深入贯彻落实各项决策部署，以国民经济和社会发展"十三五"水利规划为统领，紧紧围绕全县社会经济发展，大力开展中小河流治理、农田水利、饮水安全等重点工程建设，完成水利投资 11031.94 万元，开（复）工项目 69 个，开（复）工率达 100%。

2017 年，尼木县水务局内设科室 5 个，分别为局办公室、防汛抗旱兼水土保持办公室、小型农田水利办公室、农村饮水办公室、自来水水费收取办公室，在职干部职工 28 人，其中正科级 2 人，副科级 0 人。人员结构：公务员 2 人；专业技术人员 7 人，技术工人 11 人，公益性岗位 2 人，临时工 6 人。

【灌区工程】 2017 年，灌区工程复工建设项目 2 个，总投资达 4182.21 万元。其中东风灌区项目投资为 2636.41 万元，新建取水枢纽 1 座，改造干渠长度 22.65 千米，配套渠系建筑物 291 座，3 月底复工，现已完成主体工程建设任务；幸福灌区投资 1545.8 万元，新建干渠 1 条，长度 11.66 千米，支渠 9 条，长度 9.194 千米，配套区系建筑物 218 座，于 3 月底复工，现已基本完工。

【小型农田水利工程】 实施 2016 年小型农田水利重点县建设。投资 2464.87 万元，32 个项目建设点，4 月初复工，现已基本完工；投资为 2495.02 万元的 2017 年国家级小型农田水利"重点县"18 个建设点，截至年底，已实施完成 85% 的工程量，完成投资 2120.77 万元。

【中小河流治理工程】 2017 年，完成塔荣—尼木防洪堤复工建设。工程投资 1881.77 万元，新建堤防工程 13.095 公里，排水涵管 4 处，穿堤交叉建筑物 15 座，现已完成所有的建设任务。

【饮水安全工程】 2017 年，基本完成投资 46.38 万元的 318 国道商业区供水工程建设，该项目建成后有效解决制约桥头商业的发展瓶颈。

【维修养护工程】 2017 年，完成 2016 年第二批水利工程运行与维护工程（总投资 95.14 万元）80% 的工程量，完成投资 76.11 万元。总投资为 268.7 万元的 2017 年水利工程运行与维护工程，截至年底，已完成总工程量的 90%，完成投资 241.83 万元。

【为民办实事】 年内，完成县级财政投资 18 万元的 2017 年为民办

2017年9月7日，西藏自治区副主席坚参（左三）在尼木县调研帕古水库前期工作

实事项目——加荣挡墙建设工程。

【防汛抗旱】 年内，紧紧围绕区、市防汛工作的总体部署和各项要求，全面落实防汛责任，严格执行以行政首长负责制为核心的各项防汛责任制，逐级签订安全责任书，明确水库防汛责任人，进一步修订完善防汛预案，及早储备防汛物资，认真落实防汛措施，各乡镇积极开展山洪灾害防御实战应急演练，24 小时双人值班和汛险报告等制度，为安全度汛做好充分准备。2017 年统计的灾情，尼木县境内发生 60 余起灾情。出动 500 多台次机械用于抢险救灾。（主要的防汛机械抢险由当地施工队出动）。2017 年汛期强降雨，各区域发生泥石流，导致水渠、水塘、防洪堤以及饮水管道等水利设施受到不同程度的损坏及冲毁，经核实，有 16 处比较严重的水毁工程，县水务局积极申报工程修复方案，联系上级解决近 110 多万元。该项资金正在审批中，待资金下达，将于 2018 年春播之前予以实施。

【"河长制"工作】 年内，加强尼木玛曲河等水资源保护、水域岸线管理、水污染防治、水环境治理，改善水环境、修复水生态、落实属地责任、健全工作机制为主要目标，切实保护好尼木县赖以生存和发展水资源，为建设富裕、和谐、幸福、法治、生态、美丽新尼木提供重要保障，按照"建立管理机构、明确工作目标、落实管理责任、严格管理考核"的要求，全面建立区域与流域相结合的以县、乡、村三级"河长"为主要内容的"河长制"组织体系，对全县范围内 33 条主要河湖段等全部落实了具体责任人。

通过"河长制"的实施，建立河、湖环境治理和保护工作体系，形成政府负责、社会参与、公众监督的工作格局。以"水清流畅、岸绿景美、功能健全、人水和谐"为目标，坚持条块结合、以块为主、突出重点、分步实施，坚持治、清、建、管并举，深入开展水环境保护综合治理行动，确保尼木河、湖水优景美、生态平衡。

【项目前期工作】 年内，始终坚持在项目争取上下功夫，积极争取政策性资金支持，先后谋划储备水库、防洪工程、灌区建设等重点水利项目。截至年底，已完成概算投资 2561.48 万元的续迈乡、1775.47 万元的普巴村 3 段中小河流治理工程前期工作。重大水利工程——帕古水库于 9 月 19—21 日召开可行性研究报告审查会议；投资 1327.46 万元的吞巴灌区和 1024.82 万元的强聂村中小河流治理工程的前期工作全面完成，待资金下达。估算投资 1200 万元的卡如乡赤朗水土保持一期工程设计还未通过拉萨市设计评审，水务局将积极跟进完成此项目的前期工作。2018 年的重点县已完成现场踏勘等工作，正在进行方案编制与设计工作。完成 74.69 万元农村饮水安全巩固提升工程的立项。争取确定总投资 537.67 万元（国家投资 450 万、县级配套 87.67 万元）2017 年第一批脱贫攻坚统筹整合资金项目尼木县水利项目。

【河道采砂规范化管理】 年内，为确保达到既定整治目标，在依法依规的前提下，对非法采砂行为进行严厉打击，开展多种方式的执法行动，2017 年，根据市、县召开的河道整治相关会议要求，做

2017年7月8日，拉萨市委常委、常务副市长占堆（左三）在尼木县检查防汛工作

好河道周边及河道内整治工作，尼木县河道整治工作于2月16日开始进行整治，县专项整治行动领导小组、县委政府督查室、县环保局、县国土局、县安监局、县水务局等相关部门共10余次检查，同时以指导、劝导、监督、督促等方式进行提高工作进度。

按照河道整治工作要求，清除河道内过去的采砂工程机械设施。在整治期间，河道内清理整平和恢复原貌工作同时，尼木玛曲沿线工程机械（采石、沥青搅拌站、碎石机、切割机等）已清除，并同步完成清除工程机械及河道恢复的任务。结合“河长制”工作，对尼木县境内各河道强化河长职责、明确工作任务，加强巡查力度、监督管理并依法打击河道采砂等各类违法行为，确保尼木县河道保洁长效，水清流畅。

制定《尼木县河道采砂规划编制方案》，确定3个采砂采石作业区域，分别是确德寺下游至318国道雅江入口段、续迈乡帕朗沟至塔荣镇林岗村恰热水磨坊段、尼木乡普巴村宗学组至帕古乡赛组段，并将采砂、采石与河道疏浚相结合方式进行合理开采。根据拉萨市政府8月31日召开的采砂、采石专题会议精神及尼木县9月1日尹世强县委副书记、常务副县长主持召开的专题会议要求以及关于《尼木县城乡投资建设发展有限公司（城投子公司）收购控股尼木县采砂、采石及搅拌站业务的方案》内容，结合尼木县实际，尼木县计划对辖区内所有采砂、采石及搅拌站业务收归国有，进行国有化控股管理。

2017年4月24日，拉萨市水利局副局长周根富（左三）在尼木县检查在建水利工程

【最严格水资源管理】 年内，根据《关于转发〈西藏自治区水利厅关于印“西藏自治区县域节水型社会达标建设工作实施方案”的通知〉的通知》精神，尼木县被入选为节水型社会达标建设试点县，初步开展节水型社会建设工作，成立节水型社会达标建设领导小组，编制完成《尼木县人民政府办公室关于引发〈尼木县节水型社会达标建设工作方案〉的通知》工作方案，并明确工作思路和总体目标，力争在2020年建成节水型社会。加强入河排污口的监督管理工作：完善入河排污口的设置、检查、检测等管理工作，并根据《入河排污口监督管理办法》要求，对尼木县菜市场处入河排污口进行封堵。取水许可管理工作有序开展：区、市关于加强取水许可管理工作的要求，水务局对尼木县内违规取水用水等情况进行全面清理整顿，并要求未办理取水许可证的企业单位在限期内尽快安装用水计量设施并开展办理取水许可证相关工作。截至年底，尼木县自来水厂已确立水资源论证公司，开展水资源论证工作。

【精准扶贫、精准脱贫】 年内，组织干部入户，与结对贫困群众谈心交友，慰问帮扶4次；做好保障扶贫工作。积极协调市局落实水利以补脱贫岗位502个，分配至乡镇，落实到人，完成县级精准扶贫100户432人集中搬迁供水工程实施方案的编制与审查工作。争取确定总投资537.67万元（国家投资450万、县级配套87.67万元）2017年第一批脱贫攻坚统筹整合资金项目尼木县水利项目。

【建议、提案办理落实】 年内，承担办理人大建议（意见）11件、政协提案8件，在规定时限内全部给予答复，答复率达100%。

【亮点工作】2016年度最严格水资源管理制度考核在全市获得“良”等次的单位。派驻雪拉村驻村工作队荣获县级优秀驻村工作队，派驻队长获自治区优秀驻村工作队队长荣誉。

（格桑曲珍）

【领导名录】

局　长

丁永红（藏族）

副局长

李　品

2017年7月14日，拉萨市副市长、公安局局长赵涛（中）在尼木县检查指导加油站安全生产工作

尼木县安全生产监督管理局

【概况】2017年，尼木县安全生产监督管理局核定行政编制3人，实有人员6人，其中公务员5人，工人1人。2017年，尼木县安全生产监督管理局立足为全县经济社会持续快速发展创造良好的安全生产环境，狠抓安全生产各项工作措施落实，确保全县安全生产形势持续稳定。

【安全生产事故】截至年底，全县共发生各类生产安全事故62起，未发生较大以上生产安全事故，死亡2人，伤12人，直接经济损失24.677万元（其中生产经营性事故6起，死亡2人，伤5人。其中道路交通生产经营性事故5起，死亡1人，伤4人；建筑施工生产经营性事故1起，死亡1人，伤1人）。与2016年同期（各类安全事故32起，死亡1人，伤14人，直接经济损失133.64088万元）相比，事故起数上升13.75%，死亡人数上升100%，受伤人数下降14.29%，直接经济损失下降81.53%。

【非煤矿山复产验收】2017年，拉萨天利矿业公司未进点作业。尼木铜业公司进行复产前自查，提交复产验收申请及备案材料，但由于安全生产许可证过期（有限期为2013年10月22日至2016年10月21日），不符合复产验收条件，县安全生产监督管理局无法组织复产验收，因此未复产验收；聂玉采石场开展自查，该采石场工人向县安监局报送复产验收申请及备案材料，但复产验收申请和备案材料存在一些问题，县安全生产监督管理局要求该采石场法人拉巴多吉到县安监局说明复产验收相关事项，但其一直未到县安监局进行说明，因此尚未复产验收。

【非煤矿山安全监管】年内，尼木铜业公司、聂玉采石场未复产验收，处于停工状态；金联达矿业公司自2013年8月停产撤人以来，处于停产状态。2017年，尼木县安监局共对非煤矿山企业（尼木铜业公司、聂玉采石场、金联达矿业公司）进行安全检查27次，参加检查人员76人次，发现安全隐患16处，下发整改指令书2份，整改16处，下发整改复查意见书2份。

【加油站安全监管】年内，进行安全检查24次，参加检查人员67人次，发现隐患19处，下发整改指令书2份，整改18处，1处隐患尚未整改，即中石油尼木县加油站发电机与库区间距不足（应为8米以上），牵扯到停业，2018年油气回收一并整改，下发整改复查意见书2份。

【烟花爆竹安全监管】尼木县烟花爆竹系季节性销售，只限在尼木年、春节和藏历新年期间销售。县安全生产监督管理局作为烟花爆竹零售经营的行业监管部门，牵头组织县消防大队、县公安局治安大队、县工商局严把烟花爆竹零售（经营）许可关。经过严格审核把关，在4家单位一致审核通过的基础上，县安全生产监督管理局确定3家售卖烟花爆竹的商铺，核发烟花爆竹（零售）经营许可证和尼木县烟花爆竹零售上岗证。1—2月，在烟花爆竹售卖期间，尼木县安全生产监督管理局联合消防、公安等部门对县城烟花爆竹售卖情况进行安全检查，共检查7次，出动检查人员15人次，发现隐患3处，当场整改3处。截至2月16日，3家商铺将剩余的烟花爆竹退回至拉萨市烟花爆竹协会，收回12家烟花爆竹经营商铺的烟花爆竹（零售）经营许可证和尼木县烟花爆竹零售上岗证，圆满完成了烟花爆竹零售工作。

【安全生产宣传教育】 年内，尼木县安全生产监督管理局加大安全生产宣传力度，在重要节点采取多种形式开展安全生产知识宣传，在“综治宣传日”“学雷锋日”“环境保护日”“全民安全教育日”、安全生产月期间，通过设立安全生产大型喷绘、摆放展板、设立咨询台、悬挂横幅、印发小册子、发放宣传单、播放音频资料等形式进行安全生产法律法规、安全生产知识等方面宣传，共设立安全生产大型喷绘4块、摆放展板60余块、悬挂横幅80余条，向各乡（镇）、县（中）直各单位、农牧民群众、企业发放安全生产宣传手提袋6000余个、安全生产宣传纸杯18000余个，发放《中共中央国务院关于推进安全生产领域改革发展的意见》《中共中央国务院关于推进安全生产领域改革发展的意见》读本、《安全知识宣传手册》《尼木县安委会安全生产检查手册》《安全生产宣传图册》《日常安全知识手册》《农牧民消防安全手册》《寺庙消防安全手册》等宣传资料18000余份（本），受益群众8000余人次，起到了普及安全生产知识的效果。

【危险化学品（票面）经营行政许可】 5月，尼木县招商局引进4家危险化学品（票面）经营企业（苏拉能源有限公司、西藏恒泰艾普能源开发有限公司、尼木中商石油化工有限公司、尼木县中新油科技有限公司）。针对已经与尼木县人民政府、县招商局分别签订入驻意向书、安全协议的4家危险化学品（票面）经营企业，尼木县安监局多次请示市安监局危化科办理危险化学品经营许可证相关事宜，同时尼木县就招商引资企业办理危险化学品经营许可证相关事项召开专题会议，研究办理危险化学品经营许可证相关事宜。在此基础上，尼木县安监局严格按照《关于危险化学品零售经营许可等行政审批权限下放的通知》《关于补充县（区）危险化学品经营许可行政审批相关规定的通知》，对4家申请危险化学品（票面）经营企业的备案材料进行严格审查，并前往市局请市局危化科工作人员对备案材料进行审核把关。4家申请危险化学品（票面）经营企业的备案材料齐全规范后，尼木县安监局为其办理《危险化学品经营许可证》，并督促其与县人民政府签订安全生产目标责任书。

【严格执行月通报制度】 年内，尼木县安委办（安全生产监督管理局）继续严格执行安全生产月通报制度。截至年底，安全生产月

2017年5月9日，西藏自治区安全生产巡查组一行在尼木县检查指导安全生产迎国检工作

2017年8月21日，河北张家口安全生产工程师杨淑芳（左二）在尼木县安监局检查指导执法文书

报已印发8期。

【安全大检查】 年内，尼木县安委办向各乡（镇）、县安委会各成员单位下发《全县安全生产大检查、大排查、大整治行动工作方案》《尼木县安全生产委员会关于深化全县安全生产大检查大排查大整治工作的通知》《全县安全生产大检查工作实施方案》，督促开展安全生产大检查工作。同时，县安委办按照全县安全生产大检查工作安排部署，督促重点行业（领域）监管部门按阶段报送安全生产大检查工作开展情况，并将工作开展情况进行汇总报送至拉萨市安委办。

【国务院安全生产巡查、综合督查工作】 2月，国务院安委会对全区2016年度安全生产工作情况进行考核。6月，国务院安委会安全生产第八巡查组对西藏自治区安全生产工作进行巡查。8月、9月国务院安委会安全生产大检查第十二督导组、第二十一综合督查组先后对自治区安全生产大检查工作进行督导检查。10月，国务院安委会安全生产大检查第二十一综合督查组对自治区安全生产大检查“回头看”工作开展情况进行检查。按照国务院安委会考核、巡查、综合督查组对安全生产工作的检查要求，县安委办在人员少、迎接考核巡查工作任务繁重的情况下，加班加点，做好相关工作。

针对国务院安全生产巡查组就拉萨市安全生产工作反馈的41项需要整改的问题和隐患，县安委办举一反三，认真对照梳理，并形成任务分解表向县委办、县编办及主要行业监管部门下发，要求按时报送整改材料。各相关单位对照存在的问题进行整改，并向县安委办报送整改情况。县安委办对相关单位报送的整改情况进行汇总，形成整改报告报送至拉萨市安委办。

【“12·23”事故调查处理】 12月23日，在县政府食堂东北侧的菜窖、化粪池建筑施工工地发生1起一般建筑施工事故，事故造成1人死亡，1人受伤。县委、县政府接到重伤人员经抢救无效死亡的报告后，高度重视，第一时间迅速做出部署，研究处理措施。根据县委、县政府主要领导指示要求，依据《中华人民共和国安全生产法》《生产安全事故报告和调查处理条例》、国家安全监管总局印发《关于生产安全事故调查处理中有关问题规定的通知》等有关法律法规，经县人民政府批准，县安监局牵头县监察局、住建局、公安局、工会、检察院成立事故调查组，开展事故调查工作，并顺利完成前期工作。

（杨　卓）

【领导名录】

局　长

王万宪

副局长

德庆卓玛（女，藏族）

副主任科员

多　吉（藏族）

尼木县国家税务局

【概况】 尼木县隶属于西藏自治区，地处于西藏中南部、雅鲁藏布江中游北岸，位于自治区中南部，距拉萨市147公里，系西藏前、后藏的结合部。尼木县国家税务局成立于1994年，从成立之初1人到2017年增至8人，学历结构本科8人，党员5人。2017年组织各项税收收入28086.06万元，尼木县国家税务局曾荣获自治区级“青年文明号”“自治区文明单位”等荣誉称号。2017年，尼木县国家税务局始终坚持以邓小平理论“三个代表”重要思想和科学发展观为指导，深入推进两学一做制度化常态化建设，认真贯彻党的十八大和十八届系列全会精神，深入贯彻落实拉萨市国税局及尼木县委、县政府的各项工作部署。围绕税收中心工作，继续加强党的基础组织建设和思想建设、作风建设，积极探索工作的新思路，不断实践工作新途径，努力构建工作的新格局，着力开创工作的新局面，各项工作取得较好成绩。

【税收收入】2017年，尼木县国家税务局共组织收入29223.40万元，2016年同期共组织收入13502.00万元，较2016年同期增收15721.4万元，同比增幅116.44%。其中税收收入28086.06万元，2016年同期税收收入为12951.99万元，较2016年同期增收15134.07万元，同比增幅116.85%。

【税收特点分析】年内，从累计收入分级次来看，中央收入占主体地位，县级收入次之，自治区级第三。中央级税收收入与县级税收收入合计占总税收收入的97.62%。其中，中央级收入14652.79万元，占收入的50.14%，同比2016年增收7806.04万元，同比增长114.01%；县级收入13876.12万元，占收入的47.75%，同比2016年增收7630.88万元，同比增长122.18%。

分级次完成情况

表1　　单位：万元

	2017年 1-12月	2016年 1-12月	增减额	增减比例(%)
总收入	29223.40	13502.00	15721.4	116.44%
其中：中央级	14652.79	6846.75	7806.04	114.01%
自治区级	686.88	353.15	333.73	94.50%
地(市)级	7.6	56.84	49.24	86.63%
县级	13876.12	6245.24	7630.88	122.19%

2017年1月1日至12月30日收入增减变化情况表

表2　　单位：万元

项目	累计(1-12月份)			
	本期累计	上年同期	增减额	增减率(%)
总计	29223.40	13502.00	15721.4	116.44%
1. 增值税	22767.19	10745.65	12021.54	111.87%
2. 营业税	0	180.30	-180.30	-100%
3. 企业所得税	3098.18	684.17	2414.01	352.84%
4. 个人所得税	70.10	29.97	40.13	133.9%

续表2

项目	累计(1–12 月份)			
	本期累计	上年同期	增减额	增减率(%)
5. 资源税	25.33	2.74	22.59	824.45%
6. 印花税	399.81	89.88	309.93	344.83%
7. 车购税	130.84	178.45	–47.61	–26.68%
8. 城镇土地使用税	1.18	1.61	–0.43	–26.71%
9. 城建税	1593.38	759.08	834.30	109.91%
10. 地方教育附加	454.66	218.18	236.48	108.39%
11. 教育费附加	681.80	324.59	357.21	110.05%
12. 罚没收入	0.8	7.22	–6.42	–88.92%

增减幅度超5%分类因素分析:(2017年1—12月累计)

由于企业所得税地方级减免政策的逐步推进以及大环境下的良好经济形势,促使尼木县所辖企业创税能力逐步增强,同时吸引更多的企业在尼木县注册,从而助力尼木县税收事业。

增加因素分析:增值税本期入库22767.19万元,2016年同期完成10745.65万元,比2016年同期增加15721.4万元,增幅116.44%,增收因素:增幅的原因是尼木祥云医疗器械有限公司(3571.96/5839.72)和中波石油天然气尼木有限公司本年大幅度缴税,尤其是中波石油天然气尼木有限公司(420.34/4281.22)、尼木县中新油科技有限公司(0/835.79)、尼木县鸿醇商贸有限责任公司(0/644.90)、西藏鼎誉医疗器械有限公司(0/104.76)、苏拉能源有限公司(0/814.73),扬州科进船业有限公司这几家企业。(0/2159.46)这几家企业2016年同期没有成立,2017年共缴纳增值税14680.58万元

企业所得税本期入库为3098.11万元,2016年同期入库为676.41万元,增收2421.70万元,同比增幅为358.02%,增幅的主要原因是扬州科进船业有限公司在2017年申报所得税1539.57万元,中波石油天然气尼木有限公司2017年缴纳企业所得税309.20万元,而2016年同期无该项收入。因此该季度企业所得税主要增幅来源于这2家公司申报的税款的结果;个人所得税本期入库70.10

2017年10月18日,拉萨市国税局党组副书记、局长孙清明(右一)一行在尼木县国税局调研

万元，2016年同期入库为29.97万元，比2016年同期增收40.13万元，增幅为133.9%，收入来源大多数都是企业缴纳的工资薪金所得。

资源税本期入库25.33万元，2016年同期入库为2.74万元，增加22.59万元，增幅为824.45%。原因分析：2016年同期只有尼木县铜业开发有限责任公司一家缴纳资源税2.75万元，2017年同期该公司缴纳资源税21.55万元的同时，聂玉建筑建材有限公司缴纳资源税1.53元；康吉采沙场缴纳资源税0.57万元；尼木县尼木乡聂玉采石专业合作社缴纳资源税1.5万元；尼木县铜业开发有限公司2017年销售生产的电解铜，在资源税改革后，此项收入有明显的上涨。

印花税本期入库399.81万元，2016年同期完成89.88万元，比2016年同期增加309.93万元，增幅344.83%。增收因素：增幅的原因是2017年成立大量公司，且尼木祥云医疗器械有限公司、中波石油天然气尼木有限公司、苏拉能源有限公司2017年大幅度缴税等业务量的增加导致印花税的增加；

2017年5月23日，拉萨市国税局副局长杨建龙（右一）在尼木县国税局检查指导工作

城市维护建设税、地方教育附加、教育费附加等附加税均随增值税的增加较上期有所增加。

减少因素分析：营业税本期入库数为0元，2016年同期营业税入库为180.31万元，由于“营改增”的实行，本来应征收营业税的部分改为征收增值税，所以2017年营业税入库相比2016年同期减幅巨大；车辆购置税本期入库130.84万元，2016年同期入库178.45万元，减少47.61万元，减幅为26.68%。下降的主要原因：2016年同期由于纳税人购买意愿强烈，尼木县国家税务局受理数台进口车辆申报车购税，2017年则没有，2017年主要收的是摩托车税款，金额较小；本期罚没收入为0.83万元，2016年同期为7.22万元，本期罚没收入较2016年同期减少6.42万元，罚没收入大部分是因为企业未按照规定期限办理纳税申报和报送纳税资料，还有一部分是因企业耍解除非正常而进行的处罚，罚没收入要根据纳税人的申报等情况来决定。

分行业分析：

2017年1—12月税收收入分重点行业情况

表3　　单位：万元

行业类别	2017年数据	2016年同期	增减额	增减百分比
采矿业	126.61	26.75	99.86	373.31%
服务业	483.37	948.61	465.24	-49.04%
建筑业	7204.18	1264.72	5939.46	469.63%
批发和零售业	16764.25	9701.49	7062.76	72.80%

【税源管理】 年内，通过加强业务培训，带动税收管理员整体水平的提高。通过强化一般纳税人管理，巩固采矿业、以主体行业的管理，非主体行业进一步走向规范，从而促进行业管理水平的提高。加大对漏征漏管户的清理力度，提高户籍管理水平；大力提高纳税人遵章守制的意识，包括企业法人、老板、企业财务人员、办税人员的素质和操作能力，使税企双方都能够适应新时期征管工作的需要。

【精准扶贫】 年内，尼木县国家税务局积极开展精准扶贫相关工作，从结对帮扶到精准扶贫，尼木县国家税务局党组坚持以帮扶对象实际情况与需求为导向，积极走访慰问帮扶户，将惠民政策和帮扶计划、建议认真向困难户讲解，真心为民，真情帮扶，为困难群众办实事好事，解决实际问题，努力帮助拔穷根、摘穷帽，得到帮扶户的欢迎、支持和感谢，赢得群众的广泛赞誉。

【学习党的十九大精神】 年内，尼木县国家税务局积极组织全体干部学习党的十九大精神（纪检组长带头学习），认真做好学习笔记，撰写学习心得体会，掀起学习热潮，不断把学习党的十九大精神引向深入，利用每周的学习活动，开展学习党的十九大精神集体讨论，观看拉萨市国税局关于党的十九大精神专题视频学习，进一步深入了解党的十九大召开时代背景、报告主要内容、党的十九大重要影响和深远意义。开展“领会党的十九大报告 争做优秀党员”，通过活动，激发干部学习十九大报告的积极性，将十九大精神融入各项工作中。

【推进“放、管、服”改革】 年内，尼木县国家税务局认真学习《推进简政放权放管结合优化服务工作方案》和拉萨市局的各项政策。结合尼木县的特殊情况，坚持“放、管、服”三管齐下。推进简政放权，减轻办税负担。全面实施《全国税务机关纳税服务规范》和《全国税收征管规范（2.0版）》等文件，做好行政审批上的“减法”，努力做到“应放尽放”，促进税收政策落实更快、更便捷。在日常工作中，简化办税流程，对于需要备案的，以登记制、纳税申报制等方式履行备案，并取消或放宽相关条件限制，不再另行报送备案资料，最大限度减轻纳税人的办税负担。此外，通过大厅的咨询服务窗口、LED显示屏、宣传手册、微信群等途径，公开办理业务的流程和所报备的各类资料，加强简政放权各项政策的宣传和告知工作，确保各项政策有效落实。努力实现纳税人在办理业务时“最多跑一次”；简政放权不仅要做到“应放尽放”，更重要的是“放接上”，接得住放下的权力。对此，尼木县局国税局组织全体干部认真学习贯彻落实《西藏自治区国家税务局规范税务行政处罚裁量权实施办法》文件，要求全体干部严格执行，并由纪检组长进行监督。尼木县国家税务局一直本着公正的原则，严格按照行政处罚程序对行政相对人进行税务行政处罚，严禁随意、无根据的处罚；大力实施便民办税春风行动，积极利用信息化手段，全力实现互联网+政务办公模式，最大限度实现涉税业务网上办理。通过采取免填单、网上申报等方式方便纳税人办理涉税事项。以网上申报为例，以前企业和合作社都

2017年9月5日，尼木县国税局办税服务厅推进“放管服”工作开展

需在月初或季初按时来县国税局办理申报，但由于尼木县企业和合作社数量较多，再加上其他的个体工商户，每次办理业务都需要花费很长的时间排队。自从实行网上申报后，企业和合作社足不出户就可以办理业务，省去纳税人办理申报业务的时间成本。截至年底，尼木县国家税务局共有40家企业和合作社成功实现网上申报，网上申报推行工作取得明显的效果。

（边巴旦增）

【领导名录】

局　长

李　纲

副局长

米玛平措（藏族）

专职纪检监察员

格桑卓玛（藏族）

尼木县工商行政管理局

【概况】 尼木县工商行政管理局坐落于尼木县人民路9号，占地面积1563平方米，建筑面积800平方米，其中办公楼1栋（两层），住宿楼1栋（两层），执法车辆1辆，现有在职人员7人，其中干部5人，职工2人。

【改革创新】 年内，尼木县工商行政管理局推动注册资本实缴变认缴登记制、放宽注册资本最低限制、“先照后证”“三证合一”等改革政策措施的落实，有效降低市场主体准入门槛，激发市场活力。截至年底，尼木县市场主体共计1589户，其中个体工商户1226户、企业193户、农民专业合作社170户。2017年，新发展市场主体378户，总体增长1.31%，从业人员953人，注册资本73077.5万元，其中新增个体工商户163户，同比增长0.2%，从业人员326人，注册资本270.5万元，新增企业47户，同比增长0.56%，从业人员141人，注册资本69764万元，新增农民专业合作社41户，同比增长0.54%，从业人员486人，注册资本3043万元。

2017年12月13日，县工商局局长格桑次仁在帕古乡慰问结对帮扶户

【改革成效逐步得到显现】 商事制度改革，注册资本实缴改为认缴，解决企业资金短缺、验资烦琐的问题，为企业节省费用。“先照后证”，为企业赢得盈利增收的宝贵时间。“三证合一、一照一码”，将企业办证由“复杂”变为“简单”，解决企业主办证难的问题，截至年底，改革成效已逐步显现。2017年，已办理“三证合一、一照一码”营业执照360户。

【企业信用信息公示】 年内，尼木县工商行政管理局通过对外抓服务，利用手机短信、电视宣传、上门面对面服务等方式加强年报宣传与指导；对内抓落实，采取到兄弟县学习先进经验、年报工作与市场主体清查及换照相结合、强化奖惩机制等方式，双管齐下做好年报公示工作。2017年，尼木县工商行政管理局年报公示率达到98.9%，其中个体应年报802户，实际年报802户，年报率为100%，企业应年报83户，实际年报81户，年报率为98.2%，农民专业合作社应年报75户，实际年报75户，年报率为100%。

【品牌建设】 年内，尼木县工商行政管理局在全县范围内选择具有一定生产规模、产品质量好、发展潜力大的企业、个体户，纳入商标培育企业范畴，进行重点培育，指

2017年3月15日，尼木县工商局收缴过期变质商品销毁现场

导企业申请注册商标，引领企业走自主创牌之路。同时加大自治区著名商标和中国驰名商标的培育力度。全县发展注册商标1件。2017年，新增加注册商标1件。

【维护公平竞争市场环境】 市场监管是工商的第一职责，为营造良好市场秩序，尼木县工商行政管理局将专项整治工作作为整顿和规范市场经济秩序的有效途径，2017年共立案查办一般程序处罚案件3件，罚没金额4000元，市场秩序得到进一步的规范，良好的市场环境逐渐形成。

【推动“红盾护农”长效监管机制】 年内，尼木县工商行政管理局以“红盾护农”为着力点，全面服务农业产业化发展，严把农资经营主体市场准入关，加大农资抽检力度，大力开展“红盾护农”专项行动，严查农资违法经营行为，有效规范农资市场消费环境。

【打击虚假违法广告】 年内，进一步加强广告监督管理，严格广告发布审查制度，规范户外广告的发布行为，加强对广告发布的备案检查，全年对户外广告进行四次清理，通过清理，发现未登记户外广告2条。检查药品广告4条，其中违法药品广告1条，共责令停止发布违法药品广告和处方药品广告1条，限期整改1条。

【食品安全整治】 年内，先后开展元旦、春节、藏历新年等各项节日食品市场整治、农村食品市场专项整治、校园周边食品安全专项整治等各类专项整治工作。2017年，共计出动执法人员142人次、出动车辆32台次、没收销毁过期变质食品200余公斤、饮料140余瓶。开展食品监测抽样6个批次，快速检测食品品种12个批次。

【巩固打击传销成果】 年内，制定打传工作计划，召开县打击传销成员单位打击传销工作的联席会议，部署打击传销工作。2017年，共出动执法人员24人次，出动宣传车6次，散发各种宣传资料400余份，悬挂横幅标语6条，2017年全县没有出现传销组织、传销人员和传销窝点。

【法制宣传】 3月15日，尼木县工商行政管理局归纳总结网购防骗十八招，以漫画的形式制作成宣传展板，在县人流集中的人民路、幸福路开展宣传咨询活动，帮助消费者维护好自己的合法权益。同时，将如何警惕网银陷阱、警惕12种手机诈骗手法、购买商品房注意事项等消费者关注的热点问题制成宣传册，向广大消费者宣传讲解。并邀请县有线电视台等媒介全程参与，广泛报道。做到街头上有宣传、报纸上有文字、电视上有声音，营造良好的氛围。

【商品质量监测】 年内，尼木县工商行政管理局针对社会反映强烈、消费者诉求集中的重点商品以及监管执法中发现的不合格商品，制定年度流通领域商品质量监测计划和商品质量监测工作实施方案，加大商品质量监测力度，充分利用监测结果，强化对销售不合格商品违法案件查办工作。2017年，对2个批次的手机进行检查和监测。

【维权工作】 年内，尼木县工商行政管理局狠抓消费纠纷的处理，推行首问责任制，做到有诉必接，热情接待、热心服务。继续完善维权服务网络，充分发挥“12315”职责作用，推进消费者权益保护工作的深入开展，截至年底，共受理申诉举报1起，挽回经济损失1500元。

【精准扶贫】 年内，尼木县工商行政管理局高度重视精准扶贫工作，领导干部“一对一”扶贫工作正常开展，3名副科级以上干部与尼木县帕古乡贫困户结对帮扶，深入了解贫困户的实际困难，承诺将贫困户反映的困难与有关部门联系协调解决，鼓励贫困户在各级党委、政府和县工商局的帮扶下，自力更生，尽快实现脱贫致富目标，并为该村贫困村民送去大米、面粉、砖茶、食用油等价值6000余元的日常生活用品。

（嘎玛达杰）

【领导名录】

局　长

格桑次仁（藏族）

副局长

仁青次仁（藏族）

尼木县净土产业投资开发有限公司

【概况】 尼木县净土产业投资开发有限公司成立于2014年3月，是尼木县人民政府批准设立的国有独资公司，尼木县人民政府履行出资人职责，注册资本5000万元人民币（其中现金出资1000万元，实物资产4000万元）。公司法人为副县长布穷，设有董事会和监事会，管理层设董事长1人、总经理1人，副总经理4人。

主要业务范围：承担范围内高效生态农牧产业项目、农牧业综合开发项目、净土健康产业研发基地、净土健康农业业务开展情况；尼木县净土公司和西藏德青示范基地的建设和项目与运营管理、尼木县范围内农牧业及相关项目；承担现代种植养殖业发展、农产品市场推广、农牧产品物流网建设、农牧业招商引资、农牧业对外合作；建立现代化奶牛养殖示范基地和畜禽养殖基地，组织开展粮食、畜牧产品流通、加工、贸易及相关产业合作业务。

业务开展情况：尼木县净土公司和西藏德青源公司、西藏鑫旺公司、拉萨净土藏鸡养殖有限公司就藏鸡产业开发达成合作共识，并签订合同；与西藏天润公司就特色种植达成合作共识，共同开发灵芝、石斛等中药材产品；与拉萨市净土公司就藜麦种植开展合作；与西藏高原之宝牦牛乳业公司就我县牛奶收购达成合作共识，并建立尼木收奶站。截至年底，公司拥有尼木藏香、尼木藏鸡、有机青稞、有机雪菊、有机藜麦等10余个产品，拥有“拉萨净土”和“尼土尚品”两个品牌，市场前景广阔。2017年，主要开展雪菊、藜麦规模化种植工作，承担产品回收、销售、品牌推广等工作。产品已销往北京、天津、成都等全国多个城市，在尼木县产业发展、群众增收、精准扶贫等方面做出了应有贡献。

【种植业】 2017年，尼木县总耕地面积41800亩，总播种面积63800亩，农作物总播种面积36562.22亩，粮经饲的种植比例为38.6∶18.7∶42.7。粮食播种面积24602.22亩，其中青稞播种面积17630.22亩，春小麦播种面积1700亩，藜麦播种面积5272亩。经济作物播种面积11960亩，其中单播油菜4800亩，蔬菜面积1600亩，雪菊5560亩。退耕还林

2017年2月25日，尼木县创建国家有机认证示范区启动大会

还草面积5237.78亩，芫根复种面积22000亩。

2017年，有机认证种植面积达到6200亩，其中认证有机青稞（1500亩）、认证有机油菜（1000亩）、认证有机藜麦（2000亩）、认证有机土豆（200亩）、认证有机雪菊（1500亩），认证有机牦牛5000头。

2017年9月20日，在广西南宁顺利通过“国家有机产品认证示范创建区”答辩会

【畜牧业】 2017年，尼木县牲畜存栏数113687头，其中牦牛45421头，羊67330只，其他936只。2017年，肉产量2836.3吨。奶类产量4334.5吨。羊毛产量34.36吨。

【发展模式】 年内，尼木县坚决执行市委、市政府的决策部署，坚决推进农业供给侧改革、发展绿色有机农业，坚决把绿色有机农业作为农牧民增收、打赢脱贫攻坚战的有力抓手。根据有机农业生产环境要求，走农、文、旅一体化和一二三产融合发展新路子，发展企业+基地+农户模式，因地制宜、突出重点，科学合理规划主导产业布局。按照县委对藏鸡产业、藏香文化产业、全域旅游产业、有机农业产业和乌米农业高新技术产业示范园区、拉萨经开区尼木产业园区“四产业两园区”规划布局，着力推进有机农业产业发展。

【“567”工作思路推进情况】 年内，坚持“立足当前、长远谋划，突出重点、分步实施，政府引导、市场运作，示范引领，整体推进”的基本原则，确定尼木县有机产业基地建设和认证的具体目标。根据2017年尼木县创建国家有机产品认证示范创建区重点工作安排部署，“认证5家企业、打造6个基地、申报7个产品”（简称“567”工作思路），成立塔荣镇、帕古乡、麻江乡、吞巴乡特色农产品专业合作社，以尼木县净土产业投资开发有限公司为认证主体，共计5家企业。建有机藜麦、青稞、牦牛、油菜、土豆、有机纯种商品藏鸡养殖6个基地。认证雪菊、青稞、藜麦、牦牛、油菜、土豆、藏香7个产品。第一批认证5家企业7个产品。加强与北京农林科学院沟通协调，修改完善《尼木县有机农业产业发展总体规划》，增强针对性和可操作性。科学制定尼木县创建国家有机产品认证示范区2017年重点工作任务分解表，明确各乡（镇）工作任务，确保各项工作落到实处。

【具体工作措施】 年内，制定《尼木县创建全国有机农业示范区实施方案》，先后召开工作推进会议10次，专题听取农牧、净土办、各乡镇工作汇报5次。邀请北京农林科学院专家编制《尼木县有机农业产业发展总体规划（初稿）》，2016年12月16日，在市农牧局召开“尼木县有机农业产业发展总体规划研讨会”，与会专家充分讨论，提出意见建议，并对《尼木县有机农业产业发展总体规划》进一步修改完善，增强可操作性和针对性。同时，县政府与北京农林科学院现场签订合作协议。在市农牧局支持下，邀请农业部绿办相关专家在尼木就创建全国有机农业示范区进行专业技术指导。协调市农牧局技术人员和尼木县分管农业的副县长、农牧局局长、净土办负责人等在四川蒲江县、广西乐业县、青海海西州，学习借鉴创建有机示范县的经验作法，并制定合理的基地创建目标和实施计划，为率先创建国家有机产品示范县打下良好的基础。借助农业部在拉萨市召开全国农业援藏工作座谈会的时机，与北京市农业局初步形成全国创建有机示范县的框架、思路和政策支持方向。邀请北京同仁堂科技发展股份有限公司、杭州博可生物科技有限公司、北京振东药业集团、天那公司在尼木县就藏香开发、药材种植、有机农产品生产进行实地考察，洽谈合作方式，达成开发合作初步意向。全力打造乌米农业高新技术产业园，完成吉瓦公路、东风灌区等园区基础设施建设，邀请农业部规划设计研究院对乌米现代农业示范园区进行整体规划，涉及藏鸡养殖、藏中药材果品种植、食用菌栽培等，打造既是试验区又是展示区的功能定位。

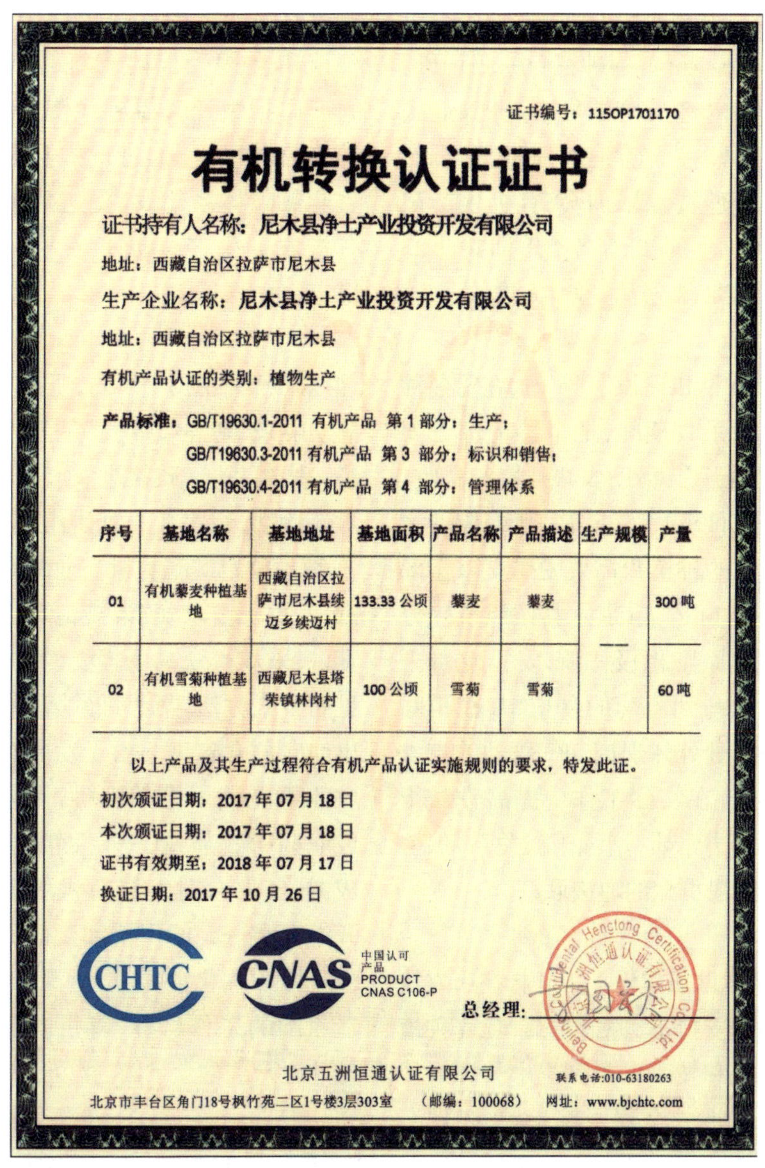
证书编号：115OP1701170

有机转换认证证书

证书持有人名称：尼木县净土产业投资开发有限公司

地址：西藏自治区拉萨市尼木县

生产企业名称：尼木县净土产业投资开发有限公司

地址：西藏自治区拉萨市尼木县

有机产品认证的类别：植物生产

产品标准：GB/T19630.1-2011 有机产品 第1部分：生产；
GB/T19630.3-2011 有机产品 第3部分：标识和销售；
GB/T19630.4-2011 有机产品 第4部分：管理体系

序号	基地名称	基地地址	基地面积	产品名称	产品描述	生产规模	产量
01	有机藜麦种植基地	西藏自治区拉萨市尼木县续迈乡续迈村	133.33 公顷	藜麦	藜麦	——	300 吨
02	有机雪菊种植基地	西藏尼木县塔荣镇林岗村	100 公顷	雪菊	雪菊		60 吨

以上产品及其生产过程符合有机产品认证实施规则的要求，特发此证。

初次颁证日期：2017 年 07 月 18 日

本次颁证日期：2017 年 07 月 18 日

证书有效期至：2018 年 07 月 17 日

换证日期：2017 年 10 月 26 日

CHTC CNAS 中国认可 产品 PRODUCT CNAS C106-P

总经理：

北京五洲恒通认证有限公司 联系电话:010-63180263

北京市丰台区角门18号枫竹苑二区1号楼3层303室 （邮编：100068） 网址：www.bjchtc.com

有机转换证书

【成立创建全国有机农业示范县工作领导小组】 年内，按照有机农业示范县创建目标任务，尼木县成立以县委书记为组长的创建全国有机农业示范县工作领导小组，制定印发《尼木县有机农业产业发展总体规划》《尼木县创建全国有机农业示范县实施方案》《尼木县创建国家有机产品认证示范区2017年重点工作任务分解表》等，多次召开会议推进任务落实。

【有机产品认证】 年内，牦牛、青稞、油菜、藜麦、雪菊土豆5个产品已顺利通过审核，取得有机转换认证证书。9月，确保取得藏香和雪菊有机转换认证证书。

【基地管理】 年内，加大对每个基地的管理力度，树立基地标识牌，加强乡镇有机农业登记资料管理，对乡镇有机农业内部检查员进行系统培训和考核，派专人管理认证基地，明确基地标识牌和边界，制定管理制度，定期清除白色垃圾等。

【有机肥料发放和使用】 年内，尼木县实现“零化肥、零化学农药、零除草剂”目标，不施用任何人工合成的化肥、农药、植物生长调节剂等物质，保证无污染、纯天然，全面打造绿色有机农业。购买并发放有机肥料共计3890吨，其中生物菌有机肥2100吨，商品化有机肥1790吨。

【病虫害预防】 年内，发放生物农药苦参碱可溶液剂和苦皮藤素水乳剂13822瓶，安装太阳能诱虫灯200盏，黄蓝板24万片，有效防治病虫害，并且顺利通过专家验收。

【有机专题培训】 年内，举办有机农业藜麦、雪菊种植专题培训班、有机内检员培训班、有机农业病虫害监控与防治培训班、有机农业管理技术培训会、有机生产记录登记培训班等各类培训共计25次，参训人员达1200人次。

【支农队伍建设】 年内，在雪菊种植和采收期间，把全县干部分配到村到户，帮助农户种植和采收，现有种植户1780户，其中劳动力不足的种植户需要安排支农干部共计1426人，尼木县按照统一分配的原则积极协调，安排党员干部参与到雪菊的种植中，在田间地头处处体现出朝气蓬勃的支农景象，在实际工作中提高党员干部能力素质，增强干群关系，保持同人民群众的血肉联系。

【技术队伍建设】 年内，在市农牧局的支持下，邀请雪菊、藜麦种植专家和技术人员到尼木县开展技术培训并全程跟踪指导，以现有农技人员为基础，组建县、乡、村三级技术服务队伍。

【品牌建设】 继“尼木藏香”之后，申报“尼木藏鸡”“尼木藏鸡蛋”“尼木菜籽油”地理标识保护产品，并已通过国家工商总局初审。积极打造“尼土尚品”尼木本地优势品牌，提升品牌形象。

【购买种植保险】 年内，尼木县为雪菊和藜麦种植购买农业保险，总计899551元，在雪菊种植过程中，对遭受自然灾害和意外事故所造成的经济损失提供保障，使种植户在遭受保险责任范围内的灾后损失及时得到经济补偿，转移分散风险，推进尼木县有机农业保险体系建设，促进尼木县有机农业生产发展和农村和谐稳定。

【群众接受程度】 年内，坚持“从群众中来、到群众中去”的工作方法。扎实开展“政策进农家”宣讲对谈活动，组织8个宣讲组，深入各乡（镇）对实施有机农业的重大意义、目标要求、政策措施等进行宣讲，采取群众易于接受、喜闻乐见的方式方法，耐心细致、深入浅出地向群众宣讲。由于发展有机农业不能使用化学肥料、化学合成农药等物质，在一定程度会造成减产，群众对发展有机农业刚开始存在一定的担忧和疑虑。尼木县按照强化宣传、广泛深入、营造氛围的工作目标，有机农业的益处逐渐被群众了解、接受。

（吴　斌）

【领导名录】

总经理

刘　华（9月免）

贾保军（9月任）

副总经理

贾保军（9月免）

吴　斌（9月任）

尼木县城乡建设投资发展有限公司

【概况】 尼木县城乡建设投资发展有限公司（以下简称城投公司）。城投公司于2017年7月1日正式开展各项工作，2017年8月召开第一次董事会会议，调整公司组织架构。董事长由尹世强担任，公司部门设定为三个：外联部分管领导为黄澎涛，工作人员1名；工程部分管领导黄澎涛，工作人员2名，财务部分管领导高军周。开展的主要业务有项目代建、招商合作、项目融资、物业管理、产品营销等；城投公司所属子公司有县净土公司和县文旅公司，经董事会研究，净土公司董事长建议由杨胜全兼任，总经理由贾保军兼任，副总经理由吴斌兼任，成员有谭光伟、陈果行。根据县委专题会议要求，县农牧局负责高原净土产品的技术指导和生产，尼木县净土公司负责产品的营销、策划和销售。

【代建工作】 7月1日，尼木县城投公司开展代建工作，共和四家建设单位签署代建合同，公司负责项目共八项，总投资为2737.34万元，已完成国有资本收入99.61万元。开工建设的项目有尼木乡人民法庭建设项目，于2017年7月开工，截至年底已完成主体，施工单位已拨付合同价的70%，监理单位已拨付合同价的50%。2017年农村公益事业尼木县日措村亮化建设项目，于2017年9月1日开工，已完成初步验收，施工单位已拨付合同价的70%。尼木县白面具藏戏传习所项目，于2017年10月开工，基础已完成，施工单位已拨付合同价的30%，监理单位已拨付合同价的50%。

尼木县广电中心建设项目，于2017年10月18日开工，已完成地圈梁，施工单位已拨付合同价的30%，监理单位已拨付合同价的50%。尼木县藏医院建设项目附属工程，于2017年10月开工，已完成工程量的80%，施工单位已拨付合同价的70%，监理单位已拨付合同价的50%。尼木县续迈乡中心小学学生宿舍建设项目，于2017年11月开工，已完成初步土方开挖，施工单位已拨付合同价的30%，监理单位已拨付合同价的50%。尼木县麻江乡完全小学太阳能热水采暖系统工程项目，于2017年10月开工，已完成工程量的70%，施工单位已拨付合同价的30%，监理单位已拨付合同价的50%。尼木县中心小学教工宿舍建设项目，于2017年10月开工，已完成基础验收工作，施工单位已拨付合同价的30%，监理单位已拨付合同价的50%。自开展项目代建工作以来，各项目单位积极配合，有效推进项目的实施，有效降低政府风险。

2017年10月31日，拉萨市质监站负责人多吉旺堆（中）在尼木县白面具藏戏传习所建设项目基槽验收

【净土工作】 2017年，雪菊收购、销售工作由县净土公司主要负责。截至年底，县净土公司共收购雪菊29607斤（其中花菊22584斤，胎菊7023斤），全部收购后，雪菊干花总产量在1.6万公斤到1.75万公斤之间。县净土公司开通微信销售渠道和天猫直销，一个多月来，有来自北京、广州、广西、江苏、辽宁和区内等地的客商前来订购，销售额达7.6万元。同时县委、县政府正积极和北京、江苏等地企业联系产品销售，并参加各类展会，不断将尼木雪菊推向市场。

藜麦收购和销售工作由县净土公司负责，截至年底，共收购藜麦28万公斤，产品销售只在北京、江苏等地少量销售及县内干部职工内销，暂未在区内和其他地方销售。共销售1000余公斤，销售额10万元左右。

【扶贫工作】 10月9日，公司常务副总经理杨胜全带领3名工作人员一起在普松乡，就扶贫、帮困、就业、培训等下一步工作与该乡对接，普松乡党委书记、乡长就本乡结合贫困户的现状，下一步脱贫思路等进行详细的介绍，该乡现有68户贫困户，杨胜全就县城投公司如何进行帮扶工作进行说明：认真制订创新精准扶贫的方案，为更好地推进和落实市属国有企业参与精准扶贫工作，加强指导和督促，帮助协调解决包干扶贫工作中遇到的困难和问题。按照县委、县政府政府要求，确定普松乡国有企业的帮扶对象。根据扶贫开发重点乡镇、贫困村的特点，制定切实可行的扶贫方案，通过不同帮扶形式，带强一批产业，带动一批项目，带活一批市场，带建一批基础设施，使贫困村基础设施明显改善，特色产业形成规模，社会事业不断发展，组织能力得到提升，农民收入有所增加，确保完成全年精准扶贫精准脱贫的目标任务。全面强化创新精准扶贫的措施，坚持“实事求是，因地制宜，分类指导，精准扶贫”的工作方针，结合参与精准扶贫的国有企业和帮扶对象实际，落实“六个精准”要求，从培育主体意识、培养人才、提升管理、落实项目、创新机制等五个方面细化扶贫方式，确保帮扶措施和效果落实到位。

督促企业的驻村干部引导和

2017年10月12日，县城投公司工作人员在尼木乡法庭工地检查三层屋面钢筋绑扎

配合村干部有深度、有质量地宣传种植业、养殖业技术，宣传城乡实用技术、经济信息，宣传有理想、有志气、奋发有为发展经济而脱贫的典型事例，宣传党和政府在农村的方针政策，7 个挂钩企业累计发放宣传单 135 份，张贴宣传海报 8 幅。帮助贫困户分析贫困原因，引导他们牢固树立自强自立、勇于战胜困难、勤劳治贫、勤劳致富、守法致富的信心，鼓励群众抓住国家大力发展农业和农村经济的大好时机，利用政策的优惠性努力寻求发展家庭经济，脱离贫困的路子。带领村干部和村民打开眼界，比较对照，反思自身致贫的原因，探寻脱贫之道，使他们自觉地投身到扶贫攻坚的活动中去，主动配合当地政府发展生产，发展经济。树立带头典型，对一些脱贫意愿强烈的贫困户，国有企业通过采取重点扶持，树立典型，帮助提升生产技术，使其能在短期内发展起来，进而带动其他贫困户，使他们看到主动脱贫实实在在的好处。通过走“典型带动”的路子，不断宣传典型事迹，发扬他们自立自强的精神，发挥带头示范效应，取得较好成果。国有企业结合贫困户实际情况，做好群众思想工作，引导贫困户树立“不等”“不靠”“要脱贫”的意识，掌握脱贫的主动权，鼓励贫困户提出发展需求，积极参与到精准扶贫行动中。

【党建工作】 年内，坚持“两学一做”学习教育常态化、制度化。成立公司党支部，组织开展各项党建工作。落实整改措施，按照县组织部反馈 2017 年度党建工作存在的问题，召开党组会议研究分析，查摆问题并制定整改措施和方案。加强学习教育，坚持“三会一课”制度，强化“四个意识”。组织党员干部深入学习贯彻党的十九大精神和习近平总书记系列重要讲话精神，引导党员干部坚定理想信念，增强“四个意识”，确保对党绝对忠诚。严格落实周五学习制度，组织党员干部积极参加“讲专题党课”“读书沙龙”“观看专题片”等各类学习活动。

【党风廉政建设】 年内，党支部制定整改措施清单，落实到人，及早动员部署，落实整改措施。平时充分利用各类干部职工会议和支部主题党日活动，重点学习《中国共产党廉洁自律准则》《中国共产党纪律处分条例》《关于新形势下党内政治生活的若干准则》《中国共产党党内监督条例》《中国共产党问责条例》等党内法规制度文件，突出政治纪律教育，以严明的政治纪律带动组织纪律、廉洁纪律、群众纪律、工作纪律、生活纪律严起来。

（彭代远）

【领导名录】

董事长

尹世强

总经理

刘春华（7 月任）

常务副总经理

杨胜全（11 月任）

副总经理

黄澎涛（7 月任）

米　玛（藏族，7 月任）

贾保军（10 月任）

社会事业

尼木县民政局

【概况】 尼木县民政局下设二级单位为县残疾人联合会，下辖事业单位2个，分别是县五保集中供养中心和县居民家庭经济状况核对中心。局机关内设9个办公室，分别是局办公室、社会救助办公室、救灾办公室、优抚安置办公室、婚姻登记处、老龄工作办公室、基层政权和社区建设办公室、区划地名办公室（地名普查办公室）、党建和项目办公室。局机关工作人员9人，其中行政编制6人（含借调1人），工人1人，门卫、后勤、驾驶员等公益性岗位3人；尼木县居民家庭经济状况核对中心事业编制4人；尼木县五保集中供养中心事业编制4人，政府购买服务岗位38人，其中管理员1人、技术员5人、护理员17人、工勤员15人，各乡镇民政助理员8人。

【党组织建设】 年内，坚持把学习作为提高干部职工素质的重要手段，班子成员带头学习，以“两学一做”专题教育活动为学习重点内容，采取集中学习、个人自学、组织讨论等形式，制定《尼木县民政局“两学一做”专题教育活动实施方案》《尼木县民政局“两学一做”专题教育学习安排》，认真组织学习各级开展“两学一做”专题教育活动有关资料，学习党的十八大、十九大精神，以及习近平总书记系列讲话，使党员干部职工正确地领会精神实质。创新学习方法，丰富学习内容。组织全局党员干部通过座谈会讨论、网络学习、撰写学习体会等多种形式，有针对性地对党员干部学习情况进行检查，使全局党员干部职工在政治思想上受到深层次的教育，自身素质也得到进一步提高。贯彻落实学习长效机制，确保学习效果。坚持每月学习制度，做到时间、人员、内容、效果“四落实”。全年共组织“两学一做”专题会49次，书记讲党课6次，召开党建工作专题会议2次，召

2017年1月25日，县委副书记、县长普琼看望慰问“五保”老人

开党员大会2次，党员人均笔记在1000字以上，撰写心得体会12篇，对学习出勤情况进行检查，营造团结、务实，积极进取的良好氛围，为各项工作的有序开展提供坚强有力的思想保证。

【思想组织建设】 年内，建立和落实党建工作目标责任制。深入贯彻《中国共产党和国家机关基层组织工作条例》，严格执行党支部书记“一岗双责”制度，建立目标考核机制，坚持党支部书记亲自抓，党务工作人员具体抓。年内，全局党员深入基层结对帮扶5次，局党支部召开专题会议，研究党建工作2次，党支部领导班子成员各讲课2次。始终坚持民主集中制原则。按照“集体领导、民主集中”的原则，重大事项党员大会和局务专题会议集体研究决定。班子成员能及时沟通各业务负责人，全面了解全局各方面工作的进展情况。注重把规范化管理与人性化管理有机结合起来，做到工作讲大局、遇事不推诿、自觉维护班子的集体威信，提高领导班子执政能力和领导水平，强化领导班子的整体工作合力。完善规章制度，特别是党务公开制度，有效促进组织建设。严格按照县民政局各项基本制度管事管人，使全县民政系统党建工作更加规范、更加透明。组织开展集中学习会、集中慰问帮扶对象、集中志愿帮助弱势群体等丰富多彩的活动，有效促进党建工作的顺利开展。

2017年8月8日，民政局局长次珍与尼木县农牧民经幡专业合作社签订残疾人创业就业扶持协议

【机关作风建设】 年内，民政局严格执行《首问责任制》《限时办结制》《责任追究制》等制度。坚持党的领导，严格按照党要管党、从严治党的要求，把党风廉政建设与业务同研究、同部署、同检查、同落实。认真落实“两个主体责任”，大力开展理想信念、党纪法规和警示教育，不断加大廉洁教育力度。市委巡视反馈的意见为整改工作的着力点，通过健全完善各项制度，深入贯彻落实中央“八项规定”精神和区党委“约法十章”“九项要求”，持续加大反“四风”力度，有效推进民政系统作风建设。强化民政专项资金安全使用和“三重一大”事项监督检查工作，有效防范廉政风险，保持民政干部队伍的清正廉洁，营造风清气正的良好政治生态。

【脱贫攻坚】 年内，加强居民家庭经济状况核对工作，切实做到精准识别。根据《西藏自治区申请救助居民家庭经济状况核对办法（试行）》要求，全面实施核对申请社会救助家庭的收入、支出以及其他有关保险、房产、车辆、工商等相关信息，如实反映家庭状况，避免困难家庭收入核对不清现象，有效杜绝申请人对家庭财产信息的隐报、瞒报问题，保障救助对象的识别精准。全面核查审核城乡最低生活保障对象。从2016年农村低保对象683户、2607人，减少到2017年农村低保对象678、2579人，其中清退和停发不符合低保标准的家庭8户、32人，新增符合低保标准的家庭3户、4人。从2016年城镇低保对象306户、423人，减少到2017年城镇低保对象249户、284人，其中清退和停发不符合低保标准的家庭58户、140人，新增符合低保标准的家庭1户、1人，并按照“精准识别、精准认定”要求，对能脱贫、无望脱贫的低保对象等建立电子（纸质）台账、资料数据库，确保不漏一户低保家庭、不漏一名低保对象。认真核对社会保障兜底对象，及时清退不符合兜底保障中的五保供养对象 29 人次，重新核对社会保障兜底对象 305 人（包含非建档立卡兜底对象 54 人）。逐步提高农村最低生活保障金标准和五保供养标准，有效促进“两线合一”衔接工作。由 2016 年农村最低生活保障标准金额由 A 类 2270 元 / 年，B 类 1730 元 / 年，C 类 1123 元 / 年，提高到 2017 年农村最低生活保障标准金额 A 类 3031 元 / 年，B 类 2427 元 / 年，C 类 1713 元 / 年，农村五保供养对象自 2015 年 5370 元提标到 2016 年 5710 元。

2016 年农村五保供养标准 5710 元提高到 2017 年农村五保供养标准 5910 元，形成自然增长机制。加强社会救助资金落实，有效保障困难群众基本生活。农村五保供养对象 153 人（集中供养 129 人），落实供养资金 69.2 万元（包含提标资金 3.12 万元）。农村最低生活保障对象 678 户、2579 人，落实保障金 505.6226 万元。城市最低生活保障对象 249 户、284 人，落实保障金 228.72 万元。城乡医疗累计救助 730 人，落实医疗救助资金 234.3669 万元（不包含“一站式”即时结算救助）；困难群众累计临时救助 143 人，落实临时救助资金 29.7 万元（其中 1 人县本级财政承担 3000 元）。流浪乞讨救助 14 人，落实资金 1160 元。

有效建立“一门受理、协调办理”长效机制。根据区市民政部门相关文件要求及部署，各乡（镇）设立社会救助服务办理窗口，把最低生活保障、特困人员供养、受灾人员救助、医疗救助、教育救助、住房救助和临时救助一门窗口受理，实现救助申请人员和救助部门的高效衔接，形成“一门受理、协同办理”的工作机制和氛围。扩大救助范围，严格审批救助程序。根据《社会救助暂行办法》及自治区系列社会救助政策。将特困供养人员、孤儿、最低生活保障对象、重点优抚对象、重残儿童、建档立卡贫困户、重特大疾病患者等全部纳入救助范围，充分利用各乡镇“一门受理 协调办理”窗口的作用，严格执行个人申请、村级评定、乡镇审核、县级审批的程序，加大公示公开力度，主动接受群众和社会监督，确保救助操作规范，救助结果公平公正，困难群众及时有效得到救助。全面实施医疗救助“一站式”及时结算模式。截至年底，与区市县的 11 家医院签订合作协议，存缴相应的费用，健全“一站式”医疗费用即时结算点，使救助对象出院时医疗费用同步结清，简化相关程序，切实有效解决困难群众看病就医难的问题。加强低保与扶贫政策衔接工作，确保做到“两线”衔接，助推精准扶贫攻坚。采取强有力措施，按时足额的将 2017 年农村最低生活保障对象两线补贴金 506.0643 万元，发放到农村最低生活保障对象 678 户、2579 人的手中，为困难群众排忧解难的同时，促进低保与扶贫政策有效衔接，确保底线兜的住。

【防灾减灾救灾工作】 年内，尼木县先后发生不同程度的泥石流、风雹、洪涝、生物灾害等多种自然灾害，对部分农业、水利、交通、通讯、供电等基础设施遭到严重破坏，给灾区群众生产生活造成严重影响，呈现出受灾面积广、涉及人多、造成经济损失较大的特点。全县受灾人口 3504 人，农作物受

2017年6月5日，尼木县召开防灾减灾救灾工作部署会

灾面积91.9092公顷，其中绝收面积19.096公顷，草场受灾面积3.71公顷，造成直接经济损失218.059万元。切实做好救灾工作，保障受灾群众基本生活。严格按照“户报、村评、乡(镇)审、县定”的程序，结合各乡镇受灾实际，印发填写灾民救助卡，对2016—2017年冬春受灾对象2012人，发放受灾困难群众救济口粮9540公斤，折合人民币362160元，将有效保障受灾群众的基本生活，维护灾区社会的和谐稳定。全力做好灾民倒损房屋重建(或修缮)工作。

2016—2017年尼木县倒损房屋11间，其中倒塌房3间，严重受损房4间，一般受损房4间。县民政局根据实际情况，深入实地调查，积极协调住房和城乡建设部门、扶贫开发部门，及时向县政府申请恢复重建资金，筹措社会资源。2017年7月，倒塌3户、3间中，1户、1间纳入扶贫搬迁对象，现已搬迁到县城。剩余2户2间，以及受损8户8间，修缮工作已全部完成。及时核查统计2017—2018年受灾群众冬春救助情况，评估2017年自然灾害情况，积极申请受灾群众冬春救助资金，预计2018年1月底，将受灾群众得到救助。全力抓好防灾减灾重点工作，切实做好各类自然灾害应对工作。结合尼木实际，及时制定《尼木县自然灾害救助应急预案》，进一步理顺应急救灾工作机制。加强灾情信息研判预警，规范灾情报送工作。认真做好救灾物资采购储备工作，不断提高救灾物资保障能力，切实抓好综合减灾各项工作。积极推进综合防灾减灾示范社区创建活动，积极引导社会力量有序参与减灾救灾工作，扎实做好“5·12”全国防灾减灾日宣传活动。

【“双拥”优抚工作】 年内，对全县不符合条件的退役士兵17名，与同县“四业工程”办公室，联合开展就业技能培训，并结合自身的优势和意愿，提供消防、辅警、护路、保安等就业岗位。对全县优抚对象15名，联系驾校，投入4.85万元，举办驾驶技能培训一次。严格落实优抚对象优待抚恤补助政策，切实维护优抚对象权益。认真贯彻执行《军人抚恤优待条例》等相关政策，根据区、市优抚对象等人员抚恤和生活补助工作的相关要求，及时兑现尼木县4户重点优抚对象，抚恤金5.93万元。及时落实农村籍60岁以上退伍军人14名，生活补助3.711万元。及时发放10名自主就业退伍士兵，一次性经济补助89万元。无一例违反政策和上访事例发生。无一拖欠、挪用现象发生，从政策法规上维护优抚对象的合法权益。积极营造“民拥军 军爱民”氛围。“三大节日”之际，县“四大班子”主要领导到各部队和困难优抚对象家中进行慰问，送去慰问金3.69万元。烈士纪念日、清明节等节点，参观烈士陵园纪念馆，学习宣传革命先烈的英勇事迹3次，慰问烈士家属1人次，慰问金800元。

以“八一”建军节为契机，以“共庆建军90周年、共叙军民鱼水之情”为主题，开展慰问和篮球(拔河)比赛，共投入3.95万元(其中慰问金2.45万元)，同时了解掌握部队生活基础设施方面存在的困难，在县级财力薄弱情况下，决定投入200万元，对县武装部、消防大队、武警中队等各部队基础设施进行改善，并为各部队解决一辆应急处突运输车，切实把全

2017年2月17日，尼木县召开创建“双拥”模范县城工作安排部署会议

县党管武装工作抓紧抓实、抓出成效。各部队也按照精准扶贫、精准脱贫相关文件精神，发挥自身优势，共投入2.4万余元，对全县22户精准扶贫建档立卡贫困户，进行结对帮扶及慰问，特别是对农业种植技术上也进行指导，有力推动精准脱贫工作，为尼木和谐稳定做出应有的贡献。

2017年4月5日，尼木县组织清明节祭奠烈士活动

【基层政权和社区建设】 年内，编制《尼木县村务公开目录》，召开村务公开民主管理示范单位创建工作推进会，全面实行"五规范，一满意"的工作推进方式，"五规范"即规范公开内容、规范公开时间、规范公开形式、规范公开阵地、规范公开管理，一满意即公开的效果群众满意。充分发挥"四议两公开"在协商民主过程中的独特作用，推进村级民主协商工作不断创新，更好地协调关系、凝聚力量，积极联系县综治办，联合下发《尼木县关于推行村（社区）双联户代表参与民主协商议事会议制度的通知》，推进全县的基层民主政治建设，保障农牧区群众的民主权利，扩大群众的知情权、参与权、建议权和监督权。加强村务监督管理工作。

加强监督指导村（居）民委员会和村务监督委员会换届选举工作。联合县委组织部，监督指导各乡镇换届领导小组，圆满完成33个村（居）民委员会和村务监督委员会换届选举工作，依法选举产生170名村民委员会委员和99名村务监督委员会班子成员。

加强对村务监督委员会工作的督促和指导，重新编制《尼木县村务监督委员会工作细则》（以下简称细则），细则中详细规定村务监督委员会的工作职权及针对村务监督工作需建立的监督工作报告制度、监督工作台账制度、监督工作公开制度、监督工作反馈制度等各项制度。该细则进行藏文翻译，并组织村务监督委员会成员学习。对村务监督委员会委员，集中培训1次。培训内容主要包括党在农村的各项惠农政策、《中华人民共和国村民委员会组织法》、村民自治的各项要求、农牧区党风廉政建设、以及村务监督委员会的职能等。经过培训，村务监督委员会基本能了解掌握党在农村的方针、政策，熟悉监督工作流程，把握监督要领和监督技巧，切实提高监督的能力和水平。村务监督员补贴及村民小组组长误工补贴落到实处。全县村务监督员共102人（包含32个主任、70个委员），落实补贴金额39.0719万元，村民小组组长129人，落实误工补贴42.8038万元。加强村（社区）减负增效工作。为进一步理清村（社区）职责，增强村（社区）服务功能，引导村（社区）回归自治功能，实现基层政府依法行政、基层村（社区）依法自治，切实全面减轻村（社区）负担，提升为民服务的效能，县民政局与县委组织部联合下发《尼木县推进村（社区）减负增效实施方案》，力争2018年，全县村（社区）基本实现"去行政化、回归本位"的目标任务。

【城乡社区消防工作】 年内，指导开展村（居）消防工作，加快村（居）微型消防站建设力度，县级投入34.9万元，购置微型消防站器材，25个村（居）配备微型消防站，并建立村民委员会主任担任队长，5—7名联户代表担任队员的微型消防志愿队伍。

【老龄工作】 年内，及时发放高龄老人健康及生活补贴，尽快把党和政府对寿星老人的关怀及时送到他们的心坎上。对全县80周岁以上老年人且持寿星证的281名，发放健康补贴金13.215万元；对70岁以上老年人1313名，发放生活补贴金40.89万元，有效保障老年人安享晚年。全县范围深入开展“敬老爱老”活动。及时制定《尼木县关于开展“敬老爱老”为主题活动的实施方案》。慰问“五保”老人116人，送去慰问金23200元（每人200元）；慰问特困老人、空巢老人、高龄老人（90岁以上）60名，送去慰问金24000元（每人800元）；慰问县“五保”集中供养服务中心，送去慰问金8000元，共计慰问金额达5.52万元；对各乡镇、县“五保”集中供养服务中心（堆龙德庆院、尼木院）、4个退休支部，及时发放活动经费3.8万元，开展丰富多彩的老年卫生文体娱乐活动，丰富老年人的精神文化生活，努力营造“敬老月”的喜庆、和谐气氛。

【社会福利和社会事务】 年内，加大留守儿童关爱力度。《尼木县农村留守儿童关爱保护工作实施方案》，成立农村留守儿童关爱保护工作领导小组，全面排查农村留守儿童，摸清无人监护、父母一方外出另一方无监护能力的儿童底数，结合各乡镇实际，留守儿童207人，县级投入20.7万元，深入开展系列切实有效的关爱保护活动，逐步见成效。加强天葬管理力度。全县范围深入开展天葬台调研工作，截至年底，全县范围天葬台共计69台，其中已废弃的46台、占63.01%，正使用的27台（其中寺庙管理2台）、占36.99%。

加大天葬台维修保护力度，积极申报受损天葬台维修保护项目，已获得上级批准，预计2018年起开工维修保护工程。制定天葬台管理制度，明确管理内容，深化天葬改革，促进社会主义精神文明建设。做好婚姻登记管理。加强婚姻档案管理工作，确保婚姻登记档案收集完整、整理规范、安全保管、合理利用，强化工作人员科学管理意识和依法利用意识，推动婚姻登记档案的规范管理。加强婚姻登记管理工作，截至12月17日，办理婚姻登记累计295对，其中结婚254对、离婚33对、补办44对。

2017年5月26日，县民政局召开深化践行“四讲四爱”主题教育活动部署会

【行政区划和地名管理】 年内，尼木县已收录的地名信息2312条，拍摄照片800余张，编印成19本地名表册。按照档案管理制度，全部归档在县民政局档案室。做好地名设标工作。乡镇道路设标工作。各乡镇17条街道，进行新命名，并设立68个道路牌。县城道路设标工作。县城区域5条街道，进行新命名，并设立22个道路牌。做好第五轮尼木县与日喀则市南木林县边界联检工作。11月20日，尼木县与日喀则市南木林县以召开座谈会、实地查看的方式，开展县级行政区域界线联合检查工作。从联合检查结果来看：界线走向说明清楚、资料完整。界桩完好无损，界桩位置不变且方位物完好。界桩附近界线上地物、地貌无变化，界线清晰，未出现异常情况。行政区域界线边的乡镇、村居社会持续稳定，没有发生边界争议和群众性事件。

【社会组织登记管理】 年内，全县登记的社会团体43家，其中32家用水户协会（尼木县每个行政村都有一家),10家互助资金协会,1家藏香协会。深入开展全县社会组织摸底调查工作,通过《拉萨市社会团体清理核查统计表》,对各个协会的运行情况进行清理检查,及时调整社会团体法人、负责人、工作人员、会员。认真研究制定年度检查目标任务,及时开展社会组织年终检查工作。积极联系县委组织部,加强尼木县社会组织党工委建设,积极协调社会组织主管行业部门,特派党建指导员,社会组织党组织走向规范化。认真开展社会党组织摸底调查工作,全面了解社会组织党员数量及基本信息,为加快推进社会组织党建工作,奠定坚实基础。

【残疾人工作】 年内,采取“三举措”,积极落实残疾人各项补贴政策。细化补贴标准,按时足额落实资金。截至年底,对0—16岁残障儿童55人,每人每年2400元,落实资金13.2万元。对尼木县人民政府购买残疾人居家托养服务对象38人,每人每月300元,落实资金13.5万元。对残疾人两项补贴(困难残疾人生活补贴和重度残疾人护理补贴)对象725人(包含重度残疾人89人),每名困难残疾人每年660元,落实资金47.85万元,每名重度残疾人每年1320元,落实资金11.748万元。另外,尼木县残疾人“两项补贴”政策,由2015年开始实施。每年9月30日前办理中华人民共和国第二代残疾人证的,第二年可以享受残疾人“两项补贴”,9月30日后办理残疾人证的隔一年享受残疾人“两项补贴”,残疾人证补办或残疾等级变更的可享受相对应的“两项补贴”政策。严把申请审批,精准识别。严格申请审批程序,将符合条件的残疾人及时办理申报手续。各村初审,各乡镇审核,县民政局审批,确保补贴发放对象的信息真实性和完整信,建立补贴领取信息档案,做到不虚报、不错报,村不漏户,户不漏人,确保申请审批公开公平、规范有序、阳光透明。加大政策宣传,提高知晓率。通过发放宣传单和手册、悬挂横幅、广播电视等传统媒体与“尼木民政”微信公众平台、微信和QQ群等新媒体结合的方式,大力宣传残疾人各项优惠政策,提高全县残疾人对惠残政策的知晓率,使残疾人及其家属知晓各项补贴申领程序、办法和补贴标准,切实保障残疾人基本生活或服务,让他们真真切切地感受到党和政府的关爱和温暖,让惠残政策落到实处,为精准扶贫真正贡献一份力量。切实推进残疾人精准康复行动。

全面调查残疾人基本服务状况和需求,确定精准康复对象215人,其中66人发放辅助器具、142人提供康复训练平台,确保2017年有需求康复的残疾人,基本接受康复服务。

(顿 珠)

【领导名录】

局 长

次 珍(女,藏族)

副局长

益西措姆(女,藏族)

尼木县人力资源和社会保障局

【概况】 2017年,尼木县人力资源和社会保障局核定编制8人,实有人员15人(公务员编制6人、事业编制2人、工人2人公益性

2017年5月24日,县人社局局长逑绍富带领全局党员干部在普松乡结对帮扶户家中宣传扶贫脱贫相关政策

岗位人员5人)。

2017年,始终深入贯彻落实党的十八大和十八届历次全会及十九大精神,坚持"两学一做"学习教育活动常态化,紧紧围绕年初市局下发的《2017年拉萨市各县(区)人力资源和社会保障工作目标管理责任书》,结合全县经济社会发展大局,坚持以"民生为本、人才优先"的发展战略,认真落实各项方针、政策,扎实推进班子队伍建设、党风廉政建设、社会保障、劳动就业、人事人才、构建和谐劳动关系等各项工作,努力为尼木县经济发展、社会稳定提供坚强的社会保障和人才支撑。

【劳动就业】 年内,县人力资源和社会保障局开展技能培训7期,培训农牧民群众273人,其中建档立卡贫困户225人。抓岗位开发,开拓求职者的求职渠道。开发岗位是促进就业再就业的一项重要途径。尼木县在资源相对匮乏,地理位置相对欠优势的情况下,积极想办法、想对策,在县域内外共开发岗位505个,其中第一季度1家单位提供岗位42个,第二季度11家单位提供岗位340个,第三季度6家单位提供岗位111个,第四季度2家单位提供岗位12个。抓职业介绍,开拓求职者的求职平台。加强企业用工职工介绍。组织农牧民群众与用人单位劳务对接,采取到乡(镇)举办小型招聘会、到行政村张贴用工岗位信息等方式,加大职业介绍的力度。截至年底,共开展大型人力资源洽谈会1期,达成就业意愿212人。组织68名建档立卡贫困户群众参加拉萨市人社局举办的人力资源洽谈会1期。把开发的505个岗位向各乡镇送岗位,职业介绍人486人,职业介绍成功226人。

抓劳动力转移,促进农牧民增收致富。通过技能培训、岗位开发等一系列举措,尼木县农牧区劳动力转移就业1.102万人、2.53万人次,实现收入0.85亿元,实现建档立卡贫困户转移就业441人,易地搬迁建档立卡转移就业203人。城镇登记失业率控制在2.2%以内。抓基层平台建设,增强基层社会保障水平。基层平台人员直接面对群众,平台建设水平影响着尼木县的社保水平。2017年,尼木县特别加大基层平台的建设,改善基层平台的办公条件,投入3.96万元资金,为各乡镇基层平台添置笔记本电脑、U盘等办公设备。组织3次基层平台工作人员业务水平的普训,提高平台经办人员的工作水平。及时充实基层平台的力量,对辞职人员进行及时的招聘补充,截至年底,尼木县基层平台工作人员16名,保证每乡(镇)有2名工作人员的要求。

【高校毕业生创业就业】 年内,加强高校毕业生创业就业工作,促进高校毕业生实现充分就业,成立高校毕业生创业就业办公室。县人社局认真开展全县往届应届毕业生实名制登记,逐一摸清高校毕业就业情况,为未就业高校毕业生一一送岗位、送服务、送政策,动员参加招聘会、就业见习、创业就业培训等。2017年应届高校毕业生实名登记142人,统计就业38人,针对高校毕业生开发岗位500余个,困难家庭高校毕业生全部实现就业。集中高校毕业生开展创业就业政策宣讲培训1期,培训人员20人。

2017年4月25日,县人社局举办"春风行动"暨精准扶贫就业专场招聘会现场

【社会保险】 年内,加强社会保

2017年2月9日，县人社局开展建档立卡贫困户及易地搬迁户引导性培训

险体系建设，全力做好五大保险工作。为确保社会保险扩面不减，参保率持续稳定增长，县人社局加强社会保险政策及法律法规的宣传，组织业务经办人员集中学习培训，加强基金安全教育，定期不定期对社保资金运行进行核查，做到应保尽保、应收尽收，努力实现全民参保，社会保险征缴顺利完成年度目标任务。开展“五险合一”数据录入及各保险核算征缴。“五险合一”工作涉及到52家单位1994人（退休人员175名）。对全县所有参保人员工资基数进行录入系统、申报、核定，以及对县域内参保人员工作调整调动进行单位归口、停保、参保处理等工作，1—11月，五项社会保险征缴金额为7314.44万元，其中单位缴费部分金额5064.28万元，个人缴费部分金额2250.16万元。各项保险参保人数及缴费金额分别是养老保险参保1819人、征缴基金4579.25万元，职业年金参保人数1462人、征缴基金5911.22万元，医疗保险费参保人数1513人、征缴基金1902.59万元，生育保险参保人数1513人、征缴基金105.09万元，工伤保险参保人数1817人、征缴基金47.71万元，失业保险参保人数1081人、征缴基金88.68万元。

年内，开展全民参保工作。为进一步完善社会保障体系建设，按照拉萨市政府全民参保登记会议上的安排部署，8月21日召开尼木县全民参保登记工作启动会，并成立以分管副县长颜泽伦为组长的全民参保登记工作领导小组，各乡（镇）也进行全民参保登记工作动员部署，成立领导小组。尼木县全民参保登记共设立9个点，进村入户采集登记参保人员数据信息。截至年底，尼木县七乡一镇共计为34098人录入基本信息，其中塔荣镇应录入6263人，实录入5371人；麻江乡应录入2738人，实录入2631人；吞巴乡应录入2684人，实录入2588人；续迈乡应录入4844人，实录入4531人；帕古乡应录入3405人，实录入2895人；普松乡应录入2370人，实录入1928人；卡如乡应录入1395人，实录入1048人；尼木乡应录入7096人，实录入5431人；县直机关企事业单位应录入3303人，实录入1614人。全县全民参保登记信息数据录入率达82.22%。开展城乡居民养老保险征缴及待遇发放工作。2017年尼木县城乡居民基本养老保险参保15112人，征缴基金152.75万元，其中，城乡农牧民14828人、征缴基金147.13万元，城镇居民参保82人、征缴基金3.6万元，僧尼参保202人，征缴基金2.02万元。开展工伤保险核算报销及建筑领域工伤保险征缴工作。2017年，县人社局核算报销工伤保险待遇5起，涉及工伤保险报销金额29.21万元。建筑领域24家施工单位共缴纳工伤保险费46.74万元。开展医疗保险核算报销工作。2017年核算征缴2016年9至12月城镇职工医疗保险102.95万（个人部分）。2018年城镇居民医保参保缴费工作因缴费基数未出来，尚未开展全面征缴工作。截至年底，核算城镇职工生育报销59人，共计60.01万元，城镇职工住院及门诊特殊病报销29人，共计68.51万元；城镇居民生育和住院报销31人，共计197163.61元。

【劳动监察】 年内，注重法律法规宣传教育。对用人单位及劳动者

2017年3月5日，县人社局工作人员在县政府门口开展普法宣传活动

进行法律法规的宣传教育，切实增强劳动者依法维权意识。注重摸清各用工单位信息。特别是建筑施工单位的基本信息情况，建立劳动用工数据资料，确保在日常巡查、专项检查工作中做到细数清、底数明。强化经常性专项检查。加强劳动监察执法力度，依法查处侵害劳动者权益的违法行为，维护法律的严肃性。截至年底，调解投诉劳资纠纷25起，涉及农民工176人，为劳动者追讨工资240.39万元，未发生群体性劳资纠纷事件，受理劳资纠纷案件结案率为100%。

【人事人才】 年内，组织该单位开展信息化软件操作培训，推进规范化、智能化、信息化操作平台，不断创新管理方式。截至年底，共完成512人的正常晋升及晋升工资级别变动审批，核算变动2017年新提拔的125人的工资（正科级28人，副科级97人），审批兑现新分配29名毕业生工资待遇，审批执行享受64号文件退休的6人工资待遇。抓专技人员管理。慎稳推进全县事业单位岗位设置管理实施工作，对照上报方案，核对编办的核定编制及职数，岗位设置结构比例，按照先入轨运行、先逐步完善的原则，认真审核设置方案和岗位认定工作。8月，尼木县岗位设置基本完成。委托市局对尼木县18名农牧，4名水利专业技术人员进行初级评审，对卫生系统的2名高级专业技术人员的拟聘任进行考察，并上报拉萨市人社局。抓工人管理。机关事业单位工作涉及面广，情况复杂，做好机关事业单位工人管理工作，是加强和改进人力资源和社会保障工作的重要内容，关系到政府行政管理效能的提升。圆满完成2017年度机关事业单位工人技术等级考试申报，开展工人的档案清理工作。

（拉姆次仁）

【领导名录】

局　长

速绍富

副局长

占　旭

西热平措（藏族，5月任）

尼木县教育（体育）局

【概况】 2017年，尼木县各级各类学校19所，其中中学1所，小学5所，幼儿园13所（包括县中心幼儿园1所，乡级幼儿园7所，村级幼儿园5所）。县中学在校学生1085人，入学率99.93%，初中巩固率99.8%。小学在校生2993人，入学率99.93%。幼儿园在园人数997人。初中毕业生377人，招生371人。小学毕业生436人，招生581人。全县在职正式教职工413人，其中工人4人，事业管理人员1人，专任教师408人，专任教师学历合格率均为100%。

【素质教育】 年内，尼木县教体局按照素质教育和新课程标准的要求，遵循教育教学规律和创新型人才成长规律，坚持育人为本、德育为先、能力为重、全面发展的育人理念，制定并实施《尼木县中小学素质教育活动实施方案》。5月，顺利通过自治区素质教育督导评估组的督导检查。在2017年度教育工作会议上表彰7个教育工作先进集体，3个2016年度考核先进学校，授予在控辍保学工作中取得显著成绩的塔荣村、尚日村等13个村“无辍学村”荣誉称号，并予以表彰奖励。

【基建项目】 2017年，新建7个村级幼儿园：尼木乡尼荣村幼儿园、尼木乡东嘎村幼儿园、尼木乡普巴村幼儿园、尼木乡聂玉村幼儿园、麻江乡强尼村幼儿园、卡如乡赤朗村幼儿园、吞巴乡吞普村幼儿园，每所幼儿园建筑面积400平方米，投资180万元。新建县中心小学综合楼建筑面积2137.7平方米，投资588.4万元，新建县中学综合实验楼2119.14平方米，投资560万元。其中7个项目已完工初验。新开工项目3个，县中心小学教工宿舍，投资455万元。麻江乡完小供暖项目，投资191万元。续迈乡完小学生宿舍，投资300万元。截至年底，县中心小学1号、2号宿舍楼和和县中心小学教学楼项目正在招投标。

【党建工作】 年内，坚持“围绕教育抓党建、抓好党建促发展”的工作思路，切实明确学校党建工作任务。尼木县教育系统现有党委1个，党总支1个，党支部11个，其中机关党支部1个，中小学党支部9个，幼儿园党支部1个。6月26日，召开中共尼木县教育体育局委员会党员大会，新增补中共尼木县教育体育局委员会委员4人，并改选薛勇为中共尼木县教育体育局委员会书记，增补尼玛为副书记，充实局党委班子。全县教育系统现有党员191人，其中预备党员8人。认真组织开展“两学一做”学习教育活动，制定学习教育计划，党委理论中心组召开专题学习会13次。2017年预备党员转正式党员8人，积极分子转预备党员8人，发展入党积极分子14人。按时收缴党费，教育系统全年收缴党费9.6万元，上交5.7万元。隆重召开纪念中国共产党成立96周年表彰大会，奖励表彰先进基层党组织3个，表彰优秀党务工作者、优秀党员23人，提供表彰资金3.2万元。集中整治软弱涣散党支部1个。局机关党员干部结对认亲困难家庭24户，集体走村入户慰问4次，通过自筹发放1.5万余元的慰问物资。在“三大节日”期间，对67名离退休干部职工、108名临时工、29名在职困难教师进行慰问，发放慰问金13.55万元。

2017年5月21日，西藏自治区教育督导委员会常务副主任旺堆一行在尼木县进行素质教育督导评估

【党风廉政建设】 年内，加强领导，明确职责，加大宣传教育力度，把党风廉政建设工作与教育中心工作一起安排，一起检查考核。成立以局长为组长的党风廉政建设领导小组，与学校签订《尼木县教育系统党风廉政建设责任书》，通过召开全县中小学校长、机关全体干部职工大会、党风廉政建设专题会议和开展“两学一做”学习教育等方式，传达学习中央、区、市、县纪委会议精神，以此增强全体党员干部的责任意识，进一步提高廉洁从政的自觉性。年内，教育局组织召开党风廉政建设相关会议达10余次；班子成员听取各学校党风廉政建设工作情况汇报，通过廉政谈话、走访群众，帮助基层学校找问题，并及时做出整改。加强对校长责任进行考核，把校长工作纳入《中小学校管理综合评估办法和标准(试行)》，把校长队伍廉洁从教、推行校务公开、财务公开工作纳入教育教学中心工作同安排、同部署、同考核。严格执行“三重一大”集体讨论决定，对重大决策、人事任免、教师分配、项目安排都通过召开局党委会讨论研究，推行党务政务公开，自觉接受社会和群众监督。

【德育工作】 年内，结合“四讲四爱”宣传教育活动，加强热爱祖国、反对分裂、维护统一和民族团结教育，努力使养成教育规范化，培养可靠合格的社会主义新西藏建设者和接班人。2017年，组织学校开展“四讲四爱”宣讲活动153场次，参加人数62845余人次。邀请法制副校长和校外辅导员开展“法在我心中、德伴我成长”未成年人保护法、新旧西藏对比、“珍惜现在、勿忘昨天”等主题教育讲座活动21场次，参与学生2万余人次。为培养学生讲究卫生的好习惯，组织各学校开展清洁环保、卫生教育活动17场次，参与学生累计15004余人次。清明节组织师生为烈士扫墓，组织学生“网上祭英烈”，悼念先烈继承革命遗志，高举红旗接好革命班文艺活动20场，人数达11069人次。各学校坚持开展国旗下的讲话活动，每周一和重大节日举行升旗仪式，并向国旗致辞，活动参加率达97%以上。2017年德育工作者参加各级德育培训14人次，在“五四”青年节，发展新团员128人。在“六一”儿童节，各小学发展新少先队员712人，鼓励学生争取先进，做合格共产主义接班人。形成学校、家长和社会三位一体的德育工作格局。

【队伍建设】 年内，先后选派教师参加各级各类培训624人次，其中，国培78人次，区级培训422人次，市级培训50人次，县级培训74人次，选派教师参加校级以外培训的比例达100%。完成10名教师高级职称、33名教师中级职称和38名教师初级职称的推荐和评审工作；按照拉萨市委组织部、市人社局关于《拉萨市教育局2017年人才引进工作方案》的通知要求，赴内地引进中小学、幼儿园教师27人，拉萨市引进分配5人，自治区第一、二批公招分配教师27人，充实尼木县师资队伍，为尼木县以教脱贫、人才强教、质量保教夯实基础。为提升全县教师业务水平，教育局于7月组织全县中小学、幼儿园教师进行业务考试。为切实改善教师生活工作条件，按时足额发放工资，解决住房和医疗等实际问题，提高教师经济生活待遇，为每位教师每天补助伙食费17元。继续实行教师交流轮岗制度，选派33名优秀教师开展2017年的校际轮岗交流，实现城乡优质教育资源共享，优化区域结构，促进整体教学水平不断提高。在第33个教师节，县委、县政府隆重召开庆祝大会，表彰优秀教师30人，优秀教育工作者5人，优秀后勤工作人员12人，优秀班主任15人，师德标兵10人，表彰资金共计26.1万元。

2017年12月23日，县教体局局长薛勇在县中学指导期末统考工作

【教研教改】 年内，为进一步推动尼木县“教学质量提升年”的进程，树立科学的教育发展观，聚焦短板，提高各校教育教学质量。为助推农牧区学校教育教学质量提升，邀请拉萨市教研所人员到尼木县各中小学开展为期一周的“教研员蹲校”活动。教育局完成10个尼木县教育教学研究课题评审立项工作，标志着尼木县课题研究工作步入正轨。完成西藏自治区2017年少数民族教育质量监测工作。认真贯彻落实自治区第九次党代会精神，确保实现“五个100%”教育目标，9月18—19日，顺利完成拉萨市教育局对尼木县“五个100%”教育目标完成情况的督导评估。教育局还依托“组团式”教育援藏，大力开展

2017年5月12日，尼木县召开2017年度教育工作会议

“专家督学”工程、“名师送教”工程、“城乡结对”工程，持续“五个100%”教育目标落实。

6月30日，由拉萨市教育局副局长杜建峰带队的北京市行政干部团暨教委专家团一行12人，在尼木县进行有效的教学及行政管理送教指导。7月1日，由拉萨市实验小学喻碧琼老师带队的18位援藏教师、骨干教师一行在尼木县中心小学、续迈乡完小开展为期两天的“磨一堂有特色的课”送教下乡活动。8月17日，由拉萨市教研所常林虎书记带队的北京组团式援藏8名专家在尼木县教体局、县中学、县中心小学指导教育教学及管理工作。10月，教育局选派2名业务骨干通过援藏渠道赴北京进行为期2个月的挂职培训。12月，由拉萨市组团办牵头，选派尼木县3名优秀教师到北京开展为期10天的游学访学活动。

【电化教育】 年内，坚持以实现“三通两平台”为目标，超前谋划、科学设计、规范操作，建设尼木基础教育云服务平台。加强信息技术应用能力提升培训，提高教师信息素养，不断改进教学方式。截至年底，完成全县21个点的教育城域网建设，并完成县中学、县中心小学和尼木乡小学的数字化校园建设。全县现有计算机网络教室12间，交互式电子白板多媒体教室101间，录播教室2间，正在建设尼木乡完小精品录播教室1间。实施“农牧区现代远程教育工程”，实现远程教育全覆盖的目标。截至年底，尼木县教师通过网络参加国培、区培、市培累计达356人次。组织全县教师进行微课网络培训工作，积极参加拉萨市教育局组织的微课大赛。按照上级要求开展2016—2017年度“一师一优课、一课一名师”活动，此次活动人数达191人，晒课教师数达到127人，取得较为优秀成绩。

【扶贫助学】 年内，对农牧民子女和城镇低保子女大学生进行全额学费资助。落实2016—2017建档立卡贫困大学生学费、生活费、住宿费、书本费区、市、县三级资金122.521万元。为积极巩固脱贫成果，按不重复资助原则，对2014、2015年脱贫“边缘户”47名在校大学生兑现生活费20.5万元。2017年，“两后生”动态调整后为163人。对“两后生”进行学历提升和产业技能培训，提升创业、就业能力，截至年底，共有4名贫困两后生参加“3+2”“1+1”学历提升，19名“两后生”参加驾驶、兽医技能培训，8名“两后生”参加市局组织的师培训，共有73人就业。

【校园安全】 年内，完善各类应急预案，建立健全工作机制，层层落实安全维稳目标责任，坚持常态化值班值勤，经常性开展中小学安全检查，不断强化校园保安、食品卫生、大型集体活动、课外活动、交通等方面的安全防范措施，切实将维护教育系统安全和谐稳定作为常态化重点工作常抓不懈。全年召开安全维稳专题会议27次，深入学校基层检查指导安全维稳工作18次，联合各成员单位开展校园周边安全和环境整治20次，配齐配全各类安防设施，同时有效化解矛盾纠纷5件。大力开展包虫病防治工作，做到教育系统干部师生全覆盖，并以“综治宣传月”等为契机，深入开展安全知识宣传教育，加强“三防”（火灾、洪灾、震灾）演练，切实增强学生的安全防范意识和应急避险能力。各项措施的落实，有力确保全县教育系统平安无事故。

【联防联治】 年内，制定实施《尼木县校园周边整治组打击严重刑事犯罪和整治社会治安突出问题专项行动方案》，联合县卫计委、食药局、文广局、公安局、综治办、消防大队、城建局等部门，对全县范围内的网吧、台球室以及校园周边环境开展专项整治活动，及时解决存在的安全隐患，有效地维护尼木县教育系统局势的持续稳定。根据综治目标，联合县安委会及相关成员单位对全县各学校安全和校园周边环境整治工作进行联合检查达20次。定期开展学校消防安全检查，重新配备完善消防器材等设施设备，防止火灾事故发生。做好施工学校的建筑安全工作，学校加强施工安全教育，采取施工防范措施，定期排查安全隐患，确保师生人身安全。

【体育卫生】 年内，教育局根据尼木县政府下发的《尼木县全民健身实施计划(2016—2020年)》广泛开展全民健身运动，全民健身中心、各中小学篮球场、足球场全面开放。教育局协助县委、县政府，先后承办尼木县“五四”篮球比赛和“琼穆岗嘎”杯足球比赛。乡镇在赛马节、“望果节”均开展赛马、抱石、拔河等比赛项目，鼓励农牧民群众积极参与各项民间体育项目。各中小学坚持开展“阳光体育一小时”活动，鼓励学生走出教室，锻炼身体。年内，全县各中小学先后召开春季、秋季校运动会，各学校运动会设置乒乓球、校园广播操、拔河、足球、篮球、田径项目等比赛，教职工也积极参与其中。5月，教育局牵头组织全县教职工7人制足球比赛，加强各学校教师之间的切磋交流。

2017年6月26日，尼木县教育系统召开中共尼木县教育(体育)局委员会党员大会

深入开展认真贯彻落实《中小学生健康体检管理办法》，建立学生健康档案，对全县中小学生、幼儿园儿童进行全面体检。根据尼木县人民政府办下发《尼木县包虫病综合防治工作方案(2017—2020年)》通知，组织各学校校长于4月13日召开尼木县教育系统包虫病防治工作动员部署会，成立尼木县教育系统包虫病综合防治工作领导小组，并制定下发《尼木县教育系统包虫病防治工作实施方案》。要求广大师生认真学习和掌握包虫病防治有关宣讲知识内容；同时在日常生活中注意个人卫生和防护，不喝生水，不吃生肉，饭前便后洗手，餐具洁净；不与野犬、家犬玩耍；搞好校园及周边环境卫生。通过宣讲教育活动，使广大师生进一步认识、了解包虫病的严重危害，掌握预防包虫病的方法，促进学生健康成长和良好饮食卫生习惯的养成。全县各学校开展包虫病防治宣传讲座共74场，接受宣传人数达12214余人次，发放宣传资料共2972份，摆放户外展板38块，学生观看包虫病防治宣传新闻共26条。2017年，师生共5532人接受包虫病筛查体检，全县教职工中未发现疑似病例和确诊病例，学生疑似病例人数为3人。

【“三包”管理】 “三包”和营养餐政策是国家针对西藏自治区农牧民子女能够顺利接受学校教育的一项特殊优惠政策。尼木县将符合条件的在校学生全面纳入政策覆盖范围，包括全县所有农牧民及城镇困难家庭在校九年义务教育学生，在园接受学前教育幼儿，以及从区内其他地市、县、乡转入尼木县农牧民子女。截至年底，尼木县享受“三包”及营养餐补助和学前教育补助金的学生总数有4973人，其中中学生1083人，小学生2934人，享受学前教育补助金956人。从2017年秋季学期开始，各类区各学段教育“三包”政策标准在现行基础上年生均定额提高240元。调整后的年生均补助标准为学前教育阶段二类区2880元、三类区2980元、四类区3080元。义务教育阶段二类区3380元、三类区3480元、四类区3580元。2017年全年拨入学前教育补助、“三包”及城镇困难家庭子女助学金、营养改善计划资金1857.27万元，落实“三包”及学前教育补助资金、营养改善计划资金1801万元。

（田茂飞）

【领导名录】

局　长

薛　勇（6月任）

副局长

田茂飞（土家族）

尼　玛（藏族）

尼木县中学

【概况】 尼木县中学创建于1978年，坐落在美丽的尼木河畔，距尼木县城2公里，距拉萨市130公里，系拉萨市建立在半农半牧地区的一所初级中学。学校占地84774平方米，校舍面积17878平方米，生均16.48平方米，绿化面积2000多平方米，学校现有24个教学班级，在校学生1085人，正式教职工106人，专任教师102人。

尼木县中学有1栋多功能五层现代化教学大楼、2栋食堂、5栋学生公寓、5栋教师公寓、1栋行政办公楼、1栋职业教育楼、1栋综合实验楼及相关基础设施；有标准的塑胶运动场、篮球场、乒乓球场等运动设施；有录播教室、多媒体教室、语音教室、闭路电视系统等现代化教学设施；有理、化、生实验室及音、体、美教室；有远程教育系统及网络室；有1栋青少年活动中心及相关配套设施；有33576册图书资料及职业技术教育实践基地等。

【教育教学质量】 年内，尼木县中学全面贯彻党的教育方针，积极投入新课程实施。在新课程的实施过程中不断更新教育理念，不断加强师德师风教育，狠抓教学管理，努力提高教学质量。尼木县中学教职工上下一心，齐抓共管，全力准备“5个100%”“四讲四爱”等相关工作，并成功通过各级领导的“5个100%”“四讲四爱”检查。通过一系列活动，学校风貌有较大变化，办学质量明显提高。各项工作取得一定成效。严格执行学籍管理制度，完善教学常规管理体系，做到奖勤罚懒、从严管理。学校领导经常深入教学第一线，加大课堂教学研究力度，构建创新型教育模式，保证教学过程的优化。课程开设。学校按照自治区义务教育阶段相关规定，开齐、开全所有课程，并根据学校实际，编撰校本教材。科学管理，提高质量。尼木县中学将继续注重过程和结果的全程管理，努力提高课堂教学的质量，以质量求生存，以质量求发展，提高学校教育教学成绩。

【党建工作】 年内，为纪念“3·28”西藏百万农奴解放纪念日，增进尼木县中学民族团结，学校党总

2017年6月7日，拉萨市政协副主席、秘书长张勤（前排左一）在尼木县中学检查“四讲四爱”主题教育实践活动开展情况

2017年5月9日，拉萨市教育局副调研员刘咸春（右二）在尼木县中学检查指导素质教育迎检准备工作

支开展升国旗仪式、组织教师羽毛球比赛、学生拔河比赛。为贯彻习近平总书记系列重要讲话精神，落实从严治党，加强干部队伍建设，深化拓展党的群众路线教育，按照上级部署要求，尼木县中学全年深入开展“四讲四爱”专题教育实践活动及贯彻“两学一做”学习活动。4月4日，组织师生前往尼木县烈士陵园祭扫。6月，举办“四讲四爱”师生红歌比赛。7月1日，组织党员教师重温入党誓词及教师“师德师风报告会”。成功举办“民族团结月”和“国庆节”文艺汇演。9月10日，隆重举行庆祝教师节活动，丰富广大教师的业余生活。组织全体师生学习“党的十九大”会议精神。12月，尼木县中学成功召开支部书记抓党建工作述职评议大会。

【综治工作】 年内，成立由校长统领全局，分管校长具体抓，以德教处和总务处为中心，各班主任分管和科任老师、后勤工作人员协作的全员安全工作网络和安全工作责任制。为切实落实上级各部门关于安全生产的文件精神，落实安全专项行动方案，召开全体教职工会议。建立完善的安全教育制度、安全工作责任制及岗位追究制。学校还定期开展消防安全检查，应急疏散演练，重新配备消防器材等设施设备，防止火灾事故发生。进一步加强学校食品安全监督管理工作，消除学校食品安全隐患，有效控制学校食品安全事故发生。做好学校施工场地的建筑安全工作，学校加强施工安全教育，采取施工防范措施，定期排查安全隐患，确保师生人身安全，及时做到“防患于未然”。经常对师生进行安全常识教育，结合国家法律法规讲安全，结合生活实际讲安全，结合安全隐患讲安全，大力宣传如何预防煤气中毒、预防食品中毒、防溺水、防电、防交通事故、防意外伤害等安全知识，树立师生安全意识，制定各种应急预案，做到安全工作警钟长鸣，确保学校财产安全、师生人身安全。

【聘请法制副校长】 年内，尼木县中学聘请法制副校长，定期为学生进行法制宣讲和爱国主义教育。通过一系列活动，进一步建立健全学校、家长、社会“三位一体”的安全工作联系网络，充分发挥合力教育职能。学生外出有严格的审批手续，为全体师生营造一个安全、和谐、良好的生活环境。

【开展应急演练】 年内，尼木县中学还充分利用“综治宣传月”“防灾减灾宣传日”“防灾减灾宣传周”“安全宣传周”“平安拉萨宣传周”等活动。2017年，学校共举办2次开学第一课，开展2次消防安全知识讲座和2次法制讲座、1次防火防震疏散演习，18次周假前的安全教育会，19余次消防安全检查，7次安全卫生食品讲座。完善各类应急预案，加强“三防”演练，增强学生的安全知识，提高学生的安全防范意识，提升应急避险能力。

【“双联户”及“廉政文化进校园”】 年内，根据县政法委的安排部署，学校成立“双联户”工作领导小组，每栋楼设立联户长，本学期各联户长对教师宿舍的安全、卫生等情况检查5次。有效保障“双联户”工作扎实开展，切实推进“群防群治、共保平安”工作。

为弘扬社会主义先进文化，构建社会主义核心价值体系，巩固保持党员先进性教育活动成果，全面推进尼木县中学素质教育，全面提升师生思想道德修养，建设清正和谐的校园，学校制定并落实“廉政文化进校园”活动工作计划，并成立工作领导小组。坚持统筹兼顾，相互配套，全员参与。由党总支牵头，党政齐抓共管，部门各负其责，全校师生共建，形成工作合力，将廉政文化建设纳入学校文化建设的整体之中，将廉政教育纳入学校德育建设的整体之中，积极推进廉政教育进教材、进课堂、进头脑。

【德育工作】 年内，尼木县中学始终把培养社会主义接班人作为教育工作的根本出发点，为适应新形势的要求，不断改善德育工作的方式方法。学校成立以校长为组长的德育工作领导小组，成员有德教处、班主任、学生会等人员组成。并聘任县派出所民警兼任学校的法制校长。

完善德育室，有校园宣传栏、广播站，教室黑板报。制订学校德育工作计划，进一步加强德育工作的针对性、实效性和主动性。为落实德育工作计划，学校从学生入学之初，便着手进行爱国主义、集体主义、法律法规、校规校纪、《中学生守则》《中学生行为规范》等系列教育。学校开设思想政治课，重视各学科教学中对学生进行思想品德教育。开展多种形式的课外活动和校外活动，为进一步加强学生的品德教育，以实际行动响应“向雷锋同志学习”的号召，使雷锋精神深入师生心中，组织开展“学雷锋见行动”主题社会实践活动，前往尼木县敬老院为老人义务打扫卫生。

【“四讲四爱”主题教育实践活动】 年内，为深入贯彻落实“四讲四爱”主题教育实践活动，组织开展“四讲四爱—感恩的心”主题作文朗诵比赛、“四讲四爱教育主题黑板报评比”活动、“四讲四爱—讲贡献爱家园”动员会、为丰富校园文化与增强学生团结的意识，举办“尼木县中学第八届田径运动会”。举办“3·28”西藏百万农奴解放纪念日庆祝活动。组织教职工及学生参与全县植树活动；组织全体学生观看“党的十九大”并学习十九大精神。

2017年4月12日，尼木县中学2016—2017年优秀师生表彰大会

【思想道德教育】 年内，学校充分利用德育室，对学校各年级学生进行分段德育教育，初一年级为基础步，对学生进行爱班级、爱学校、爱集体的入学教育，抓好中小学教育的衔接；初二年级为成长步，重点进行理想、人生观、价值观教育；初三毕业班为发展步，重点进行正确的升学观、就业观及理想教育，使他们成为合格的中学生。每学年学校邀请消防、公安、交警队民警，卫生部门工作人员到尼木县中学，举办消防、法制、交通安全、卫生防疫教育大会，增强广大师生的法律意识和交通安全意识。加强班主任工作，每学期召开一次主题班会。团支部通过发展共青团员，开展团队活动，发挥共青团组织的模范作用。并充分利用校园宣传栏、室内板报、广播站，对学生进行思想道德教育。学校通过召开学生家长会和各乡乡长座谈会，建立起学校、社会、家长三位一体的教育网络。

（刘建明）

【领导名录】

党总支书记、校长

吕道坤

党总支副书记

邓易才(土家族,5 月任)

副校长

格桑加措(藏族,5 月任)

尼木县卫生和计划生育委员会

【概况】 2017 年 6 月,尼木县卫生局更名为尼木县卫生和计划生育委员会(简称卫计委)。2017 年,机构改革确定县卫计委编制为行政编制 3 名,其中科级领导职数 2 名。县、乡、村三级医疗机构 34 个,其中县级 2 个(县疾控中心、县人民医院),乡(镇)卫生院 8 个,村卫生室 24 个。三级卫生医疗机构共有卫生医技人员 252 人,其中县疾控中心 9 人(均为专业技术人员),职称结构:中级 2 人、初级 6 人、员级 1 人;县人民医院 51 人(其中专业技术人员 46 人,聘用医技人员 3 人,公益性医技人员 2 人),职称结构:高级 1 人、中级 7 人、初级 9 人、员级 34 人;乡(镇)卫生院、村卫生室 192 人(其中专业技术人员 105 人,聘用医技人员 63 人,公益性医技人员 24 人),职称结构:初级 26 人,员级 166 人。全县卫生系统共设编制床位 50 张,实际开放床位 70 张,县、乡两级机构业务用房面积 3200 平方米,县人民医院约 1100 平方米,乡(镇)约 2100 平方米。

【健康扶贫】 年内,县卫计委高度重视精准扶贫工作,将精准扶贫、健康扶贫作为当前最重要的政治任务来抓,积极协调民政、扶贫等部门,制定详细脱贫计划措施。多次召开健康扶贫工作推进会,全面安排部署健康扶贫调查工作,由县扶贫办、县卫计委共同牵头,组织各乡镇扶贫专干、卫生院医务人员对全县建档立卡贫困户实行摸底调查,重点调查因病致贫、因病返贫家庭,对患有大病及慢性病患者实行家庭医生签约服务,发放健康卡、明白卡和承诺书,督促尼木县各级医务人员履行好签约职责,为患者提供便利的上门随诊服务。并在 8 月再次组织医疗救助对象在县医院进行体检,及时掌握身体健康状况。由卫计委起草《尼木县健康扶贫兜底保障实施方案》,经县委常委会第 39 次会议研究通过,并从 2017 年 1 月 1 日起追补建档立卡人员医疗自付费用,尼木县贫困人口医疗费用实现零支出,加快尼木县全面建设小康社会步伐。

2017年9月5—6日,国家卫计委工作组一行在尼木县调研健康扶贫工作

【包虫病全人群筛查】 年内,成立由县长普琼为指挥长的尼木县包虫病综合防治工作指挥部,签订目标责任书(75 份 25 个单位),投入包虫病专项工作经费 254.88 万元,发放宣传资料 21483 份,设置户外展板 102 块,开展包虫病专项知识讲座 198 场,宣传覆盖 39847 人次,共筛查 31097 人,筛查率达 100.14%,B 超检查 31097 人,血清血浆共采集 34760 份,血清阳性 804 人,血清疑似 115 人,包虫病确诊 41 例,均已得到妥善救治。

【组团式援藏】 年内,高度重视组团式援藏工作,认真研究县公立医院发展定位和措施,制定组团式医疗援藏实施方案,从人才培养、学科建设、医院管理等各方面提出明确需求,调动一切积极因素,全员参与,全力支持援藏医疗人才开展工作,切实通过持续支援,逐步实现援助方式由"输血"向"造血"的转变。2017 年在北京良乡医院对口帮扶下，尼木县人民医院能力水平有较大的提升，医疗援藏专家通过成立医疗质量控制小组、疑难病例抢救小组，严格落实核心制度，规范常见病诊治流程，开展讲课、带教（一对一、一对多）等工作，有效地带动县人民医院医疗技术、服务管理水平提升。

成立医疗质量控制小组、疑难病例抢救小组，新开展外科截肢手术，妇科子宫肌瘤切除术，外阴肿物切除术等手术。

【健康教育】 年内，共组织开展35次宣传活动，发放宣传单8591份、宣传画报1100张、宣传手册600册，发放避孕套1275盒、累计受益人群达26732人次，健康咨询77人次，个体化健康教育宣传62人次，播放音响资料7次，宣传栏内容更新9次，特别是对工矿及县城娱乐场所进行入户面对面"性病、艾滋病"防治知识宣传、发放宣传单、安全套等，农牧民健康素养基本知识和理念知晓率达到88.5%，对健康生活方式与行为形成率达到78%。

对公共场所加大宣传吸烟危害及控烟必要性并建立控烟制度、粘贴控烟标识，并发放相关册子30余张，公共场所调查覆盖率达到100%。

【妇幼保健】 2017年，孕产妇总数为1071例，其中孕妇为563例，产妇数508例，分娩数为511例。住院分娩总数508例，活产数505例，双胎3对，死胎死产数7例，剖宫产数41例，孕产妇上级医院转院38例。产后访视率、系统管理率达到100%（其中县级住院分娩数333例，市级住院分娩数175例）。

高危孕产妇筛选人数120例，高危孕产妇筛选率达100%，期中高危产妇数34例，高危住院分娩人数34例，高危住院分娩率达100%，高危产后访视率达100%。高危系统管理率达100%。2017年，尼木县一例孕产妇死亡，死亡率达198/十万。

0—14岁儿童总数8001人，0—7岁儿童总数4464人，保健管理人数4390人，体检率达98.3%。6个月纯母乳喂养人数483例，新生儿访视数505例，访视率达100%。婴儿死亡5例，死亡率9.9%。

【卫生监督执法】 年内，尼木县七乡一镇共有16名卫生监督协管员，卫生监督协管员培训2次、共培训累计人数30人次。对各所学校传染病防控、饮用水卫生、学校卫生开展定期或不定期卫生监督检查5次、其中联合监督检查3次、累计监督户数90户、卫生监督覆盖率达100%、卫生合格率达97%以上、各所学校食品从业人员体检率及两证持证率均达100%。

公共场所卫生监督10次，其中联合监督5次，累计监督130户，监督覆盖率达100%，卫生合格率达97%以上。按照《公共场所卫生管理条例实施细则》规定，对13户公共场所开展卫生监督量化分级等级评审和挂牌，13户均为C级，评审率达100%，对从业人员培训卫生法律法规知识10次、累计培训350人次、知晓率达91%以上。2017年，对尼木县餐饮行业从业人员体检333人，办理健康证333人，持证率达100%。同时根据拉萨市疾控监督所安排部署及时完成水质采样、送检及信息录入的工作。

2017年12月26日，县委常务副书记赵金祥主持召开卫生与健康城市试点工作推进会

2017年9月16—17日，“528”爱发基金会在尼木县开展健康扶贫义诊活动

【结核病管理】 2017年，县疾控中心共接诊可疑病人67例，发现结核病人14例，接受免费治疗14例，其中涂阳4例，非结防机构网报疑似或确诊结核病人共17例。追踪4例，实际追踪到位13例，追踪未到位7例，（均为外省人员），追踪到位率30%。

【免疫规划】 2017年，尼木县常住儿童建卡建证人数357人，建卡建证率达100%，接种率100%。流动儿童卡介苗接种5人，乙肝及时接种率为97.76%。积极开展县医院各科室AFP病例及麻疹主动监测工作，工作人员按要求每周到县医院查阅门诊登记本和住院病历。截至年底，尼木县未发现AFP病例及疑似病例，发现1例麻疹确诊病例，无疑似病例。

【传染病工作】 2017年，报告法定传染病乙、丙两类10种，发病总数91例，无甲类传染病报告，无死亡病例。

【鼠疫防治】 年内，对乡村医生举办9次“鼠防”知识培训（共参加264人次），累计发放《鼠疫防治基本手册》861本、22758张贴画，受益人群达5332余人（其中包括500余流动人口），宣传13次。相关的采样登记、送样和工作简报都已及时完成。

【碘缺乏病宣传】 年内，在全县成立9个碘缺乏病宣传点，现场设立咨询点，受益人群有1256余人，共发放宣传资料2165册（张），抽取300份食盐，认真进行直接滴定法测定碘盐含量，经检测结果显示全县范围内未发现使用土盐的情况，碘盐覆盖率达到100%，碘盐合格率达到100%，同时碘盐监测率达到100%，同时完成孕妇481人的碘油丸投服工作任务。

【慢性疾病管理】 年内，对全县慢性病患者认真进行管理、随访、以及宣传等工作。共有高血压病人共3144例、规范化管理2800例，新建档4例，管理重性精神病人18例，规范化治疗管理7人，糖尿病13例，采用健康的生活方式如减重、限盐、限酒、采用低盐、低脂、锻炼身体等改善生活习惯的方式预防高血压的发生，并发放共366张宣传图画，受益人群达2000余人。

【计生宣传】 年内，共开展计生宣传活动15次，发放避孕药具约860盒，宣传单1000余份，宣传手册300余册。于“5·29”协会活动日开展宣传及座谈会，慰问流动人口8人，发放总价值3200元的慰问品，对12户贫困母亲代表进行慰问，发放慰问品总价值6000元。

【公示“两项扶助”人员】 年内，对符合尼木县“两项扶助”政策人员进行摸底、审核、确认、录入，并用藏汉“双语”进行公示，设立监督、举报电话。2017年，尼木县“一孩双女”困难家庭扶助对象445人，扶助资金427200元。“特别扶助”对象149人，扶助资金597000元，两项受助资金已通过办理银行卡方式及时足额发放给受助群众。

【流动人口清查登记】 年内，开展流动人口拉网式清查登记，宣传流动人口计划生育法律政策，检查流动人口婚育证明，填写流动人口育龄妇女卡片，对未办证人员下催办通知单，并限期办理，同时与商户签订《流动人口计划生育综合治理责任书》，共清查856人。

（沈世阳）

【领导名录】

主　任

罗　刚（6月任）

副主任

沈世阳（6月任）

尼木县食品药品监督管理局

【概况】 尼木县食品药品监督管理局（以下简称县食药局）监管辖区面积3275.8平方公里，覆盖43个医疗单位、613家食品经营店、化妆品店6家，农贸市场1个。尼木县食药局先后组建，食品流通监管、药品及医疗器械监管、局办公室（食安办）、稽查大队（注：正在组建中）。单位人员实际编制3名，2017年，正式干部2人，借调事业编2名、工人2名。其中食药局局长（食安办主任）1名，副局长（食安办副主任）1名，1名行政编空缺，工人2名（不占编制）。2017年10月，各乡镇食药监管所已全部挂牌，建立商户“一户一档”，巩固基层阵地建设，逐步推进国家食品安全城市创建工作。各乡镇食药协管员补助，2017年1月开始已纳入政府财政预算，建立村、乡、县三级互动网格化监管机制。

【食品监管】 年内，加大食品抽检力度，确保尼木县食品加工、流通质量，切实保障人民群众饮食安全，全年累计完成上级抽检任务目标79批次和应尼木县群众强烈要求，申请第三方抽检6批次（副食品辣条5批次和蛋糕1批次）。全年抽检品种覆盖率达88%，同比2016年增长50%。2017年，结合尼木县实际，创新性地开展严查、严整、严治、严管活动，持续开展食品供、销、营的登记备案、责任签订及驻点执法等措施，同时集中整治超范围、超限量使用食品添加开展反复突击检查28次、日常监督检查116次、专项检查11次、组织开展联合执法活动16次，出执法人员346人次，出动执法车辆37次。

2017年11月1日，县委常委、副县长郑同生，副县长张振生带队在垃圾填埋场集中销毁“三无”过期食品

【完成各项重大活动期间食品安全保障任务】 年内，在春节（藏历年）、春季校园宣传活动、“萨嘎达瓦”“五一”“雪顿节”“十一”、中秋、冬季校园宣传活动等重要节庆期间，开展联合执法7次，创新性地开展严查、严整、严治、严管活动，新增节庆期间食品供、销、营的登记备案及责任签订，确保节庆期间“三不出”。

【行政许可申请审批按时办理】 年内，尼木县食品药品监督管理局简化办证流程，严格审核资料，从源头加强食品安全经营管控。全年共办理行政许可130份，换证270份，注销13份，实现许可系统录入、办理、归档99.5%。

【药品、药械日常监管】 年内，累计抽查县级医疗机构、药店、乡镇卫生院、村级卫生室12次。12月，各医疗机构以及县卫计委收集840公斤、80余种过期药品，按照相关规定，在曲水县“西藏自治区危废处置中心”进行集中销毁，共投入经费9760元。

【化妆品流通市场监管】 年内，开展化妆品日常督查、检查专项工作15次，出动执法人员65人次，未查出无证经营及不合格产品。

【案件办理】 年内，进一步加大食品安全案件查处力度，严惩违法犯罪行为。依法行政，严格执法行为，严守群众生命安全红线。2017年，食药局规模性开展两次过期食品销毁活动，共2260公斤，折合金额达9300元。按照《中华人民共和国食品安全法》相关规定，分别对食品抽检超标餐饮店进行行政处罚，共处罚金3620元。实施投诉举报专栏专线挂牌，设立有奖举报机制，加强群众监督职能，形成社会共同参与监管格局。

【学习培训】 年内，县食品药品监督管理局为进一步加强食品药品安全监管队伍建设，全年累计安排监管执法人员学习业务培训9次、组织乡镇食品药品安全协管员培训5次，大大提高县食药局监管执法人员的业务技能和综合素质。围绕“四有四责、依法行政”，推进“四品一械”日常监管力度，以“两学一做”主题教育活动为契机，加强理论学习，将理论与实践工作相结合，做食药安全监管工作的“先头兵”和“奠基石”。

【普法宣传】 年内，围绕“安全生产月”“宣传周”深入开展覆盖全县范围的食品药品安全普法、宣传活动，共发放宣传资料、画册、普法读本10000余份，惠及群众3500余人，普及民众食品安全认知度达85%。对2016年度食品药品安全监管工作中表现突出的8个集体、11名个人进行表彰，表彰金额13500元。

【精准扶贫】 年内，为进一步推进驻村与精准扶贫结对帮扶工作落到实处，突出重点，采取措施。帮助贫困户转变思想。深入贫困户家中拉家常、详细了解分析致贫原因，了解帮扶意愿，制定一户一脱贫工作计划。开展一对一，多对一入户思想教育，扶贫政策宣传，对生活上困难群众主动予以慰问帮扶。全年共看望慰问结对帮扶户4次，为贫困户送去面粉、大米、砖茶、菜籽油等慰问物资。积极教育引导贫困户、改变陈旧思想，依靠自己勤劳双手摘取贫困帽子，实现全面建成小康社会目标。根据县委、县政府和强基础惠民活动办工作要求，县食药局经常深入驻村点了解关心驻村干部、让干部驻的安心。2017年，先后对驻村队开展慰问3次，送去大米、蔬菜、面粉、菜籽油等慰问品和慰问金3000元。

（平孙卓玛）

【领导名录】

局　长

刘卓娅（女，藏族）

副局长

平孙卓玛（女，藏族，5月任）

2017年4月5日，副县长张振生带队在县小学开展宣传食品安全

尼木县人民医院

【概况】 尼木县人民医院前身是3个人组成的卫生队，医院始建于1960年。1999年在县委、县政府的大力支持和全院职工的共同努力下，以高分通过一级甲等医院的标准。2000年被拉萨市评为“文明单位”。经过50多年的不断发展，县医院现已成为全县唯一一所集医疗、教学、健康体检、急救为一体的综合医院。医院承担着全县范围内突发公共卫生事件应急处置及7个乡镇卫生院医务人员进修、培训等任务。全院编制床位25张，实际开放床位数45张。年门诊量6万余人次，年住院病人1000余人次。正式在

编职工 54 人(县疾控中心于 2017 年从医院分离),其中卫生专业技术人员 46 人(职称结构: 副主任医师 1 名,主治医师 10 名,医师及护师 22 名,员级 13 名),工人 3 人,公益性岗位 5 人。法定床位 25 张,实际开放床位 45 张,在原有的科室基础上,2017 年把外科单独分离,负责外科手术及麻醉。担负着尼木县 3 万余人口及其周边县、乡的医疗、急救、预防保健、乡医培训等任务。

2017 年县医院未发生过医疗事故,急诊的应急能力及抢救危重病人的能力明显提高,收治的疑难危重病人越来越多,院内会诊、院内病案讨论增多,收治病种空前广泛,来诊病人扩展到周边县,医院呈现出蓬勃发展的良好势头。

2017年12月27日，县人民医院院长谭申权组织对医院全体干部职工进行年度考核

【精神文明建设】 2017 年,尼木县医院积极开展“四讲四爱”教育实践活动及“两学一做”学教活动,广大干部职工切实改进工作作风,提升服务能力,认真学习马列主义、毛泽东思想、邓小平理论和“三个代表”重要思想,学习党的十八大四中、五中、六中全会以及中央第六次西藏座谈会精神。

【行风建设】 年内,加强法律法规知识的学习,并组织县医院精干的医务人员和援藏医生一起到尼木县偏远山村进行义诊活动、送医送药到家中、访贫问苦,联合北京市组团式援藏医疗队及拉萨市委组织部“百名专家”下基层活动下乡义诊,全年累计开展巡诊活动共 25 次,累计为当地老百姓送去免费药品约 98000 余元,就诊人数达 15000 余人次。

【狠抓医疗质量】 年内,根据自治区卫生厅和拉萨市卫生局有关医疗质量管理规定,制定医疗质量管理的原则: 以病人为中心,以医疗质量为核心。提高医疗质量,在“三基三严”基础上,对全院医务人员进行基础理论、基本知识、基本技能的考核和测评,并记入其个人技术档案。全年进行医学“三基”知识考试 2 次,参加应急演练 2 次,有效地促使医务人员在临床中严格执行基本规章制度和各项技术操作规程,更加熟悉自身医学理论知识和各项技术操作规程,增强县医院医务人员的业务技能和突发事件的医疗应急处置能力; 同时,为迎接二级乙等医院的创建提供必要的保障。

通过“送出去”的方式,利用北京和拉萨市的医疗资源优势。年内,县医院选派业务骨干人员 6 名(专业分别为内科、妇产科、急诊医学、口腔科、放射科、B 超等专业各一名),到北京医院进行为期三个月至半年的业务学习,2 名藏医临床医学到拉萨进行为期 1 个月至 4 个月的业务培训,参加自治区、拉萨市组织的中、短期业务培训 15 次,累计参加 60 人次。

【新增业务】 年内,手术完成近百例,在原有手术种类的基础上新增各种手术种类,填补手术种类的各项空白,包括胆囊切除术,胆总管探查术、肝包囊虫内囊摘除术、胃穿孔修补术、CT 引导下取异物术,无痛人流, PPH 等。电子胃镜检查: 县医院 9 月至年底累计检查 80 人次,其中无痛胃镜 60 人,普通胃镜 20 人,均成功完成胃镜检查,获得患者的一致好评。术后患者开展无痛化管理: 利用麻醉的优势开展术后无痛治疗,有效缓解手术的急性疼痛,增强术后患者的舒适安全并有效地减少手术并发症。疼痛治疗：百余例涉及病种如肩颈痛，下腰痛、膝关节退疗性变，岗上肌炎，足跟痛，落枕等，所用治疗方法包括局部封闭，臂丛神经阻滞，腰丛阻滞，膝关节腔注射等，取得良好的诊疗效果，并无一例并发症，赢得广大患者的一致好评。

【设备更新】 随着社会的发展及患者就医的需求，县委、县政府的大力支持及援藏无私援助下新建藏医院，为广大患者的就医环境提供新的条件，获得老百姓的好评。

【0—18岁儿童先天性心脏病筛查】 4月3日至12月30日，尼木县全民健康体检工作圆满结束，尼木县应体检人数39754人。实际体检39617人(含外地就读放假返县学生)，未参加体检人数137人，其中95%属于长期在外务工，其余有一部分在上级医院住院治疗、在外地就读的未返县学生，总的体检率达到99.5%，为尼木县当地百姓的包虫病筛查及防治做出巨大作用。

【指标完成情况】 年内，医务人员"三基"考核率100%。医疗器械设备完好率100%，使用率92%。门诊总人次58193人次，其中藏医门诊29563人次。二级以上医疗事故发生次数"0"，住院病人数1336人次，出院病人数1320人次，治愈人数998人次，治愈率82.99%，病床使用率86.7%，出院病人平均住院日8.7日，病床周转率34次，门诊处方合格率92%，门诊病历书写合格率92%，住院病历书写合格率93%，入出院诊断符合率93.8%，危重病人抢救成功率95.3%，无菌手术切口感染率0。护理指标：护理技术操作合格率88%，基础护理合格率87%，一级护理合格率100%，常规器械消毒合格率100%，五种护理书写合格率85%，一人一针一管执行率100%，院内感染率"0"，急救用品完好率97%。

其中藏医就医患者：针灸治疗1998人次，TTP治疗812人次，放血疗法155人次，牛角治疗177人次，火罐治疗320人次，按摩治疗735人次，金针治疗35人次，足浴133人次，牵引治疗156人次，住院41人次。妇产科及计划生育门诊就医患者：发放避孕药具330余人次。检验科就医患者：血常规13552人次，尿常规12886人次，大便常规735人次，生化全套5799人次，肝功能2700人次，乙肝两对半6601人次，血型6093人次，乙肝表面抗原7933人次，电解质1255人次，白带常规360人次，梅毒检测375人次，沙眼、淋球菌检查471人次，凝血四项检查780人次。B超室指标：彩超6801人次，其中检查阳性6112人次，阳性率89.9%。放射科就医患者：拍片1253人次，透视555人次，CT：225人次。

2017年7月19日，西藏自治区评审团一行在尼木县人民医院进行二级乙等医院评审

【县级公立医院改革】 年内，根据拉萨市关于县级公立医院改革和医院等级评审工作的统一部署，县医院也正式启动此项工作，成立相关的领导小组，严格落实目标管理责任制，注重班子团结，加强班子成员间沟通协调；为进一步加强医院干部队伍建设，推进县医院科学发展，2017年3月医院成立创二级乙等医院办公室；为二级乙等医院的创建提供有利条件。进一步完善绩效改革分配方案，提高全院职工的平均绩效

2017年7月10日，尼木县医院包虫病筛查小组在续迈乡进行全民包虫病体检筛查

水平，并在绩效分配上尽量向临床一线医务人员倾斜，稳定医务人员队伍、提高工作积极性；为使院科两级目标管理考核更科学，医院修订科室目标管理责任书，确保医院管理上组织领导到位、工作落实到位、监督检查到位、责任追究到位。

7月，县医院组织院领导、科主任、护士长等一行12人在堆龙德庆区人民医院学习考察，受到很大触动，深受启发，受益匪浅。主要经验是他们意识超前，思想观念新，在激烈的医疗市场竞争中迎难而上、拼搏进取，在竞争中求生存、求发展；他们重视人才，大力引进学科带头人，招聘专业技术人才；他们奉行以患者为中心，救死扶伤，提供优质、高效、便捷服务；他们做到领导干部思想一致，心往一处想，劲往一处使，相互理解和支持，紧密团结，同舟共济。

【药政工作】 年内，根据拉萨市食品药品监督管理局有关精神，进一步加强药品监督管理，规范药品生产，经营使用秩序，保证药品质量，保障人民用药安全，维护人民健康和用药的合法权益。县医院严格从拉萨市卫生局和拉萨市药监局的中标公司进药，严把药品的购入关，并结合县医院的实际情况，组织人员对院药房进行清理、清查，在清库中未发现过期药品，未使用过期药品，并及时弥补急需药品的供应。

【援藏医生工作】 年内，成立医疗质量控制小组，严格把关手术适应症、禁忌症，确保手术安全；成立疑难病例抢救小组（其中抢救高血压危象，急性心梗病人各一例）。严格落实医疗质量管理18项核心制度，如：首诊负责制、病历讨论制度等，补充多种手术操作，开展无痛胃镜检查，开展疼痛治疗及术后镇痛，推进无痛医院的建设，规范常见病诊治流程；开展讲课、带教工作（一对一、一对多等多种模式）。手术操作方面具体如下：胆囊切除术12台、阑尾切除术15台，PDH12台、剖宫产25台、大隐静脉剥脱术1台、疝修补术1台、胃穿孔修补术1台、肝包虫病1台、肛周脓肿合并肛瘘5台、无痛人流2台、女性绝育术25台、背部脂肪肉瘤切除术2台，开展电子胃镜80台、疼痛治疗112人次、静脉全麻12人次、插管全麻15人次、腰硬麻醉32人次。

通过"请进来"的方式，根据县医院实际情况，从北京市房山区良乡医院邀请院感、护理等专家各1名、密云区医院CT室专家1名到县医院指导护理及院感、CT为期1个月的工作，改善手术室、待产室、胃肠镜室、供应室等重要科室的院感及护理工作。

（李俊滔）

【领导名录】

党支部书记、院长

谭 申 权（土家族）

党支部副书记、副院长

强巴次仁（藏族）

副院长

边巴顿珠（藏族）

罗布次仁（藏族）

尼木县文化旅游新闻出版广电局

【概况】 尼木县文化旅游新闻出版广电局（以下简称县文旅局）是县人民政府主管全县文化、文物、旅游、扫黄打非、广播电影电视事业的职能部门。成立于2017年5

月，单位属正科级，行政编制4人，现有人员11人，下属单位有县电视台、县电影管理站、县综合文化活动中心、县民间艺术团。

【旅游产业】 年内，尼木县文化旅游新闻出版广电局紧紧围绕县委、县政府总体工作部署，以促进经济增长为核心，紧密结合县工作实际，以打造“尼木特色文化旅游、建设美丽西藏”为工作目标，大力实施对传统文化手工技艺的传承挖掘和健康旅游项目的研发，形成尼木县特有的“四菜一汤”全域旅游产业发展布局，进一步打牢和夯实县发展全域旅游的工作方向和工作目标。领导重视、上下合力。尼木县全域旅游产业是县主要经济支柱产业，县委、县政府领导一直以来都高度重视，对全域旅游产业的发展更是苦心孤诣，为加强县旅游的组织领导，县文化旅游新闻出版广电局成立以县长为组长，分管副县长为副组长，各县直单位和各乡镇主要负责人为成员的文化旅游工作领导小组，统筹部署县文化旅游产业发展；加强宣传工作力度，有效提高县文化旅游知名度。年内，为打造县全域旅游发展，县文化旅游新闻出版广电局加大对全域旅游宣传工作力度，依托自身工作优势，以特有的传统手工技艺品和独特的自然风貌为载体，吸引广大媒体记者和各大旅游企业公司到县举办各项极限运动以及对旅游景点进行参观和对各项手工技艺品进行拍摄，以媒体报道的方式先后在中央电视台CCTV10套、西藏卫视、新华网网站对县传统手工技艺传承和各大企业联同举办的活动进行播放和传播，通过媒体将县独有的自然风貌、手工技艺进行宣传，使县全域旅游知名度和影响力不断得到提升。

2017年11月24日，尼木县公安消防大队参谋旦增朗杰，县文旅局局长米玛在卓瓦曲碘寺文物保护单位开展用火、用电安全巡查

加大旅游产业发展，有效推进旅游项目建设。为进一步完善文化旅游公共服务，加强文化旅游基础设施建设，县文化旅游新闻出版广电局积极做好旅游景区规划和项目建设推进工作，确保早日产生经济效益，为县总体经济发展发挥应有的作为。截至年底，尼木县文化旅游新闻出版广电局对县六个项目进行规划、提档、筹建以及推广工作。主要包括吞巴景区提档升级、琼姆岗嘎雪山景区开发和续迈温泉旅游配套设施项目建设，尼木县藏香产业园建设以及林岗村民宿点建设。通过以上各项工作的开展，2017年，全县游客达到8.2万余人次，同比增长13%，旅游收入达到3296万元，同比增长11%。

【文化下乡】 年内，为丰富广大群众业余精神文化生活，文化旅游新闻出版广电局组织县民间艺术团在节假日期间和“3·28”西藏百万农奴解放纪念日、“雪顿节”期间开展文艺下乡汇演活动。截至年底，已完成42场文艺演出，观众达15000多人次，受到广大群众的一致好评。

【文化市场监管】 2017年，尼木县有16家文化经营场所，其中：音像制品销售店3家、网吧3家、KTV4家、朗麻厅1家、酒吧1家、打字复印店4家。为加强文化市场的监督管理力度，规范尼木文化市场秩序，县文化广播新闻出版广电局科学合理地制定《尼木县2017年文化市场工作实施方案》，组织文化市场检查领导小组，成立文化市场检查办公室，与县文化经营场所签订工作目标责任书，深入开展“扫黄打非”法律法规意识宣讲活动，发放400余份宣传资料。尼木县文化旅游新闻出版广电局联合公安局、消防大队以日常检查和突击检查的方式，针对重点领域、重点部位进行集中整治，特别是党的十九大期间严厉打击对市场造成不稳定因素的不法行为，持续净化尼木县文化市场环境。年内，共开展排查专项整治行动56次，责令2家打字复印店进行整改，对1家贩黄影像制品店进行立案查处。年内，实现全部整改到位。

【非物质文化遗产】 年内，尼木县文化广播新闻出版广电局为有效传承保护和发展非物质文化遗产，向国家文化部和西藏自治区文化厅成功申请到投资1200万的白面具藏戏传习所项目，该项目已开始动工，预计2018年年底可以投入使用。同时，县文化广播新闻出版广电局及时兑现非物质文化遗产传承人的传承补助，积极参加商品展销活动，进一步促进传承人的增收，充分调动传承人在非物质文化遗产传承、保护工作的积极性，为进一步保护、传承、发展县非物质文化遗产起到积极的作用。

【文物保护】 年内，为切实加大文物保护工作力度，落实文物保护责任，努力开创文物保护事业新局面。文化广播新闻出版广电局结合县文物保护单位和重要文物点的实际情况，在节假日联合县委统战部、政法委、消防大队、公安局等部门，对县范围内的文物保护单位和重要文物点的用火、用电、防盗等情况进行全面细致的检查，确保尼木县各类文物安全；同时针对各古老文物建筑的现实隐患，专门邀请专家对各文物单位进行勘测，结合实际制定抢救性维修设计方案，年内，帮助曲德寺向拉萨市文物局争取到资金48万元，用于寺庙维护维修。

【公共文化服务体系建设】 年内，继续做好“农家书屋”“寺庙书屋”管理利用工作。文化广播新闻出版广电局及时与县22座寺庙书屋和32个行政村农家书屋各负责人联系，要求各负责人加强对书屋各项制度的执行力度，要注意用火、用电和易燃物品的管理，要加强防火、防盗措施，继续做好书屋制度上墙，书籍归类、开放时间、借阅记录及书屋管理工作。加强文化站管理利用工作。为做好县综合文化活动中心免费开放工作，县文化广播新闻出版广电局对县文化活动中心进行装修，从而为广大农牧民群众和干部职工休闲娱乐搭建良好的活动平台。

【新闻宣传】 7月18日，尼木县电视台正式成立，由原来的转播电视台正式转变为广播电视台。为确保尼木广播电视台顺利开播，提高新闻质量，文化广播新闻出版广电局向县委组织部申请，结合新闻岗位所需，从各乡镇选调3名专业技术人才，进一步健全新闻广播队伍。截至年底，共有8名新闻工作人员。为切实提高新闻从业者的业务水平，县文化广播新闻出版广电局选派多名新闻广电人员参加自治区和拉萨市组织的各类专业技能培训，有效提高广播电视技术人员和新闻工作者的业务能力。年内，尼木县上传到拉萨市电视台及各大媒

2017年9月12日，在第十二届中国北京国际文化创意产业博览会上，尼木县区级传承人旦增曲扎讲述尼木藏香制作技艺

2017年3月8日，尼木县民间艺术团开展“三八”妇女节文艺演出活动

体稿件296条,尼木新闻录制264条,尼木县新闻内容在拉萨电视台播放20条,各报社媒体采用45条。

【查处广播电视违法违规行为】年内,按照拉萨市广电局有关文件精神,由县文化综合执法大队牵头,联合公安、工商等部门对全县境内有无非法销售、安装、使用卫星电视广播地面接收设施情况进行全面的摸底调查,严肃查处违法违规行为。年内,共排查整治6次。同时结合排查结果,及时组织宣传小组,宣传有关广播电视卫星接收设施的法律法规知识,发放《尼木县做好广播电视卫星接收设备管理宣传单》。

【广播电视设备维护】 年内,尼木县文化旅游新闻出版局按照拉萨市广电局关于做好“户户通”“舍舍通”工程定期巡查工作的要求,组织县电视台技术人员对全县境内“户户通”“舍舍通”设备实行定期巡查,特别是党的十九大召开前期,为保证县各族人民能及时收看、收听党的十九大盛况,文化旅游新闻出版局对全县“无线数字铁塔”“有线数字机房”“户户通”“舍舍通”设备进行全面的检修和维修,有效保障广播电视的传播途径,进一步丰富广大人民群众的精神文化生活,确保清晰地收看收听到优质的广播电视节目。

【电影放映】 年内,文化旅游新闻出版局严格按照上级要求,督促县电影管理站,按照全年不低于800场次的电影放映要求,扎实开展电影进机关、进部队、进寺庙、进学校、进社区、进工地为主要内容的电影“六进”活动,年内,共计电影放映1203场次,受益群众78383人次,为宣传党的富民惠民政策,丰富群众的业余文化生活起到积极作用。

（央　珍）

【领导名录】

局　长

米　　玛(藏族,5月任)

副局长

洛桑旦增(藏族)

张 艳 峰(白族,5月任)

尼木县气象局

【概况】 尼木县气象局机构规格为正科级,内设机构有人工影响天气办公室,防雷减灾管理办公室。编制人员为7人,其中公务员编制3人,事业编制3人,现有正式职工6人。其中汉族1人,藏族职工5人。其中学历结构:本科6人。职称结构:工程师2人,助理工程师4人,平均年龄34岁。

【气候概况】 2017年,年平均气温为6.7℃,与历年平均气温7.8℃相比较偏低1.1℃,本年降水量为370.7毫米,与前一年降水量367.2毫米相比较偏多3.5毫米,降水主要集中在4—9月,一日最大降水量为21.9毫米,出现在8月20日,年极端最高气温为26.5℃,分别出现在6月15日,极端最低气温为-18.6℃,出现在1月14日,全年大风日数为73天,无霜期145天。

【气象灾害】 7月1—2日,尼木县帕古乡和尼木乡管辖范围出现泥石流,1日19时30分,尼木县帕古乡管辖路段由于降水造成泥石流冲毁部分路段。2日16时40分,尼木县尼木乡管辖路段由于降水造成泥石流冲毁路段2.5公里左右。造成交通不便，其他无损失。8月7日，下午三点在尼木乡西部出现大范围的冰雹云，为防控雹，尼木县气象局气象工作人员以及尼木乡炮手及时赶到炮点，在下冰雹之前成功进行消雹作业，作业后未出现冰雹灾害，作业区普降小雨，作业效果明显。8月16日，尼木县帕古乡出现大范围的泥石流灾害，收到气象信息员的通知汇报后，为了控制灾害继续扩大，尼木县气象局工作人员以及帕古乡炮手及时赶到炮点成功进行消雹作业，并对灾情进行进一步调查了解。消雹作业完成后，作业区普降小雨，作业效果明显，此次消雹作业将有效减轻强对流天气对帕古乡生产生活所带来的影响。

2017年11月15日，副县长张振生考察彭岗村无人自动气象站建设情况

【灾前服务】 5月1日，为加强防范强降水引发的山洪、泥石流等地质灾害，县气象局气象服务人员及时制作气象信息专报专题材料，并向县领导进行汇报，同时利用手机短信将天气实况和预警信息发布给县委、县政府领导及各个防汛部门负责人、相关乡镇负责人，并通过电子屏等渠道发布雨量信息和天气预报，第一时间提示相关领导、部门和责任人员做好应急防范工作，及时通报雨量和预报情况，全力做好应急气象服务工作。

【灾后服务】 灾情发生后，尼木县气象局第一时间赶赴受灾乡镇，组织开展灾情查实统计及急救工作，并及时制作气象服务信息，及时报送给县委县府领导，同时利用手机短信将未来一周天气预报预警信息发布给县委、县政府领导及各个防汛部门负责人、相关乡镇负责人。尼木县气象局始终坚持“一年四季不放松，每一次天气过程不放过”的服务理念，密切关注天气变化，在每个整点，通过电话、短信平台及时汇报和发布雨量情况和未来天气预测情况，为防汛抗洪提供科学的决策依据。由于服务及时到位，有效地避免中到大雨造成的人员和财产损失，没有造成人员伤亡，受到县委、县政府等各级领导和群众的普遍好评。

【气象服务】 9月，尼木县气象局正式建设完成吞巴乡及帕古乡彭岗村六要素自动气象站，经过尼木局全体干部职工的共同努力，从新址探测环境评估、实地考察调研到站址和业务设备的建设，克服种种困难，最终顺利完成帕古乡彭岗村六要素自动站的建设任务。

【精准扶贫】 11月24日，尼木县气象局组织干部职工在帕古乡彭岗村结对帮扶点进行扶贫调研工作。先后走访4户精准扶贫户，详细了解贫困户家庭的生产生活情况、致贫情况和存在的问题以及致富想法和打算。为切实解决贫困户的实际困难，经与帕古乡人民政府协商，县气象局将4户贫困户纳入到2017年帕古乡彭岗村六要素自动气象站看护员队伍中，每年提供看护费7200元，平均每户为1800元。

【防灾减灾】 年内，为切实加强汛期气象服务，提高防灾减灾能力，确保汛期气象服务工作开展，9月25日，尼木县气象局组织干部职工到续迈乡政府设立农村标准化气象防灾减灾宣传栏，此次设立宣传栏是为加强农牧民气象防灾减灾意识，提高公众的防灾避险和自救互救能力，为开展续迈乡防灾减灾工作起到积极的推动作用。10月13日，尼木县气象局会同帕古乡人民政府、县民政局、水利局等部门在帕古乡彭岗村进行尼木县防灾减灾应急演练。演练前，通过发放防灾减灾宣传资料、悬挂宣传横幅以及现场讲解等多种形式，向群众宣传防灾减灾科普知识。引导群众认识到防灾减灾的重要性，使帕古乡彭岗村农牧民在防御灾害性天气上增强安全意识，帮助其避免和减轻灾害。5月12日是第九个气象防灾减灾日，为增强百姓的防灾减灾意识，普及防灾减灾知识和技能，提高防灾减灾的自救自护能力，县气象局组织全体职工开展防灾减灾宣传活动，此次活动共摆放展板十余块，发放气象防灾减灾宣传资料1000余份，并为众多咨询的群众详细讲解，让广大老百姓增强防灾减灾的意识，提高他们的防灾减灾能力。

为提高人影作业人员的专业技能，增强应对特殊天气的能力，8月3日、4日，尼木县气象局举办2017年度人影培训工作，此次培训邀请到拉萨市人影办及军械厂技术人员，对尼木县三个乡镇炮点人影作业人员进行为期2天的人影培训及应急演练工作。此次培训进一步提高炮手的知识和技能，人影作业得到提高，作业人员的安全操作意识得到巩固，同时为尼木县农业生产大丰收提供良好保障。

为了能更好地服务于地方政府及尼木县人民群众，及时有效地防御灾害的发生，县气象局利用电子显示屏和县级公共气象服务平台发布平台每日向县领导及各单位负责人和各乡书记、乡长、村委第一书记共计228名用户发送天气预报和重要天气预警信息。

2017年10月13日，尼木县气象局开展防灾减灾应急演练

【宣传气象法规】 年内，尼木县气象局依据《气象宣传工作管理暂行办法》，大力宣传气象法规，将气象宣传工作纳入领导议事日程，建立和健全气象宣传管理制度，并将气象宣传经费列入年度计划。积极和区、市防雷办联合，对尼木县中学、加油站和宏立液化气站进行执法检查，通过查阅档案、资料、现场查询等方式对被检查单位的防雷装置设计审核和竣工验收、防雷行政审批、防雷装置检测等方面情况进行认真细致地检查，并向液化气站和县中学下达整改通知书，要求各单位在规定的时间内整改存在的防雷安全隐患。3月23日，尼木县气象局积极组织开展世界气象日宣传活动，这次的主题是“观云识天”，通过专题展板展示、气象宣传资料发放、悬挂气象宣传横幅和展板现场讲解等多种形式，同时利用电子显示屏、视频、微信等方式向全县宣传气象科普知识，由县气象局气象业务人员解答群众提出的关于天气预报及防灾减灾的各项疑问，为群众宣传气象科普知识，引导群众认识到气象的重要性，使尼木县广大农牧民在防御灾害性天气上增强安全意识，帮助其避免和减轻灾害。

【基层党建】 年内，深入学习贯彻党的十九大精神和区、市、县的重大战略部署，牢牢把握加强党的执政能力建设、先进性和纯洁性建设这条主线。贯彻落实党建工作责任制，充分发挥基层党组织的作用、提高做好群众工作的

2017年8月3日，尼木县气象局开展人影培训

本领及党建科学化水平，未发生各类违纪事件。以健全基层组织、加强党员管理、选好配强基层党组织带头人、完善基层党建工作责任制为重点，形成具有气象部门特色的基层党建工作体制机制。根据气象部门管理体制实际，建立基层党建工作共管机制，定期不定期召开党风廉政和党建工作会议。立足气象职工队伍建设实际，加强党员管理工作，局内6名在职职工当中2名已发展为正式党员，6月26日发展1名预备党员。

【气象业务与现代化】 年内，尼木县气象局从规章制度入手，狠抓业务学习和技能培训，完善和规范业务质量考核办法，制定业务目标管理和业务学习计划，定期开展业务学习和质量分析会，学习内容有业务知识、基础理论、岗位职责、规章制度等。通过学习和典型个例的分析讨论，并开展多形式多地点的讨论交流会，进一步提升工作人员的综合素质和业务水平。通过牢固树立“公共气象、安全气象、资源气象”的发展理念，不断加强业务管理，业务人员素质明显提高，2017年基础业务稳步上升。坚持以科学发展观为统领，大力推进气象工作政府化、气象业务现代化、气象服务社会化，建立适应需求、结构完善、功能先进、保障有力的气象现代化体系，全面提升气象保障全面建成小康社会的能力，2017年基础观测人工器测部分基本已经转换为自动化仪器观测，同时县级气象局综合机构改革稳步进行，增强气象综合实力，逐步实现气象业务现代化。坚持以需求为牵引、服务为引领，全面推进气象现代化建设。

（贵桑央吉）

【领导名录】

局　长

　　丁　钢

纪检员

　　杨　培（藏族）

尼木县供电有限公司

【概况】 根据《关于西藏自治区国家电网覆盖区域农电代管框架协议》，尼木县供电有限公司于2014年11月18日正式由国网西藏电力有限公司拉萨供电公司全面实施代管。2017年，公司在岗职工21人，其中正式职工7人、劳务派遣人13、临时工1人。2017年国网西藏公司统招新进1名大学生。达嘎经理为公司法人代表。男性职工17人，女性职工4人。30岁及以下职工10人，30～40岁职工6人，40岁及以上职工5人。藏族职工20人，其他民族1人。高中及以下学历13人，中专1人，大专4人，本科3人。

【经营范围与职责】 供电有限公司位于尼木县人民路14号，具体负责尼木县域内的输、配、变、售电及七乡一镇的供电任务，为尼木县社会经济发展提供安全、可靠的供电保障。

【生产情况】 2017年，公司管辖的35千伏变电站3座，总变电容量15100千伏安，110千伏变电站1座，容量为20000*（千伏安），35千伏线路3条83.3千米，10千伏配电线路10条，长度471千米，10千伏配变337台。公司电网覆盖营业用户7785户，供电人口36520人，供电面积4500多平方公里。

2017年11月5日，尼木县供电公司总经理达嘎在尼木乡慰问结对帮扶户

2017年，完成购电量累计2423.42完成售电量1933.01万千瓦时。

【国网人才帮扶工作】 5月30日，国网北京顺义供电公司、河北供电公司刘涛、唐杰、潘家乐、刘秀旗等4人顺利完成在尼木县供电有限公司的对口人才帮扶工作，刘涛等4人在公司对口帮扶一年期间的工作，提升公司在安全生产管理、经营管理、电力设施保护、法律事务、农电管理提升、员工安全教育及技术培训、班组建设等方面的工作。根据国网公司计划，4月20日，国网北京顺义供电公司吕士旺、毕成2人来尼木县供电有限公司分别挂职综合管部主任、营销部主任，开展为期一年半的对口人才帮扶工作。

【安全管理】 年内，县供电有限公司始终坚持“安全第一、预防为主、综合治理”的方针，强化各级安全生产责任制，提高全员安全生产意识，有效预防各类事故的发生，确保公司安全生产目标的实现。2017年未发生人身伤亡事故和重大设备事故、重大火灾及交通事故。为规范安全管理制度，在公司和各部门签订年度安全生产责任状的基础上，加大对安全的监管力度、考核力度，加强跟踪落实，对安全生产工作做到一级抓一级，一级对一级负责，层层抓落实，不留安全死角，明确公司系统各级机构和人员安全工作职责，健全安全责任体系，维护企业生产安全。2017年，公司认真开展春季安全大检查、汛期前安全隐患大检查、安全生产月专项大检查、迎接党的十九大期间安全大检查等活动，以“三查三强化”活动为契机，全方位进行彻查安全隐患，强化风险管控，夯实安全基础，提升安全生产水平。做到紧急缺陷不过夜、重大缺陷限时改。正视安全生产的周期性规律，牢记“心存侥幸、万祸之源”的安全警句。确保安全生产每天从零开始，杜绝习惯性违章。针对安全生产工作中的不足，积极开展《安全规程》培训学习工作，规范变电站、输电线路作业的安全帽佩戴、安全带使用、操作票及工作票的规范填写，严肃现场“两票三制”执行力度，逐步改变过去安全管理

2017年11月9日，拉萨供电公司副总经理廖显春（右二）在尼木县供电公司检查指导工作

方面的落后局面。对公司内部各项管理体制进行规范和整顿，完善周例会制度、考勤制度、文件签发管理制度、值班管理制度、车辆管理办法、差旅费管理办法、安全管理制度、仓库定置管理制度等等，梳理财务费用报销流程，完善企业管理制度框架，提高企业管理效率。公司各项工作正向规范化、制度化管理的方向发展，整体水平有较大提高。

【电费回收】 年内，针对尼木公司账面资金紧张、陈欠电费多的问题，通过查阅历年抄表收费台账，清查用户欠费记录，拟订、发出《电费催缴通知书》逐户走访、实地了解企业生产情况，依法催费。截至年底，该项工作已初见成效，公司账面资金已大幅增加，经营情况大幅改善。从业扩报装、电费回收两个方面拟订《营销分析报告》，开展营销分析：跟踪电力市场增供扩销情况，开展电量增长潜力分析；跟踪当月、上月电费回收率和全年电费回收率，开展公司电费催收情况分析。在全力催缴陈欠电费的基础上，每月检查当期电费收缴情况，依法依规发送《催费通知书》《欠费停电通知书》，杜绝新欠费。

【完善基础台账档案】 9至11月，尼木县供电有限公司制定PMS系统数据普查工作方案，全面开展配网基础资产清查。经过2个月的现场核查，理清3座变电站、10条线路、50家专变户、202台公变关系，建立准确的配网PMS2.0基础档案资料。确保基础数据台账一致、数据准确、现场实用。为下一步营销PMS系统上台做基础准备。

【农网升级改造】 2017年，国网公司共投资7823.6万元建设尼木县尼木乡、麻江乡等中低压配电工程，建设规模新建配变98台，改造4台，新建10千伏线路110.35公里，改造3公里，新建400伏线路145公里，新安装户表6854户，调压器3台，通信架空光缆33.5千米。为建设尼木公司“坚强电网”打下坚实基础。

【结束尼木无电历史】 2017年，通过电网建设和升级改造工作，尼木公司共新建10千伏线路36公里。安装100千伏安变压器5台，解决“无电户”共计34户。至此，尼木已实现供电范围100%全覆盖，“无电户”已彻底退出历史舞台。

【结对帮扶】 年内，尼木县供电有限公司开展结对帮扶工作，针对结对帮扶的6户贫困家庭，对口帮扶人员及时了解他们的家庭生产生活情况和存在的具体困难，定期上门送上慰问金以及粮油等生活必需品。鼓励贫困家庭要照顾好自己，树立战胜困难的信心，并给予生活上的帮助。尼木公司定期为贫困家庭检查用电线路以及户内的用电设备，帮助他们及时更换老旧线路、插座、开关等。通过有效开展结对帮扶，受到帮助的贫困家庭深受感动，他们对党的关怀表示由衷的感谢，也对供电公司每年的帮扶表达谢意。

（索朗旦增）

【领导名录】

经　理

达　嘎（藏族）

2017年6月18日，尼木县供电有限公司开展安全生产宣传活动

城市建设·环保

尼木县住房和城乡建设局

【概况】 2017年，尼木县住房和城乡建设局（以下简称县住建局）紧紧围绕县委、县政府“全面贯彻党的十八大和十八届三中、四中、五中、六中全会、中央经济工作会议、中央第六次西藏工作座谈会精神，深入贯彻落实习近平总书记系列重要讲话精神和治国理政新理念新思想新战略，特别是治边稳藏重要思想，按照区、市、县第九次党代会和经济工作会议部署”的总体工作要求，以服务人民群众为工作中心，奋力推进团结美丽健康幸福新尼木建设，开拓创新，知难而进，奋勇拼搏，狠抓落实，较好地完成各项工作任务，有力地推进城乡建设各项事业的发展。

【党建、党风廉政建设】 2017年，尼木县住房和城乡建设局狠抓班子自身建设、干部队伍建设、基层党组织建设，充分发挥机关党支部的政治核心领导作用，为城市建设提供强有力的组织保障。把用权无私、清正廉洁、干净干事、洁身自好、拒腐防变，作为党风廉政建设和反腐败工作的重要抓手，狠抓重点部位和关键环节，建立“不易腐败、不能腐败、不敢腐败、不愿腐败”的防治工作机制，结合工作实际，认真开展廉政风险防控工作，着力推进惩防体系建设。

年内，组织全局干部职工政治理论学习30余次。开展尼木县精准扶贫、精准脱贫党员干部结对帮扶活动，入户慰问30余次，送去慰问金（慰问品）1万余元，解决1户危房改造资金5000元。严格按照《中国共产党章程》要求做好党员发展工作，发展预备党员2人。不断强化对建筑领域法律法规、技术规范、工程管理等专业知识的学习，购买专业参考书籍5套，参加区、市组织的专业业务培训6次。加强腐败风险防控，进一步规范权力运行，排查岗位廉

2017年5月3日，县住建局局长平措在麻江乡施工现场检查安全生产

政风险点20余个，制定防控措施30余个，完善监督机制，实现廉政风险防控工作的全覆盖，廉政风险防控工作取得良好的成果。

【矛盾纠纷排查】 年内，尼木县住房和城乡建设局紧紧围绕县委、县政府建设"平安尼木"的要求，全面贯彻落实维稳工作的各项措施，确保尼木县社会局势持续和谐稳定。县住建局联合县人社局、信访局等多次深入工地就拖欠民工工资的问题进行调查，做到及时发现及时处理，将矛盾和纠纷在源头上杜绝。截至年底，调解民工工资纠纷5起，涉及人员50余人、资金70余万元，切实保护民工的合法权益。积极参与县委、县政府组织开展的排查调处工作，深入基层进行矛盾纠纷排查调处，及时解决群众反映的各种问题，化解各种矛盾，把矛盾消除在萌芽阶段。同时，按时保质保量完成交办、转办的各种信访案件，认真做好来信来访工作，认真处理信访案件3件，处理结果满意率100%，避免群体信访事件、越级上访事件的发生。

【吞巴乡特色小城镇建设】 年内，吞巴乡特色小城镇示范建设以《尼木县吞巴乡特色小城镇示范点规划》为引领，吞巴乡吞达村德吉路、土萨路市政工程，截至年底，该项目现已完成施工前期各项准备工作；投资12.8万元完成吞达村数字博物馆数据采集、整理工作；积极开展吞巴乡水厂、污水厂前期工作；吞巴乡特色小城

2017年1月24日，县住建局召开尼木县建筑工地安全生产及扬尘治理专题部署会

镇（棚户区）改造工程以规划为统领。截至年底，该项目已完成项目前置手续。

【村级组织活动场所标准化建设工程】 年内，新建尼木县32个行政村村委会及周转房，共建设村委会30栋，周转房32栋、382套，配套建设值班室、旗台、大门、围墙、给排水、硬化、绿化等附属设施，总投资10022.77万元。该项目由拉萨市城投公司代建，施工单位为中交一公局第二工程有限公司，监理单位为四川康立项目管理有限公司，2017年5月全面开工建设，截至年底，该工程31个村结构主体全部完工（麻江乡朗堆村因搬迁待建），完成总工程量的90%。

【小康安居试点工作】 年内，尼木县小康安居集中搬迁点建设项目新建小康安居工程搬迁户住宿楼及配套附属设施，计划总建筑面积13965.85平方米，概算批复总投资7261.61万元。截至年底，该项目完成前置手续办理并移交代建中心实施代建。

【基础设施建设】 2017年，尼木县城市基础服务设施运行质量不断提高，县城整体形象得到显著提升，人居环境得到极大改善。年内，投资91.16万元安装桥头至县中学172盏（7米、30瓦）太阳能路灯安装；投资24.255万元对县城街道沿街安装防护栏杆500套；投资198.69万元完成尼木县有机农业观景点道路硬化工程、投资59.15万元修建有机农业观景点道路硬化附属工程；投资2.32万元对国道318沿线废旧广告牌进行拆除；投资205.5万元在国道318沿线及桥头至县城段安装单立柱广告牌9个；投资45万元完成县城3座公共厕所的建设；投资6.64万元对县城损坏井盖进行维修更换，并及时对县城堵塞的城市排水管道、沟渠，厕

2017年8月17日，尼木县城市管理执法人员对渣土运输车盖篷布情况开展专项检查

所下水管道进行清淤，疏通；投资111.66万元新建尼木县政府大院附属绿化工程；投资125.66万元新建尼木县政府大院附属硬化工程，有效地提高县政府绿化率，改善工作和居住环境；投资3.28万元对县城内6处限高栏杆进行维修；投资7.2万元制作环保宣传标语和警示牌；投资3.17万元对垃圾填埋场进行植树及设置网围栏；投资11.04万元对垃圾填埋场内增设网围栏，防止白色垃圾飘散造成二次污染；投资6.003万元对垃圾填埋场内暴露在地表上的防渗膜用沙石压实覆盖，并根据尼木县垃圾填埋场地形地貌、日填埋量等因素，垃圾填埋场分为上下两区填埋，增加3个导气管并对场内损坏的3套喷水设施进行维修，增设2套喷水设施；以全区“厕所革命”工作为契机，在县城人员密集区及各行政村新规划和建设标准化、现代化厕所52座，其中改扩建8个，新建44个，截至年底，已开工建设12个。

【污水处理项目建设】 投资2807.36万元，新建污水处理厂一座，该污水处理厂及收集系统工程近期处理规模1500立方米/天，远期处理规模3000立方米/天，新建进厂污水干管长402米、尾水排放管长350米，粗格栅间、细格栅间、一体化污水处理装置、出水井、综合用房以及配套管网、厂区道路、绿化附属等设施。截至年底，该项目已完成前置手续办理和准备工作。

【项目建设促脱贫】 2017年，尼木县住房和城乡建设局积极与施工单位、村委会协调沟通，在项目建设用工时，按照“双百分之五十”的原则，工程建设使用民工时民工总数的百分之五十为当地群众，当地群众的百分之五十为建档立卡贫困户，鼓励贫困群众通过积极投劳项目建设的方式不断促进贫困农牧民群众劳动就业转移，助力精准脱贫。截至年底，共协调解决群众投劳项目建设300余人，投劳收入达150—200元/天。

【行业监管】 2017年，尼木县住房和城乡建设局通过严格施工许可、狠抓安全生产、强化扬尘治理等措施，建筑工程施工管理逐步规范。认真落实审批人责任制度，严格按照相关法律法规进行行政许可。截至年底，办理施工许可证27份；召开全县建筑领域安全生产、扬尘治理专题会10余次，召开施工现场安全生产会40余次，全年通过“双随机”方式对施工工地进行专项排查，涉及建设单位13家、监理单位13家、施工企业31家，排除安全隐患106处，责令当场整改72处、限期整改34处，停工整改17家。督促责任主体单位牢固树立“安全第一、预防为主”的观念，确保2017年尼木县建筑领域安全生产形势整体稳定。

年内，严格按照《拉萨市建筑施工现场扬尘防治管理办法》《拉萨市城市管理综合执法办法》，制定《尼木县建筑施工现场扬尘防治管理方案》，召开尼木县建筑工地安全生产及扬尘治理专题部署会等，全力做好中央环保督查迎检工作，确保尼木县建筑领域、城市管理中央环保督察期间“零举报”“零查处”。加大对建筑施工工地扬尘、建筑垃圾、焚烧垃圾及施工噪声防治的监督管理，对扬尘不达标的施工工地及时下发停工整改通知书，限期整改，要求建筑施工渣土运输车必须覆盖篷布，施工工地一律要求封闭施工，对施工现场裸土防尘网覆盖，场地进行洒水降尘处理等。住建局积极联系拉萨市住建局建筑市场管理科、拉萨市质监站等单位，上下联动，联合执法检查，严格按照《中华人民共和国建筑法》《中华人民共和国建设工程质量管理条例》《建筑工程安全生产法》《安全生产管理条例》等法律法规，提高行政执法力度，对辖区内5个项目主体责任履职不到位的按照《中华人民共和国行政处罚法》进行行政处罚，有力地推动尼木县建筑领域各责任主体市场行为整体不断规范。对尼木县燃气充装站运行情况进行专项检查19次、43人次，在重点节点加大检查力度，督促燃气充装站强化管理，落实安全生产主体责任。

【租赁住房补贴】 年内，根据《西藏自治区城镇低收入家庭租赁住房补贴管理办法》，县住建局严格按照申请、审批、公示、上报等规定程序，认真完成2017年租赁住房补贴工作。

2017年，尼木县符合条件的城镇低保户共计11户14人。年度财政预算安排的租赁住房补贴保障资金实行分级负担的原则，县级财政负担所需资金的5%，地（市）级财政负担所需资金的15%，自治区负担所需资金的80%，按每月255元/人标准，区市财政承担40698元，本级财政承担2142元。为了使该项工作顺利有序地进行，县住建局本着公开、公平、公正原则，切实把惠及民生的租赁住房政策落实到实处，于4月15日至5月2日在全县内公示申请租赁住房补贴人员的名单，2017年度租赁住房补贴于12月31日之前全部兑现完毕。

2017年12月7日，县住建局工作人员发放2017年度租赁住房补贴

【城市管理】 年内，按照县委书记杜国君在环境卫生综合整治专题会议上关于“净、绿、亮、美、畅”的工作要求，县住建局通过一系列有力有效的措施，强化县城基础设施建设，狠抓县城环境综合整治，不断提升县城整体形象。成立尼木县城市管理局，并投资4.76万元配备办公设备。加强对县城主要街道的日常管理，规范各类市场管理，有效管理流动商铺，坚决杜绝占道经营、乱摆摊设点的行为。强化对公共场所不文明行为的监管，对随地吐痰、随地大小便、乱扔垃圾、破坏公共设施等不文明行为进行制止和教育处罚。细化环卫工作分工，不断完善垃圾收集转运体系，落实门前“四包”环境卫生责任制，实现县城环卫工作网格化，规范化，确保县城干净整洁。新购置压缩式垃圾车2辆，吸粪车1辆，及时对县城垃圾进行清运，疏通堵塞的下水道。

从易地搬迁群众中新增环卫工13人，以满足县城环境卫生清洁和保洁需求，并两次提高环卫工人的薪资水平，每名环卫工工资为1800元/月（2017年新增环卫工为1400元/月）。住建局城管执法大队和环卫工人对辖区内枯枝、病虫枝、衰弱枝、下垂枝及影响行人车辆通行、遮挡交通标识标牌的树木进行合理修剪，并加强全县范围内绿化养护管理，结合道路改造，做好绿化规划种植，制定科学修剪方法。

【城乡环境综合治理】 年内，对照全年的城乡环境整治任务制定《尼木县城乡环境卫生综合整治实施方案》《尼木县城市管理综合执法方案》，召开2017年度城乡

2017年8月30日，县住建局召开尼木县建筑领域项目促增收推进会

环境卫生综合整治工作专题会，并结合各部门的工作重点开展宣传，通过宣传标语和在重点整治区域建立宣传专栏、警示语等方式，对城乡环境综合整治工作进行宣传。把完全的监管面转到服务为主、监管为辅的层面上来，把城乡环境监管中存在的问题先从自身的角度找不足，找解决的措施，并加大对小区、工地、棚户区巡查力度，确保小区、工地、包干区存在问题日查日清。

年内，组织机关干部对县城内重要交通干线、318国道沿线、垃圾填埋场、河流、卫生死角等区域开展垃圾清扫、清理各类乱贴乱画的野广告等活动。截至年底，全县机关单位开展环境综合整治30余次，出动1000余人次，清理垃圾共计50余吨。组织各乡（镇）、村组干部对各自辖区内开展环境综合整治共10余次，出动500余人次，清理垃圾共计20余吨。针对农牧民群众在县农行、政府大门周边、人民路两侧随意摆摊的现象，通过锲而不舍的引导动员，将所有零散摊贩集中到原街心花园处，形成较为集中的农牧民商品交易区。针对道路保洁造成的源头污染，有效减少扬尘，压缩式垃圾车配合人工清扫的作业方式，每天早晚由环卫工对路面进行全面清扫，全天候保洁。自2017年5月开始，每天不少于1次对城市道路进行洒水，定期对城市主干道、人行道进行冲洗。针对县环城路段拉运砂石、泥土等散货运输车辆未盖篷布，造成路面污染、扬尘污染，影响行车安全现象，尼木县在城区内主要干道设立限高6处，城管执法大队定期不定期巡查整治渣土运输车带泥上路、沿街撒漏、乱堆乱放现象。

截至年底，共出动执法人员50余人次，出动车辆30余车次，深入货运沙石料场宣传5次，共检查货运车300余辆，查处不盖篷布车辆63辆，现场整改车辆63辆，取得良好的效果。县住建局加强日常对施工工地建筑垃圾乱堆乱放的监督管理，及时清理占道经营等违规行为，对发现违规行为及时进行宣传教育。截至年底，深入施工工地扬尘治理专项检查8次，共治理违规行为10余个。组织县城管执法大队和环卫工人协同对县城主干道下水道、水渠、边沟等清淤疏通共20余次，出动300余人，清理垃圾共计30余吨，并多次加班加点，对垃圾填埋场环境进行专项整治，清理白色垃圾10余吨。

【房屋产权管理】 年内，尼木县住房和城乡建设局按照《拉萨市住房和城乡建设局关于各县（区）加快房屋交易信息系统建设工作的通知》，对尼木县建设房屋交易系统硬件配置、网络配置需求进行梳理，积极协调拉萨市房管局、拉萨电信公司制定系统建设方案，截至年底，共投资21.75万元建成尼木县房屋交易信息系统。

根据《国土资源部 住房和城乡建设部关于房屋交易与不动产登记衔接有关问题的通知》要求，县住建局于12月24日向县国土局（不动产登记局）移交县辖208份登记纸质卷宗（其中个人162份，单位46份）。

【供暖费收取】 年内，为贯彻落实尼木县委、县政府有关精神，维护供暖工程的正常运行，尼木县住建局本着“不能漏掉1人，不能多收1人”的原则，按照尼木县人民政府县长办公室会议纪要〔2017〕1

号文件要求：供暖费用以4元/平方米/月标准收取，其中政府补贴2.5元/平方米/月，干部职工个人承担1.5元/平方米/月，收取5个月供暖期的费用，试运行1年。截至年底，全面完成2016年11月至2017年3月共计5个月干部职工个人承担的供暖费用收取工作。

（桑阿曲吉）

【领导名录】

局　长

平　　措（藏族）

副局长

拉巴桑姆（女，藏族 5月免）

王　　斌（5月任）

副主任科员

尼　　玛（女，藏族）

尼木县环境保护局

【概况】 2017年，尼木县环境保护局认真做好贯彻落实自治区、拉萨市、尼木县有关生态环境保护工作会议精神和决策部署，结合尼木县全面深化生态文明体制改革工作，以迎接中央环保督察工作为契机，切实增强责任感和使命感，紧紧围绕"五位一体"总体布局和"四个全面"战略布局，以构建国家生态安全屏障为目标，以"绿水青山就是金山银山、冰天雪地也是金山银山"的发展理念，着力提升各项工作质量和效率，加快推进绿色低碳循环发展，切实强化责任担当，确保尼木县生态环境和经济建设可持续发展。

【生态环境保护】 年内，统筹规划，有序推进自治区级生态乡镇、生态村（两级同创）申报工作。为认真做好自治区级生态乡镇、生态村创建工作，尼木县环境保护局提前安排部署，对具体工作任务进行责任分解，将创建基本条件、考核指标以责任制的形式落实到相关单位，并逐一明确工作标准、完成时限。同时尼木县环境保护局充分发挥组织协调、督导服务作用，指定专人负责指导各乡镇、各村开展创建工作，并对创建工作情况进行交流汇总，及时掌握工作动态，推动创建工作的深入开展。截至年底，已完成7个生态乡镇，29个生态村创建申报工作，并已全部通过区、市两级环保部门核查验收。积极开展农村环境综合整治。按照《尼木县环境综合整治工作方案》《进一步巩固"禁白"成果工作方案》划定全县重点整治范围。对县城、乡（镇）、旅游景区、交通干线、饮用水源地、尼木玛曲河等区域的整治任务进行详细安排和部署，同时对实施步骤和保障措施做出明确规定。

各乡（镇）、各部门严格按照县委、县政府的统一安排部署和实施方案，每月对县城、饮用水源地、318国道沿线等重点区域开展环境综合整治活动，年内，开展环境综合整治活动10余次，出动干部群众3万余人次，垃圾车、洒水车160余台次，累计清理垃圾400余吨，收缴一次性塑料袋40余千克。通过开展环境卫生综合整治活动，"禁白"工作成果得到进一步巩固，城乡环境进一步提升，人居环境进一步优化。

【污染减排】 年内，坚持以科学发展观为指导，结合尼木县的实际情况，积极制定详细的污染减排计划，与县直各单位、各乡（镇）以及县域企业签订环境管理目标责任书，明确分工，落实责任，狠抓运行监管，扎实推进污染减排工作。截至年底，县域辖区内未引

2017年8月4日，县委副书记、县长普琼一行在厅宫铜矿检查指导环保工作

进"三高"产业,较好地完成年度总量减排任务。大力实施清洁能源产业。为全面推进节能减排工作,尼木县先后引进瑞德兴阳和藏能公司,累计投入5.7亿资金,全力实施并网光伏发电项目。瑞德兴阳、藏能并网光伏发电项目全面投入运营后,全年节约标准煤1.66万吨,减少二氧化硫排放量约119.1吨,二氧化碳约3.12万吨,一氧化碳约2.73吨,二氧化氮约119.97吨,烟尘约169.31吨,二氧化硫96.8吨,氮氧化合物63吨。通过开展清洁能源建设有效地确保尼木的天蓝、山青、水绿。

【建设项目环境管理】 年内,严格项目审批,严把项目引进源头关。2017年,尼木县继续加强企业(项目)准入制度,严格实施项目审查制度,对不符合国家产业政策的企业(项目)一律不予引进。严格按照《中华人民共和国环境影响评价法》深入开展环境影响评价工作,县域内所实施的项目,无越权审批和违法违规的现象。截至年底,尼木县环境保护局共审批建设项目51个,拉萨市环境保护局审批项目20个,自治区环保厅建设项目环境影响评价备案系统备案95个,县域内实施的新、改、扩建各类项目环评执行率达到100%。

【环境监察】 年内,尼木县围绕群众关心的热点环境问题,以人为本、文明执法的原则,深入开展各类专项行动。严肃查处环境违法行为,督促企业(项目)整治环境污染隐患,切实履行职责,保证尼木县环保专项行动真正取得实效,不走过场,努力为人民群众创造良好的生态环境。

【开展环境安全隐患大排查大整治专项行动】 年内,各部门加大巡查频次,加强对厅宫铜矿、重点建设项目、重要交通干线、重点旅游景区、饮用水源地、垃圾填埋场、人民医院等单位企业(项目)的现场执法力度。采取定期与不定期、明察与暗访的方式对建设"环评"及"三同时"制度执行情况、排污收费制度执行情况、目标责任落实情况、限期治理项目整改情况、危化(医废)处置情况等进行检查。

截至年底,全县共出动执法人员400余人次,车辆150台次,检查重点单位、企业(项目)26家次。依法下达限期整改通知书3份,整改到位3家,处罚5.03万元。依法全面征收排污费。通过广泛宣传动员、调查摸底,县域餐饮、宾馆、洗衣等行业主动缴纳排污费共计4800元。建立健全环境安全应急预案。尼木县根据实际情况和现实需要进一步完善环境突发事件应急机制,并要求全县企业建立健全各类应急预案,认真组织培训和应急演练,加强环境安全预警和防范能力,完成环境风险评估等工作。截至年底,全县未发生环境安全事件。

2017年8月15日,尼木县迎接中央环保督察工作部署会议

【污染防治】 年内,完成饮用水源保护区界碑、保护围栏的设置与维护,制定饮用水源地保护区(备用饮用水源地)划分方案,完善应急预案及机制,对县城饮用水源实施每季度一次监测和每月一次定期监察,密切监视饮用水源水质状况和环境安全。严查环境违法违规行为,对设置不合理的排污口进行封堵,确保饮用水源保护区内无排污口、无畜禽养殖、无污染源。大力开展全面推行"河长制"工作落实,成立专项领导小组、制定实施

方案、建立健全相关机制，签订管理目标责任书，坚持属地管理、三级联动、治保同步的原则，全面治理、长期坚持有效地地确保县域河流湖泊生态环境的持续向好。根据拉萨市《关于全面开展拉萨市排污许可制实施工作的通知》，尼木县组织力量对全县范围内的餐饮、洗浴、洗衣、洗车、美容美发等行业的个体户进行清理排查，共计排查56家，办理发放排污许可证54张，为全面实施环保税的征收工作打下坚实的基础。建立健全大气污染防控机制。全面淘汰燃煤锅炉，积极推进“煤改电”“煤改气”工程。加快治理淘汰黄标车及老旧车进程，尼木县142台黄标车已全部注销，注销率达100%。

年内，严控扬尘污染，严厉打击直排、偷排等违法行为，严格道路施工、露天焚烧垃圾等扬尘污染的监管，持续改善大气环境质量；贯彻落实“土壤污染防治行动计划”。制定完善合理、规范的土壤污染防治措施，实施客土改良项目，指导改变耕作方式，积极配合区市相关业务部门启动土壤污染状况详查及建设用地土壤环境调查评估，强化对化肥、地膜、化学药剂及重金属污染防控，积极打造“有机尼木、绿色尼木”。

【噪声污染防治】 年内，严格控制建筑施工时段，机动车违章鸣号、娱乐场所噪声等领导的环境噪声专项整治。联合相关部门检查娱乐场所8家次，出动检查车辆24台次，整改制止临街商业门店播放高音喇叭行为为10起、制止车辆在禁鸣区域鸣笛3起。

【人民医院监督检查】 年内，狠抓辐射环境安全监管，确保辐射环境安全。不定期开展放射源及射线装置专项整治，加强对县人民医院的监督检查工作，建立防辐射应急预案，确保辖区内无闲置、废旧放射源，2017年未发生辐射安全事故。不断强化医废、危化环境监管。

【危险化学品（医疗危废）产生源单位监管】 年内，根据区、市相关文件精神，环境保护局联合公安局、安监局、卫生局等单位对县城及7乡1镇及涉危涉医单位进行3次清查及备案工作，确保分类收集、贮存以及转移联单制度更好的执行，危险化学品（医疗危废）管理工作实现规范化、科学化、制度化。

【环境保护宣传】 年内，制定年度宣传方案和计划，结合“两学一做”“四讲四爱”、党的十九大精神等专题教育活动开展以“绿水青山就是金山银山”“冰天雪地也是金山银山”为主题的环保宣传，在全县范围内广泛开展宣传活动，不断营造全民环保、人人参与的浓厚氛围，增强广大农牧民群众和干部职工对保护生态、爱护环境的思想认识，为尼木“生态立县”战略的全面实施奠定坚实的社会基础。

年内，开展环保宣传活动4次，共计发放环保知识读本4000余份、环保宣传单3500余份、环保法2000余份、大气污染防治法2000余份、水污染防治法2400余份、环保购物袋8000余只、环保围裙2300余条、悬挂宣传横幅40余条，更新大型广告宣传牌20余幅、受理环境保护咨询90余人次。

【环境监测】 年内，县域地表水水质监测断面两个，分别是尼木县玛曲河上游500米断面和尼木县玛曲河下游1000米断面，经本年度4次水环境质量采样监测。2017年，尼木县主要河流（尼木县玛曲河上游500米和尼木县玛曲河下游1000米）断面水质均达到或优于国家《地表水环境质量标准》（GB3838—2002）Ⅲ类标准，地表水水质达标率100%；县域地下水水质监测点位一个，即尼木县塔荣镇水厂点位。经年度4次饮用水水质量采样监测。2017年，尼木县集中式饮用水源地（尼木县塔荣镇水厂）水质均保持在国家《地下水环境质量标准》（GB/T 14848—9）Ⅱ类限值范围以内，饮用水源地水质达标率100%。县域空气质量监测点位一个，即尼木县政府点位，经2017—2018年度4次空气环境质量采样监测，尼木县大气环境中总悬浮颗粒物、二氧化硫、二氧化氮、可吸入颗粒物等监测指标均能达到国家《环境空气质量标准》（GB 3095—2012）Ⅰ类标准，空气环境质量优良。

【环境统计】 年内，按时上报环境统计综合年报数据库，上报的各类数据未发生迟报、漏报、错报现象。

（李　凯）

【领导名录】

局　长

蒋西荣

交通·通信

尼木县交通运输局

【概况】 尼木县交通运输局组建于2017年5月，位于拉萨市尼木县城，距拉萨市150公里，平均海拔3750米，全县通车里程共611.691公里（除国道外），其中县道2条，共88.173公里，乡道4条，共24.372公里，全县33个行政村（居）已全部实现通畅，里程共495.007公里。农村公路的快速发展，促进城乡一体化建设，为尼木县经济快速、持续发展和社会稳定提供有力保障。2017年，干部职工共14人。其中在职干部职工4人，公益性职工2人，道路养护工人8人，在职干部职工平均年龄32岁。尼木县交通运输局设有局长办公室、交通运输局办公室及资料室。

【2017年实施项目】 2017年，尼木县交通运输局实施开工项目4个，其中续建项目2个，新建项目2个，总投资为4521.3457万元。续建项目2个，总投资为2493.0274万元，建设总里程为17.006公里。拉萨市尼木县尼木乡东嘎村至聂玉村公路工程公路项目：批复投资为299.3927万元、建设里程2.829公里，四级公路水泥路面。拉萨市尼木县吞巴乡雍组（四组）公路工程项目：批复投资为2193.6347万元、建设里程14.177公里，四级公路水泥路面。新建项目2个，总投资为2028.3183万元，建设总里程为15.96公里。拉萨市尼木县霍德村江组道路建设项目：批复投资为1721.7684万元、建设里程13.96公里、四级砂石路面。拉萨市尼木县环城路至扶贫搬迁点环线公路工程项目：批复投资为306.5499万元、建设里程2公里、四级硬化路面。2017年，尼木县将农村公路养护专项经费分成两个部分，一部分根据养护里程、路面受损程度及养护工人考勤表发放给局属道路养护工人工资。另一部分用于抢险救灾资金。2017年，交通运输局共投入500余人次，装载机70余台次、挖掘机40

2017年7月15日，拉萨市委常委、常务副市长占堆（前排左一）在尼木县检查道路受损情况

余台次,运输车200余次进行抢险保通及道路养护工作。

【机具情况】 柳工牌挖掘机2台,卡特320D挖掘机1台,集瑞拖车1台。

【环保工作】 年内,以"县乡公路油路化、乡村公路畅通化、村组公路通达化"为发展目标,以"最低程度破坏、最大程度保护、最强力度恢复"的公路养护原则为努力方向,克服困难,全力推进重点工程建设,狠抓交通项目争取和储备,交通基础设施建设得到进一步壮大,同时采取各种科学措施公路建设与自然环境的和谐,较好地完成一年的交通各项工作。加强组织领导。县交通运输局成立农村公路道路养护安全隐患排查工作领导小组,以政府副县长贺东任组长,县交通运输局局长为副组长,各乡镇分管交通副乡镇长为成员,领导小组办公室下设于县交通运输局,具体负责农村公路管理养护及排查隐患的监督、指导、检查等日常工作。要求各乡镇也成立由乡镇主要领导任组长,辖区派出所长任副组长,各村委会相关人员为成员的公路管理养护及排查隐患工作领导小组,具体负责本辖区内的公路管理养护和排查隐患工作。形成一级抓一级,层层抓落实的良好氛围。

【日常养护和排查】 年内,依据《中华人民共和国公路法》的规定,按照"属地管理"和"县道公路县养护、乡道公路乡(镇)养护、村道公路村委会养护"的原则,进一步明确公路管理养护责任主体。确定专人对管辖区域的公路进行养护和排查,并明确养护路段以及工作职责。县农村道路隐患排查办对全县公路养护隐患排查工作情况进行专项检查。

2017年8月5日，县委副书记、县长普琼指导抢险保通工作

【水毁资金投入】 2017年,尼木县雨水灾情频繁、道路水毁范围广,对群众出行及生命财产安全存在隐患,因此县交通运输局上报灾情报告且积极向上级部门争取水毁资金,用于尼木县所有水毁路段桥梁维修工作。

【宣传工作】 年内,尼木县交通运输局定期在外组织人员宣传道路环保、道路养护、道路安全等相关法律法规,提高群众安全意识,各乡镇组织人员深入公路沿线的村,将公路环保、公路管理、道路安全的法律法规宣传到户,提高沿线群众爱路护路意识,加强日常项目的环保管理,强化路面巡查,及时排查环保落实、及时清排路障,确保公路沿线生态美观、公路的安全畅通。

【公路养护】 X102、X103公路养护小修保养生产完成情况:出动道路养护人员1300余人次,装载机20余台次,疏通涵洞15处,清理路面石头10368立方米,补坑槽9000平方米,清除路肩边坡杂物2980平方米,公路用地1—3米范围内垃圾35600平方米,路基回填420.24立方米,管养路段油路共计100.96公里、水泥路31.27公里,优良路率达85%以上。

【路政管理】 年内,尼木县交通运输局开展以"爱路护路,珍爱生命"为主题,以法律、法规及规章的相关规定为基点的宣传教育活动,结合尼木县实际,利用宣传标语、《桥梁限行通告》、传单、下乡宣传等多种形式对《中华人民共和国公路法》《中华人民共和国道路交通安

2017年8月23日，副县长贺东在帕古乡帕古村泥石流现场指导抢险保通工作

全法》《中华人民共和国安全生产法》等相关法律法规进行广泛的宣传，扩大社会影响，为法律、法规的实施和工作的开展，营造一个良好的社会氛围。派专人进行巡回宣传《中华人民共和国公路法》《中华人民共和国道路安全法》等相关的法律法规18余次，在交通要道悬挂横幅标语10条，发放宣传资料800余份，超限超载警示牌50块，危险警示标志80块。扩大了社会影响，为路政管理工作的顺利开展营造良好的社会氛围。

【精神文明建设】 年内，认真落实上级精神，把全局干部职工融为一体；其次，在抓好公路养护的前提下，加强职工职业道德行为规范，提高为民宗旨，发扬老西藏养路工人无私奉献精神，以道班为家、养路为业、艰苦创业、无私奉献、甘当路石的高尚品格，努力塑造当代养路工人艰苦不怕吃苦、缺氧不缺精神的光辉形象。

【党风廉政建设】 年内，尼木县交通运输局认真贯彻落实中纪委、自治区纪委、市纪委党风廉政建设精神，按照要求，切实把党风廉政建设贯穿到各项工作中，努力开拓党风廉政建设的新局面。抓好责任分解，确保党风廉政建设工作落到实处。党风廉政建设和反腐败任务艰巨而繁重，为使党风廉政建设和反腐倡廉斗争工作落到实处，取得实效。实行"党政齐抓共管、依靠党员干部支持和参与，党支部书记负总责，分管人员具体负责，全体党员各负其责"的党风廉政建设和反腐倡廉工作体制，党风廉政建设工作实行层级管理，做到一级抓一级，层层抓落实。把党风廉政建设工作进一步分解、细化，把目标任务落实到党员个人，形成党风廉政建设人人抓，目标任务个个落实的良好局面；抓好宣传教育，筑牢反腐倡廉的思想道德防线。加强宣传教育是党风廉政建设的一项长期性工作，也是开展反腐败斗争的根本性措施。"千里之堤，溃于蚁穴"。很多领导干部贪污腐败，最终走上违法犯罪道路，往往是从思想蜕变开始的。因此进行理想信念和从政道德宣传教育、党的优良传统和作风教育、党纪条规和国家法律法规教育是必要的。把反腐倡廉宣传教育工作贯穿于工作、生活和学习的各个方面，坚持教育与管理、自律与他律相结合，督促党员干部加强党性修养，常修从政之德、常思贪欲之害、常怀律己之心。同时创新反腐倡廉宣传教育方式方法。依靠上级党组织进行灌输式教育，引导全体党员干部进行自我教育。

充分利用先进典型的生动事迹，加强示范教育，净化党员干部的灵魂，深刻剖析典型违法违纪案件的原因，深化警示教育，触动党员干部的思想，做到警钟长鸣，榜样长树。把思想教育、纪律教育与社会公德、职业道德、家庭美德和法制教育结合起来，进一步推动廉政文化建设，在广大党员干部中营造以廉为荣、以贪为耻的良好氛围，进一步打牢党员干部反腐倡廉的思想基础。抓好反腐败三项任务，认真落实党委、政府的各项决策部署。着眼于作风建设，深化拓展勤政廉政教育工作。以党性党纪党风教育为重点，加强对党员干部的理想信念教育和勤政廉政教育，深入开展岗位廉政教育、道德教育、示范教育、警示教育，促进党员干部树立正确的世界观、人生观、价值观、权力观、地位观、利益观。坚持和完善党员干部个人报告有关事项制度。严格执行述职述廉、限时办结制、行政问责制、重点工作通报等制度。严格坚持重大工程项目、重大事项决策、重要人事调整和大额经费开支的“三重一大”的领导班子集体讨论,防止个人专断,搞一言堂,提高决策办事的民主性和科学性。加大对重点工作的教育监督,防止权力个人化,个人利益化,提高党员干部的廉洁自律意识和权力运行过程的监督;着眼于作风建设,切实解决人民群众反映的热点难点问题。针对反映的突出问题,干部深入到基层,深入到工作一线,了解情况、宣传政策,倾听民生,维护群众的合法利益,以扎实的作风和负责的态度切实解决群众反映的热点难点问题,促进稳定和团结。

【安全生产】 尼木县自然条件较差,基础设施落后,交通局精选符合尼木县的经济发展所需的交通基础设施建设,结合精准扶贫工作,切实选定能够为脱贫致富起推动作用的项目,加强建设项目的监督管理,严格按照国家规定的程序和要求,对项目的审核、立项、可研、初步设计、开工报告等各个阶段进行严格把关规范操作,对工程建设进行公开招投标。为保证工程质量和进度,严格把好工程设计关、施工队伍关。同时,注重把好工程材料的采购进场关,坚决杜绝无产家批号、无出厂合格证、无质量检验单的“三无”产品进场。对工程质量进行全方位监控,对达不到质量要求的坚决让其进行返工。交通运输局不仅严把工程质量和进度关,还经常不定期地对建设工地的安全管理人员配置情况、安全警示标志设施情况及使用、佩带劳动防护用品情况及安全生产许可证申办情况进行检查确保项目的施工绝对安全。对存在的安全隐患及时予以处置。按照上级的要求,安全月期间做好宣传安全知识的同时,制作安全宣传横幅悬挂在客运场站。加强一线养护工人的安全思想教育,严格做到机械不带病上路作业,养护人员上路作业时,必须身着公路养护作业服、按标准设置安全作业标志,通过全局上下共同努力,2017年未发生任何安全生产责任事故。

（孙晋英）

【领导名录】

局　长

伦　珠(藏族,5月任)

副局长

孙晋英(5月任)

2017年7月15日,县交通运输局局长伦珠向群众发放道路交通安全宣传资料

尼木县邮政分公司

【概况】 尼木县邮政分公司服务于尼木县七乡一镇、32个行政村、127个自然村,8所完学、22座寺庙,设有县级营业厅一处,乡邮网点六处,全县通邮率达100%。尼木县邮政分公司共有工作人员11人,1位经理,5名营业员,2名县城投递员,3名乡邮通信人员;共有投递汽车4辆,三轮摩托车1辆。尼木县邮政分公司积极践行“人民邮政为人民”的服务理念,为方便全县广大人民群众,邮政分公司全年无休,县城区域每天外出投递,乡邮每周三班投递。

【业务开展】 年内,尼木县邮政分公司紧紧围绕年初邮政工作会议精神,以科学发展观为主线,全力抓好各项业务发展,始终坚持发展是第一要务,服务是第一责任的工作理念,充分利用邮政网络优势,切实把服务“三农”和服务中小企业作为当前和今后一个时期的重点工作，不断夯实基础，做大经营规模，提升服务质量。尼木县邮政分公司一年365天对外营业，在传统的函件、包件、汇兑、报刊等业务上，相继开办交通违章短信提醒、代售航空机票和业务分销等业务，极大程度的方便尼木县广大人民群众。

年内，累计投递报刊180万余份，各类邮件10万余件，机要500余件，汇款1.3万余笔，汇款5300万余元（其中90%为免费汇款）。党报党刊投递是党和政府交给邮政一项光荣的政治任务，邮政分公司本着“对党负责、认真履行职责”的工作理念，认真投递党报党刊（赠送的藏文版拉萨晚报2.7万余份，全县80%的家庭可以每户一份），全年未发生任何安全事故和邮件丢失案件。营业窗口共有2个台席办理邮政各类业务，包括收寄邮件、代办各类业务，一个台席办理储蓄存、取、转，开卡等业务。按照拉萨市邮政公司和尼木县公安局治安大队等相关单位的要求，邮政分公司收寄的所有物件和信件，收寄环节严格执行实名制登记，对所收的邮件一律按照中国邮政集团公司相关规定眼同验视，从收寄环节避免发生禁限寄物品通过邮政物流渠道流往各地，对社会造成不良影响。全方位的积极完成拉萨市公司下达的经济指标和各项工作任务，全力配合尼木县委、县政府下达的各项文件要求，积极参加尼木县各单位组织的各项活动。加强生产作业，科学合理安排工作，积极开展各项学习活动。

2017年7月1日，尼木县邮政分公司工作人员在吞巴乡开展法制知识宣传活动

【业务宣传】 年内，通过现场业务推介、走访客户、现场办理业务等多种形式，深入乡镇村庄，大力宣传邮政金融知识及邮政其他业务，得到广大邮政群众的一致好评，取得企业经济效益与社会效益的双效益。

【拓展服务领域】 年内，尼木县邮政分公司一直把服务作为各项工作的出发点和归宿，针对邮政对外服务人员即营业窗口和投递人员，采取“内增素质，外树形象”的有效措施，提高窗口服务水平。充分发挥业务监督检查和社会监督网的作用，促进服务工作的进一步加强，如在各营业厅内设立用户意见簿，对外公布用户举报监督电话等。加强信息反馈，做好来电、来信、来访的处理工作，随时了解邮政服务状况，加大奖惩力度，对提出的意见及时整改，认真实施，提升分公司的服务水平。

2015年底，尼木县邮政分公司网点装修升级，截至年底，已开办邮政储蓄银行，尼木邮储开业为尼木县的金融发展提供便利。尼木县各乡邮网点陆续投入使用，极大地方便广大人民群众。为更好的服务农牧区，积极完善乡邮投递基础设施与农牧区通信基础建设。

【基础管理】 年内，尼木邮政分公司积极学习治安综合治理的各项条款，对营业场地、单位院、内出租房等重点部位，认真落实防火、防盗，防抢、保安全的“三防一保”制度，对驾驶员、城乡投递员、营业员、监督检查等人员进行安全生产教育，邮政分公司本着“谁主管、谁负责、看好自己的门、管好自己的人”的原则，加强职工教育，提高安全，稳定意识，加强执行力建设，落实安全，稳定管理的各项制度和规范要求。要求每一位职工发扬连续作战，不怕困难的精神。

坚持值班制，提高资金安全管理，车辆安全管理，邮件的安全管理，全年从未出现过安全事故。

【制定防火、防盗措施】 年内，成立以局长拉巴次仁为组长，其他职工为成员的安全稳定工作小组，并制定相应的措施与应急方案。做到有组织、有计划的工作步骤，确保工作落到实处；制定单位内部防火、防盗措施；邮政局组织全体员工学习相关法律法规、邮政员工道德素质修养，加强员工精神文明建设。

（周 平）

【领导名录】

经 理

拉巴次仁（藏族）

尼木县电信局

【概况】 尼木县电信局于1999年挂牌成立，主要经营固定电话、移动通信、互联网接入及应用等综合信息服务。2017年，有员工5人，指定专营店2个、7乡实现便民服务代理店。截至年底，全县共建设31个基站，其中3G基站29个，7乡1镇手机信号已覆盖，现已全县无线网络覆盖达到100%。

【业务发展】 2017年，发展移动电话2524部，完成全年计划的136%；净增移动电话1023部，完成全年计划的104%；发展宽带618部，完成全年计划的149%；净增宽带425部，完成全年计划的197%；来电显示渗透率100%；七彩铃音渗透率96.13%。全县农牧民群众使用电话3916部，七乡一镇及各个独家单位光纤已到位，7个乡32个行政村开通916部固定电话。累计完成固网156.05%，完成年计划的103.14%。移动业务96.23，完成年计划的113.12%。

【移动通讯】 年内，为更好提高和改善尼木县农牧区通信条件，加快农牧区建设小康社会步伐，尼木县电信局在上级部门的支持下实施“乡村通光纤”等工程，尼木县电信局每年让广大农牧民享受优质的通信服务。2017年，针对鸡年开门红活动和天翼村活动，以及电信天翼不限量套餐活动，结合尼木县电信局和尼木县广电局每年开展一年一度的“文艺三下乡”活动，2017年，都会在各乡、村进行表演。借此表演机会，人员聚集时，大力宣传、发展移动业务．同时，尼木县电信局按照农牧区经济条件的特点，结合西藏电信公司的服务特色专门制定“天翼惠民”和“天翼村”优惠政策。使用电信用户者都已享受医疗和养老保险由电信缴纳，尼木县电信局全体员工的足迹踏遍7乡1镇，走村串户为当地农牧民群众办理存费送手机1848部，手机补贴金额达130000元。

【网络覆盖】 2017年，全村级覆盖3G信号。全县共建设31个基站，7乡1镇手机信号已覆盖，现已全县无线网络覆盖达到99%以上。

【客户服务感知提升】 年内，尼木县电信局以“用户至上、用心服务”为理念，以提升用户满意度为指引，以关键服务环节为切入，以感知测评为手段，强化差异化服务优势，积极参与政风行风建设，不断规范尼木市场，加强用户信息安全、网络安全和信息化建设。

【科学发展观】 年内，尼木县电信局将进一步深入学习和实践科学

2017年8月1日，帕古乡天翼手机卖场在彭岗村“望果节”举办周庆典活动

发展观，积极实施聚焦客户的信息化创新战略，坚持“用户至上、用心服务”的服务理念和“追求企业和客户价值共同成长”的经营理念，努力实现业务又好又快发展，做优秀企业公民，为尼木经济发展和社会信息化建设做出更大贡献。

（普布拉姆）

【领导名录】

局 长

格桑达瓦（藏族）

副局长

玉 峰（藏族）

中国移动通信集团西藏有限公司尼木县分公司

【概况】 2006年尼木县移动分公司正式成立，现有正式员工6人，普通员工1人。自办营业厅1个、乡镇服务站2个、便民服务代理店5个。

【坚定政治核心作用】 年内，以党的十八大和十八届历次全会精神为指引，以开展“两学一做”学习教育活动、“四讲四爱”主题教育实践活动为契机，深入学习党章党规和贯彻落实习近平总书记系列重要讲话精神，通过强化基层组织建设，持续改进作风，突出思想引领，为推动公司持续快速发展迈上新台阶提供坚强保证；始终坚持党的领导，确保党中央、自治区、拉萨市、尼木县的各项方针政策落地生根。始终坚持与时俱进，善于研究和分析新常态、新形势，用新思路、新举措，脚踏实地把既定的战略目标、好的工作计划变为现实，实现前沿通信技术在尼木的快速更迭和发展，实现优质服务理念在尼木的扎实落地和执行；充分发挥党员先锋模范作用与攻坚克难能力，带领全体员工下基层、进村镇、进单位、进学校，不断响应客户需求，持续提升一线服务能力。认真落实党风廉政建设主体责任，进一步提高落实全面从严治党主体责任的自觉性和主动性，真正把党的建设各项工作落到实处，统筹推进党建和业务管理工作，实现“两手抓、两手硬”。

【通信网络】 年内，尼木县移动分公司坚持“网络质量是通信企业生命线”理念，不断加大尼木通信网络基础设施投资、建设力度，为尼木经济社会发展提供优质通信网络。年内，累计开通基站148个，增强全县32个行政村通信网络信号。截至年底，全县行政村网络覆盖率为100%，行政村光缆通达率为100%，国道沿线网络覆盖率为100%。

在积极推动农牧区通信广覆盖同时，积极践行央企社会责任，年内，先后投入700余万元，深入推进“村通、边境通信、寺庙通信、盲区覆盖和电信普遍服务”等民生工程，为全县经济社会长足发展和长治久安提供强有力的通信和信息化保障。

【落实“提速降费”】 年内，始终坚持“客户为根、服务为本”理念，套餐设计不断贴近客户需求，资费越来越低、服务越来越细。不断加强民族特色服务，先后推出“惠农网、家庭网、集团网、高原流量王”等惠农便民产品，极大满足农牧区客户日益增长的通信和信息化需求。宽带、流量资费年平均降幅超78%，全面开启尼木极速光网和信息畅享时代。

2017年，尼木县移动分公司深入贯彻落实“网络提速降费要

2017年12月19日，尼木县移动分公司客户经理在尼木乡开展集团驻点营销

迈出更大步伐”的要求，针对不同用户需求，研发上线各类流量惠民利民产品，进一步发挥企业在实现信息惠民、拉动信息消费、促进创业就业等方面的积极作用，推动“互联网+”战略在农牧区的深度发展，努力为全县用户带来实实在在的优惠。针对县内普通用户推出全网流量、语音不限量超值套餐，用户可根据自身需求办理不同价位套餐，实现“国内流量随意用、国内电话随便打、家庭宽带免费用”的套餐服务。针对尼木干部职工两地分居情况，推出“移动家属卡”亲情产品，用户可通过办理副卡的形式，只需要30元就可以为家属购买最高100G的流量服务。针对尼木县内用户推出高原流量王副卡，满足用户流量需求。针对农牧民用户，重点针对电信普遍服务项目试点行政村和建档立卡脱贫群众，推出农牧区家庭宽带惠民资费，互联网电视费由20元/月下调至15元/月，并直接赠送互联网机顶盒，网络速率、网络覆盖率大幅领先行业平均水平。推出“中国移动·天上西藏旅游卡”惠民产品，该产品可在激活后30天内为用户提供不限流量、不限语音费服务，30天后用户可结合自身需求，选择办理“超低资费、超大流量”套餐包服务。积极推出互联网专线降费举措，积极服务“双创”。

5月17日，互联网专线起步带宽从2兆上调到10兆，对协议期内带宽200兆以内的客户，在不增加费用的情况下，经申请，速率可免费升至高一档。推出“小微宽带”特惠产品。针对产业园区、商务楼宇、“双创”企业等，推出在上下行速率、产品性能、服务保障等方面满足小微企业需求的价廉质优特色宽带产品，实现“快捷接入、简单实用”的需求，与互联网专线相应，比宽带产品的资费相比，优惠超过50%。

2017年5月17日，尼木县移动分公司员工在县城开展电信日营销活动

【全面布局“互联网+”】 8月，中国移动西藏公司互联网数据中心系统荣获中国信息安全测评中心颁发的信息系统安全测评证书。西藏移动尼木分公司依托海量数据储存，凭借全国领先的分布式数据库、云存储和虚拟化技术，实现海量信息再生产化、再价值化，致力于为各行各业生产发展、管理运营提供信息化、大数据、云服务解决方案，积极搭建智慧教育、智慧医疗、智慧旅游、智慧城市、智慧维稳等信息平台，加快云计算、大数据、物联网等新一代“互联网+”产业部署，致力于为全县各族群众提供智能便捷的信息服务，形成旅游、文化、交通、医疗等各领域亿元规模信息化产业链，切实推动尼木经济社会“创新、协调、绿色、开放、共享”发展。

【推进“互联网+农牧区”】 在中国移动西藏公司“互联网+”与“智慧型农牧区”互促融合的基础上，再次对农村综合信息服务平台升级改造，实现首批点对点站点完成网络可视化监控接入，为下一步行政村高清视讯运营奠定基础。在不久的将来，村医可借助手持终端进行病例会诊并上传至智慧医疗平台，安排更高一级医疗专家进行可视化远程会诊，实现农牧民患者病例录入、病情监控全程电子化、可视化。

【应急通信保障和信息安全屏障】 年内，始终心系国家网络信息安全、社会稳定和客户权益保障，不断加强和改进手机、互联网等新兴媒介建设与管理，维护公共利益和国家信息安全提供有力支撑。建立应急通信智能调度平台，强化应急通信保障体系，率先建立全县首支一类应急通信保障队伍。年内，累计完成重大应急通信保障任务5项，出动应急通信保障人员270人次、应急车辆28台次。在2017年多次发生的泥石流灾害中，立即行动，第一时间确保应急通信畅通。

【备齐应急物资完善应急流程】 年内，先后建立微型消防站和防暴护院队，配备消防服4套、高压水枪（带）4条、灭火器40个（包含机房和办公区）、灭火毯4个、消防沙箱1个（满沙）、消防桶2个、消防铲2个、消防架1个、钢盔2个、防暴警棍4根等物资。并举行物资使用规范培训2次。同时，为规范应急流程，制定应急现场预案，成立护院队，定期开展应急集合和演练，确保万无一失。

（王丽君）

【领导名录】

经　理

吉狄卜都（女，彝族，5月免）

旦增诺布（藏族，6月任）

综合管理

王　丽　君（女）

联通尼木县分公司

【概况】 联通尼木县分公司位于尼木县塔荣路2号邮政局旁边，自2010年成立以来，秉承“以客户为中心，用户服务促发展”的服务理念，以为用户提供优质通信服务及促进社会和谐为己任，倾力做到“消费请客户放心，服务让社会满意”。

【推进投资模式转变】 年内，按照公司推动建立规划指导下的项目滚动管理机制的要求，高度重视投资建设管理，梳理投资管理流程，完善投资管理制度，探索建立投资责任追究和投资评估体系。以3G、4G、宽带和基础传输网建设为重点，逐步完善县、乡和交通主干道网络覆盖，实现县、乡3G、4G高速上网。

【持续深化重点领域改革】 年内，联通尼木县分公司在县委、县政府和上级公司领导下，团结拼搏、锐意进取，坚持以发展为中心，积极应对困难和挑战，采取有力措施，加快业务发展步伐。做好行业信息化和新业务推广。抓好精细化管理，做到管理到位，责任分明。认真搞好服务管理与考核，根据实际情况完善、细化管理办法，制定合理的激励措施，改善服务短板，确保服务质量的稳步上升，提高客户满意度。完善县级基层组织机构设置、分类标准，引导基层经营单元规模效益发展。

【开展实践活动】 年内，联通尼木县分公司积极拓展乡、镇、村一级的联通3G、4G基站覆盖建设，组织下乡送通信、业务宣传等活动，共计80多余次（包括含存费送礼、存费送费、存费送机、办理业务参与抽奖等活动）。通过教育实践活动，正风肃纪见到成效，工作作风明显转变，群众反映强烈的问题得到有效解决。认真落实中央转变作风“八项规定”，制定实施改进作风九项具体措施。进一步完善各项决策制度，切实落实反腐倡廉责任。

（玉　珍）

【领导名录】

经　理

玉　珍（女，藏族）

2017年8月19日，尼木县联通分公司工作人员在吞巴乡开展销售活动

金 融

中国农业银行股份有限公司尼木县支行

【概况】 2017年,中国农业银行股份有限公司尼木县支行始终坚持党风廉建设工作和经营任务齐抓共进,积极配合县委、县政府各项工作,在当前同业竞争压力加剧的经济金融环境中,有条不紊的开展各项工作,致力于用好、用活“三农”金融优惠政策和惠农利农的各项工作放在全行业务发展和完成营业部下达的各项工作目标为首要职责,把积极的工作态度放在服务“三农”和发展县域地方经济建设上,始终把“抓住业务上水平、加强安保零案件、内控严谨促发展”为口号,顺利完成全年各项工作任务。紧紧抓住“一个中心、两根支柱”,一切工作以支行班子为核心,以党建和业务经营为支柱,按照重在活动的成效上,取得历史新突破,分别获得县域“春天行动”综合得分第二,对公条线县域支行第二,一、二季度全年综合绩效考评县域第二、三季度全年综合绩效考评县域第三。尼木县经济建设特殊贡献奖等历史最好成绩。通过多措并举,2017年经营管理水平有很大提高,服务和支持地方经济的能力得到进一步增强。

【业务开展】 截至年底,各项存款余额为108768万元,其中对公存款83019万元,储蓄存款25749万元。各项贷款余额为47190万元,其中个人贷款9153万元,对公贷款2095万元(农村公路贷款1797万元)。涉农贷款35942万元。中间业务收入78万元。截至年底,惠农卡新增193张,IC借记卡共办理2814张,贷记卡较年初新增58张,POS机较年初新增3台,个人网银较年初新增53户,个人消息服务和快e付签约较年初新增841户,企业网银较年初新增23户。

【信贷业绩】 截至年底,各项贷

2017年5月4日,农行尼木县支行组织开展“弘扬五四精神,争做青年先锋”活动

款达到47190万元，不良贷款过去五年一直保持余额0。各项贷款中2017年累计发放三农个人贷款17505万元，累计收回11242万元，三农个人（农牧民）贷款余额35942万元，农牧户户均贷款金额达到4.9万元左右。2017年累计发放扶贫个人贷款557万元，累计收回9024万元，扶贫个人贷款余额9255万元。2017年累计发放尼木县交通基础建设贷款1798万元，累计收回2495万元，贷款余额1631万元。2017年累计发放小微企业贷款1130万元，累计收回200万元，贷款余额1130万元。2017年累计向企事业、机关团体干部职工、私营业主发放非涉农个人贷款3112万元，累计收回1377万元，贷款余额8510万元。实现中间业务收入68万元。自2013年9月1日起至2015年底中国农业银行西藏分行为扩大对农牧民个人涉农贷款的扶持力度，利率统一执行为1.08%，这项政策累计为农牧民让利1500多万元。自2016年1月1日起至今农行响应中央号召，加大对精准扶贫户的特殊扶持，对所有精准扶贫户贷款利率统一执行为1.08%，这项政策累计为农牧民又让利300多万元。

2017年10月18日，农行尼木县支行组织全体员工观看党的十九大电视直播

自2002年始中国农业银行西藏分行创造性地在西藏推行农牧民贷款证，根据农牧民自身生产生活实际给予“钻石卡、金卡、银卡、铜卡”四种不同授信额度，有效地解决农牧民融资需求，经农行尼木县支行长期在县域开展信用乡村评定工作，极大地提高尼木县域的信用体系建设，尼木县成为农行西藏分行认定的AAA级信用县，这不仅肯定农行尼木县支行在金融领域为尼木县域多年工作的成果，还对未来尼木县构建现代信用体系，促进县域支行发展提供坚实基础。随着尼木县AAA级信用县的创立，尼木支行极力向上级行争取更多的金融政策。截至年底，尼木县域可区别于其他县域对农户金银卡贷款授信分别提高至10万元，8万元，7万元，钻石卡贷款授信额度提高至30万元，20万元，15万元。

【党建工作】 年内，认真贯彻各级党委有关抓党建工作的具体要求，牢固树立“抓党建是本职、抓不好党建是失职、不抓党建就是渎职”的理念，按照营业部2017年度党建工作责任制考核办法和上级党委有关坚持把支部党建工作与业务经营同谋划、同部署、同考核，不断深化支部党建工作。尼木县农行支部2017年设立党支部书记1人、组织委员1人、纪检委员1人、宣传委员1人。重新选举产生党组织委员。加强和完善支部集中学习制度、党务公开制度、党员思想交流制度、党员激励关怀帮扶制度、支部书记交心谈心制度、支部委员履行责任承诺等制度。

2017年，尼木县农行支部持续开展“两学一做”学习教育活动，集中活动及报送的各类信息达到10余条。其中带头参加10次。高度重视党的民主制度建设，特别是支部民主制度，着力解决支部党员存在的实际困难，以及支部在日常工作中存在的问题，得到及时解决。带头开展“三亮四比三评”，2017年按照谭喜民副书记、副总经理在县农行开展综合督导检查时提出的要求，要求大家随时提醒自己，以一名合格且优秀的党员的标准要求自己，依托自身岗位，做到“三亮四比三评”活动贯穿党员在工作和生活的各个方面。

【队伍建设】 年内，根据2017年区、市两级行年初党建和经营工作会议精神，按照两级行的相关要求，为实施后备人才的开发培养计划，增强员工岗位责任意识，提升综合素质，打造一支能征善战、高责任心、高执行力、高职业化、高效率的年轻干部队伍，进一步加强尼木县支行“三支队伍”建设力度。尼木县支行制定相关“三支队伍”建设实施细则，注重把大学生员工培养成青年能手，把中年员工培养成干部能手。鼓励和引导青年员工发挥才能，认真实施县支行的“三支队伍”建设计划，完善和落实激励保障措施，加强跟踪培养，并实施深化导师制，一帮一、一助一的带队活动，以领导班子为首，建立县支行后备干部人才库，优化落实培养责任，实行动态管理，坚持备用结合，及时把有培养潜力的后备员工安排到适当岗位进行实践锻炼，促进后备干部的成长，优化人才培养和使用结构。强化柜员的整体业务素质，推动柜面服务的发展；加强客户经理的营销能力，促进信贷业务的有序发展。

2017年7月1日，农行尼木县支行全体员工在县敬老院开展献爱心活动

【创新营销模式，拓宽经营范围】 年内，尼木县支行充分利用两大节日来临契机，积极组织人员制作手机宣传贵金属相关资料，并要求全行员工通过朋友圈和各种群广泛传播，还举办贵金属活动日，张贴宣传标语和横幅，发放贵金属宣传单，送小礼品等多种手段进行宣传造势。活动当天共销售贵金属215克。销售额8万多元。积累第一次集中宣传活动的经验，县支行又举行储蓄存款营销、信用卡主题活动日、集中办理个人贷款、支行和营业所联动开展流动金融服务集中营销存款等多项活动，扭转这些业务倒挂和无法有效新增的问题。

【开展为孤寡老人献爱心活动】 年内，尼木县支行为切实履行“政治责任第一、市场份额第一、服务担当第一”的要求，不断增强基层党组织和广大党员的凝聚力和战斗力，全面推进“两学一做”学习教育常态化、制度化。7月1日，尼木县支行开展系列“迎七一”主题活动。尼木县支行近30名员工走进敬老院开展“为孤寡老人献爱心”活动，给敬老院的老人们带去大米、糌粑、油等生活用品，开展打扫卫生等活动。

（扎西平措 扎西次仁）

【领导名录】

行 长

尼玛次仁（藏族）

副行长

扎西平措（藏族）

边巴次仁（藏族，8月免）

乡（镇）概况

塔荣镇

【概况】 塔荣镇位于雅鲁藏布江中游北岸，尼木县城所在地，平均海拔高度3800米，是尼木县政治、经济、文化中心。距首府拉萨约140公里，塔荣镇国土面积137平方公里，其中耕地面积9210.2亩，林地、草场面积117237亩。塔荣镇政府共有干部职工73人，行政编制29人，实有39人；事业编制34人，实有24人；工人1人；聘用干部4人；公益性岗位5人；科级干部16名，其中5名女性领导干部。经前期优化村级党组织设置后，塔荣镇现有党总支5个，基层党委1个，党支部25个（机关党支部1个，社区党支部1个，农区党支部23个）。截至年底，塔荣镇共有党员500名（预备党员18名），其中群众党员453名，占党员总数的90%，大专及以上文化程度46人，占党员总数的9%，35岁以下党员208人，占党员总数的9%，35至60岁党员251人，占党员总数的62%。

塔荣镇下辖7个村（居），23个村民小组，共有45名村（居）"两委"班子成员，平均年龄43.43岁。村级后备干部81名，平均年龄38.5岁。全镇共有1333户，6299人（男3010人、女3289人），劳动力3146人（男1557人、女1589人），人口自然增长率控制在5.75‰。比2016年同期降低0.74个千分点。农牧民人均纯收入11297.45元，现金收入8473.1元。全镇有1所小学，2所村级幼儿园，4所村级卫生所，1所农行营业所，4座寺庙，1座拉康，共有僧尼68人。

【经济发展】 2017年，塔荣镇农村经济总收入12242.72万元，比2016年同期增长16.2%，其中，第一产业2599.27万元，占总收入的21.23%，比2016年同期增长262.43万元；第二产业4485.70万元，占总收入的36.64%，比2016年同期增长622.05万元；第三产业5157.75万元，占总收入的42.13%，比2016年同期增长822.34万元。农牧民人均纯收入11297.45元，现金收入8473.1元。

【劳务输出】 2017年，塔荣镇各种培训共624人，其中有机作物种植培训413，藏鸡养殖培训176人、驾驶技能培训13人、厨师培训5人、砌筑工培训17人。塔荣镇总劳动力3146人，转移就业为3584人，劳务输出2941人次（县域内1874人次，市内1067人次）。

【经济作物】 2017年，塔荣镇总播种面积9210.2亩，其中粮食播种面积为4482.38亩（青稞种植面积3210.38亩，小麦种植面积500亩，藜麦种植面积772亩），单播油菜播种面积为1745亩（藏油5号种植面积150亩），蔬菜种植面积434亩（新品种"青薯9号"良种繁育基地39亩），雪菊种植面积2548.82亩。退耕还草101.9亩。

粮油生产总量达218.72万公斤，粮食总产量184.81万公斤，同比2016年减产156.39万公斤，其中藜麦单产194.3公斤、总产15万公斤，青稞单产472.4公斤、总产151.66万公斤，小麦单产363公斤、总产18.15万公斤；蔬菜单产293.35公斤、总产127.315万公斤。

【农副产品】 2017年，肉类总产量131.14吨，超目标任务0.74吨；奶类总产量3176.3吨，超目标任务0.1吨；毛类总产量2056.4斤，山羊绒总产量165.4斤；禽蛋总产量4.77万斤，超目标0.7万斤。

【牲畜状况】 截至年底，牲畜总存栏5095头（只、匹），其中牦牛525头，黄牛2399头，犏牛290头，羊1832只（绵羊1005只，山羊827只），马属存栏27匹，猪22头，鸡存栏3927只。适龄母畜2545头（只），2017年出栏牲畜1581头（只、匹），牲畜出栏率33.83%，超目标任务0.03个百分点；幼畜存活率96.29%，超目标任务0.09个百分点；成畜死亡率控制在1%以内，比目标任务降低0.1个百分点；良种牛存栏数625头，覆盖率为12.27%。

【农田水利】 年内，雪拉村工作队争取上级资金99.26万元（国家投资90.27万元，县级配套资金8.99万元）修建（改建）松仔水渠（1024米）、王多水渠（1200米）、江香水渠（1189米），争取国家资金48.55万元，修建860米长的雪拉村防洪堤，争取县级资金18万元，修建加绒沟挡墙工程，利用4.5万元为民办实事，为2组修建168米长的武藏水渠。

【特色产业】 2017年，塔荣镇从事特色产业2173人，其中，从事雕刻5人，绘画97人、石匠193人，铁匠6人、经商169人、印经幡21人，藏纸3人，木匠176人，加工

2017年1月11日，塔荣镇召开2017年经济工作会议

19人、制作藏鼓2人、制作藏香8人，裁缝10人，采石5人、藏鸡养殖业597人，奶牛养殖业862人。运输、餐饮服务从业人员293人。

【落实支农惠民资金】 2017年，兑现惠农资金203.50万元，其中0—16岁残障儿童康复补贴10800元，政府购买残疾人居家托养16200元，残疾人生活补贴63600元，瘫痪在家重点特护补贴48000元，重度残疾人护理补贴21120元，2016年五保供养户下半年资金39000元，2016年五保供养户标提资金4420元，2016年度村务监督员务工补贴81940元，2016年村民小组组长误工补贴63900元，向113户低保户发放2017年度低保资金合计1279126元，向70—79岁老人发放补贴72900元，80—90岁老人补贴3920元，90岁以上寿星老人补贴3450元，兑现2016年、2017年度粮食直补和农资综合补贴493887.46元，退耕还林资金63352.5元，涉农保险资金583052.68元，晾晒雪菊架子补贴413800元。发放65970斤民政救灾粮食，折合人民币131940元。

【教育工作】 2017年，塔荣镇小学适龄儿童入学率为100%，小学按时毕业率100%，巩固率为100%；初中生入学率为100%，巩固率为99.39%。协助县教体局发放拉萨市2016—2017学年建档立卡大学生免费教育资助款29200元，发放2014、2015年脱贫户9名在校大学生2017年生活费43000元。在“六一”国际儿童节期间，塔荣镇党委、政府慰问尼木县小学和辖区幼儿园儿童，物资折合人民币3000余元。

【医疗卫生】 2017年，塔荣镇有1326户6218人参加新型农村合作医疗，金额为18.65万元。截至年底，7063人次获得农村医疗门诊报账，共为参合人员医疗报销

47.88万元。向民政部门申请后，退还126户合作医疗资金10380元。对6个行政村6263人进行包虫病筛查，发现疑似患者30例。7月20日，对全镇疑似病例进一步筛查，最终确诊病例为3例。

【党员发展】 年内，塔荣镇严格按照县委组织部的要求，结合发展党员的16字方针，制订切实可行的塔荣镇年度党员发展计划，并将团组织的“推优”工作纳入塔荣镇发展青年党员的工作规划，认真落实党建带团建，党建带妇建工作。在发展党员中严格履行入党手续，坚持“吸收”“转正”两次谈话制度，并对党员发展对象进行公示。2017年，塔荣镇发展党员18名，其中农牧民党员15名，机关党员3名。

【优化设置村党组织】 2017年，塔荣镇6个行政村共有农牧民党员453名，其中林岗村132人、塔荣村84人、巴古村56人、尚日村61人、东松村56人、雪拉村64人。按照《中国共产党章程》《中国共产党农村基础组织工作条例》和《中共尼木县委组织部关于印发〈优化村级党组织设置工作的意见〉》要求，塔荣镇已完成对6个村级党组织优化调整设置工作，经优化调整后，塔荣镇共有基层党委1个、党总支部5个，原有的班子职数保持不变，相关人员统一参加2017年自治区村（居）组织换届选举。

【党内激励工作】 年内，塔荣镇以

2017年3月28日，塔荣镇庆祝“西藏百万农奴解放纪念日”文艺会演

“七一”中国共产党成立日为契机，以丰富多彩的文体活动为载体，表彰为推进塔荣镇经济跨越式发展、社会长治久安做出突出贡献的先进基层党组织2个、优秀党务工作者7名、优秀共产党员18名，并组织预备党员上台进行入党宣誓、老党员重温誓词。

【农牧民业余党校】 2月20日，召开塔荣镇2017年业余党校开班仪式，培养全镇党员及广大农牧民群众自觉的学习意识、形成较强的学习能力，营造良好的学习氛围，学以致用，学用结合。充分利用塔荣镇业余党校推进“两学一做”学习教育常态化制度化建设，按照县委的学习要求制定学习计划，如期开展学习活动，把个人自学与集中学习相结合，撰写心得体会、学习笔记。截至年底，通过讲党课、集中学习、自学等方式共学习29期、书记讲党课4次，全镇党员干部撰写心得体会500余篇。学习做到读原著、学原文、悟原理，增强学习针对性和实效性，全镇干部职工的工作状态、思想状态有很大的提升。

【村组织换届选举】 11月24—26日，塔荣镇党组织换届选举工作已顺利完成，7个行政村（居）共选出委员35名，其中书记7名、副书记14名，当选人员均是高票当选。

【工会、共青团、妇联工作】 年内，在新一轮村组织换届选举中，推选年富力强的村干部担任团支部书记和妇代会主任，同时调整充实镇机关工作人员，实现群团工作有专人负责。推荐10名建档立卡户贫困青年免费参加驾驶技能培训，为2名贫困家庭大学生申请“国酒茅台·国之栋梁”助学金。11月，塔荣镇对18名“优秀团员”“优秀团干部”和“优秀青年创业者”进行表彰，涉及资金5814元。年初兑现农牧民工子女2016年金秋助学资金，受助学生48人，共发放助学金17.4万元；进一步加强基层妇女组织建设，提高妇女干部队伍素质。在“三八”妇女节时，组织召开村（居）委妇女主任工作会议，表彰6名在妇女工作中表现突出的妇女干部。全面推进“家庭文明工程”，加大力度实施“关爱留守贫困儿童”计划。切实维护妇女儿童合法权益，利用节假日开展慰问孤寡老人等活动，多措并举，帮助更多的妇女实现就业和创业。迎“六一”儿童节期间，镇妇联联系社会爱心人士向尼木县中心小学47名贫困学生捐赠47套书包、文具用品、衣服物资，在全镇营造关心、支持妇女儿童发展的和谐氛围。

【“两学一做”学习教育】 2月20日，召开塔荣镇2017年业余党校开班仪式，培养全镇党员及广大农牧民群众自觉的学习意识、形成较强的学习能力，营造良好的学习氛围，学以致用，学用结合。充分利用塔荣镇业余党校，推进“两学一做”学习教育常态化制度化建设，按照县委的学习要求制定学习计划，如期开展学习活动，把个人自学与集中学习相结合，撰写心得体会、学习笔记。截至年底，通过讲党课、集中学习、自学等方式共学习29期、书记讲党课4次，全镇党员干部撰写心得体会500余篇。学习做到读原著、学原文、悟原理，增强学习的针对性和实效性，全镇干部职工的工作状态、思想状态有很大的提升。

【“四讲四爱”主题教育实践活动】 年内，制定《塔荣镇关于开展“讲党恩爱核心、讲团结爱祖国、讲贡献爱家园、讲文明爱生活”喜迎党的十九大主题教育实践活动实施方案》，塔荣镇“四讲四爱”专题教育实践活动进行细化分工。领导重视，责任到人。4月6日，塔荣镇组织召开“四讲四爱”主题教育实践活动动员部署会，安排部署具体工作。成立由镇党委书记格桑德吉任组长的“四讲四爱”主题教育实践活动工作领导小组；壮大宣讲队伍，有序开展宣讲活动。塔荣镇及时成立“四讲四爱”主题教育宣讲组，夯实宣讲基础，确保宣讲工作有组织，有计划，有成效。同时，严格按照宣讲计划和宣讲提纲，充分发动基层力量，整合返乡大学生，壮大宣讲队伍，创新宣讲形式，结合“3·28”西藏百万农奴解放纪念日、“七一”建党节等重要节点，通过新旧西藏对比、“爱国歌曲大家唱”“党的恩情怎么报”演讲比赛等形式开展宣讲活动，截至年底，全镇共开展主题宣讲83场次，受众达8190人次。

营造活动氛围，奠定良好基础。针对干部群众多样化学习需求，充分利用微信平台及时将相关学习宣传内容传到微信群里，引导干部群众自主浏览学习，扩大学习覆盖面。围绕“文明旅游、西藏和平解放66周年、讲文明树新风”等主题，通过发放宣传单、粘贴喷绘宣传标语、设置提示语、集中宣讲、入户宣讲、读书会等形式，开展各种宣传活动，在全镇范围内营造浓厚宣传氛围。加强督导检查，确保工作成效。镇党委成立“四讲四爱”督导小组，对全镇7个行政村（居）的工作开展情况进行督导检查。督导小组采取明察暗访、现场观摩等方式，坚持到一线去、到干部群众中去，了解真实情况，督促解决问题。针对

2017年6月1日，塔荣镇庆祝“六一”儿童节暨“四讲四爱”文艺会演

在“四讲四爱”专题教育实践活动中出现的重视度不够、宣传落实还不到位、材料参差不齐的基层党组织，督导小组限期令其整改，使“四讲四爱”主题教育实践活动真正落实处、见成效。学习宣传贯彻十九大。塔荣镇各级党组织高度重视学习宣传贯彻党的十九大精神，通过收看收听盛况、会议座谈、专题党课、专题宣讲、网络新媒体等多种形式，组织广大干部群众学习讨论党的十九大，掀起持续学习宣传贯彻党的十九大精神活动的热潮。

【干部作风建设】 年内，组织广大党员干部认真学习《中国共产党章程》《中国共产党党员领导干部廉洁从政若干准则》《中国共产党纪律处分条例》《中国共产党内监督条例》《关于新形势下党内政治生活的若干准则》及相关会议精神，使党员干部思想上高度统一。狠抓党风廉政建设。切实贯彻落实中央“八项规定”及市县各项规定，召开专题会议对党员干部作风建设进行安排部署，要求全镇工作人员和基层党组织在工作中要把加强反腐倡廉、改进工作作风作为工作的重点，抓实、抓好、抓出成效；拓展学习媒介。要求各村要充分利用远程教育平台，广泛组织党员群众观看反腐倡廉警示教育片和模范典型先进事迹，做到示范教育和警示教育相结合，有力提高村级党员干部的廉洁自律意识。

2017年8月8日，塔荣镇举办全民健身活动

【全面规范村级财务】 年内，加强对村党委(总支)书记、主任和村财务人员财务票据规范化培训，组织镇财务人员入村，对村财务人员进行一对一指导，要求各村出纳、会计及时对原始凭证进行清理核对，保证凭证真实合理有效。整顿“三务公开”不全面，不完善现象。完善财务收入管理、财务开支审批、财务预决算、三务公开制度，建立“三务公开”监督检查台账。每季度末镇纪委牵头对镇、村财务进行监督检查，实现“三公”经费明细化、公开化、透明化。规范“三重一大”制度落实，健全配套制度，增强“三重一大”事项集体决策制度的执行力度，加强村干部培训，建立“三重一大”事项决策失误纠正机制和责任追究制度。

【开展基层“微腐败”专项治理】 年内，成立以镇党委书记为组长、纪委副书记罗桑为副组长的专项工作领导小组，深入各村对执法过程中可能存在的违规收费、吃拿卡要、工作不实、阳奉阴违、与民争利、欺压群众等问题进行逐一清查，未发现此类问题；制定“每月一报”制度，广泛收集群众身边有关“微腐败”信息，畅通信访举报渠道，建立健全专项整治和监管台账。

【人大工作】 6月，召开塔荣镇人大十二届二次会议。大会听取和审议2016政府工作报告、塔荣镇人大主席团工作报告，全体代表在大会上积极履行职权，通过各项决议，依法选出塔荣镇副镇长1名。镇人大主席团在原有制度的基础上，完善三个职责(镇人大主席团职责，镇人大主席团主席职责，镇人大主席团副主席职责)；建立六个制度(人大主席团学习制度，办理代表建议、批评和意见制度，调查研究制度，请示汇报制度，联系代表制度，办理人民群众来信来访制度)。

4月14日，塔荣镇人大主席

团组织全体代表开展“四讲四爱”学习活动，学习贯彻区市县“四讲四爱”主题教育实践活动相关会议精神。组织代表学习中共十二届全国人大五次会议和李克强所作国务院政府工作报告精神，加强对人大代表的教育，切实提高代表履职能力。

【“双联户”工作】 年内，对各联户长基本情况统计，建立联户长简历；林岗村四组8名联户代表根据自村组实际，成立“联户代表办公室”，便于今后“双联户”工作能够有序开展。林岗村2组和6组“联户代表”一起组织在村成立“便民加工磨坊厂”，主要目的是通过“双联户”工作平台和“联户代表”作用，让群众受到实惠、方便。向各村发放“联户平安、联户增收”宣传手册203本、宣传单980份、“双联户”工作联系卡970、“双联户”工作证69个、宣传标语140张。截至年底，排查安全隐患联防联控240次，环境卫生联管联治400余次，矛盾纠纷联排联调16起，困难弱户联帮联扶70人次，收集民生信息3次，联户经营集体组织3起。

【精准扶贫】 2017年，塔荣镇建档立卡贫困人口381户1475人（1户1人2016年去世）。6个行政村在2014年村组织换届中已配备健全的村组织机构。各村都已修通乡村公路或位于县域主干道旁，全镇家家通电户户通自来水。

“十三五”规划期间，塔荣镇按照区市县精准扶贫工作部署，

2017年8月22日，塔荣镇召开2017年下半年工作推进部署会

着力推进“五个一批”工程，着重实施“六脱”方略，将全力实施精准扶贫、精准脱贫战略，塔荣镇2014年脱贫20户85人、2015年脱贫54户269人，2016年建档立卡贫困户有378户1426人，年底达到脱贫标准的有368户1393人（全国扶贫开发信息平台标注已脱贫82户343人），2016年贫困人口占全镇总人口的22.77%，2017年脱贫10户33人，贫困人口发生率0.29%，同步实现“三有”“三不愁”“三保障”。贫困人口比例下降22.48%，达到脱贫标准的378户建档立卡贫困户家庭，人均纯收入为9786.49元。

以业脱贫换穷业。因地制宜发挥产业带动贫困户优势。充分利用塔荣镇地理优势和现有扶贫商品房、水泥制品厂、度假村、洗车场等七个产业项目，带动156户建档立卡贫困户实现增收。2017年东松家具合作社、经济林、巴古建筑施工队、巴古藏香制作厂和林岗藏鸡养殖项目已上报，项目实施后将带动59户贫困户，项目均按照“支部+合作社+贫困户入股”的模式申报，以能人承包经营的方式带动贫困户或让贫困户直接参与经营实现脱贫致富，对贫困户和低收入农户以入股贫困户年底分红和就业增收结合方式，实现贫困户都有固定收入；以迁脱贫挪穷窝。塔荣镇2016年已完成搬迁户54户248人，搬迁入住率达百分之百。计划在2017年易地扶贫搬迁户有62户169人，其中，33户91人意愿搬迁至尼木县城，29户78人意愿搬迁至拉萨市经开区（其中有3户9人为脱贫户。1户1人的有5户）。下一步将全力做好62户搬迁贫困户转移就业工作，积极帮助其家庭在搬迁后保障至少有“一户一人”实现就业。

以补脱贫改穷貌。按照县脱贫攻坚指挥部的安排部署及“以补”专项脱贫小组的要求，在2016

年安排岗位794人的基础上新增56人，安排的岗位有850个，其中建档立卡744人、非建档立卡低保36人和边缘户70人；安排定向岗位有558人（其中建档立卡517人、非建档立卡低保41人），2017年已兑现已补岗位资金2536500元、定向岗位资金1305162元；结对帮扶助脱贫。包镇、包村、责任单位、干部职工以“一对一”“一对多”的方式进行结对，针对贫困户的贫困现状和致贫原因，制定一户一方案一户一计划，想办法、出点子，制定切实可行的帮扶措施。从帮扶户的实际情况出发，因人因地制宜，坚持扶得起，站得稳，走得好，扬长避短，坚持缺什么、补什么的原则，为结对户制定脱贫措施。在实施过程中，根据实际情况进行变动，确保各项措施切实可行，最终实现与全区一同步入小康社会的奋斗目标。

【制定党政干部下访制度】 年内，塔荣镇紧紧围绕《建立拉萨市四级矛盾纠纷排查调处中心意见》的要求，提高信访工作的针对性，有效促进社会矛盾化解，维护社会和谐稳定。并结合塔荣镇实际，制定“135”科级干部下访日制度，加大矛盾纠纷化解力度，将各种矛盾化解在初始阶段，消除在萌芽状态，做好信息收集，及时上报至上级部门，进行协调处理。截至年底，塔荣镇调处矛盾纠纷16起，其中婚姻家庭纠纷为主，均已调解成功，未发生一起刑事案件和重大治安案件。

【“百企援百村”】 年内，潼南商会拨付给林岗村的30万援建资金经村“两委”研究决定将其中的8万元以无息贷款的形式借给2名有意愿开展家庭作坊的贫困户，项目分别带动3名贫困人口就业，每人年收入达1万元以上。

【开展精准扶贫“关心·一元捐”基金会】 年内，为坚决打赢脱贫攻坚战，强化党建在脱贫攻坚中引领作用，帮助建档立卡贫困群众解决在创业致富中遇到融资难问题，激励建档立卡贫困群众的创业干事精神，切实实现从“输血式扶贫”到“造血式扶贫”转变。9月28日。镇党委书记格桑德吉在镇党委会议室主持召开塔荣镇关于成立“塔荣镇精准扶贫‘关心·一元捐’基金专题会”。

【统计表】

塔荣镇2017年人口统计表

表4

村名	2017年户数	总人数				总劳动力人数		
		2016年人数	2017年人数	性别		总数	性别	
				男	女		男	女
雪拉村	191	961	964	458	506	469	230	239
塔荣村	299	1247	1258	577	681	600	275	325
东松村	143	729	720	346	374	381	191	190
尚日村	183	883	884	455	429	444	238	206
巴古村	114	607	615	296	319	318	147	171
林岗村	403	1836	1858	878	980	934	476	458
合计	1333	6263	6299	3010	3289	3146	1557	1589

塔荣镇 2017 年经济统计表

表 5

村名	总收入	第一产业	第二产业	第三产业	总支出	纯收入（元）
雪拉村	21226533.4	4679803.8	7478217.5	9068512.1	10335791.6	10890741.8
塔荣村	26452518.1	4693476.3	10092490	11666551.8	12240326.0	14212192.1
东松村	15775691.6	2663938.2	4960145	8151608.4	7641527.6	8134164.0
尚日村	21135817.6	3697175.6	10664647.5	6773994.5	11148871.8	9986945.8
巴古村	9340110.3	2805907.5	3281430	3252772.8	2392178.6	6947931.8
林岗村	28496597.4	7452389.6	8380175	12664032.8	7505935.3	20990662.1
合计	122427268.3	25992691.0	44857105	51577472.3	51264630.7	71162637.6

（金芳琳）

【领导名录】

党委书记

格桑德吉（女，藏族）

党委副书记、镇长

师永军

人大主席

明久多吉（藏族）

专职副书记

达娃桑旦（藏族）

组织委员

罗　桑（藏族）

宣统政委员

刘印川

纪检书记

平措达瓦（藏族）

副镇长

贾保军

巴　措（女，藏族）

德吉央宗（女，藏族）

吴　勇（6 月任）

尼木乡

【概况】 尼木乡乡域面积 241.358 平方公里，辖 7 个行政村，29 个村小组。全乡共有 1325 户，7136 人，其中劳动力 3393 人（男性 1805 人，女性 1588 人）。耕地总面积 9909.32 亩，草场面积 30.6962 万亩。现有 7 个党总支，29 个党支部，28 个党小组，党员共 565 名（含预备党员 20 名，其中 2017 年组织关系转出 10 人，转入 11 人），其中机关党员 61 名，农牧民党员 504 名，入党积极分子 60 名。享受低保 143 户 597 人，乡域范围内有一所小学，在校学生 708 人（含幼儿园）、教职工 43 人。尼木乡机关在编干部 71 人（行政编制 41 人，事业编制 29 人，工人 1 人），编外聘用干部 2 人，公益性岗位 5 人。其中机关在岗干部 16 人，卫生院在岗干部 7 人，下沉干部 28 人，驻村驻寺 7 人，借调借用 11 人，休产假 4 人（2 名下沉干部）；其中汉族 19 人，少数民族 52 人，女干部 45 人；领导职务 11 人，村干部 5 人。

【经济发展】 2017 年，实现国民经济总收入 15579.8 万元，同期增长 2206.58 万元，同比增长 16.5%。农牧民人均可支配收入达 12760.13 元，其中现金收入达 9734.52 元。年内，劳务输出 1064 人，增加经济收入 4256 万元。总播种面积 9909.32 亩，其中粮食作物面积为 5619.32 亩（青稞 5119.32 亩，小麦 500 亩），油菜播种面积 1900 亩（有机油菜 1000 亩，其他油菜 900 亩），雪菊种植面积 1725 亩，蔬菜作物播种面积 390 亩。2017 年实现粮油总产 227.75 万公斤，同期减少 185.05 万公斤，同比下降 44.8%。

【有机农业】 年内，因地制宜调整农业种植结构，共种植有机农作物 2725 亩，其中有机油菜 1000 亩、雪菊 1725 亩。有机油菜 1000 亩于 4 月中旬种植完毕，10 月上旬收割完毕，亩产达 109.21 公斤，增收 87.4 万元。雪菊 1725 亩（日措村 600 亩，尼木村 539 亩，东嘎村 280 亩，尼荣村 106 亩，聂玉村

2017年10月20日，尼木县人大常委会主任尼玛次仁，县人大常委会副主任、尼木乡党委书记张同格在尼荣村检查指导村级脱贫攻坚工作

200亩）于7月上旬种植完毕，10月下旬采摘完毕，亩产达12.5公斤（湿花），增收241.5万元。开展深松整地3001亩，日措村900亩、尼木村940亩、东嘎村480亩、聂玉村575亩、尼荣村106亩。

【净土健康】 年内，共有2个藏鸡养殖点。尼荣村纯种藏鸡养殖点不断扩大纯种藏鸡养殖数量，截至年底，已达到70只（每天产蛋50枚）。聂玉村土鑫农民养殖专业合作社养殖藏鸡645只，年产蛋量1万枚，养殖规模逐渐壮大，现两个养殖点发展状况良好。

【动物防疫】 年内，组织11名兽医及乡农牧综合服务中心工作人员、村“两委”干部对15962（头、只）牛羊、80头猪、5110只鸡开展为期半个月的春秋季重大动物疫病防控工作，接种工作及家禽消毒工作。确保免疫注射做到“乡不漏村、村不漏户、户不漏畜、畜不漏针”。下半年，结合包虫病综合防治工作，对262条家犬进行月度集中投药7次、犬粪集中掩埋处理8次，共收容安置流浪犬277只。对3899只（绵羊2373只，山羊1526只）新生羔羊进行包虫病疫苗注射，动物防疫密度达到100%。此外，曲林村、日措村、普巴村、东嘎村、聂玉村5个行政村新建牲畜保暖棚圈21座。

【村集体经济】 年内，尼木乡党委、政府着力打造普巴村扶贫经幡印刷合作社、尼荣村的藏靴加工合作社、东嘎糌粑加工合作社、尼木村农畜产品合作社、曲林村果蔬种植基地、日措村育苗基地、聂玉村水泥合作社。普巴经幡印刷合作社于6月5日挂牌成立，运营情况良好。东嘎糌粑加工合作社收入持续增加，现已投入扩建资金100余万元。尼木村农畜产品合作社现已投入运营，效益良好，其余项目均在筹建当中。

【交通工作】 年内，根据实际上报建设聂玉村至东嘎村乡村公路1条，路长2.829公里，投资299.3927万元。由聂玉工作队与县交通局协调实施，于2017年10月完工。上报、修复汛期受损道路桥梁5处。

【国土工作】 年内，开展农村土地确权总户数1138户，6466人，总地块宗数17953宗，总实测面积11801.32亩，总确权面积11801.32亩，土地确权工作已全部完成，土地确权发证工作已圆满结束，期间更换信息错误的确权证书259本。

【水利工作】 年内，开展日措村措玉水渠维修1200米，投资99万；曲林水渠维修2500米，投资174.23万元；普巴卡达水渠维修3000米，投资116.96万元。东风灌区、幸福灌区工程、防汛抗旱水源工程现已建设完成，正处于收尾验收阶段。

【安全生产】 年内，召开安全生产专项会议8次，组织检查77次，检查人员533人次，发现隐患46处，立即整改46处，整改率达到100%，安全宣传6次，发放藏汉“双语”宣传资料400余份，提醒广大农牧民群众注意道路交通、严禁酒驾、注意防火、防电等事项，进行安全生产大检查5次。

【食药安全】 年内，紧紧围绕活动主题、结合实际情况，通过喜闻乐见、丰富多彩和活泼新颖的形式来开展食药安全宣传活动，出动工作人员12人次，发放各类宣传资料50余份，悬挂大型条幅1条，食品安全知识普及率得到有效提升。

【消防安全】 年内，组织100余人次对辖区消防安全隐患进行仔细排查，共排查隐患17处。在学校周边及人员密集场所，发放宣传手册200余份、张贴宣传标语10余条，极大地提高农牧民群众的消防意识。

【医疗卫生】 年内，尼木乡参加新型农村合作医疗的农牧民共计7004人，其中在校生951人（小学生617人，初中生334人），缴费总额达21.012万元。截至年底，核销共计3240户21501人次，农牧民群众门诊报销人数86人次，总报销金额6.23万元，其中建档立卡户17人，总报销金额9803.84元，住院报销156人，总报销金额126.18万元，其中建档立卡户28人，总报销金额16.06万元，参合率和综合覆盖率均达100%。按照县委、县政府的统一部署，共集中组织包虫病筛查2次，共计筛查农牧民群众5550名，应筛查率达到92.4%，确诊患者9名（需药物治疗2名，需手术治疗7名）。尼木乡联合县卫计委、拉萨市人民医院，共分3次安排5名需要手术的患者前往拉萨市人民医院进行住院手术治疗，安排2名轻度患者进行免费药物治疗，健康状况良好。

【教育工作】 年内，共组织召开教育工作会议4次，对控辍保学工作、安全维稳工作、师生德育工作进行专项部署，确保小学适龄儿童（7—12岁）入学率达到100%，巩固率达到100%，残疾儿童入学率达100%；初中入学率达到99.7%。对乡完小140余名应届毕业生移交至县中学，对32名新考入大学生情况进行统计摸排以及助学金申请，对原有127名在校大学生进行学费报销凭证收缴。对尼木乡完小及其附属幼儿园进行安全隐患排查及维稳巡查8次、法治宣传教育活动2次、假期安全教育2次、协调召开家长会2次、节日慰问1次。不断加大教育资金投入与协调力度，通过与中国人民银行江苏南通市中心支行启动支行协调沟通为乡完小筹集价值3万余元的物品；通过与辖区各驻村工作队协商，为乡完小解决价值5000余元的学习用品，并于“六一”儿童节当日送去慰问金2000元。2017年共筹集物品及资金折合人民币40000余元。

【民政工作】 年内，召集全乡低保户143户597人、五保户5户5人进行新政策宣传及基本信息采集，对现有名单进行适时调整一次，做到应纳尽纳、应退尽退。五保户和低保户共计148户602人，共兑现低保金1133747.5元，两线合一生活补贴1204821元，五保金29560元，民政共计代缴合作医疗费用18060元。为23户105人兑现临时救助资金4.6万元。实施农牧区特困群众医疗救助118人，兑现资金379624万元。兑现2016年受灾困难群众冬春生活救济口粮288人12645公斤，折合人民币5.2万元。“三大节日”期间，配合县委、县政府及县民政局有关领导走访慰问优抚对象33人。兑现2017年80—89岁寿星老人健康补贴69人31050元，90岁以上寿星老人健康补贴1人750元。

【生态恢复】 年内，按照上级有关指示不断推进林权制度改革、

2017年11月1日，西藏自治区宣讲团拉萨分团在尼木乡开展党的十九大会议宣讲报告会

湿地草原保护、水土流失治理、植树造林、退耕还林、退牧还草等工作，总体来看成效显著。共出动3000余人次植树32050余株，设置护林员岗位245个，巡查主要林区80余次。开展“真爱森林，注意防火”的主题宣传活动，发放小手册、挂历、宣传单300余份，群众参与230余人次。与辖区各村签订《尼木乡森林防火责任书》7份。设置沙化土地封禁管护员48个，对沙化高危区巡查30余次。设置湿地管护检测员15个，对日措湿地常态化巡查60余次。设置草原监督员242个，进一步加强基本草原的管理和保护，截至年底，已全部完成基本草原划定和核查工作。草原面积309494亩、牲畜7799头（折合绵羊单位16785.4），基本实现草畜平衡。

【环境整治】 年内，共召开环保动员大会2次。结合“6·5”世界环境日，开展“绿水青山就是金山银山”主题活动，发放宣传材料1000余份，喷涂宣传标语20余条。投放6个专用垃圾箱，与周边商铺签订“三包协议”30份，集中组织清扫垃圾50余次。乡机关干部职工组织卫生大扫除40余次，开展村容村貌整治活动60余次，安排乡环保专干、各村纪检监督员进行专项督查10次，对执行不彻底的单位通报整改2次。设置水资源管护员90个，巡查主要河流50余次，集中清理河道5次、收集垃圾5车次，集中检查各村主要水源地12次，修复设施6处。开展土壤污染调查2次，大气污染管控25次。环境保护办公室协同安全监督管理办公室对辖区7处重点施工场所、5个砖厂、2个砂厂进行专项检查、专项整治20余次。成立迎检办公室，对接各项工作，期间圆满解决涉及尼木玛曲绿化问题交办件1件。

【“禁白”工作】 年内，对所属各单位院内、围栏环境白色垃圾处理情况进行日常检查，对辖区庭院卫生不达标单位，下发整改通知书，责令其限期改正。在商品零售场所实行塑料购物袋有偿使用制度，要求商品零售场所一律不得免费提供塑料购物袋，并对塑料购物袋应当依法明码标价，与此同时推广使用可降解购物袋。对随意倾倒垃圾、施工扬尘、运输抛撒等产生白色污染的违法行为依法予以严厉查处。每月开展一次辖区树木、林带、绿化区的白色污染专项整治工作，清理大风天气产生的生活垃圾和各类塑料（包装）制品、纸张等废弃物；定期对辖区内的建筑工地生活区进行巡查，及时整治未安装、使用密闭式垃圾收纳设施、生活区白色垃圾泛滥等现象。

加强住宅装饰装修活动的监督管理工作，杜绝居民装修过程中产生的白色污染。建立白色垃圾污染源巡查制度，加大巡查频次、扩大巡查面积，充分利用车巡优势，认真做好白色垃圾污染问题的发现和整改工作。按照职能要求和属地管理原则，负责辖区内的市容环境卫生管理工作，严格落实“门前三包”制度，建立并严格执行白色垃圾污染防治日常巡查制度，做到第一时间发现、第一时间处置，发现违法倾倒或随意抛撒垃圾的行为第一时间举报；全面治理白色树挂、白色树裹等白色污染清理工作。

2017年9月19日，尼木乡党委副书记、乡长德琼与县扶贫办工作人员兑现2017定向资金

【政府建设】 年内，结合“两学一做”专题教育，牢固树立群众观

点，全心全意服务人民。转变作风，建设高效型政府。不断加强作风建设，着力解决不作为、慢作为、乱作为问题，政府作风及效能建设取得明显成效，发展软环境持续优化。依法行政，建设法治政府。坚持乡党委核心领导，自觉主动接受乡人大、纪委、人民群众和新闻舆论的监督，虚心听取人民群众意见，认真办理乡人大代表意见建议。落实责任，建设廉洁政府。认真贯彻党风廉政建设有关规定，坚持重大问题集体研究，严格执行财务纪律、物资采购、人事调整、车辆使用等规章制度。

2017年6月10日，尼木乡党委、政府召开包虫病防治动员大会

【政务服务】 年内，完善便民窗口，增强服务意识。政务服务中心现有民政服务、合作医疗服务、证明受理服务、油票开具服务、教育服务、党员服务6个便民服务窗口，每个窗口前均有明显标识，均配备电脑及打印机各1台。窗口工作人员在开展各项服务的同时还兼具政策宣传任务，依托便民窗口及时有效地向农牧民群众传达各项惠民政策措施，向乡党委、政府反馈基层群众诉求，不仅增强政府公信力而且发挥政府与群众之间的桥梁纽带作用。落实定人定岗，强化责任到人。6个窗口均配备专职人员从事便民服务，有条不紊开展各项工作。便民窗口专职人员联系方式均公布在便民服务站门前，确保电话随时畅通。服务中心所有人员上班时间一律不得离岗，遵循特事特办、急事急办的办事原则，对经手事务全权负责，出现问题坚决倒追责任。提高工作效率，狠抓工作落实。

政务服务中心紧紧围绕全心全意为人民服务的宗旨，任劳任怨的公仆意识，不断提高工作效率，狠抓工作落实，牢牢谨记民生无小事的教训，对群众的每一个要求都认真对待，对群众的每一个疑惑都认真解答，尽快尽力为民办实事办好事，争取做到人人满意、事事顺利。服务站成立之初就在工作效率上狠下功夫，对待群众提出的诉求绝不拖沓，坚决克服各种困难，第一时间想办法满足，确保群众放心满意。

【精准扶贫】 年内，与辖区各村分别签订脱贫攻坚目标责任书，实行挂图作战、集中攻坚。建档立卡259户1211人。截至年底，建档立卡贫困户中已达到脱贫标准的有257户1191人。7个行政村村集体经济收入均在5万元以上（东嘎村11.4万元，曲林村10.2万元，尼荣村6.05万元，聂玉村5.45万元，日措村6.85万元，尼木村7.1万元，普巴村5.2万元），辖区各村综合贫困发生率均控制在3%以下，尼木乡整体贫困发生率为0.18%，经测算其余各项指标均已达到脱贫摘帽考核标准。截至年底，有3户13人未达到脱贫标准，占总人口的0.18%。

【党组织建设】 年内，尼木乡党委严格制度抓党建，提高党建工作水平。抓学习、强基础、不断提升广大党员干部的思想政治素质。积极创建学习型基层党组织，严格执行“三会一课”制度。加强服务型基层党组织建设，通过便民服务中心，设立服务窗口、意见箱等形式，及时了解掌握民情民意。加强村级班子队伍建设，重视后备干部培养，落实第一书记汇报制度。增强党的领导能力，壮大党的队伍，不断加强基层党组织的建设。做好党建带团建、妇联、工会工作，通过党建带动，把群团工作与全乡发展和稳定紧密地结合起来赋予其新的内涵。做好党员组织关系集中排查工作，严格执行党组织关系管理制度。做好党费收缴使用管理工作，全年共缴纳党费23760.5元，党费收缴和管理账目清楚、账款相符、手续完备，没有截留、挪用等问题。

2017年12月4日，尼木乡党委召开村组织换届选举工作动员部署暨培训会

【党风廉政建设】 年内，加强党风廉政建设学习、宣传工作，开展“两学一做”“党风廉政建设宣传教育月”活动，提高党员干部廉洁自律的意识。加强制度建设，建立健全党风廉政建设责任追究机制，进一步明确分工责任，乡党委与各村党支部第一书记、书记分别签订年度《2017年尼木乡党风廉政建设目标责任书》7份，做到每项工作有责任领导、有具体责任人。加强廉政风险防控机制建设，按照上级文件要求进行动员部署，成立尼木乡廉政风险防控工作领导小组，制定《尼木乡廉政风险防控工作实施方案》。梳理规范职权目录。按照职权法定和权责一致的要求，对全乡各科室的各类职权进行全面清理、分项梳理，科学编制职权目录。彻查廉政风险点制定防控措施，填写个人岗位廉政风险点等级确定和防控措施审核备案表，确定风险等级，按风险发生概率和风险等级进行分类登记、汇总并统一备案。

【意识形态工作】 年内，尼木乡党委坚持把意识形态工作摆在党建工作突出位置，通过强化组织领导，丰富活动载体，突出宣传引导，凝聚起推进意识形态工作的强大合力。强化组织领导，切实履行意识形态工作主体责任。狠抓理论中心组和党员干部学习规范化、制度化建设。抓好舆论引导，传播凝聚正能量。开展好“四讲四爱”宣传工作。深入推进“两学一做”学习教育常态化、制度化。

【党建促脱贫】 年内，制定党建促脱贫攻坚工作方案，成立工作领导小组。推行“党总支＋致富带头人＋合作社＋建档立卡户”的发展模式，通过“党建推动、技术带动、能人经营、贫困户为主”的机制，发挥各村产业资源优势，积极带动各村贫困户就业。要求党员干部对结对帮扶户勤走访、多了解，做到由基础关注到全面关爱再到格外关心的心态转变，并及时督促结对党员干部做到帮扶工作“严、实、显”。以换届为契机，将党员致富带头人列入村“两委”班子候选人，通过致富带头人的自身能力和作为一名党员的责任心带动各村集体经济向好向快发展。根据各村实际，安排村“两委”、联户长、致富带头人作为边缘户的结对帮扶责任人，因户施策制定切实可行的巩固措施。

【村组织换届】 年内，召开3次村组织换届推进会，通过召开座谈会、发放调查问卷、入户访谈等方式，完成对村班子和成员的考核和测评工作，全面掌握村班子运转情况、个人留退意愿，其中新进6名、退出7人，留转40名。集中对该届村班子和成员进行离任审查并进行公示，在全县集中培训的基础上，对17名后备村干部进行2轮培训。召开党委会对村务监督委员会人事初步方案进行讨论研究，初步计划留任15人、退出6人、新进6人。尼木乡应到党员476名，实到党员409名，参选率达到85.9%，共发放选票409

张，收回选票409张，其中废票29张，有效票380张。大会以无记名投票方式，等额选举产生村党总支委员40名，平均当选得票率98.6%。当选人均以高票全部一次性成功当选。

【强党固基扶村】 年内，根据上级要求严格落实强党固基扶村工作。选派35名理论素质较高、善于做群众工作的第一书记、服务中心主任、党建专员、经济民生管理员、维稳专员充实到下沉干部队伍中，并下发《尼木乡下沉干部管理暂行办法》。在此项工作开展以来，下沉干部做到转变思想、进入角色，真正沉得下去。辖区7个行政村新村委会建设项目在县委组织部、县发改委、县住建局的大力支持下，按照建设计划正逐步实施动工建设，现各村主体结构已完成，各项配套设施正在建设中，各村第一书记每日负责实地跟踪督导，并上报村级活动场所日报表，主要领导定期赴各村检查村级活动场所建设情况，确保村级活动场所按期建设完毕。

【精神文明建设】 年内，积极开展普法教育，引导广大农牧民群众遵纪守法，提倡文明生活。弘扬民族精神，增进精神文明创建活动的实际效果为目标，深入开展贯彻《公民道德建设实施纲要》，通过悬挂横幅等形式，大力宣传基本道德规范，倡导诚信与道德新风。在深化精神文明创建活动中把创建文明村、文明单位和群众性精神文明创建活动融为一体。培育典型，发挥示范带动作用，巩固创建成果，深化创建活动。

年内，积极开展法制教育和依法治校工作，发挥法制副校长的作用，邀请法制副校长进行法制教育报告。不断拓展学校法制宣传教育的形式，加强对学生的法制教育。将宣传教育与《拉萨市民族团结进步条例》《尼木县民族团结进步条例》结合起来，开展实践活动5次，发放宣传资料300余册，为开展民族团结宣传教育活动营造良好的舆论氛围，确保民族团结宣传教育活动取得应有实效。组织“祭扫革命烈士陵园 缅怀革命英烈”清明扫墓活动。

【人大工作】 年内，按照市、县“人大代表之家”创建工作各项要求，有序开展各项工作。扎实推进“人大代表之家”软硬件建设，并以此为平台履行代表职责，行使代表权力，反馈民众意见。年内，共答复群众意见27条，其中水务17条，环保2条，农牧2条，统战3条，交通2条，政府职能1条，答复率100%，满意率100%，办理率90%。在乡十二届二次代表大会上选举产生1名副乡长，对教育“三包资金”、政府各项资金进行监督检查2次。

（马安阳）

2017年9月20日，尼木乡普巴村开展“四讲四爱”学习教育暨2017年“望果节”庆祝活动

【领导名录】

县人大常委会副主任、乡党委书记
　张同格
党委副书记、乡长
　德　琼（藏族）
人大主席
　英中吉（女，藏族）
专职副书记
　洛桑罗布（藏族）
纪检书记
　巴桑卓玛（女，藏族）
组织委员
　何　洋
宣统政委员
　闫文宝

党委委员、人武部部长、副乡长
　　嘎松顿珠（藏族）
副乡长
　　德　　央（女，藏族）
　　刘 小 圆（女）
　　马 安 阳（5月任）

续迈乡

【概况】 续迈乡位于尼木县东北28公里处，北接当雄、东临曲水。乡域面积593.7平方公里，平均海拔4000米，属于半农半牧乡。全乡共有6个行政村，24个村民小组，农牧民1037户4860人（男2383人，女2477人），劳力2354人，1所卫生院，1个农行营业所，1个派出所，5座寺庙。全乡7个党总支，29个党支部，8个团总支，党员441名，其中农牧民党员394名，机关党支部47人，团员121人，网格化7个35人，“联户代表”89名。

2017年3月31日，西藏自治区党委常委、拉萨市委书记白玛旺堆（前排左二）在续迈乡检查指导工作

【政府建制】 2017年，续迈乡在职干部60名，其中下沉干部24名，大学生村官2名，借调10名，工人1名，公益性岗位4名。

【经济建设】 续迈乡作为半农半牧乡，粮食作物种植以青稞、小麦为主。2017年，续迈乡粮食作物播种面积5850.49亩，粮油总产量为125.6万公斤，其中青稞产量为88.35万公斤，小麦产量为6.4万公斤，油菜产量为3.85万公斤，藜麦总产量为27万公斤，因气候等原因200亩雪菊绝产。2017年，全乡全年牲畜存栏数20650头（只、匹），折羊54372只，出栏数7888头（只、匹），出栏率达到35.54%，肉类总产量542.46吨，牛奶总产量2441吨，山羊绒总产量8.99吨，鸡蛋总产量13.6吨。2017年，全乡年人均收入11331.99元，现金收入8750.2元，实现农村经济总收入8970.27万元，较2016年增加16.05%。第一产业达到2930.12万元，第二产业达到2943.39万元，第三产业达到3096.25万元，三产业比例为32.66∶32.81∶34.52。

【种植业】 2017年，全乡粮食作物播种面积5850.49亩，粮油总产量为125.6万公斤，其中青稞产量为88.35万公斤，小麦产量为6.4万公斤，油菜产量为3.85万公斤，藜麦总产量为27万公斤（藜麦3300亩），雪菊200亩，在全面保障续迈乡粮食安全供给的同时提高群众的经济收入。

【畜牧业】 2017年，续迈乡牲畜存栏数20650头（只、匹），折羊54372只，出栏数7888头（只、匹），出栏率达到35.54%，肉类总产量542.46吨，牛奶总产量2441吨，山羊绒总产量8.99吨，鸡蛋总产量13.6吨。2017年发放优良种牛46头，发放过冬饲料600袋，完成280头黄牛改良，改良率达80%。动物疫苗注射率100%，动物疾病控制率100%。重点实施藏鸡养殖产业项目，成立藏鸡养殖专业合作社2个，藏鸡存栏500只。修建标准化养猪场1座，面积960平方米，一期投入资金494万元，预计实现养殖生猪250头。

2017年，兑现2016年草补奖励资金1450326.94元，村级天然草原监督员补助130200元，共计为1580526.94元。兑现2017年草补奖励资金1380588.46元，村级天然草原监督员补助91800元，共计为1472388.46元。兑现牲畜保暖棚圈121间资金1016400元，兑现牲畜防疫圈 9 间资金 153000 元。

【文旅工作】 2017 年，在“三八”妇女节、“3·28”西藏百万农奴解放纪念日、“七一”建党节等节日期间，组织文艺演出、趣味游戏等活动；乡“文化站”为干部群众免费开放各类服务设施，定期播放爱国教育电影；设立健身房，花费大约 3 万元购置各种健身器材（含跑步机、动感单车、五人站、仰卧起坐机等）。

因地制宜，优化旅游资源，根据全县全域旅游“四菜一汤”的总体要求，针对续迈温泉的建设情况，加快安岗村贡嘎热瓦林卡项目和续迈村农家乐项目的申报力度，同时 9 月与中核集团合作完成地热资源综合开发前期勘探工作，为下一步加大发挥旅游资源的最大效益，形成旅游特色专线，提供保障。同时积极争取上级资金，集思广益，拓宽旅游渠道，提高群众经济收入，助推精准脱贫建设。

【水电建设】 年内，共组织群众清理水塘 10 个、水渠 28 公里，维修水渠 300 余米，渡槽 2 座。山岗村普余水渠已批待建，同时完成 2018 年重点水利项目踩点工作，初步确定申报藏嘎水塘、秋桑水塘、康萨水塘、续迈灌渠维修、强党水塘、恰嘎水渠、卧余水渠等 7 座基础水利设施建设项目。全面推进农网改造，该项目已完工 90%。投资 12 万元为乡政府周转房安装变压器及线路改造，保障农牧民及干部职工基本生活用电。

2017年5月24日，西藏自治区党委常委、纪委书记王拥军（中）在续迈乡检查指导工作

【道路交通】 2017 年，全乡完成建设农村公路项目 2 个（安岗 4 组道路硬化、霍德江组通组公路）。申报设计道路项目 1 个山岗村贡朗公路建设项目，并完成 2018 年各村组道路升级改造项目的申报工作。开展道路清淤共 4 处、长度近 1 公里。组织各村维修路面凹坑 6 处，清理道路 8 次。上报道路交通安全隐患 3 处，并配合县交通局，完成旁朗沟山体脱落隐患治理工作（共投入 32 万元）及警示牌的设立，确保过往车辆人员安全。

【防汛工作】 年内，成立防汛抗洪领导小组并设立专门办公室，制定《防汛抗洪应急预案》，组建防汛抗洪救援队和重点区域情报人员等队伍，组织 20 余人开展山洪泥石流应急演练，及时下发铅丝笼 50 圈、尼龙袋 10000 余个，在县级、乡级各位领导的正确指导下，各上级部门的大力支持下，迅速妥善处理 8 月 18 日与 19 日泥石流灾害，未出现任何人员伤亡。

【人力资源和社会保障】 2017 年，参加城乡居民养老保险 2681 人，新增 43 人，缴纳参保费 26.09 万元，参保率达 100%。全乡转移就业人员 1950 人，实现转移收入 950 万元。

【安全生产】 年内，成立乡安全生产工作领导小组，与各村委会签订《安全生产责任书》。截至年底，共悬挂安全生产横幅 20 条，利用 LED 显示屏滚动播放安全生产标语 20 余条，制作安全生产宣传栏，发放安全生产宣传册 1000 余册，发放安全宣传手提袋 200 个，发放安全宣传纸杯 300 个，开展安全生产专题宣讲会 12 次。对寺庙检查 23 次，对建筑工地检查 16 次，对各村委会检查 23 次，对乡完小、幼儿园检查 8 次，对各商店茶馆检查 63 次，做到安全隐患及

2017年7月5日，召开续迈乡十二届人大二次会议第二次大会

时排查，及时整改。

【民政工作】 截至年底，全乡享受农牧民最低生活保障130户495人，享受五保供养58人，持有国家残疾证168人，享受国家优待金的农村退役士兵11人，城镇退役士兵4人，兑现惠民资金共计108010元。兑现低保资金及“两线合一”资金共计1946456.5元。统计全乡农田受灾户（73户544人），农田受灾面积155.82亩上报至县民政局。

【财政工作】 年内，严格按照上级各项要求抓好财务工作，严格财务管理，严格执行财务每月公示制度，确保资金始终在阳光下运行，没有发生任何资金使用不当的情况。11月，为给干部职工提供良好、整洁的工作环境，乡财政所联合乡人大办在拉萨购置隔断桌及其他办公用品，进一步规范工作环境、提高工作效率。

【精准扶贫】 2016年，全乡共有建档立卡贫困户206户797人，2017年人口动态调整后，建档立卡贫困户共计210户818人，一般贫困户84户372人，低保贫困户114户428人，五保贫困户12户18人，以补脱贫177户420人、以教脱贫136户247人、以迁脱贫95户409人、以业脱贫69户99人、以助脱贫33户41人、以保脱贫126户446人。截至年底，205户796人已达到脱贫标准，贫困发生率0.351%，错贫率0%、错退率漏评率均为0%。通过抓机制、抓重点、抓“三步走”战略、抓党建促脱贫等方面的工作，在全乡领导干部的共同努力下，圆满完成2017年脱贫攻坚任务。

【教育工作】 2017年，续迈乡完全小学学生449人，享受“营养”政策的学生449人。全乡适龄儿童入学率达100%，巩固率达100%。初中生入学率达99.8%，巩固率为96.57%。为保证学生上、下学路途安全，乡党委、政府特制定《续迈乡校车行驶安全管理方案》，并按“两限一警”的规定，安全接送。加强校园及周边安全保卫工作，开展卫生知识宣传，邀请乡完小教师参加续迈乡“四讲四爱”教育活动和“两学一做”常态化教育学习。重视大学生工作。2017年新增大学生25名，为7名家庭经济困难大学生以区内500元、区外1000元的标准进行资助，为23人申请金秋助学资金。为续迈乡完小考入内地西藏班1名学生奖励1000元，同时“六一”儿童节期间为乡完小资助活动经费4000元。

【环保工作】 年内，续迈乡党委、政府及时成立以书记、乡长为正副组长的领导小组，并制定《续迈乡环境卫生管理规定》，落实乡、村、组及双联户“四级”责任制。严禁开山采石、采挖河沙。拆除续迈村垃圾点，在安岗村贵热组投入8.3万元修建一处垃圾转运站。从贫困户选3人作为环境卫生工作人员，每日对公路沿线进行2次清扫，乡机关干部坚持每周五进行卫生大扫除，各村每半月开展卫生集中整治。2017年发放环保宣传手册、宣传材料1000余份，在乡政府院内放置6块小广告宣传牌，张贴标语30余幅。设置环境保护监督员3名，公益护林员21名，草场监督员42名，水源监管员60名，野生动物疫源疫病监测员23名，山洪灾害监督员9名及地质灾害监督员6名，形成工作分工、责任明确、监督到位的工作机制。乡辖区内有主河道1条、分支河流3条、湖泊3面。为加强河湖管理，有效控制水污染，建立河长制工作制度，成立乡长为组长的巡查组，2017年召开“河长制”工作推进会3次，乡河长办下村宣讲3天。开展河道清理活动2次，参与群众与干部1100余人次，动用大型装载机5辆，拖拉机20余辆。进行水域环境卫生巡查12次，查出并整改问题4次。

【林业工作】 年内，在上级相关部门的大力支持下，从3月开始，乡林业工作人员对全乡林业工作进行积极筹划，并深入村组实地规划植树造林工作，截至年底，组织党员、干部、村民，在安岗村主街道移植大树20棵（成活率100%），在公路沿线种植绿化树木250棵。在安岗村种植树苗8622株，山岗村种植树苗55539株。

【气象工作】 年内，成立以乡长为组长，分管副乡长为副组长的气象领导小组，设立全乡气象信息员1名，同时在每村设立1名气象信息员，形成统一联动模式，及时发布气象信息。对河东村人影高射炮台，及时联合县气象局进行检查维护。同时在乡政府院内设置气象信息宣传栏2块，及时宣传气象知识。

【国土工作】 年内，完成6个行政村集体土地测量工作，将拥有宅基地的810户录入不动产系统，并及时发放不动产证。霍德村900亩土地开发项目进展顺利。年底完成各村建设用地规划申报项目。为扎实做好地质灾害防治工作，年初制定《2017年地质灾害防治方案》，与各村签订《地质灾害防治责任书》，并深入全乡范围内开展隐患摸底调查。

【住建工作】 年内，全面推进全乡小康安居工程建设，成立以乡长、分管副乡长为正副组长的责任领导小组，全乡申报小康安居30户83人。通过实地调查，2017年，续迈乡危房有共计12户。建成农牧综合办公楼和尼木县农行支行安岗营业所；开工建设续迈乡扶贫商品房、6个行政村村级阵地建设。

【重点项目建设】 2017年，全乡重点项目建设10项：续迈乡温泉建设项目总投资840余万元；尼续村28个大棚的改造项目总投资210万元；续迈乡生猪养殖基地项目总投资494.71万元；续迈乡扶贫商品房项目204.76万元；续迈乡农网改造项目总投资2000多万元；续迈乡农牧综合服务站项目总投资80万元；续迈乡6个行政村阵地建设项目1900多万；霍德村江组公路项目全长14.7公里砂石道路，总投资1700万元；安岗村四组公路项目全长2.1公里水泥公路，总投资177万元；山岗村冲江水渠项目全长600米，总投资24万余元。

【党建工作】 2017年，续迈乡共6个党总支，25个党支部，6个团总支，党员441名（农牧民党员394名，机关党支部47人），团员121人，网格化7个35人，“联户代表”89名。围绕“抓党建、促发展”这个中心，以“抓书记、书记抓”为指导，年初召开党建工作部署会议，与各党支部签订党建工作责任书，定期召开党建工作推进会和“述职评议会”。

2017年2月21日，续迈乡召开2017年度党建工作部署会议

2017年3月28日，续迈乡开展纪念西藏百万农奴解放58周年文艺会演

【宣传工作】 年内，以学习宣传贯彻党的十八大和十八届三中、四中、五中、六中全会精神、区市县第九次党代会、十九大会议精神为主线，掀起学习习近平总书记系列重要讲话精神的热潮。全年共组织各类宣讲学习27次。以“两学一做”学习教育常态化制度化、“四讲四爱”喜迎党的十九大为主，继续在全乡深入开展“书记讲党课、政府谈发展、人大促履职、纪检抓廉政”活动，2017年来共集中开展2次党课专题辅导。结合“三八”妇女节、“3·28”西藏百万农奴解放纪念日、“五四”青年节、“七一”建党节等节日节点，在乡政府开展座谈会、升国旗唱国歌仪式、演讲比赛、参观新旧西藏对比展览及文艺汇演等活动，进一步弘扬社会主义核心价值观，传播社会正能量。为深化“四讲四爱”主题学习教育，成立以乡党委书记为团长的宣讲团，先后共召开动员部署会28场次，开展集中宣讲30场次，分队宣讲90场次，走村入户宣讲170人次，覆盖率达到100%。以喜迎党的十九大为主线，深化党员干部作风建设为根本，创造性提出在全乡大力开展每周“四个一”和提升“四台服务”活动，以群众喜闻乐见、干部深化为民服务的方式，不断创新活动方法，丰富活动内涵。

【基层党组织建设】 年内，围绕打赢脱贫攻坚战，紧紧围绕“党建带扶贫、扶贫促党建”的工作思路，运用“党建+责任、组织、党员”的模式，将基层党建与精准扶贫进行深度融合，为决战决胜脱贫攻坚提供坚强的组织保障和智力支撑。

【“三个全覆盖”】 截至年底，结合县级2016年、2017年下发的村级集体经济专项扶持资金15万元，6个行政村村集体经济收入均达到5万元以上，下一步将通过县委下发的每村15万元贷款资金，进一步壮大村集体经济。年内，共举办党员集中学习培训13次。按照“修建一批、改建一批”的要求，6个行政村阵地建设主体基本建设完毕，全面竣工。

【农村基层组织建设】 2月18日，乡党委先后多次赴各村开展调研摸底、征求意见、谈话、民主测评表等工作，根据征求意见会及民主测评结果，制定初步人事方案，于10月31日已选举产生村民选举委员会，11月24日选举产生6个行政村党总支班子成员，平均得票率为97.2，均以高票当选。

【党建带团建】 年内，组织乡干部参加全县团委组织干部职工篮球大赛，同时组织朗嘎藏香厂总经理阿旺加央参加全县青少年创业大赛，联合乡完小举办“3·28”西藏百万农奴解放纪念日、“六一”儿童节等各类活动，进一步提高全乡青少年整体素质，全面加强党建带团建的组织建设，团结和带领全乡团员青年解放思想、干事创业，续迈乡共青团工作取得新发展。

【纪检工作】 年内，乡党委坚决贯彻落实上级有关要求，对全乡党风廉政建设以及“两个责任”落实进行全面筹划和安排部署，结合本乡实际，制定《2017年续迈乡党风廉政建设和反腐败工作实施方案》《公车使用管理制度》《续迈乡干部管理奖惩制度》《续迈乡会议管理制度实施办法》，成立乡党政督查室，落实乡机关干部上下班指纹、纸质考勤制度，设立干部在岗去向栏，实行干部评星上榜，末位淘汰机制，规范村务运行和纪检监督机制，让制度建设融入党员干部的工作生活，确保将党风廉政建设和反腐败工作部署落实到位。截至年底，开展廉政工作汇报10次，上报10次“四风”问题线索。

【强党、固基、扶村工作】 年内，乡党委提出“人到、心到、行到、责任到”四点要求，打牢下沉干部思想认识，规范下沉干部工作。在乡机关设立下沉干部评星榜，每月对所有下沉干部进行评分公示，形成争先创优、崇尚荣誉的良好氛围。创立“周报月谈季推年访”长效机制。在全乡下沉干部中设立工作交流微信群，及时传达上级的有关要求，相互交流工作开展情况，共同促进全乡强党、固基、扶村工作向更高水平发展。

【强基惠民】 2017年，共有6个驻村工作队24人，分别来自区、市、县、乡四级政府等单位。按照乡精准扶贫、精准脱贫工作的开展要求，乡强基办指导督促各驻村工作队通过深度调研、因地制宜为各村寻找发展致富的门路，着力发展当地特色产业。第六批驻村工作队自入住以来，共开展维稳工作宣讲50余次，扶贫政策宣讲30余次，乡强基办开展督导检查12次，6个驻村工作队共落实6个基础设施项目和短平快项目，累计资金达1877万元，为群众办好事解难事17件，累计投入资金324420元，开展慰问活动15次，累计资金426217元，开展各类活动10余次，累计资金79860元。

【人大工作】 年内，乡人大在春节、尼木年、藏历年等到各寺庙、各村检查人员在岗情况，检查中严把关，确保“三不出”。积极开展乡人大代表考察和联系走访活动。深入了解矛盾原因，及时解决存在问题。

2017年3月11日，续迈乡召开关于创建有机农业示范县政策措施宣讲大会

【政协工作】 7月4—5日，召开续迈乡第十二届人民代表大会第二次会议。大会审议通过政府工作报告和人大工作报告，全乡41名人大代表在大会上积极行使职权，并提出意见建议，补选雒洪文为续迈乡副乡长。针对会议期间代表提出的36件建议、批评和意见，乡人大专门进行规范整理、登记，并在9月乡党委会上征求意见，同意后移交乡政府，做到件件有答复、事事有回音。同时依据年初制定的政府工作目标和任务，督促乡政府及时将相关目标任务具体落实到责任单位、责任领导和责任人。

【卫生工作】 2017年，为81人报销住院医疗费合计679259.55元。为27人报销门诊医疗费用合计18704.12元。利用6天时间，核销合作医疗资金合计471197.69元，就诊14056人次。为59人兑现医疗救助款269560元。此外，全乡4765人参与合作医疗，群筹资金达142950元，国拨资金617190.7元。完成全乡54名干部职工和4740名群众的包虫病筛查工作，干部职工参与筛查率100%，群众参与筛查率97.85%。全乡“一孩双女”扶助对象88人、特别扶助对象15人，育龄妇女数1545，已婚育龄妇女650人，计生财政补贴资金发放总额60360元。

【成立“妇女之家”】 2017年，全乡现有妇女2477人，其中党员80名，“双联户”代表4名。妇女干部6名（5名妇女主任，1名村委会主任兼任妇女主任），为促进妇女工作，乡党委、政府协调县妇联，成立“妇女之家”。安岗村一名妇女带头成立的藏香合作社，带动6名贫困妇女。同时在2017年“三八”妇女节座谈会上，组织全乡妇女代表开展形式多样的文艺表演。

【“双联户”工作】 年内，乡党委、政府召开“双联户”工作部署会，同时与6个行政村及89名联户代表签订双联工作目标责任书，确保双联责任落到实处。同时开展3次双联户业务培训活动。年内，续迈乡共评选出优秀“双联户”县级先进1名、乡级4名、村级18名。

截至年底，“双联户”发挥的作用情况：排查化解矛盾纠纷8起，参与治安巡逻89人次，整治社会治安重点部位12处，排查消除各类安全事故隐患30起，收集社情民意19条。乡综治办开展各类宣传60场，发放各类宣传资料650余份，受教育群众3000人次，开展环境卫生整治102次，帮助困难群众解决生活生产困难41次，邻里义务劳动84人次。

（卢蒲军）

【领导名录】

党委书记

洛　　旦（藏族）

党委副书记、乡长

张　　伟

人大主席

扎　　桑（女，藏族）

副书记

刘 雪 石（藏族）

纪检书记

胡　　宁

政宣统委员

达　　瓦（藏族）

组织委员

格桑卓玛（女，藏族）

人武部部长、副乡长

卢 蒲 军

副乡长

次旦央吉（女，藏族）

卓玛曲宗（女，藏族）

雒 洪 文（5月任）

帕古乡

【概况】 帕古乡辖2个行政村，14个自然小组，共计637户3421人（男1702人，女1719人），其中农业人口2866人，牧业人口555人。劳动力1859人。2017年，帕古乡共有干部职工60人，领导班子成员11人，下沉干部8人、工人1人、农保专干2人、公益性岗位3人、聘用干部1人。

【经济建设】 2017年，帕古乡地区经济总收入达7212.42万元，同比增长8.7%。其中，第一产业收入3563.19万元，同比增长0.25%；第二产业收入670.8万元，同比增长19.8%；第三产业收入2978.43万元，同比增长18.1%。三大产业比重为49.4∶9.3∶41.3，其中第三产业所占比重同比明显增大；2017年帕古乡农牧民人均可支配收入达12616.1元，其中人均现金收入达9465元。

【农牧业】 2017年，帕古乡农牧业经济总收入3563.19万元，同比增长0.25%。全乡耕地面积3232.69亩，总播种面积2680.99亩；草场总面积79万亩，可利用草场面积77万亩，人工种草面积2500亩。

2017年，帕古乡粮油总产量为81.55万公斤，其中粮食播种面

2017年10月19日，拉萨市委常委、常务副市长占堆（右一），拉萨市人大常委会副主任觉根（左二）在尼木县帕古乡检查指导工作

积2680.99亩，总产78万公斤；经济作物面积241.7亩，总产3.55万公斤。小麦种植面积120亩，总产3.7596万公斤；青稞种植面积2440.99亩，总产71.9004万公斤；豌豆种植面积120亩，总产2.34万公斤；油菜种植面积241.7亩，总产146.85万公斤；蔬菜种植面积110亩，总产25.71万公斤。

截至年底，畜牧存栏合计24956（头、只、匹），其中大畜9547（头、匹、只），小畜15409（头、匹、只）。总出栏率34.7%，幼畜成活率100%，成畜死亡率控制在1.02%，牲畜良种覆盖率5.4%。牛羊肉类产量627.62吨，奶产量1128.4吨，毛类产量7.37吨，皮张类产量8410张，禽肉类产量1.4吨，禽蛋类产量3.6吨。

【劳务输出】 2017年，帕古乡组织劳动人员培训4次，参与各类培训人员共计46人（建档立卡37人），实现劳务输出人口1722人，实现收入861万元。

【党员队伍建设】 年内，帕古乡有基层党委1个，党的基层委员会1个、党总支1个、党支部15个。现有中共党员227人、预备党员5人、入党积极分子75人，17年发展党员5人。农牧民党员总数180人，农牧民党员所占比例79.3%。

【落实党建责任】 年内，着力构建"党委统一领导、党委书记负总责、分管领导具体负责、职能部门抓落实"的责任体系，落实党员领导干部"一岗双责"，认真抓好党建工作述职考核评议，认真开展"联述联评联考"制度，积极吸纳"两代表一委员"和基层群众意见。党建工作领导小组定期开展党建工作调研，形成调研报告1篇，帮助联系点办实事2件。

2017年6月28日，帕古乡庆祝建党96周年党员大会暨"唱红歌·颂党恩"文艺会演

【党建促脱贫】 年内，强化党员干部在精准扶贫中的作用，乡主要领导根据相关要求及时召开脱贫攻坚部署会议，推进全乡脱贫工作，全年召开专题会议共计89次。拓展"321"党员干部结对帮扶，建立主要领导包村/村"两委"包组/乡干部包户制度，结成帮扶对子173对，落实"一户一策"精准帮扶政策，掌握解决贫困户在生产生活中的实际困难并做好思想工作。统筹全乡干部职工下沉脱贫一线，将干部驻村、网格化管理、"先进双联户"创建、村党支部第一书记选派、"党员干部进村入户、结对认亲交朋友"等基层党建工作与脱贫工作紧密结合，本土书记和"第一书记"有效配合，让党员和致富能人创办、领办产业项目，使党的干部成为带领贫困群众脱贫致富奔小康的主心骨、领路人。

【换届工作】 年内，帕古乡始终将加强党的领导贯穿换届工作全过程，充分发扬民主，严格依法办事，稳妥有序推进换届工作，选出政治坚定、素质优良、作风过硬、结构合理、群众公认的好班子。帕古村、彭岗村圆满完成村级党组织换届工作，选定新一届帕古村总支部委员会6人、彭岗村党委会6人。

【后备队伍建设】 年内，结合开展强基惠民活动和"强党、固基、扶村"工作，做好从党员致富带头人、复退军人、优秀"双联户"代表、外出务工经商人员中培养村级后备干部工作，共培养后备干部28名。大力实施"万名村（居）

干部文化素质提升工程”，对村干部全部进行轮训，不断提升其思想政治素质和履职尽责能力。

【党风廉政建设】 年内，加强廉政建设学习、宣传、监督工作。落实党委主体责任和纪委监督责任，认真调查研究、分析研判党风廉政建设和反腐败工作成就，将党风廉政建设工作和反腐败工作进行年度总体部署，推进专职专责，支持纪委书记“三转”并协助抓好全面从严治党主体责任的落实，强化纪委监督执纪责任，构建“党委统一领导、党政齐抓共管、纪委组织协调、支部各负其责、依靠群众支持参与”的党风廉政建设领导机制和工作格局。

【严格财经制度】 年内，规范公车管理和使用，每季度对燃修费用进行公示，接受监督。严格遵守公务接待费用专项管理机制，定期公示，接受监督。

【“两学一做”学习教育】 年内，推进“两学一做”学习教育常态化制度化，强化“三会一课”的思想教育功能。开展书记讲党课2次，“两学一做”集中学习15次，设立宣传栏3个，乡机关干部撰写心得体会120余篇。

【“四讲四爱”主题教育实践活动】 年内，根据自治区19项、拉萨市33项活动内容，结合帕古乡实际相继开展新旧西藏对比故事会、“党的恩情怎么报”演讲比赛、美丽乡村人人有责、爱国歌曲大家唱、“手拉手、富帮穷”、习近平总书记重要讲话精神语录摘编100句学习等活动。共组织开展宣讲130余场次，覆盖率达100%，营造人人了解、人人关注、人人参与的浓厚氛围，切实提高“四讲四爱”主题教育实践活动的趣味性、群众性和实效性。

2017年5月25日，帕古乡开展“四讲四爱”主题教育实践活动宣誓词签名

【精神文明建设】 年内，围绕喜迎党的十九大等重大主题，认真组织实施文艺创作演出，组织开展群众文化活动，不断丰富群众精神文化内涵；加强网络意识形态工作，深入开展网络意识形态安全专项清理行动，建立健全管用防并举、齐抓共管的制度体制，切实加强网络信息监控，规范网络信息传播秩序；联合派出所，积极参与到“扫黄打非·珠峰”工程、“藏独”反宣清查和“清源”“固边”“净网”“秋风”“护苗”等系列专项行动中，净化文化市场环境。

【法制建设】 年内，加强法制宣传教育，提高居民法制意识。广泛开展以“弘扬宪法精神、构建和谐帕古”“抵制邪教、倡导文明”“珍爱生命、拒绝毒品”等活动，切实增强居民法制观念。

【纪检工作】 年内，协助党委加强党风廉政建设，完善机制，强化责任；健全制度，强化监督。主动谋划，着力打造廉政教育新亮点。依纪依法处理信访问题，积极主动查处违纪案件。加强基层事务阳光公开度，增强工作透明度。

【保密工作】 年内，加强宣传教育，提高干部职工对保密工作重要性的认识。抓好制度建设，促进保密工作措施的落实。做好文件阅办归档，严格印章管理制度，加强计算机等电子设备管理。

【团委工作】 2017年，帕古乡新增团员5人。主抓“党建带团建、团建促党建、团建带精准扶贫”的工作模式，狠抓团组织建设。乡团支部先后举办“庆五四”“在青年人员中宣讲四讲四爱”“我的青春我的梦”等系列活动，组织扶贫户农牧民申报学习驾驶技能培训，全年共组织6人参与驾驶C证培训。

【工会工作】 年内，不断推进村级工会组织建设工作，乡工会委员会组织群众代表学习《中华人民共和国工会法》《中华人民共和国劳动法》《中华人民共和国劳动合同法》等相关法律法规。以“组织起来，切实维权”为工作方针，大力开展农牧民入会集中行动，截至年底，全乡农牧民入会率达100%。

【妇联工作】 年内，围绕“党建带妇建”工作模式，乡妇联认真开展各项妇女儿童工作，采取多种形式对广大农村妇女进行服务。在下辖两村开展科技培训、法治维权、保安宁法治讲座活动，受益人数达100余人。推进以家庭美德建设和文明卫生为重点的文明创建活动，2017年荣获县级“平安家庭”4个，县级“最美家庭”1个，市级“最美家庭”1个。开展“关爱进校园、情暖偏远儿童”活动，为乡完小和两村幼儿园153名学生送去保暖内衣。

【人大工作】 7月15日，帕古乡召开第十二届人民代表大会第三次会议，选举政府副乡长1名。针对乡政府工作中的薄弱环节和群众反映的热点难点问题，乡人大列出重点监督事项，并组织代表进行督促检查。对农村低保工作、通农村公路、灌溉水渠的建设情况、涉农补贴发放情况等进行监督。

【政协工作】 年内，积极参与县政协各项活动，加强宣传引导，确保工作取得实效。乡政协委员积极参与县政协组织的吞巴乡藏鸡养殖和藏香制作学习等活动，认真学习先进经验做法，并将学习成果转化到实际行动中，提高帕古乡藏鸡养殖技术；多次组织工作人员深入村组，宣传政协工作重要性，提高干部群众对政协工作重要性的认识。

【“双联户”工作】 年内，严格落实“双联户”代表工作职责，深化先进双联户创建工作。全乡共计联户代表64名，为确保双联户目标管理责任落到实处，乡综治办与64名联户代表签订目标责任书。为提高联户代表业务水平，全年共组织联户代表参与乡政府培训3次、各村委会培训4次。组织各联户长广泛参与“四讲四爱”“党的十九大会议精神”“卫生整治”等活动。积极参与2017年度村、乡、县三级“先进双联户”创建活动，荣获县级“先进双联户”联户代表1名，乡级“先进双联户”联户代表3名、村级“先进双联户”联户代表13名，兑现村、乡两级“先进双联户”奖励资金26800元，双联户补助资金116805元。

【教育工作】 2017年，帕古乡小学适龄儿童入学率达100%，在校生298名，巩固率为97%，初中生入学率100%，巩固率为97.8%。帕古乡政府积极加强与流失学生家长沟通，控辍保学取得良好成效。2017年5月帕古乡完小顺利通过素质均衡教育评估验收，帕古乡幼儿园建设成功，入学率达100%。

2017年6月1日，帕古乡完全小学庆祝第六十八个国际“六一”儿童节

【住建工作】 年内，帕古乡积极参与农村危房改造相关统计工作及小康安居工程前期工作，投入到文明城市创建活动中。

【旅游工作】 年内，积极探索帕古乡潜在旅游资源，打造富有地域特色和文化特色的旅游品牌。重点开发彭岗村制陶工艺。扩大彭岗望果节影响，打造有影响力的物交平台。打造帕古庄园红色教育基地，成为重要的爱国主义教育活动场所。

【财政工作】 年内，围绕县财政局工作要求，规范乡财务所工作制度。严格预算管理，收入管理上督促及时缴存，支出审核上严格预算规范条据，资产资源处置和村级工程建设上力争公开、公正、公平，确保资产资源保质增值，最大限度节约工程资金。严格规范村级财务，联合乡纪委完成各村财务清查，建立完善村财务制度。“三公经费”使用情况公开透明，重大资金会议决定，纪委监督。

【环保工作】 年内，加强宣传教育、完善各项机制、开展整治活动。加强生态文明普及教育和宣传，广泛动员社会人员参与生态文明建设，全年共进行宣传教育工作3次。全面落实流域治理“河长制”，健全补偿机制，完善草原生态保护补助奖励机制，建立湿地、水生态和地质遗迹保护补助奖励机制，积极对接落实中央以绿色生态为导向的农业补贴、自然资源统一确权登记、湿地保护修复等方面的改革举措。全年共计发放草补资金308419.4元。积极开展环境卫生综合整治活动，组织干部群众打扫卫生、清理垃圾30余次，清理垃圾150余吨。

【民政工作】 年内，建立完善灾害紧急救助机制、及时兑现政策资金。全年因突发泥石流导致帕古乡89.8亩田地受灾，其中耕地受灾面积52亩，冲毁割草草场面积7.6亩，填埋割草草场面积30.2亩，涉及农户29户，257人。县民政局为全乡受灾群众送去青稞、帐篷等救灾物资。2017年，帕古乡享有农村低保政策人数为79户311人。残疾人两项补贴共兑现80人63360元。“五保”户补贴兑现为上半年4人13840元，下半年3人9000元，2017年“五保”提标资金4人800元，70岁以上老人116人发放补贴36050元，80岁以上寿星老人20人发放补贴10500元。

2017年10月14日，帕古乡开展“四讲四爱”送知识、送温暖活动

【国土工作】 年内，建立健全农田保护责任制，认真贯彻执行农田保护“五不准”制度，进一步完善目标管理责任书，对全乡3232.69亩农田进行保护巡查工作，做到面积不减、质量不降、标志完好、责任落实。

【发改工作】 年内，落实季度及年底统计工作，2017年发放碘盐37.9吨，加强宣传家电家具下乡补贴资金政策，确保惠到实处，全年全乡共计申报补贴户数231户。

【矛盾纠纷排查调解】 年内，加大矛盾纠纷排查调处力度，重点加强对热点难点问题的排查调处，解决辖区建设因土地补偿、工资补偿引起的各类矛盾纠纷。截至年底，全乡共排查各类纠纷隐患98次，调解解决矛盾纠纷6起，帮助农民工及时解决拖欠工资1起，涉及金额2万余元，全年无任何越级上访、信访案件，矛盾排查率达99%，调解率达100%。

【医疗卫生】 2017年，帕古乡参与合作医疗3283人，参保率达100%，下拨家庭医疗经费82075元，门诊报销169488.94元，核销金额为398923.99元。全年卫生院就医人数5949人，共核销医疗合作资金398923.99元。全年未发现传染病人，孕产妇急重症患者住院率达100%，高危婴儿及急重症婴儿及时住院率达100%，全乡控制孕产妇死亡率为0。全力协助乡卫生院进行计划生育政策法规和生殖健康知识的宣传教育，宣传覆盖率达到98%以上。

【新农保工作】 截至年底，全乡参保人员共有2174人，新增参保人员18人，参保率达到99%。帕古乡积极做好新农保政策宣传教育，平均每周接待4人次的群众咨询，细心解答群众有关新农保政策的疑问，受众人数达400余人。

【精准扶贫】 2017年，帕古乡帕古村、彭岗村实现脱贫摘帽，建档立卡户动态调整增至173户785人，当年26户103人达到脱贫标准，未脱贫11户56人，全乡共有贫困边缘户63户350人。全乡以迁脱贫877户378人，其中2016年县城搬迁4户25人，2017年拉萨搬迁29户103人、县城搬迁10户41人、彭岗村集中搬迁44户209人。以教脱贫169人：幼儿园28人，小学95人，初中22人，高中6人，中职4人，大学生14人，落实贫困家庭学生补助（区内每人每月300元、区外每人每月500元）、“三包”政策，实现零辍学。以补脱贫287户455人：彭岗村287人、帕古村16人；以保脱贫15户40人：彭岗村4户6人、帕古村11户34人；以业脱贫95户：彭岗村33户、帕古村62户，扶贫商品房项目、豌豆糌粑加工厂项目，可实现每人每年3000元收益。

2017年5月13日，帕古乡召开精准扶贫精准脱贫易地搬迁工作安排部署会议

【村集体经济】 帕古乡村集体经济项目有帕古村鲁固茶馆建设项目、豌豆糌粑加工厂建设项目、扶贫商品房建设项目，彭岗村商品房建设项目、短期育肥项目。2017年彭岗村集体经济收入达12万元，帕古村达5万元。

【林业工作】 年内，全力抓好林业绿化工作，扩大绿化覆盖面积。落实65位护林员岗位职责，并如期发放护林员岗位工资。

【惠农资金（补贴）发放】 2017年，帕古乡按时发放惠农补贴金到农牧民手中，极大地调动农牧民生产积极性。全年共计发放草原生态补偿资金308419.4元；以补岗位455个，兑现以补资金136.5万元；定向岗位290个，兑现定向资金22.881万元。

【水务工作】 年内，帕古乡积极做好饮水点统计排查工作，加强汛期安全防范，建成以水渠、河道等为主体的防洪工程体系，建立三防预警机制和预案体系。严格执行河长制，由乡党委书记负责组织领导帕古乡河流的管理和保护工作，加强水资源保护落实、域岸线管理保护、水污染防治、水环境治理、加强执法监管等。

【防汛抗旱】 年内，帕古乡及时调整充实防汛抗旱领导小组，制定防汛抗旱应急预案，负责处理汛旱期的突发事件，并根据实际情况配备编织袋、木桩、麻绳、沙袋等防汛物资。

【安全生产】 年内，坚持宣传“安全第一、预防为主、综合治理”方针。结合“安全生产月”活动，向农牧民群众发放安全生产宣传资料，全年共计发放宣传资料710份，悬挂横幅6条；加强日常和节假日期间的安全生产大检查、大排查。全年共计进行安全生产检查200余次，要求整改单位3个，其已全部落实整改要求，有效防止安全事故的发生。

【消防工作】 年内，乡政府深入村组向群众宣传消防安全知识，全年悬挂横幅6条、发放宣传资料300余份。乡党委与各村签订《消防安全目标责任书》，将消防安全工作纳入村年终目标考核。对辖区人口聚集区进行火灾隐患排查，全年开展安全隐患排查48次。

【人武工作】 年内，广泛开展国防教育，抓好民兵队伍建设，多次组织民兵干部及全体民兵进行时事形势教育及国情教育，在节假日组织民兵联防队开展巡逻工作。

（党晓峰）

【领导名录】

党委书记

边巴扎西（藏族）

党委副书记、乡长

侯水军

人大主席

次　仁（藏族）

副书记

云　登（藏族）

纪检书记

格桑扎西（藏族）

组织委员

汪治培

宣政统委员

索朗白珍（女，藏族）

副乡长

索朗次仁（藏族）

嘎玛丹增（藏族）

杨　越（女）

徐　宁（7月任）

麻江乡

【概况】 麻江乡位于尼木县北部，南临卡如乡，东接帕古乡，北与班戈县、当雄县相连，西与南木林县交接，是全县唯一纯牧业乡，乡域面积1151.69平方公里，平均海拔4500米以上。草场总面积128.5万亩，下辖3个行政村、10个村民小组、29个自然组，全乡共有牧民511户（朗堆142户、达琼115户、强聂254户），总人数2776人（朗堆788人、达琼557人、强聂1431人），男1404人，女1372人。其中劳动力1543人（朗堆465人、达琼300人、强聂778人）。有1所完小（在校师生382人）、1所卫生院（15人）、1所兽医站（2人）、1所农行营业所（3人）、2座寺庙。乡机关共有干部职工46人（县里借调、抽调17人），行政事业各占一半，工人2人，公益性岗位2人。乡党委下设3个党总支、11个党支部，共有264名党员，其中牧民党员234人，占全乡人口总数的8.4%，乡机关党员30人。

【经济发展】 2017年，麻江乡实现农村经济总收入5173.34万元，同比增长16%。其中，第一产业收入3707.68万元，第二产业收入363.86万元，第三产业收入1101.8万元。牧民人均收入16222.9元，同比增长16.01%。现金收入12167.3元，同比增长16.02%。

2017年10月15日，拉萨市委常委，常务副市长占堆（右三）在尼木县麻江乡检查指导工作

2017年9月30日，县委书记杜国君在麻江乡检查指导精准扶贫工作

【牧业生产】2017年，麻江乡牲畜存栏总数34564头，其中牦牛存栏12720头，黄牛存栏415头，绵羊存栏12853只，山羊存栏8409只，马存栏167匹。全乡出栏总数14267头，出栏率40.55%；成畜死亡349头（只、匹），死亡率为1.01%；仔畜死亡512头，成活率为96.84%。肉产量9396吨，毛产量8.15吨，奶产量1801.9吨。发放优质种牛39头，投入资金34万元。层层落实责任，抓好牲畜防抗灾、接羔育幼和重大动物疫病防治工作，2017年共组织10名兽医人员对全乡12720头牦牛、415头黄牛、21262只羊进行2次疫苗注射。县政府解决50万元的2017年冬2018年春防抗灾储备饲料。县农牧局下拨3个村饲料64吨，群众割草、人工种草共计750吨。完成343户高原牲畜暖棚建设项目，已通过县级验收，兑现资金411.6万元。完成20座村级牲畜防疫点建设，通过县级验收，每座1.7万元，共计兑现34万元。发放2016年度草原生态保护补助奖励草畜平衡资金314.03万元，通过市级交叉验收，发放95名村级草原监督员工资36.9万元，兑现牲畜死亡保险资金59.22万元。

【农业生产】年内，按照尼木县创建有机农业示范县的总体安排，加强与县净土办的协调联系，划定有机牦牛养殖草场22万亩，完善相关论证资料、台账，完成5000头牦牛有机转换认证工作，并取得证书。在县农牧、国土部门的大力支持下，2017年对1.2万亩土地平整项目进行牧草试种，燕麦和箭舌豌豆播种面积1770亩，苜蓿播种面积3430亩，苦荞播种面积6800亩，总计12000亩。全部使用有机肥料，其中有机肥1210吨，农家肥（牛羊粪）4530方，有效增加土质肥力。利用有限的农田，种植青稞25亩，亩产343.2公斤，粮食总产达8597.15公斤。

【教育事业】年内，加大控辍保学力度，全乡小学适龄入学率达99.9%；初中入学率达99.82%，在校生巩固率达99.15%，整班移交率为100%。对儿童节、教师节进行节日慰问，朗杰平措通过个人渠道给县完小赠送价值3万元的学习用品。

【医疗卫生】2017年，新型农村合作医疗参保人数2694人，总筹资80820元，参保率100%。落实“一孩双女”及特别扶助补助政策，对“一孩双女”家庭16人发放资金15360元，对特别扶助家庭11人发放资金44880元。加强食品药品管理，完善整理一户一档材料。全乡现有食品经营单位32家，开展食品安全专项整治4次，对食品经营单位培训1次，受益42人次。广泛开展包虫病防治宣传，完成三个村2725位村民包虫病筛查，筛查率达99%。清理抓捕228只犬，送至市流浪犬救助站集中收养。开展二批次羔羊包虫病疫苗接种工作，接种疫苗5780只。

【文化工作】年内，加强乡村文化建设，不断满足广大干部群众文化需求。广泛开展“三八”妇女节“3·28”西藏百万农奴解放纪念日、“五四”青年节、“七一”建党节等节日活动，成功举办“八一”赛马节。期间3次开展“扫黄打非”宣传检查活动，整治净化文化市场。

【劳动就业、社会保障】 年内，全乡养老保险缴费共1480人次，缴费金额24700元。积极协调上级部门加大对群众就业培训工作，尤其是建档立卡贫困户的培训，全年完成培训42人次，实现就业5人次。完成社保“一卡通”录入工作。

【民政工作】 年内，调整农村低保户，建立完善乡村低保档案。现有低保户68户303人，兑现低保金60.73万元。对55周岁以上老人进行分段统计，建册存档。发放2016—2017年受灾困难群众冬春口粮27640吨，涉及167户300人。发放五保提标及供养资金、寿星老人健康补贴等惠民资金，共计73580元。

【住建工作】 年内，完成小康安居128户619人，其中拉萨127户615人，县城1户4人。多次对农村危房进行清查，完成危房统计工作。

【财政工作】 年内，全面加强财务管理，严格履行审批制度。全面落实财务公开制度，每季度公开财务一次。完成强农惠民资金系统录入，加强大额资金监督检查，足额兑现各类强农惠民资金。严格财务管理制度，所有财务支出实行乡长“一支笔”审签。组织财务人员到拉萨等地开展培训，提高业务能力。坚持开源节流，严格控制支出，有效遏制办公经费增长。

【扶贫工作】 2016年，全乡共有建档立卡贫困户85户313人，贫困发生率为11.4%。2017年贫困人口动态调整为90户397人。在上级党委的坚强领导及脱贫指挥部的具体指导下，经过全乡上下的共同努力，有序推进“六脱”措施，紧盯“十项”脱贫指标，经过考核自验，达到脱贫标准85户369人，贫困发生率下降至1%。广大群众对精准扶贫、精准脱贫工作满意度较高，一致认为党的政策好、支持力度大、工作措施实、得到实惠多。群众自愿脱贫达98%，认可度达97%，错评率和漏评率为0。

2017年1月15日，县委常委、县委政法委书记、县公安局局长黄鹤在麻江乡慰问结对帮扶户

【以迁脱贫】 年内，全乡共有搬迁户72户331人。其中拉萨搬迁56户271人，乡集中搬迁16户60人。搬迁点建设有序进行，群众搬迁意愿积极，多次到乡里了解搬迁情况，希望能够尽早搬迁。

【以补脱贫】 年内，把握政策界限，用好岗位名额，全面进行核实，认真抓好生态补偿岗位、定向性政策补助工作落实，足额享受政策，足额兑现资金。按3000元/人/年的标准，兑现2016年179人工资53.7万元，兑现2017年294人工资88.2万元。按1550元/人/年标准，兑现2016年243人定向岗位补贴37.67万元。按789元/人/年的标准，兑现2017年定向岗位补贴245人19.33万元。

【以业脱贫】 年内，大力开展“劳务输出一人，脱贫致富一家”宣传教育，积极引导群众通过双手勤劳致富，全乡现有劳务输出人员94人，人均年增收3000元以上。其中17人（17户）通过保安、服务员、厨师、公益性岗位等实现稳定就业，最低月收入2000元以上，建档立卡贫困户“不等不靠、勤劳致富”的氛围正在逐步形成。

【以助脱贫】 年内，全乡所有建档立卡贫困户全部参与、享受合作医疗，其中4户5人涉及大病、慢性病医疗救助，对医疗费用进行全额报销，报销金额36223.21元。联合县乡人民医院对建档立卡贫困户进行体检，建立健康档案。完成包虫病筛查工作，无确诊病例。

【以教脱贫】 年内，全乡共有建档立卡在校生78人。其中幼儿园7名，小学生39名，初中生27名，高中生4名，全部享受"三包"政策，大学生1名，2016年落实学费、交通费、生活费各类补助10600元，2017年相关票据上报县教育局，正在核实。

【以保脱贫】 年内，完成低保户家庭走访清查核查工作，实现"两线合一"。截至年底，全乡现有低保户68户303人，其中建档立卡低保户21户76人，兑现2016年、2017年低保金45.01万元。

【贫困村退出情况】 年内，按照贫困村退出的相关要求，通过村民大会民主评议，对照各项指标进行自评打分，并层层审核公示，麻江乡3个村都达85分以上的退出标准（达琼92分、强聂93分、朗堆92分），已上报县脱贫指挥部。加快发展村集体经济，各村集体经济均达5万元以上。

【"边缘户"情况】 年内，麻江乡有"边缘户"26户118人，根据实际情况，安排以补岗位2016年17户17人、2017年33户74人，共计落实以补资金27.3万元。同时，积极动员通过加大牲畜出栏、外出务工等方式，增加现金收入，提升生活质量。

2017年11月20日，党委副书记、乡长朗杰平措组织群众开展党的十九大精神宣讲

【落实主体责任】 年内，注重学习部署，及时传达学习中央及区市县纪委全会精神，对全乡党风廉政建设及反腐败工作进行安排部署。认真组织收看《作风建设在路上》《警钟》等专题片，对区市下发的《纪检通报》进行全面学习，引以为鉴。落实目标责任，年初与各村及机关支部签订《党风廉政建设责任书》，分解任务，落实责任。按照"一岗双责"要求，明确各自职责，将落实党风廉政建设责任分解到人；坚持民主集中，对"三重一大"事项提交乡党委会研究决定，坚决杜绝"一言堂"和个人说了算。全面推进"三公开"，切实保障广大干部群众的知情权、参与权和监督权。在村组织换届前对3个村进行离任审计，对贫困村（户）退出、新增户识别等进行逐级审核公示；加强督导检查，对常态化维稳值班、公车使用管理、群众身边"四风""三资"清查，强农惠民资金兑现落实等重点难点进行跟踪检查，及时发现和整改问题。

【严格执行规章制度】 年内，在全面贯彻落实中央及区、市、县一系列规章制度的同时，继续巩固深化《麻江乡干部职工五项纪律》，对2名旷工同志，按程序上报相关部门，提出处理意见，其中1人被县给予记过处分，在全乡乃至全县范围内起到很好的警示作用。

【抓好学习教育】 年内，以喜迎党的十九大为主线，认真开展"两学一做""四讲四爱"主题教育活动，健全组织机构，完善工作方案和学习计划，通过专题学习、集中学习、个人自学等方式，分层次、分步骤、分阶段学习，在广大党员干部中认真学习党章、党规、习近平总书记系列重要讲话精神，在农牧民群众、青少年学生、寺庙僧尼中广泛开展“四讲四爱”教育活动。乡机关组织集中学习10余次，人均撰写心得体会2篇以上，人均交流发言1次以上。乡、村、组组织各类宣讲52场次，参与9700余人次，农牧民群众、青少年学生、寺庙僧尼教育覆盖率达100%。

【党员干部管理】 2017年，新发展党员14名，预备党员转正11名，不断壮大和优化党的队伍，对符合条件的3名干部进行民主推荐，并走上新的工作岗位。对“三老人员”发放生活补助14.15万元。“七一”表彰慰问，共计支出1.18万元。对流动党员、失联党员、“口袋”党员进行全面清理，更新完善党员网上统计，对党员档案进行全面整理。扎实开展“三个培养”工作，积极将党员培养成致富能手，将致富能手培养成党员，将党员致富能手培养成村“两委”后备干部，麻江乡共有“三个培养”对象30人。

【村组织换届】 年内，早安排、早部署，健全机构，完善方案。广泛摸底排查，掌握村“两委”班子成员“进退留转”意愿。按要求、按程序完成村党支部和党小组的升格。坚持“五上五下”标准，层层审核把关，提出村组织人事方案。新一届村组织班子成员实际人数为20名，核定职数19人，其中村党总支委员17名。做好选民登记。按照“三增三减”要求，对有选举权的1704名公民进行选民登记。完成村党总支换届选举工作。全乡182名群众党员参加选举，参选率达到82.7%，候选人均以高票当选，一次性选举成功。村民委员会、村务监督委员会正在公示之中，于12月7日前全面完成选举工作。在整个换届选举工作中，尼玛次仁主任、黄鹤书记及县政法委、人大办、司法局等对口单位全程参与指导。

【开展意识形态工作】 年内，成立以乡党委书记为组长的全乡意识形态领域工作领导小组，制定工作方案，与各村、学校、寺庙签订目标责任书，推动各项工作深入进行。深入村组宣讲党的十八大、十八届二中、三中、四中、五中、六中全会及十九大精神、习近平总书记系列讲话精神和党的惠民利民政策，提升牧民群众对党的相关政策的认知，加强“五个好”宣传，增强“五个认同”意识；加强舆论引导，加强对网络、微信等现代通信手段的管理，教育引导广大干部群众自觉做到不传谣、不造谣、不信谣，自觉崇尚科学、反对迷信，自觉抵制黄、赌、毒。对1名散发虚假微信的党员及时进行谈话教育和笔录，并在县纪委、政法委等相关部门备案，做到早发现；深入开展24字“核心价值观”教育，尤其是把青少年学生作为重点，为培养合格的社会主义接班人奠定基础；认真开展“平安家庭”“最美家庭”评选活动。不断加强民族团结教育和精神文明建设，开展道德讲堂，积极倡导遵纪守法、友善互助、关爱感恩、孝老爱亲、文明礼貌、移风易俗等优良传统，切实提高全乡牧民群众的思想文化素质。全乡普及善行义举好人榜建设活动，渲染学好人、争做好人的积极氛围；积极开展文明城市创建工作，加大力度整治村容村貌，引导农牧民群众开

2017年12月26日，麻江乡副乡长巴桑坚增向群众宣传脱贫政策

展积极健康的文化活动，通过举办“三八”妇女节、“3·28”西藏百万农奴解放纪念日、“七一”建党节、“八一”建军节等活动，丰富群众的精神生活，凝聚人心智慧。

【工青妇工作】 年内，工会广泛开展困难帮扶行动，帮扶干部职工2人共4000元，为建档立卡贫困户送去16000元生活物资；团委工作得到进一步加强。团委开展“3·28”西藏百万农奴解放纪念日、“学习雷锋、做美德少年”“五四”宣誓、青少年法制教育活动，为完小“六一”捐资3000元；妇儿工作得到进一步深化。妇联对全年工作进行安排，积极开展“三八”妇女节、“六一”国际儿童节节庆活动，空军拉萨基地、区妇联在乡小学开展“童心向党喜迎十九大”慰问活动，发放慰问金20000元。开展农村妇女“双语”培训3次，为重大疾病贫困妇女发放慰问金2500元。

【驻村、下沉工作】 年内，充实下沉、驻村干部，按照“强党、固基、扶村”及“5+2”目标任务，协同做好党建、稳定、扶贫、发展、民生等工作。朗堆驻村工作队充分发挥“调解员、宣传员、组织员、设计员”的作用，驻村以来开展矛盾排查活动15人次，入户率达100%，调解邻里矛盾纠纷7次，排查解决各类隐患9件。3个村驻村工作队全年走村入户27次，受访群众5000余人次，调查掌握村组问题15条，召开维稳安排部署会议20次。通过与乡政府进行对接、与村干部座谈，全面掌握村情民情。截至年底，共投入牧草购置、贫困户慰问等各类办实事经费近50万元。

【抓好“三个覆盖”工作】 年内，加快发展村集体经济。多次进行安排部署，积极寻找新的集体经济增长点，各村突破5万元集体经济关口，强聂村5万元，达琼村6.5万元，朗堆村7.1万元；加快达琼、强聂村级活动场所建设，进入收尾阶段，12月底入住；加强干部培训。麻江乡18名村后备干部全部参与培训，通过拉萨市村干部学历提升考核，合格率达100%。安排干部到区内外参与党建、巡查、综治、翻译、财务等各类培训30余人次，在牧民党员中开展技能培训10多场次，共计100余人次。

【党建促脱贫工作】 年内，制定党建促脱贫工作方案，细化工作措施，助推党建促脱贫工作深入进展。开展帮扶结对，拓展“321”党员干部结对帮扶法，积极发挥党员干部帮带作用，与建档立卡贫困户结成“一对一”“多对一”帮扶对子90户，开展走访慰问活动，与困难群众拉家常、做宣讲、出主意、助脱贫；通过“支部讲政策、群众帮群众”，引导群众克服“惜杀惜售”“等、靠、要”思想，加大牲畜出栏、外出务工力度，增加现金收入；组织党员对五保户、弱劳力贫困家庭集中割草、放牧进行帮助，体现祖国大家庭的温暖；通过周转房租金、牦牛育肥基金等，为贫困户分红，增加现金收入。其中，朗堆村31户，每户分红400元；达琼村14户，每户分红500元；强聂村2户，分红5000元；结合自身实际，帮扶干部自掏腰包为贫困户“送钱、送物、送思想”，提高群众脱贫意识，增强党群干群关系。

2017年12月6日，麻江乡强聂村顺利完成村组织换届工作

【班子自身建设】 年内，坚持班子自觉学习，通过对党的十九大精神学习、党章党规学习、系列讲话学习，提高自身理论素养；坚持民主集中，广泛听取意见建设，开展批评自我批评，相互信任，加强团结，增强凝聚力向心力。求真务实，查实情、说实话、办实事，努力建设实干班子队伍。加强作风建设，自觉带头遵守各项规章制度，树立良好形象。

2017年10月11日，麻江乡干部在强聂村帮助群众填写明白卡

【环境资源保护】 年内，成立乡环境保护工作领导小组，乡党委、政府加强对环境保护工作职责的学习贯彻，对全乡环境保护工作进行安排部署。加强对303省道、加油站、村委会、幼儿园建设的环境监督检查，与商铺、建筑施工地等单位签订环境保护责任书，进行环境卫生检查6次，对存在的问题限期完成整改。积极做好中央环保督查组在藏督查期间的各项环保工作，加强与群众的教育沟通，及时办理群众举报的土地开发、矿区开发等事项。兑现多列矿区探矿补偿资金300万元。组织党员干部深入村(组)进行环境保护、群众卫生知识宣讲7次，开展“保护母亲河”“世界环境日”等环保活动，广泛开展“禁白”活动，参与群众达3000余人次。广大群众环保意识进一步增强；充分发挥护林员作用，切实加强生态林木管护。兑现2016年78名护林员补助55.36万元，兑现2012年区级野生动物肇事补偿10.63万元。年内，全乡无随意砍伐现象发生，无野生动物捕猎举报。完成五年土地利用规划、基本草原划定工作，违规建设得到有效控制。抓好1.2万亩土地试种工作，全部使用有机肥料。兑现民工工资和车辆运输费、材料费等共计700余万元。坚持属地管理，全面推行“河长制”，按照“一湖一河三村”，分解目标任务，多批次组织开展卫生大扫除，河湖沿线、公路沿线环境得到有效整治。做好防汛抗旱工作，结合实际，出动挖掘机对河道沟渠进行清理，全年无重大汛灾、旱灾发生。配合县水务局完成水源检测工作，对麻江乡供水提出深井供水和上游引水两种建议。

【安全生产】 年内，麻江乡召开安全生产专题会议4次，签订安全生产承诺书、保证书500余份。重宣传引导，开展道路交通、消防安全等集中宣讲14次，发放宣传材料1200余份，参与群众4000余人次，户覆盖率达100%。重监督检查，结合专项整治行动，对矿山、道路、建筑施工、采砂点、朗玛厅等场所进行检查32次，查处、整改问题28处，2017年无重大安全事故发生。

【项目建设】 年内，配合市县做好琼姆岗嘎旅游项目开发考察、论证工作，提出意见、建议，向县援藏指挥部、县发改委等部门申报畜牧产品加工项目、布玛温泉开发项目。申请到投资75万元的朗堆村牧人体验区项目，招标采购帐篷、桌椅等物资已运送到位，因气候原因明年天气转暖投入建设。303省道麻江段建设进展顺利，当前土建部分正在紧张施工；达琼村、强聂村村委会建设主体工程全部完工，年底入住；麻江乡16户集中安置房主体工程全部完工。乡幼儿园、强聂村幼儿园主体工程全部完工。建成乡农牧民服务中心，正在进行室内设备安装。这些项目的申报实施，将极大地改善基层生产生活条件。

【实事工程】 年内，向群众发放碘盐15.3吨，缴纳资金7653.25元。在上级相关部门的关怀支持下，麻江乡达琼村简易加油站正式开工建设。协调交通局完成强曲桥修建，总投资45万元，已投入使用。投资4万元，修建完成亚米组南贡河桥。各驻村工作队在2017年冬春之际，为群众购买饲草，促进牲畜平安过冬。

【“双联户”工作】 年内，进一步规范完善“双联户”工作制度，明确工作流程，由各户长与住户一一签订“联帮联保责任书”，确保责任落实明确。紧紧抓住“平安”和“增收”两个重点，组织联户长集中学习培训2次，广泛开展邻里纠纷调解、互帮互助、宣传引导、脱贫攻坚等相关工作，建立完善“有事报事、无事报平安”制度，较好地完成全年双联任务。全乡现有双联户50户，兑现联户长补助9. 1万元。严格先进评选程序，评选出村级先进10户、乡级先进2户、县级先进1户，兑现村级、乡级奖金2.28万元。年初，麻江乡组织村“两委”班子、驻村工作队、联户代表签订维稳责任书，其中乡与村3份、乡与驻村工作队3份、村与联户代表50份。

【普法教育】 年内，采取有力措施，提高普法实效。以“社会治安综合治理宣传月”和“平安乡镇”创建为平台，坚持以预防青少年犯罪为重点，深入开展普法活动，大力开展“法制教育进校园”活动和“现身说法”巡回法制宣教活动，取得良好的社会效应。以“法律进万家”活动为契机，深入辖区3个村、10个组开展法律宣讲10余场次，发放宣传资料近3000份，受教育人员达2000人次，增强“学法、知法、守法、用法”意识。

【统战民宗工作】 年内，全面贯彻《宗教事务条例》，发挥驻寺机构教育、管理、服务“三大职能”作用，推进和谐平安寺庙建设，加强寺庙佛事活动、僧尼请销假服务管理。经常性深入寺庙了解情况，向驻寺干部、僧人发放慰问金（品）5000元；在寺庙中广泛开展“四讲四爱”活动，组织僧人进行“做合格僧尼大讨论”活动，积极引导宗教与社会主义社会相适应；以综治宣传月、民族团结月、民族团结日为契机，学习贯彻《拉萨市民族团结进步条例》在全社会广泛开展民族团结教育，引导广大干部群众珍视民族团结，自觉维护民族团结，“三个离不开”“藏汉一家亲”意识进一步深化，中华民族共同体意识进一步巩固。加强藏汉“双语”学习、西藏历史学习、民族习俗的学习，增强广大干部群众交流、交往、交融，加强相互了解，增强民族团结。

【人大、政协工作】 年内，乡人大主席团按照县人大的统一安排，围绕全乡工作重点，发挥人大职能作用，组织开展各项活动，助推全乡经济社会发展。全乡现有乡人大代表41名，县代表7名，区市代表各1名。

坚持把政协工作作为党委工作的重要组成部分，积极支持政协委员履行职能，使政协工作成为党委联系社会各界的桥梁组带。麻江乡现有政协委员3名。在履行职责方面，支持、组织好政协委员按时参加县政协的各项会议、活动。对乡里的工程、事项，积极主动征求委员意见、建议，主动接受县政协委员的监督。

【旅游工作】 年内，琼穆岗嘎雪山旅游区与布玛温泉将投入开发，将会创造更多就近就便务工就业机会，改善条件，带动麻江经济发展。

（李玉程）

【领导名录】

党委书记
　　余 才 志
党委副书记、乡长
　　朗杰平措（藏族）
人大主席
　　旦增群培（藏族）
专职副书记
　　牟　　飞（土家族）
纪委书记
　　普布次仁（藏族）
组织委员
　　格　　桑（藏族）
宣统政委员
　　索　　珍（女，藏族）
党委委员、副乡长、人武部部长
　　赵　　伟
副乡长
　　巴桑坚增（藏族）
　　蒋 新 江（6月任）
　　普　　桑（藏族）

吞巴乡

【概况】 吞巴乡位于318国道沿线，尼木县境内东部，乡域面积311平方公里，是藏文创始人吞弥·桑布扎的故乡，水磨藏香发明之地，也是西藏少有的千年古村落之一，地处自治区两个重点城市拉萨、日喀则之间，并通过藏南“黄金旅游线” 中尼公路与其相连，具备独特的资源环境优势与交通区位优势。

吞巴乡下辖3个行政村，13个村民小组；3个党总支，15个党支部；1所学校，1所卫生院，1座寺庙。农牧民564户，2722人。党员236名，其中农牧民党员195名，机关党员41名；正式党员221名、预备党员15名；农牧民党员占总人口7.16%，农牧民女性党员39名，占农牧民党员总数的20%。2017年，全乡地方经济总收入7952.5万元，同比增长16%。其中第一产业1152.9万元，同比增长1.5%；第二产业1859.8万元（其中藏香收入1289.2万元），同比增长19.6%；第三产业4939.51万元，同比增长18.6%。农村居民人均纯收入14713.6元，同比增长16%，现金收入11076.7元，同比增长16%。

【农业发展】 2017年，全乡总耕地面积3963.91亩，总播种面积3618.9亩，粮食总产量117.65万公斤。小麦种植面积150亩，单产275.9公斤，产量4.15万公斤；青稞种植面积2606亩，单产426.8公斤，产量111.1万公斤；豌豆种植面积90亩，单产271.5公斤，产量2.4万公斤；单播油菜播种面积298.15亩，单产150.95公斤，产量4.5万公斤；蔬菜播种面积172亩，单产2770.95公斤，产量47.66万公斤；雪菊种植面积262.03亩，产量2345公斤；红土豆播种面积20亩，产量1.4万公斤；2017年“农机三项作业”总面积9246亩，其中，机耕3992亩，机播2640亩，机收2614亩。测土配方施肥面积达1979亩，高产创建示范田面积1979亩。良种统供率达95%，良种覆盖率94.8%。

2017年6月9日，吞巴乡党委书记康桑达瓦在吞达村慰问贫困户

【畜牧业】 2017年，吞巴乡牲畜总存栏14663只（头、只、匹、羽）。牦牛1134头，犏牛60头，黄牛1797头，山羊4860只，绵羊3607只，猪5头，鸡3200只。2017年牲畜死亡率控制在0.3%以下；年末出栏牲畜有964头（只、匹），出栏率达6.6%。全乡口蹄疫免疫率为100%，禽流感免疫率为100%。仔畜成活率95.9%，成畜死亡率1.1%，黄牛改良9头，牛羊肉产量153.2吨，奶产量136吨，山羊绒产量0.07吨，禽蛋产量5.8吨。

【林业发展】 2017年，吞巴乡生态公益林面积为3.7万余亩。植树造林8000余株，种植面积22亩。护林员22人，按照精准扶贫工作安排，2017年，吞巴乡新增护林员33人，将护林员队伍扩大至55人。管护合同签订率为100%，护林员每季度累计巡山30次以上。

【藏香产业】 2017年，藏香年产值5700万，产业收入1289.2万，同比增长18.7%。现有水磨282座，藏香制作户272户，藏香从业人员387人，为发展藏香产业，投资400余万，建设吞巴乡藏香研发中心，升级打造藏香产品。为提高“尼木藏香”的品牌知名度，组织藏香产品在“林芝市第十五届桃花旅游文化节”、拉萨雪顿

2017年8月9日，吞巴乡党委副书记、乡长张绪刚在根培村开展雪菊采摘培训

节、拉萨市扶贫招聘会、“京藏牵手、筑梦尼木”等会上参展，尼木藏香知名度不断扩大。并注册成立吞巴藏香净土产业有限公司，积极扶持吞普村拉旺罗布藏香有限公司、尼木县吞巴乡罗布仁青古藏香有限责任公司、尼木若楚努巴杰藏香农民专业合作社等藏香开发制作企业，为藏香产业注入资金血液和人才智力支持，为吞巴乡净土健康产业发展做出积极努力。

【藏鸡养殖】 2017年，吞巴乡有藏鸡养殖大户2户，建有高标准藏鸡养殖场，以养殖北京油鸡、本土藏鸡等优质品种为主。截至年底，全乡藏鸡养殖0.32万只，出栏0.15万只。生产藏鸡蛋4.6万枚。

【有机农业】 2017年，吞巴乡雍组红土豆取得全国有机转换认证。全乡有机农作物种植面积3313.31亩，其中青稞2603.13亩、小麦150亩、油菜298.15亩、雪菊262.03亩。

【基础设施】 2017年，投资2193.3万元，修建吞普至雍组公路14.17公里。加快特色小城镇项目建设，新修土萨路、德吉路，总长2.18公里，总投资1140.1万元。自来水厂、污水厂项目建设已进入设计可研阶段。

【民政资金落实】 2017年，吞巴乡有农村“五保户”10人，集中供养8人，分散供养2人。发放供养资金8730元；现有70岁以上老人及寿星93人，发放老年人补贴及寿星补贴资金4.06万；全乡有农村低保户54户，188人，发放低保资金77.6万元（其中包含两线合一资金37.03万元）；城乡医疗救助累计33人次，救助资金11.4万元；受灾群众生活救助6户资金1.2万元，有效的保障困难群众的基本生活。

【社会保障落实有力】 2017年，吞巴乡16至59岁居民参保登记1282人，参保率达95%，新增参保人29人，累计征收养老保险费13.06万元；开展农牧民就业技能培训5期，93人顺利结业；加大职业介绍及转移就业工作力度，城镇新增就业9人，失业率控制在1.5%以内，农牧民转移就业1422人，2220余人次，转移收入674万元；完成全民参保与社会保障卡信息采集工作，乡政府、村委会、寺庙均设立信息采集点，采集信息2588条（人），信息采集率95.8%。

【医疗保障】 2017年，吞巴乡合作医疗参保人数2584人。医疗报销65人，报销金额33.28万元。门诊报销81人，报销金额5.16万元。53人享受“一孩双女”补助金。每人每年960元，26人享受家庭特别补助金每人4080元。

【包虫病筛查】 2017年，吞巴乡完成普查人群2150人，户籍人员筛查率达到79.9%、常住人口筛查率92%。发现可疑患者6例，经县人民医院复查确定1例。1例可疑患者还需要进一步诊断，进行药物治疗，共采集犬粪样150份，并进行深度填埋，家犬登记达到90%。

【教育事业】 2017年，吞巴乡入学率100%，在校大学生49人，建档立卡户10人，为建档立卡户新生发放路费1500元，为在校大学生发放资助金33000元。

【人武工作】 2017年，吞巴乡积极做好人民武装工作，积极组织民兵训练，全力做好征兵教育宣传工作，光荣应征入伍1人。

【食药工作】 2017年，吞巴乡不断加大食品药品宣传力度，严格落实食品药品监督管理，每月定期或不定期对过期食品药品进行查处，对辖区内的37家餐饮商铺进行全面的监督检查，查出部分过期食品，并进行集中销毁。

【环保整治】 2017年，吞巴乡加大环境整治措施，年初与三个村委会、旅游公司、火车站、辖区内施工单位等单位签订23份环保责任书，充分利用“禁白”“6·5”世界环境日、“河长制”活动对各村、318国道沿线、吞巴河境内的环境进行整治。为改善生活垃圾直接排放对环境造成污染的状况，先后成立吞巴乡精准扶贫环卫队，配备环卫工人6人，定制环卫工人工作服6套，并为每位环卫工购买各项保险3000元（500元/人/年），定期制作大量宣传标语，定期组织党员干部开展宣传教育并带领群众进行卫生大清理。

【安全生产】 2017年，吞巴乡政府与各村委会、学校、卫生院、旅游公司、校车驾驶员等签订《安全生产管理目标责任书》7份，实现责任全覆盖。开展安全生产宣传教育活动3次，组织专人深入各村对农牧民群众讲解安全生产基本常识，受教育群众达2000余人次。乡政府与旅游公司、完小联合开展交通安全、防震等演练2次，参加248人，其中，学生204人次。乡安委会协同派出所开展安全隐患排查81次，出动200余人次，查出隐患25处，整改25处。开展安全生产排查整治活动，查出聂玉采石场违法开采作业1次（现已强制停业），根比村采石场无证开采，已上报县国土局、安监局。在“两会”“萨嘎达瓦”“两节”等期间联合派出所开展安全大排查。

【消防工作】 2017年，吞巴乡政府坚持以“预防为主，消防结合”的工作方针开展工作。强化领导责任。由乡主要领导负责，每季度开展一次分析会；明确消防责任。年初，乡政府与各村、企业分别签订消防安全目标责任书，明确工作职责，层层落实责任制；组建消防队伍。吞巴乡3个村分别组建5支消防队伍，由各村政治思想好、身体素质高、有奉献精神的青壮年党团员、退伍军人和民兵组成。大力宣传消防安全知识，悬挂宣传横幅12条，消防知识宣传专栏5个，利用消防宣传日，向群众展示消防安全知识图片3场100余张，分发消防安全资料1000余份，协调建立微型消防站2个。

2017年，联合乡派出所成立以联户长为成员的巡逻队，全年不定期对全村进行巡逻治保。特别是对火车站沿线、学校、人员密集处等重点场所的周边区域是否存在可疑人员、事物进行逐一排查，检查外来务工人员身份证、暂住证，教育驾驶员们遵守《中华人民共和国道路交通安全法》，严禁超速、超载、无证驾驶、酒后驾驶等问题，帮助群众排忧解难。1—12月，划分联户单位64个，共排查矛盾纠纷15起，排查整治安全隐患15个，帮扶弱势群体25人次，整治环境卫生35次，收集社情民意6条。发挥集体观念，逐渐增强领导能力。结合吞巴土健康产业，部分联户长立足实际，因地制宜，认真研究，成立藏鸡养殖合作社、藏香合作社和施工队，带动自己联户内的人员及部分贫困户奔向致富的道路。

【精准扶贫】 2017年，吞巴乡共有建档立卡贫困户60户224人（劳力117人，实现就业76人，转移就业55人），其中吞达村19户85人、吞普村23户82人、根培村18户57人。2016年，吞巴乡建档立卡贫困户57户212人达到当年脱贫标准全部实现脱贫，自创性收入占收入总量60%、政策性补贴收入占40%。吞巴乡贫困发生率为5‰，建档立卡贫困户占总户数的10.6%，占总人口8.3%。截至年底，全乡建档立卡贫困户中，以业脱贫56户76人实现就业或分红，转移就业55人；以迁脱贫33户123人（其中2户11人已于2016年搬迁至尼木县集中搬迁点），经开搬迁户19户64人，县城搬迁14户59人；以教脱贫35户59人，其中大学生10户10人；以补脱贫58户201人（其中以补岗位安排111人，定向岗位90人）；以助脱贫13户16人。

【教育学习】 年内，坚持“两学一

做”学习教育制度化常态化，深入开展“两学一做”学习教育实践活动、“四讲四爱”宣讲活动。“两学一做”学习教育形成常态，借助每周二、周四晚上进行“两学一做”集中学习。全乡党员干部共集中学习53次，个人自学6次，心得体会53篇；“四讲四爱”宣讲活动成效明显。活动开展以来，全乡共发放宣传单500余份、宣传画册400余册，张贴宣传标语50余条、制作宣传栏10个、发放宣传手册300余份。先后开展“3·28”百万农奴解放纪念日、新旧西藏对比、爱国歌曲大家唱、卫生大清除、植树造林、组织僧尼观看新闻联播等活动，形成群众参与度高，学习氛围浓，成果转化实的学习成效，切实强化农牧民群众、青少年学生和寺庙僧尼对中华民族的认同感，十九大精神学习不断深入。为深入学习贯彻党的十九大精神，切实把广大党员干部思想和行动统一到党的十九大精神上来。吞巴乡利用“周二、周四”学习制度认真学习党的十九大精神，集中学习6次，心得体会45篇，集中研讨2次。

【村组织换届】 2017年，严格按照县委组织部关于村组织换届选举工作的安排部署，乡党委积极组织党群办、综治办、纪检办、驻村工作队以及下沉干部深入各村调查研究，广泛征求群众意见建议，确定村组织后备干部，有序完成后备干部培训。与现任村“两委”班子进行深入谈话，摸清现任班子成员的进退留转情况，对村组织换届选举工作的人事进行初步安排，同时对28名村干部（包含村务监督委员会）进行考察政审，确保村干部在思想上行动上旗帜鲜明，立场坚定，有较强为群众服务的意识；乡党委连续召开3次党委会，研究村组织班子人事问题，并多方征求“两代表一委员”、村民代表、党员代表、三老人员意见，确定村组织换届人事方案；按照“党建统县”战略部署，以“地域相邻、便于开展党务工作”和“产业相近、有利于发挥党员专长”的原则，吞巴乡3个党支部调整设置为党总支，14个党小组设置为党支部（包含藏香公司党支部）。截至年底，14个党支部圆满完成换届选举工作。

【开展“强党固基扶村”工作】 2017年，吞达村集体经济收入7.93万元。吞普村集体经济收入5.14万元。根培村集体经济收入22.152万元。新增加村集体经济项目3个，分别是根培村伦珠藏鸡养殖合作社、吞达村吞巴人家、吞巴乡藏香研发中心。加快组织活动场所标准化建设。新建吞达村、吞普村村级活动场所，改（扩）建根培村村级活动场所。现已完成主体建设，正在完善附属设施建设。加大干部教育培训力度。根据“三个全覆盖”要求，组织村“两委”班子及党员利用每周一或以会代训的方式开展集中学习10余次，实现195名农牧民党员教育培训全覆盖。持续开展“强党固基扶村”工作。严格干部下沉工作落实，合理安排干部下沉，制定完善《吞巴乡下沉干部管理办法》。全年，每名下沉干部帮助群众解决实际困难达6次以上，强有力协助基层克服困难，扎实完成乡党委、政府交办的各项任务。

【党建工作】 2017年，吞巴乡有党员236名（农牧民党员195名，机关党员41名），其中正式党员

2017年6月15日，副县长旦增江才在吞巴乡检查村级阵地建设情况

221名、预备党员15名、流动党员12名、积极分子62名,无“口袋”党员。2017年,开展入党积极分子教育培训及考核34人。“七一”建党节活动期间,组织开展表彰先进党支部1个、优秀共产党员6名、优秀党务工作者2名;组织开展党员重温入党誓词、党员知识竞赛及书记讲党课等活动。各党支部建立党费收缴台账,严格执行按月收缴,全年收缴党费19735元,表彰先进、购买奖品等经费9300元。

2017年7月1日,吞巴乡开展庆祝建党96周年及表彰活动

【丰富党建工作载体】 2017年,吞巴乡开展走访慰问活动,密切党群干群关系。2017年,全乡党员干部走访群众300余人次,为群众办实事60余件,慰问群众100余次,慰问品、慰问金共计4万余元。利用“3·28西藏百万农奴解放日”、西藏自治区和平解放66周年纪念日,向农牧民群众宣传党的民族政策和西藏发展成就,增强群众核心意识,高举旗帜跟党走的信心和决心。成立“党员干部群众支农服务队”,参与雪菊种植、采摘工作,历时一个多月,吃喝在田间,顺利完成全乡262.03亩的雪菊移栽、采摘工作。突出创建党员爱心基金,帮扶困难党员群众,党员爱心基金资助学费、丧葬费、医疗救助等2000元。

【党风廉政建设】 年内,吞巴乡成立党风廉政建设领导小组,明确“两个责任”,组织召开党委会专题研究党风廉政建设工作,明确乡党委书记、纪委书记党风廉政主体责任和监督责任,分别与各村签订党风廉政建设承诺书。按照“一岗双责”的要求,依据7名班子成员分管的工作,明确各领导职责,将全乡领导干部落实党风廉政建设责任制“五个一”任务分解到个人。坚决遏制腐败现象以及干部作风问题蔓延的势头。乡纪检加大对民生领域专项工作以及村“两委”换届离任的检查力度,对辖内3个行政村前后进行10余次的民生领域专项检查,针对村集体经济实际收入与上报数据不符、原始凭证不规范、财务账目票据混乱不清、村务监督管理不到位等问题,乡党委主要领导多次带领乡财务人员、乡纪检人员赴村委严肃监督问题整改情况,加大对村财务管理人员基础业务培训力度。

【党员干部思想政治建设】 年内,按照中共尼木县委办公室意识形态相关工作部署和要求,成立以乡党委书记康桑达瓦为组长的吞巴乡意识形态工作领导小组,负责抓好意识形态领域重要工作的策划、部署和检查。结合实际制定《吞巴乡意识形态责任制工作方案》,同时研究提出适合本乡的意识形态工作思路,定期召开专题会议研究部署意识形态工作,抓好工作落实。

【发挥各类组织作用】 年内,乡团委在党委的带领下,组织3名农牧民参加尼木县第三届青年创业大赛,出资帮助1名贫困青年驾驶技能培训,解决1名待业青年的实现就业,为1名贫困大学生申请获得“国酒茅台·国之栋梁”奖学金5000元。同时,积极争取吞达藏香公司获得县工会积极协调下拨的10万元周转资金,为藏香公司解决实际困难;出资帮助精准扶贫户1人参加驾驶技能培训;为12名品学兼优、家境贫困的大学生发放2016年金秋助学金共计38000元。妇联工作:年初，乡妇联召开妇女工作会议，与各村妇代会签订目标责任书，并就责任书的内容逐项进行讲解；“三八”妇女节开展慰问贫困妇女、残疾贫困妇女家庭以及文艺演出等活动；6月3日，组织3个村妇代会主任参与“健康面对面”健康知识培训，县卫生局对新农合的报销范围、孕产妇住院分娩好政策、如何防治艾滋病等方面的知识进行详细讲解，发放宣传材料100多份。

【人大、政协工作】 2017年，吞巴乡有县乡人大代表48人，政协委员3人。成立“人大信访接待室”和“人大之家”，积极配合县人大、政协开展各项工作，围绕民情民生，发挥建言作用。在县人大、政协的精心指导下，县乡人大代表、政协委员提出意见建议、提案33条，涉及水渠、藏香产业、道路、旅游、土地补偿等方面，对此县、乡人大、政府进行专题讨论，提出具体办理意见，并实行限时办结。截至年底，33条意见建议、提案已解决23条，10条正在协调办理中。

【团结奋进，不断取得新成绩】 年内，吞巴乡党委、政府积极强化班子建设，特别注重班子团结，狠抓干部队伍教育管理，不断提升干部队伍素质和积极主动的精神风貌，坚持“党政同责”“一岗双责”的主体责任，确保政令畅通，形成在党的全面领导下，上下齐心，分工明确，团结奋进，积极向上，乐于奉献的浓厚工作氛围，不断职得新的成绩。2017年，荣获自治区乡镇（街道）工会规范化建设“八有”达标单位，拉萨市2016年脱贫攻坚成效先进乡（镇），尼木县五四红旗团委、食品药品安全监管工作先进集体、教育工作先进集体、民兵军事训练先进单位、铁路护路联防工作先进集体、妇女儿童发展规划先进集体等多个奖项。

【打造特色产业】 年内，紧紧围绕尼木县“四产业两园区”发展布局，全域旅游“四菜一汤”发展规划，大力发展藏香产业，调整产业升级，提升品牌知名度，不断创新工作思路，全力推进尼木吞巴藏香净土产业有限公司发展。该公司是吞巴乡成立的第一个以藏香制作、销售为一体的有限公司，公司注册资金35万元，出资方式以每户出资一万元的方式共同筹集。截至年底，公司股东达36户245人，其中建档立卡贫困户6户29人、边缘贫困户5户20人，贫困户、边缘贫困户占公司股东户数的30.5%。公司实行股份制自主经营，具体采取“党支部＋公司＋合作社＋贫困户＋农户”的经营模式。6月，公司申请成立“尼木吞巴藏香净土产业有限公司党支部”，公司党支部设党支部书记1名、委员2名。公司党支部共有党员10人，5名管理人员中有4名党员。通过“党支部＋合作社＋农户”的模式，充分发挥党组织领导核心作用和党员先锋模范作用，促进藏香公司健康有序发展，帮助群众增收致富。公司已和布达拉股份有限公司、西藏巴扎嘿藏香股份有限公司，达成藏香销售合作协议；和西藏自治区农村电商平台洽谈网络销售合作事宜，积极参展藏博会、林芝旅游桃花节等国内各大展销，并通过电视、广播、网络、报纸等新媒体进行文化品牌宣传，形成品牌效应。

【筑牢企业党的建设】 年内，为确

2017年5月27日，吞巴乡党员干部支农队在根培村参与雪菊种植

保党在公司(合作社)中的领导核心地位,建立完善党的基层组织建设,加强规范化管理,经乡党委研究,确定7名党员干部兼任公司(合作社)、乡环卫队党建负责人,以坚强的党组织建设为公司(合作社)发展壮大保驾护航,在带动发展、促进脱贫等工作中做出积极贡献。

【脱贫攻坚】 2017年,始终把精准扶贫、精准脱贫作为乡党委、政府的中心工作,及时成立由乡党委书记任组长,乡长、乡人大主席任副组长,在职领导干部、乡党政办公室负责人、扶贫专干、各村第一书记为成员的精准扶贫工作领导小组,同时各村相应成立脱贫攻坚领导小组,根据工作任务及时充实和完善领导小组成员。进一步明确乡党委书记为扶贫、脱贫第一责任人,层层签订脱贫"军令状"。每月至少召开两次以上脱贫攻坚相关会议,安排部署精准扶贫相关工作,及时研究解决精准扶贫精准脱贫中的困难和问题。充分调动乡、村、组以及驻村工作队、企业等脱贫攻坚力量,以"六个精准"为依托,修订完善工作方案,加大宣传力度,细化任务分工,倒排脱贫工期,全力推进精准扶贫精准脱贫工作。大力开展宣传教育,深度解读扶贫政策。通过集中传达学习、入户宣讲等方式进行教育宣传,先后集中开展精准扶贫政策宣讲活动11次,2000余人次,其中全乡集中开展5次,各村集中开展6次;集中利用15天开展入户宣讲活动,入户60户,300余人次,实现建档立卡贫困户政策宣讲全覆盖。严把程序关,突出做好精准识别。始终把精准识别作为精准扶贫、精准脱贫工作的基础和前提,成立由乡主要领导为队长,乡扶贫专干、机关干部、各村第一书记及村两委成员、"双联户"代表、村民代表等组成多达46人的精准识别队伍,多次深入村组,走村入户进行全方位调研,坚决按照中央、区、市、县相关要求,统一识别标准、严把识别程序、严谨核算收入、创新工作方法、实地走访群众、实行民主评议、及时公开公示、严格县乡审核审批,真正把符合标准的贫困人口纳入建档立卡贫困户,坚决做到精准识别不漏一人,不增一户。

严把政策关,全面做好精准施策。吞巴乡党委政府始终牢牢把握精准施策这个关键环节,准确把握扶贫策略,坚持一户一策,精准施策,做到扶真贫,真扶贫。建立健全党员干部结对帮扶机制,形成一对一、点对点,不断线、不脱钩的帮扶模式,严格落实帮扶责任。以"六脱"为依托,大力发展藏香产业、有机农业、旅游观光等特色产业,不断拓宽脱贫路子。合理开展结对帮扶,有效推动精准扶贫。乡党委、政府多次召开会议,对建档立卡贫困户逐一分析现状,逐一研究对策,逐一明确帮扶责任。三个行政村实行一名乡级领导包村、普通党员干部包户的分包责任制,严格落实相关责任。按照"321"的要求,严格落实县级领导干部联系包帮3户,科级干部联系包帮2户,普通干部联系包帮1户。根据全乡建档立卡贫困户和结对联系干部情况,合理安排"一对一"或"一对儿"的结对联系工作。结对帮扶干部多次深入贫困户家中进行慰问和调研,实时了解扶贫脱贫动态,掌握第一手资料,确保工作不脱节、不脱档,彻底解决贫困户困难。

积极发展特色产业,助力推动精准扶贫。立足吞巴乡实际,大力发展藏香制作、藏鸡养殖等特色优势产业,充分发挥农牧民合作社的带动优势,成立吞巴乡精准扶贫环卫队等,以发展产业或解决就业等方式带动脱贫。全乡发挥带动作用的合作社有:尼木吞巴藏香净土产业有限公司,尼木藏香研发中心,吞普村拉旺罗布藏香有限公司、罗布仁青藏香有限公司、伦珠双联户藏鸡养殖合作社、根培村妇女联合特色产业合作社、吞巴乡"拉萨人家"旅游体验农牧民专业合作社等9家。通过扩大规模,提供就业、产业分红、创建集体合作经济组织等办法促进群众增收,带动贫困户脱贫,贫困户在各种产业中受益覆盖面不断扩大。

【发挥党员模范】 年内,积极开展党员志愿服务活动,帮助群众解决实际困难。成立"党员干部群众支农服务队",参与雪菊种植、采摘工作,历时两个多月,吃喝在田间,顺利完成全乡262.03亩的雪菊种植、采摘工作。

【成立爱心基金】 年内,动员先进

党员、致富带头人、个体工商、合作社等爱心人士，建立党员爱心基金，力所能及帮助生产生活困难党员群众。党员爱心基金资助学费、丧葬费、医疗救助等2000元。

【充实基层干部队伍】 年内，持续开展“强党固基扶村”工作，严格落实干部下沉制度，合理安排下沉干部，制定完善《吞巴乡下沉干部管理办法》，巩固基层建设，强力协助村组织克服困难，扎实完成乡党委、政府交办的各项任务。2017年，帮助群众解决实际困难均达6次以上。帮助村级开展党建、维稳、经济发展等各项日常工作，报送简报信息331期，其中根培村70期，吞达村149期，吞普村112期。

（黄政雄　王　希）

【领导名录】

党委书记

康桑达瓦（藏族）

党委副书记、乡长

张绪刚

人大主席

米　玛（藏族）

专职副书记

李永刚

纪委书记

次仁普赤（女，藏族）

人武部长、副乡长

格　来（藏族）

组织委员

张婷婷（女）

政统宣委员

格　桑（女，藏族）

副乡长

四郎拉珍（女，藏族）

卓嘎曲西（女，藏族）

王　福（5月任）

卡如乡

【概况】 卡如乡地处雅鲁藏布江中游北岸，位于318国道4772公里处，在尼木县西南方向，距尼木县城24公里，西面与日喀则南木林县相邻，南面与日喀则仁布县隔江相望。全乡拥有国土面积875.35平方公里，耕地面积891.15亩。全乡总户数246户，总人口1371人，其中男性702个，女性669个，人均耕地仅0.65亩，是一个以农牧为主的半农半牧乡。卡如乡管辖2个行政村、7个自然组、1个牧业组。2017年牲畜存栏4243头/只，其中大畜1108头/只，小畜3135头/只，牲畜出栏率达到33.8%。

2017年，卡如乡机关干部职工53名，组织配备为：乡党委书记1名、乡长1名、人大主席1名、专职副书记1名、组织委员1名，宣统政委员1名，纪委书记1名、副乡长3名，办公室主任3名，文化站站长1名、科员11名，事业编制21名，公益性岗位3名（其中下沉干部8名）；现有1个乡党委，2个党总支，6个党支部。共有正式党员138人，预备党员9人，入党积极分子23人。全乡有幼儿园一所，任职教职工4人，其中幼教2人、保育员1人、厨师1人、幼儿14人；全乡有一座尼姑寺庙—提确林寺，寺庙派别为宁玛派。

【经济发展】 2017年，卡如乡农村经济总收入为2901.5万元，增速16%，第一产业实现776.5万元，第二产业实现480.56万元，第三产业实现1644.44万元。农牧民人均纯收入12831.5元，增速27.9%，人均现金收入9534.5元，增速26.8%。

【党建工作】 2017年，卡如乡现有1个乡党委，2个党总支，6个党支

2017年1月12日，卡如乡党委书记王庆国，党委副书记、乡长洛桑格来在曲水县才纳乡学习

2017年9月4日，卡如乡党委书记王庆国在田间地头与合作社社员谈心

部。共有正式党员138人，预备党员9人，入党积极分子23人。其中农牧民党员100人，乡机关支部37人，年龄最大77岁，年龄最小19岁，平均年龄37岁，妇女党员32名，本科以上学历39人，大专学历13人，初、高中学历64人，从文化结构、年龄结构、性别比例上均有所改善。全乡开展党员先锋活动5次，组织党员学习14次。落实“七一”建党节前后开展入党积极分子培训和全乡党员学习培训计划。全乡2个党总支，6个党支部共有预备党员转正12名，发展预备党员8人，发展积极分子8人。

年内，卡如乡党委始终注重党员干部的培养、教育、使用、管理工作。全年共组织召开专题会议4次，组织学党章、总书记系列讲话和宣讲活动38次，教育人数达840余人次。开展防火、防交通事故等专题宣传教育10余次，积极组织群众参加培训26余人次，不断提高农牧民的科技文化知识和种植养殖水平，全年赤朗村共组织群众外出务工和本地揽工100余人次，有力促进农牧民群众增收和党员脱贫致富。共安排8名干部到村居任职，配优配强村级组织领导班子，详细了解下沉干部任职以来各项工作的开展情况及存在问题，掌握第一手资料，为下沉干部后续工作奠定基础。积极开展创先争优“强基础、惠民生”工作。卡如村驻村工作队为民办实事100件，投入经费共计11万元，慰问贫困户、低保和“三老”人员共计4万元，协调兑现民工工资50余万，赤朗村驻村工作队为民办实事18件，资金9.65余万元，累计申报项目4个，共计经费463.37万元，解决群众在生产生活上的困难，进一步增进党同群众的血肉联系，受到群众的高度赞扬。

【党风廉政建设】 年内，严格落实中央“八项规定”、区党委“约法十章”“九项要求”及市委“八项要求”，通过督促检查，完善公务派车制度、规范公车的使用和停放，严格执行乡、村财经制度。年初及时调整充实党风廉政建设和腐败工作领导小组，明确各自职责和任务，并协同乡党委召开党风廉政建设部署会。结合卡如实际，制定下发《2017年全乡党风廉政建设工作计划和实施方案》，对全乡党风廉政建设和惩防体系建设工作进行任务划分，有效推进党风廉政建设的开展。根据班子成员分工，组织协调党风廉政建设责任分工，进一步落实“一岗双责”，并制定“一岗双责”责任清单，严格落实“一把手抓、抓一把手”和“班子抓、抓班子”的反腐倡廉领导责任机制，每季度召开1次班子成员党风廉政建设专题汇报会，每年召开2次党风廉政专题会议，及时研究部署党风廉政建设工作，努力做到工作职责和管理到哪，党风廉政的职责就延伸到哪，真正形成党委统一领导、班子齐抓共管。

【“两委”换届】 年内，根据区、市、县村组织换届工作要求和《中华人民共和国选举法》相关规定，卡如乡党委、政府把此项工作提到重要的议事日程上来。由县指导组领导，书记、乡长亲自包村、亲自摸底、全程指导、全程参与、全程跟踪、全程调研换届事项工作，大体共分3大阶段、18步。卡如乡按照上级组织部门规定的各个阶段工作部署，高度重视、认真组织、严密部署，圆满完成村级组织换届工作。

【“两学一做”专题教育学习】 年内，根据《尼木县“两学一做”学习教育常态化、制度化实施方案》要求，乡党委高度重视，结合三会一课和党委中心组学习制定《卡如乡“两学一做”学习教育常态化、制度化实施方案》和《卡如乡“两学一做”学习计划》，通过集中学习和自学方式，以讲党课和开展专题讨论为载体，促进全乡“两学一做”教育学习扎实有效。

年内，工作组织集中学习32次，讲党课5次，开展专题讨论4次，撰写心得体会60余份。围绕“两学一做”深入开展谈心交心活动。乡党委开展班子主要负责同志与班子成员之间、班子成员与干部之间，主要领导同村“两委”班子之间的谈心活动。截至年底，全乡共开展交心谈心活动100余人次。其中，乡领导班子主要负责同志与班子成员之间交心谈心35人次，乡党委书记与5名班子成员，2名第一书记以及村“两委”班子共进行3次谈心交心，班子成员之间相互谈心谈话15人次。

【“四讲四爱”主题教育实践活动】 4月6日，卡如召开党委会议，专题研究“四讲四爱”主题教育工作前期筹备工作，成立领导小组。4月11日，形成《卡如乡“四讲四爱”喜迎党的十九大主题教育实施方案》。4月14日，召开卡如乡“四讲四爱”主题教育工作动员大会。通过制作横幅、宣传标语、LED显示屏、移动音响、宣传大字等方式向全乡农牧民群众开展宣讲活动，不断扩大创新宣讲方式。乡、村共制作宣传栏4个、横幅4条，更换LED显示屏宣传内容10余次，张贴宣传标语150余条，发放宣传资料400余份。开展23次督导检查。通过“3·28”西藏百万农奴解放纪念日、“五一”劳动节、“七一”建党节、“十一”国庆节等节点，开展新旧西藏对比故事会、“党的恩情怎么报”县、乡、村三级群众性演讲比赛、爱国歌曲大家唱、“美丽乡村人人有责”清洁环保行动、举行升国旗唱国歌仪式、重温入党誓词、老党员讲历史以及举办群众文艺汇演和拔河抱沙袋等10项实践活动。

年内，开展“六星家庭”评选活动，组织各村党员代表、人大代表、“双联户”代表、驻村下沉干部、乡机关干部组成五人评分小组，在卡如乡15户候选村民家中开展“六星家庭”评选活动。同时，党员干部紧紧围绕“四讲四爱”主题教育实践活动，采取通俗易懂的方式，向帮扶对象讲解党的各项方针政策、历届全会精神，要求他们要永远拥护党的领导、爱戴党的核心，积极看待生活，用自己的智慧勤劳早日实现脱贫致富。截至年底，全乡共开展宣讲78次，3472人次，其中乡级34次、村级44次。

2017年3月23日，卡如乡召开党建工作及党风廉政建设部署会

【学习党的十九大精神】 10月18日，卡如乡组织机关干部、村“两委”、农牧民党员、联户代表等分别在乡值班室和各村村委会观看中国共产党第十九次全国代表大会开幕式直播盛况。大家认真聆听习近平总书记所作的报告。大家一致认为习近平总书记的报告高瞻远瞩，气势恢宏，总揽全局，振奋人心。卡如乡组织干部职工召开学习十九大报告专题讨论会，结合工作实际，学习讨论习近平总书记工作报告内容。全乡、各村共组织集中学习5次，组织

学习人员120余次，撰写心得体会25份。并将学习党的十九大报告精神与“两学一做”常态化制度化相结合，制定学习方案和计划，要求各级党员干部认真撰写学习笔记和心得体会。

【团建工作】 年内，卡如乡党委高度重视团建工作，把团建工作纳入重要议事日程。深入开展“学雷锋志愿服务”活动。3月7日，组织青年团员在全乡辖区内及318国道旁进行环境大扫除活动。开展“3·28”百万农奴解放日活动，3月28日，乡共青团联合乡党委、政府组织两村团支部书记、老干部、老党员深入开展西藏新旧对比图片宣传及新旧西藏发展座谈会活动，教育百姓一定要记得旧西藏的苦，珍惜新西藏的甜，要懂得知党恩、感党恩。深入开展“五四青年”活动，5月4日，组织两村共青团员开展“传承五四精神，凝聚青春力量”为主题的“五四青年”活动，在广大团员青年中开展举团旗、唱团歌、戴团徽、学团章等活动，不断增加广大团员对团的认识和感情，进一步规范全乡共青团工作和团员工作。

【妇联工作】 年内，卡如乡妇联以服从乡党委、政府的工作大局，围绕乡党委政府的中心工作推进妇女的各项工作，做好妇女小额担保信贷宣传工作、妇女儿童维权工作、“三八”妇女节活动等重点工作，利用“六一”儿童节和“三八”妇女节慰问全乡88名贫困妇女和57名贫困儿童，发放慰问金5000元，评选出2户最美家庭和3户平安家庭。

2017年11月3日，卡如乡召开2017年精准扶贫、精准脱贫县级验收工作会议

【精准扶贫】 2016年卡如乡建档立卡户共计44户191人（卡如村建档立卡户10户44人，赤朗村建档立卡户34户147人）。2017年通过乡党委政府再次走村入户，精准识别，清退1户1人，去世2人，户籍迁出3人，返贫2户13人，新识别1户5人，新增24人。经过动态调整之后，卡如乡2017年建档立卡户共计46户227人（卡如村建档立卡户11户50人，赤朗村建档立卡户35户177人）。44户191人在2016年实现脱贫，2017年新识别和返贫的3户18人将在2018年全部脱贫。

年内，深入调查研究，摸清帮扶对象基本情况，对全乡46户227人扶贫对象进行认真、细致的调研摸底，登记造册，掌握第一手资料。确立卡如乡开展精准扶贫工作的具体工作机制。成立以乡党委书记为组长的精准扶贫精准脱贫工作领导小组，下设办公室，明确办公室负责人和驻村联络员，负责具体帮扶措施的落实和协调工作，及时制定《卡如乡关于实施精准扶贫精准脱贫工作方案》。突出重点环节，制定落实具体帮扶措施，结合精准扶贫工作，推出“政府扶持、牧户受益、整村推进”的模式，在318国道，文化站墙上设立藏汉双语的“精准扶贫、精准脱贫”LED显示屏，为打赢脱贫攻坚战工作打下良好基础。抓产业，立足卡如乡优势、自然和文化资源，加大旅游产业推进力度，以培育带动全乡贫困群众稳定增收的致富产业为关键点，合作社采取“公司+合作社+农户+互联网”的运行模式，以种植业和养殖业为主，其中卡如村以种植业为主，赤朗村以养殖业为主。推进产业扶贫，保障以业脱贫工作岗位。

全面推进“六脱”，卡如乡

2016年共计异地搬迁3户13人（县城搬迁户），搬迁率为100%，完成2016年搬迁目标任务。2017年计划实施县城二期搬迁5户25人，由搬迁地按照要求统一安排就业岗位。合作社自成立以来，将全乡建档立卡贫困户纳入其中，截至10月，赤朗村贫困户累计用工137人次，合作社给予80元/人次的补助，带动18户贫困户提高工资性收入。卡如乡2017年转移就业人员16人。对贫困家庭44人实施以教脱贫；通过检查，新增以助脱贫人员42人。2017年脱贫9户10人，住院报销的有1户1人，按照60%给予报销，门诊买药费用100%报销。10月，住院总体费用新农合报销60%，总费用剩余的40%由民政报销80%，最终剩余的部分由政府兜底，实现建档立卡户住院看病费用100%报销，门诊买药费用100%报销政策，切实降低建档立卡户因病返贫。将以护林员、草监员、环境监督员、野保疫源疫病监测员、湿地管护员、土地沙化封禁管护员、公路养护员、水管员、水保员等扶贫岗位对贫困户进行以补脱贫。对8户33人特困户进行社会保障兜底，通过一系列行之有效的方法，稳步推进精准扶贫精准脱贫工作。

【精神文明建设】 年内，卡如乡开展公民道德宣传教育、爱国主义、集体主义、家庭美德教育、革命传统教育和“崇尚科学文明、反对封建愚昧”的科普教育，不断提高全乡干部群众的思想道德素质。加大对两村报纸、杂志、先进科技知识材料的投入，丰富群众的文化生活。同时，以重大节日和重大活动为载体，通过开展纪念西藏百万农奴解放日、“七一”建党节等生动、活泼、参与面广的群众性活动。集中清理318国道两旁及乡政府周围交通沿线范围内的暴露垃圾。以“创先争优、强基惠民”“联户平安、联户增收”活动为契机，通过开展文明村、平安村创建活动，提高村民良好的道德风尚，促进全乡的和谐稳定。

【农、牧、林、水、电工作】 年内，卡如乡总播种面积891.16亩，粮油总产28.33万公斤，青稞种植面积666亩，单产392.2公斤，总产26.12万公斤，小麦种植20亩，单产320.7公斤，产量0.645万公斤，油菜种植面积125亩，单产125公斤，产量1.565万公斤。土豆种植面积80.16亩，产量8万公斤，发放有机化肥54吨。组织全乡干部职工、村民植树造林200棵，参加人数80人，完成经济林12970棵果树的种植，对种植的果树喷洒农药防治病虫害，签订《森林防火目标责任书》。充分发挥建档立卡贫苦户主观能动性，开展巡山工作，确保国家森林公园不出事。

年内，卡如乡乡兽医站兽医积极主动与有关单位进行协调，春、秋季为全乡15536头牲畜、家禽注射疫苗，其中牦牛4603头、黄牛1136头、犏牛575头、山羊5210只、绵羊3223只、鸡789只，接种率达到99%，确保畜禽都能接种，为全乡畜牧业健康发展保驾护航；兑现2016年、2017年草补资金共835671.942元。2017年对卡如乡的所有水渠和水池进行清淤疏通，保证春耕的正常灌溉，自发组织群众清淤长达14公里，新修灌溉水渠一个，新建雪桃、平谷大桃灌溉管道3公里。加强水源点管护，对全乡7个水

2017年8月30日，卡如乡赤朗村开展“六星家庭”评选

2017年10月31日，卡如乡召开村组织换届选举工作动员部署会暨培训会

源点修建围栏。加强汛期防控工作，签订目标责任书5份，召开“河长制”工作专题会议5次，组织河道巡查29次，组织群众河道清淤4次，河道保洁15次，认真做好巡查台账和河道保洁台账。

【发改、交通、商务工作】 年内，申报米珠敏塘藏鸡养殖项目，赤朗村公路挡墙项目和吉瓦组河道维护项目。公路养护队清理“7·10”泥石流2公里。申报汛期冲毁赤朗一组、二组、四组水渠6处维修项目和1公里公路维护项目；申报新建卡如村吉瓦公路、赤朗村赤朗公路项目，将新建的两条公路列入“十三五”规划中。持续推进“万村千乡”工程项目后续管理工作，加强对超市、饭馆的监管力度，引导农牧民群众正确经商营商、合理消费，扩大就业渠道增加现金收入。

【安居、民政、社保、“四业”工作】2月，对全乡低保户逐户调查核实，清退不符合条件的14户52人，新增8户，经调整后2017年卡如乡低保为38户191人（A类37人、B类11人、C类143人）、五保户6人（集中供养3人，在乡供养3人）、兜底户8户33人，兑现低保资金386372.5元、“两线合一”资金363771元、民政补助资金54780元。推进转移就业和创业带动就业工作，加强对农牧民“四业”工程的领导和宣传，引导农牧民群众参加实用技术培训，推动乡农牧民群众就业创业能力的不断提高、增收致富途径不断扩宽。截至年底，宣传达5场次，组织青壮年农牧民集体学习5次，按照“以业育人、以业安人、以业管人、以业富人”的原则因人因岗设岗定职，转移劳动输出类型以务工和自主创业为主，从事工种为普工和技工，组织农村劳动力转移就业136人、就业宣传5次、技能培训4次，鼓励青壮年在乡创业。积极开展社会保障工作各项政策宣讲和保费征缴工作，完成养老保险政策缴费基数5.64万元、全民参保宣传3次，完成全乡全民参保工作照片采集、信息数据的输入。

年内，卡如乡坚持以“政府引导、群众自愿”的原则，以稳定农牧业生产和保障农牧民收入为目标。全年政策性涉农保险理赔资金89.54万元，已全额兑现。安居工程是一项民心工程，乡政府高度重视此项工作，形成安居工程危房改造的登记造册。2015年危房改造12户，项目资金43万已兑现22万元，同时兑现2014年危房改造项目第三批款项10万。2016年，按照上级有关部门的要求，卡如乡录入“十三五”期间农村危房改造对象经济状况信息，卡如乡共有77户，其中卡如村18户，赤朗村59户，此次录入的对象以建档立卡户和一般贫困户为主。

【科、教、文、卫工作】 3月，共开展4次有机农业宣讲会，受益群众达到600余人。组织科技特派员、科技示范户培训次数达10次，参与人数达300多人。通过培训和学习，使群众掌握新技术、新方法、有机种地，科学管理，优化农业结构，提高农业生产效率，增加农牧民收入。全乡全面实行“五长制”（乡长、校长、村主任、组长、家长责任制）制度，确保全乡适龄儿童入学率达到100%，在校巩固率100%；初中入学率100%，在校巩固率100%，控辍保学取得显著成效。卡如乡制定《公共卫生突发事件应急预案》，每季度定期召开卫生工作专题会议，研究部署乡卫生工作。乡卫生院联合乡妇联，通过下村宣讲、送医、送药到农户等方式，加强健康教育和优生优育宣传，加强疾病预防，各种疫苗接种率达到100%。制定包虫病综合防治工作实施方案、成立领导小组、签订目标责任书，积极推进包虫病工作开展情况，加大包虫病防治力度，每月6日为“包虫病投药日”，为全乡50只家养犬投药300粒，为1233只羔羊注射包虫病疫苗、清理捕捉流浪犬18只、对卡如乡7个水源点进行水质检测并认真做好台账记录，做到“年初有计划、年中有信息、年终有总结”。

年内，加强宣传，提高群众思想觉悟和自觉参与度，开展包虫病户外展板10次、讲座9次、发放宣传材料940份、制作宣传横幅5条、做到“人人关心、人人参与”，营造浓厚的宣传氛围。2017年共有1340人参加新农合合作医疗，个人筹资每人30元，共40200元，享受国家的下拨资金174497.3元。共为42人办理住院报销手续39次，报销住院资金390364.5元，共为42人办理门诊报销手续42次报销资金18214.7元，核销资金106483.4元。发放2016年“一孩双女”的补助资金19人共18240元，2016年特别补助资金3人共10120元。全乡群众新型合作医疗参保率达到100%，孕产妇在院分娩率达到100%。

【安监、国土、“禁白”、环保、住建工作】 年内，卡如乡安全生产工作坚持每周有周报、每月有小结，全乡共有寺庙1座、幼儿园1所、商铺茶馆共17家、蓄水池4座，施工项目6个，2017年卡如乡共召开安全生产专题会议12次，成立安全生产领导小组10次，组织安全生产教育活动5次，悬挂横幅8个，发放宣传资料1200份，道路安全检查26次，幼儿园安全检查8次，寺庙安全检查10次、施工单位安全检查20次、签订《安全生产目标责任书》8份，截至年底，未发生重大安全事故。

2017年10月29日，卡如乡精准扶贫2017年生态补偿转移就业岗位补贴发放仪式

年内，在尼木县国土局的指导下，紧紧围绕保护资源和保障发展并重，牢固树立科学发展观，认真完成宅基地数据测量工作和“十三五”期间项目建设预留地统计工作，并多形式、多渠道开展国土资源宣传教育活动5次，把《中华人民共和国土地管理法》作为普法宣传的重点，充分发挥法制宣传教育对于推动国土资源管理依法行政、构建国土资源管理新机制。全力推进“禁白”工作，划片分区，明确责任。确定包片领导为主要责任人、包村第一书记为直接责任人、村干部为具体责任人的机制，重点突出，整体推进。重点抓好辖区内生活垃圾、建筑垃圾的集中整治，抓好通村路、318国道沿线、雅鲁藏布江沿岸，确保整治工作有序推进。加大对重点区域督促检查，确保卫生面貌不断改善。

加强对千年核桃树的关心和关注。将卡如村千年核桃树纳入环保工作中，制定千年核桃树的保护台账，定期对核桃树进行检查，保护好旅游景区的生态环境和景区历史文化的传承。保护雅江生态环境，关注桃园发展。加强对雅江沿线环境改善和桃树管理，组织干部职工和群众在318国道雅江附近打扫卫生，禁止垃圾流入雅江，破坏雅江生态环境。截至年底，共开展卫生清理活动25余次，组织人员1050余人次，清扫垃圾200余袋。对全乡干部职工周转房重新统计造册，制定职工周转房管理办法，完善管理制度。加强对村集体活动阵地建设的监督，卡如乡安委会和综治办联合对村委会阵地建设检查7次。

【旅游业】 年内，按照"四产业两园区、四菜一汤"发展规划，卡如乡理清旅游发展思路，规划旅游发展方向，打造卡如旅游文化，转变农牧民生产、生活方式，转移农村富余劳动力，利用旅游产业带动经济发展，实现农牧民脱贫致富奔小康。一期项目建设投入资金6000万元，初步建成卡如村二组千年核桃观赏区与民宿区、赤朗村国家森林公园大门、完成种植12970余株经济林，经过多次实地勘测，雅江温泉井现已出水，水温达到70度，出水流量达到30方/小时，为2018年卡如温泉酒店的建设奠定基础。结合两村当前的实际情况，乡党委、政府研究制定卡如沟域经济发展大格局，确定卡如村以"种植+文化+旅游+休闲"、赤朗村以"养殖+民宿+旅游"的发展方向，确保项目建设精准、项目成效显著。确定下一步以雅鲁藏布温泉大酒店、卡如乡特色农产品展销区、赤朗沟国家级森林公园旅游区3个项目为重点建设项目，全力打造卡如沟域经济。

【产业发展】 3月13日，成立"卡如乡加纳日绿色农业发展农牧民专业合作社"，流转土地总面积164.25亩，种植雪桃670株、桃树10000株、核桃树2300株。合作社社员由卡如乡精准扶贫建档立卡户46户、贫困边缘户14户、共60户组成，合作社社长由乡党委书记担任。下设温泉部、种植产业部、纪检部、财务部、劳务部、人事部等六个部门，每个部部长分别由乡党委委员担任。合作社采取"公司+合作社+农户+互联网"的运行模式，以种植业和养殖业为主，其中卡如村以种植业为主，赤朗村以养殖业为主。卡如乡党委带领精准扶贫户积极参与到合作社的劳作中，合作社利用闲置土地种植经济作物藏萝卜20亩、芫根20亩、萝卜10亩、小白菜5亩，通过劳动和经营，在闲置土地上创造经济效益5万余元。同时种植雪菊25亩，共计销售18656元。同时，充分利用卡如乡2017年在建项目，解决富余劳动力短期就业问题，增加建档立卡户家庭收入，同时合作社和两村积极承包项目，不断增加合作社收入与发展壮大村集体经济。把中期靠产业促增收作为脱贫巩固措施，将建档立卡户纳入乡合作社，社员积极地在乡合作社务工，获得固定工资收入和年底分红，不断巩固脱贫成果。

把长期靠教育促增收作为一项长效机制，把建档立卡户中一批青壮年培养成一支有技术的产业农民队，不断提高自我发展的内生动力，并长期服务和助力全乡产业发展。2017年合作社收入15万—20万元，贫困户每户的分红2000元左右。通过卡如乡专业合作社的有效带动，实现贫困户的脱贫问题，同时，合作社"公司+合作社+农户"的经营措施，积极跟公司、跟市场有效对接，有效提升农牧民群众的收入水平，加快地方经济产业化发展步伐。卡如乡全乡干部群众凝心聚力，确保在精准扶贫精准脱贫上出实招、下实劲、见实效，坚持县委"三步走"战略，最终实现全乡精准扶贫建档立卡户全部脱贫。

（张姗姗）

【领导名录】

党委书记

王 庆 国

党委副书记、乡长

洛桑格来（藏族）

人大主席

米玛央宗（女，藏族）

专职副书记

索朗次仁（藏族，5月免）

余　　刚（5月任）

纪委书记

高 树 鹏

组织委员

穷　　达（藏族）

宣统政委员

普　　桑（藏族，5月免）

陈 静 静（女，5月任）

人武部部长、副乡长

普　　桑（藏族）

副乡长

格桑卓嘎（女，藏族）

尹 林 华

文化站站长

才　　让（藏族）

后勤中心主任

边　　巴（藏族）

普松乡

【概况】“普松”系藏语译音，译为“山谷”。1960年建普松乡，1970年改公社，1984年复改乡。位于尼木县西北方向，距县城8公里，平均海拔3990米，属高原温带半干旱季风气候。

全乡辖普松、如白、曲水3个行政村，8个村民自然小组共有489户，总人口2498人。全乡现有耕地面积为3210.16亩，草场面积10.2万亩，林地面积2223.1亩。2017年，全乡共有基层党总支3个，党支部9个，党员216名（正式党员203人，预备党员13人），积极分子36人（其中农牧民25人，机关干部职工11人），团员182人。现有干部职工59人（其中行政人员18人，技术人员32人，特招大学生6名，公益性岗位2人，聘用人社专干1人）。选派下沉干部12人，借调到县直部门9人，市直部门2人。

【经济发展】2017年，普松乡农村经济总收入目标为4599.6万元，实际完成4619.1万元，比2016年增长619.5万元，增长率为15.5%。第一产业总收入1323.5万元，比2016年增长2.9%，（其中农业收入608.5万元，牧业收入715万元）；第二产业总收入724万元，比2016年增长24.8%；第三产业收入2571.6万元，比2016年增长20.5%。农牧民人均纯收入为12551.97元，比2016年实际增长1701.37元，增长率为15.7%。农牧民人均现金收入为9671.3元，比2016年实际增长1428.7元，增长率为17.3%。

【农业】2017年，有机农业种植科技推广项目指标藜麦1000亩、雪菊300亩。青稞种植目标是1157.6，其中普松村藏青2000推广面积为560亩，实施面积为530亩。2017年全乡机耕面积3306.88亩，总耕地面积3306.88亩，总播种面积3306.88亩，其中藏青320青稞1755亩、单播油菜面积379亩。2017年全乡粮油年初目标为100公斤，实际总产量213.4斤，科技推广项目有机农业实际种植藜麦986.7亩雪菊300亩，年初藜麦产量目标是64800公斤，实际全乡产量是67032.25公斤、共收入1072516元，其中因气候原因普松乡2017年种植雪菊300亩全部绝收，粮食作物年初目标为44.75万公斤，实际总产量48.68万公斤，对比2016年增长0.5%。

完成化肥的发放工作。根据每家每户耕地的面积情况，以“村不漏组，组不漏户”的原则，逐一核对，登记造册，并于3月25日，将农牧局下拨的有机肥料66.3吨、生物有机肥料55.3吨发放到农牧民手中。完成农机具的发放工作。9—11月发放28台微耕机、6台拖拉机、2台脱粒机，每台国家补贴分别为1870元、10390元、1280元；高度重视春耕春播工作。为保障全乡农业用水，积极组织农牧民群众开展水渠清淤工作，确保农田灌溉，年初组织农牧民群众350余人次，对全乡5342余米水渠和所有水塘进行全面清淤工作。

【畜牧业】年内，落实春秋季动物防疫工作。普松乡党委、政府根据制订《重大动物疫情和防灾减灾实施方案》，采取有效措施，严格落实“预防为主、防治结合”的方针，狠抓牲畜“口蹄疫”、家禽“禽流感”等传染性疾病的防治工

2017年10月18日，副县长旦增江才在普松乡检查指导精准扶贫工作

作，为确保免疫注射做到“乡不漏村、村不漏户、户不漏畜、畜不漏针”。全年共接种疫苗2次，牲畜疫苗注射共9802头，防疫密度为100%。全年未发生重大动物疫情及特大灾害。提高牲畜出栏率。年末牲畜存栏数2468头（只、匹），其中牦牛155头，黄牛385头，犏牛72头，马22匹，驴269头，骡子5头，绵羊572只，山羊988只。成畜年初死亡率指标0.7%，成畜实际死亡率0.7%；幼畜年初成活率指标96.5%，幼畜实际成活率96.5%；牲畜出栏率指标52.9%，实际牲畜出栏率52.9%。奶产量年初目标279325公斤，实际奶产量281610公斤；山羊绒产量年初目标86.45吨，实际山羊绒产量89.45吨；禽蛋产量年初目标144935公斤，实际禽蛋产量152640公斤。

草补工作开展有力，草场奖励资金发放到位。为扎实做好2017年草补工作，多次以召开群众大会，走村入户等方式宣讲草补奖励政策，并在7月15日至17日对全乡的农牧民发放草场补助奖励资金，共计150673.5元。

【林业发展】 2017年，普松乡林地面积七块，共计2223.1亩，约22万株树木。2017年，普松乡党委、政府组织全乡干部职工、村“两委”和联户代表在植树节期间共植树600株。

【精准扶贫】 2017年，普松乡建档立卡贫困户动态调整后有70户310人（劳力152人），其中普松村37户155人、曲水村21户108人、如白村12户47人。全乡边缘户15户78人。普松乡以集中宣讲、乡村群众大会宣讲、结对入户一对一的宣讲形式进行精准扶贫政策宣讲，助推脱贫攻坚工作有序开展。2017年，普松乡共宣讲41次（乡级5次、村级21次、到户15次），覆盖率达到100%。

2017年10月17日，副县长米玛潘多在普松乡幼儿园检查指导工作

【以业脱贫】 年内，借助尼木县打造有机农业示范县的有利时机，以藜麦种植产业为主的有机农业发展思路，培育群众持续增收的支撑点。藏鸡养殖，乡政府发动和组织全乡51位贫困人员参加县“四业办”举办的为期3天的藏鸡养殖技术培训班。5月，乡党委政府组织部分乡、村干部、乡人大代表、联合代表共11人在日喀则市白朗县边雄乡温室大棚基地和藏鸡养殖场进行实地参观学习。阳光温室大棚，7月，正式开工修建的10座阳光温室大棚，计划带动贫困户20户20人。就业培训，协同市人社局驻普松乡工作队，组织26名群众参加为期10天的SYB（创办你的企业）项目培训。发动和组织5名建档立卡贫困人员参加拉萨赛康集团就业岗前培训，其中1人已稳定就业。转移就业。截至年底，普松乡建档立卡贫困户中8人已转移就业。

【以迁脱贫】 2017年，普松乡以迁脱贫共有20户86人。其中已搬迁至县城的5户33人，有2人转移就业（县政府后勤人员，月工资1400元），2人在经幡雕刻合作社从事雕刻工作，月工资3000元。按照县脱贫攻坚指挥部的安排，乡党委、政府先后两次组织7户14人参加拉萨市经开区举办的招聘会。

【以教脱贫】 2017年，普松乡继续享受以教脱贫政策的45户，84人，其中“两后生”12人（如白村1人转移就业），大学生4人，高中生1人，初中生11人，小学生42

人，幼儿园14人。为2名学生发放金秋助学11000元。

【以补脱贫】 2017年，为194人兑现岗位资金582000元，为148人兑现2017年定向岗位资金116772元。

【以保脱贫】 2017年，普松乡民政兜底16户30人。

【以助脱贫】 2017年，普松乡建档立卡贫困户全部参加农村医疗保险，并在乡卫生院建档。享受以助脱贫的贫困户有3户3人。

【结对帮扶】 年内，严格按照“321”的帮扶要求，对全乡的贫困户进行调整，全乡70户贫困户全部安排帮扶人，其中市人社局结对14户，县纪委结对帮扶10户，县政协结对帮扶8户，县人社局结对帮扶6户，乡机关干部职工结对帮扶32户。2017年，各结对单位和干部共走访慰问162次。

【脱贫攻坚巩固措施】 为了对2014年、2015年脱贫的农户进行经济收入巩固，乡党委、政府采取以下巩固措施：危房改造。为4户贫困户（2户建档立卡贫困户、2户边缘户）危房进行修缮，并将县政府下拨的15.5万元合理分配至4户完成房屋修缮工作。安排生态补偿岗位。普松乡在生态补偿岗位中安排边缘户岗位32个，享受以补资金9.6万元；统计上报2014年、2015年脱贫户的2名大学生，县教育局为2名学生各购买1万元的生活学习用品；转移就业。阳光温室大棚运行后，将安排部分边缘户群众在温室大棚就业。乡党委、政府将时刻关注边缘户的生产生活情况，随时为他们提供最大的帮助，力争做到不返贫。

【民生改善】 2017年，普松乡低保经调整后，现有低保户51户168人。截至年底，核定A类对象27人、B类对象4人、C类对象137人，低保信息录入工作已全面完成。全乡残疾人共45人。2017年共发放各类救助金33.34万元。就业安民，2017年，普松乡实现劳动力转移就业1070人，精准扶贫户实现就业人员25人，外出务工的共有245人，其中110人长期在外打工，其余的130余人季节性外出务工。养老保险，2017年普松乡城乡居民养老保险参保人数要达到1550人，征缴金额达到14.25万元，征缴率98%的目标任务，全面深入地开展各项工作。截至年底，全乡已完成资金收缴1169人，其中2017年新参保的有26人，共收缴金额为11.75万元。

【安全生产】 年内，严格落实“一岗双责”的原则，及时解决安全管理工作中存在的各种隐患，在乡党委、政府高度重视下，乡与各村签订安全生产责任书，加大宣传力度，全乡共宣传安全生产方面的知识和法律法规300余次，发放宣传资料600余份，对全乡寺庙、道路、水塘水库，施工点安全隐患排查200余次，使全乡安全生产方面全年没有发生事故。

【“四讲四爱”主题教育实践活动】 年内，高度重视宣讲活动的实效性，选优配强14名宣讲员，以集中宣讲为主，分散入户宣讲为辅，以惠民利民政策为主，以实例图物案例宣讲为辅。共开展集中

2017年7月4日，普松乡召开乡人大会议

宣讲38次,图片展览6次,歌曲比赛文艺活动2次,受惠群众达4285人次,进一步增强全乡干部群众爱党信党跟党走的决心和信心。

2017年8月29—31日，尼木县普松乡举办喜迎党的十九大和“望果节”活动

【人力资源和社会保障】 年内,为提高农牧民群众的参保意识,乡党委、政府通过召开会议、入户宣讲等方式加大对新农保的宣传力度。2017年,普松乡新农保参保人数达1169人,其中新参保5人,收缴参保总金额11.76万元,参保率为100%。2017年,普松乡实现农牧民劳动力转移1225人。

【医疗卫生】 年内,普松乡积极采取多种措施加强对包虫病防治知识的宣传教育。采取张贴宣传画、宣传标语、宣传展板等方式,共组织开展9场防治讲座,发放宣传材料1300余份,悬挂宣传横幅3条,张贴宣传画册20余幅,接受宣传人群达707人次,清理捕捉80余条流浪犬,为全乡群众健康保驾护航。

【教育工作】 2017年,全乡幼儿园适龄儿童109人,已入学109人,入学率100%,在校率100%;小学适龄人数180人,已入学180人,入学率100%,在校率100%;初中适龄人数63人,已入学58人,入学率92%,在校率92%。截至年底,全乡共有建档立卡贫困户大学生4人。

【实用技术培训】 年内,普松乡党委、政府积极联系上级举办装载机、挖掘机培训1次,15人受益;举办钢筋砌筑工技能培训班,30人受益;举办农牧民引导性培训1次,200余人受益。

【基础设施建设】 年内,加大项目建设力度,争取200余万元修缮3个行政村水塘,争取15万元用于普松村湿地网围栏建设;争取5万元,对乡食堂进行整修;争取5万元,对“人大之家”进行整修;争取资金53万元,为乡政府进行路面硬化、大门修缮、人工种草、草地护栏等项目;积极争取29万余元,修缮乡党委办公楼、住宿楼,现该项目已批复,计划年底实施;通过项目的实施提高全乡群众和干部职工的工作生活条件。在管理农牧民自建房方面,普松乡制定一系列建房审批制度,并严格落实审批程序。

【环保生态】 年内,普松乡党委、政府坚决贯彻《关于印发西藏自治区各级党委、政府及有关部门环境保护工作职责规定的通知》及相关环保基本国策,深入落实绿水青山就是金山银山的发展理念,认真执行环保法律、法规,全面开展环保工作。年初,将环保工作列入全年工作计划,制定环保目标任务,成立环保领导小组,完善环保相关制度,明确环保工作职责。投入5万元,购置垃圾箱21个,进一步方便群众倒放垃圾。开展环境卫生大扫除10余次,组织环保宣传3次,张贴各类环保标语10余条,发放50个环保袋、100余份环境保护相关宣传单、宣传手册,对乡辖区内存在的乱堆放石头等建筑垃圾进行全面集中整治。

采取灵活的宣传方法,张贴过街宣传标语45幅,发放各类资料300余份,书写标语20幅,接受群众现场咨询88次。对各村饮用水源进行保护,书写保护水源标语,设立警示标志,保证饮用水水源地的环境质量,保证村域及乡域的饮用水安全。为各村范围内设置垃圾收集处理点，实行垃圾专人管理、专人运送、专人处理。

【净土健康产业】 2017年，普松乡净土产业的主要有有机农业种植（雪菊和藜麦）、藏鸡养殖和温室大棚蔬菜种植。普松乡有机农业种植1300亩（300亩雪菊、1000亩藜麦），2017年，普松乡藜麦种植实际总面积为972亩，总产量为66554.05公斤，平均每亩68.45公斤；90公斤以上有71户，65—90公斤之间有66户，65公斤以下有102户；90公斤以上平均产量为109.5公斤，65—90公斤之间平均产量为75.15公斤，65公斤以下平均产量为44.85公斤。年内，普松乡最高产量每亩177.3公斤，最低产量每亩10.35公斤。2017年，普松乡雪菊几乎绝收，无产量。

普松乡3个行政村藏鸡养殖共3000只，其中如白村养殖藏鸡600只，普松村养殖藏鸡1000只，曲水村藏鸡养殖1400只。鸡舍面积共930平方米，其中如白村鸡舍面积80平方米，普松村鸡舍面积750平方米，曲水村鸡舍面积100平方米。鸡院面积共1680平方米，其中如白村鸡院面积120平方米，普松乡鸡院面积1200平方米，曲水村鸡院面积360平方米。

普松乡在如白村、普松村建设特色蔬菜温室大棚种植基地，计划建设10座蔬菜温室大棚，其中如白村2栋，普松村4栋，剩下4栋由乡政府分配。每栋占地600平方米，投资25万元。共计建设温室大棚6000平方米，总投资250万元。温室大棚管理主体由乡康洁合作社负责，2栋交由如白村贫困户，4栋交由普松乡贫困户，剩下4栋由乡政府分配管理。温室大棚以“合作社+农户”的形式进行管理和发展，计划每栋2户贫困户，10栋带动20户贫困户；其中贫困户（农户）收入主要分两个方面：劳动工资收入，年底分红（股金制）。

【“双联户”工作】 2017年，普松乡现有“双联户”代表42名。为切实抓好“联户平安、联户增收”工作，乡综治办与各村“两委”班子成员签订《普松乡“联户平安、联户增收”目标责任书》及联户代表工作责任书，《普松乡2016—2017年联户代表培训规划》及培训意愿统计表，以“十星”创建评选和“幸福家园”微信平台为主，制定《普松乡2017年创建“先进双联户”细则》及评分标准，建立“幸福家园”微信平台使用情况登记台账，为进一步完善工作机制奠定基础。5月10日，召开全乡“双联户”工作再安排再部署会议，并进行解读关于《尼木县“幸福家园”双联户微信平台报送奖惩暂行办法》。普松乡2016年获得县、市、区三级“先进双联户”创建活动先进乡。

【统战民宗】 年内，开展“八看”“一算账”“一揭批”“四增强”感党恩主题教育活动、开展“创建和谐寺庙，争做爱国守法僧尼”主题活动和以“爱国爱教”为主题的宗教政策学习月活动，在各类活动中穿插政治理论学习。截至年底，组织僧尼开展学习活动10余次，参加学习人数到达390人次。关心关爱僧尼工作深入。积极的帮助僧人解决存在的实际困难和问题，做好争取人心、稳住人心的工作，继续加大了解寺庙僧尼难点热点问题，积极向相关

2017年6月26日，普松乡组织召开“双联户”上半年工作总结暨下半年工作部署会

部门申请如白寺恢复重建工作。协调相关部门，将新吸收的宗教教职人员纳入到社会保障体系。慰问寺庙僧尼3次，慰问金额为3000元。

【党员干部职工建设】 年内，组织全乡干部职工学习3次，参加人数达80余人次，提高全乡干部职工的思想认识。开办“藏语培训班”，挑选两名精通“双语”的优秀干部担任授课教师，组织全乡7名汉族干部学习藏语共10场，累计62人次参学。普松乡建立“三个培养”台账，对村干部和后备干部做到培养有计划、岗位有职责。开设村“两委”班子理论学习班，教授理论知识共12场，共200余人次参学。开设汉语学习班，由驻村工作队员和下沉干部担任授课老师教授汉语，各村累计开展20场，共135人次参学。此外，邀请市党校讲师开展理论、业务知识培训2场，参学人数80余人次。乡党委组织乡党建工作人员、村“第一书记”、党支部书记、党建专员开展党建工作培训2次，18人次参学。2017年，普松乡党委深入村组调研健全更新一系列关爱帮扶工作机制。兑现2017年“三老人员”生活补贴10.56万元；并在驻村工作队及上级各部门的帮助下慰问“三老人员”5次，慰问金额总计9900元；慰问贫困党员8次，慰问金额总计8400元；慰问村“两委”及驻寺干部3次，慰问金额6000元；慰问孤寡老人、留守儿童、残疾人等特殊人群8次，慰问金额总计3.4万元；慰问贫困群众5次，慰问品折合人民币2.4万元。形成与孤寡老人同过佳节，帮助特殊人群务农的关怀帮扶机制。

在各类节日中，乡干部职工到各类弱势群体家中帮助务农共28人次；与孤寡老人同过佳节18人次；成立由乡党委书记任组长的保密工作领导小组，制定保密工作的各项原则及工作制度。对新上岗涉密人员和在岗涉密人员进行业务培训和知识更新工作。并对乡机关各办公室的办公自动化设备配置、使用情况进行检查、整理，对存在隐患的及时进行整改，确定网络安全员，建立健全网络管理制度，严格执行泄露国家秘密事件报告制度，2017年普松乡没有发生一起泄密事件。

2017年6月22日，普松乡组织乡班子成员学习理论

【党风廉政建设】 年内，先后6次听取反腐败工作汇报，7次进行党风廉政建设专题调研，4次召开党风廉政建设和惩防体系领导小组会议，先后3次组织乡纪检、财务、扶贫专干等，对各村开展“三资”清查，“三务”公开落实情况督查，全年开展谈心谈话活动5次51人（其中村“两委”班子成员谈话1次，机关新任干部谈心谈话1次，班子成员及一般干部谈话3次），与各行政村主要负责人开展廉政谈话12次，确保全乡党风廉政建设落到实处。

如白村开展软弱涣散基层组织整治，大力开展基层党组织建设，加强党员群众的学习管理，利用微信平台对流动党员跟踪学习管理，全村顺利完成村“两委”换届选举工作，团结带领村里三支队伍做好脱贫攻坚工作。

【“两学一做”学习教育】 年内，组织各类理论学习9次，参学率95%，组织党员干部观看廉政警示教育片，乡党委书记“七一”讲党课，对党员干部进行理想信念、党性党纪教育。

【党建促脱贫】 年内，把全乡150名农牧民党员纳入积分管理范畴，以每月一打分，全年排位竞优，“七一”集体表彰的方式，促进农牧民党员管理更精更细更合理。在全乡党员中开展“邻里相望、党员帮忙、扶贫助弱‘双强’”活动，把全乡123名党员与80户贫困户结对帮扶，把党员与党员、党员与贫困户等划片管理、分块互助，推动精准扶贫、精准脱贫点对点、人对人、事对事。

【助推强基惠民上台阶】 年内，认真落实习近平总书记“把权力关进制度的笼子里”的要求，加强领导班子成员之间相互监督，实行党政正职分工负责、廉洁用权制度，进一步完善领导班子及行政议事规则，把各级党组织建设得更加强大，形成为民服务强大合力。分3个小组到各行政村，召集每家每户代表，以不记名投票方式对村“两委”班子候选人进行投票选举，拟任换届后村组织成员名单，当选票数均达到60%以上。

【人大、政协工作】 年内，普松乡召开十二届第一次会议，乡人大依照法定程序、提前准备、周密计划、严密组织，确保此次会议圆满完成。

通过在“人大之家”召开人大代表座谈会，乡人大代表、政协委员共提案12件，截至年底，办理完成的提案7件，占总数的58.3%，正在办理的提案有5个，占总数的41.7%，未解决的提案和暂无法解决的提案0件。

【职工周转房】 2017年，普松乡干部职工周转房共24套，为乡政府、卫生院和派出所干部职工提升居住环境，并制定相关办法，合理安排入住。

【农田水利】 尼木县2017年小型农田水利“重点县”建设项目（普松村6组木增水渠）工程，投资1743000元，修建水渠长度为4000米，全部修工完毕，保障普松6组农田灌溉效果，于12月20日已发放劳务工资，现将等待验收工作。

【开展各项活动】 2017年，普松乡开展群众文艺、文体比赛和知识竞赛等丰富多彩的活动，增进干部群众的感情和融洽，共筹资7万余元。

【强基惠民工程】 8月，普松乡如白村“光伏电”建设项目基地完工。普松村为缓解藏鸡养殖场的初期运营困难，驻村工作队从为民办实事经费中列支购买21600元的饲料。普松乡如白村对度假林卡实施帮助，寻找客源并积极筹备度假林卡的配置需求，现度假林卡基本设施已完备。帮助村内“德乐白觉”藏文书法雕刻合作社在第三届拉萨市青年创业大赛尼木赛区夺得亚军，并得到6万元奖励。曲水村水渠已经维修，饮用水水管已更换，水管改道工程已改建，“草场湿地网围栏项目”已完成网围栏建设。普松乡组织举办SYB（创办你的企业）农牧民培训班。经过10天的培训，学员们掌握创业的相关知识、技巧，进一步增强创业意识，提高创业竞争力，共有16名农牧民参加此次培训，涉及资金4.5万元。积极协助村“两委”依托净土健康产业平台，大力发展特色农牧业，如：有机农业种植、藏鸡养殖等产业脱贫项目，普松村为缓解藏鸡养殖场的初期运营困难，驻村工作队从为民办实事经费中列支购买21600元的饲料。促进农牧民群众增收致富。同时对养鸡户在全县内进行宣传，现养鸡户的鸡蛋销售已饱和，较好地做到促进增收致富的工作任务。

（全　勇　漆红梅）

【领导名录】

党委书记

旦　　增（藏族）

党委副书记、乡长

张　鹏　浩

人大主席

次仁旺堆（藏族）

专职副书记

旦增次仁（藏族）

纪委书记

白玛宗巴（女，藏族）

组织委员

张　发　扬（5月任）

宣统政委员

拉　　巴（藏族）

党委委员、人武部部长、副乡长

张　汝　栋（5月免）

熊　兴　全（5月任）

副乡长

王　　丹（女）

董　　肖（女，5月任）

受县(区)级以上表彰的先进集体名录

表 6

获奖单位	获奖名称	表彰时间	授予单位
尼木县信访局	2016 年度信访工作“三无”县(市区)	2017 年	国家信访局
尼木县民政局	西藏自治区双拥模范县	2017 年	自治区党委、自治区政府
续迈乡人民政府	创先争优强基础惠民生活动自治区级优秀组织单位	2017 年	自治区党委、自治区政府
续迈乡霍德村驻村队	创先争优强基础惠民生活动自治区级优秀组织单位	2017 年	自治区党委、自治区政府
尼木乡曲林村驻村工作队	全区驻村先进集体	2017 年	自治区党委、自治区政府
尼木县公安局	全区优秀公安基层单位	2017 年	自治区公安厅
尼木县公安局	全区公安国内安全保卫战略支撑点	2017 年	自治区公安厅
尼木县人民检察院	2016 年度全区检察机关先进集体	2017 年	自治区人民检察院
尼木县疾控中心	拉萨市尼木县疾控中心 2015—2016 年度免疫规划县级先进集体	2017 年	自治区疾病预防控制中心
尼木县民政局	拉萨市社会组织“喜迎党的十九大”文艺汇演第二名	2017 年	自治区社会组织工作委员会、拉萨市社会组织工作委员会
尼木县人民政府办公室	拉萨市 207 年度民族团结进步模范集体	2017 年	拉萨市委、市政府
尼木县委宣传部	拉萨市“四讲四爱”主题教育实践活动优秀宣讲团	2017 年	拉萨市委、市政府
尼木县委宣传部	拉萨市 2016 年度深化全国文明城市创建先进单位	2017 年	拉萨市委、市政府
尼木县委政法委(综治办)	2017 年度“先进双联户”创建活动先进县	2017 年	拉萨市委、市政府
尼木县委政法委	2017 年度社会治安综合治理工作三等奖	2018 年	拉萨市委、市政府
尼木县综治办(护路办)	2017 年度铁路护路联防第二名	2018 年	拉萨市委、市政府

续表6

获奖单位	获奖名称	表彰时间	授予单位
尼木乡党委、政府	拉萨市 2017 年度民族团结进步模范集体	2017 年	拉萨市委、市政府
尼木乡东嘎村	拉萨市 2017 年度民族团结进步模范集体	2017 年	拉萨市委、市政府
尼木乡聂玉村	拉萨市脱贫攻坚先进集体	2017 年	拉萨市委、市政府
帕古乡人民政府	拉萨市创先争优强基础惠民生活动先进驻村工作队	2017 年	拉萨市委、市政府
塔荣镇林岗村	2016 年度脱贫攻坚成效先进村(居)	2017 年	拉萨市委、市政府
塔荣镇人民政府	2016 年度脱贫攻坚成效先进乡(镇)	2017 年	拉萨市委、市政府
塔荣镇党委	模范公务员集体	2017 年	拉萨市委、市政府
曲德寺	2017 年和谐模范寺庙	2017 年	拉萨市委、市政府
曲德寺专职特派机构	尼木县 2017 上半年先进寺庙管委会(专职特派机构)	2017 年	拉萨市委、市政府
续迈乡人民政府	拉萨市 2017 年度民族团结进步先进集体	2017 年	拉萨市委、市政府
续迈乡续迈村	拉萨市 2017 年度民族团结进步模范集体	2017 年	拉萨市委、市政府
续迈乡热杰寺	2017 年上半年和谐模范寺庙	2017 年	拉萨市委、市政府
续迈乡续迈村	2016 年度脱贫攻坚成效先进村	2017 年	拉萨市委、市政府
续迈乡热杰寺	2017 年上半年先进寺庙管委会(专职特派机构)	2017 年	拉萨市委、市政府
尼木县人民医院	2017 年拉萨市优秀驻村工作队	2017 年	拉萨市委、市政府
尼木县人大常委会	拉萨市人大系统“庆七一”暨“两学一做”知识竞赛一等奖	2017 年	拉萨市人大常委会
尼木县文化旅游新闻出版广电局	“深入开展‘四讲四爱’主题教育实践活动 喜迎党的十九大政策”第三届拉萨市民间艺术团文艺调演	2017 年	拉萨市政府、拉萨市委宣传部
尼木县妇儿工委办	全市实施妇女儿童发展规划先进集体	2017 年	拉萨市政府、妇女儿童工作委员会
尼木县藏语委办	2016 年全市藏语文工作先进集体	2017 年	拉萨市政府
尼木县政务服务中心	2016 年度争政务服务工作先进集体	2017 年	拉萨市政府
尼木县安监局	2016 年度全市安全生产先进单位	2017 年	拉萨市政府
尼木县招商引资与企业服务局	2016 年全市招商引资工作目标考核三等奖	2017 年	拉萨市政府
尼木县民政局	2016 年度拉萨市县(区)民政工作争先三等奖	2017 年	拉萨市政府
帕古乡人民政府	拉萨市 2016 年度优秀基层劳动就业社会保障公共服务平台	2017 年	拉萨市政府

续表6

获奖单位	获奖名称	表彰时间	授予单位
续迈乡人民政府	2016年度拉萨优秀基层劳动就业社会保障公共服务平台	2017年	拉萨市政府
续迈乡人民政府	全市藏语文工作先进集体	2017年	拉萨市政府
续迈乡人民政府	2016年度政务服务中心先进集体	2017年	拉萨市政府
尼木县安全生产监督管理局	2017年度全市安全生产先进单位	2018年	拉萨市政府
尼木县委宣传部	2016年度全市文化市场综合执法工作先进集体	2017年	拉萨市委宣传部
尼木县委统战部	2016年度拉萨市统战系统信息报送先进集体	2017年	拉萨市委统战部
尼木县公安局	拉萨市公安局系统第一届"平安拉萨"杯篮球足球比赛体育道德风尚奖	2017年	拉萨市公安局
尼木县公安局	2016年度优秀110便民警务站	2017年	拉萨市公安局
尼木县公安局	2016年度优秀公安检查站	2017年	拉萨市公安局
尼木县公安局	拉萨市公安局系统第一届"平安拉萨"杯足球比赛第四名	2017年	拉萨市公安局
尼木县公安局	2016年度全市公安机关思想政治建设先进单位	2017年	拉萨市公安局
尼木县人民检察院	在2016年度基层检察院考核中荣获争先进位奖	2017年	拉萨市人民检察院
尼木县人民法院	机关宣传工作先进集体	2017年	拉萨市中级人民法院
普松乡	市级"五一"劳动奖状	2017年	拉萨市总工会
共青团尼木县委员会	五四红旗团委	2017年	共青团拉萨市委员会
共青团尼木县委员会	2016年度拉萨共青团工作目标考核第三名	2017年	共青团拉萨市委员会
尼木县人民法院	拉萨市巾帼文明岗	2017年	拉萨市妇联、人社局
尼木县农牧局	拉萨市城乡妇女建功先进集体	2017年	拉萨市妇联、人社局
续迈乡人民政府	拉萨市三八红旗集体	2017年	拉萨市妇联、人社局
尼木县妇联	2016年度全市妇女儿童工作目标管理考核一等奖	2017年	拉萨市妇联
尼木县中学	拉萨市第五届中学生汉字听写大赛中荣获县(区)组团体一等奖	2017年	拉萨市教育局、拉萨市国家语委会
尼木县中学	拉萨市第五届中学生汉字听写大赛县(区)组团体一等奖	2017年	拉萨市教育局、拉萨市国家语委会
尼木县卫生和计划生育委员会	2016年全市卫生信息与统计工作先进集体	2017年	拉萨市卫生和计划生育委员会
尼木县民政局	拉萨市应急救灾帐篷搭建比赛中集体二等奖	2017年	拉萨市民政局

续表6

获奖单位	获奖名称	表彰时间	授予单位
尼木县民族宗教事务局	2016年度拉萨市民族宗教系统理论调研课题优秀成果暨信息报送工作先进集体	2017年	拉萨市民宗局
尼木县质监局	拉萨市2016年质监工作二等奖	2017年	拉萨市质监局
尼木县邮政分公司	普遍服务示范单位	2017年	拉萨市邮政管理局
尼木县邮政分公司	季度业务优秀团队	2017年	拉萨市邮政分公司
尼木县公安局	第八届尼木县“琼穆岗嘎杯”足球比赛荣获第一名	2017年	尼木县委、县政府
尼木县妇女联合会	2017年度党群部门目标绩效考核三等奖	2018年	尼木县委、县政府
尼木县妇儿工委办	全县实施妇女儿童发展规划先进集体	2017年	尼木县委、县政府
尼木县纪律检查委员会	2017年度尼木县民族团结进步模范集体	2017年	尼木县委、县政府
尼木人大常委办公室	2017年度尼木县民族团结进步模范集体	2017年	尼木县委、县政府
共青团尼木县委员会	2016年度全县教育工作先进集体	2017年	尼木县委、县政府
尼木县人民政府办公室	2017年度尼木县民族团结进步模范集体	2017年	尼木县委、县政府
尼木县委宣传部	2016年尼木县党群指标部门考核第二名	2017年	尼木县委、县政府
尼木县委组织部	全县实施妇女儿童发展规划先进集体	2017年	尼木县委、县政府
尼木县公安局	2016年度信访工作先进单位	2017年	尼木县委、县政府
尼木县公安局	2016年度全县教育工作先进集体	2017年	尼木县委、县政府
尼木县公安局	2017年尼木县干部职工篮球比赛第一名	2017年	尼木县委、县政府
尼木县公安局	尼木县2017年“同庆建军节九十周年共叙军民鱼水之情”为主题篮球比赛第一等奖	2017年	尼木县委、县政府
尼木县人民检察院	2016年度尼木县综治维稳工作先进单位	2017年	尼木县委、县政府
尼木县人民法院	年终目标考评综治部门第三名	2017年	尼木县委、县政府
尼木县人民法院	尼木县信访先进单位	2017年	尼木县委、县政府
尼木县统计局	招商引资工作先进集体	2018年	尼木县委、县政府
尼木县国家税务局	2017年度中直单位目标绩效考核贡献奖	2018年	尼木县委、县政府
尼木县国土资源规划局	2017年度经济发展部门目标绩效考核三等奖	2017年	尼木县委、县政府
尼木县农牧局	2016年度信访工作先进集体	2017年	尼木县委、县政府

续表6

获奖单位	获奖名称	表彰时间	授予单位
尼木县水务局	尼木县2016年目标绩效考核三等奖	2017年	尼木县委、县政府
尼木县教体局	2016年度尼木县经济指标部门考核第三名	2017年	尼木县委、县政府
尼木县教体局	2011—2015全县实施妇女儿童发展规划先进集体	2017年	尼木县委、县政府
尼木县民政局	2016年度综治维稳工作先进单位	2017年	尼木县委、县政府
尼木县卫生和计划生育委员会	2017年尼木县民族团结模范集体	2017年	尼木县委、县政府
尼木县卫生和计划生育委员会	2011—2015年全县实施妇女儿童发展规划先进集体	2017年	尼木县委、县政府
尼木县邮政分公司	2017年度经济社会贡献奖	2017年	尼木县委、县政府
尼木县电信局	2016年度尼木县经济社会发展贡献奖	2017年	尼木县委、县政府
卡如乡	2017年度尼木县民族团结进步模范集体	2017年	尼木县委、县政府
卡如乡卡如村	2016年度无辍学村	2017年	尼木县委、县政府
麻江乡人民政府	喜迎新年“幸福锅庄大家一起跳”组织奖	2017年	尼木县委、县政府
麻江乡人民政府	“七一”拔河比赛二等奖	2017年	尼木县委、县政府
麻江乡人民政府	篮球比赛精神文明奖	2017年	尼木县委、县政府
尼木乡党委、政府	2017年度尼木县民族团结进步模范集体	2017年	尼木县委、县政府
尼木乡党委、政府	创先争优强基础惠民生活动优秀组织单位	2017年	尼木县委、县政府
尼木乡党委、政府	2017年“同庆建军节九十周年 共叙军民鱼水之情”为主题拔河比赛三等奖	2017年	尼木县委、县政府
尼木乡党委、政府	2011—2015年全县实施妇女儿童发展规划先进集体	2017年	尼木县委、县政府
尼木乡党委、政府	尼木县深入学习宣传贯彻党的十九大精神喜迎新年“幸福锅庄大家跳”展演活动组织奖	2017年	尼木县委、县政府
尼木乡党委、政府	尼木县“四讲四爱”歌咏比赛第三名	2017年	尼木县委、县政府
帕古乡人民政府	2016年度信访工作先进集体	2017年	尼木县委、县政府
帕古乡人民政府	2016年度尼木县综治维稳工作第二名	2017年	尼木县委、县政府
帕古乡人民政府	2016年度尼木县乡镇指标考核第三名	2017年	尼木县委、县政府
帕古乡人民政府	2017年度尼木县民族团结进步模范集体	2017年	尼木县委、县政府
塔荣镇人民政府	2017年尼木县“四讲四爱”合唱比赛组织奖	2017年	尼木县委、县政府

续表6

获奖单位	获奖名称	表彰时间	授予单位
塔荣镇人民政府	尼木县2017年“同庆建军节90周年 共叙军民鱼水之情”为主题篮球比赛二等奖	2017年	尼木县委、县政府
塔荣镇人民政府	2016年度尼木县综治维稳工作第三名	2017年	尼木县委、县政府
塔荣镇人民政府	2016年度全县教育工作先进集体	2017年	尼木县委、县政府
雪拉村驻村工作队	先进驻村工作队	2017年	尼木县委、县政府
溃公拉康寺	2017下半年和谐模范寺庙	2017年	尼木县委、县政府
溃公拉康专职特派机构	2017下半年先进寺庙管委会(专职特派机构)	2017年	尼木县委、县政府
曲德寺	2017上半年和谐模范寺庙	2017年	尼木县委、县政府
曲德寺专职特派机构	2017上半年先进寺庙管委会(专职特派机构)	2017年	尼木县委、县政府
续迈乡	2016年度全县教育工作先进集体	2017年	尼木县委、县政府
续迈乡	2017年度信访工作先进集体	2017年	尼木县委、县政府
续迈乡	2016年度在职维稳工作第一名	2017年	尼木县委、县政府
续迈乡	2017年度全县干部职工篮球比赛第四名	2017年	尼木县委、县政府
续迈乡	2016年度全县乡镇考核第一名	2017年	尼木县委、县政府
续迈乡	2017年度全县民族团结进步模范集体	2017年	尼木县委、县政府
续迈乡	2017年度乡镇目标绩效考核一等奖	2017年	尼木县委、县政府
尼木县安全生产监督管理局	2017年全县安全生产先进单位	2018年	尼木县政府
尼木乡完全小学	食品卫生先进集体	2017年	尼木县政府
尼木县人民医院	2017年县级优秀组织单位	2017年	尼木县政府

说明：由于各单位资料提供不全，可能有遗漏

受县(区)级以上表彰的先进个人名录

表 7

姓名	性别	民族	工作单位	获奖名称	表彰时间	授予单位
伦珠旦塔	男	藏	尼木县公安局	全国公安系统“迎接十九大忠诚保平安”主题书画作品展优秀奖	2017 年	公安部
尼玛次仁	男	藏	尼木县中学	全国“中教杯”优秀指导老师奖	2017 年	全国中教杯教育改革发展研究大赛组委会
刘建明	男	汉	尼木县中学	全国“中教杯”优秀指导老师奖	2017 年	全国中教杯教育改革发展研究大赛组委会
尼玛次仁	男	藏	尼木县中学	全国“中教杯”优秀指导老师奖	2017 年	全国中教杯教育改革发展研究大赛组委会
格桑旺姆	女	藏	尼木县民族宗教事务局	2017 年下半年自治区级优秀涉宗干部	2017 年	自治区党委、自治区政府
斯加措姆	女	藏	尼木县农牧局	自治区级优秀驻村工作队员	2017 年	自治区党委、自治区政府
次仁央啦	女	藏	尼木乡政府	自治区驻村先进个人	2017 年	自治区党委、自治区政府
梁美杰	男	汉	尼木县委宣传部	自治区级先进驻村工作队队员	2017 年	自治区党委
巴桑	男	藏	尼木县纪律检查委员会	全区纪检监察系统嘉奖	2017 年	自治区纪委、自治区监察厅
格桑旺青	男	藏	尼木县人民法院	全区优秀法官	2017 年	自治区高级人民法院
黄伟	男	汉	尼木县人民法院	全区法院刑事审判工作先进个人	2017 年	自治区高级人民法院
胡丹	女	藏	尼木县人民法院	“做合格司法警察”演讲比赛三等奖	2017 年	自治区高级人民法院
边巴	男	藏	尼木县教体局	自治区优秀学生资助工作者	2017 年	自治区教育厅
旦增旺姆	女	藏	续迈乡小学	全区教学大赛第 2 名	2017 年	自治区教育厅
旦增旺姆	女	藏	续迈乡小学	自治区教学能手	2017 年	自治区教育厅
阿旺洛桑	男	藏	尼木乡完全小学	优秀学员	2017 年	苏州大学
伦珠旦塔	男	藏	尼木县公安局	西藏自治区文艺艺术届当代美术书画作品“优秀作品”	2017 年	自治区文学艺术届联合会
伦珠旦塔	男	藏	尼木县公安局	西藏自治区“四讲四爱”作品微展“优秀作品	2017 年	西藏书法家协会
杨莉	女	汉	尼木县工商联	先进驻村工作队员	2017 年	拉萨市委、市政府
丁增卓玛	女	藏	尼木县民族宗教事务局	2017 年下半年市级优秀涉宗干部	2017 年	拉萨市委、市政府
苍姆	女	藏	尼木县委政法委	2017 年度社会治安综合治理综合治理工作先进个人	2018 年	拉萨市委、市政府
仁金罗布	男	藏	尼木县政协	爱国守法先进僧尼	2017 年	拉萨市委、市政府
德央	女	藏	尼木县人民法院	拉萨市优秀驻村工作队员	2017 年	拉萨市委、市政府
扎西次旦	男	藏	尼木县人民法院	拉萨市优秀驻村队员	2017 年	拉萨市委、市政府

续表7

姓名	性别	民族	工作单位	获奖名称	表彰时间	授予单位
王庆国	男	藏	卡如乡人民政府	拉萨市2017年度民族团结进步模范家庭	2017年	拉萨市委、市政府
桑珠	男	藏	帕古乡帕古村三组	市级“先进双联户”个人	2017年	拉萨市委、市政府
边珍	女	藏	帕古乡帕古村驻村工作队	市级优秀个人	2017年	拉萨市委、市政府
格桑卓嘎	女	藏	渍公拉康专职特派机构	拉萨市2017下半年优秀驻寺干部	2017年	拉萨市委、市政府
刘小江	男	土家	塔荣镇人民政府	拉萨市创建全国民族团结进步示范市活动先进个人	2017年	拉萨市委、市政府
张欣	男	汉	塔荣镇东松村	2017年拉萨市创先争优强基础惠民生活动先进驻村(居)工作队员	2017年	拉萨市委、市政府
朗嘎次仁	男	藏	尼木乡东嘎村	全市先进驻村工作队队员	2017年	拉萨市委、市政府
刘华	男	汉	尼木县农牧局	拉萨市科技工作先进个人	2017年	拉萨市委
安燃	男	彝	尼木县人大常务会办公室	拉萨市人大系统知识竞赛第一名	2017年	拉萨市人大常委会
琼达	男	藏	尼木县藏语委办	2016年区市藏语文工作	2017年	拉萨市政府
巴桑	男	藏	尼木县公安局	拉萨市妇女儿童维权服务岗位先进个人	2017年	拉萨市政府
王万宪	男	汉	尼木县安监局	2016年度全市安全生产 先进个人	2017年	拉萨市政府
朗加泽措	女	藏	尼木县工业和信息化局	拉萨市2016年度招商引资工作先进个人	2017年	拉萨市政府
旦增卓玛	女	藏	尼木县统计局	2016年度全市统计调查工作先进个人	2017年	拉萨市政府
巴桑潘多	女	藏	尼木县统计局	全市统计先进个人	2018年	拉萨市政府
旦增卓玛	女	藏	尼木县统计局	全市统计先进个人	2017年	拉萨市政府
杨卓	男	汉	尼木县安全生产监督管理局	全市安全生产先进个人	2018年	拉萨市政府
旦增旺姆	女	藏	续迈乡小学	课堂教学大赛	2017年	拉萨市政府
洛桑	男	藏	续迈乡小学	李氏奖	2017年	拉萨市政府
旦增赤列	男	藏	麻江乡小学	铜奖	2017年	拉萨市政府
达瓦坚宗	女	藏	尼木县中心幼儿园	优秀教师铜奖	2017年	拉萨市政府
格桑加措	男	藏	尼木县中学	李氏个人奖	2017年	拉萨市政府
旦增平措	男	藏	尼木县中学	铜奖	2017年	拉萨市政府
宗吉	女	藏	尼木乡完全小学	李氏个人奖	2017年	拉萨市政府

续表7

姓名	性别	民族	工作单位	获奖名称	表彰时间	授予单位
普布卓玛	女	藏	尼木县中心小学	银奖	2017 年	拉萨市政府
洛　　桑	男	藏	尼木县气象局	拉萨市“五四”优秀青年奖	2017 年	拉萨市政府
格桑加措	男	藏	尼木县中学	拉萨市李氏个人奖	2017 年	拉萨市政府
旦增平措	男	藏	尼木县中学	拉萨市铜奖	2017 年	拉萨市政府
蒋西荣	男	汉	尼木县环保局	拉萨市环境保护工作先进个人	2017 年	拉萨市政府
旦　　曲	男	藏	尼木县人民政府办公室	2016 年度全市政府系统办公室工作先进个人	2017 年	拉萨市政府办公厅
文　　博	男	汉	尼木县委宣传部	拉萨市蝉联全国文明城市先进个人	2017 年	拉萨文明委
曹广磊	男	汉	尼木乡政府	拉萨市“讴歌十八大，喜迎十九大”有奖征文活动优秀奖	2017 年	拉萨市直工委
江记庆	女	汉	续迈乡政府	荣获拉萨市“讴歌十八大”有奖征文活动优秀奖	2017 年	拉萨市直工委
刘　　桥	男	汉	尼木县公安局	个人三等功	2017 年	拉萨市公安局
吉米多吉	男	藏	尼木县公安局	个人三等功	2017 年	拉萨市公安局
达瓦平措	男	藏	尼木县公安局	个人三等功	2017 年	拉萨市公安局
尼玛扎西	男	藏	尼木县公安局	个人三等功	2017 年	拉萨市公安局
冶金龙	男	回	尼木县公安局	个人三等功	2017 年	拉萨市公安局
唐小添	男	汉	尼木县公安局	个人三等功	2017 年	拉萨市公安局
强巴群旦	男	藏	尼木县公安局	个人三等功	2017 年	拉萨市公安局
旦增旺修	男	藏	尼木县公安局	个人嘉奖	2017 年	拉萨市公安局
普　　布	男	藏	尼木县公安局	个人嘉奖	2017 年	拉萨市公安局
李　　涛	男	汉	尼木县公安局	先进民警	2017 年	拉萨市公安局
黄健中	男	汉	尼木县公安局	先进民警	2017 年	拉萨市公安局
多吉旺堆	男	藏	尼木县公安局	先进民警	2017 年	拉萨市公安局
张宗旭	男	汉	尼木县公安局	先进民警	2017 年	拉萨市公安局
强巴旺久	男	藏	尼木县公安局	优秀辅警	2017 年	拉萨市公安局
拉巴次仁	男	藏	尼木县公安局	优秀辅警	2017 年	拉萨市公安局
罗布顿珠	男	藏	尼木县公安局	优秀辅警	2017 年	拉萨市公安局
旦巴坚才	男	藏	尼木县公安局	优秀辅警	2017 年	拉萨市公安局

续表7

姓名	性别	民族	工作单位	获奖名称	表彰时间	授予单位
多布杰	男	藏	尼木县公安局	优秀辅警	2017年	拉萨市公安局
罗布桑珠	男	藏	尼木县公安局	优秀辅警	2017年	拉萨市公安局
顿珠	男	藏	尼木县公安局	优秀辅警	2017年	拉萨市公安局
次仁罗布	男	藏	尼木县公安局	优秀辅警	2017年	拉萨市公安局
嘎玛罗布	男	藏	尼木县公安局	优秀辅警	2017年	拉萨市公安局
贡桑配偶	男	藏	尼木县公安局	优秀警嫂	2017年	拉萨市公安局
伦珠旦塔	男	藏	尼木县公安局	拉萨市公安局第三届书画摄影大赛特奖	2017年	拉萨市公安局
晋美	男	藏	尼木县公安局	全区公安系统“迎接十九大忠诚保平安”主题书画作品展优秀奖	2017年	拉萨市公安局
伦珠旦塔	男	藏	尼木县公安局	自治区“迎接十九大忠诚保平安”主题书画作品三等奖	2017年	拉萨市公安局
卞新欣	女	汉	尼木县人民检察院	“四讲四爱”演讲比赛优秀奖	2017年	拉萨市人民检察院
丹增吉梅	男	藏	尼木县人民检察院	先进个人	2017年	拉萨市人民检察院
胡丹	女	藏	尼木县人民法院	司法警察“三做一亮”演讲比赛一等奖	2017年	拉萨市中级人民法院
尼玛	女	藏	尼木县人民法院	全市法院优秀纪检干部	2017年	拉萨市中级人民法院
尼玛	女	藏	尼木县人民法院	个人三等功	2017年	拉萨市中级人民法院
黄伟	男	汉	尼木县人民法院	全市法院优秀共产党员	2017年	拉萨市中级人民法院
巴桑央宗	女	藏	尼木县人民法院	全市法院优秀法官	2017年	拉萨市中级人民法院
贡加赤列	男	藏	尼木县人民法院	全市法院“办案标兵”	2017年	拉萨市中级人民法院
德央	女	藏	尼木县人民法院	全市法院驻村工作先进个人	2017年	拉萨市中级人民法院
尼玛玉珍	女	藏	尼木县人民法院	全市法院信息能手	2017年	拉萨市中级人民法院
索朗罗布	男	藏	尼木县人民法院	个人三等功	2017年	拉萨市中级人民法院
索朗罗布	男	藏	尼木县人民法院	信息工作先进个人	2017年	拉萨市中级人民法院
曲家拉姆	女	藏	东松村	市级“五一”劳动奖章	2017年	拉萨市总工会
次旦卓玛	女	藏	续迈乡	市级“五一”劳动奖章	2017年	拉萨市总工会
巴桑央宗	女	藏	尼木县人民法院	拉萨市“最美格桑花”	2017年	拉萨市妇联、人社局
贡加赤列	男	藏	尼木县人民法院	拉萨市“最美家庭”	2017年	拉萨市妇联、人社局
崔同鑫	男	汉	帕古乡党委办	拉萨市“优秀大学生志愿服务西部计划西藏专项志愿者”	2017年	共青团拉萨市委员会

续表7

姓名	性别	民族	工作单位	获奖名称	表彰时间	授予单位
刘雪石	男	藏	续迈乡人民政府	2016年拉萨市“优秀共青团干部”	2017年	共青团拉萨市委员会
次仁卓嘎	女	藏	普松乡人民政府	拉萨市最美格桑花	2017年	拉萨市妇联
张达奇	男	汉	尼木县中学	“四讲四爱”主题教育优秀宣讲员	2017年	拉萨市教育局委员会、拉萨市教育局
王润	女	汉	尼木县中学	拉萨市第二届教师微课大赛三等奖	2017年	拉萨市教育局、拉萨市互联网信息办公室
田茂飞	男	土家	尼木县教体局	优秀党务工作者	2017年	拉萨市教育局
张丽莉	女	汉	尼木县教体局	“四讲四爱”先进工作者	2017年	拉萨市教育局
次仁	男	藏	帕古乡完全小学	“四讲四爱”优秀宣讲员	2017年	拉萨市教育局
索朗卓嘎	女	藏	尼木县中学	“一师一优课 一课一名师”活动获得“市级优课”	2017年	拉萨市教育局
格桑曲批	男	藏	尼木乡完全小学	市级优课	2017年	拉萨市教育局
曲尼旺姆	女	藏	尼木乡完全小学	“四讲四爱”优秀宣讲员	2017年	拉萨市教育局
嘎玛扎西	男	藏	尼木县中心小学	“四讲四爱”优秀宣讲员	2017年	拉萨市教育局
索朗卓嘎	女	藏	尼木县中学	拉萨市“一师一优课 一课一名师”活动获得“市级优课”	2017年	拉萨市教育局
措姆	女	藏	尼木县司法局	普法先进个人	2017年	拉萨市司法局
措姆	女	藏	尼木县司法局	拉萨市信访局先进个人	2017年	拉萨市信访局
平措玉珍	女	藏	塔荣镇尚日村	2017年度全市“四讲四爱”主题教育实践活动优秀宣讲员	2017年	拉萨市“四讲四爱”主题教育实践活动领导小组(代)
黄彪	男	汉	尼木县委宣传部	拉萨市2017年度“四讲四爱”主题教育实践活动先进工作者	2017年	拉萨市“四讲四爱”主题教育实践活动领导小组办公室
旺杰	男	藏	尼木县民族宗教事务局	2017年下半年县级优秀涉宗干部	2017年	尼木县委、县政府
丁增卓玛	女	藏	尼木县民族宗教事务局	2017年上半年县级优秀涉宗干部	2017年	尼木县委、县政府
黄彪	男	汉	尼木县委宣传部	2017年度先进优秀公务员	2017年	尼木县委、县政府
巴桑卓嘎	女	藏	尼木县委宣传部	2011—2015年尼木县妇女儿童发展规划先进个人	2017年	尼木县委、县政府
曹大权	男	汉	尼木县网信办	2017年度先进优秀公务员	2017年	尼木县委、县政府
次仁罗布	男	藏	尼木县委政法委	2017年度民族团结进步模范家庭	2017年	尼木县委、县政府
次仁群培	男	藏	尼木县委政法委	2017年度综治维稳先进个人	2018年	尼木县委、县政府
米玛次仁	男	藏	尼木县委政法委	2017年度优秀公务员	2017年	尼木县委、县政府

续表7

姓名	性别	民族	工作单位	获奖名称	表彰时间	授予单位
尹晓芬	女	汉	尼木县维稳办	2017年度综治维稳先进个人	2018年	尼木县委、县政府
李德胜	男	回	尼木县委组织部	2017年民族团结进步模范创建活动模范个人	2017年	尼木县委、县政府
洛桑群培	男	藏	尼木县人民检察院	综治维稳工作先进个人	2017年	尼木县委、县政府
尼玛	女	藏	尼木县人民法院	优秀公务员	2017年	尼木县委、县政府
尼玛玉珍	女	藏	尼木县人民法院	优秀公务员	2017年	尼木县委、县政府
次仁达娃	男	藏	尼木县人民法院	维稳综治先进个人	2017年	尼木县委、县政府
白玛曲旦	男	藏	尼木县司法局	尼木县实施妇女儿童发展规划先进个人	2017年	尼木县委、县政府
阿旺曲西	女	藏	尼木县司法局	“民族团结进步模范创建”模范个人	2017年	尼木县委、县政府
旦增晋扎	男	藏	尼木县发展和改革委员会	2017年度优秀公务员	2017年	尼木县委、县政府
旦增晋扎	男	藏	尼木县发展和改革委员会	优秀公务员	2018年	尼木县委、县政府
巴桑德吉	女	藏	尼木县发展和改革委员会	招商引资先进个人	2018年	尼木县委、县政府
杨虎	男	汉	尼木县发展和改革委员会	食品药品监管工作先进个人	2018年	尼木县委、县政府
德庆卓玛	女	藏	尼木县安全生产监督管理局	综治维稳工作先进个人	2018年	尼木县委、县政府
杨卓	男	汉	尼木县安全生产监督管理局	优秀公务员	2017年	尼木县委、县政府
吴斌	男	汉	尼木县统计局	优秀公务员	2018年	尼木县委、县政府
格桑卓玛	女	藏	尼木县国家税务局	2017年“民族团结进步模范创建”模范个人	2017年	尼木县委、县政府
桑阿曲吉	女	藏	尼木县住房和城乡建设局	优秀公务员	2017年	尼木县委、县政府
尼玛仓决	女	藏	续迈乡小学	师德标兵	2017年	尼木县委、县政府
白姆	女	藏	续迈乡小学	优秀班主任	2017年	尼木县委、县政府
次仁白觉	男	藏	续迈乡小学	优秀教育工作者	2017年	尼木县委、县政府
查果	女	藏	续迈乡小学	优秀教师	2017年	尼木县委、县政府
宗吉	女	藏	续迈乡小学	优秀教师	2017年	尼木县委、县政府
格多	男	藏	续迈乡小学	优秀教师	2017年	尼木县委、县政府
顿珠	男	藏	续迈乡小学	优秀班主任	2017年	尼木县委、县政府

续表7

姓名	性别	民族	工作单位	获奖名称	表彰时间	授予单位
次仁央宗	女	藏	尼木乡小学	优秀教师	2017年	尼木县委、县政府
次仁顿珠	男	藏	麻江乡小学	优秀教师	2017年	尼木县委、县政府
桑　珠	男	藏	麻江乡小学	优秀班主任	2017年	尼木县委、县政府
格　珍	女	藏	麻江乡小学	优秀班主任	2017年	尼木县委、县政府
陈列曲措	女	藏	麻江乡小学	优秀教师	2017年	尼木县委、县政府
扎西次仁	男	藏	麻江乡小学	优秀教师	2017年	尼木县委、县政府
次旦久美	男	藏	帕古乡完全小学	优秀教师铜奖	2017年	尼木县委、县政府
边巴普赤	女	藏	帕古乡完全小学	优秀教育工作者	2017年	尼木县委、县政府
次仁罗布	男	藏	帕古乡完全小学	优秀班主任	2017年	尼木县委、县政府
拉姆次仁	女	藏	帕古乡完全小学	优秀班主任	2017年	尼木县委、县政府
次曲珍	女	藏	帕古乡完全小学	优秀教师	2017年	尼木县委、县政府
洛桑顿珠	男	藏	帕古乡完全小学	优秀教师	2017年	尼木县委、县政府
曲吉拉姆	女	藏	尼木县中心幼儿园	优秀教育工作者	2017年	尼木县委、县政府
段　杰	女	汉	雪拉村幼儿园	师德标兵	2017年	尼木县委、县政府
拉巴卓玛	女	藏	林岗村幼儿园	优秀教师	2017年	尼木县委、县政府
多吉平措	男	藏	吞巴乡小学	优秀班主任	2017年	尼木县委、县政府
格桑曲珍	女	藏	吞巴乡小学	优秀教师	2017年	尼木县委、县政府
次　仁	男	藏	吞巴乡小学	优秀班主任	2017年	尼木县委、县政府
巴桑拉多	女	藏	普松乡幼儿园	优秀教师	2017年	尼木县委、县政府
德吉卓嘎	女	藏	卡如乡幼儿园	优秀教师	2017年	尼木县委、县政府
益西群珍	女	藏	尼木县中学	优秀教师	2017年	尼木县委、县政府
达　瓦	男	藏	尼木县中学	优秀教师	2017年	尼木县委、县政府
达瓦卓玛	女	藏	尼木县中学	优秀教师	2017年	尼木县委、县政府
卓　嘎	女	藏	尼木县中学	优秀教师	2017年	尼木县委、县政府
次仁群培	男	藏	尼木县中学	优秀教师	2017年	尼木县委、县政府
阿　旺	男	藏	尼木县中学	优秀教师	2017年	尼木县委、县政府
巴　桑	女	藏	尼木县中学	优秀教师	2017年	尼木县委、县政府
何高琴	女	汉	尼木县中学	优秀教师	2017年	尼木县委、县政府

续表7

姓名	性别	民族	工作单位	获奖名称	表彰时间	授予单位
扎 珍	女	藏	尼木县中学	优秀班主任	2017年	尼木县委、县政府
土旦念扎	男	藏	尼木县中学	优秀班主任	2017年	尼木县委、县政府
次仁央宗	女	藏	尼木乡完全小学	优秀教师	2017年	尼木县委、县政府
米玛卓玛	女	藏	尼木乡完全小学	优秀教师	2017年	尼木县委、县政府
旦增群培	男	藏	尼木县中学	优秀班主任	2017年	尼木县委、县政府
白 珍	女	藏	尼木县中学	师德标兵	2017年	尼木县委、县政府
央 珍	女	藏	尼木县中学	师德标兵	2017年	尼木县委、县政府
格桑加措	男	藏	尼木县中学	优秀教育工作者	2017年	尼木县委、县政府
马安阳	男	汉	尼木乡人民政府	2017年“民族团结进步模范创建”评选活动中被评为模范家庭	2017年	尼木县委、县政府
贡觉次仁	男	藏	帕古乡帕古村一组	县级民族团结优秀个人	2017年	尼木县委、县政府
许 琳	女	汉	塔荣镇雪拉村	2016—2017年先进驻村工作队员	2017年	尼木县委、县政府
旺 堆	男	藏	塔荣镇塔荣村	2017年“民族团结进步模范创建”评选活动中被评为模范个人	2017年	尼木县委、县政府
阿旺格桑	男	藏	塔荣镇人民政府	优秀共产党员	2017年	尼木县委、县政府
罗 桑	男	藏	塔荣镇林岗村	优秀党务工作者	2017年	尼木县委、县政府
张绪刚	男	汉	吞巴乡人民政府	2017年度民族团结进步模范个人	2017年	尼木县委、县政府
胡 静	女	汉	吞巴乡人民政府	2017年度优秀党务工作者	2017年	尼木县委
普布次仁	男	藏	吞巴乡	2017年度先进党务工作者	2017年	尼木县委
何 颖	女	汉	吞巴乡人民政府	2017年度优秀共产党员	2017年	尼木县委
王万宪	男	汉	尼木县安全生产监督管理局	2016年度综治维稳工作先进个人	2017年	尼木县政府
岗桑旦增	男	藏	尼木县安全生产监督管理局	安全生产先进个人	2018年	尼木县政府
查 果	女	藏	尼木乡完全小学	优秀班主任	2017年	尼木县政府
格桑曲批	男	藏	尼木乡完全小学	师德标兵	2017年	尼木县政府
曲尼旺姆	女	藏	尼木乡完全小学	优秀教师	2017年	尼木县政府

说明：由于各单位资料提供不全，可能有遗漏

索 引

说 明

一、本索引采用主题分析法编制。索引范围包括篇目、类目、部(门)目、条目等。
二、本索引按主题词首字汉语拼音音序(同音按音调)排列,若首字拼音相同则按第二字音序排列,以此类推。
三、索引款目后的数字表示内容所在的页码,数字后的拉丁字母(a、b、c)表示栏别(从左至右)。
四、篇目、类目、部(门)目用黑体字。

A

B

C

D

E

F

G

H

J

K

L

M

N

P

Q

R

S

T

W

X

Y

Z